...Tú sabes que el contrario de amar es odiar; del día es la noche; del blanco, el negro. Ahora dime ¿cuál es el contrario de sueño? -pienso y no lo encuentro- Es que no lo hay, no existe, no hay nada ni nadie en contra de un sueño, todo está a favor...

...Mientras filmo a Cande, veo a esa pequeña que conocí con ocho años y de la que entonces me enamoré como lo hago ahora. Soy feliz y la fórmula es una mezcla de amor y de sueños...

...Si dejas que tu corazón te guíe nunca estarás en el camino equivocado. Él mejor que nadie sabe de sueños, de amor... La mente fría piensa, en cambio tu cálido corazón siente...

...La miro a Caude, observo su panza, la rodeo con mis manos y siento un movimiento del bebé. Quiero escribir lo que siento. Faltan días para que me den el título de "padre" pero no me estudié la lección: ¿será niña o varón? Solo deseo que sea soñador. ¿Qué haré? ¿Y que sentiré? ¿Cómo será tener en brazos algo que hice, por amor y con amor?...

...Cada uno con la vida corre una carrera con la muerte, donde siempre gana la muerte. Sin embargo, el triunfo está en la carrera, no en el final...

ATRAPA TU SUEÑO

Candelaria y Herman Zapp

*Una historia real
donde se cumple el sueño de todos,
y que nos inspira a conquistar el nuestro.*

Zapp, Herman
    Atrapa tu sueño: una historia real donde se cumple el
sueño de todos y que nos inspira a conquistar el nuestro /
Herman Zapp y Candelaria Chovet . – 6 ed. – Buenos Aires:
el autor, 2008.
    400 p. ; 22x15 cm.

    ISBN 987-43-8603-7

    1. Autoayuda. I. Chovet, Candelaria. II. Título
    CDD 158.1

Diseño y diagramación:
Del Umbral S.R.L.
del-umbral@fibertel.com.ar

Rediseño Tapa
Fernando@velacomunicacion.com.ar - www.velacomunicacion.com.ar

Impreso en Argentina
En los Talleres de Printing Books
Mario Bravo 835
B1868BMQ Piñeyro
Pcia de Buenos Aires

Primera edición: Diciembre 2004
Segunda edición:Abril 2005
Tercera edición: Junio 2005
Cuarta edición: Diciembre 2005
Quinta edición: Septiembre 2006
Sexta edición: Marzo 2008

ISBN: 987-43-8603-7
Hecho el depósito que previene la ley 11.723

Índice

Prólogo 7

Argentina 9

Chile y Bolivia 27

Perú 47

Ecuador 73

Amazonas y Brasil 107

Venezuela y Trinidad y Tobago 147

Colombia 171

Panamá y Costa Rica 193

Nicaragua, Honduras y El Salvador 217

Guatemala y Belize 239

México y Cuba 255

Estados Unidos y Canadá 281

Alaska 363

Camino a casa 386

¡¡Muchísimas gracias!! 390

Prólogo

Escribo en papel; al hacerlo sólo escucho el ruido del lápiz mientras deja su trazo. Escribir me llena de alegrías, miedos y tristezas: a medida que lo hago regreso a los momentos, a los encuentros con aquella gente en aquellos lugares en los que escucho su música, huelo sus perfumes y saboreo sus comidas. Así las páginas se llenan de esas personas que demuestran lo inmensamente buena que es la humanidad.

Fueron más de 800 familias las que nos recibieron en sus hogares y miles de miles las que nos tendieron sus manos y alentaron. Recuerdo a ese joven que en una garita de peaje nos dijo que el pago corría por cuenta suya, a esa señora que nos hizo un montón de señaladores con flores secas para que con ellos lográramos ingresos para continuar... Disculpas. Mil veces pedimos disculpas a todos aquellos que quedaron afuera, pero que están en nuestro corazón.

¡Fueron tantos los que pusieron su eslabón en esta cadena que se fue armando por los caminos de América y llegó hasta Alaska! Gracias a ellos pudimos lograr nuestro sueño, gracias a ellos hoy escribimos este nuevo libro, no para que nos recuerden, sino para que cada lector se recuerde, sienta que está vivo y sepa que también su sueño se puede realizar.

Argentína

Mendoza
Río Cuarto
S.A.
de Giles
Cardales
Buenos Aires

Hasta aquí

Tiempo de viaje . . . . .0 día

Kilometraje . . . . .0 km

Argentina
·El nacimiento de un sueño

¿Y si vamos con el auto?

–¿Y si vamos con el auto? –pregunto aún sin estar convencido de lo que digo.

Es de noche y estamos acostados con las luces apagadas. Ya nos hemos dado el beso de las buenas noches y sólo queda dormirse, pero ahora... ¿quién dormirá con esta pregunta? Callo y espero la respuesta. Todo queda inmóvil y en silencio en la habitación, la brisa se calma y hasta los grillos callan esperando que algo se diga.

–¡Tú te vas con el auto, yo... me voy caminando! –me responde Cande un poco en serio y un poco en broma.

–Entonces espérame –contesto agregándole un toque de humor. Sobre la pregunta nada más me dice, prefería que lo hiciera, pero se queda callada. Al menos, su respuesta no ha sido un no.

Es tan distinto, diferente e inimaginable ir en un auto fabricado en 1928... con ruedas de madera. El silencio entre nosotros es total, pero no así dentro de nuestras cabezas. Ya las preguntas y dudas eran miles cuando la idea era viajar con la mochila. Cómo sería, cómo haríamos, qué pasaría, qué necesitaríamos, las aduanas, los papeles, las visas, los caminos, los peligros, ¿y ahora encima en un auto de 1928... con todos sus posibles problemas? Miles de preguntas y casi ninguna respuesta. No sé en qué duda me quedé dormido.

Mientras descanso, Cande piensa: "Estaba casi dormida cuando escuché la pregunta. Esta idea nueva que mi marido plantea me agarra de sorpresa. Me quedo mirando las estrellas que se ven desde mi cama y miles de dudas aparecen. Me hago la pregunta una y otra vez en mi mente y me remonto al garaje de casa donde veo un auto de 1928 recién comprado, sin muchos arreglos y todo viejo. La incertidumbre es demasiada. Faltan sólo dos meses para salir a cumplir nuestro sueño y ahora esta novedad del auto pone en duda muchas cosas. Pienso y no quiero posponer otra vez mi sueño de viajar, ya pasaron varios años, sí, ya fueron muchos. Estuvimos diez años de novios soñando con un viaje de aventura, diez años planeando que apenas nos casáramos saldríamos, pero ya vamos seis años de casados en los que debido a miedos, excusas, la casa, el trabajo y otras objeciones, lo único que hacemos es posponerlo. No, no quiero retrasarlo una vez más. Estos últimos años pasaron más rápido de lo imaginado, sin aún cumplir nuestro sueño, y sin hijos... que tanto pero tanto deseamos tener últimamente. Cuando habíamos empezado a hablar de tener un hijo sintiéndonos deseosos y preparados para ello, nos preguntamos por el viaje, por el sueño. '¿Y el viaje? Si llegáramos a tener un hijo, sería imposible viajar con él, menos en un viaje de aventuras...' 'Primero cumplamos nuestro sueño y después los hijos.' Lo habíamos decidido juntos unos meses atrás. ¿Y ahora qué? ¿En un auto? ¿Y tan viejo...?".

Preguntas sin respuestas

Despierto y sigo haciéndome preguntas. Amanecemos como si nadie hubiese comentado algo la noche anterior, no me animo a preguntar de nuevo y mientras cebo un mate en la cocina, es Cande quien escapa al silencio.

–¿Y qué pasa con la fecha de salida? ¿Si vamos con el auto la fecha sigue siendo la misma?

La pregunta me hace rebalsar el mate. Lo agarro con miedo a quemarme, tomo un sorbo para darme unos segundos más para pensar qué contestar.

–Sí, la fecha es fija, ya hace más de seis años que tendríamos que haber salido... Sigue siendo el 25 de enero de 2000.

Esa fecha la habíamos puesto como inamovible, estuviéramos o no listos porque mientras fue movible pasó año tras año. Ahora, para enero faltan tan sólo dos meses y sentimos algo dentro de nosotros, una inquietud, una voz, no sé si del alma o del corazón que nos pide que sigamos, que empecemos nuestros sueños. No más atrasos de ningún tipo.

–¿Y qué habría que hacerle al auto, qué pasa si no llega a estar listo, cómo sabes que el auto va a andar? –parecía que había muchas preguntas que Cande había pensado durante la noche y aunque no me estaba diciendo que sí a ir con el auto, mostraba interés o por lo menos curiosidad.

–Tenemos que conseguirle ruedas nuevas. Además un mecánico que lo vea, arreglarle el techo, hacerle tapizado, ponerle un portaequipaje... –hablo mientras Cande expresa con su mirada la imposibilidad de hacer todo eso para la fecha fijada, más todo lo del viaje que aún nos falta preparar. Entonces, ante su gesto, dejo de decirle mi listado de tareas para el auto, acotando algo mejor para convencerla–. Podrías traer más ropa, podríamos dormir dentro del auto, pararíamos donde quisiéramos, llegaríamos a lugares que los buses no llegan, no tendríamos que cargar mochilas...

–¿Y qué pasaría con los talleres? –me interrumpe. Sé a qué se refiere, ella sabe que odio ir a los talleres porque no sé nada de mecánica, absolutamente nada, y menos entiendo por qué siempre sale tan caro arreglar un auto. No sé qué contestarle...

–Vamos a hacer mil kilómetros de prueba antes de salir, iremos por los alrededores: si vemos que el auto anda, nos vamos; si no, seguimos con

el plan A de irnos con la mochila –comentario que le gusta porque ahora no está en ella decidir ir o no con el auto, sino que le toca al auto decir si viene o no con nosotros.

La prueba

El domingo, dos días antes de iniciar el viaje, salimos a probar el auto y qué mejor lugar que ir hasta el kilómetro cero de Argentina. Y hacia el obelisco y el Congreso nos vamos, tras pedirles a la hermana de Cande, Ana, y a su marido Roberto que nos acompañen por las dudas de que algo pase.

Ya en viaje empiezan las preguntas, son miles, y muchas sin respuestas.

–¿Y qué pasó con los mil kilómetros de prueba que iban a hacer? –pregunta Roberto.

–Y, pasó que durante la semana seguíamos en nuestros trabajos y sólo nos quedaban las tardecitas y los fines de semana para trabajar en el auto, y siempre algo teníamos desarmado que el mecánico se llevaba para arreglar...

–Pero ¿por qué no prueban el auto y después ven?

–Eso estamos haciendo ahora.

–Sí, pero hoy puede andar muy bien y dentro de unos días en la cordillera hacerse bolsa y todo tu sueño fracasar.

–No, no te preocupes que no vamos a fracasar –digo eso justo cuando meto un cambio súper ruidoso–. Entra o te rompo todos los dientes –el comentario gracioso corta la conversación y pienso para mí que es mucho más exitoso fracasar que no intentarlo nunca.

–¿Averiguaron qué se necesita para entrar a cada país además de los mapas? –pregunta Ana.

–Sólo tenemos el mapa de Argentina, seguramente vamos a conseguir en Chile el de Chile.

–Pero ¿no se hicieron una ruta, averiguando por dónde ir y los kilómetros...?

–Tengo miedo de planificar y averiguar mucho, tengo miedo de ver todos los inconvenientes y que nos asusten. Ya demasiados miedos tengo.

–¿Cómo vas a cumplir el sueño? ¿Cómo vas a conseguir todo lo que irás necesitando? ¿Cómo vas a encontrar ayuda cuando la necesites? ¿Qué vas a hacer cuando pase algo, cómo vas a lograrlo?

Pienso sus preguntas y mucho de razón tiene, no tenemos las respuestas y ni idea de cómo vamos a hacer, pero si no empiezo, nunca lo averiguaré, si no empiezo nunca lo lograremos, sinceramente no sé cómo haremos, no tengo conocimientos ni de mecánica, ni de la ruta, ni de idiomas.

–La verdad es que no sé, Roberto, no tengo conocimientos... pero sí tengo imaginación, que es más importante...

–Eso es una estupidez.

–Entonces Einstein era un estúpido, porque esto mismo lo dijo él.

¡Vamos!

Y el 25 de enero llega. No pasaron dos meses, volaron dos meses. Nos despierta el timbre que tocan Carlos y Nieves, una pareja vecina que camino a su trabajo nos quie-

re despedir, y tras ellos viene Gustavo. La idea era salir a la mañana, pero todavía hay mucho por preparar. Llega Juanvla, mi hermano, con su novia, y enseguida lo mando a comprar más cajas plásticas; llegan Ana y Roberto que también nos ayudan a preparar cosas; luego Luis Berraz, uno de los pocos cómplices de este sueño, quien nos había dado esas palmaditas de aliento en la espalda cuando más las necesitábamos.

No viene nadie más a despedirnos, es martes y todos trabajan. Sí lo hicieron durante el fin de semana y también ayer, lunes, pero todos nos despidieron con la seguridad de que nos volverían a ver muy, pero muy pronto. Algunos dijeron "hasta mañana" y los más optimistas nos dieron una semana... Por lo menos algunos se ofrecieron para remolcarnos.

Cargamos por primera vez el auto, lo que parecía que nunca entraría entra perfecto, las cajas plásticas calzan perfectamente en el portaequipaje sin dejar espacios vacíos y las demás cajas entran como hechas a medida sobre el asiento trasero. Cualquiera diría que todo lo habíamos calculado y practicado una y otra vez.

—Cande, di unas palabras para la cámara… —dice Luis mientras Juanvla filma.— Di algo ahora que están por comenzar el sueño de su vida.

Y Cande comienza a hablar.

—Vamos a empezar uno de los proyectos de nuestras vidas… no hablo más porque... —y se le quiebra la voz. Está tan feliz como nerviosa y ansiosa, es que nos vamos sin saber muy bien adónde, cómo llegar, ni cómo haremos.

Estamos a punto de dejar nuestro lugar, nuestra casa que recién estábamos terminando de construir. Dejar a nuestros amigos, familiares, nuestros trabajos y pequeñas conquistas. Hasta nuestra perra, quien presentía desde hace un mes que algo estaba por suceder y no estaba nada feliz. Desde que nació fue una excelente amiga, fiel y compañera a la que ahora con sus dieciséis años, falta de dientes, mal de la vista y con sordera, no le haría nada bien este tipo de viaje. Y por eso con un enorme dolor la dejamos.

Nos despedimos de la casa con un beso y una palmadita sobre sus paredes. Ahora sólo falta dar el primer paso, el de empezar. Tengo tantos miedos y nervios que no sé cómo hacerlo. Ya está todo cargado, todo listo, sólo falta un poco de coraje. Miro a Cande que está hablando con mi hermano, presiente que la estoy observando y me mira. Entonces le pregunto:

—¿Vamos?

—Vamos —responde en una mezcla de nervios y firmeza.

Nos acercamos hasta el auto y abrimos la puerta. Subimos y ponemos en marcha el motor que arranca inmediatamente, nos miramos mutuamente.

–¿Lista, gorda? –le pregunto cariñosamente.

–Lista –responde decidida.

Por primera vez, en este primer día de viaje, apoyo mi mano en la palanca de cambio, pongo primera y salimos sintiendo algo muy fuerte. Mi hermano y Luis nos siguen en sus autos mientras pasamos a despedirnos de otros vecinos que insisten en llamarnos "locos".

–¡¡¡Vamos flaco todavía!!! –grita el viejo Arruti desde su jardín, a la vez que con su gorra nos da la bandera de largada. Bueno, al menos parece que ya son tres los que nos tienen fe. Luis, mi hermano y el viejo Arruti.

Salimos del barrio, con lo cual algunos ya perdieron sus apuestas de que no llegaríamos ni a salir, pero un ruido bien feo empieza a sonar en la rueda trasera. Bajo, no veo nada, seguimos, y el ruido sigue al igual que el alboroto que causan las risas de mi hermano y Luis. Cande se pone al volante, me paro en el estribo del auto y miro, no veo nada, paramos y nos encontramos con quien menos quería encontrarme en este momento, Sergio, otro vecino del barrio. Me ve tirado en el suelo mirando la rueda.

–No te dije que no ibas a llegar a ningún lado con esa batata... ¡Ve para tu casa y déjense de embromar con Alaska! –a la vez que lo dice se mata de risa y yo me lo quiero comer.

Seguimos lento, muy lento y en la primera estación de servicio le decimos a Juanvla y a Luis que vayan nomás que desde acá seguimos nosotros. Le doy un súper abrazo a mi hermano doliéndome en el alma despedirme de él, porque aunque sólo serán seis meses lo siento como una eternidad. Se quedan en el camino hasta que nos pierden de vista y apenas no los vemos más empezamos a buscar una gomería o taller para ver la rueda. Era para eso que queríamos que nos dejaran solos, para que no nos vieran entrar en nuestro primer día de viaje, en los primeros kilómetros, en un taller.

–Qué raro que el domingo no pasó nada y ahora este ruido en esta rueda –comento a Cande mientras el gomero me dice que para él son los palos de la rueda.

El auto me parece más ruidoso que cuando salimos a probarlo el domingo, debe ser porque estoy atento a cada ruido. Estamos en la ruta, en el primer día de nuestro sueño y por primera vez manejando un auto antiguo. Todo lo quiero escuchar para así conocer a nuestro compañero de viaje. Los sentimientos los tenemos todos mezclados, la ansiedad y los nervios hacen un cóctel de bilirrubina con adrenalina que se percibe al reírnos de cualquier cosa.

–Fíjate en los relojes, que la temperatura no pase de 160 f, que la aguja esté por 140, en éste fíjate que la aguja del aceite no baje de 15. Anda chequeando porque acá no hay luces rojas que se prendan.

–¿Y éste qué es? –pregunta Cande.

–Es el de la gasolina pero no funciona, vamos a tener que fijarnos cuántos kilómetros hacemos con el tanque e ir contándolos en el mapa cuidando de no pasarnos.

Ahora somos piloto y copiloto, los dos somos socios en esto y todo depende de los dos, sólo de nosotros dos. La veo a Cande que observa los relojes y después empieza a mirar el camino, no puedo creer lo que estoy haciendo y además con ella, de quien estoy enamorado desde los 10 años...

14

—Cande, ¿te das cuenta lo que estamos haciendo? ¿Te das cuenta de dónde estamos?

—No, no lo puedo creer, no me lo digas que ya estoy súper nerviosa... —me dice quedándose pensativa. ¿En qué estará pensando?

"La pregunta de Herman me trajo a la ruta nuevamente. No, todavía no caí, veo el camino y me parece increíble estar acá sentada. Tanto tiempo soñé este momento y acá estoy, haciendo lo que siempre quise. Sé que estoy muy nerviosa por lo que dejamos y por no saber qué nos espera. Nos despojamos prácticamente de todo lo material, hasta de la rutina. Dejé mi casa que tanto quería y donde me sentía cómoda. Dejé mis amigos, amigos íntimos con quien compartí mi vida, mi familia a quien veía todos los días, mi perra Lucy que buena compañía me hacía y que siempre venía feliz a buscarme a la estación de tren cuando volvía de trabajar. Hoy, cambié todo en mi vida. Desde que abrí la puerta de este auto y me senté, parece que el mundo es mío y a la vez se me viene encima. Estoy nerviosa, pero es un nerviosismo colmado de libertad y de un optimismo que me hace pensar que se puede ser libre. Por más que mañana nos tuviéramos que volver por alguna causa que nos obligue a hacerlo, me siento libre, libre de haber podido dejar todo, de ir en busca de mi sueño. Me siento ansiosa por todo, qué nervios, siento miedo por cómo será nuestro futuro a partir de este momento."

—¿Te das cuenta, mi amor, de que dejamos todo?

—Sí, tanto dejamos y tan poco llevamos —le respondo asombrado de nosotros mismos.

Cande con su comentario y su silencio me lleva a pensar muchas cosas. No llevamos ni 20 kilómetros hechos que ya me siento otra persona, ahora soy esa persona que siempre quise ser, esa persona con ese deseo de ver qué hay al final de ese camino, de tomar la ruta, de conocer distintos lugares, distintos pueblos con distintas culturas, de querer ver qué hacen y cómo viven. Acá estoy, sentado frente a los comandos de un auto que ni conozco, en una ruta que me lleva a un mundo que quiero conocer.

"Yo sé de mi partida, Dios de mi regreso"

Tomamos hacia el Oeste sobre la ruta nacional número 7. Salimos a las 14.30 desde nuestra casa en el partido de Pilar. Un camión sin mucho esfuerzo nos pasa, y nos hace leer su mensaje escrito en la parte de atrás de su acoplado, en un muy oportuno momento: "Yo sé de mi partida, Dios de mi regreso."

Llegamos a un pueblo, San Andrés de Giles, preocupados por la rueda que sigue ruidosa. Paramos en otra gomería.

—Si su problema son los palos de las ruedas, vayan a lo de Croce, ellos son buena gente y saben de esto.

No sabíamos adónde nos estaba mandando, si a un taller, a una tornería o a qué... pero con lo de "buena gente" nos basta para ir.

Paro frente a un galpón viejo de ladrillo común pegado con barro, con una sola puerta al medio y dos ventanas muy pequeñas a sus costados. El fuego del fuelle está prendido y es parte de la poca luz que hay en el ambiente. Entro enceguecido por la luz fuerte de afuera y por un minuto no veo nada, lo primero que distingo es un gran desorden, herramientas, ruedas, palos, fierros, cosas para hacer, otras sin retirar

15

y mucha ceniza del fuelle que sobre el fresco piso de tierra forma desniveles. Cuando mis ojos se acostumbran a la poca luz, puedo ver que estamos en el mejor lugar del mundo para arreglar las ruedas: una herrería de principios de siglo que se ha quedado en el tiempo esperándonos para arreglar nuestros rayos de madera.

—Esto se arregla muy fácilmente, ven, hazlo conmigo así aprendes —me dice don José, como quien le enseña a un nieto cómo arreglar la bicicleta.

Entro a la vieja herrería que su padre inmigrante construyó, la misma que ahora con sus dos hermanos trabajan, donde aún hoy siguen arreglando ruedas de carretas y sulkies, aunque ahora sólo para coleccionistas.

Don José y sus hermanos Puli y Macarti, muy entusiasmados, ponen manos a la obra.

—Estas ruedas tienen muchos años de uso, además de muchos años sin uso… y las dos cosas no son buenas —dice don José con sus años de experiencia—. Las maderas se encogieron y con agua solamente no se van a acomodar, pero no se asusten que con un par de cuñas lo arreglamos.

Se ha dado cuenta de mi cara de susto: yo ya me imaginaba que íbamos a tener que hacer todos los rayos de nuevo… pero una cuña por acá y otra por allá dejan a las chillonas ruedas en total silencio.

La herrería actúa además como un club social del pueblo, donde la cuota social es un poco de amistad y otro poco de yerba. Lugar para matar unas horas libres, tomar unos mates, ver hacer un trabajo, chusmear alguna novedad, y qué mejor novedad que nosotros en esa tarde de verano.

—¿Hace mucho que salieron de viaje? —escucho la pregunta a mis espaldas mientras saco punta a una cuña en la piedra.

—Aunque no me crea, hoy es el primer día de viaje, salimos hace más o menos unas tres horas…

—¿Y ya empezaron a tener problemas? Así muy lejos no van a llegar.

Sigo con mis cuñas, el comentario no era muy agradable pero ya me estoy acostumbrando a escucharlos.

—¿Por qué lo hacen? —nos pregunta don José.

—Es nuestro sueño —contesto y me suena raro, no como algo serio.

—Un sueño… entonces escúchate a ti mismo, no escuches a este papanatas que nada sabe de sueños; si pides opinión a otros sobre tus sueños, escucharás hablar a gente que sabe cómo vivir la vida de los demás, pero no tiene idea de cómo vivir la suya. Sólo te mencionarán "peros", te dirán "muy bueno, pero…" —me dice mientras presenta las cuñas para meterlas entre los rayos—. Sólo tú y nadie más que tú sabes lo que eres capaz de hacer, y fíjate que los que menos hacen son los que más critican. Así que si te critican es porque algo estás haciendo —continua a la vez que entierra de un solo mazazo la cuña—. ¡Esta rueda ahora es carne de perro! —Y ¿este sueño de quién era? —sigue intrigado don José.

—De los dos, nació de los dos, imagínese que desde niños estamos juntos, todo lo fuimos descubriendo a la vez, existiendo un enorme futuro por delante, y en ese futuro empezamos a imaginarnos un viaje que fue transformándose en nuestro sueño —contesta Cande.

—Leíamos libros de Marco Polo, James Cook, Magallanes, viajeros en barcos, a caballo, en bicicleta, en jeep. Libros de gente escalando o buceando y siempre pensábamos:

¿por qué nosotros no? Si ellos pueden tener su aventura, ¿por qué nosotros no? –le digo entregándole la última cuña afilada, y continúo–: Y bueno, acá estamos, dicen que la vida es un libro en blanco y nosotros salimos a llenar unas hojas.

–Sí… la vida es un viaje y ustedes empiezan el viaje de su vida.

Terminamos de ajustar los palos de las ruedas y alrededor del mate otra rueda se arma para quedarnos charlando. Más tarde seguimos a Puli en su bicicleta hasta el parque del pueblo donde se puede acampar. Nos lleva su tiempo entender y armar la carpa, es nuestra primera vez con esta carpa prestada y en la primera cena fuera de casa tenemos a Puli como invitado. Nos tiene que esperar a que encontremos nuestras cosas, ver cómo prender la garrafa, usar un cuchillo para abrir una lata… para finalmente tomar una riquísima sopa e irnos a acostar en nuestra nueva cama y nuevo estilo de vida.

–¡Qué gran día hoy! A la mañana, salí a cambiar el alternador roto que me había vendido un señor y me dio uno mejor, además de regalarme unos tubos de rueda para Ford T que también se podrían usar. Ana y Roberto nos trajeron su carpa, el calentador, el termo y no sé cuántas cosas más. Ahora esta gente de la herrería se enojó cuando insistimos en pagarles… –empecé la conversación ya dentro de la carpa, sin nada de ganas de dormirnos, mientras Cande comienza sus primeras anotaciones en el diario.

–Sí, todos fueron divinos. ¿Sabes cuántos kilómetros hicimos en el gran día de hoy? Cincuenta y cinco, casi hicimos más amigos que kilómetros…

–No te preocupes que tenemos seis meses para llegar.

Hicimos un cálculo de seis meses para viajar desde Argentina, en el sur de Sudamérica, hasta el final del camino en el súper lejano Norte, a un lugar en el mapa marcado como Alaska, palabra que tan maravillosa suena, y entre nuestra casa y Alaska cientos de lugares para conocer y más de 20.000 kilómetros por recorrer. Seis meses para nosotros, seis meses que parecen una eternidad, jamás nos hemos tomado tanto tiempo. Creo que sólo hubo un año desde que nos casamos que salimos por un mes y que fue durante nuestra luna de miel… Me quedo dormido pensando en alguna parte de esa luna de miel.

¿Cuántos kilómetros por litro?

El auto tose amagando apagarse e instantáneamente miramos la ubicación de las agujas en los relojes, todas dentro de sus rangos normales. Con la mirada nos preguntamos qué fue eso, pasan unos veinte segundos de silencio y vuelve a hacer lo mismo, y otra vez y otra y… se murió… Con el impulso paramos sobre la pastosa banquina.

–¿Se habrá quedado sin nafta? –pregunta Cande en el medio de la más plana Pampa donde las palabras no tienen eco.

–Ojalá, prefiero eso a que sea algo del motor –abrir el capó y tratar de descifrar por qué no funciona, aún está fuera de mi alcance y conocimiento. Así que en vez de ir para el motor, me voy para atrás, abro el tanque y ya cuando lo hago escucho el vacío. Busco un palo para meter, pero en la pampa no hay árboles si no se plantan, por lo que consigo un cardo seco que con espinas mide un centímetro de escasa gasolina–. Sí, nos quedamos sin nafta –doy mi informe mecánico.

–Pero… ¿entonces cuántos kilómetros estamos haciendo por litro? Tendríamos que haber llegado perfectamente a Chañar Ladeado.

–¿A cuánto estamos?

–Más o menos a veinte kilómetros, porque cargamos apenas entramos a la provincia de Santa Fe y ya pasamos Firmat hace unos veinte o treinta minutos…

–Bueno, parece que no tenemos bien hecho el cálculo, me voy a ese campo a ver si tienen nafta.

El auto se vino a parar a muy pocos metros de una tranquera abierta, los perros salen a recibirme al sol del camino. Sigo caminando hasta la sombra de los eucaliptos sin sacarle la mirada al perro más chico, no son los grandes los que me tienen preocupado, ya que ladran desganados en esta tarde de calor, sino ese chiquito que busca mis talones. El grito del hombre deja a los perros mudos y a mí me da las buenas tardes respondiéndole a la vez que nos vamos acercando. Mira sobre mis hombros y ve a mis espaldas, sobre el camino, el auto.

–¿Se cansó el viejito? –pregunta.

–Más que cansado, anda hambriento y no quiere seguir si no le damos el preciado líquido –le respondo mientras miro de reojo al perrito que sigue interesadísimo en mis talones.

–Yo estoy saliendo para el pueblo, no le ofrezco gasolina porque todo lo que tengo es diesel, voy a hacer unas compras y vuelvo, así que si tiene tiempo vamos.

–Tiempo tengo, si me lleva, se lo agradezco –nos presentamos mientras encaramos a su *pick up* y, ya camino al pueblo, como buen hombre de campo, su conversación empieza con el clima.

–Parece que "la" calor no quiere aflojar.

–Por suerte nosotros manejando no lo sentimos, nos refrescamos con el parabrisas abierto.

–¿Con el parabrisas abierto? ¿Cómo es eso?

–El parabrisas se abre para adelante, es nuestro aire acondisoplado… –el hombre larga una corta risa.

–¿Se abre para adelante? ¿Y a cuánto van?

–Desde que salimos vamos a cuarenta kilómetros por hora, lo venimos ablandando de muchos años de estar parado, pero en cuanto la artritis y el óxido se le aflojen, vamos a ir más rápido. Por ahora lo vamos conociendo.

–A cuarenta kilómetros por hora… ¿Y cuánto le puso de la capital hasta acá?

Me doy cuenta de que todo lo que le respondo, él me lo repite como queriendo grabar lo que le digo, seguramente esta noche seremos tema de conversación con su familia.

18

–Vamos por nuestro tercer día, pero también venimos tranquilos…

–¿Tres días? Y... ¿Van lejos?

–Hasta Alaska, si Dios quiere.

–Ah… –esta vez no repite mi respuesta. Puede que no me crea, que no sepa dónde queda Alaska, o que crea que le estoy tomando el pelo. Entonces la conversación sobre el auto se corta y pasamos a charlar sobre buenas y malas cosechas. Volvemos al auto, le presento a Cande mientras descargo el bidón de nafta y el hombre recorre el auto.

–Si hice bien la cuenta, estamos haciendo unos cinco kilómetros por litro –dice Cande mostrándome su libreta con sumas y divisiones de kilómetros. Me imaginaba que rendiría más, cinco por litro no es nada y es muchísima plata en gasolina… Veo al hombre que repite mi pensamiento.

–A cuarenta kilómetros por hora, con un litro de nafta cada cinco kilómetros, y hasta Alaska… –piensa en voz alta el paisano.

Pidiendo permiso

Seguimos para hacer más kilómetros, pero la noche nos empieza a atrapar antes de que lleguemos a algún pueblo: debemos dormir en la ruta o probar en un campo. La ruta no nos convence: no tiene árboles ni agua y pedir para acampar en un campo… nos da vergüenza. Vemos primero un monte, señal de que hay una casa, buscamos verla, encontrar su entrada, algo que nos diga que ahí seremos recibidos, pero nuestra vergüenza nos traba y seguimos camino a la vez que oscurece.

Tenemos que decidirnos porque siendo de noche ya no podremos entrar… Llegamos a uno que tiene su tranquera abierta y al poco tiempo que entramos salimos, dejando a un hombre rogándonos disculpas y diciendo que sólo era el peón, que él era nuevo y no sabría si al patrón le gustaría la idea. Ingresamos a otro y de éste salimos mucho más rápido todavía de lo mal que nos dijo que no la persona que encontramos. Decidimos probar en uno más y si no, a la ruta a dormir. La tercera es la definitiva.

Entramos en una casa blanqueada con cal entre un monte de pinos y álamos. La familia está afuera de la casa apoyada contra el alambrado como si estuvieran esperando vernos pasar por la ruta.

–Buenas tardes.

–Buenas tardes, bienvenidos… –nos dicen mientras abren la pequeña puerta del cerco que rodea la casa. Visten ropa de trabajo, el cual pareciera que todos realizan porque ninguno viste más limpio que el otro.

–Mi señora Estela, nuestros hijos Tato, Diego y yo, Héctor Menna, para lo que ordenen... –se presenta el señor mientras se saca la gorra y nos saluda–. Los pasé hoy en la ruta, estaban entrando al campo de la loma… –"al campo del que casi nos echan a patadas", quiero corregirlo.

–Qué lindo autito, está enterito –comenta Estela dándonos pie a contarles y preguntarles.

–Estamos viajando hasta Alaska con este auto y, como no lo conocemos muy bien, no queremos viajar de noche, ya se nos hizo tarde para llegar al próximo pueblo y le queríamos preguntar si nos dejarían acampar por esta noche por aquí.

–Claro que sí, pasen por acá que hay un pasto bien acolchadito, pero si quieren dentro de la casa hay lugar… –con un entusiasmo bárbaro, los dos nos hacen señas de que pasemos a ver su mejor pasto del jardín y también a su casa.

–No, no se preocupe, nosotros acá en el pasto nos arreglamos –les dice Cande.

Nos llevan a conocer sus conejos, gallinas, frutales, verduras y para todo tienen algo en experimento: para los conejos cavaron un pozo enorme, lo taparon con chapas y sobre ellas con tierra, pero les dejaron unos caños de entrada al pozo.

–Los conejos naturalmente viven debajo de la tierra, es más fresco en verano y más cálido en invierno, estoy seguro de que voy a tener más crías. Esta noche les vamos a hacer probar conejo en escabeche.

Junto al escabeche de conejo nos dan otro de vizcacha y pickles, para seguir con milanesas y una ensalada mezclada con cada verdura de su huerta. Y de postre, duraznos en almíbar, frutos de sus propios árboles.

Por la mañana, al despedirnos, no encontramos la manera de decirles que tanta verdura no podemos llevarnos y que con un frasco de cada conserva ya es muchísimo. Al estar nuevamente en nuestro camino pensamos que si hubiéramos dormido en la ruta nos habríamos perdido de conocer esta familia que nos abrió su hogar.

Don Eduardo

Entramos a la ciudad de Río Cuarto donde llegamos hasta la casa de Picciani, a quien habíamos conocido en Buenos Aires y que también tiene un Graham Paige. Él no está, pero su hijo enseguida nos recibe y llama a los miembros del club de autos antiguos que rápidamente empiezan a aparecer. Les comentamos que necesitamos revisar por qué hay un ruido en una rueda trasera, que suena a metal contra metal. Es sábado y no saben quién lo puede ver hasta el lunes.

–Eduardo Estivil sería el mejor, no hay como él, tiene 76 años, corrió carreras con estos autos y después se dedicó a preparar autos, ahora es especialista en restauración –dice uno de los miembros.

–Vamos a verlo –acepto súper entusiasmado.

–No va a ser posible, está de vacaciones y a sus horarios se los respeta, nadie puede molestarlo en su tiempo de descanso.

–Creo que aunque sea deberíamos avisarle, puede ser que se enoje, más si se entera de este viaje, que necesitan ayuda y que nadie le dijo nada –dice otro.

La mayoría piensa lo mismo, entonces deciden llamarlo y mientras lo van a hacer, me imagino que si es tan estricto y bueno, sus tarifas serán tan elevadas como la estima que le tienen.

–Dice que pasemos por la casa, que va a ver qué puede ser y según eso verá si lo arregla o no.

En caravana de cuatro autos vamos hasta la casa. El hombre mayor sale de la fresca sombra de su galería y, sin gesto alguno de alegría, se sube al estribo pidiéndome que lo haga andar mientras mira la rueda girar. Me hace señas de que pare a los pocos metros de andar, se baja, se le acercan los miembros del club, y a ellos les dice meneando la cabeza y dándome la espalda:

–Así no puede seguir –alcanzo a escuchar. La cara de los socios muestra dolor, como si fueran desde un principio parte de este sueño.

–¿Hay algo que se pueda hacer? –pregunta uno dejando a todos en silencio y posando nuestras miradas en la cara del hombre de los conocimientos.

Eduardo mira el auto, luego la rueda que causa problemas, nos observa y le dice al grupo:

–Tendremos que ir a buscar a mi ayudante.

Bastó decirlo para que todos se ofrecieran a hacerlo.

Al levantar la cortina del taller, descubro tres autos magníficamente restaurados, un taller impecable y un ayudante muy bien vestido con delantal y anteojos. Todo me dice que abrir un taller en vacaciones y de estas características va a costar mucho. Seguramente arreglará el auto pero no sé si podremos seguir viaje con los bolsillos vacíos. Mientras su mecánico saca la rueda, el señor Eduardo corta una lata de chapa para hacer un suplemento, que enseguida coloca y el ruido desaparece. Luego encuentra otros problemas en el motor como una pérdida de aceite, una rosca en un palier y... detalle acá, detalle allá que quiero parar porque si todo lo va a sumar en una cuenta, hasta vamos a tener que dejarle el auto en parte de pago.

Los del club salen afuera para no estorbar. Uno lleva a Cande a comprar rollos de fotos y por un momento me dejan solo con Eduardo, quien ajustando los frenos en cuclillas, aprovecha para decirme:

–Un viaje de éstos no se hace así. Hay que salir organizados, con motor a nuevo, retenes cambiados... rodamientos nuevos –habla con sinceridad y con conocimiento de lo que dice–, no con un auto en estas condiciones. Además para un auto de esta marca, tienes que llevarte repuestos, no los vas a conseguir... –no me da un buen diagnóstico del auto.

¿Qué podría decirle? En todo tiene certeza, pero siento que mis motivos son mucho más fuertes. Pienso y siento que no hay que preocuparse por los repuestos del auto, hay que preocuparse por la vida... porque esa sí que no tiene repuesto.

–Don Eduardo... gracias por su consejo. Mire, no sé cómo decirle pero es lo único que tengo, si hiciera todo lo que debería hacer no lo haría nunca. Cómo voy a hacerlo... no tengo idea, pero, al menos tengo que intentarlo. Alaska está lejos y este auto puede que no sea el indicado pero si no es el auto, será el momento no indicado, o la falta de dinero, o algo... Mi abuelo arriaba ganado en la patagonia por miles de kilómetros cruzando ríos, montañas, desiertos, nevadas y él una vez me dijo que cada vez que empezaba no miraba los kilómetros que le faltaban, sólo miraba el próximo kilómetro. No miro Alaska porque me aterroriza, miro el próximo pueblo.

Eduardo no me contesta, sigue con su trabajo, él sabe que tiene razón pero me intriga qué opinará de lo que me escuchó decir. Llama a su ayudante y lo manda a comprar una tuerca nueva para la rueda. Sale rápido por su mandado. El hombre mayor camina hacia su mesa de trabajo limpiando con un trapo dos arandelas y dejándolas impecables sobre la mesa. Respira hondo y me dice:

—Los mejores recuerdos que tengo de mis carreras no son de aquellas carreras que gané, son de esas en las que me anoté con un auto armado y preparado con lo que pude, con lo que me llegaron a dar. Son esas carreras que a la noche, mientras todos los pilotos dormían, yo estaba debajo de mi coche arreglándolo. Los corredores contaban con un equipo que los seguía con todo lo necesario, yo sólo dependía de la buena voluntad del mecánico del pueblo. Perdí muchas carreras pero aun así siento que las gané, no habré llegado primero a la meta, pero no sabes el triunfo que se siente con sólo llegar —sus palabras quiebran su hablar, mezcla de sentimiento y recuerdos. Toma una bocanada de aire y con firmeza ante las lágrimas, agrega—: aunque en la llegada ya no había nadie esperándome.

—Patrón, mire: conseguí la misma tuerca, igualita... —rompe el ayudante el silencio y la emoción, volviendo todos a terminar el trabajo.

Con el ayudante entran los demás socios, que tienen planes para nosotros. Entrevista en la radio, cena en un club, noche en lo de Picciani y para mañana juntar todos sus autos en la estación de servicio a la salida de la ciudad para hacernos una caravana de despedida.

Alaska es la meta, pero cada pueblo es un triunfo.

—¿Cuánto le debo, don Eduardo? —pregunto con miedo.

—Una postal de Alaska.

Entre serranías

Dejamos atrás la emotiva caravana de autos, comenzando otro día de viaje. Al viajar rodeados de un paisaje bello entre valles y serranías cruzamos uno de nuestros primeros vados. Y al mojarse las ruedas en el arroyo escuchamos un ruido extraño. Pasamos el vado, paramos y vuelvo por más agua entre mis manos que tiro a la rueda delantera notando que el agua se evapora rápidamente, la superficie está caliente y evidentemente hay algún problema. ¿Será un rodamiento que quiere abandonar el viaje? Seguimos hasta llegar a una casa, mientras escuchamos los chillidos de la rueda. Sobre la calle nos ponemos a desarmarla. Enseguida asoma tras el cerco el dueño de la casa, que nos invita a trabajar dentro de su jardín: increíblemente, tiene un Ford A modelo 28. Eugenio Soler es dueño del único auto antiguo del pueblo y además tiene conocimientos de mecánica.

Desarmo la rueda bajo sus indicaciones y al ver el rodamiento opina que debemos cambiarlo sí o sí. Me hace desarmar la otra rueda y aconseja lo mismo. Nos invita a comer a la costanera del río unos gigantes sándwiches de milanesa y a dormir en su casa para esperar el lunes.

Vamos hasta la ciudad de San Luis en su auto, y apenas entramos a la casa más grande de rodamientos y apoyamos sobre el mostrador los nuestros, uno de los vendedores, mientras frunce su nariz con sólo verlo, nos dice:

–No, eso no tenemos... esas medidas ya no se fabrican. –Igual lo mide y busca en catálogos, pero nada.– No tengo ni idea de dónde lo podrán encontrar.

Entra al negocio el socio, quien alcanzó a escuchar su comentario. Mira sobre el hombro de su compañero los rodamientos y le pregunta:

–¿Te fijaste entre esas cajas añejas que nos dio aquel viejito que cerró su casa de rodamientos hace años?

Unos minutos después, salimos del negocio con dos rodamientos viejísimos pero sin uso, que hasta están en sus cajas originales. Encima no nos cobraron porque a ellos también se los habían regalado.

Y así partimos hacia la cordillera con rodamientos nuevos, muchos arreglos hechos en el auto y con ganas de cruzar nuestra primera frontera del recorrido.

–Estoy preocupada. ¿Esto va a ser siempre así? Hace cinco días que salimos y tres de ellos estuvimos arreglando el auto.

–Sí, lo sé, pero ¿viste lo que pasó? Todo salió perfecto.

–Igual tengo miedo, porque si esto va a ocurrir muy seguido ¿cómo vamos a hacer en los demás países donde no conozcamos ni su gente, ni el lugar? ¿Cómo vamos a hacer si esto pasa en la cordillera o en el desierto que en unos días vamos a cruzar?

–Ya veremos, sé que esto no es un buen comienzo, pero quizás esto sea todo.

Saludo al Aconcagua

Se acerca una gran prueba del viaje y así lo demuestran nuestros nervios. En el parabrisas se dibujan montañas que al llegar al pie se ven infranqueables. La cordillera de los Andes está delante de nosotros y necesitamos cruzarla. Pido a la montaña su permiso e iniciamos la subida entre cimas altísimas, el camino serpentea cuesta arriba, el auto fuera de forma por tantos años sube muy lentamente y cruza montones de túneles por donde el camino nos lleva. Tengo miedo de que en cualquier momento el auto se pare. Entre los dos lo alentamos gritándole "arriba, arriba" como si fuese una persona, y Cande se agarra del tablero como queriéndolo ayudar. Quizá piense que de esa forma ella pese menos. Estamos tensos, no hay muchos pueblos por acá y dependemos mucho del envión que tomamos en las bajadas para volver a subir.

El paisaje es tan bello que Cande quiere parar a sacar fotos en cada curva, en cada cerro, mientras yo prefiero no hacerlo porque arrancar al auto le cuesta más. No se hace ningún problema ya que es tal la lentitud con que subimos, que ella se baja andando, corre, se adelanta, saca fotos, filma y se vuelve a subir.

Entre gigantes montañas divisamos un pequeño cerro, cónico, que nos deja en silencio por el respeto que emana. Es pequeño pero con mucho contenido, un contenido que no es de minerales, ni oro, ni plata sino algo más valioso. Sobre su cima hay una cruz y a su alrededor hay tumbas de andinistas que, en su intento de conquistar la cima del vecino cerro Aconcagua, perdieron la vida.

Ellos dieron su vida pero no eran soldados, ellos no recibían órdenes, sino que podían volverse cuando quisieran y no ser llamados traidores. Tampoco se los llamaría héroes si lograban su cometido, pero sí lo eran para mí. Ellos dieron la vida por la vida misma, buscando un sueño: nadie les dijo que vayan, ni nadie les diría nada si no iban, pero tenían esa voz en su interior que les decía que había que hacerlo, que había que tomar los riesgos, porque es cuando uno más se arriesga cuando más vivo se siente. Si no hubieran venido a escalar el Aconcagua, hoy estarían vivos pero ¿qué tan vivos? No buscaban vencer la montaña, buscaban vencerse a sí mismos. Muchos hombres se hicieron a la mar y nunca más aparecieron, muchos hombres salieron por tierras lejanas con un destino y nunca lo alcanzaron, otros no regresaron. Un poco de miedo siento, pero más miedo siento a no intentarlo, a quedarme con las ganas de vivir. Prefiero morir intentando vivir que morir sin haber vivido.

Embajadores

–No, sin el permiso no pueden sacar el auto.

–¿Cuál permiso?

–Usted sabe muy bien de qué permiso le hablo, el permiso para poder retirar un auto de colección del país por ser patrimonio nacional. Si tiene alguna duda, vaya a hablar con el jefe –dice el empleado señalándonos la dirección de la oficina.

Sabíamos de qué permiso nos estaba hablando, un permiso emitido por la Aduana, necesario para poder sacar un auto fabricado antes de 1940. Un trámite súper burocrático y engorroso de realizar, que no permite la salida de autos antiguos del país para su posterior venta. Papeleo que incluye tasaciones, fotos de partes, informe del Ministerio de Cultura sobre la historia del auto y más informes, y más papeles... Papeles que nunca hicimos.

Cande me desea éxitos, me da un beso cariñoso y hacia la oficina me encamino. Tenemos un miedo terrible a que nos digan que no, estamos por cruzar a Chile y en la primera frontera ya tenemos problemas. Ayer en la ciudad de Mendoza, Tini y su hermano Alfredo, mientras nos daban un súper servicio al auto con su mecánico, nos contaron que varios quisieron salir pero tuvieron que pegar la vuelta por no contar con el permiso.

Golpeo la puerta con toda la fe del mundo de que no saldría con un no como respuesta, entro seguro y calmo pidiéndole a Dios las palabras necesarias. Ya llevamos nueve días de viaje, 1262 kilómetros manejados y un montón de cosas que nos pasaron, no nos pueden decir ahora que no.

–¿Usted es el del auto antiguo? ¿Qué marca es? –me pregunta el jefe apenas entro.

–Es un Graham Paige modelo 28...

–Yo tengo dos autos antiguos, un Ford A y un Chevrolet. ¿Y hasta dónde dices que van?

–Si Dios quiere y usted me lo permite, hasta Alaska –el hombre baja la mirada como para pensar, cosa que sólo le toma cinco segundos.

–Anda nomás –me quedo atónito parado frente a él, nunca imaginé que sería tan sencillo conseguir el sí.

–Le agradezco de corazón, no sabe lo importante que es para nosotros lo que estamos haciendo, y además ya hay mucha gente tras este sueño, y usted es uno de ellos.

24

El hombre asiente con la cabeza, se para y me da un fuerte sacudón de manos. Cuando me ve llegar a la puerta, me dice algo tan importante que es como si pusiera dos elefantes sobre mis hombros:

–Vayan, pero no olviden nunca una cosa: ustedes van a ser nuestros embajadores.

No sé qué decir. Al salir, cierro la puerta mientras en mi cabeza repica este nuevo nombramiento. Por un lado siento algo muy lindo, pero por otro, una responsabilidad enorme que no sé si podremos cumplir. Cada acto, movimiento, obra, palabra, cada cosa que hiciéramos o dijéramos a partir de este momento estaría representando a todas las personas de donde venimos.

Candelaria ve mi cara de feliz cumpleaños que no puedo disimular, y se da cuenta enseguida de que tenemos el permiso para seguir.

–¡Nos vamos a Chile! –empieza a gritar mientras me abraza– ¡Sabía que nos iban a dar el permiso, estaba súper segura! –sigue gritando y hasta se pone a cantar una canción– Cuando pa' Chile me voy, cruzando la cordillera...

–¿Por qué tan segura? –le interrumpo su cantar.

–Porque todo se nos venía dando, la gente nos apoya, saludándonos en la ruta, los camioneros tocándonos sus bocinas. Yo ya me siento como la reina del carnaval saludando todo el tiempo.

–¿Y yo? Me siento el Papa

Nos matamos de risa.

El que afronta lo desconocido descubre tesoros

–Nos siguen a nosotros ahora –dos hombres cortaron nuestra feliz conversación. Vestidos de verde, donde en una de sus etiquetas se lee "Gendarmería".

–Sí, los seguimos pero no vayan más de 120 kilómetros por hora, miren que en la montaña vamos bien despacio –Cande responde entre risas y empieza a cantar nuevamente mientras se sube al Graham–. Cuando pa' Chile...

Luis Gaitan y Marcelo Bustamante nos vieron en el Puente del Inca, donde nos invitaron a dormir al destacamento. Nos esperaron en la aduana y ahora nos guían. Aunque es pequeño, nos tratan como reyes. Nos dan el cuarto del capitán, nos pegamos una ducha maravillosa y nos cocinan una sopa riquísima sin dejar que los ayudemos en nada. Con mucha timidez, ante la cámara que pusimos para filmar, nos dan la despedida.

–Bueno, eeeeh, acá estamos en Las Cuevas, a 3800 metros sobre el nivel del mar y estamos compartiendo con dos amigos una cena muy amena –comienza diciendo Marcelo–.

–Yo quiero decir que para nosotros es un honor tenerlos acá porque ustedes, de una forma u otra, nos van a representar en distintas partes del mundo, digamos que es más que un honor darles la despedida del país –nos dice Luis mirándonos a los ojos–. Disfruten esta última hora en el país sintiéndose como en casa.

Dejamos Argentina con una despedida maravillosa y con recuerdos de personas que nunca antes nos habían visto y aun así nos dieron una mano para empezar este sueño.

Nueve días atrás dejamos nuestra casa, ahora dejamos nuestro país, entramos a algo desconocido. Pero el que afronta lo desconocido descubre tesoros, y por nuestros tesoros vamos.

Chile
Bolivia

Copacabana
Madidi
La Paz
Oruro
Sucre
Arica
Potosí
Iquique
S.Pedro
de Atacama
Antofagasta
Copiapó
Concón
Santiago

CHILE
VIAPANAM
I REGION
5

Hasta aquí	
Tiempo de viaje.....................11 días	
Kilometraje..........................1409 km	

Bienvenidos a La Paz

Chile

Entre el Océano y los Andes

Puerta a lo desconocido

¡Entramos a Chile! Se siente todo un logro, significa llegar al primer país fuera del nuestro y haber logrado llegar a lo más alto de la cordillera de los Andes. Ahora nos toca bajar y lo hacemos por una bajada muy bien llamada "de los Caracoles", porque es una curva tras otra y extremadamente empinada. Se ven algunos autos a la vera del camino esperando que sus motores se enfríen. Es tan imponente la vista de las montañas desde arriba que Cande se baja a filmar buscando tomas del auto y la gigante cordillera. Bajo y sigo bajando mientras Cande me filma tomando curvas y contracurvas del serpentino camino. Cuando llego al final y alzo la vista, ella es un diminuto punto, y subir todo esto de nuevo para buscarla podría ser la fundición del motor. Le hago señas de que baje.

–¿Está enpana? –me pregunta un señor desde un auto con patente chilena: estoy a sólo 30 kilómetros de Argentina y ya no entiendo qué me dicen, pensé que hablábamos el mismo idioma.

–Perdón pero no sé qué me dice...

–Si se le rompió la burrita... ¿Cachai po? –me vuelve a dejar en dudas de qué me dice. Como no tengo burra conmigo, supongo que burrita será el auto.

–No, sólo estoy esperando a mi mujer. Gracias.

–¡Ah! ¿La que viene caminando es su polola?

–Sí, es ella –respondo sin saber si polola es algo bueno o algo malo.

–Tai po –me dice y se va.

El primer encuentro con alguien fuera de mi país me demuestra que hablamos el mismo idioma solo que con palabras distintas. ¿Cómo será cuando estemos en lugares que el idioma sea otro?

Mientras pienso y sumo dudas, Cande se baja de un auto.

–Él es Esteban y ella es su novia. Se van de vacaciones a Viña del Mar, me levantaron cuando les hice dedo.

Llegamos al pueblo Los Andes donde paramos la primera noche. Después visitamos Santiago de Chile, recorriendo museos, plazas y parques, buscando siempre un lugar seguro para estacionar el auto, no sabemos qué puede pasar. Por un ruido en la caja de cambios o cerca de ella, buscamos un coleccionista de autos antiguos cuyo nombre nos habían dado en Mendoza. Enseguida nos dice que puede ayudarnos, y a pesar de que su gente está de vacaciones, los manda a llamar y rápidamente se ponen a fabricar un buje entre tres entusiasmados mecánicos. Pensé que nos odiarían por la molestia pero estuve equivocado.

Una noche en Concón, pasando Viña del Mar, nos compramos unas empanadas para comer en la playa. Al llegar a ella, nos encontramos iluminados sólo por la poca luz de una media luna. Con nosotros traemos nuestra riñonera, un pequeño bolso en la cintura, y en ella tenemos todos nuestros documentos personales, los del auto y todo el dinero que llevamos, un poco más de dos mil dólares. Por miedo a que nos roben, la escondemos debajo de un carrito de comida rápida que se encuentra cerrado. Comemos las empanadas en la lindísima noche escuchando las olas romper; también llegan unos perros a hacernos compañía, buscando algo de las empanadas y con quienes después jugamos sobre la blanda arena.

Al día siguiente nos despertamos un poco más tarde de lo habitual, cerca de las nueve de la mañana. Estamos buscando qué comprar para el desayuno cuando Cande me da un cambio para que lo guarde junto con el dinero en la riñonera...

−¡¡¡La riñonera!!! ¡¡¡Nos olvidamos la riñonera!!! −le grito a Cande desesperado al mismo tiempo que salgo corriendo hacia la playa. Corro como loco, pensando todo a la vez, viendo qué estupidez tan grande cometimos, cómo pudimos olvidarnos la riñonera que tiene todo adentro. ¡Cómo pudimos ser capaces de tan grave error!

Al llegar a la playa sin nada de aire, no encuentro el lugar desolado que dejamos anoche sino uno lleno de gente. Encima la Marina se encuentra realizando prácticas con un helicóptero, con una gran lancha, con marinos en tierra y muchos curiosos. Voy exasperado al carrito en busca del pequeño bolso, pero nada encuentro. Siento que el mundo se me viene encima, que todo está perdido. Estoy totalmente desmoralizado y por otro lado me siento furioso, encolerizado conmigo mismo, ¡cómo pude ser tan estúpido!

Cande llega, ve mi cara larga que llega hasta el piso y en una mezcla de nervios y de buscar soluciones me dice:

−Busquemos, puede que alguien haya quitado el dinero y dejado el resto...

Salimos en distintas direcciones, Cande se dirige al único restaurante, quizá la hayan dejado ahí. Mientras camino entre la gente, no puedo creer que hayamos guardado todo en un solo bolso, ¿por qué no habremos dejado algo en el auto... ? ¿Y ahora qué haremos, por qué este inicio tan malo a sólo quince días de viaje? ¿Por qué tiene que terminar así y tan pronto? ¿Será que Dios no quiere que hagamos esto? Pensándolo bien, nada tiene que ver Dios en nuestros estúpidos actos. La gente no me mira mientras maldigo, están concentrados en el helicóptero y la gente que baja y sube de él; les pregunto pero nada vieron.

Sigo unos pasos más, avanzo entre ellos y veo algo azul, sobre la arena amarilla, está a sólo tres metros a espaldas de un grupo de curiosos, corro a ver qué es y ¡sí, ahí está! ¡Es nuestra riñonera! La levanto desesperado, se la ve mordida, seguramente fueron los perros de anoche, la abro con mis manos entorpecidas por la ansiedad y está todo intacto, con todo adentro, ¡¡todo!!

Sólo pienso en agradecer a Dios. ¿Cómo puede ser que nadie la haya visto, cómo puede ser que tantas horas pasaron desde que la dejamos y está intacta, con todo adentro? Corro hacia Cande levantando la riñonera. Al verme pega un salto con un grito de alegría, llamando esta vez sí la atención de los curiosos. Para festejar nos vamos al mejor restaurante a comer mariscos frente al mar, rompiendo todo presupuesto para un día, que nada nos importa.

A medida que avanzamos hacia el norte, poco a poco el paisaje se torna más árido. Nos pasa una *pick up* vieja y con mucha necesidad de arreglos. Se nos pone a la par y nos hace señas, que respondemos con saludos. El hombre nos vuelve a pasar y nos muestra un melón por su ventanilla y, pensando que nos lo quiere vender, le hacemos señas de que no queremos. El hombre acelera y se va, pero vemos que nos espera más adelante a la vera del camino, con su melón en la mano. Paramos a decirle "no gracias, no queremos comprar melón".

–¡Bienvenidos! Déjenme obsequiarles este melón, como bienvenida a mi país –nos dice y mientras le agradecemos agrega:– ¿Adónde van con ese auto?

–Al final del camino.

–¿Adónde?

–A Alaska –aclara Cande.

–¿Y dónde queda eso?

–Donde el horizonte, el cielo, el mar y la tierra se unen.

Después de despedirnos y volver a la ruta, nos damos cuenta de que ni él ni nosotros nos habíamos presentado con nuestros nombres, parece que para él sólo fue suficiente el saber que no éramos de su tierra y para nosotros, un embajador de su lugar.

Costeamos el mar Pacífico que nos va llevando por pueblos con playas y barcos pesqueros. Comemos en los mercados sus frutos de mar, que en variedad de colores y sabores tan bien saben preparar. Cuando la cordillera se acerca al mar, el camino se ondula con fuertes subidas y bajadas. En una no muy empinada, a medida que subimos el auto va perdiendo fuerza, hasta que sin nada de ella no quiere saber más. Vuelvo a arrancar el motor pero falla, así que volvemos para atrás en bajada hacia un taller que increíblemente está al pie de la subida y que me había llamado la atención por la cantidad de vehículos que tenía alrededor de un pequeño galpón.

Enseguida, del taller sale el dueño de debajo de un camión, avisado por unos perros atados de nuestra llegada.

–¿Qué le anda pasando a la burrita? –me pregunta después de saludarnos. Para que no me ensucie la mano con la suya aceitosa, me ofrece su antebrazo.

–Anda cansada, no quiere subir la loma.

Enseguida sabe que es el carburador y cuando lo desarma saca tanta mugre que me mira asombrado.

–No sé cómo se le ocurre salir sin siquiera limpiar el carburador, mi amigo... Esta mugre es de años... –No sé qué decirle, pero sencillamente no se me había ocurrido.

Mucho del *service* que le habíamos hecho al auto antes de salir lo hicimos con Carlos Gil, un hombre que nos cayó del cielo, como un ángel. Él es mecánico y dueño de algunos Graham-Paige. Su abuelo había sido mecánico oficial de la marca y desde que le dijimos que nos íbamos a Alaska con el auto, empezó a venirse los fines de semana a casa sólo para ayudarnos a preparar el auto. Pero por falta de tiempo quedaron muchas cosas por hacer; entre ellas, como ahora se ve, la limpieza del carburador.

El hombre, con un poco de gasolina que saca del tanque más un poco de aire a presión, lo limpia y lo vuelve a armar. Llega la hora de pagarle y nada quiere saber de cobrar. Al subirnos al auto, nos dice:

–Alaska... No sé si con este auto vas a llegar rápido, pero sí sé que vas a llegar.

Nos contagia un poco de su confianza, a veces es más la que nos tienen los demás que la que nos tenemos nosotros. Con mucha facilidad volvemos a subir la loma y unas cuantas más del camino.

Dentro del auto, preparados para dormir en Bahía Inglesa, un pueblito pintoresco frente a la playa, estoy más que preocupado haciendo cuentas y anotaciones en nuestra libreta. Entonces le comento a Cande:

–Si tardamos 23 días en llegar apenas hasta acá, no vamos a terminar nunca el viaje en 6 meses, tenemos que tener un plan de kilometraje por día o días en determinados países. –Estoy nervioso con el tema, no así Cande que súper tranquila me responde:

–Pero tenemos que disfrutar los lugares... gocemos, después podremos recuperar el tiempo.

–Tendríamos que ser más firmes, 13 días más en Chile para salir el 2 de marzo, quince en Bolivia, en Perú 25 días, otros 20 en Ecuador... Centroamérica 30 días, México, Estados Unidos y Canadá un mes y medio... y para de contar, porque no vamos a tener más plata para contar... Tenemos que obligarnos a hacer más kilómetros y menos desvíos.

Cande se acuesta y cierra los ojos.

–O hacemos tantos kilómetros por día, o gastamos tanta plata por kilómetro hecho... –sigo solo con mis comentarios.

Acostados en el auto estamos súper cómodos, ya que el respaldo del asiento lo podemos bajar totalmente gracias a que antes de salir le pusimos bisagras. Tenemos las ventanillas bajas pero nadie nos puede ver porque Cande ha adaptado cortinas y mosquiteros. Desde hace unas noches empezamos a poner la lona que cubre todo el auto por más que no llueva, porque así no llamamos la atención. Sin la lona la gente se acerca y se pone a charlar sobre el auto hasta tarde en la noche, y empiezan muy temprano en la mañana, sin saber que estamos intentando dormir.

A las cuatro de la mañana escuchamos gente acercarse.

–¿Qué es esto? –oímos a uno preguntar, mientras empiezan a curiosear levantando la lona.

–Parece una carreta, tiene ruedas de madera... –contesta el otro mientras va destapando las ruedas. Para que no siga levantando la lona y sin previo aviso, toco la bocina dos veces.

–¡Raja, raja que esto tiene alarma, po! –asustados los escuchamos correr mientras nos reímos y tratamos de volver a dormir.

El ruido del silencio

Entramos al desierto más seco del mundo, donde hay lugares en los que no llueve en años, donde no se ve vida alguna. Sólo los mojones de cuenta kilómetros y crucifijos que anuncian la muerte por un accidente.

Aun así me siento muy bien en la ruta: me invade una maravillosa sensación de libertad, y de estar haciendo algo para mí, para nosotros.

Cande y yo teníamos buenos trabajos, con los que habíamos construido nuestra casa, casa que significaba muchísimo para mí ya que con mi madre nunca había tenido una pero sí deseado. Cuando la tuve seguía habiendo un hueco enorme que no podía llenar con la casa, no quería quejarme ni parecer un insatisfecho, tenía la persona que más amaba conmigo… pero había algo más que quería de la vida… y creo que es esto, estar en el camino, hacia la aventura, hacia Alaska.

Con Cande tenemos mucho en común, y lo que no, nos complementa. Los dos fuimos criados en el campo. Ella se crió en un campo cerca de la ciudad de Buenos Aires donde el terreno es completamente llano, en una de las famosas pampas argentinas. Ella fue una total sorpresa para sus padres, su hermano mayor y sus dos hermanas pasando a ser la menor y la más mimada de la familia. Cuando era niña, su familia no acostumbraba a irse de vacaciones pero siempre tenía la suerte de ser invitada los tres meses de veraneo a diferentes lugares, al mar, a la montaña, a otros campos... Sus padres nunca se opusieron a ninguna clase de invitación, porque sabían que siempre se divertía, y más que nada porque le daban la oportunidad de conocer, aprender y crecer de la mejor manera, conociendo un poco de este mundo. Ahora ella, gracias a eso, se siente un ser totalmente libre.

Cande siempre recuerda que con sus hermanos, en el campo solían ir a juntar renacuajos a los charcos, a meterse en el barro hasta las rodillas, a andar a caballo, jugar con los perros o jugar a la casita, y sabían perfectamente que cuando la mamá tocaba la campana la comida estaba lista en la casa. Ella y sus hermanos tenían la libertad de desaparecer por horas sin que sus padres supieran dónde estaban, enseñándoles así de muy chicos a ser responsables y protegerse a sí mismos, en vez de sobreprotegerlos.

Cuando Cande cumplió ocho años, lamentablemente murió su hermano mayor, y toda su familia se mudó a la ciudad, también buscando mejor educación. Le cambió mucho la forma de vida, pero sus vacaciones siguieron siendo iguales.

Yo también crecí en el campo, mi madre se separó de mi padre cuando yo tenía poco más de un año de vida, y me dejó en el campo con mis tías y mi abuelo para poder irse a trabajar a la capital.

"Tataviejo", como los llamábamos los nietos, nos crió entre ponies, caballos, vacas y perros en un lugar con sierras, arroyos, pampas y lagunas. A la edad de empezar la escuela mamá me llevó a la ciudad, vivimos primero en el barrio de Chacarita en un garaje prestado de una casa, donde mamá puso dos camas. Éramos muy pobres pero yo no lo veía así, estaba feliz de estar viviendo con mamá aunque cuando me levantaba para ir a la escuela ella ya había salido a trabajar y cuando me iba a dormir, aún no había regresado. Al despertar yo sabía que había estado porque siempre algo me dejaba, un lápiz, un caramelo... algo que me dijera que, aunque no la viera, estaba presente.

En el trabajo le fue yendo mejor y alquiló un departamentito en el centro. Recuerdo con muchísima alegría las primeras vacaciones que pude pasar junto a ella cuando me llevó a conocer el mar. El mar, el tiempo libre y mamá para todo el día.

Cuando cumplí los diez años mamá se casó nuevamente, teniendo ahora lo que siempre le había pedido: hermanitos. Pero lo mejor de todo era que al llegar de la escuela, estuviera ella en casa.

Con nuevo papá y hermanitos todo cambió, me mandaron a un colegio privado, nos íbamos de vacaciones todos juntos, la ropa que usaba no era la que me pasaban mis primos mayores sino que estrenaba y, aunque nunca tuve una muy buena relación con mi nuevo papá, siempre le estaré agradecido por mis hermanitos y sobre todo por poder tener a mamá más tiempo conmigo.

–Ahí parece que hay algo... –señala Cande volviéndome al presente.

Paramos después de casi trescientos kilómetros sin ver nada, en una pequeña estación de servicio, que es lo único que hay en quinientos kilómetros, un oasis para los autos. Ya la noche llega y sobre el firme desierto nos adentramos más para alejarnos de la ruta y armar campamento. Cuando apagamos el motor y bajamos, nos sorprendemos del silencio: es total, no hay viento, ni pájaros que lo rompan, nada. Como está atardeciendo, sacamos nuestras sillas y nos sentamos para disfrutarlo. Se escucha perfecto el ruido de la máquina que en automático nos saca una foto, y tras ese ruido vuelve el silencio. Empezamos a escuchar nuestra respiración, el silbido del aire al ingresar a nuestros pulmones y, buscando más sonidos, encontramos los golpes de nuestro corazón.

Apenas el sol se va, las estrellas empiezan a aparecer y como nunca en la vida estamos bajo un cielo súper estrellado. Cientos de miles de estrellas nos acompañan a cocinar. Y al poner nuestra música en el medio de la nada, empezamos a cantar bien fuerte nuestras canciones favoritas, que nos invitan a bailar al compás sintiéndonos inmensamente libres. Sólo dejamos de cantar y gritar cuando nuestras gargantas ya no pueden hacerlo más y dejamos de bailar cuando nuestros cuerpos caen del cansancio.

En esta inmensidad nada hay, estamos sólo nosotros y nos queremos sentir. Nada hay para ver, sólo a nosotros mismos.

Subimos hasta San Pedro de Atacama, un pequeño pueblo muy cerca de la frontera con Bolivia, a la sombra de la cordillera de los Andes.

Las casas del pueblo son de barro, sus calles de tierra. El lugar es mágico y por eso llegan muchísimos turistas. En una parte se reúnen los artesanos a vender, y Cande atraída por sus trabajos se queda mirando.

–¿Ustedes son los argentinos del auto viejo? –dice un artesano que se pone en cuclillas sobre el paño para acercarle una pieza a Cande.

–Sí, ¿cómo sabes?

–Porque una de las chicas que levantaron en la ruta y trajeron parada en el estribo es mi hermana.

–Qué casualidad. Pobres, las encontramos haciendo dedo en un camino de tierra, donde sólo vimos un auto pasar.

–Habían ido a dormir a unas cuevas que desde hace miles de años los indígenas usan como lugar de reunión y ceremonias. –Nos pareció interesante y mientras Cande mira lo seguimos escuchando después de un silencio. –¿Nunca fueron a ver el atardecer esperando ver el amanecer? –nos pregunta.

Quedamos en encontrarnos a las once de la noche, justo a la hora que cortan la luz en el pueblo. Se suben en los estribos el artesano y su amigo, y su hermana se sube con nosotros en el asiento de adelante. Por el "camino viejo", con un escenario maravilloso, llegamos al valle de la luna.

Buen día sol, buen día luna

Subimos a pie unas enormes dunas, para llegar al filo de un cerro, donde todo a nuestro alrededor es un paisaje lunar. No estamos solos, hay más personas que escucharon de los atardeceres en este lugar y sobre el mismo cerro esperamos ver el fin de otro día.

Como nosotros, hay muchos sacando fotos a un crepúsculo irrepetible. Aunque sabemos que no hay cámara que logre captar todo lo que estando ahí vemos y disfrutamos, dentro de un tiempo las fotos nos traerán el recuerdo.

Al irse el sol en el desierto, llega el frío y bajamos buscando reparo entre pequeños valles donde está el auto. Junto a otros jóvenes armamos una fogata con ramas que trajeron porque en este lugar sólo hay piedra y arena. La música y el pisco aparecen echando al frío. Compartimos nuestra música y por ratos la de ellos. Hasta se forman unos bailes.

El artesano, que es el primero en salir a bailar y el último en dejar de hacerlo con cada canción, para a tomar aire y nos viene a decir:

–Hoy me dijiste "qué casualidad" cuando te conté que levantaste a mi hermana en el camino. Yo las llamo señales, son señales de una sincronización en la que todo concuerda en tiempo y espacio para que suceda algo. Presta muchísima atención a las señales, puede que te lleven a vivir cosas inimaginables o a evitarlas.

No entiendo mucho lo que me dice, quizá esté viviendo un momento "místico" y quiera mostrármelo. Lo escucho, y tomo con pinzas sus palabras. Que, tras un trago de pisco, son más.

–La humanidad en el siglo XXI aún desconoce de qué está formado el núcleo de la tierra, y es la misma humanidad la que casi en su totalidad desconoce de qué está formado el núcleo de cada uno. Puede que tú hayas salido a ver tu núcleo. Cada sapo vive en el pozo que quiere. Y tú saliste del tuyo tal vez a encontrar otro que te calce mejor. Mientras camines y recorras este mundo, no olvides llegar a cada lugar y saludar. Decirle "buenos días, mar", "buenos días, río"... Volver a hablar con lo que nos rodea. Hasta el silencio de este desierto tiene qué contarnos.

Yo lo hacía de chico cuando hablaba con mis perros y los ponies. Pero nunca saludé a un lugar. No entiendo qué me quiere decir, o tal vez no esté a la altura de poder entender, o será que se le subió el alcohol a la cabeza...

–No sé cómo fue tu vida, ni qué te llevó a tomar esta decisión de viajar, de cumplir tu sueño, pero ve tranquilo. Porque cuando tomas la vida en tus manos, cuando le das una posibilidad a la vida, la misma vida se da para que todo se te dé.

Dejando pasar las horas para que llegue de nuevo a nosotros el sol, nos sentamos en la arena con Cande, mientras pienso qué me habrá querido decir el joven artesano. Y por qué me lo habrá dicho. No me conoce ni lo conozco, pero sentí que me estaba dando consejos como se le da a un hermano. Una cosa que me había llamado la atención es que al agradecerle sus palabras me dijo: "No soy yo quien te lo dice, es el eco de mi alma que repite las palabras de quienes en el camino de la vida me las enseñaron". Tampoco llegué a entenderlo.

La fe puede mover montañas, pero aquí es el cobre el que las mueve: estamos en la mina de Chuquicamata donde nos pasan camiones que cargan más de trescientas toneladas de piedras, eso sería como llevar trecientos autos cargados de una sola vez. Son monstruos enormes que al bajar a la mina se ven como pequeñas hormigas. Una rueda trasera del auto está chillando y es en un taller donde nos reciben felices. Una pequeña vuelta en la que llevo al jefe para escuchar el chillido, basta para que se dé cuenta de que el problema es un rodamiento. En una casa de repuestos encuentran una parte del rodamiento pero no la pista, así que cambian sólo una parte.

El ayudante del mecánico hace rápidamente todo lo que su jefe pide. "Guatón, saca la rueda... Guatón, búscame grasa..." y así el guatón va para acá y para allá. Lo quiero ayudar y me ofrezco:

—Guatón, si te puedo ayudar dímelo.

—¡Hey, no se tome tanta confianza! —me contesta.

—¿Guatón no es tu nombre? —inocente pero sinceramente pregunto.

—¡No, guatón me lo dicen por la guata! —mientras con las dos manos se agarra la enorme barriga.

Al estar por dejar Chile, nos damos cuenta de qué equivocados estábamos antes de entrar, pensábamos que por ser argentinos nos tratarían mal y fue desde el primer día todo lo contrario. Nuestros gobiernos nos hicieron odiarnos como para ir a una guerra y llegar a querer matarnos. Ahora, estando en la tierra del que fuera nuestro enemigo, no lo veo ni lo siento como tal.

Bolivia
Tan cerca del cielo

Felices como niños

Entramos a Bolivia por Tambo Quemado: en quechua, "tambo" significa lugar de descanso para el viajero. Para nosotros no lo es: en esta frontera a 4800 metros sobre el nivel de mar, después de haber pasado una noche de perros, nos sentimos totalmente abombados. Los efectos de la altura están por hacer estallar nuestras cabezas... Por suerte los trámites fronterizos son rápidos y fáciles de hacer. Cuando salimos de las oficinas, hay cuatro personas sentadas sobre el estribo del auto y otras cuatro del otro lado como bancos de plaza, más una cantidad de gente que lo rodea.

Preguntamos por un mapa de Bolivia, no hay, sólo contamos con el mapa de Chile que abarca un poco del territorio boliviano. En él marca que a 30 kilómetros hay un pueblo y a 50 kilómetros una ciudad donde seguro hay gasolina. Salimos lo más rápido posible, porque lo que más ansiamos es bajar de altura. Vemos al pasar una estación de gasolina pero no reaccionamos: sólo nos interesa bajar y bajar.

El camino es bellísimo, las llamas y guanacos curiosean nuestro pasar, los cerros nevados nos rodean y un paisaje desolado se nos presenta, pero bajar... bajamos muy poco. Es que ya estamos en el altiplano boliviano, una gigante planicie en los Andes donde todo es alto, muy alto, así que no le queda a nuestro cuerpo otra opción más que acostumbrarse.

Empiezan a verse casas, todas hechas de barro con techos de paja, al igual que los corrales. No vemos árboles, solo sentimos el frío y la altura... Y el pueblo que marca nuestro mapa es un caserío, sin calles. Las casas no respetan una línea, no hay nadie, sólo un camión. El ruido de nuestro motor debe llamar la atención porque vemos a la gente que entreabre las puertas de sus casas a medida que vamos pasando. No tienen ventanas y, si las tienen, son diminutas. No hay gasolina.

A medida que seguimos avanzando, Cande mira los rebaños de ovejas que se mezclan con los chivos y algunas llamas. Busca ovejas negras, porque si las tienen, tienen lana negra y ella la necesita para terminarme el pulóver que me está tejiendo.

–¡Ahí! Para... –me señala un rebaño que está en la base de la montaña, súper lejos. Las cholitas que lo cuidan están aun más lejos...

–¿Te vas a ir hasta allá? –le pregunto sin ganas de acompañarla. La altura me tiene desganado y lo que menos quiero es hacer ejercicio. En estos momentos me gustaría ser tan fuerte como el Graham que se ríe de estas alturas, andando campante, como si nada.

Cande no me insiste en que la acompañe y se va... Han pasado veinte minutos y todavía sigue yendo al encuentro de la cholita, quien no se acerca a ella... quiero que se apuren. Finalmente llega y pasan otros eternos veinte minutos. Seguramente algo pasa porque aún no se mueven, ¿será que no entiende español? Al rato, comienzan a acercarse en dirección a mí trayendo todo el ganado, lo que lleva su tiempo y a la vez es lindísimo de ver. No sé de dónde aparecen de entre los matorrales un hombre, una mujer y dos niños, que, alejados unos de otros, traen las ovejas. Me asusta ver a Cande sola tan lejos, ¿y si son más?, mejor voy para allá.

Después de un rato, el pastor de ovejas llega a mi encuentro: es muy bajo, trae una honda cargada en su mano. Las elaboran ellos mismos con lana hilada y tejida, son como dos sogas de un metro y medio unidas por una soga plana donde descansa la piedra. Con una mano agarran los extremos de la soga y sobre su cabeza la revolean, y en el momento de lanzar la piedra sueltan una de las sogas.

–¿Sería posible que me enseñe?

Con una felicidad enorme lanza una piedra y otra… zumba la honda en el viento, silba la piedra en el aire, golpea en el arbusto elegido, quebrando sus ramas. Con la alegría de mostrar su habilidad, me da a probar. Me elige una piedra, la ubica como si fuera de una forma, y logro lanzarla, aunque lejos del arbusto castigado por el hombre. Llega Cande a mi encuentro.

–Tiene lana en su casa, que es ésa de allá… –señala un pequeño punto en una loma.

–¿Y por qué tardaste tanto en volver? ¿Qué pasaba?

–La señora desconfiaba mucho, no quería hablarme, me hablaba en quechua y me hacía señas para que me vaya, pero le insistí en que sólo quería lana, que se la quería comprar y enseguida empezó a negociar en castellano. Rapidito aprendió a hablar…

El pastor de ovejas cada tanto tira una piedra cerca de una oveja que rumbea para la ruta; ella, corriendo, vuelve a la majada, sabiendo que la próxima pegará en sus costillas.

Él no para de hablar, pero la mujer está seria y enmudecida. Él dice que ella es su mujer y que muy bien a él no lo trata. Quiero comprarle una honda y le consulta en quechua a su mujer. Noto que lo reta.

–No tener ahorita, vuelvan otro día, mi mujer está desconfiada…

Sin embargo, apenas llegamos al auto la mujer se sienta en el estribo del lado de la sombra.

–¿Qué están haciendo? –nos pregunta el pastor.

–Estamos viajando, conociendo…

–¿Qué es lo que buscan?

¿Qué es lo que buscamos? Nunca nos pusimos a pensar qué es lo que buscamos. Tan sólo viajar, pero… ¿qué buscamos? No sé…

–Buscamos conocer –le respondo.

–Buscan conocer… –piensa mientras baja la mirada– ¿conocer qué? Toda búsqueda de conocimiento tiene un fin, un por qué.

¿Cuál será el fin de nuestra búsqueda? Tal vez busquemos conocernos, saber quiénes somos, tal vez saber cuánto podemos hacer, cuánto podremos avanzar, avanzar sobre nuestros miedos. El pastor me mira con mirada cómplice, creo que él sabe lo que yo estoy pensando…

La otra mujer tarda como una hora en llegar con la lana hilada a mano, con todo el olor de la oveja y con pedacitos de cada planta de la zona enganchada a ella. A Cande no le importa, es rústica como ella quería y sigue peleando un rato más el precio.

Les preguntamos antes de irnos dónde podríamos conseguir gasolina. No contestaron. Cande se fija en el mapa y lee el nombre de la ciudad, a lo cual responden con una señal sobre el camino y un "ahicito nomás".

Llegamos al "ahicito nomás" mucho después… Estuvimos más que preocupados por llegar al "ahicito" casi quedándonos sin nada de gasolina. Ya nos veíamos varados en la ruta ovillando lana y sin comida en este paisaje desolado.

La ciudad es pequeña, paramos en una despensa, donde tienen un poco de todo y hasta sirven comida. Preguntamos por una gasolinera, pero el dependiente sólo menea la cabeza con gesto negativo. Bueno, ahora sí que estamos mal…

En la ruta sólo se ven camiones, en la pequeña ciudad no vemos autos, ni calles asfaltadas, solamente hay dos camionetas y son diesel.

–¿Dónde podríamos conseguir gasolina, señora?

–En mi otro almacén.

Nunca me hubiera imaginado que la señora tenía sucursales y con servicio de combustible. Ya sabiendo que conseguiríamos gasolina, comemos primero, un menú de arroz con llama.

La señora viene con nosotros en el auto con sus polleras y su sombrero, que aunque toca el techo y le incomoda bastante, no se lo saca. Con ella trae a su bebé que carga en la espalda, más otro niño en su falda que tendrá unos seis años. Cande se acomoda atrás como puede, entre nuestras cosas. Llegamos con la idea de pagar lo que pidiera, ya que otra posibilidad no nos queda, pero sólo nos cobra un poco de más.

Al cabo de unos kilómetros, en los que seguimos bajando poco a poco, Cande señala una casita de adobe, pegada al camino, rodeada de corrales por detrás, donde asoman dos llamas y un burro mirando curiosos nuestro parar. La noche está llegando. La casita terminó siendo otra despensa, bar, restaurante, venta de lotería, ramos generales y no sé cuántos otros ramos más, aunque la construcción sólo midiera cuatro metros por tres.

Más tarde para un colectivo pequeño bien destartalado lleno de pasajeros. El primero en entrar al bar y pedirse una caña es el chofer, que ya viene medio tomado. Afuera ya casi está oscuro y hace mucho frío. Los que bajan del colectivo visten ponchos y una gorra de lana típica de la zona que les cubre las orejas con dos soguitas para poder atársela bajo el mentón. Además algunos sobre la gorra llevan sombreros que los protegen más aún del frío, pero cuando les miro los pies, frío me dan a mí: calzan ojotas hechas con neumáticos usados que dejan los pies totalmente al desnudo.

Muchos de los que no entraron se quedaron rodeando nuestro auto, que ahora estamos preparando para irnos a dormir. Enseguida dejamos los preparativos para no perder la oportunidad de conversar.

Uno de ellos viste un poncho rojo, que entre todos es bien llamativo, es el primero en correspondernos nuestro saludo y en preguntar.

—Buenas noches, ¿los rayos de las ruedas son de madera?

—Sí, lo son —y aprovecho a hacer mi pregunta.— Perdóneme, pero ¿por qué usted viste un poncho rojo?

—Vamos a una reunión de comunidades y soy yo el elegido en la nuestra, por eso tengo este poncho.

—¿Sería algo así como un cacique? —el hombre me miró de una forma que me hizo sentir un ignorante.

—Un cacique es otra cosa, en nuestras comunidades no los hay, somos electos por un plazo.

Sobre el techo del colectivo se escucha una oveja y al subir la mirada veo a unas cuantas, hay además gallinas enjauladas y muchísimos bultos haciendo que el colectivo parezca una torre andante.

—¿La reunión de comunidades es por algún tema en especial? —el chofer sigue tomando, lo que nos da tiempo a seguir hablando.

—Sí, a los indígenas de estas tierras, antes de que llegara el blanco nos sobraba el alimento y las riquezas, ahora sólo nos queda poco en tierras y costumbres. Hoy nos quieren quitar lo poco que nos queda, nuestras plantaciones de hoja de coca, dicen que lejos de acá la usan de otra manera, distinta a la nuestra y con otro sentido. Por estos motivos debemos dejar de plantarla. Durante miles de años la usamos, nos ayuda en el trabajo, ante el hambre, ante el frío, es parte de nuestra tradición y así queremos seguir. Así que vamos a la reunión con la idea de empezar a ser cortes de rutas si es necesario.

Todo venía muy bien hasta que dijo corte de rutas... Venía apoyando mentalmente su movimiento por sus tradiciones hasta que dijo corte de rutas... justo ahora que entramos en Bolivia. Pero no nos quejamos, de alguna forma no podíamos ser egoístas.

Como el chofer sigue tomando y no hace caso ante los reclamos de seguir viaje, lo toman por los brazos, lo suben al colectivo, lo sientan al volante y así salen. Cuando el colectivo arranca se sube al asfalto agarrándolo tan mal que casi vuelcan, las gallinas gritaban mientras se zamarreaban de un lado para el otro. Agradecemos no estar en este momento de la noche manejando, aunque hubiera sido más divertido porque Cande enseguida me levanta los brazos, me cuelga una madeja y se pone a ovillar. ¡Imagino que viajeros como Marco Polo, Darwin, Humboldt no pasaron por esto!

Mientras revisa la lana quitándole espinas, ramitas y demás, pienso en la pregunta del pastor, que nunca me hubiera esperado de un pastor, y que tampoco me la había hecho yo mismo. ¿Qué estamos buscando? ¿Buscamos medir nuestras capacidades? ¿Dejar la rutina? ¿Qué sería? El fin del viaje es cumplir nuestro sueño, pero el pastor me hace ver que también estaríamos en la búsqueda de algo... ¿qué?

Carnaval

¡Llegamos a la ciudad de Oruro para el carnaval! El día anterior a que empiece estamos ahí sin poder conseguir hoteles, ni moteles con cuartos libres. Ni uno. Llevamos cuatro días sin bañarnos y sin dormir entre sábanas y cobijas, la altura con su frío nos tiene muy cansados, deseamos una ducha y una cama. Vamos a la municipalidad a preguntar por casas de familia que estén alquilando cuartos. Justo al entrar, hay una señora preguntando por qué no le habían mandado a nadie y nos lleva a ver su casa.

La hija de unos 16 años y su hermano de 12 nos acompañan como guías. La ciudad es un torbellino, hay miles de vendedores ambulantes preparando sus puestos, hay músicos con trompetas, bombos, guitarras y charangos en las gradas, cada grupo viste con el mismo color de poncho. El lugar está inundado de alegría por todos lados, todos con sonrisas, cantando y bailando.

El rico olor a comida nos tienta. Nos sentamos compartiendo un banco con otros frente a una olla enorme, pedimos dos porciones y dos refrescos. Primero nos sirven las porciones de comida poniéndolas dentro de una bolsita de donde tenemos que escarbar con nuestros dedos. Más nos llama la atención todavía cuando vacía las botellas de los refrescos también en bolsitas plásticas que ata poniéndoles antes un sorbete.

El primer día de carnaval llega, y nos agarra tempranito en las gradas. Las comparsas pasan y pasan, sin parar, una tras otra. Desfila la Diablada, los Tobas, la Morenada y otros vistiendo los más extraños disfraces, que significan cada uno algo especial. Son muy pintorescos, coloridos. Son los mismos que usan desde los inicios de los carnavales. Es una fiesta autóctona: la finalidad de las comparsas no es ganar un premio sino honrar a la Virgen del Socavón, virgen de los mineros, hacia cuya iglesia todas las comparsas se dirigen.

Entre comparsa y comparsa hay un lapso de tiempo, donde la guerra campal se produce. Vuelan cientos de globos de agua, espuma y chorros de pistolas de agua. Es una batalla de una tribuna a la tribuna de enfrente. Aunque se esté atento es imposible no quedar empapado. El paso de otra comparsa da una tregua a la guerra acuática.

Cande, en un paso heroico o de locura, se compra un pomo de espuma, camina hasta la tribuna de enfrente y empieza a espumarlos a medida que avanza hacia un costado, pero la revancha no se hace esperar: la empapan con globos de agua que le revientan por todos lados, más espuma y chicos que la empiezan a seguir con sus armas de agua mientras ella corre. Llega apenas dos minutos después, irreconocible: no se le ve la cara de la espuma, sólo su risa a carcajadas me dice que es ella.

Debajo de las tribunas están las cholitas que llenan los globos y los venden en bolsas. Me hago de un par de bolsas y al pasar la comparsa me voy a la mitad de la calle desde donde empiezo a atacar a un grupo de turistas que no paran de tirar globos a nuestra tribuna. A medida que tiro, tengo que esquivar los que ellos me arrojan, están todos amontonados en un solo lugar y puedo mojar a unos cuantos, pero… ellos son unos cuantos más y con todas las provisiones necesarias. Así que, como en toda guerra, todos salimos perdiendo, todos salimos mojados. Vuelvo con más… sólo que esta vez doy la espalda a mi grupo de turistas enemigo y comienzo a atacar a mi propia tribuna que tanto se reía cada vez que mis enemigos acertaban en mí un globo. Al final termino súper empapado por recibir de los dos lados. Es muy divertido, todos se ríen, festejan un globo bien acertado, o el esquivar otro.

Cuando me quedo sin globos, empiezo mi retirada y como todos aplaudían mi locura levanto los brazos como triunfador saludando a las tribunas, justo cuando recibo un globazo que estalla en mi cabeza y que hace a todos reír a carcajadas.

Nos olvidamos de la altura y del frío, ¡es que estamos tan felices y tan divertidos! Nuestro niño interior había vuelto a nacer, había roto el caparazón de hierro que lo tenía encerrado. La verdad es que no nos reconocemos, somos esos amigos de la infancia, matándonos de risa por estar empapados, escuchando cómo la gente se ríe de nosotros y riéndonos de los demás. Nos habíamos olvidado de ser niños y hoy lo somos otra vez divirtiéndonos muchísimo.

Vamos siguiendo el camino de las comparsas y es ver en todos lados fiesta. La gente nos para así porque sí para ofrecernos un trago, una cerveza o tirarnos un globo de agua, hasta que llegamos a la iglesia. Si bien afuera es todo baile y festejo, adentro de la iglesia los rostros muestran otra cosa. Agradecimiento y pedidos personales. Se nos caen las lágrimas de ver con qué emoción llegan las comparsas a la iglesia. Se arrodillan al entrar y llegan de rodillas hasta el altar, con sus trajes, su banda musical, lágrimas en los ojos y mucha alegría. Besan a la Virgen del Socavón y se retiran quedándose en la plaza frente a la iglesia donde las comparsas se disuelven, se mezclan con la gente, y la fiesta sigue mientras las bandas mezclan su música con las demás. Bailamos, todos bailamos, son tres días imparables de fiesta.

Dejamos la ciudad con muchos borrachos en las calles, el auto en el garaje y nosotros en ómnibus a Potosí. Son muchas horas de viaje. Hablamos una y otra vez del carnaval, de lo bien que nos hizo sentir dejar aflorar a nuestro niño interior.

Cuando éramos niños todo lo podíamos pero no teníamos las fuerzas, y ahora que las tenemos pensamos que no podemos. La vida deja de ser guiada por nuestro niño interior para ser guiada por un ser adulto modificado por el entorno, donde ser ese adulto significa no hacer cosas de niños y ser responsable. Cuando en realidad la responsabilidad más grande es ser feliz. Somos responsables de ser felices y si para eso tenemos que actuar como niños, bienvenido sea.

Un señor sentado casi en el fondo del ómnibus se pone a cantar una melodía en quechua, y siento que si uno quiere cantar tiene que cantar, como si nadie te escuchara, bailar como quieras y como si nadie te estuviera mirando. Si sólo hacemos lo que para los demás es normal, terminaremos haciendo todos lo mismo, quedándonos en silencio, vistiéndonos igual, en un mundo sin risas ni cantos. Si sólo los que saben pueden hacer las cosas, nadie haría nada, porque todos alguna vez tuvieron que aprender. No te pierdas el momento, ríete mucho, si es una carcajada mejor, sé un niño, sin medir tus risas, espontáneo, fresco. No te ates al entorno, pierde los prejuicios, ríe, baila, canta, actúa y sentirás lo bello que es ser niño otra vez.

Agradecidos a la Pachamama

Seguimos en el ómnibus viajando estas enormes distancias de caminos rotos y buses sobrecargados donde uno se prueba a sí mismo cuánto es capaz de aguantar, especialmente cuánto es capaz de aguantar sin ir al baño. Pueden pasar seis, siete y hasta ocho horas sin que pare, agarrando pozos que empujan más aún las ganas de todos. Cuando nadie da para más, el chofer para pero donde se detiene no hay baños, ni arbustos.

–Hombres por allá, mujeres por acá… –organiza el chofer en el medio de la noche y la nada.

Las cholitas del lugar no tienen problema, ellas visten siete polleras una arriba de la otra que les llegan hasta el suelo, sólo deben ponerse en cuclillas y listo. Sin embargo no ocurre lo mismo con Cande ni con las demás turistas que visten pantalones… Se la ven difícil ante los paisanos que no quieren perderse el espectáculo. Entre ellas, aunque no se conocen, se organizan para taparse unas a otras.

Al lado de Cande viaja una señora muy mayor que no para de hablarle. No le puede entender ninguna palabra de lo que dice, le habla súper entusiasmada en su idioma aymará ante el cual Cande sólo asiente y mueve su cabeza.

Nos bajamos en el mercado de Potosí a las seis de la mañana. Sobre el piso vemos como cuarenta reses de ovejas y cabras abiertas al medio que esperan para ser compradas. La ciudad, durante la colonia española, creció de tal manera que no había otra en Europa tan grande y rica como ésta. Los adinerados españoles gastaban su dinero en construir iglesias, y hay casi una por manzana. Hay un cerro, uno solo, cónico; sus anchas vetas de plata parecían no tener fin.

Vamos a las minas que siguen explotando, pero las vetas ya casi no se encuentran. Los mineros que las explotan apenas sobreviven. Utilizan las mismas herramientas de la época de la conquista española, hasta las lámparas son a llama de fuego, y al hombro acarrean el material fuera de la mina. Los mineros, a cambio de regalos, nos dejan visitar sus túneles. Las entradas son pequeños agujeros y, una vez adentro de la montaña, uno va a veces de pie, otras en cuclillas, otras panza abajo, se sube por escaleras de maderas viejas, por sogas… hay huecos en el piso, maderas añejas sosteniendo paredes, o deteniendo derrumbes. Cada tanto escuchamos el retumbar de la dinamita: es una sensación rara, escalofriante el estar ahí. Me siento una hormiga en un hormiguero a punto de derrumbarse.

Cuando llegamos adonde están los mineros, vemos que todos tienen una mejilla abultada por las hojas de coca que están masticando. Les traemos más, junto con dinamita y otros regalos. Uno toma un paquete de cigarrillos y nos hace señas de que lo sigamos. Nos lleva junto al Tío, a quien le enciende un cigarrillo poniéndoselo en su boca.

El Tío es una representación del diablo. Para ellos Dios está en el cielo sobre la tierra, el diablo reina debajo de ella y es donde estamos. Lo veneran con todo lo que Dios considera vicio, como cigarrillos, alcohol y hojas de coca, y para que no se enoje por el ingreso de las mujeres a las minas, ellas deben darle un beso.

Potosí también está de fiesta: es la celebración de la Pachamama, el agradecimiento a la tierra por lo recibido en el año en sus cosechas y negocios. Todo es colorido, las vendedoras ambulantes ofrecen en las veredas pétalos de distintas flores, otras papelitos picados de colores, otras hierbas para quemar que también son coloridas. Es un festín para los ojos. Todos los lugares de trabajo, sea una huerta, una oficina o un camión, están decorados con pétalos de colores, guirnaldas, papelitos, y en todos ellos se ofrecen licores, se queman inciensos, y así se agradece por lo recibido y se pide por otro año más de frutos.

Salimos a caminar con un alemán y una suiza y por donde pasamos nos invitan a entrar y a bailar, tomando su licor de caña que es alcohol en un 90%. Antes de beber se debe dar un poco a la tierra, a la Pachamama, con lo cual aprovechamos a volcar casi todo el contenido del vasito dejando apenas unas gotas para beber.

Con los festejos y el alcohol amanecen los borrachos en las calles. Uno que viene caminando por la angosta vereda como siguiendo el rastro de una víbora zigzagueante, se cae en seco al piso y su cabeza va a dar a mi zapato en vez de al adoquín de granito de la calle. Con mis dedos súper doloridos y el hombre un poco más mareado por el golpe, sólo puedo ayudarlo a sentarse. Creo que le debe la vida a mi zapato.

"Mi lugar es especial..."

Nos reencontramos con el auto y manejamos hasta La Paz, una de las ciudades más altas del mundo. Vamos al mercado campesino donde llegan los productos de toda Bolivia y se puede comer algo bien típico del país. Compartimos unas porciones de un pollo bien flaco con banana frita y mucha fruta con un niño lustrador de zapatos.

Recién ahora conseguimos el mapa de Bolivia, un poco tarde, pero como todo viajero nos encantan los mapas, así que nos alegra. En él marcamos lo recorrido, imaginamos lo que hay por recorrer, y poco a poco el mapa se convierte en un compañero que se hace querer. Siempre lo ponemos a mano, se nos va rompiendo de tanto abrirlo y cerrarlo pero la cinta *scotch* ayuda a mantener al país unido en un solo mapa. Lo guardamos como un diploma al cruzar a otro país.

Queremos llegar a la ciudad de Copacabana que está sobre el lago y para ello debemos cruzar en un bote-ferry. Un bote que mucha fe no me hace sentir... pero en los mismos bote-ferry cruzan ómnibus así que deben aguantar. Una vez del otro lado sanos y salvos, podemos apreciar que el camino que rodea al lago es lindísimo. Las lluvias han producido deslaves y hay enormes rocas en el camino, que los mismos pasajeros de los colectivos ayudan a mover para poder seguir.

Aquí el paso del tiempo no se hace notar. Vemos que todavía están los caminos de piedra hechos por los incas, mucha gente usa las mismas terrazas y sistemas de riego que ellos construyeron, además de servirse de las llamas como medio de transporte.

Conseguimos un hotelcito y estacionamos el auto en su patio interior. Hace mucho frío y el hotel no tiene calefacción, sino un montón de ponchos sobre la cama. Las duchas, como en todos los demás lugares de Bolivia, son unos aparatos eléctricos que están justo a la salida del caño de la ducha, pero que realmente no calientan nada. Cambiamos tres habitaciones antes de encontrar uno que funcione. Cuando lo encontramos felizmente me baño y ahora lo hace Cande mientras yo escribo. Siento olor a quemado ¿Qué será? Cande abre la puerta del baño, casi se asfixia, el calentador se estaba quemando.

Salimos a caminar por Copacabana, donde hay muchísimo para ver. Subimos la montaña hacia los pequeños sembradíos por angostos senderos de piedra, donde nos encontramos con mucha gente trabajando. Felices de vernos por ahí, nos invitan a ver cómo hacen sus labranzas. Ellos trabajan con las mismas herramientas que los incas usaban: el único cambio es la punta, que en vez de piedra ahora es de hierro. Se necesitan dos personas para dar vuelta la tierra: uno clava la herramienta separando el terrón de tierra, y el otro de frente con otra herramienta lo gira dejando el pasto debajo.

En la falda de la montaña hay un hombre viejito con una señora más joven y una niña de seis años. Los tres trabajan dando vuelta la tierra. Enseguida nos invitan, el hombre mayor me pide que ayude y cuando ve que tan malo no soy, se va... y me deja trabajando. "Eso me pasa por curioso", pienso.

—¿Y el hombre? —pregunto.

—¿Mi tío? Puede que vuelva... Él me está ayudando porque soy viuda —en realidad la estaba ayudando, pienso.

—¿Y toda esta tierra tiene que dar vuelta? —le señalo una parcela para saber cuánto trabajo hay que hacer.

—Mi porción es sólo de doce metros por ocho, es lo único que tengo de tierra para trabajar. Es poco pero mal no está porque hay gente que no tiene nada, y nosotras encima tenemos dos cerdos que están creciendo —al hablar, la hija se le había prendido a la pierna.

—¿Va a cocinarlos?

—No, no son para nosotros, son para vender...

Cande juega con la niña y con una llama bebé que las corre. Trabajé más de una hora sin parar, la tierra es buena, a pesar de que tiene cientos de siembras encima. Ante mis ojos la señora no tiene nada pero aún así está agradecida por lo que tiene... será porque me crié en una sociedad que te enseña a querer tener más y más, sin ver lo que se tiene, sin ver lo que otros no tienen.

Es casi la hora de la comida y con la caminata más el trabajo mi apetito se ha más que abierto.

—Tengo algo para comer si ustedes quieren —dice mientras abre un paño de tela.

Nos sentamos alrededor del paño que muestra unos pequeños tubérculos, semillas tostadas y maíz blanco hervido que con el hambre que tengo me parece riquísimo. Ella nos cuenta de su lugar y de su tierra que tanto quiere.

—Si tanta gente visita mi lugar, si se la ve feliz de llegar acá es porque es especial... ha de ser uno de los lugares más lindos. Para mí lo es. ¿A ustedes les gusta?

—Sí, lo es, es realmente lindísimo —respondemos a la vez mientras miramos el lago, la ciudad de Copacabana, los mil colores de los sembradíos sobre la montaña...

Con un cielo oscuro llegamos al hotel, nos perdimos de ver el museo Inca, pero vimos y vivimos un día como incas. La señora del campo nos hizo meditar y con los nuevos pensamientos nos ponemos a escribir hasta muy entrada la noche, cuando nos vamos a dormir no sin antes rezar, sin pedir más y agradeciendo por lo que tenemos.

El imperio inca se inició con Manco Cápac en la Isla del Sol ubicada en el lago Titicaca. Ahí es donde ahora estamos, en lo que fue su casa. Frente a ella se ve la Isla de la Luna, bellísima con el sol de la mañana.

Nos quedamos a dormir en una pequeñísima posada donde una turista colombiana nos convida de su exquisito café a dos canadienses, a una italiana y a nosotros. Nos pasamos datos de lugares vistos, de cosas hechas, pero la colombiana con todo el dolor de su alma, no nos recomienda visitar su país.

–En mi país la violencia domina, no hay ley, no existe a quién creer, ante la duda se mata. Somos casi cuarenta millones de habitantes destruidos por unos cien mil entre guerrilleros, paramilitares y gobiernos corruptos.

–Si cuarenta millones son el 100%, el 10% son cuatro millones, entonces el 1% es 400.000, lo que hace que 100.000 sea el 0,25% del total de la población –calculo en voz alta..

–¿Por qué será que siempre unos pocos pueden más que unos cuantos? –agrega Cande.

Nadie nos recomendó pasar por Colombia, pero nunca había sido una persona colombiana quien nos advirtiera. Por nuestra parte, ya habíamos descartado la idea de visitarla antes de salir.

Qué difícil debe ser hablar así de tu propio país, uno que siempre siente algo tan lindo por su lugar... Como cuando escuchamos ayer a la boliviana que tanto cariño siente por su terreno y por su lugar, y tan feliz le hacía ver gente de otros lugares conociendo su tierra.

La Virgen de la Candelaria

Frente a la iglesia algo se festeja, hay muchas personas con sus vehículos estacionados alrededor de la plaza.

–¿Qué puede ser mejor? ¿La virgen o un seguro? –me dice un señor mientras decora su camión con guirnaldas, flores y cosas de colores.

Me deja sin palabras, con toda la fe del mundo vienen a pedir por la seguridad de los suyos y de sus vehículos. Los seguros para autos no son obligatorios en Bolivia y, para que nada malo pase, la gente se acerca con sus coches hacia la Virgen de la Candelaria, patrona del país, para ser bendecida por el padre párroco.

El hombre y las demás personas nos contagian esa fe y traemos nuestro auto, que tan lindo está quedando bajo todas estas flores, globos y papelitos de colores. La gente nos trae aún más cosas para decorarlo y hasta le tiran un vaso de licor de caña.

Un cura con muchas primaveras vividas, de rasgos y acento nórdico, avanza con su vestimenta franciscana sin detenerse, bautizando los autos de un lado al otro con una rosa que moja en agua bendita. Se detiene frente al Graham.

–¡¡¡¡En un auto de estos aprendí a manejar!!!! –nos dice. Primero lo rodea en su caminar dos veces y después lo empieza a bautizar por todos lados. Moja la rosa una y otra vez en su agua bendita, nos hace abrir las puertas y aprovecha a meter sus narices. Recordando algo de su adolescencia, lo mira y lo mira mojando absolutamente todo con su rosa.

–Bendigamos el motor. Abra… –me dice mientras espera saciar su curiosidad.

Nosotros súper felices se lo abrimos, y él encantado bendice todo, hasta a Cande que está filmando, mojándola íntegra como también a la filmadora.

–¿Cómo te llamas? –le pregunta.

–Candelaria.

–Igual que la virgen –comenta feliz.

–Sí, pero ésta no es tan virgen –se me escapa decirle, y sólo muestra una gran sonrisa mientras todos se ríen.

La frontera en el camino

Nos dirigimos hacia Perú rodeando el lago Titicaca. En la frontera necesitan unas foto-copias, así que dejo a Candelaria para irme a un pueblito limítrofe dentro del Perú en una motoneta-taxi, que es una moto con dos ruedas traseras y un asiento para dos pasajeros.

Me doy cuenta que he pasado la frontera sin haber hecho mis papeles, y así como yo están constantemente pasando personas que traen y llevan cosas. Logro sacar mis fotocopias. Pero el hombre de la aduana nos exige dejarle los originales de nuestros papeles y que nos quedemos con las fotocopias.

–¿Cómo le vamos a dar el título y el certificado de salida de Argentina? –le digo, pero no quiere entrar en razón y nos demora… Salimos de la oficina simulando ir a buscar algo y con Cande nos quedamos afuera tomando aire fresco para relajar-nos un poco de los nervios que nos hacen estallar.

–¿Pero qué tiene en la cabeza ese tipo? ¿Cómo va a querer quedarse con los origina-les, cómo puede ser tan inútil? –nos decimos uno al otro, tratando de descargarnos.

La gente que está alrededor del auto busca respuestas a sus preguntas pero con nuestros nervios no tenemos ni ganas de contestar…

–Tal vez me relaje contestar algunas preguntas –le digo a Cande y me acerco al auto.

Enseguida me hacen olvidar parte del problema. Un señor de blanca y corta bar-ba me pregunta qué estamos esperando para pasar a Perú.

–Ahí adentro hay un señor que no quiere entrar en razón y nos pide lo que no le po-demos dar…

–¿Intentaron hablar con el superior? –no lo habíamos ni pensado, nos encegueci-mos con el problema y con esa persona.

–Puede que quien les esté pidiendo los papeles no sepa mucho, sea nuevo, no co-nozca los trámites a realizar… o vaya a saber qué estará pasando por su cabeza… Vayan, hablen con un superior y coméntenle su viaje, sus ganas de entrar a Perú y de este pequeño inconveniente que seguramente sabrá resolver.

Parecía que los que no queríamos entrar en razón éramos nosotros, ahora este se-ñor con toda la paz del mundo nos mostraba que no estamos buscando la solución, sino el problema.

–Obstáculos, inconvenientes y cosas inesperadas no los miren como problemas, mí-renlos como pruebas. Pruebas de fuerza, de fe, de amor, de ganas. Los problemas no existen, nos los hacemos nosotros. Todo problema tiene solución. Y si tiene so-lución ¿por qué es un problema?

Volvemos a ingresar a la oficina de aduana.

–Discúlpeme, señor… ¿Es usted el encargado de la aduana en esta frontera? –pre-gunto dándole importancia a su trabajo y a su cargo.

–Sí, soy yo, ¿qué se le ofrece?

–Con mi señora Candelaria estamos realizando un viaje increíble en un auto de 1928 rumbo a Alaska –también le doy importancia a lo que estamos realizando y continúo–. Desde Argentina venimos con muchas ganas de entrar a conocer el Perú, pero nos en-contramos con un muy pequeño inconveniente que seguramente usted sabrá resolver.

–Uso al pie de la letra las palabras del viejo, que ni su nombre llegué a preguntar.

–Veré qué podemos hacer.

A los cinco minutos tenemos todo listo para entrar a Perú.

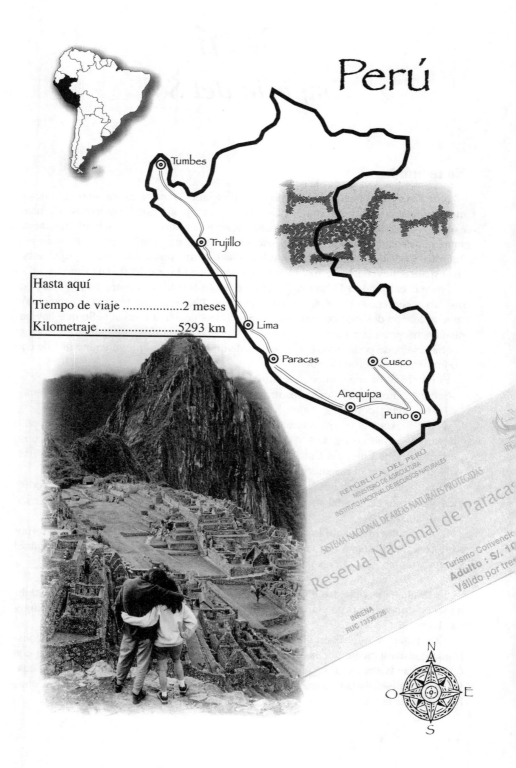

Perú

Tumbes

Trujillo

Hasta aquí

Tiempo de viaje ....2 meses

Kilometraje ....5293 km

Lima

Paracas

Cusco

Arequipa

Puno

N
O   E
S

Perú
Imperio del Sol

No te hundas

Nos dirigimos hacia Puno, ciudad sobre el lago Titicaca. El camino se muestra muy semejante a Bolivia: mulas que llevan gente, gente que lleva mulas, animales cargados con ramas y ramas sobre gente. Ramas y pasto… y es tanto el que cargan sobre sus espaldas, que al verlos desde atrás cualquiera juraría que el pasto camina. También divisamos mujeres que cuidan rebaños mientras hilan lana… y que sobre sus espaldas llevan a los críos. Hay movimiento y vida por donde se mire.

Apenas entramos a Puno una joven que busca turistas nos empieza a ofrecer cosas. No espera a que nos detengamos, sino que al advertir que le prestamos atención sube al estribo del auto continuando con su introducción a todo aquello que hay para ver y hacer en la ciudad.

–¿Sabes dónde podríamos dor… –antes de que termine mi pregunta me invade con un montón de ofertas de hotel.

–El hotel Inti es económico y de muy buen servicio, el Manco Cápac…

–Señorita, discúlpenos, pero nosotros dormimos adentro del auto. Lo que queremos es estacionar y dormir.

–¡¿Ah?! –exclama la joven mientras mira el interior del auto. Dado que aquí sólo hay cosas y más cosas, debe de estar suponiendo que dormimos sentados tal como estamos ahora. Entonces Cande le explica cómo es que acomodamos los bultos hasta lograr reclinar el respaldo.

Finalmente, la chica nos lleva a un estacionamiento. Si pagamos la noche, podremos quedarnos dentro del auto, pero una vez que cierren el portón no será posible salir a ninguna parte.

También duermen aquí los cuidadores con sus perros, gallinas y gallos. No es posible conciliar el sueño con tantos ladridos, y encima, cuando por fin parece llegar el silencio, toman la posta los gallos… sin haber amanecido.

Es de mañana, dejamos a un lado nuestras ganas de hacer un gran caldo de gallina y decidimos tomar una lancha junto a otros turistas para ir a la Isla de los Indígenas Uros.

Este lugar es algo de no creer. Se trata de una isla flotante construida y re-construida constantemente por las manos de los aborígenes, con el mismo material con que fabrican botes y casas: ¡juncos! Cortan las plantas que nacen en el lago, las cuales poseen muchísimas burbujas de aire en sus tallos, y las apilan unas sobre otras hasta formar la isla.

Como esto es algo muy atractivo de ver, los uros viven de los turistas. Pues al llegar a la isla, se observa un puesto tras otro de artesanías.

Prefiero mezclarme entre las casas, donde realmente viven los uros. Las construcciones son pocas, bajitas y pequeñas, de tan sólo un ambiente.

Cerca de una sale humo; hacia allí me dirijo. Veo que están cocinando unas garzas en dos tinajas de cerámica que están apoyadas sobre una cocina hecha de barro. Y, ¡vaya sorpresa!, el fuego está encendido gracias a los juncos.

Trato de mirar qué hay adentro de las casas, cuando un hombre corre la cortina que hace de puerta. Ve que estoy curioso y me hace señas para mirar mientras sostiene la cortina. La cama es una alfombra hecha de juncos trenzados. Veo algunas ropas colgadas de las paredes, unas bolsas con papas y cebollas, y unas herramientas... Nada más.

–¿Dónde guarda el resto? –le pregunto inquieto.

–No hay más, esto es todo. Si tienes muchas cosas, te hundes con ellas –me responde. Siento que me dice algo que no se refiere sólo a la isla flotante–. Cuanto más posees, más problemas tienes. Si andas liviano, andas con libertad –comenta mientras revuelve su comida–. Todo lo que necesites en tu vida temporal, el mundo te lo ofrecerá temporalmente. La vida no es eterna y nada te pertenece eternamente.

¿Qué decirle? No esperaba un comentario tan increíblemente cierto y tan contrario a la educación de mi sociedad.

–¿Eres un viajero?

–Sí –le respondo.

–La vida es un viaje y todos estamos de paso: no te cargues, no te hundas, despojate.

–Pero algunas cosas necesito llevar, estoy viajando en un auto.

–Dios hizo el mundo con todo lo que puedes llegar a necesitar y cuando esto ocurra estará para ti, confía en ello. Ahora será mejor que te vayas o perderás tu lancha.

Mientras regresamos, con las palabras de aquel uro aún resonando en mí, le digo a Cande:

–Vamos a tener que dejar algunas cosas, estamos llevando demasiado. Creo que va a ser lo mejor, para que el auto vaya más liviano, y también para nosotros.

Finalmente, de vuelta en Puno, decidimos deshacernos de algunas ollas y platos, de libros, de algún repuesto del auto... y así, de a poco, terminamos despojándonos de una caja gigante de cosas.

Cuatro Soles

De vuelta en la ciudad nos hace falta un buen baño. Nos enteramos de que hay lugares que se dedican exclusivamente a alquilar duchas, que están un poco alejadas.

Al ver una bicitaxi preguntamos el precio del viaje:

–Hasta allá, dos Soles... –me dice el chofer.

Nos subimos. Las bicitaxis son muy pintorescas y se encuentran de a montones en toda la ciudad. Son bicicletas con dos ruedas traseras y un asiento justo para una pareja, la cual es cobijada bajo un llamativo toldo. Están pintadas de varios colores con adornos colgantes y a la vez funcionan como publicidad ambulante de los comercios.

El chofer pedalea, pedalea… y a las duchas llegamos más rápido de lo pensado.

Nos sentimos en la gloria: el agua es cálida y brota en abundancia. ¡Nada mejor que un baño caliente después de tantos días sin ella! Pero lo bueno dura poco… De pronto el lugar comienza a llenarse de gente, el agua caliente desaparece y ya siquiera sale agua fría.

Salgo de mi ducha con el cabello sin enjuagar, la piel de gallina y, por supuesto, de mal humor… Cande, aún con toda la crema en su pelo y la bronca a punto de estallar, se ha ido a quejar.

Al rato vuelve:

—Con razón la que atiende lo hace detrás de una reja. Si la agarran, la estrangulan —me comenta sin lograr desquitar su rabia.

Al final, nos vamos con todo nuestro fastidio encima. Paramos otra bicitaxi. Por las dudas, nuevamente pregunto al chofer cuánto saldrá:

—Cuatro Soles, señor…

—¿¡Cuatro Soles!? ¡¿Cómo?! —le grito—. ¡Si para venir acá nos cobraron la mitad!

El muchacho con la mirada baja en el piso y casi susurrando nos dice:

—Es que ahora, patroncito, todo es subida…

Y me siento mal, muy mal, porque dice la verdad. Sube, sube y sube la calle. Pedalea esforzándose y hasta se baja para empujarnos. Cada vez me voy sintiendo peor. Al llegar, le doy cinco merecidos Soles.

Hacia el Imperio del Sol

Salimos de la ciudad con la idea de dormir en el camino; si es posible, mejor que entre perros cantores y gallinas que sufren de insomnio. Manejamos hasta que el sol se oculta. Entonces nos detenemos en una gasolinera. Es llamativo… en Perú es difícil encontrar gasolineras multinacionales: pertenecen a familias, cosa que es muy linda, porque cada una está construida según el gusto de su dueño. En cambio, la gasolina no es nada "linda", pues la elaboran con aditivos que logran estirar al máximo el producto y la ganancia.

Disfrutamos del amanecer mientras manejamos camino al Imperio del Sol, capital del mundo inca. Pasamos por La Raya, una montaña divisora de aguas: de un lado el agua corre un corto tramo hasta el Pacífico; del otro, le espera un largo viaje hasta el Atlántico. Estamos a 4700 metros sobre el nivel del mar. Saltamos sin mucho esfuerzo un pequeño riacho que poco a poco irá creciendo en su trayecto hasta lograr hacerse el río más caudaloso del mundo: Amazonas, si alguna vez nos volvemos a cruzar, podré decir que te conocí desde que eras así de chiquitito.

El paisaje del valle y sus puentes que cruzan el río serpentino, rodeado de montañas que portan nieve eterna en sus cimas nos tiene embobados. Pero a veces viajamos sin prestar atención hacia afuera; Cande apoya su cabeza en mi hombro y, en silencio, miramos nuestro interior y descubrimos que hay mucho para ver, que recién empezamos a revelarnos.

50

Entramos a Cusco en la tarde encontrándola con las luces prendidas, vamos directo hasta la plaza central y nos quedamos maravillados por su belleza. Aún con el dolor de saber que sobre los templos, palacios y edificios incas destruidos ha sido edificada la ciudad. Dejamos el auto estacionado y nos deleitamos caminando por esta mezcla de imperios.

–¿Quieren que los guíe por la ciudad? –pregunta una vocecita que viene de muy abajo. Es un niño de unos ocho o nueve años que insiste:

–Si lo desean, yo los puedo guiar. Y… a voluntad.

–¿A voluntad?

–Sí, a voluntad –y sin que le digamos que sí, comienza su charla y caminata guiada:

–Cuando llegaron los españoles al mando de Pizarro, se encontraron con una ciudad que ni soñaban. Pero ellos buscaban oro y tesoros, ¿y qué fue lo que saquearon primero? –se pregunta el niño. Nosotros silenciosos pensamos qué fue, pero el niño se contesta a sí mismo enseguida–: El Templo del Sol, porque sus paredes estaban cubiertas con chapas de oro.

Lo seguimos acercándonos a la pared que queda del templo:

–Acá pueden apreciar la piedra de los doce cantos. ¿Por qué la llaman así?... –interroga retóricamente el niño, que deja pasar unos segundos–. Porque si contamos vemos que sí, los tiene… uno, dos, tres… –contabiliza a medida que pasa el dedo por los cantos.

El chico es una maravilla, se sabe el cuento de memoria. Cada vez que le preguntamos algo, contesta, y de inmediato retoma su cuento. Nos lleva a visitar las iglesias, la esquina de las víboras, la de las lagartijas, sin cesar sus relatos de cuentos y leyendas. Y de pronto:

–Bueno, aquí se termina nuestra recorrida. Espero que haya sido de su agrado y deseándoles una feliz estadía en mi ciudad yo me despido –nos dice con toda naturalidad… con la misma con la que extiende la mano esperando "nuestra voluntad".

De sapo a príncipe

Buscamos un estacionamiento donde dormir. En el primero que encontramos no nos permiten pernoctar dentro del auto; el segundo no nos cae simpático, tanto por el precio como por el trato. Finalmente, le preguntamos a una mujer que anda por la calle si conoce algún sitio. Nos señala un portón verde, cercano a la plaza central, aunque éste nada dice de un estacionamiento. Tras golpear la puerta durante un buen rato, una señora mayor nos abre:

–Perdónenme, pero es para gente de la ciudad. No recibimos turistas, pues se alquila por mes –nos explica. Pero entonces llega una joven que al oír nuestra tonada nos pregunta ansiosamente:

–¿Son argentinos?

–Sí, de allá venimos manejando…

–¿En serio? ¡Mi novio es argentino! –comenta súper excitada. Su cara lo dice todo, está enamorada.

–¡Qué bueno! ¿Vive acá? –le pregunta Cande.

—No, en Argentina, sólo nos vemos unos días al año… —con sólo decirlo, se pone triste.

—Entonces lo vas a tener que casar la próxima vez que venga, así no se vuelve más —le respondemos.

Este comentario le gusta, la alegra, y nos pregunta:

—¿Qué están buscando?

—Estacionamiento para el auto y, si es posible, que nos dejen dormir en él.

—Bueno déjenme hablar con mi mamá…

—¿Tu mamá?

—Sí, es la señora con la que estaban hablando. Aguarden un momento, veré qué puedo hacer.

Enseguida regresa y nos dice con una sonrisa:

—No hay problema, pueden quedarse —y encima ésa no es la única sorpresa—, si quieren pueden usar nuestro baño y la cocina… – agrega mientras nos conduce hacia el interior de la casa colonial.

Al día siguiente, mientras preparamos el desayuno en su cocina la joven nos hace compañía, está muy contenta, pues ha recibido un "ring-ring" desde Argentina:

—Con mi novio, todas las mañanas nos saludamos con el teléfono: marcamos el número, lo dejamos sonar dos veces y colgamos. De esta manera nos demostramos que estamos pensando el uno en el otro —nos cuenta, mientras se suma a nuestra ronda de mates–. ¿Y ustedes cuándo se conocieron?

—De muy chiquitos, ella tenía ocho años y yo diez-. Cande siempre fue el amor de mi vida, aunque yo creía que nunca me daría bolilla. Entre nuestro grupo de amigos había muchísimos chicos, algunos eran del campo, otros del pueblo y también los había de la ciudad… Por una cosa u otra yo sentía que todos estaban en ventaja: ellos tenían sus familias, sus hogares, sus bicicletas… y yo siempre andaba de prestado de la casa de una tía a la de la otra, pidiendo bicicletas prestadas… En cuanto a Cande, ella siempre estaba feliz, siempre contagiando su risa, era súper dada y, claro, se llevaba bárbaro con todos los chicos… quien estaba con ella se sentía especial. Y cuando entre los varones hablábamos de las chicas, era Candelaria quien aparecía siempre como la favorita. Incluso nos tenía enamorados a unos cuantos. Y, bueno, yo no me veía en buena posición… a veces me imaginaba como un sapo: "Si Cande algún día me besara...". Siempre me encantó, siempre quise estar cerca de ella, no sólo por lo que ella es, sino por lo que soy cuando estoy con ella.

—¿Y qué pasó? —me pregunta expectante la joven enamorada.

—Hubo unas vacaciones en las que todos los primos fuimos al campo de mi abuelo. Cada uno, con un amigo; y mi prima fue con Cande, quien recién había cumplido sus catorce años. Para ese entonces imagínate que yo ya andaba con unas ganas enormes de decirle lo que sentía por ella, pero aún no me animaba. Tenía un terror enorme a su rechazo y a perder su amistad… eran mil miedos los que me impedían decírselo. Hasta que un día todos fuimos a andar a caballo… al llegar a la tranquera de un campo el grupo se distrajo saludando a los vecinos, y en eso advertí que Cande me miraba. Entonces me brotó decirle un "te quiero", que salió sin sonido, pero que fue muy claro, no había dudas de que mis labios expresaban esas palabras. Pero aun así, Cande puso cara de no entender y me preguntó, también sin pronunciar nada: "¿Qué?". Fue como si mantuviéramos una conversación secreta para que nadie escuchara. Nuevamente tomé valor y le dije en silencio "te quiero", pero ya todos estaban en movimiento… Salimos al galope, como mi corazón. Se lo había dicho y estaba seguro de que me había entendido… pero seguían los miedos, porque tenía que volver hacerlo en voz alta y no sabía cuáles eran sus sentimientos. Finalmente, cuando en el camino de regreso nos detuvimos a arrear los caballos de un vecino, me las ingenié para que el mío quedase junto al de ella. Empezamos a charlar sobre los animales y Cande se me acercó mucho para decirme algo sin ser oída por el vecino: "los caballos están muy flacos". Era mi momento, estábamos tan cerca que aproveché y le dije "Te quiero, Cande". ¿Y sabes qué? Cande sólo atinó a sentarse derechita en la montura y… nada más. Estaba petrificada.

–¿Candelaria, no le dijiste nada? –le pregunta la joven peruana a Cande sin poder creerlo.

–Es que quedé helada. Al principio no podía creer que me hubiera dicho "te quiero" en mudo, pensaba que estaba soñando. Y luego, cuando me lo dijo clarito, me agarró desprevenida, no lo esperaba y no sabía qué era lo que debía decir…

–Pero ¿no te gustaba?

–Sí, era el amor de mi vida. Yo también me enamoré desde que lo vi…

–¿Y cómo terminó?

–Llegó la noche y estábamos casi todos jugando en los alrededores de la casa de mi abuelo. Cande cansadísima de correr se sentó en la ventana del living, y al verla me acerqué y me acomodé junto a ella. Los dos estábamos sin aire de tanto jugar, y de nervios. Nervios que ahora disfruto al recordarlos, pero que entonces me estaban matando. Con el poco aire que tenía le pregunté muy bajito: "¿Y?" Ella sabía muy bien a qué me refería, y fue directo al grano, me dijo: "No". "¿Por qué no?" le preguntó mi ser destruido… Y ella me respondió que si nos llegábamos a pelear no volveríamos a ser amigos… Y ahí le dije que yo no pensaba pelearme con ella.

–Ah bueno, entonces… sí —dice Cande reiterando las palabras que pronunció esa noche sentada en la ventana.

–¡Ay, qué lindo! –exclama nuestra nueva amiga como si estuviese viendo una telenovela.

–Y nos quedamos sentados sin saber qué hacer ni qué decir, era la primera vez que estaba de novio y no sabía cómo actuar –continúo para contarle el final feliz a la joven–. Así que regresamos a jugar con todos los demás como si nada hubiese ocurrido, aunque mis corridas y gritos eran alegría disimulada tras el juego.

–¿Y ni un besito, ni un mimo? ¿Nada? –me dice desilusionada la joven.

–Al despedirnos, antes de ir a dormir, me acerqué a ella. Cande me puso el cachete, le dije "No, ahí no" y con una mano empujé su mejilla para enfrentar su cara con la mía. Entonces le di mi primer beso.

–¡¡Bravo!! –grita contenta del final feliz, brinda por nosotros tomándose un mate.

–Y chicos, ¿por qué tienen esta idea de ir a Alaska?

–Porque la vida es una sola y también así como se presenta, se va. Es muy corta y si no estás haciendo lo que sientes y quieres, la estás perdiendo.

–Y nosotros salimos a vivirla –agrega Cande, mientras me acaricia. Mientras tanto, la joven toma su mate en silencio, como si estuviera reflexionando sobre lo dicho.

Monedas en el espíritu

Buscamos una agencia de turismo que organice la caminata por el Camino del Inca para llegar a Machu Picchu. Entramos a una oficina del Automóvil Club de Perú, para que nos recomienden con quién ir.

La señora encantada con nuestra historia, nos ofrece una empresa VIP:
–Todas las comidas tienen carne, se sirven bajo una tienda, y las frutas y los snacks son libres durante todo el camino. Hay carpas como también carpas baños, no tendrían que cargar nada, ni sus bolsas de dormir ni las camperas. La última noche de la caminata dormirían en un hotel muy cercano a las ruinas y la vuelta en tren sería en camarotes pullman. Es decir, todo un nivel cinco estrellas y al mismo precio que les cobraría una empresa de servicio común. Por lo general, la diferencia de precio es enorme, pero nuestro Automóvil Club estará deseoso de absorberla para ustedes –nos aclara la empleada, muy contenta de lo que está haciendo por nosotros.

Aunque los servicios que nos ofrece son encantadores, no nos entusiasman. Lo que nos propone nos proyecta como esos ingleses de película que cruzan África vestidos impecables, que llevan sombreros y paraguas para que el sol no los broncee y que toman té en porcelana bajo una tienda. No es la clase de caminata aventurera que hemos imaginado.

–¿Y cuánta gente tienen para ese grupo? –pregunta Cande.
–Ah, ésa es otra cosa muy favorable para ustedes. Por ahora sólo hay una pareja, lo cual resultaría en un servicio mucho más personalizado, con mejor atención.
–Pero, en realidad, nosotros estamos buscando un grupo más numeroso –respondemos a la vez–, nos gustaría compartir el viaje a un lugar tan especial con muchas personas, que de seguro también serán especiales.

Y así nos vamos, dejando a la maravillosa señora boquiabierta.

Dentro del bar Cross Keys no hay gente local. Todo está decorado al mejor estilo londinense y el ambiente está viciado de humo. Luz tenue, cerveza, fuertes risas. Hemos sido invitados por un inglés al que hemos conocido en el camino hacia Cusco, y que ahora, en este nuevo encuentro, nos cuenta sobre su vida:
–Llegué a Perú hace quince años para realizar un trabajo de fotografía en la selva Madre de Dios, y sentí que mi "madre" tierra estaba aquí. Me casé, tengo mi casa y mi trabajo. Nunca podré hacer tanto dinero como el que hacía en Inglaterra, nunca llegaré a tener las casas y autos que mis hermanos y amigos tienen allá, pero ahí nunca llegaría a tener la "vida" que yo tengo acá –mira a su alrededor y continúa–. Son muchas las diferencias, ya perdí tres amigos: uno por la guerrilla; otro murió horriblemente al contagiarse rabia, y el tercero se perdió en la selva… Pero sigo sintiendo que la vida que quiero está acá. Aquí con mi cámara vivo en armonía –hace una pausa y prosigue–, soy fotógrafo porque es lo que siento, es lo que amo hacer y me pagan por ello. Muchas veces es poco, pero si hago lo que amo siempre me alcanzará para poner algunas monedas en el bolsillo y muchas en el espíritu.
–Yo soy electricista, pero fui rodando hasta caer en ese oficio, no es lo que me hace feliz, pero con lo que gané construí mi casa… –le digo para excusarme y justificar mi trabajo.

–Primero haces el trabajo, aunque no te guste, porque necesitas una casa. Después será porque necesitarás un auto y el resto de tu vida porque tendrás que mantener una familia... y lo que lograste tener. ¿Y el trabajo que tanto quisiste hacer? ¿Qué pasó? Algunos quisieron ser músicos, pintores, actores, cocineros, guardabosques, carpinteros, bomberos, policías..., pero las monedas pesaron más y los condujeron a otro lado. Ahora sólo trabajan esperando que termine la jornada –me responde el inglés mientras desvía su mirada hacia un grupo de personas que ríen a carcajadas. Vuelve sus ojos hacia nosotros–. No trabajes para tener un auto cero kilómetro, hazlo para llenar tu espíritu de kilómetros, de vida, de hazañas, de pruebas superadas... –se sirve lo poco que queda de su cerveza, toma su último trago y agrega– Con el corazón lleno de estas cosas les doy mi consejo: trabajen en lo que amen hacer, que el pago sea secundario, aunque sea muy necesario.

Se despide deseándonos lo mejor. Mañana volará a la selva a fotografiar papagayos.

Energía en todo

Nos despertamos hace más de dos horas. A las seis llegamos a la plaza, punto de reunión de los caminantes a Machu Picchu donde un colectivo nos lleva al lugar de partida. Nadie se conoce entre sí excepto con su pareja, si es que viene con ella.

Espontáneamente nos empezamos a presentar y a saludar con los que están más cerca, mientras en el eco del bus se escuchan lenguas de todas partes. Hay un japonés, un polaco, una boliviana, un belga, dos franceses, dos alemanes, un rumano, tres estadounidenses, cinco argentinos y entre el guía y los porteadores seis peruanos. Formamos un grupo de veintitres personas.

Hemos bajado tras unas casas de adobe que están ubicadas al final del Valle Sagrado. Allí se venden los últimos snacks y bebidas que uno quiera llevarse. Nosotros traemos maíz tostado con sal, galletas de semillas, chocolates y pastillas potabilizadoras de agua, que nos ha parecido suficiente. Nos sentimos preparados.

Es el momento, el sol brilla e iniciamos el ascenso llenos de ganas y felicidad. Serán tres días de caminata mayormente ascendente; en el cuarto, entraremos a la mística Machu Picchu. El camino que transitaremos era, en los tiempos del Imperio, reservado para uso exclusivo de los sacerdotes y nobles. Nos han contado que tiene túneles, puentes y escaleras, y que atraviesa otras tres ciudades en ruinas.

Transcurrieron las primeras tres horas de caminata, nos detenemos para almorzar. El guía aprovecha este momento para presentarse e introducirnos en el viaje:

–Llegar, llegamos todos. Nunca nadie de mi grupo abandonó. Estamos yendo a Machu Picchu y nadie abandona. Si de tan lejos vienen, ahora no es el momento de dejar. El primer día es duro, por lo empinado del camino; pero no se preocupen, mañana será peor, más empinado aun. Dejaremos el bosque para entrar a una zona de matorrales, luego a donde sólo crece un pasto bajo. Allá, en la altura, habrá viento y lloviznas... Ése es el lugar en donde muchos empezarán a pensar por qué están acá, por qué esta montaña, por qué no tomaron el tren...Yo no les voy a decir el porqué. Ustedes, cuando lleguen a Machu Picchu, sabrán el motivo –el guía deja reinar el silencio mientras nos mira uno a uno a los ojos–. Si sienten que su cuerpo no puede dar un paso más, si sienten que usaron toda su energía y ya no tienen más para poder seguir, pídansela a la montaña, al viento, al cielo. Toda esta zona

55

está cargada de energía y con ella podrán avanzar. Llegar, llegamos todos, cada uno con su ritmo, pero llegamos.

–¡Machu Picchu, allá vamos! –vocifero con fuerza, mientras oigo a mis compañeros expresar sus gritos regionales.

Divisamos las primeras ruinas: una ciudad redonda que desde donde estamos se ve perfecta, inimitable, impenetrable. A punto de empezar a caminar la chica estadounidense pregunta: "¿Dónde están los baños?" A todos nos causa mucha gracia: ¡los baños!, evidentemente la joven desconoce en qué clase de excursión se ha metido, pero por respeto (y porque el marido está cubierto por una enorme masa de músculos), reprimimos nuestras risas hasta que vuelve con otra pregunta: "¿Y dónde podré comprar algunos snacks?" Ahora sí nos brotan carcajadas, y de nuevo a caminar.

Realmente el primer día es duro. Hemos avanzando a duras penas hasta llegar al sitio en donde pasaremos la noche. Los porteadores se nos han adelantado, lo que nos parece increíble ya que caminan cargando sesenta kilos sobre sus espaldas. Es llegar y ver todo listo: las carpas levantadas, la comida a punto, la fogata encendida. Somos nosotros, que subimos sólo con nuestros pequeños bolsos, quienes no tenemos fuerzas ni para masticar.

El sentarnos alrededor de la fogata nos ayuda a conocernos más. Estamos más relajados y las preguntas al guía sobre temas incas son muchas, es como si ahora que estamos en su terreno quisiéramos saberlo todo. Algunos compañeros saben mucho sobre estos aborígenes, han estudiado su cultura por años; otros sólo saben lo que han aprendido en el colegio; nosotros contamos con las enseñanzas que nos ha brindado el pequeño guía con el que hemos recorrido Cusco.

–¿Es cierto que esta zona está cargada de energía? –pregunta uno de los franceses.

–Hay energía en todo, hasta en muy pocas palabras puede haber mucha energía. En una mirada, en una sonrisa, en todo lo que nos rodea. Nosotros somos su centro, ella entra y sale de nosotros constantemente –el guía abre sus brazos–; el lugar y el momento en el que estés también irradian energía. Un río, un cementerio, unas ruinas, una playa, una montaña nos pueden dar una sensación de carga energética o de pérdida. Con respirar profundamente en un lugar determinado podemos sentir energía que nos vigoriza si es positiva o una sensación de incomodidad y deseos de irnos cuando es negativa. La energía se siente, existe, viene y va. Fluye constantemente de todo lo que nos rodea, de todo lo que nos alimenta, de quienes nos quieren y odian, del lugar y del clima. La energía se siente, pero no se mide, al igual que el amor y el dolor –el guía se detiene por unos segundos y concluye–. Aunque en todo haya energía, debemos saber estar dispuestos a recibirla o a rechazarla, y también debemos saber cuándo darla.

Tras estas palabras nos deja. Siento que las ha dicho con fuerza ya que me fortalecieron de alguna manera.

¿Quién te gobierna?

Ya hemos cenado y quedamos pocos junto al fuego. El primer hombre de toda la humanidad que logró hacer su propio fuego debe de haberse quedado mirándolo como nosotros ahora. Nuestros rostros reflejan las llamas y nuestros ojos hipnotizados las siguen. El silencio dura un buen rato. La noche, el cansancio y algo que no sé, lo piden. Con un ruido que vino de la montaña en este pequeño lugar del mundo la charla se inició, en un preciso momento y con gente de cada continente, y gira sobre de dónde venimos, qué es lo que hacemos en casa y por qué estamos acá.

Hay gente que hace tres días estaba en un escritorio de una empresa, donde la mayor aventura del día es llegar a horario. Uno es un ingeniero que una y otra vez repite que no entiende cómo los incas sin siquiera conocer la escritura, pudieron construir ciudades tan perfectas.

Otro es constructor, y al parecer es feliz por ello:

—Construyo casas para familias, con mis manos. ¡Disfruto mucho mi trabajo! —habla moviendo sus manos como si éstas sostuviesen herramientas –. No se imaginan lo lindo que es pasar por las casas y verlas llenas de vida, pintadas, decoradas, con niños jugando…

—Yo soy electricista e ilumino tus obras –le comento. Así la charla continúa alrededor de los oficios:

—Soy comerciante, vendo ropa… —dice quien no había pronunciado nada hasta ahora–. Antes de este viaje vivía una rutina, buscaba estar siempre ocupado y generar el mayor dinero posible para tener la casa bien equipada. No quería juntarme con mis amigos en un bar, para mí eso era perder el tiempo. Hasta que me di cuenta de que llenándome de tareas laborales lo que en realidad hacía era apabullarme y esquivar el sentido de mi vida. Era uno más dentro del montón y me parecía que estaba bien, pero en el fondo había una vocecita que me repetía que yo podía hacer algo diferente, que la vida no se basa sólo en estar ocupado y lograr más y más. Esa voz interior siempre encontraba el momento para recordármelo… y aquí estoy, haciendo algo que podré contar a mis amigos y a mí mismo. Ya empecé a modificar cosas y me doy cuenta de que esto es sólo el principio de un cambio en mí.

—Yo aún no soy nada —es el joven belga quien habla–, todavía no sé qué hacer ni por qué vine, ni qué estoy buscando…

Entonces yo acoto:

—¿Por qué será que aunque somos de lugares tan lejanos y hablamos distintas lenguas no siento grandes diferencias? Es más, los escucho y siento que somos iguales. ¿Cómo pueden los gobiernos separarnos, mandarnos a la guerra y hacernos matar si en esencia somos todos lo mismo?

—Yo vengo de Polonia, donde hubo muchas guerras con países vecinos y también internas. Por años sufrimos un gobierno comunista que ni siquiera nos dejaba rezar, no podíamos viajar ni elegir nuestros trabajos, ni nuestras casas. Apenas cayó el gobierno salí a recorrer el mundo y aún lo estoy haciendo. Nada de lo que me habían enseñado es cierto, siempre me hicieron creer que no había mejor lugar en la tierra que la Unión Soviética. Me decían que por eso todos nos querían invadir y que debíamos estar preparados para defendernos y atacar al enemigo. Y hoy, tras haber recorrido tantos países "enemigos", sólo veo humanos creados por un Dios maravilloso e iguales a mí –el hombre se queda en silencio. Mientras lo oímos pensamos qué es lo que nos han enseñado a cada uno de nosotros: todas las respuestas son idénticas a la del polaco–. Ahora yo te pregunto ¿Qué harías ante una guerra? —continúa mirándome a los ojos aunque se dirige a todos– ¿Lo que un gobierno te dice o lo que te dice tu Dios? Si Dios te enseñó que ames a tu prójimo como a ti mismo, ¿matarías a un ser humano si tu nación te lo ordena? ¿Quién te gobierna más? ¿Tu Dios o tu gobierno?

—Mi fe –respondo mirando sus ojos iluminados por el fuego.

–Sí, creo que yo nunca lo había pensado así– agrega el francés.

El fuego y el silencio se hicieron nuevamente presentes en la oscuridad de la noche, no veíamos nada a nuestras espaldas, pero podíamos ver hacia adelante, hacia nuestro futuro.

Los dos amanecemos felices. Estamos recorriendo el Camino del Inca, nos acercamos a Machu Picchu. Es hora de volver a partir, nos vamos todos juntos, salvo los porteadores que se quedan a desarmar el campamento. Pero a medida que avanzamos el grupo se separa, cada cual avanza a su paso. Yo me adelanto junto a un chico estadounidense. Ha traído una bolsa de basura y va juntando la poca que encuentra en el camino. Me sumo a su tarea. Sin darnos cuenta se nos facilita la subida al estar más interesados en buscar una colilla que viendo lo que nos falta subir. Su gesto me encanta, no estamos en su país ni nadie le ha pedido que lo haga. Está de vacaciones y, contrariamente al resto, que deseamos deshacernos de nuestras mochilas, él trae una bolsa extra. Aunque la subida es muy empinada y el cansancio crece, el joven se desvía de la huella por un papel.

–¿Por qué haces esto? –le pregunto.

–Porque hacerlo me hace muy bien, me hace sentir útil, me da la posibilidad de mostrar mi respeto a este increíble lugar.

–Paso… paso, por favor –anuncian los porteadores, que nos han alcanzado.

Nos piden que los dejemos pasar porque su abultada carga necesita de toda la huella. Es tanto el entrenamiento que tienen que el frío que hace no les afecta, están en pantalones cortos y llevan ojotas hechas de neumáticos de auto.

–¿Necesitan que les llevemos algo? –preguntan a su paso.

Todo es uno

El paisaje se expande a nuestro alrededor. A medida que el bosque se achica y ganamos altura, el oxígeno se hace desear, las piernas se sienten pesadas y nuestros cuerpos piden descanso. Recuerdo las palabras del guía y empiezo a pedir ayuda a la montaña, al sol y al agua que bebo. Observo su belleza, me concentro en ella disfrutándola. Me siento mejor, con más ganas de seguir. Feliz de estar haciendo esto.

Veo el sol y le agradezco que esté allí, me vienen a la mente culturas indígenas alabándolo y glorificándolo y pienso: qué raro alabar al sol, yo no lo hago pero le doy gracias por su calor, por su luz, por dar vida a las plantas, las que a su vez dan vida a los animales y éstos a mí. Me di cuenta de que lo estaba alabando. Siento lo mismo hacia la madre tierra, al agua, los árboles con sus frutos y maderas, los animales, las plantas, los minerales… y todo pasa a ser una alabanza y un agradecimiento por existir y estar para mí. Me siento parte, parte porque fui todo eso antes de venir al mundo, porque ahora tomo de ellos y ellos tomarán de mí cuando muera para seguir siendo parte. "Todo es uno y uno es todo", susurro.

Llegué a la cima de la montaña con estos pensamientos, buscando aire para mis pulmones y sobrándome alegría por haber logrado la cima. Aún falta para llegar, pero la parte más difícil ha sido conquistada. ¿Por dónde andará Cande?

–¿Y los demás? –me pregunta uno del grupo.

–Vienen lejos, pero vienen…

Los suspiros de nuestras almas resaltan en la helada mañana: puedo ver a lo lejos una persona que respira profundamente para llenarse de este escaso aire mágico, luego suspira larga y cálidamente. También diviso a Cande que me saluda, está cien metros más abajo.

Dos noches más hicimos en el camino, dos noches con lluvias que mojaron nuestras ropas y bolsas de dormir. Aun así el clima helado no logra enfriar nuestro entusiasmo.

Esta mañana es la última de nuestra expedición. Hoy conquistaremos el cerro que guarda nuestra meta. Son las cuatro de la mañana y hemos amanecido sin que haya salido el sol todavía, pues deseamos llegar antes que nadie. Después de cuatro días de travesía nos sentimos con muchos más derechos que un turista que llega en helicóptero o en tren.

Mojados y con frío iniciamos nuestra última subida. A medida que avanzamos el grupo se va dispersando. He salido haciendo punta junto al polaco y el belga, y ahora se nos une un español.

La agotadora marcha detiene a mis compañeros, quienes se sientan a tomar aire un momento. Dudo, no sé si quedarme o avanzar, a gritos mi corazón me pide que siga.

–Continuemos, aún hay mucho que caminar… –me dice el español al verme dubitativo. Redobla el paso cuando lo sigo–. ¿Por qué estás aquí? –me pregunta este hombre que da pasos más largos que sus cincuenta años.

–Porque siempre quise conocer Machu Picchu, he escuchado maravillas acerca de este lugar…

–Sí, sí… pero ¿qué te trajo hasta Machu Picchu realmente?

–Es una meta dentro de un sueño que estamos cumpliendo con mi mujer… Es una gran escala y muy importante dentro de un viaje.

–¿Y cómo te sientes?

–Lleno de vida, de energía. No puedo creer que después de cuatro días agotadores, en los que nos alimentamos a base de sopas y semillas, en los que hemos dormido mal, mojados y con frío, yo esté caminado a este paso. Y encima tengo aire para poder hablar contigo…

–Quien está hablando es tu corazón. Él no necesita de aire, necesita de esto que estás haciendo.

Su tono español, su voz profunda en el silencio de la brumosa mañana que aún no quiere amanecer… todo parece tener mucho sentido. El lugar, mis sentimientos y sus palabras se mezclan aclarando mis pensamientos.

–Si dejas que tu corazón te guíe, nunca estarás en el camino equivocado. Escúchalo siempre. Él mejor que nadie sabe qué está bien y qué está mal, él sabe de sueños, de amor… Síguelo, no dejes que tu mente, influida por los mandatos de otros, te reine. La mente fría piensa, en cambio tu cálido corazón siente.

¿Por qué el español me dice estas cosas? ¿Se habrá cargado de una energía que desea compartir? ¿Será que le brotan palabras de un corazón nunca antes tan feliz?

–No empecé este viaje porque quería largar todo –le comento– ni estoy huyendo de nada. Sólo salí porque quería empezar a hacer algo que me pedía mi corazón para sentirse feliz. Igual fue cuando él se enamoró.

–¿Qué te pidió entonces?

–Que hiciera todo por conquistar a Cande, por quererla y por decírselo.

Damos unos pasos en silencio hasta que el español me aconseja:

–A tu sueño tómatelo como una parte muy importante de tu vida y ahora que lo estás cumpliendo no seas muy serio: improvisa, dale la bienvenida a lo impredecible, aprende de las equivocaciones y ríete de ti mismo. Cuando un corazón sigue su sueño, éste llega a cumplirse, pero atravesando lugares y haciendo cosas que jamás uno se imaginó cuando decidió seguirlo. Es mágico.

Ya habremos caminado una extenuante hora, y la luz del nuevo día se acerca.

–Cuando lleguemos a la puerta del sol, ahí me quedaré… tú seguirás –me dice.

–Mejor lleguemos juntos –le propongo.

–Dije que siguieras a tu corazón.

–Pero…

–Ve, ve por tu sueño, conquístalo, conquista Machu Picchu, que Machu Picchu sea tuyo aunque sea por una hora, que sea todo tuyo… Anda, que mi sueño ha sido cumplido, ahora es el momento de que tú vayas por el tuyo… –siento que me entrega su energía en tan fuertes palabras y retomo el paso, acelerado como mi corazón.

–¡Nos vemos en el trono del inca! –le grito con ganas de volver a verlo.

Bellísima Machu Picchu

El sol amanece a mis espaldas, como tratando de no enceguecerme y a la vez queriendo iluminarlo todo para mí. Mi sombra no me sigue, se adelanta marcándome el camino. Está más ansiosa por llegar que yo. Es mi compañera hasta llegar a una piedra sobre un peñasco que más se parece a un palco. Reconozco desde aquí el cerro Huayna Picchu que vi en miles de fotografías como fondo de Machu Picchu. Sufro por la niebla blanca que cubre las místicas ruinas y con ellas mis deseos de verla. Me siento, y espero… la caprichosa niebla se tiene que levantar… Pero no se levanta… sigue como esperando algo, a alguien…

–Dios, dame un día de reinado sobre este lugar, haz que la niebla se abra…

Se lo pido a viva voz mientras me pongo de pie. Un minuto después los rayos del sol caen sobre la niebla brindándole movimiento, como despertándola… y Machu Picchu se hace ver, bella, bellísima... No es como me la habían contado, no se parece a las fotos, ni como la había imaginado. Es mucho más bella, mucho más…

Bajo corriendo lo poco que me falta para alcanzarla. No sé nada del lugar, pero llego hasta una piedra enorme. Me apoyo en ella y lloro por felicidad. En una piedra posada sobre una montaña de un pequeño lugar de la tierra me siento muy bien, siento que puedo abrazar todo el mundo. Él me pertenece, me siento rey. No he nacido príncipe, pero el verdadero rey no nace, se hace. Sucede cuando te das cuenta de que Dios todo lo hizo para uno: los lugares con sus personas, las montañas con sus nieves, los mares con sus peces, la luna con sus estrellas. No para que lo gobiernes, sino para que lo disfrutes. No para que lo ordenes, sino para que sigas su equilibrio. No para que lo posees, sino para que seas parte. Con mis brazos hoy abarco el mundo, soy su rey, porque me siento rey. Soy parte, parte de un mundo lleno de reyes que no necesitamos pelearnos por nuestros reinados, sino disfrutar juntos el descubrir ser rey.

Los turistas comienzan a poblar las ruinas. Junto con el grupo Cande llega:

—¿Por qué no me esperaste? —me pregunta enojada.

—No lo sé, mil perdones, pero tenía que estar solo con este lugar. —Ella me comprende, conoce mis anhelos desde niño y sabe que éste era uno de ellos. Veo en su sonrisa que en realidad mi actitud no le ha molestado.

—¿Qué sentiste, Cande?

—Me siento fabulosa. Acá es donde siempre soñé estar, esperé mucho tiempo para llegar acá y el momento es precisamente éste. Al subir la montaña el esplendor de las ruinas alimentó mi alma, ahora puedo sentir su fuerza. Es imponente. Rocas inmensas fueron apoyadas unas sobre otras y así se construyó esta ciudad. Demuestra perfección, su belleza es sublime. Me motiva caminarla, tocarla, sentirla. Más la recorro más quiero de ella, y me emociono con sólo sentir su misticismo. Sin dudas el guía tiene razón: la energía se siente, no se mide, y comprendo el porqué de haber llegado.

Con Cande nos dedicamos a recorrer el lugar, rodeados por un entorno especial. Queremos aprovechar cada minuto. Nos sentamos sobre una terraza, sobre el Machu Picchu, que nos pertenece, al cual le pertenecemos. Nos quedamos solos por un buen rato, sintiendo algo muy lindo en nuestro interior. Somos parte del mundo, lo que al mundo le pasa nos pasa a nosotros y viceversa. Mutuamente nos influimos.

—Éste es un lugar al que quiero volver con nuestros hijos —me comenta Cande al dejar las ruinas tras nuestras espaldas.

El eterno cruce de los Andes

¿Qué está pasando? Nos levantamos sobresaltados, Cande golpea su cabeza contra el volante. Habrán de ser las tres de la mañana… o las cuatro. No podemos ver hacia afuera, pues la funda cubre el auto, y el ruido es ensordecedor. Parece que el cielo se está cayendo: grandes pedazos de hielo rebotan sobre la chapa resonando muy fuerte. Es tanto su ruido que nos asusta. No hay reparo adonde ir, estamos como atrapados sin ver nada. Nos quedamos a esperar sin poder conciliar el sueño hasta que el granizo se convierte en lluvia.

Amanecemos. Es día de elecciones presidenciales en Perú y hay mucho movimiento en el pueblo. Desayunamos en un establo de mulas y llamas, próximo al mercado.

Hoy queremos cruzar los Andes nuevamente. Sabemos que hay una nueva ruta totalmente asfaltada, pero no sólo nuestro mapa no la indica, sino que encima la gente no la conoce como para decirnos cuántos kilómetros hay hasta la ciudad más próxima. "Y… seis horas de viaje". "Cuatro". "Siete". Nadie coincide en la cantidad, así que lo mejor es llenar el tanque de gasolina y llevar dos tanques de reserva.

Como el granizo reviste totalmente la ruta, seguimos las huellas de un camión. Los sembradíos que escoltan el camino se ven destruidos. Recuerdo a aquella boliviana que tan poco tenía sembrado y sufro por ella, y por todos. Sé cuánto trabajo es sembrar, y cuán poco cosechan.

La ruta es empinada. Con la altura el auto pierde fuerza y consume más gasolina. No hemos recorrido siquiera la mitad del viaje y ya hemos debido cargar ambos bidones. Hemos llegado muy alto. No se divisan autos, mucho menos personas. Nos hemos elevado tanto que la nieve de los cerros bordea el camino, todas las vistas posibles son imponentes.

Nos detenemos para sacar algunas fotos y comprobar cuánta gasolina tenemos. Un cartel señala "4755 metros sobre el nivel del mar". Meto un palo en el tanque... ¡Resta menos de medio! En camino plano, a nivel del mar, nos alcanza para hacer cien kilómetros; ahora, en la montaña y a 4800 metros del mar ¡no nos alcanzarán para hacer sesenta kilómetros! ¿Cómo ahorrar gasolina? ¿Cómo vamos a llegar? Tendremos que apagar el motor en las bajadas y encenderlo sólo en subidas. Pero ¿si falla? Realmente me preocupa que nos quedemos varados acá: no compramos comida al salir por ser feriado electoral, confiamos en que algo en el camino íbamos a encontrar. Las pocas casas que hay en los alrededores están deshabitadas, son moradas de veraneo que los pastores usan cuando la nieve se va... y lo que sobra es nieve.

Subo al auto, respiro, no quiero ponerme más nervioso. Avanzamos unas cuantas lomas, parando y arrancando el motor hasta que el camino comienza a descender muy empinadamente. ¡Estamos dejando el altiplano, bajamos hacia el mar... y llegamos a Moquegua con un resto de gasolina aún en el tanque!

Como es para festejar, entramos a un restaurante y pedimos algo típico del lugar. Recibimos chanchitos de la india fritos. Cosa que nos ocurre por curiosos. De todos modos, no están tan mal...

La hora del cóndor

En la ciudad blanca de Arequipa nos tomamos un autobús que nos lleva al cañón del Colca. Es el más profundo del mundo. Viajamos junto con pobladores y turistas. Una joven extranjera siente revoltijos, le solicita al chofer que pare y se baja corriendo mientras desabrocha su pantalón. Busca un arbusto, una roca o algo que la tape de este público curioso ante su emergencia y feminidad. Apenas halla una planta que a cambio de que la tape un poco, ella empieza a fertilizar. Dentro del bus, se oye una risita... Y para que algunos se echen una risotada el chofer acelera el motor y mueve un poco el bus. Haciendo que la chica con sus ropas bajas salga apresurada.

Alrededor del Colca vuelan cantidad de cóndores, así que descendemos hasta el punto donde inician su vuelo. Ya hay gente esperando ansiosa, entre ella reconozco a un muchacho que vi en la ciudad de Cuzco. Aunque no nos conoce, nos acercamos a él.

–¿No te vi en Cusco? –le pregunto.

–Sí, ustedes entraron a la misma agencia que nosotros. ¿También son argentinos?

–Sí... ¿Sabes si falta mucho para ver los cóndores? –el guardaparque que está detrás escucha la pregunta y nos responde mirando a su reloj:

–Sólo faltan cuarenta y cinco minutos, a las nueve y cuarto empiezan a remontar vuelo. –No puedo creer la exactitud del horario... como si los cóndores tuvieran relojes. –A las nueve y diez el sol llegará a iluminar el fondo del cañón, y el aire frío empezará a calentarse produciendo corrientes ascendentes que los cóndores aprovecharán –explica el guardaparque. Ante tan científica explicación de la puntualidad del cóndor, enmudezco.

El argentino se presenta como Gula, está con su novia. Me llama la atención que ella le lleve una cabeza de altura, no es que sea alta, sino que él es bajito. No sé por qué me asombra. ¿Será que mi cabeza está cerrada? ¿Aún creo en patrones que me impiden darme cuenta de que nada tiene que ver la altura con el amor? Sumergido en estos pensamientos le pregunto:

–¿Cuánto hace que están de viaje?

–Salimos hace cuatro meses, ¿ustedes?

–Sólo hace dos meses y medio. ¿A dónde van?

–Queremos hacer Latinoamérica, Estados Unidos y Europa...

–¿Y cuánto tiempo calculan para semejante viaje?

–No sabemos, el que sea necesario. Nos estamos quedando sin dinero y tenemos que pensar en cómo hacerlo. Ya veremos –me responde Gula con una tranquilidad admirable.

Mi vida siempre tuvo tiempos, nunca imaginé hacer algo tomándome para ello los días que fueran necesarios. Un horario, una fecha o al menos un tiempo estimado, siempre precisé una guía o, mejor dicho, un límite. Para hacer este viaje con Cande calculamos seis meses siendo la primera vez que nos damos tanto tiempo para nosotros. Siempre nos había limitado el trabajo, él decidía por nosotros, era el dueño de nuestro tiempo. Incluso el decir que nos íbamos por seis meses nos sonaba a irresponsabilidad.

Sin embargo frente a nosotros están Gula y su pareja, quienes con una libertad muy responsable se toman el tiempo necesario para ellos:

–Hasta hace muy pocos miles de años toda la humanidad era nómada. Esto fue así hasta que a un hombre se le ocurrió ser sedentario. A los demás les pareció que estaba loco, ¿cómo dejaría de ser nómade? ¿Renunciaría a conocer nuevos lugares, nuevos horizontes?, ¿abandonaría la aventura de conocer a otros pueblos?, ¿comer distintas frutas y animales? A pesar de las preguntas de los demás, se quedó eligiendo despertar todas las mañanas de su vida en un mismo lugar. Sembró y cosechó, sus animales procrearon y ya no necesitó de la caza, él solo se podía alimentar –Gula hace una pausa y continúa–. Al tiempo, otros hombres se le sumaron y cuando fueron muchos ya nadie los consideró locos. Pero aparecieron otras dificultades: por empezar, no todos tenían acceso al agua y los que sí, podían tener más animales y mejores cosechas. Esto creó la diferencia entre ricos y pobres. Entonces la tierra se convirtió en tema de disputa, y la gente salió a buscar otras. Así se formaron más pueblos: los que tenían éxito de cosechas o de almacenajes se extendían y esto trajo recelos y guerras. Y para las guerras se precisaban soldados y alguien que los dirigiera: pues de este modo surgieron, de entre los más ricos, los reyes, quienes para dominar a sus pueblos se definían como sus protectores. A ellos debían ir las cosechas y ganancias, porque necesitaban mantener los ejércitos y construir sus castillos y murallas. Pero ¿por qué las murallas del castillo no protegían las casas de quienes pagaban esos impuestos? ¿Y por qué, si el ejército estaba para defender al pueblo, el rey lo usaba para cobrar los impuestos que eran cada vez más altos? Pasaron más años y surgieron más interrogantes. Y así llegamos al siglo XXI... nada ha cambiado, salvo que a un hombre se le ocurrió ser nómade. A los demás les pareció que estaba loco: ¿cómo dejaría de ser sedentario como lo eran todos? ¿Dejaría de vivir en la misma casa para ir a lo desconocido?, ¿renunciaría a ver a las mismas personas de siempre?, ¿comería frutos y animales extraños? A pesar de las preguntas, igual ese "loco" se fue y comenzó su vida en un mundo nuevo. ¿A ustedes qué les dijeron sus amigos cuándo se fueron? –nos pregunta Gula.

–Que estábamos locos...

–Ves, ahora los locos somos los que queremos conocer el mundo, ver nuevos lugares, conocer nuevas culturas. Pero ¿por qué será que cada vez que uno se distancia de la masa es considerado un loco? ¿No serán los demás los locos? –me interpela Gula sin esperar respuesta–. Muchos nos preguntan cómo hacemos para seguir y nosotros nos comenzamos a preguntar lo mismo de ellos. Vivimos en un pequeño entorno que poco nos deja ver más allá. A cada lugar que vamos entramos en ese entorno y nos aclimatamos lo mejor que podemos. Seguimos siendo nosotros pero con pequeños cambios. Vivimos en constantes cambios, no somos fuertes ni frágiles, sólo flexibles. Si fuéramos rígidos, tropezaríamos con la primera piedra, caeríamos en el primer pozo y ahí nos estancaríamos. Recuerdo una charla que tuvimos con una señora que nos hospedó. Nos preguntó qué planes teníamos y le contesté que ninguno. No lo pudo comprender y me dijo que todos en la vida tienen planes, que el que no los tiene no es nadie. Todavía no los tenemos y nos sentimos mejor que cuando los teníamos, o mejor dicho "nos sentimos". La charla continuó y le dije que teníamos metas, muchas ya cumplidas y hasta superadas y que queríamos llegar a Madrid, pero nos dimos cuenta de que es sólo un deseo, como tantos otros. Estamos viviendo con sentimientos llenos de deseos. Creo que el sentido de la vida es sentir ya que el fin de la vida es el fin. Por suerte, somos cada vez más los que pensamos que la tierra es de todos, que su forma es redonda para darle una vuelta. Todo hombre puede recorrerla y aun sin título sentirse dueño del planeta. Todos tenemos un poco de nómades, todos tenemos un poco de locos...

–Y de poetas –agrego. Pienso y veo que hay razón en lo dicho por Gula.

–Ahí empiezan los cóndores, son tres... no, son cuatro –la voz de un turista interrumpe mis pensamientos.

–Allá viene otro más... –agrega a la cuenta otra persona.

Al final, vemos siete cóndores. Primero vuelan dentro del cañón, por debajo de nosotros. Luego a nuestra misma altura. Ahora están sobre nuestras cabezas y dejan ver su inmenso tamaño e increíble plumaje.

–Gula, ¿sabes por qué los cóndores vuelan y nosotros no? –le pregunto.

–Porque poseen alas. En cambio, nosotros tenemos manos que queremos llenar con tantas cosas que no nos dejan volar.

Dejamos Arequipa sintiéndonos un poco más nómades, con un poco más de alas, con muchas ganas de volar.

Arribamos a Nazca, un sitio para ser recorrido en avión: desde las alturas se divisan perfectos dibujos hechos en el desierto. No se sabe quién los hizo ni para qué. La vista es mágica como sus dibujos.

Tras andar por los aires, con esas hermosas figuras en nuestras mentes, nos vamos a dormir al auto. Apenas abrimos los ojos notamos que hemos recibido de visita ratones con filosos dientes y gran apetito. Salimos por el desierto a cuarenta kilómetros por hora. Un cartel advierte, recién ahora: "Zona de arenamiento". Por tramos la ruta desaparece bajo la arena de las dunas. Éstas no dejan de moverse y el viento levanta una fina capa de arena que nos tapa la visual.

Con el auto colmado de aquellas partículas llegamos a una estación de servicio que es enorme en comparación a las típicas gasolineras familiares del Perú. Estamos hambrientos y por suerte junto a ella hay un lindo restaurante que ofrece milanesas en oferta. Cocineros y mozas son familia, y sienten curiosidad al ver el Graham. Pues nos empiezan a preguntar quiénes somos, qué estamos haciendo, dónde dormimos...

–Donde nos agarra la noche –les explica Cande.

–Entonces hoy dormirán en un lugar inimaginable para ustedes, único en toda América. Es el oasis de Huacachina. Terminen de comer y síganos.

Los escoltamos por un pequeño camino y llegamos al oasis. Es de verdad. Dunas desérticas, palmeras y unas pocas casas alrededor del espejo de agua. La de esta familia está frente al espejo de agua y es maravillosa. También lo es esta gente que nos hospeda en el cuarto de sus niños, quienes felices se mudan a la habitación contigua. Entre los familiares hay un pequeño bebé; al tomarlo en brazos digo:

–¡Qué hermoso "pendejo"! -A lo que la madre con cara de odio me quita el niño de mis brazos y dice:

–A mi niño nadie le dice "pendejo".

La misma palabra con distinto uso regional nos produce un inconveniente diplomático que remediamos con aclaraciones.

–Igual, lo que sea, como la usen, pero a mi niño no le digan pendejo –nos pide la madre más tranquila.

Después de subir y bajar las dunas con una tabla tipo surf abandonamos el oasis. El próximo lugar que queremos conocer es la Bahía de Paracas, una reserva frente al mar donde se encuentra la mayor cantidad de aves. Conducimos incesantemente, pero la noche se acerca antes de que lleguemos a destino.

Pasamos por un valle con un río que trae agua y con ella vida al desierto, sobre el camino hay un caserío, nos detenemos justo frente a una casa donde la señora sentada afuera mira a sus chicos y el tráfico pasar.

–Señora, ¿le molestaría que pasásemos la noche frente a su casa?

–No, adelante. Mi marido está adentro –no creo que sea cierto, quizá en su amabilidad nos inventa esta mentira para sentirse más segura.

–¿Tendría un poco de agua? –le pide Cande.

–Justo estoy esperando al aguatero, no debe faltar mucho para que llegue –nos comenta.

¿Aguatero? Yo creía que pertenecía a la historia, pero me guardo el comentario para no ofender.

–Allá viene –nos dice señalando a un joven de unos catorce años que anda descalzo y que lleva una varita en su mano. Con ésta guía a una mula flaca que carga dos baldes plásticos llenos de agua... atada a ella habrá unas diez mulas más, cada una con sus baldes.

La mujer nos comparte su compra de agua turbia. Los chicos la beben enseguida, mientras nosotros antes de tomarla le agregamos pastillas potabilizadoras.

Paracas luce todos los colores y movimientos. El vuelo de los pájaros y las mareas son un ir y venir de vida.

Al llegar, unas jóvenes mochileras de Lima se subieron al estribo del Graham. Juntos buscamos un sitio donde acampar. Lo hallamos frente a la bahía y sus rosados flamencos. Al bajar el sol, el viento se eleva, llevando consigo la arena. Mientras compartimos la comida se escucha al masticar la arena crujir.

–Quita el sarro de los dientes –comenta una de las chicas.

–Y también el esmalte –dice otra, riéndose de nuestra árida situación.

Quisimos ponerle la lona al auto pero el viento no quiso, las carpas de las chicas ya no tienen forma de carpa, más parecen ropa colgada. Movimos el auto para darles más reparo, pero el viento escurridizo busca su paso y lo encuentra.

Así es toda la noche. Amanecemos con los pelos duros y todo sucio. Las chicas no durmieron, prendieron su radio, sus cigarrillos y resentidas se dedicaron a esperar la calma. Se van con sus mochilas cargadas de arena a buscar mejor suerte. Los flamencos de a miles son nuestra única compañía, pero también ellos nos dejan levantando su vuelo, tiñendo el cielo de rosa.

Calentamos un poco de agua, nos lavamos y trasladamos con el auto hacia el otro lado de la bahía. Aquí está la villa turística, es decir, comida sin arena y con reparo.

Preparamos unos mates. Se nos acerca una pareja joven que nos reconoce como argentinos. Nos preguntan por el auto, por el viaje, y nos invitan:

–Pasen por casa, tenemos cuartos libres. Es la tercera sobre la playa, la del muelle azul y blanco.

–Muchas gracias, terminamos nuestro mate y vamos.

Es una casa gigante. Nos parece que estamos equivocados, tocamos el timbre y la puerta se abre. Una señora vestida con uniforme de empleada doméstica nos dice:

–Pasen, los patrones no tardarán en volver, me encargaron que les sirva, ¿les puedo ofrecer algo?

–Una ducha –respondemos a la vez.

Con lagañas de arena nos zambullimos en una bañera de interminable agua caliente. Luego almorzamos manjares junto a la pareja y la madre de uno de ellos.

Lima capital

Hemos entrado a Lima por una autopista que desemboca directamente en el centro de la capital. Nos dirijimos hacia un taller que nos lo recomendaron ubicar en varias oportunidades: es de los hermanos Nicolini.

Un portón enorme con seguridad nos dio paso a un patio ubicado entre tres enormes galpones de una manzana cada uno, uno lleno de autos antiguos para restaurar, otro con autos restaurados y el tercero tiene en su planta baja un taller totalmente equipado y en su planta alta cientos de repuestos.

Ansioso quiero conocer a los hermanos, tenemos la necesidad de saber cómo está el auto, que le hagan un chequeo y si puede ser un service, yo ayudaría en lo que pueda, no sé cómo preguntárselo, no sé ni cómo son…

De pronto se acerca hacia nosotros un hombre de cabello enrulado y ropaje sencillo.
—¿Tú eres el "Che"? —inquiere.
—Sí, nosotros somos los "Che" —le respondo, me encantó el título. Un poco por ser argentino, pero también porque siento tanta revolución dentro de mí como la que habrá sentido el Che cuando emprendió su viaje por América.
—¿Y es verdad que van para Alaska?
—Si Dios nos acompaña, así será.
—Bueno, ¿en qué los puedo ayudar?
—A nosotros nos gustaría hablar con los hermanos Nicolini para pedirles si le pueden hacer un service y un chequeo general al auto.
—Yo soy Jorge Nicolini. Pueden dejar el auto por ahí —dice sin mucho entusiasmo.
¿Le habrá molestado mi pedido? Tal como me indica, acomodo el auto y con Cande empezamos a sacar de su interior las cosas que precisamos llevar con nosotros.

Mientras tanto, Jorge trae gente y más gente a la que convoca diciéndole: "Vengan, conozcan a estos 'ches'". Y nos presenta, ahora sí, dándonos a entender que está encantado con nuestra visita.

A pesar de que al día siguiente me aparezco bien tempranito para empezar con el chequeo, al llegar me encuentro con seis personas trabajando. No puedo creer lo que veo: ¿esto es mi auto? ¡¿Qué pasó?! No tiene ruedas, ni capote… sus piezas están dispersas por todos lados. El Graham fue desarmado por Julio Reyes, un moreno sonriente, y sus ayudantes. Como quiere revisar todo, sólo ha dejado enteros el block y la caja de cambios. Y lo ayudo a la vez que me familiarizo con el auto.

Ése mismo día nos informan que el "service" va a tardar. Hay que buscar algunas piezas y otras mandarlas a fabricar. No teníamos planeado que esto fuera así, y empezamos a preocuparnos por el tiempo que nos queda, pero sobre todo por el dinero. Ya hace cuatro meses que iniciamos el viaje y aún estamos lejos de Alaska y muy cerca de quedarnos sin ahorros. Sólo podrán alcanzarnos para seguir dos meses más.

No podemos quedarnos quietos, debemos hacer algo, si no no podremos seguir. Buscamos empresas que nos auspicien, mandamos correos a clubes de autos de Argentina… golpeamos muchas puertas, pero la repuesta esperada no se hizo oír. No lo tomamos mal porque nosotros solos nos habíamos metido en esto, y por lo tanto, no tenemos que responsabilizar a otros de nuestro viaje…, si no es en Perú donde conseguimos apoyo, tal vez sea en Ecuador.

Bajamos a las catacumbas de la iglesia de San Francisco. Aquí reposan a la vista más de veinte mil osamentas. Nunca en mi vida vi tanta muerte. En los cementerios nunca vi a los muertos y no sentí la muerte como ahora la siento, veo y de a miles. Todos estos esqueletos fueron personas, vivas, con familias, amores, sueños... ahora sólo son huesos.

De las catacumbas salimos a un patio interno del monasterio. Está rodeado de galerías lleno de flores y de vida. Respiro profundo para sentirme vivo. El guía y los turistas nos dejan solos abrazados en un banco sin respaldo.

Un monje pasa frente a nosotros, nos saluda, se retira, vuelve tras sus pasos y se acomoda con nosotros.

—¿Vienen de lejos?

—Sí, de Buenos Aires —le responde Cande.

—¿Están de paso?

— Sí... ahora, después de ver tantos muertos, siento que estamos de paso —le contesto.

—La vida es un préstamo que un día se cobra. Nadie escapa, nadie le gana a la muerte —nos dice provocando frío en nuestros cuerpos—. La vida es un obsequio de Dios, lo que hacemos con ella es nuestro regalo a él —sentencia, y tras bendecirnos se retira.

—Lo que estamos haciendo ahora con nuestras vidas ¿será nuestro regalo a Dios? —piensa en voz alta Cande.

Salimos en silencio y entre paseos bajo bellísimos balcones coloniales nos dimos un gusto que desde que salimos no nos habíamos dado: buscando un poco de nuestras costumbres porteñas heredadas, entramos a un café, nos sentamos frente a una vidriera llena de un mar pacífico donde sólo las olas y las gaviotas mueven el paisaje.

—¿Qué pensará mi mamá sobre este viaje, sobre este tiempo que nos estamos tomando? -Mi mamá falleció cuando yo tenía veintiún años-.

—No me vas a creer, pero yo estaba pensando justo en mi hermano y lo veía súper feliz por esto que estamos haciendo... – su hermano mayor había fallecido a los 15 años.

Es evidente que ambos sentimos un poco de culpa, nos cuestionamos "el estar acá": ¿acaso no deberíamos estar en Argentina trabajando, terminando nuestra casa? Sabemos que el viaje se va a extender y contradictoriamente nos estamos quedando sin dinero. ¿Somos irresponsables con el manejo del tiempo y de la plata?

De golpe Cande interrumpe mi racionalidad:

—Siento que Dios está muy feliz con lo que estamos haciendo. También tu mamá y mi hermano.

—Mi corazón está feliz, es mi mente la que no me deja en paz. Me dice que con el dinero que gastamos podríamos haber terminado la casa y que con el que nos queda que ni siquiera podremos...

—Herman, al menos lo intentamos —me dice Cande—. Si en vez de haber tomado los desvíos del camino hubiésemos llegado hasta acá en línea recta...

—... nos hubiésemos perdido mucho. Tanta gente... —los rostros se amontonan en mi pensamiento.

—¿Qué vamos a hacer cuando nos quedemos sin dinero? Este sueño es nuestro sueño de toda la vida, pero ¿sin dinero qué vamos a hacer?

—Busquemos·auspiciantes en Ecuador... no me imagino volver... ¿tú?

—No, tampoco. Sería como un fracaso en mi vida, para mi corazón.

68

Las palabras de Cande me recuerdan las del español de Machu Picchu: "Cuando un corazón sigue su sueño, éste llega a cumplirse, pero atravesando lugares y haciendo cosas que jamás uno se imaginó cuando decidió seguirlo. Es mágico."

Es lunes y voy al taller. El Graham está casi listo. Me pongo la ropa de trabajo y ayudo en los últimos detalles. Ahora sólo falta un repuesto: el piñón de ataque del diferencial.

Voy a buscarlo a la tornería, una casa transformada en taller. El cuarto en el que fabrican nuestro repuesto es pequeñísimo, y lo hacen de un modo que parece artesanal. Realmente la fama de los peruanos es cierta, he visto cómo restauraron otros autos antiguos y es realmente increíble: con muy poco pueden hacerlo y copiarlo todo.

Con la pieza maestra en mis manos, salgo a tomar el autobús que me llevará de regreso al taller. Esta zona no es nada recomendable para pasear, en mi apuro salgo de la avenida en la que estoy y giro hacia una calle de una sola mano, para cortar camino por tan sólo dos cuadras hasta la próxima avenida. Cuando estoy a mitad de la primera una cabeza se asoma y me mira desde la esquina. Tras ella aparecen dos más. ¿Sigo? Tomado por el miedo no puedo reaccionar. Ya es tarde, los tres me están rodeando:

–Dame lo que tengas.

Lo que tengo es mucho miedo. No tengo nada de lo que buscan, sólo la ropa sucia puesta del taller y alguna moneda para el colectivo. Tengo miedo de que me lastimen cuando vean lo poco que tengo… Dios por favor ayúdame… pido en silencio.

Los tres pandilleros dan unos pasos para atrás a la vez que dicen asustados

–¡No le hicimos nada, tranquilícese!

No entiendo lo que pasa, hasta que alguien me agarra del brazo por detrás.

–Vamos –me ordena. Lo miro. Es un hombre cuarentón que viste un delantal blanco hasta la cintura como un farmacéutico. Ostenta un arma en una de sus manos. Así, sin soltarme y sin decirme una palabra más, me aleja del lugar. Cuando estamos a una distancia prudencial de los ladrones, éstos empiezan a gritarle amenazas:

–¡¿Qué te metes?! No vuelvas a aparecer porque eres hombre muerto. Sabemos dónde trabajas…

Llegamos a la esquina. El hombre me suelta:

–Camina por las avenidas, no te metas en estas calles –me aconseja a la vez que se aleja en dirección contraria a la mía.

–Gracias, muchas gracias –le digo aún en mi estrés, en mi confusión, en mi admiración. Y lo dejo ir sin preguntarle quién es ni cómo podía agradecerle. Y se esfuma como había aparecido.

Al regreso le cuento a Cande lo que me ocurrió. Ella se larga a llorar y me pregunta: "¿Que hacía si algo te pasaba? ¿Cómo hacía para saber dónde estabas? ¿Qué hacía acá, tan lejos de casa, si algo te sucedía?".

Dejamos Lima, con ganas de cumplir nuestro sueño aunque el dinero se acabe, haciendo de nuestra vida un regalo para Dios y sintiendo que no estamos solos, que hay ángeles guardianes viajando con nosotros.

Salimos en un auto revigorizado, pero tanto vigor no le sirvió, nos quedamos sin gasolina en la salida de la ciudad justo donde nos dijeron que tengamos cuidado, que no paremos, porque hay mucha gente peligrosa. Incluso nos explicaron que, si una piedra rompía el vidrio o nos chocaban de atrás, teníamos que seguir. Y acá estamos, varados y sin gasolina. Más que preocupado, me voy caminando en busca del preciado líquido, no puedo dejar de pensar en Cande, parada en aquel lugar junto a tan vistoso auto.

Cuando volví con la gasolina, no puedo creer lo que veo: mucha gente "peligrosa" rodea a Cande, todos sonrientes y preguntándole mil cosas a una feliz Candelaria de responder…

Seguimos camino hacia el norte: a veces pegados al mar, otras no, pero siempre dentro del desierto. Pasamos pequeños poblados y, esporádicamente, alguna ciudad. Sus tamaños dependen del caudal del río más cercano.

El silencio de esta autopista es desértico. Hasta que oímos detrás nuestro una sirena acompañada por una voz que brota del altoparlante:

–Deténgase en la banquina, por favor –nos pide un patrullero.

Desde que partimos de Buenos Aires fueron muchos los policías que nos detuvieron, pero sólo para preguntarnos qué estábamos haciendo, cómo y, sobre todo, para ver el auto… Tal es así que en Arequipa, cuando un oficial nos paró, me atreví a señalarle que no lo haríamos porque se nos hacía tarde, y nos indicó que siguiéramos.

–Buenas tardes. Papeles –nos pide un joven oficial de gesto serio. Le entrego mis documentos, los mira–. De la garita anterior se me informa que han excedido el límite de velocidad.

–¡¿Qué?! –respondemos con una carcajada. No podemos creer lo que nos dice, seguro que es una broma. Pero el oficial nos mira sin entender, él no se ríe…

–Oficial, ¿usted vio el auto que estamos manejando? –el hombre mira el auto nuevamente.– Nosotros, aunque quisiésemos, ¡con este auto no podríamos pasar ningún límite de velocidad! –el policía se rasca la cabeza desacomodando su gorra…

–¿No será que le están haciendo una broma a usted de la garita anterior? –le pregunta Cande.

Atónito, va hasta a su *pick up*. Por el retrovisor lo veo llamar por la radio. Regresa:

–Creo que sí, creo que me están tomando el pelo, sigan nomás –nos dice mientras nos devuelve los documentos.

Ya ha entrado la tarde, es tiempo de ver dónde dormir. Paramos frente a una despensa y como paga de nuestro derecho a estacionar y pasar la noche le compramos algunas cosas. Mientras empezamos con nuestros preparativos para dormir, una familia se nos acerca: "Éste no es un buen lugar para pasar la noche, vengan a nuestra casa".

Su hogar es pequeño, de sólo un ambiente; las paredes, de caña. En la cena nos sirven los únicos pedacitos de carne que hay en la olla. Luego nos ceden su única cama para dormir. Ellos con sus hijos se acuestan en el piso.

Por la mañana, al despedirnos nos dicen mientras abrazan a sus niños:

–Perdón si no les pudimos dar más…

Ellos nos brindaron todo y nos piden perdón por no tener más para darnos. Nunca sentimos haber recibido tanto. Vemos que nadie tiene tan poco como para no dar y nadie tiene tanto como para no recibir. Tras fuertes abrazos nos despedimos.

Continuamos rumbo al norte, siempre costeando el mar y ansiando disfrutar un baño en él. Pero siempre el agua fría nos echa. Acampamos frente a él, viendo tanta agua hasta donde da la vista, pero donde nosotros estamos parados no hay ni una gota. El mar y el desierto parecen agua y aceite que no se mezclan.

Cande se pone a escribir el diario, nos vamos turnando para hacerlo, nos imaginamos leyéndolo ya muy mayores, tal vez con nietos alrededor. Pongo un poco de música, que tan bien nos hace sentir, que tanto nos mueve. Miro a mi alrededor y veo tanto: un mar reflejando una luna enorme, un desierto en calma, un viejo compañero con cuatro ruedas y una bellísima mujer escribiendo algo tan lindo como el diario de un sueño, nuestro sueño, que estamos juntos haciendo realidad. Señoras y señores, en este momento no hay persona más feliz y más rica sobre el universo que yo.

–Cande –la llamo, me mira sin soltar el lápiz–, soy el hombre más rico del mundo –frunce el ceño, sin entender–. Todo lo que más quiero, lo que vale más que todo el oro del mundo, lo tengo… –ella suelta el lápiz, una lágrima y me da un enorme abrazo.

El camino nos acerca a Ecuador. Pasamos por pueblos pesqueros, donde con juncos hacen un frágil y pequeño bote para ir mar adentro. En otro pueblo, de pequeños troncos de madera hacen una pequeña balsa en la que sólo caben dos personas y con ella se meten al mar. A lo lejos, dos pescadores luchan para llegar a la playa. Se están acercando, pero las olas son muchas. Los hombres esperan agarrar una que los lleve a la orilla, pero es la ola quien los caza desparramando todo: pescadores, pesca, remos y balsa.

Finalmente, todo llega hasta arena firme. Se nota el cansancio en sus caras; es arduo, no tienen motores y el remar una balsa requiere mucho esfuerzo. Las mujeres y los hijos están en la playa para ayudar, los reciben con abrazos y con comida preparada que ellos devoran. Mientras las mujeres limpian el pescado, ellos cuentan a sus hijos cómo fue la pesca. Me acerco súper deseoso de hablar con ellos, admiro que arriesguen todos los días su vida por un poco de pescado, que su familia los espere ansiosa y con tanto cariño.

–Hola, ¿qué tal? ¿Fue buena la pesca? –les pregunto.

–Sí, gracias a Dios, ¿quiere comprar?

–Me encantaría, pero no tengo cómo cocinar.

–Esto no se cocina, déjeme que le muestre –interrumpe una señora, quien inmediatamente descama el pescado, lo mezcla con perejil y otros ingredientes, y tras verterlo en un coco vacío cortado por la mitad, me da a probar. ¡Momento! Antes de que dé el primer bocado, la mujer agrega un poco de jugo de limón. ¡Sencillamente riquísimo!

–Cande, prueba esto.

–¿Crudo? –me pregunta mirándome con ojos saltones.

71

–Sí, prueba, te va a encantar. No puede estar más fresco –tengo razón, le encanta y pide más… –¿Cómo se llama esta comida?

–Ceviche –nos responde orgullosa la cocinera. Pagamos y nos vamos a almorzar a la única sombra que da un barco de madera en construcción.

Hoy es nuestro último día en Perú y lo celebramos alquilando un cuarto en un pequeño hotel. Está construido con maderas, sobre pilotes, y consta de tres habitaciones. A nosotros nos toca la del piso superior, con vista al mar: no hay ventanas, tan sólo mosquiteros; el techo es de palmeras; el piso, tablas cortadas con motosierra. Mejor… imposible.

Hasta que de pronto todo comienza a sacudirse. Con un ruido raro y fuerte. Cande me mira sin entender. Reacciono al darme cuenta de que es un terremoto: todo se mueve, algunas de nuestras cosas se caen de la silla, la tomo de la mano y corremos hacia la puerta buscando salir. Pero antes de que la abramos, vuelve la calma. De todos modos, bajamos y nos alejamos.

Una señora pasa corriendo a los gritos por la calle, hacia la escuela, se la escucha desesperada, pero no es más que el deseo de una madre de ver a su hijo sano. Éste es el primer terremoto en nuestras vidas. Felizmente nada ha ocurrido, la sensación es horrible, el temblor no da aviso y la situación es incontrolable.

No volvemos a entrar al hotel hasta la noche. Trato de dormir, pero me levanto exaltado. ¿Qué ocurre si el terremoto fue un sacudón de un maremoto y mientras dormimos llega esa gigante ola destruyéndolo todo a su paso?

–¿Qué pasa? ¿Otro terremoto? –me pregunta Cande.

–No, nada, sólo estoy un poco nervioso –no le quiero comentar mi pensamiento.

Llega la mañana y alcanzamos la frontera. El puente que une Perú y Ecuador es un mar de gente que va y viene. Tras atravesar el pequeño arroyo, tramitamos la salida sin problemas. Dejamos atrás un país que nos dio más de lo que imaginábamos. Nos llevamos imágenes que no queremos olvidar y enseñanzas que deseamos poner en práctica.

Ecuador

Punta Pietra

Manta Quito

Coca Río Napo

Salinas Baños Rocafuerte
Guayaquil

Cuenca

Machala

BANCO CENTRAL DEL ECUADOR

SUCRES

11623963

E

ECUADOR
LATITUD: 0° 0' 0"
LONG. OCC. 78° 27' 8"

Hasta aquí

Tiempo de viaje ....4 meses

Kilometraje ....9604 km

Ecuador

Mitad del Mundo

Cuenca Encantada

Arribamos a una ciudad encantada: Cuenca, construida sobre la montaña –con piedras, madera, barro– y llena de escaleras.

Entramos a la panadería y el hombre que está delante nuestro pide:

–Señor, ¿sería tan amable de venderme medio kilo de pan, por favor?

–Sí, caballero, ahora mismo se lo entrego. Dos mil sucres, por favor.

–Muchísimas gracias. Aquí tiene usted. Le deseo un buen día.

–Lo mismo para usted, señor.

Esta simple compra de pan, es toda una expresión de cortesía, son gente más que educada. Incluso aquí no existe el tuteo: los hijos no tutean a sus padres, tampoco al hermano mayor, y hay matrimonios cuyos integrantes no se tutean entre sí.

Como el auto genera curiosidad, pronto algunas personas comienzan a acercarse. Ordenadamente nos rodean y en silencio aguardan a que uno haga la pregunta, para así todos poder escuchar la respuesta:

–Discúlpeme, caballero, que lo moleste. Pero ¿nos podría decir qué clase de automóvil es éste? –consulta alguien amablemente. Y se inicia la charla.

Nos comentan que un paisano nuestro, ex jugador de fútbol, tiene cerca de aquí un restaurante parrilla. Vamos para allá. El compatriota nos recibe muy bien y nos deja estacionar el auto en el patio de su parrilla, así podremos dormir en un hotelito ubicado en el corazón de la pintoresca ciudad.

Por la mañana recorremos calles angostas y empedradas, muy pocas son rectas y suelen terminar o comenzar en escaleras. En las veredas hay muchas personas con sus manos tejiendo sombreros de paja, sentadas sobre un pequeño banco, enredando sus dedos en un pasto que va tomando forma, haciendo magia. No nos cansamos de volver a caminar las mismas calles, nos sentimos encantados en este lugar.

Las estrellas del dolor

Es hora de seguir viaje por los pueblos de la montaña, así que vamos por nuestro compañero de camino al restaurante. Al sacarlo advertimos que tiene huellas de zapato en el estribo, el guardabarros y el capó.

–¡No lo puedo creer! ¡¿A quién se le ocurre escalar un auto?! ¡¿Cuál es la gracia?! –grito con mucha bronca, y llamo al primer mozo que veo–. A ver, muéstrame la suela de tu zapato.

Acata mi orden con cara de no entender mientras me pregunta:

—¿Qué pasa?

—Alguno de ustedes se paró sobre mi auto y si lo encuentro, ¡le rompo la cara! —estallo, estoy furioso. Sigo llamando a los mozos. Ya voy por el cuarto de los cinco que hay y aún no hallo al culpable. Sólo me queda uno por chequear, pero no quiere venir.

—Ven que nos vamos a sacar una foto —le miente uno de sus compañeros haciéndose cómplice de mi investigación.

—Muéstrame tu suela —le digo apenas llega.

—¿Para qué?

—Muéstrame y después te digo.

Es él, su suela coincide con las huellas. A los alaridos le pregunto:

—¿Por qué te paraste arriba del auto? ¿Para qué? ¿Qué buscabas? ¿Querías romperlo?

—Yo no fui —me responde con su mentira, aumentando mi enojo.

—¿Cómo que no? Acá están tus huellas —las mira mientras busca qué inventar.

—Sólo fue como un juego —dice echando más leña a mi fuego interior. Entonces estallo como una caldera y hago lo que sólo hice una vez en mi vida, durante mi adolescencia. Le pego una trompada en la cara, y luego otra.

La gente de alrededor se sorprende por mi reacción, y una pareja que pasa en auto se detiene para preguntarme qué me pasa.

—Ese estúpido se paró arriba del capó de mi auto —señalo al mozo que tiene sus manos apoyadas sobre su dolorida cara.

—Y... ¿por eso? —me pregunta la pareja mostrándome que acabo de hacer más daño que el que recibí. El mozo empieza a alejarse y yo a sentirme muy mal. ¿Qué hice? ¿Para qué? ¿Qué cambió? Nada, sólo he empeorado las cosas: ahora tengo bronca de mí mismo y encima una mano que me duele horrores. Cande me quiso detener y no la escuché. Mi corazón me decía que lo dejase pasar, pero tampoco lo oí. Mi vergüenza es enorme. Así nos retiramos del lugar y, mientras nos dirigimos hacia la montaña, mayor es mi pesar.

Llegamos a un pueblito. Nos hospedan en una chacra y estacionamos el auto dentro del corral. El dueño me acompaña a ver a un curandero que revisará mi mano. Nunca fui a uno, pero me duele muchísimo y médico en la zona no hay.

—Vienen de todos lados para verlo —me comenta durante el camino el agricultor. Seguro que ahora van a decir que hasta vienen de Argentina, pienso—. Cura todo y para siempre —continúa promocionando. Ojalá que además de mi mano cure este dolor que siento acá, dentro mío. Dolor de alma.

Nos detenemos frente a una casa, está llena de perros y gatos. Entramos sin golpear y aguardamos en el único ambiente que hay: tras una cortina de la que sale mucho humo, el curandero atiende.

—Está haciendo una cura. Está sacándole a un hombre una maldición que alguno le debe haber echado o un mal de amores o una envidia —me explica mi compañero. No puedo creer dónde estoy, me quiero ir, pero este dolor empeora.

Finalmente el curandero acaba con su paciente. Es tan grande que pareciera que su cuerpo nunca va a terminar de atravesar la cortina. Dios quiera que no tenga que hacerme un masaje...

–A ver qué tenemos acá –me dice mientras mira el bulto que se ha formado en el nudillo de mi dedo índice. Observo su poncho de lana pesada; sólo deja ver sus pies y, cuando las asoma, sus manos. A la vez que mueve mis dedos causándome dolor, prosigue–. Esto se ha desacomodado, uno de los huesos se ha salido de su lugar. No hay nada roto, con un masaje se lo reubico.

A continuación, toma mi brazo derecho, lo pasa por debajo de su axila y, dándome su enorme espalda, interpone su cuerpo entre el mío y mi brazo. Él sabe que va a doler. Me agarra los dedos con sus enormes manos y tras frotarme un aceite inicia el masaje. Siento dolor y un calor que quema.

–¿Siente su mano más caliente? –me pregunta.

–Sí… –apenas tengo voz, mi cara está tan fruncida que me cuesta modular.

–Es como tiene que ser, para que ablande… –mientras termina la frase pego un grito. El masaje ahora es más fuerte y lo profundiza en la zona de dolor. Veo todas las estrellas–. Ya falta poco, aguante.

¿Falta? Quiero que termine ya. Siento su mano sujetar aún con más fuerza mi brazo, para después agarrar mi dedo índice y tirar, como queriendo arrancarlo. Mi grito se debió haber escuchado hasta en Cuenca, haciendo feliz a mi hombre golpeado. Dios me ha castigado y ahora sufro mi condena. Sin quedarse satisfecho con mi dolor y gritos, volvió a tirar… Ay mamá, cómo duele. Al fin, el curandero suelta mi mano, que no se ve mejor, se la ve aceitada, dolida, derrotada.

Busca un cigarro hecho con una hoja de tabaco enrollada; lo prende, aspira una buena bocanada de humo y lo exhala sobre mi mano. Repite la operación tres veces más diciendo algo entre bocanadas pero en un murmullo inentendible.Y así culmina la sesión de dolor, la cual pago como si fuese un masoquista. Volvemos a la chacra por el mismo camino que nos trajo. Es una noche sin estrellas o seré quizás yo quien no quiere ver ninguna más por hoy.

Los caminos se bifurcan

De un maravilloso pueblo de montaña vamos a otro, seguimos visitando a la hora de la comida los mercados descubriendo que el domingo es el día especial en el que la gente de los cerros aledaños baja con sus productos para la venta. No traen mucho, es poco, algunos dos gallinas, otros dos chanchitos de la India, o algunos cerditos atados como si fueran perros, o sombreros de paja, una llama. Cada cual vende su propio producto y con lo que gana hace sus compras, volviendo a casa con otro poco de cosas. Para no romper la costumbre de comer algo típico del lugar, nos comemos un chanchito de la India ensartado en una estaca, que gira manualmente sobre brasas.

¿Qué pasaría si nosotros comprásemos artesanías para revender? Éstas cambian de un lugar a otro, así que podríamos comercializar las de acá allá y comprar otras allá para venderlas en otra ciudad. Realmente no sabemos qué hacer todavía con el tema del dinero que se acaba. El viaje ha cambiado nuestro punto de vista sobre las artesanías, ahora las apreciamos como una posibilidad de ingresos, pero como nunca fuimos negociantes quizá por ahora lo mejor sea seguir viéndolas. De todos modos, la idea está.

Comenzamos a bajar la montaña en dirección al mar, la neblina presente a cada momento es incesante y las lluvias, que ya han producido muchos deslaves llevando consigo casas y caminos, siguen amenazando.

Conduzco por el angosto y empinado camino pensando en los lugares soñados que dejamos atrás y en el recuerdo que traigo conmigo: la mano que no deja de doler.

Paramos a comer comprando en los pequeños almacenes que tan poco tienen para ofrecernos y cuando la noche viene anunciando su pronta llegada paramos cerca de una casa, que también es una pequeña despensa. Tiene sólo lo básico: arroz, papas, condimentos y dos paltas. Compramos estas últimas, dado que en Perú nos deshicimos de todos los implementos de cocina.

El hombre que nos atiende es mayor. Sus nietos están jugando en nuestro auto. Al ver que nuestra cena será unas paltas nos invita a comer a su casa. Primero vamos a la cocina: en una gran olla se cuece el mote (maíz blanco duro hervido), en el piso hay pasto donde habitan conejitos de India, sólo temporalmente, dado que serán el manjar de los próximos días. La cocina no tiene ventanas; el humo del fuego busca salir por la puerta y con él nosotros. Pasamos a la casa e inmediatamente el abuelo nos sirve plátanos hervidos. No saben a nada y aunque tenemos hambre nos cuesta comer. El hombre se da cuenta y ofrece cocinarnos huevos revueltos: "Para mejorar el gusto", nos dice. Y así es.

Cuando estamos terminando de cenar llega una señora de nuestra edad, se sienta junto a nosotros. Es la madre de los dos niños. Ella es más suelta que los demás y enseguida nos pregunta de dónde somos.

–De Argentina.

–Ah, ¿sí? Yo tengo un hermano en Italia –nos responde como si ése y el nuestro fuesen países vecinos.

–Bueno, Italia está mucho más lejos que Argentina –le aclara Cande.

–Ah, yo me voy a ir a Italia a trabajar. ¿Ustedes saben cómo es Italia? Tengo que dejar a mis hijos porque acá no hay trabajo… Mi hermano se fue hace dos meses y me dijo que cuando junte lo suficiente me enviará el dinero del pasaje. Aún no tenemos noticias de él, pero…

Me voy a buscar un mapa de Sudamérica, para mostrarle de dónde venimos. Mientras camino hacia el auto pienso en la situación de esta mujer que debe dejar a sus hijos y a su tierra para ir a un lugar que ni siquiera sabe dónde está, ni cómo es. Sólo para trabajar.

Extiendo el mapa sobre la mesa.

–¿Tan chiquito es Ecuador? –comenta un poco desilusionada mientras Cande le señala el país latino más pequeño de Sudamérica–. ¿Y cuál es Italia? –pregunta buscando con sus ojos alrededor del mapa.

–Italia está separada de América por mucho mar, está en otro continente.

Con Cande nos quedamos mirando el mapa, todo lo que hemos hecho. ¡Es muchísimo! Cruzamos la cordillera tres veces, es la cuarta vez que estamos sobre ella. Atravesamos el desierto más seco del mundo, sin que el auto fuera un problema. Nos sentimos muy fuertes en nuestro quinto país recorrido, capaces de hacer mucho más.

Miro con detenimiento una línea zigzagueante del mapa: nace muy cerca de donde estamos y continúa serpenteando hasta el Atlántico. La línea tiene nombre: en Ecuador, se llama Napo, mientras que en Perú y Brasil se conoce como Amazonas. La aventura llama a mi corazón, desde pequeño me imaginé bajar el Amazonas… Pero no, mi mente me enseña que es imposible: ya casi no tenemos dinero para seguir, así que mucho menos para tal aventura, y además ¿qué haríamos con el auto? Aparte es una tierra para quienes la conocen y aun así hay algunos que no sobreviven: hay que saber de navegación, ser inmunes a ciertas enfermedades… ¿Qué pasaría si una simple araña nos picase en el medio de la nada? Aun así, hago oídos sordos a mis miedos y, mientras señalo con el dedo la gran línea, le pregunto a Cande:

–¿Qué te parece si nos desviamos hasta Brasil?

–¿Por el Amazonas? Suena súper, aventurero, re-loco… –siento que la puse nerviosa, pero su rápida respuesta le sale del alma. Me asombra, pensé que me tiraría el mapa por la cabeza.

–¿Es por eso que hay que ir en avión? –nos interrumpe la mujer que aún piensa en Italia.

Nos vamos a dormir conscientes de que no hay un único camino para llegar a Alaska.

En dirección a Guayaquil, ya en terreno plano, se nos presenta un cruce de caminos sin ninguna indicación. Ante la duda esperamos a que alguien aparezca. Mi presentimiento indica que debemos seguir hacia delante, pero el primer hombre que vemos nos dice sin titubear: "Ahicito nomás, por ahí…", mientras señala a la derecha. Bueno, yo creo que es para adelante y este hombre nos dice que es para la derecha, ¿por qué no preguntamos a otro más? Pasa otra persona, la paramos y le consultamos: primero mira a la derecha como si sus ojos viajasen, como si viesen el final del camino; luego, a la izquierda y, por último, posa su mirada hacia el frente. Así se queda sin responder hasta que muy discretamente comenta: "Hacia allá, es para allá", mientras señala la izquierda. No sé si reírme o mandarlo al diablo. No obstante, lo único que me brota es un "muchas gracias".

Con Cande nos reímos. Mejor sigamos con la votación. Buscamos una opinión más y la hallamos en el conductor de una *pick up* totalmente destruida. Como si representase el sufragio del pueblo, vota y lo hace mal: nos manda para atrás, ¡de allí venimos! Así que damos por nula la votación y en un acto de tiranía conduzco hacia adelante siguiendo mi presentimiento, en vez de la voluntad del pueblo.

Preguntamos por direcciones: "Siga largo, coja la derecha y ahicito nomás", nos dicen. No hay señalización alguna y el camino está repleto de lomas de burro. Las construyen los pobladores para que uno, al pasar más despacio, se tiente de parar a comprar en sus negocios. Como la mayoría de las lomas no están señalizadas, nos comemos unas cuantas. Finalmente llegar a Guayaquil, llegamos, pero por el camino más largo.

Capitán para siempre

Recorriendo el puerto de Salinas conocemos a un joven europeo que es capitán de barco. Su pequeña nave se llama Tortuga y su tripulación está integrada por su sueño y sus ganas de conocer los siete mares.

–Crucé el Atlántico en dieciséis días, nunca pensé que sería tan rápido. Tardé más de quince años en decidirme y en poco más de dos semanas ya estaba del otro lado del mundo. ¿Se dan cuenta de las vueltas que di?, ¿del tiempo que perdí?

–Sentimos lo mismo cuando empezamos a manejar. Cuando miramos para atrás nos dimos cuenta de que sólo necesitábamos empezar –le cuento y Cande reafirma mi comentario con el suyo.

–El secreto para cumplir un sueño es empezar. –El marinero y yo nos quedamos callados ante tan simples palabras cargadas con tanta verdad.

–¿Y hacia dónde vas?

–Mi proa señala primero Galápagos, después un poco a babor hasta la Polinesia, y de ahí recalaré dos años en Australia, para hacer un poco de dinero y poder seguir –responde el capitán.

¡Qué simple suena su viaje! Parece el nuestro: yendo por mágicos lugares y quedándose sin dinero.

–Casi fui atacado por piratas –continúa.

–¡¿Piratas?!

–Sí. En alta mar, después de pasar el Canal de Panamá, me empezó a seguir una embarcación de unos treinta metros de largo, a motor. Al principio la tanteaba haciendo maniobras insólitas, si doblaba, ellos doblaban y así. Al final, cada vez los tenía más cerca.

–¿Pediste ayuda por radio?

–Sí, pero estaba a días de navegación de la costa más cercana y en aguas internacionales. Cada tanto los de la radio mantenían contacto conmigo para ver cómo estaba. Yo les había avisado que si no les respondía más, me dieran por perdido. Incluso les di la dirección de mi familia. Fue horrible…

–¿Y qué hiciste?

–Al igual que el primer hombre que dio la vuelta al mundo solo y en una situación parecida, armé un muñeco con una gorra y lo dejé en la puerta del camarote, además entraba y salía de él con ropas distintas así pensaban que éramos más.

–¿Y?

–Al parecer funcionó, porque al poco tiempo dejaron de seguirme –nos cuenta orgulloso.

Estábamos hablando frente a la Capitanía del Puerto, lo que me dio unas enormes ganas de entrar y preguntar por el río Amazonas. Nos atendió el Capitán Espinoza y le contamos nuestra idea, nunca nos miró como locos, desde el primer momento nos tomó en serio. Nos escuchó con atención. Cuando terminamos de exponer, nos dijo:

–Déjenme hablar con una persona que conoce el río. Vengan a verme esta noche.

En el puerto hay muchas pescaderías especializadas en ceviche, así que aprovechamos para comer. Un viejito nos ayuda a estacionar el auto, él se quedará cuidándolo.

Desde el interior del local, y mientras espero a que nos atiendan, no puedo dejar de mirar a aquel anciano. Observo cómo, bajo el sol, ayuda a estacionar a los conductores que llegan y guía a los que se van… nadie baja su ventanilla para darle las gracias ni tampoco una moneda. No sé por qué, pero el viejo me produce mucho respeto, tanto que salgo de la pescadería camino al auto. Apenas me ve se prepara para ayudarme a salir del estacionamiento:

–Sólo vengo a buscar algo, muchas gracias.

–De nada, señor. ¿Le sigo cuidando el auto?

–Sólo si me acepta un refresco.

–¿Mande?

–Que acepte tomar un refresco con nosotros.

–Si a ustedes no los incomoda...

–Todo lo contrario –le digo, y ambos nos vamos para el local.

Al sentarse se lo nota un poco incómodo, pero Cande enseguida lo anima:

–¡Qué lindo tener compañía! Nos encantaría que, ya que está con nosotros, nos acompañase con un ceviche.

–No, no... Gracias, no quisiera molestar –murmura el viejo.

–Ya está pedido –miente piadosamente Cande.

–Bueno, en ese caso, no quisiera despreciar.

El ceviche llega enseguida, porque ya está preparado. Comemos riquísimo y el hombre disfruta de su plato sin importarle que la gente se vaya con los autos que él ayudó a estacionar. Tiene pocos dientes, una descuidada barba blanca, un gorro de pescador que no se saca jamás y, aunque hace calor, lleva puesto un saco oscuro que le da un toque de importancia.

–¿Por qué la mesera lo llamó capitán cuando le preguntó qué jugo quería? –le consulto curioso.

–Porque fui capitán de mi propio barco durante tantos años que la gente olvidó mi nombre. Cuando perdí mi nave hubo quienes preguntaron cómo me llamaba, pero yo nunca les respondí... Soy el capitán, y mi nombre..., creo que hasta yo lo he olvidado.

–¿Qué clase de barco tenía?

–Pesquero, construido con la mejor madera que uno pueda encontrar. No hubo barco en la zona que haya aguantado tantas tormentas. Siempre que remé, a puerto llegué, aunque viento y marea estuvieran en contra. Uno tiene que seguir remando porque si aflojas...

–¿Qué se siente al navegar? –le pregunto.

–¿Nunca navegó? –me responde atónito, como si hacerlo fuera algo elemental.

–No, jamás, pero quiero hacerlo –respondo sin querer desanimar la charla.

–Navegar es arriesgar la vida desde el mismo momento en que uno deja el puerto. Es encomendarse a Dios, a la Virgen, al mar, al viento, al barco... Tu vida ya no te pertenece, pasas a ser un juego del mar: estás flotando en unas pocas maderas sobre aguas hambrientas, llenas de tiburones. Lo que ocurre no depende de ti: si el mar quiere, vuelves con pescado, regresas con tu familia. Navegar es vivir al borde del peligro, pero la recompensa es mucha: pues sientes la vida en cada latir del corazón.

–¿Cómo es la vida del pescador?

–En tierra no vale mucho. Cuando llegas al puerto quieres vender tu pescado rápido, aunque sea a mal precio, con tal de irte con los tuyos. Al poco tiempo te aburres y andas bebiendo en los bares hasta que el dinero se acaba. Entonces preparas otra salida, arreglas tus redes, tu nave. Sobre un barco sentimos la vida, sabes que cualquiera es tan importante como el capitán, todos dependen de todos, no puedes tomar, ni dormirte, ni puedes distraerte, y ante la tormenta te debes encomendar y luchar aunque lleves las de perder. En el mar uno no puede aflojar.

Le pido otro jugo más, quiero mantener la charla, no deseo que se vaya.

–¿Cuál es el mejor momento del pescador?

–Dentro del mar, donde el horizonte es sólo agua, sobre su pequeño y frágil barco en el medio del mar, el pescador siente la gloria. Quiere atrapar al pescado más grande y volver bajo la peor tormenta para que cuando llegue al puerto todos hablen de él y sus hazañas. El mejor momento del pescador es cuando se transforma en leyenda –lo escucho pensando que para mí, ya lo es.

–¿Y cuál es el peor momento del pescador?

–Llegar a capitán y perder el barco.

–Pero ¿qué pasó con su barco? –Baja la mirada, no sé si hice bien en preguntar, quiero decirle que no hace falta que me cuente, pero mi curiosidad no me deja ser cortés. Tras un breve silencio el capitán continúa:

–La primera y única vez que salió al mar sin mí, nunca más volvió. No hubo tormenta ni vientos fuertes. No hubo nada, sólo desapareció. Era la primera vez que salía al mar sin mí, era la primera vez que mi hijo era capitán… –nos cuenta haciéndonos saber que lo había perdido todo; su hijo, su barco y todo aquello por lo que había luchado ahora le pertenece al mar.

–Pero ¿por qué no continuó pescando en otro barco?

–Cuando llegas a ser capitán de tu propio barco, cuando sabes los secretos del mar y de las tormentas, es imposible que dejes que otro te diga qué hacer. Cuando llegas a capitán, aunque sea de un pequeño barco, no hay marcha atrás. Cuando llegas a capitán eres capitán para siempre.

Al despedirnos vemos que el único auto que está en el estacionamiento es el nuestro, charlando han pasado las horas. Y aunque no tiene por qué, el capitán de mar nos ayuda a salir.

Volvemos a la capitanía del puerto. Espinoza nos está esperando y así como nos ve llegar nos indica que subamos a una *pick up* de la Marina:

–Comenté en la base naval sus planes y los quieren conocer. Parecen entusiasmados con la idea.

En el casino de oficiales está el Comandante Jaramillo quien nos recibe junto a varios capitanes, que enseguida empiezan a preguntar:

–¿De dónde piensan zarpar?

–Del primer puerto navegable –respondo sin saber cuál es.

–El puerto de Orellana –indica uno de los marinos.

–¿Y en qué tipo de nave piensan realizar su viaje?

–Aún no lo sabemos.

–¿Cómo piensan hacerlo?

–De alguna manera.

Tras las preguntas y nuestras vagas respuestas los capitanes se empiezan a mirar entre sí, deben suponer que están perdiendo su tiempo con nosotros, sólo sabemos que tenemos ganas de hacer algo que aún no tenemos claro, ni cómo hacerlo y si será posible. El comandante Jaramillo ha permanecido escuchándome atentamente, con la mirada fija, sin pronunciar palabra y sin voltear siquiera hacia los capitanes que están tras él.

—Usted, capitán, que realizó los mapas del río Napo, ¿podría conseguir un juego para estos chicos? –rompe su silencio el comandante deteniendo así las preguntas desconfiadas de los capitanes.

–Sí, comandante, pero no creo que les sea de mucha utilidad: el último relevamiento lo realizamos hace cinco años y la profundidad y los cauces cambian constantemente.

–Igualmente acérqueles una copia. Si estos señores llegaron de tan lejos en una carcachita, no les será imposible esta nueva empresa. –Se levanta mientras continúa diciendo: –Parece que han llegado en el mejor momento: se está firmando con Perú un acuerdo de navegación, ya que desde 1950 la frontera de la selva estuvo cerrada por diferencias limítrofes. Si logran bajar, serán los primeros en hacerlo y para Ecuador que ustedes abran esta ruta turística será una gran ayuda. Pues cuenten con nuestro apoyo en lo que necesiten –nos anima Jaramillo e inmediatamente nos invita a beber un vaso de vino para celebrar nuestro éxito.

Después del brindis y de un trago, el comandante nos reitera:

–En cualquier parte de su viaje, en cualquier lugar del mundo, si necesitan ayuda, acérquense a la Marina. Todo marino es aventurero y los va a ayudar. Lo de ustedes es algo increíble. Los admiro.

No podemos creer que una persona con tanto mar y tanto rango nos diga esto. Por la mañana entramos sólo a preguntar por una idea y al anochecer nos retiramos de la base naval contando con todo el respaldo de la Marina.

Regresamos a la Capitanía junto a Espinoza, quien tiene la orden de comunicarse con la del Puerto Orellana para anoticiar nuestro emprendimiento y reunir información sobre el estado de los caminos, ríos y posibles embarcaciones con destino a Perú o Brasil. Llama por radio y atiende el capitán Aldaz, quien le comunica que los caminos están muy malos, hay muchos deslaves y algunos tramos cortados, sólo pueden circular camiones y camionetas de doble tracción. A causa de las lluvias el río está muy caudaloso, pero Aldaz cree que hay una embarcación preparando un viaje a Brasil. Quedamos en que él lo averiguará, nosotros nos volveremos a comunicar en quince días, mientras tanto seguiremos conociendo Ecuador.

La conquista

Por la mañana salimos para Montañita. Estamos algo silenciosos, cada uno va pensando por su lado la posibilidad de este nuevo proyecto. La bajada del Amazonas no sería sólo una aventura riesgosa, sino que nos desviaría unos miles de kilómetros del plan inicial; incluiría Brasil, Venezuela y Colombia en nuestro recorrido. Antes de hablar con Cande, prefiero estar seguro conmigo mismo de lo que realmente quiero hacer, seguramente Cande está haciendo lo mismo.

En la ruta vemos un hospital y nos detenemos: la mano sigue hinchada y duele. Me atienden enseguida y, por fin, hallo la razón de tanto dolor: en la placa radiográfica el dedo aparece fracturado. Tras mi promesa de no usar la mano por unos días, el doctor decide no enyesarme. Cuando le cuento sobre el masaje hecho por el curandero, sólo me dice:

–Eso sí que debió haber dolido, mucho más que cuando te quebraste.

–Doctor, conocí todas las estrellas de la galaxia.

ingresso rápido

618

M 12

12/05/2012 21:00   CADEIRA

BRASÍLIA IN CONCERT II

apresenta:

EMMERSON NOGUEIRA

REDE BRASIL

Classificação etária: 16 anos

CORTESIA - VENDA PROIBIDA

---

ingresso rápido

Teatro Pedro Calmon - QG - Setom Militar Urban
os/n Brasília - DF - Brasil

Show Emmerson Nogueira

Sábado

12/05/2012 21:00

CADEIRA

M 12

R$ 0,00   Rede Brasil de Tel

0627718000

01 ADM

11/05/2012

2   618

Show Emmerson Nogueira

Sábado

12/05/2012 21:00

CADEIRA

M 12

R$ 0,00   Rede Brasil de Tel

0627718000

01 ADM

11/05/2012

1   618

ingresso rápido

ingresso rápido

619

M 11

12/05/2012 21:00 CADEIRA

apresenta:

BRASÍLIA IN CONCERT II

EMMERSON NOGUEIRA

REDE BRASIL

Classificação etária: 16 anos

CORTESIA - VENDA PROIBIDA

Celeritas ingresso rápido

05890879456837373 4

Teatro Pedro Calmon - QG - Setorm Militar Urban
os/n Brasília - DF - Brasil

Show Emmerson
Nogueira
Sábado
12/05/2012 21:00
CADEIRA
M 11
R$ 0,00
Rede Brasil de Tel

0627718000
01 ADM
11/05/2012

2   619

Show Emmerson
Nogueira
Sábado
12/05/2012 21:00
CADEIRA
M 11
R$ 0,00
Rede Brasil de Tel

0627718000
01 ADM
11/05/2012

1   619

Al despedirnos pregunto dónde debo abonar la consulta.

–Muchacho, nuestros hospitales son públicos, estamos para atender, para curar, no hay cargos por salud –me responde. Estamos en el peor momento económico de Ecuador y aun así la atención médica a su población no se desatendió incluso a extranjeros.

Continuamos viaje hasta llegar a Montañita, que es un pequeño pueblo habitado por surfistas. Nos sorprende su sencillez, sólo hay dos calles, las construcciones son de caña y palmeras, y los precios, muy económicos: hasta hay donde poder colgar una hamaca y dormir por cincuenta centavos de dólar. Nos encanta, así que nos hospedamos en una casa quinta que tiene tres habitaciones, una cocina y un cachorro juguetón. Nos quedaremos aquí entre cuatro y cinco días, nos daremos un respiro, unas vacaciones dentro de nuestras vacaciones, y de paso festejaremos mi cumpleaños.

Salgo todas las mañanas junto al perro hacia la playa, volviendo con lo necesario para el desayuno, pulpo, ostras y mejillones que Manuel, un chico de la zona, me enseña a buscar con la marea baja. Juntando corales y caracoles conozco a un surfista belga que lleva cinco meses viviendo aquí. Me cuenta que hace artesanías para subsistir y juntar lo necesario para ir a otras playas con olas cuando se vaya el sol.

–¿Cuando se vaya el sol?

–Sí, dentro de poco se va a nublar y el sol no volverá a aparecer hasta dentro de unos meses. Nadie queda en este pueblo para esa época.

Vuelvo con mis desayunos, que junto a fruta tropical preparo para Cande, la despierto siempre con un menú nuevo y exquisito sorprendiéndola cada mañana.

El último día es súper soleado. Vuelvo por la playa con mis papayas cuando veo a una chica en bikini tomando sol súper linda y con todo el sol en su cuerpo. Me quedo mirándola, totalmente embobado, es realmente lindísima... me acerco lentamente, me siento cerca, le ofrezco papaya. Acepta encantada.

–¿Te casarías conmigo? –le pregunto sin poder quitar mi mirada de su cuerpo.

–Estamos casados hace siete años, mi amor –me responde.

–Entonces... ¿te casarías de nuevo conmigo?

–Sí.

Me dijo que sí, la conquisté, es mía, mía.

Cuando más lo necesitas

Llegamos a la ciudad de Manta con sólo cuatro dólares en nuestro bolsillo, pero con la posibilidad de retirar dinero de nuestra casi extinta caja de ahorro. Vamos de banco en banco, pero nuestra tarjeta no logra sacar nada de sus cajeros automáticos. Empezamos a ponernos un poco nerviosos, no entendemos qué pasa. Al final, terminamos sentados en el estribo del auto pensando qué hacer con sólo cuatro dólares: si cenamos, no podremos cargar gasolina, y si cargamos, no podremos comer. ¿Qué hacemos?

–Buenas noches, disculpen mi molestia, pero ¿quién es el dueño del auto? –nos pregunta un señor muy bien vestido que muestra cara de estar asombrado y shockeado por lo que ve.

–Nosotros –le decimos a la vez que nos paramos a estrechar su mano extendida.

–Mi nombre es Bustos y no sé si me van a creer –su mirada va una y otra vez del auto hacia nosotros y viceversa–, hoy es mi aniversario de matrimonio, cumplimos con mi señora catorce años de casados. Y un día como hoy, un siete de junio, pero catorce años atrás, nos llevaron a la iglesia en un auto antiguo igual a éste... dos argentinos... que también iban a Alaska.

–¡¿Qué?! –su historia nos deja tan perplejos como lo está él. Tanta coincidencia es difícil de creer.

–Ustedes, ¿serían tan amables de venir a festejar con mi mujer nuestro aniversario? Para ella sería una sorpresa muy linda.

–Claro que sí –respondemos anonadados ante lo que nos está pasando.

–Perfecto, entonces sigan mi auto.

–¿Y si mejor deja su auto y vamos con el nuestro? –le propone Cande provocando en el hombre un salto de felicidad.

–Sigue por el malecón hasta casi el final –me indica–. Yo no puedo creer la insólita casualidad, hoy en mi trabajo estuve pensando todo el día en mi aniversario, pero realmente no sabía qué comprarle a mi mujer. Y en eso, al mirar por la ventana me di cuenta de que ¡tenía este regalo del cielo estacionado frente a mi oficina! –continúa el hombre sin saber que el caído del cielo era él–. ¿Por qué vinieron a Manta? No es muy turístico...

–Queremos encontrar un barco para ir a Panamá y así esquivar Colombia –contestamos, aunque aún no hemos decididos si bajaremos el río Amazonas.

–Bueno... acá en Manta hay un solo agente naviero. –Hace una pausa y nos dice:

–¡Y ése soy yo! Así que mañana vamos a ver qué se puede hacer.

Llegamos a una casa muy linda. La mujer al ver el auto se puso súper feliz: hasta pensó que era el mismo que la llevó a la iglesia y que estamos en Manta por su aniversario... De alguna manera es así. Por la noche nos llevan a festejar junto con ellos a un muy lindo restaurante. Y las sorpresas no se terminan aquí. En el medio de la cena nos ofrecen un departamento extra que tienen sobre sus oficinas además de un lugar para estacionar el auto.

Cuando al fin quedamos solos en el departamento, le pregunto a Cande:

–¿Por qué será que nos está pasando todo esto? ¿Viste lo que pasó?

–No lo puedo creer. Realmente fue un milagro.

–Pero ¿por qué nos pasa esto? Estábamos sin saber qué hacer y este hombre apareció... como aquel otro que surgió de la nada cuando me quisieron robar en Lima.

–No sé por qué, pero parece que hay alguien más con nosotros que quiere que esto continúe –me responde. Sé a que se refiere, también siento que Dios está viajando con nosotros. Siempre creí en Él, así fue como me educaron, pero ahora mi fe es distinta, ahora lo siento cerca. La teoría dejó lugar a la práctica.

Por la mañana nos despierta la señora de Bustos, quien tiene armada una apretada agenda para nosotros. Nos lleva a conocer al alcalde de la ciudad, a los diarios, a la radio y a cuanta persona cree que es bueno que conozcamos. En un momento llegamos a tener cientos de personas alrededor del auto, pues la señora es una especie de relaciones públicas de la ciudad: sabe muy bien quién es cada uno y todos la conocen.

Luego nos invitan a almorzar al Yacht Club y a tomar un café en un hotel de cinco estrellas... Así y todo nosotros seguimos con nuestros escasos cuatro dólares en el bolsillo.

Vamos a las oficinas del señor Bustos, él durante la mañana se movió por su cuenta y tiene noticias para nosotros:

—Les presento a un viajero como ustedes, el señor Zambrano –nos dice mientras señala a un hombre de unos cincuenta años–. Él, de niño, fue lustrabotas; de joven, un aventurero como ustedes y ahora es el dueño de una empresa pesquera.

—Encantados –le decimos mientras lo saludamos.

—¿Saben?, junto con unos amigos en un auto no tan bello como el de ustedes nos fuimos hasta la Patagonia argentina. No sabíamos nada de los lugares, no contábamos con mucho dinero y, sin embargo, varios de mis mejores recuerdos son de sus tierras.

—Qué bueno saberlo –le decimos.

—Y ahora, rememorando, recuerdo que en el camino encontramos a otro ecuatoriano que volvía para aquí. Entonces le di unas cartas para que las entregase a unas noviecitas que tenía en ese entonces. El final de la historia es que el endiablado hombre entregó todas las cartas a una sola, justo a la que yo más quería. Y, por supuesto, todo romántico, cuando volví sin saber nada de esto la fui a visitar… Me tiró todas las cartas en la cara y nunca más la pude volver a ver.

Todos nos reímos de su triste historia romántica hasta que el señor Bustos comentó:

—Cuando le conté sobre ustedes y de sus ganas de ir hasta Panamá en barco, él muy feliz de ayudarlos me dijo que podría llevarlos en un barco que va vacío hacia allí para comprar diesel –nos deja boquiabiertos, ¿gratis a Panamá?

—Sería un placer para mí, de aventurero a aventurero, y además sería una forma de retribuir la gentileza recibida durante mi viaje por sus pagos –nos explica Zambrano con la mayor naturalidad. Él no tiene fecha de salida exacta, nosotros tampoco nos queremos ir tan pronto de Ecuador… Además estamos esperando noticias sobre el río Amazonas. Todo se nos está dando a la vez.

Suspendidos en el aire

Después de unos días muy movidos en Manta, en los que hicimos muchas sociales, salimos hacia nuestra próxima parada: Portoviejo. El tanque nos lo ha cargado un periodista argentino.

—¿Herman, te acuerdas que cuando rodeados por cientos de personas conocimos al alcalde de Manta apareció una chica que nos preguntó cuánto valía el auto? Al parecer su hermano lo quería comprar –me dice Cande.

—Sí, creo que no le presté mucha atención. ¡También con esa pregunta…!

—Nos había dicho que su hermano vive en Portoviejo y que es el único que tiene un auto antiguo.

—Bueno, al llegar preguntaremos… Si lo encontramos, tal vez nos reciba.

—¡Qué increíble, ¿no?! Llegamos a Manta con cuatro dólares y nos vamos sin haber gastado un centavo.

—Más la oferta del barco a Panamá… ¿Te acuerdas que dijiste que el secreto para cumplir un sueño es empezar? Es toda una verdad, es tan simple como eso. Una vez que empiezas a cumplir tu sueño, todo se da… Es una energía que fluye y que te brinda todo lo que necesitas…

—Sí, desde que salimos nos encontramos con gente que siempre nos está enseñando, viajeros o simplemente personas que nos ayudan en el momento justo, en el momento oportuno…

—Cande, creo que nos siguen —le aviso tras haber visto cómo un jeep que venía en mano contraria, al cruzarnos paró, dio la vuelta y sin ningún esfuerzo nos alcanzó. Ahora está a la par.

—Paren, argentinos, paren —nos grita un hombre joven con todos los pelos en la cara por andar sin capota ni parabrisas. Nos detenemos algo asustados, aún tenemos miedo—. Hola, qué gusto conocerlos. Me llamo Córdova, soy de Portoviejo.

—Encantados —decimos sin sacarle los ojos de encima.

—¿Van a Portoviejo? ¿Dónde dormirán?

—Todavía no sabemos, tenemos que buscar a un señor… —dudamos de tantas preguntas.

—Mi hermana habló con ustedes, yo también tengo un auto antiguo. Me llamo Eduardo.

—¡No puede ser! Si justamente veníamos hablando de usted…

—¿En serio? ¿Quieren venir a casa? ¿Se quieren quedar unos días?

—Bueno, en realidad sólo sería una noche, si le parece bien.

—Todas las que quieran, síganme.

Pasamos por su casa a buscar a su mujer y sus dos hijos y nos llevan a comer pizza. El hombre es muy chistoso, dinámico y tiene sus pilas súper cargadas.

—Acá se bebe sólo los días que tienen "r" —nos dice—: los lurnes, martes, miércoles, juerves, viernes y sárbados, los domingos, no, porque no tienen "r" —nos reímos—. Mañana los llevo a recorrer todo Portoviejo, si quieren vamos en las Harley que tengo ¿Sabes andar en moto? —me inquiere.

—No, apenas manejo autos viejos…

—Bueno si manejas eso, puedes manejar cualquier cosa. ¿En parapente anduvieron alguna vez?

—No, aunque me encantaría.

—Listo, mañana nos vamos a Crucita. Salimos en tándem, yo soy instructor.

Y así es. Al día siguiente recorremos los alrededores de Portoviejo a mucha velocidad, en unas motos antiguas y ruidosas que con gracia y estilo Harley manejamos hasta agotar un tanque entero. Luego nos lleva a volar sobre el Pacífico. Estar en los aires, en total silencio, en contacto directo con el aire, con los pies colgando, rodeados de gaviotas y cormoranes es toda una mágica sensación.

—Realmente nos encantó, mil gracias Eduardo —le decimos antes de emprender viaje nuevamente. Ya hemos logrado sacar dinero del banco, retiramos todo, no es mucho, pero nos sentimos ricos comparados con estos últimos días.

—El agradecido soy yo, los veo y me doy cuenta de que me despertaron, me estaba quedando dormido con mi vida, con mis sueños. Ayer cuando cenábamos y nos contaban todo lo que les está sucediendo en este viaje, con mi mujer pensamos que tendrían que ir a ver a una persona muy especial. Es más, les pido por favor que lo hagan, él les puede enseñar muchísimo.

—Nosotros cada vez que lo vamos a ver volvemos encantados. Tiene una forma de ser que te contagia energía —agrega su mujer.

—Se llama Alonso Ordóñez, vive sobre un acantilado espectacular frente al mar. Tiene tres cabañas que alquila sólo a personas especiales, no hace publicidad ni tiene teléfono, pero seguro que a ustedes los va a recibir. Tienen que ir. Díganle que los mandamos nosotros.

Palabras mágicas

Conduzco costeando un mar que cada vez tiene más vegetación. Queremos llegar pronto a lo de Alonso, antes de que anochezca, sin embargo el hambre nos detiene en Jama. Apenas acabamos de estacionar cuando una *pick up* se nos aproxima. En ella van un hombre y dos mujeres. Él baja, su mirada deja ver que hay algo que le encanta:

–Guau, chicos, ¿están viajando en esta maravilla? ¿Me darían el placer de poder recibirlos en mi casa? Para mí sería muy lindo hospedarlos.

–Claro que sí, señor, el gusto será todo nuestro –le decimos. En un segundo decidimos dejar para otro día nuestra visita al recomendado Alonso Ordóñez, pues no podemos negarnos a tan linda invitación.

–Bueno, entonces dejo a las señoras y vengo por ustedes.

Y tal como lo había prometido, vuelve. Nos da la opción de ir a su casa por el camino directo y asfaltado o por uno más largo y de arena, pero más pintoresco. Elegimos el segundo.

Durante el viaje comenzamos a dudar de su amabilidad. Tenemos miedo, el camino es atractivo, pero está desierto. Estamos siguiendo a un hombre que no conocemos, él va en su *pick up* y nosotros en un auto que no podría escapar aunque quisiera. De repente el señor se detiene, baja y se acerca a nosotros… lo hace para mostrarnos un ave y un paisaje, con mucho cariño nos explica lo que señala. Entonces nos tranquilizamos: si quisiera hacer algo malo, no gastaría su tiempo en hacer turismo para nosotros, parece una buena persona.

Seguimos viaje, el camino es más extenso de lo que imaginábamos. No obstante, el largo recorrido da sus frutos: llegamos a un acantilado con unas cabañas lindísimas… son tres… Cande, viendo todo esto, me dice que este hombre podría ser, justamente, aquél que veníamos a ver. Me quedo duro… tal vez lo sea, el lugar es tan lindo como nos contaron, se ven las cabañas, el acantilado y el hombre es un buenazo.

–Discúlpeme, ¿usted se llama Alonso Ordóñez? –le pregunto ansioso.

–¿Cómo sabe mi nombre? –me dice perplejo con su boca abierta.

–¡Veníamos para acá! Nos manda el señor Córdova de Portoviejo, quien nos habló muy bien de usted. ¡Queríamos conocerlo!

–Parece que tenía que suceder, debíamos encontrarnos… –nos comenta ya sin tanta sorpresa en su rostro y mientras nos conduce a la cabaña en la cual nos hospedará. El balcón asoma sobre el acantilado y por el ventanal del cuarto se ve mitad mar y mitad cielo–. Cuando la persona que más amé en mi vida me dijo que no podríamos vivir juntos, me dediqué a girar buscando mi lugar, un lugar en el que me sintiera en sintonía. Fue a los seis años de mi viaje que encontré esta punta en este acantilado, me senté y sentí que mi búsqueda había terminado. Esta cabaña está en el mismo lugar donde ese día me senté, y es donde mejor me siento. Ojalá se sientan tan a gusto que se puedan quedar unos cuantos días. Ustedes tienen toda la libertad de quedarse y de irse cuando quieran. Son mis bienvenidos. Ahora los dejo solos, volveré a la hora de la cena, disfruten –y se va con nuestro agradecimiento.

Nos sentimos muy bien aquí, la oferta de poder quedarnos unos días nos tienta.

–Pero, Herman, si seguimos así no vamos a llegar a Alaska ni en un año –me dice Cande.

–Sí, pero mira lo que es este lugar. Yo creo que Alaska bien puede esperar unos días más.

–Ya vamos unos cuantos meses más –me replica. Luego se queda en silencio mirando el horizonte marino y afirma–. ¡Que espere unos días más!

Cenamos plátanos al horno con arroz y pescado. Después bajamos hasta el mar. Allí, junto a unos chicos y unas chicas que han venido a visitar a Alonso, encendemos una fogata: ellos tocan en su guitarra canciones del lugar mientras él nos prepara una sorpresa. Se trata de un globo aerostático de papel. Alonso nos pide a mí y a Cande que escribamos tres deseos cada uno, los introduce en el globo y enciende una mecha que llena de aire caliente al artefacto y lo eleva:

–Si elevamos nuestros deseos, bien, bien alto, y los dejamos llevar por el viento a su lugar, estos se cumplirán –y suelta el globo que lentamente sube y sube como siguiendo el compás de la guitarra. Iluminando la llama el papel rojo haciéndolo muy llamativo en la oscuridad.

Entonces Alonso vuelve a la conversación dirigiéndola hacia nuestro viaje.

–¿Qué sienten ahora que están tras su sueño?

–Me siento lleno de vida. Creo que estuve treinta años casi sin haber vivido, creo que acabo de nacer porque recién ahora estoy viviendo.

–¿Aprendieron algo en su viaje hasta acá?

–Mucho, pareciera que más que un viaje fuera un aprendizaje. Aprendemos cosas todos los días… es un mundo que se nos abre y se muestra.

–¿Qué recuerdan más de todo lo que aprendieron?

–Cuando salimos aprendimos que para avanzar hay que dejar los miedos a un costado, porque si los ponemos por delante, nunca nos dejarán avanzar. Aprendimos que en todo hay mucha energía y que si sabemos usarla, nos ayudará mucho para lograr cosas, tales como sentirnos muy bien, llenos de salud y de vida. –Alonso escucha con atención.– Otra cosa remarcable que aprendimos es que somos parte de todo, una parte muy importante, tan importante como es ser rey del mundo, sin molestar el reinado de los otros.

–Guau, parece que sí aprendieron. ¿Algo más?

–Sí, aprendimos que tenemos que tratar de tener menos, en vez de tener más. Si no, las cosas nos amarran y nos hunden.

–El conquistador conquistado por sus conquistas…

–¿Perdón?

–No, nada, sigan, sigan. ¿Y qué más?

–Bueno, creo que lo más importante que aprendimos es que no estamos solos. Hay alguien que está disfrutando a la par nuestra de este viaje, de este sueño, y que nos está ayudando muchísimo, porque siempre que necesitamos ayuda, ésta aparece.

–Salieron al mundo y el mundo se les abrió porque ustedes se abrieron a él. Ustedes cambiaron, se han hecho moldeables como el barro. Cada momento, cada aprendizaje y cada persona que conocen les van dando forma a los nuevos "yo" que son ustedes y todo esto ocurre porque un día decidieron empezar. Algo tan simple como empezar, pero que nunca hacemos. Cada vez que vivan un momento especial no dejen de ver qué aprendieron de él, porque si les pasó es por algo. Ustedes busquen enseñanzas. Toda persona puede enseñar, pero pocos aprender. Muchas veces frente a tus narices hay algo muy importante: puedes verlo y aprenderlo o dejarlo pasar. Ante el mismo profesor unos aprenderán más que otros. Aprendan con cada cosa que vean, con cada cosa que pase. Donde algunos no vean nada, ustedes vean enseñanzas. Sigan siendo de barro, recuerden que cuanto más se amase y moldee, más perfecta será la pieza lograda.

Miramos el cielo buscando al portador de nuestros deseos; el viento se lo ha llevado.

Es de mañana y estamos en el balcón escribiendo nuestro diario cuando una señora nos viene a avisar que el desayuno está listo. Alonso está esperándonos, ha escrito unas cosas para nosotros y nos quiere dedicar todo un día de su vida.

–Ustedes me contaron que lo que están haciendo es un sueño, un sueño que los dos desde muy chicos hicieron crecer dentro de sus corazones. Me dijeron también que están muy extrañados ante las increíbles cosas que les están pasando desde que lo empezaron… Cosas que nunca antes les habían ocurrido en la vida –se nos queda mirando a los ojos y prosigue–. Bueno, ¿cómo explicarles que estas cosas suceden sólo cuando un sueño se está cumpliendo… ? Ustedes saben que lo contrario de amar es odiar…

–Sí.

–Y que del día lo es la noche; del blanco, el negro; de lindo, feo y así…

–Claro.

–Pero ¿cuál es el contrario de soñar?

Nos quedamos pensando, buscando cuál será:

–No sé, no encuentro ninguno –le digo.

–Es que no lo hay, no existe, no hay nada ni nadie en contra de un sueño. Todos soñamos, no hay quien no lo haga. Todo y todos estamos a favor de los sueños. Es una felicidad muy linda cumplir un sueño, y también lo es y tal vez más ayudar a cumplir un sueño. Así que les voy a dar mi consejo: cuando necesiten algo, cuando no puedan solos, cuando necesiten ayuda… pídanla, sin miedo, sin vergüenza, pídanla. Digan: "Somos Candelaria y Herman, estamos cumpliendo nuestro sueño y necesitamos de su ayuda. ¿Nos puede ayudar?". Nadie se negará, dejen que otros sean parte de su sueño, no todo lo pueden hacer solos. Muchas veces necesitarán ayuda y muchísima gente querrá ayudarles, pero si no se lo piden, no sabrán cómo hacerlo. –Hace una pausa, toma un poco de café y continúa.– Pedir ayuda es decir te necesito, necesito de tu esfuerzo, de tu tiempo y de tus conocimientos, para algo que solo no puedo hacer, pero que sí será posible si cuento con tu auxilio. Pedir ayuda es necesitar a otro para hacer algo juntos, y que alguien necesite de nuestra ayuda nos hace sentir útiles, necesarios, que somos parte de algo. Ayudar es un sentimiento muy lindo, tan lindo como cumplir un sueño.

–Pero ¿cómo pedimos ayuda a otro? ¿Cómo es eso de pedir? Me da vergüenza, un no sé qué.

–Nada de lo más importante lo han aprendido solos. Piensen en sus vidas hasta este momento, y verán que siempre recibieron ayuda.

Me quedo en silencio, rememorando: he aprendido a caminar con ayuda, también a andar en bicicleta y a nadar. Mis maestros me ayudaron a leer y a escribir. Con ayuda aprendí a manejar y también a hacer mi trabajo. Es cierto, me ayudaron hasta para nacer. Me enseñaron todo lo que sé y ellos siempre fueron súper felices de haber sido parte.

89

Entonces me pregunto, ¿por qué no habría de pedir ayuda para seguir en este sueño, para cumplirlo? Hasta hoy pensaba que si solo me había metido en esta empresa, solo debía salir de ella, que tenía que ser autosuficiente en lo que hiciera y que si no lo era, no debía hacerlo. Pero ¿quién es completamente autosuficiente? Alonso tiene razón: ¿por qué hacerlo solo?, ¿por qué no compartir nuestro sueño con todos y permitir que sean parte de él? Entonces nuestro triunfo sería el triunfo de todos. Voy a aplicarlo, si necesito ayuda, la pediré; si no puedo solo, buscaré alguien con quien seguramente lo conseguiremos y a quien a su vez lograremos hacer feliz.

Tras la conversación, Alonso nos lleva en su bote a motor a ver a los pescadores de camarones. Al llegar nos acercamos a uno de ellos:
–¿Qué tal la pesca? –le pregunta Alonso.
–No ha sido muy buena, pero tal vez mejore –comenta mientras nos muestra un balde a medio llenar que contiene pequeños camarones mezclados con cangrejos y moluscos que se ven muy ricos–. Pueden quedárselos, se los regalo –nos dice.
–No, gracias –le respondo, pensando que no podemos llevarnos lo único que tiene para vender. Pero mis palabras desdibujan la sonrisa del pescador.
–A mí me encantaría –irrumpe Cande para salvar la situación, y el hombre le pasa el balde a Alonso realmente feliz de darnos un regalo.
Al apartarnos de él Cande y Alonso me miran. Antes de que digan nada les explico:
–Sentí que me estaba llevando algo que no le sobraba, que su obsequio le produciría un daño económico…
–Eso, justamente eso, es dar: entregar lo que te sobra no es brindarte. Compartir es dar algo que uno quiere y este pescador ha compartido contigo su pesca. Ésa fue su mejor forma de decirte: "bienvenido a mi tierra" –me replica Alonso. ¡Qué suerte que Cande intervino para no despreciar el sacrificio del señor y así valorar su tan bella actitud!

Durante los cinco días que pasamos en lo de Alonso, nos hemos llenado de algo mágico. Todo aquí lo es, solo que ahora nos debemos despedir. Estamos algo tristes. Nos estamos dando cuenta de que todo es maravilloso en este viaje, salvo las constantes despedidas de personas que nos reciben como a sus hijos, sus hermanos o sus mejores amigos. Sin saber si los volveremos a ver.
Alonso se ha adelantado hasta Pedernales, hemos convenido reunirnos allí como una última despedida. Llegando a la entrada de la ciudad vemos que nuestro amigo nos está esperando… junto al autobomba de los bomberos con sus sirenas y luces encendidas, toda la flota de taxis del lugar, muchos otros autos y el alcalde de Pedernales, quien nos da la bienvenida. ¡Este Alonso…!
Nos ubican al frente de la caravana, el autobomba va detrás nuestro y anuncia por altoparlante nuestro viaje. Sinceramente, no nos imaginábamos esto y al principio nos provoca timidez tanta atención, las sirenas, las luces… pero a medida que completamos el recorrido por la ciudad nuestro ánimo se transforma y acabamos encantados.
Terminado el paseo, bajamos del Graham y muchísima gente se nos acerca, varias personas nos traen regalos de sus negocios, otras se ofrecen para lo que necesitemos… Me escabullo por un momento para hacer mi llamado a la base naval de Salinas:

–Los esperan en Coca, Orellana. Hay una barcaza que los quiere llevar sin cargo alguno hasta Brasil, todo está preparado –la respuesta que recibo de Espinoza es la más ansiada.

–¿Cuándo saldrá esta barcaza?

–El 15 de julio.

–Buenísimo, nos da un tiempo para seguir recorriendo Ecuador.

Aunque Cande se encuentra rodeada de gente, la llamo y le doy la noticia.

–Cande, nos vamos a Brasil por el Amazonas.

–¿Cómo? –su voz expresa alegría y nervios a la vez.

–Hay una barcaza que nos llevará gratis hasta Manaos, sale el 15 de julio –sé que a Cande le encanta la idea de que nos lleven y no tengamos que navegar el río por nuestra cuenta. Soy yo quien se siente un poco desilusionado, pues aún deseo experimentar más, es un llamado de mi corazón en busca de más aventura y el Amazonas se presenta como la oportunidad ideal. Pero tampoco puedo dejar pasar esta posibilidad que se nos brinda… mejor dejo que todo fluya, seguramente alguna razón habrá. Sumergido en estos pensamientos realizo un segundo llamado, esta vez a Manta, para decirles que les agradecemos por su barco a Panamá pero que iremos por el Amazonas.

En la Mitad del Mundo

Una vez más divisamos la cordillera frente a nosotros. Estamos camino a la capital, Quito, y para alcanzarla tenemos que subir nuevamente los Andes. El camino es angosto y empinado, no hay banquinas y el tráfico es mucho, nos sigue como si fuéramos su líder religioso. Es en las curvas cuando vemos la larga y lenta fila, que sube a menos de veinte kilómetros por hora al ritmo de la velocidad de nuestro auto. No nos pueden pasar, el tráfico de bajada, las curvas y la falta de banquina no dan chance. Seguro que los que nos siguen se deben acordar de nuestras madres y no de muy linda manera… Logramos descargar nuestros nervios cuando en algún que otro lugar conseguimos detenernos y dejar pasar la forzada caravana. Apenas regresamos al camino, volvemos a coleccionar autos.

Al llegar a Quito nos sorprende por su belleza, antes de recorrerla debemos hacer un chequeo y servicio rápido del auto.

–¿En este auto van a ir a Alaska? ¿Y tienen todo: los mapas, los papeles necesarios...? ¿Y tú sabes todo el dinero que van a necesitar? ¿Sabes lo que están haciendo? ¿Tienes idea de todo lo que se necesita? –me dice el dueño del taller mecánico.

–Lo que ves es todo lo que tengo, y por mi sueño hago todo lo que puedo. ¿Vos qué estás haciendo por tu sueño? –le contesto. –No sé si con lo que tengo llegaré, pero sí sé que daré lo mejor de mí.

Nos hospeda la familia Huespe, mitad ecuatoriana y mitad argentina, con la que pareciésemos haber sido amigos desde siempre. Viven a una hora de la ciudad, en una casa estilo suizo que le pertenece a una suiza.

Durante los días que estamos allí, la familia aprovecha su tiempo libre para llevarnos a recorrer la zona y sus pueblitos. En cuanto a la ciudad, nuestra idea es conseguir allí algún auspiciante, para lo que hemos elaborado unas muy lindas carpetas con toda la información sobre nuestro viaje.

Buscamos empresas argentinas radicadas en el Ecuador así como nacionales e internacionales. También acudimos a National Geographic y a varios clubes de autos antiguos… Vamos con nuestras carpetas y nos presentamos. A veces nos reciben y muchas otras, no: algunos, bien directos, nos avisan de inmediato que no realizan este tipo de promociones, otros nos piden unas semanas y hasta meses para estudiar nuestra carpeta y también están quienes nos informan que los presupuestos para auspicios ya fueron agotados. Todos tienen una repuesta, pero ninguna es la que buscamos. Así transcurren dos semanas: gastando los pocos billetes que tenemos en la búsqueda de más dinero, dinero que no aparece, que pareciera esconderse de nosotros.

En el medio de estos días críticos, recibimos una invitación a participar en La Televisión, un programa muy visto en Ecuador los domingos. Freddy Ellers, el conductor, nos hará unas tomas a nuestro paso por el Monumento a la Mitad del Mundo.

Nuestra emoción es muy grande, cruzar al otro hemisferio significa mucho para nuestro viaje. Así que colocamos el auto con sus ruedas traseras sobre el hemisferio sur del monumento y las delanteras, sobre el norte. Luego nos acomodamos nosotros, pisando ambos hemisferios a la vez. Como un motivo para festejar, destapamos un champagne, nos servimos dos copas y al abuelo Graham le servimos la suya en el radiador. Así los tres podemos brindar la llegada a la línea del Ecuador.

Cuanto estamos terminando la nota, Freddy nos comenta que quiere que además seamos el show que cierre en vivo su programa. Nos presentamos el domingo en los estudios. En el primer bloque se emite la entrevista que nos hicieron en el monumento, y al volver Freddy convoca a empresas que quieran apoyarnos. Antes de ir a las tandas comerciales comenta entusiasmadísimo con nuestro viaje: "Y no se vayan que les tengo reservada una maravillosa sorpresa para el final".

La idea es que, casi al culminar la emisión, ingresemos al estudio llevando junto a nosotros a la otra conductora del programa. La señal de entrada es la palabra "Argentina". Con todo ya pautado, esperamos dentro del auto la palabra clave.

–¡Y ahora sí la sorpresa prometida: los viajeros de Argentina! –anuncia Freddy sobre el ruido del motor que está arrancando– ¡Así vienen desde Argentina… –y sin que termine su comentario se oye un ruido a rotura, el auto se levanta de trompa y cae de cola. Nos miramos con Cande atónitos al mismo momento que la conductora dice "Empujen, empujen", olvidándose por completo que tiene el micrófono puesto. Mientras Freddy continúa–. Así, desde, Argentina vienen llegando –es la frase que se escucha mientras la cámara enfoca a tres personas que empujan el auto.

Aún sin saber qué pasó, acelero, y con los impulsos logro ingresar, finalmente, todo el auto al estudio. Con las caras rojas, risas de vergüenzas y nervios nos despedimos de un público que se mata de risa ante nuestra forma de viajar desde Argentina: a los sacudones y con tres hombres empujando.

Cuando las cámaras se apagan Freddy me pregunta qué fue lo que pasó. No lo sé, pero parecía que la tierra nos tragaba. Nos acercamos hasta la parte trasera del Graham y advertimos que una tabla del piso no pudo aguantar el peso y que la rueda había caído dentro del agujero.

La producción recibe montones de llamados: el público responde a la convocatoria de Freddy ofreciendo muchas cosas, como talleres para arreglar lo que sea necesario, lugares para dormir y hasta un dispositivo para menor consumo de gasolina. La gente se solidariza, pero de las empresas ni noticias. Aun así no nos sentimos decepcionados, no sé si porque no queremos enfrentar este problema o si es a causa de esta fe que está creciendo dentro de nosotros desde que iniciamos el viaje y que nos dice que ya algo se va a dar...

La familia Huespe nos espera en su casa, están contestando los llamados.
–No saben qué lindos mensajes tenemos para ustedes. ¿Les puedo leer uno que me llenó de lágrimas? –nos pregunta ansiosa Leonor, la madre de esta familia–. Dice así: "Estuvieron muy bien, nos hicieron sentir que los sueños se pueden cumplir con lo poco que uno tiene en sus manos, que uno puede viajar cincuenta mil kilómetros en un auto que no es siquiera para hacer cien. Cuando el auto apareció en el estudio y se sacudió sin poder avanzar más, cuando se oyó el 'empujen, empujen' y se vio a tres hombres haciéndolo mientras Freddy decía 'Así vienen desde Argentina', se los percibió frágiles, tan frágiles como todos los somos. Pero aun así, con esa fragilidad, han llegado desde Argentina hasta la mitad del mundo. ¿Y saben qué fue lo que sentí y que seguro sintieron muchísimas personas más? Unas ganas enormes de vivir la vida, de cumplir nuestros sueños. Nos permitieron ver que con nuestra fragilidad y con lo poco que tenemos, si queremos, podemos dar la vuelta al mundo. –Leonor baja el papel y otra lágrima se asoma.– ¿No es bellísimo?
–Sí lo es.– afirmo emocionado.

La espera

Con las manos vacías volvemos a salir de otra ciudad en la que pensábamos conseguir algún apoyo económico. Por ahora sólo contamos con un poco de fe y con nuestros corazones, que están repletos de cariño y nos empujan a seguir. Nos dirigiremos hacia el Oriente, hacia la selva amazónica, pero dado que faltan unos cuantos días para la partida de la gabarra, nos iremos tranquilos, deteniéndonos para conocer esta parte de los Andes, con sus coloridos pueblos autóctonos.

Continuamos hacia Orellana. Apenas bajamos de la cordillera para entrar en la selva todo cambia. Los caminos sobre la cornisa son muy angostos, parte de ellos está destruida por deslaves. El barro es muchísimo, ya van tres días de lloviznas continuas. No podemos ir a más de quince kilómetros por hora, hay tantos pozos que al menos tratamos de esquivar los grandes y agarrar sólo los más chicos. Este camino no es para autos, sólo pasan algunas camionetas y camiones. Incluso en algunos puentes tenemos que mover las tablas sueltas para nuestra angosta trocha. Sentimos que la humedad ambiente se acrecienta. También hay tramos muy empinados, en uno Cande debe bajar en movimiento para empujar el auto antes que se pare... fue muy bueno seguir el consejo: "Si tienes mucho te hundes". Si no, jamás hubiésemos logrado subir.

Nos encontramos con unos alemanes que tienen una *pick up* 4x4 último modelo, totalmente preparada y adaptada para lo peor de la selva, hasta cuenta con un teléfono internacional y GPS para seguimiento satelital. Pero tanta tecnología les ha jugado en contra, pues están remolcando la *pick up* hasta la ciudad de Quito porque no tienen cómo arreglar la computadora del motor. Con una indignación enorme nos ven alejarnos, oyen el ruido típico de un auto antiguo que va despacio, pero que va.

Llegamos a Coca. Hemos tardado tres días para hacer 316 kilómetros. Después de tanto traqueteo el auto chilla, tiene todos sus tornillos flojos, pero nosotros estamos encantados imaginando lo que se viene. Coca es una ciudad que se desarrolló en base al petróleo, hay muchas empresas petroleras que tienen sus pozos en el medio de la selva y Coca es la ciudad más cercana donde los servicios petroleros se proveen. Creció sin estilo alguno, desparramada, sucia, ruidosa, con construcciones básicas y donde el calor y lluvia abundan.

Por una enorme casualidad, nos encontramos en la entrada del pueblo a Rafael Galeth, dueño de la gabarra que nos llevará a Manaos y con quien precisábamos encontrarnos. Hombre de buena compostura, tez oscura, con un toque colombiano en su modo de hablar que muestra simpleza. Galeth nos mira con cara de asombro, no se imaginaba vernos en este lugar y menos que el auto sobreviviera a aquel camino. Después de nuestro saludo y presentación, nos comenta:

–No podremos salir el quince de julio, calculo que recién a fin de mes o a principios de agosto, pero tampoco con seguridad.

–Ah, bueno… Gracias –le respondemos sin saber qué hacer ni qué pensar.

Buscando orientación decidimos ir en busca del capitán Aldaz, nuestro contacto.

Tras recibirnos con honores, le preguntamos su opinión sobre Galeth y su fecha de partida:

–Está construyendo la gabarra y se ha demorado un poco más. Tampoco tiene carga suficiente para costear el viaje, pero si le confirmasen un par de cargas, saldría en unos quince días.

–¿Y si no?

–Tendrán que esperar. Es lo único que hay.

Acuarelas

Esperamos los quince días hasta que llegó el fin de julio, luego otra quincena y hoy, 30 de agosto, Rafael Galeth sigue sin fecha firme. Siempre nos dice que habrá una carga lista, pero a último momento no se confirma. Nosotros estamos alojados en un campamento petrolero, nos hospedaron aquí desde el primer día y ya somos parte de él, incluso hago trabajos de electricidad en la selva con los trabajadores. En Coca todos nos conocen y la pregunta cotidiana es: "Y ¿cuándo salen?". A estas alturas nadie considera factible nuestro viaje, creen que es una locura irrealizable. Ya nos hemos acostumbrado a bromas tales como: "¿Con quién del pueblo pasarán la Navidad?".

Desde que advertimos que la gabarra se demoraría más de lo esperado, hemos averiguado por alguna forma de realizar el viaje por nuestra cuenta. Pero como siempre aparece la promesa de que en diez o quince días podremos salir gratis y sin ningún peligro, abandonamos nuestras averiguaciones hasta nuevo aviso de extensión del plazo.

En cuanto a nuestros ánimos, la incertidumbre de la partida, de no saber qué hacer, y la escasez del dinero al haber pasado ya los seis meses de viaje, han hecho que empecemos a extrañar, y mucho. Esto ha traído una pequeña crisis, no sólo como pareja, sino también en el estado de cada uno. ¿Qué estamos haciendo? ¿Para qué?¿Por qué? ¡Qué lindo sería estar en casa, con la familia y los amigos, comer esa carne tan rica, dormir en mi cama, usar mi baño…!

—Me aburro mucho, ya fui a todos lados y no hay nada más para ver. Estamos estancados en el medio de la nada y la plata ya no alcanza. ¿Qué hacemos? –me dice Cande aumentando mi preocupación.

—No lo sé –es la lacónica respuesta que antecede al silencio.

Candelaria se siente sofocada, hace muchísimo calor. Además está intolerante, pues ya no aguanta más esta situación. Ve los autos pasar, levantan una polvareda que nos alcanza. Desde que llegamos a Coca, los días fueron rutinarios para ella. Encima sabe que la acción está en la selva, pero si bien yo voy muchas veces junto a los trabajadores a los pozos petroleros donde aprovecho para conocer, Cande no puede acompañarme, pues las mujeres tienen prohibida la entrada.

"Herman, a diferencia de mí, tiene una idea que le ronda en la cabeza: construir una balsa, subir el auto y listo. Es más, cuanto más lo piensa más se entusiasma. Yo, en cambio, veo el peligro: ¡el auto arriba de unos troncos! Y no estoy de acuerdo, me da miedo. Sé que ni él ni yo sabemos nada de navegación y menos en una balsa. Visitamos los aserraderos preguntando cómo conseguir troncos para construirla, pero no se consiguen fácilmente; están en zonas bajas, lagunas y pantanos y para obtenerlos hay que ir a una comunidad indígena. Todo se complica más y más", piensa Cande antes de lanzar:

—Pitu, tenemos que decidir qué hacer. Teníamos dinero para seis meses de viaje, y en vez de usar ese tiempo para llegar a Alaska, estamos en Ecuador. Si queremos seguir, necesitamos dinero. Y mucho.

—Sí, pero prefiero no hablar del tema. Pienso una y mil veces cómo es que nos venimos a quedar sin plata y de repente todo se me viene encima. ¡Era tan fácil mientras había dinero! Ahora no sé, todo parece más difícil. En Argentina yo sabía qué hacer y cómo ganar dinero, tenía mi trabajo, pero acá… algo de miedo tengo, estamos en un lugar totalmente distinto donde todo me sabe extraño, hasta yo me siento extraño –le respondo con toda franqueza.

—Necesitamos plata para cruzar a Panamá, para la nafta, para la comida… para todo. ¿Qué hacemos? Hasta si quisiésemos volver, no podríamos sin dinero. No podemos avanzar ni volver, ¿qué haremos? –me pregunta Cande.

—Como dijo Charles de Gaulle cuando se le complicaron las cosas: "Mejor imposible, ataquemos".

—¿Quién es de Gaulle?

—Un francés que, cuando estaban totalmente rodeados por los alemanes y sin escapatoria, dijo eso. Así que ataquemos, con lo que tengamos, con lo que se nos ocurra, pero ataquemos.

—¿Con qué? ¿Artesanías? No somos artesanos. ¿Cómo no compramos artesanías en Perú antes de quedarnos sin dinero?

—No lo sé, pero no miremos para atrás, algo podríamos hacer…

—¿Y trabajar para alguna empresa o de alguna otra cosa? Aunque no creo que en Ecuador, como está la situación, podamos hacer mucho. Hay sueldos de menos de cien dólares por mes.

—Sí, sólo ganaríamos para mantenernos, pero no para avanzar –me quedo pensando–. Cande, ¿y si pintas?

—¿Pintar? ¿Yo? Nunca pinté ¿Qué voy a pintar?

—Bueno, pintaste los cerámicos de la cocina, también la panera, y te salieron bárbaros. Algo así, pero estilo cuadros.

–De cerámicos a cuadros hay un mundo. Yo nunca pinté y no me animo. Además para vender…

–Dale, probemos. Compremos unas acuarelas que son baratas y secan rápido. Tú pinta sobre papel…. si lo haces, yo los enmarco.

–¿Y cómo los venderíamos? ¿A quién? ¿Quién va a querer comprarme un cuadro?

–Si los pintas, yo los vendo… –Con esto se estaba formando una sociedad, una empresa. La necesidad nos conduce a hacer algo completamente nuevo para ambos. Cande nunca pintó y yo nunca fui vendedor, deberemos poner lo mejor de cada uno para que funcione. De ahora en adelante, para poder avanzar, formamos no sólo un matrimonio y un equipo, sino también una empresa dividida en dos departamentos: producción y venta.

Salimos muy entusiasmados a comprar los materiales. Vamos a una librería en la que venden insumos para colegiales: una cajita de 12 acuarelas (2 dólares), un bloc de hojas de dibujo para escuela (2 dólares) y cuatro pinceles que no tienen mucha pinta (5 dólares) son nuestra compra. Ninguno de los elementos es de la mejor calidad, pero ya contamos con los materiales y por tan solo 9 dólares. Siendo los insumos tan baratos, si lográsemos conseguir buenos ingresos, la relación costo-beneficio sería enorme y si no llegase a funcionar, la pérdida sería pequeña. Pero tiene que funcionar, necesitamos seguir y para eso se precisa dinero.

Volvemos al campamento súper ansiosos. Enseguida buscamos un plato para usar de paleta y un vaso para el agua. Entonces aparece la mayor de las incógnitas: Cande, pincel en mano, me pregunta: "¿Y ahora qué pintamos?". Sí, ¿qué pintar? ¿Casas? ¿Personas? ¿Paisajes? ¿Animales? ¿Plantas? ¿Flores? ¿Qué? Buscando una solución agarramos el álbum de fotos, esperamos hallar una que nos pida "píntame", y encontramos varias, pero son un poco difíciles para empezar. Entonces Cande advierte una que refleja una casita en un paisaje de campo. "Ésta", me dice y empieza a dibujarla sobre el papel. Yo, su primer espectador, sigo el trazo del lápiz, como quien mira a un retratista en la plaza. Seguido a esto realiza sus primeras pinceladas, a las que les siguen otras y más. El dibujo en lápiz le salió bárbaro, pero con la acuarela…. Creo que si tengo que salir a vender este paisaje, no me lo compra ni mi suegra.

Los dos, un poco desilusionados, comenzamos a decir que no pasa nada, que esto ocurre porque es la primera vez con acuarela, que ya le va a agarrar la mano y así nos alentamos.

–Compremos un libro de técnicas. Y otros pinceles, porque éstos no ayudan mucho –le propongo. Ya nuestros insumos empezaron a aumentar y las ventas estaban aún lejos de concretarse, pero ya nos habíamos tirado a la pileta, ahora tenemos que ver si hay agua. Vamos a una librería en un viaje a Quito y después de pasar tres horas en ella, no nos vamos con un libro, sino con dos: uno de técnicas y otro de pájaros, uno para aprender y otro para pintar. Volvemos a nuestra casa temporaria. Cande aún tiene que encontrar su estilo: empieza pintando un papagayo rojo y cuando lo culmina realmente parece un papagayo… se podría decir un poco viejo y atacado por gatos, pero papagayo al fin. Mas factible de ser vendido. Su segunda pintura es un periquito azul, al cual se lo ve más saludable.

Cande no pinta tranquila, sino algo estresada. Mientras lo hace escucho sus comentarios, tales como: "¿Qué hice? Lo arruiné todo. No, el color no me sale". Ella pinta y sufre, pero el departamento comercial de la empresa no le quita un ojo de encima y exige algo vendible.

Al periquito le sigue un tucán, un gorrión y con los días los pájaros cobran vida. Cande ha optado por un estilo realista y los pájaros han mejorado notablemente. Tanto, que ella se anima a agradecerle a Rafael Galeth su intención de ayudarnos regalándole una pintura de sus barcazas. Con sus papeles, lápices y acuarelas se acomoda frente a las dos embarcaciones amarradas del hombre y tres días después tiene el cuadro listo.

Justo ese mismo día Rafael nos invita a un hotel que le pertenece, el cual tiene piletas, restaurante y muchos espacios verdes. Apenas nos pasa a buscar, Cande aprovecha para darle el regalo. Galeth súper sorprendido empieza a quitar la envoltura hasta que se encuentra con la pintura, la mira, dice "Qué linda"… y la sigue mirando. Cande está contenta, pero su felicidad no dura mucho tiempo:

–¿Y esto… qué es? –pregunta el hombre, quien no ve sus barcazas. Al parecer, más que una pintura naval, ésta es impresionista.

–Son sus barcazas –le responde Cande mientras le señala primero una y luego la otra.

–Ah, sí, pero claro que sí… –comenta Galeth sin poder ocultar su pena.

Al día siguiente, tras este revés, Cande continúa pintando, pero enfocada hacia los pájaros. En lo que mí respecta, creo que no volverá a pintar barcos.

Finalmente, reunimos suficientes cuadros como para llevarlos a Quito y venderlos en la plaza central. Entonces quien empieza a sentirse nervioso soy yo, pues es hora de que entre en acción.

Vamos a la ciudad de Quito con nuestras pinturas, nos lleva Rubén Sánchez, el hijo del dueño de la empresa que nos hospeda. Y ya en el viaje logro mi primera venta: a Rubén le encanta un tucán y lo compra. Nosotros saltamos de alegría, tenemos ahora nuestros primeros 30 dólares y experimentamos un sentimiento de riqueza, de triunfo.

Vamos a la casa de los Huespe. También ellos nos compran un cuadro, uno de un pajarito amarillo. Es decir que en un solo día llevamos ya vendidas dos pinturas, y durante los días siguientes logramos vender algunas más.

Cuando estamos a punto de volver a Coca, le digo a Cande:

–Cande, ¿te acuerdas cuando nos quedamos sin dinero y hablábamos sobre qué podíamos hacer, te comenté que hasta yo me sentía extraño? Hoy creo que este lugar es distinto, hasta yo soy distinto… pero no extraño. Creo que cada lugar al que vayamos será nuevo y distinto y que también nosotros cambiaremos. Cada vez que lleguemos a un nuevo sitio deberemos amoldarnos a él haciendo cosas nuevas y distintas. Pero podremos hacer lo que necesitemos para seguir adelante. Ahora no me siento extraño.

Una balsa

Una vez en Coca nos sentimos con nuestra fe en nosotros mismos más fortalecida… tan fortalecida que tomamos otra decisión importante: bajar el Amazonas por nuestra cuenta.

Vamos a buscar al Sr. Conteros, él se dedica a abastecer a Rocafuerte, un pequeño pueblo fronterizo con Perú río abajo. Tiene dos canoas grandes y hace un tiempo se ofreció para llevarnos hasta allí, con la salvedad de que nosotros deberíamos hallar la forma de continuar el viaje desde Rocafuerte hasta Manaos. En esa ocasión estuvimos a punto de aceptar su invitación, pero justo apareció, como tantas otras veces, la posibilidad de partir pronto con Galeth directo a Manaos y a Conteros le dijimos que no. Hoy, estamos nuevamente buscándolo:

–¿Buscan a Conteros? No lo esperen, lo vimos tratando de reflotar una de sus canoas. Se le hundió. Se va a demorar unos días en llegar –nos dice un hombre.

–¿Cómo que se hundió la canoa? Él nos iba a llevar en ese viaje... –atino a responder.

–Sí, suele pasar: la canoa se choca con un tronco que no se ve, se ladea y se hunde –nos cuenta como si fuese algo nada nuevo, de todos los días–. Si lo quieren ver, vuelvan dentro de unos días.

Apenas salimos, Cande exclama:

–¡¿Te das cuenta de que pudimos haber perdido el auto?!

–Sí –no quiero decir más, estoy shockeado, pero igual mi idea de seguir continúa.

Volvemos a considerar la posibilidad de la balsa. Tanguila es chamán de la comunidad indígena Huataraco y sabe muy bien qué se puede hacer en el río y qué no. Su altura no excede mucho la de Cande, es petiso y achaparrado. Sus rasgos son indígenas, sus pómulos sobresalientes, su pelo es oscuro y su mirada podría definirse como misteriosa, penetrante y analizadora.

Nos asegura que con su comunidad indígena nos podría armar una balsa de troncos que tendría el doble de ancho y de largo que nuestro auto. Para impulsarla usaríamos el motor del auto, al cardan lo bajaríamos y en vez de girar las ruedas le pondríamos una hélice.

–¿Cuánto dinero nos costará traer los troncos? ¿Y el armado?

–Tranquilo, lo vamos a hacer con una minga –responde Tanguila.

–¿Qué es una minga?

–Cuando uno tiene que construirse una casa, invita a la comunidad a que lo ayude. Yo voy a invitar a la comunidad a que los ayuden a ustedes.

–Pero ¿qué podríamos dar a cambio?

–No es hacer para recibir, es hacer para dar.

Finalizamos la charla concretando que tres huataracos nos acompañarán en el viaje hasta la frontera con Perú, allí nosotros tendremos que conseguir una nueva tripulación. Siempre pensé que nadie hace algo por nada, pero en estos meses de viaje empecé a cambiar mi opinión sobre muchas cosas.

Por su lado, Cande permaneció en silencio mientras oía mi conversación con Tanguila. "Qué miedo, qué incertidumbre. ¿Qué pasará cuando estemos en el río, alejados de todo y por lugares desconocidos? Me inquieta, y mucho. Siento escalofríos en medio del calor que hace. Quiero buscar otra alternativa que me permita escapar de esta osada idea, pero sé que no tenemos mucho para elegir", piensa ella. Sin embargo se ríe:

–¿De qué te ríes? –le pregunto intrigado.

–De los nervios. Todo esto me da miedo. ¿Me abrazas? Necesito un abrazo.

–Cande, yo estoy igual –me acerco a ella y la rodeo con mis brazos por un buen rato.

Al día siguiente le comentamos a Galeth nuestra decisión.

—Estamos en la estación seca, en esta época del año no podrían lograrlo, se quedarían varados en el primer banco de arena y tendrían que esperar a las lluvias para que el río suba. Sólo entonces podrían seguir. Pero si están tan decididos, tengo el casco de una canoa abandonada; si el auto entra allí y se animan a armarla, la pueden usar.

—¡¡Dónde tenemos que firmar!! —le digo, totalmente dispuesto a prepararla, y de inmediato vamos a verla.

La encontramos tapada por yuyos, llena de agua e incluso con algunos agujeros. Medimos su ancho y el auto entra justo, sólo sobran cinco centímetros. Tenemos que conseguir: motor, timón, hélice, baterías, piso, techo, soldadores, mecánicos, torneros, pintura y hasta una grúa para moverla...

—¿Cómo vamos a conseguir todo eso? —me pregunta Cande.

—No sé, pero empecemos —y con un tacho comienzo a sacar el agua de la canoa. Cande se queda mirándome con sus manos en la cintura y la boca abierta, tiene ganas de decir algo, pero sólo resopla y empieza a sacar los yuyos que están alrededor de la canoa.

"Saco yuyo por yuyo mientras pienso que mi admiración por Herman me enamora cada día más. Su tenacidad y visión de que todo es posible me contagia. Donde a veces yo no veo posibilidades, él sí las ve y con tanta claridad que despeja mis dudas. Luchamos juntos desde niños, pero estas pruebas son diferentes, son de riesgo, de peligro y aun así nos unen más que nunca", escribió Cande a la noche.

En el pueblo la magia de la vida se volvió a dar en todo su esplendor. Les conté a algunas personas que ya teníamos canoa y que estábamos armándola y pronto la noticia se desparramó por todo Coca. Y hoy, tan sólo un día después, es un ir y venir de gente conocida y desconocida que se nos acerca para darnos elementos que creen que podrán sernos de utilidad, también se ofrecen para soldar, pintar, para la electricidad...

Cuando cae la tarde caminamos por el pueblo y constantemente nos detienen para ofrecernos algo, es mágico, es maravilloso.

Unos pocos días después, el capitán Aldaz nos manda a llamar:

–Tenías un barco para ir directo a Panamá y no lo tomaste, la gabarra que te iba a llevar hace dos meses no está lista y quién sabe cuándo lo estará. Tu idea de construir una balsa de troncos no se puede hacer. Casi saliste con el señor Conteros en aquel viaje en el que se le hundió la canoa y ahora estás construyendo una que trae problema tras problema. Si no es el motor el que no anda, son las baterías o el enfriador de aceite… y no sé cuántas otras cosas más… No tienes mapas del río ni sabes nada de navegar, pero pretendes aprender en el río más ancho, caudaloso y largo del mundo. Esto es El Amazonas, no es broma. ¿No te das cuenta de que estás tropezando en todas…? –me reprocha apenas me ve.

–Sí, tienes razón, pero no te das una idea de las mil veces que me tropecé antes de aprender a caminar, o de las que me caí de la bicicleta y del agua que tragué aprendiendo a nadar, y aquí me ves, caminando. Y si quieres te muestro cómo nado… y te voy a demostrar que aunque sea con tropiezos voy a llegar a Manaos –le respondo.

–Pero estamos hablando de la selva amazónica, ahí afuera no hay nada más que peligros. No tendrás a nadie que te pueda ayudar, sólo hay arañas, serpientes venenosas, pirañas, cocodrilos, malaria, paludismo, anguilas eléctricas… Hay muchísimos aborígenes que tienen válidas razones para odiar al hombre blanco y el Amazonas es un río al que hay que conocer: esconde troncos, bancos de arena, remolinos, es un río que con un poco de tormenta puede ser peor que cualquier mar, con olas que rompen en cualquier dirección. Además no sabes nada sobre el motor que llevas, hace años que no funciona… Hazme caso, ¿por qué no te olvidas de esta idea? Pues no tienes casi nada a tu favor.

–No digo que no tengas razón, pero si te hago caso o a los demás, quienes siempre me dijeron que no podría o que sería peligroso, ahora estaría en casa con miedo hasta de salir a la calle. Todo lo que nombraste como peligroso es lo que más vivo me hace sentir. Cuando más arriesgo mi vida por algo que tanto quiero, es cuando más vivo me siento. Tengo la oportunidad de navegar el Amazonas, una oportunidad única, tan única como la vida que tengo y te puedo asegurar que no la voy a dejar pasar.

–Conteros hace años que navega en estos ríos y aun así se le hundió la canoa. ¿Cómo tú que no sabes nada…?

–Mira, en los caminos choca gente que hace mucho que maneja, ¿entonces debería dejar de manejar?

–¿Van a llevar indígenas para navegar la canoa? –medio resignado, el capitán cambia el tono.

–Sí, ellos son los que conocen por dónde navegar, cazar y pescar, qué comer, el idioma quechua y miles de cosas que nos pueden enseñar.

–¿Ya los tienes?

–No.

–¿Y dinero para pagarles?

–Tampoco.

–Pero ¿ves qué te digo? ¿Y qué piensas hacer? –arremete nuevamente Aldaz.

–Aún no lo sabemos, pero se nos ocurrió que Cande podría ir a Quito y pegar carteles, en los hoteles y cibercafés, buscando turistas que quieran compartir un viaje de aventura…

100

–Para un poquito. Además de que no tienes idea de cómo manejar una canoa ni tripulantes, ni dinero, ¿traerás más gente para incluirla en algo que no sabes cómo resultará?
–Por eso pondremos en el cartel: "Para compartir un viaje de AVENTURA bajando el Amazonas…".
–Mira, Herman, el zarpe te lo tengo que dar yo. Realmente no quiero negártelo, pero tampoco puedo correr

con estas responsabilidades, así que por favor empieza a encontrar soluciones.
–Las tendrás… No te preocupes, nada malo va a pasar: Dios viene con nosotros.

Ayer Cande se fue a Quito y pegó doce carteles. Sólo tiene cuatro días para conseguir turistas. Es de noche y suena el teléfono:
–Hola, mi amor, tengo buenas noticias. ¡Dos personas me llamaron por el viaje!
–No te puedo creer.
–Sí, están súper entusiasmados y el precio les parece perfecto, se quieren ir ya a Coca, porque también están dispuestos a ayudar con los preparativos.
–¿En serio? Mejor imposible. ¡Que vengan ya! Si lográsemos hacer andar el motor, faltaría poco para salir.

–Aguanta, respira...

Al día siguiente, con todo el entusiasmo del mundo, voy a la tornería a hacer unos bujes. Los termino al mediodía y salgo para comer, entonces veo a Marcelo Chingo, un amigo del campamento, pasar en un camión y le hago señas para que me lleve.
–Hola, ¿qué tal? ¿Vas al comedor?
–No, mi hermano Fidel está mal, sufrió un accidente y estoy yendo a buscarlo. ¿Te dejo en el campamento?
–No, voy contigo. ¿Dónde está?
–En una comisaría. Chocó por la mañana, pero recién nos enteramos.
–¿Cómo está?
–Parece que muy dolorido, chocó contra un puente y el volante pegó muy fuerte en su pecho.
Nos dirigimos hacia Lago Agrio que queda lejos por un camino de tierra, Marcelo está serio, maneja rapidísimo con la mirada fija en el camino, pero sin prestarle realmente mucha atención. Él y su hermano trabajaban en la misma empresa donde con Cande estamos durmiendo. Ya somos muy amigos de ellos dado que nos vemos casi todos los días y compartimos muchos trabajos de electricidad en la selva. Recuerdo que una noche les contamos que este viaje era nuestro sueño y que ellos se atrevieron a contarnos los suyos. El de Fidel era que sus hijos tuviesen estudios y mejores trabajos que el suyo… Pero ¿qué estoy pensando? Si va a estar bien.
–Quizás tu hermano siente dolor, pero no te preocupes: él va a estar bien.
–Gracias, pero tengo miedo.

Llegamos a la comisaría, un paramédico está junto a Fidel.

–¿Cómo te sientes? –le pregunta su hermano. Fidel está sentado, pero doblado sobre su pecho. Reconoce la voz, levanta la mirada y abraza a Marcelo muy fuerte.

–Me duele, me duele mucho.

–Doctor, ¿cómo está?

–No se ven fracturas ni cortes de ningún tipo, pero me preocupa su dolor en el pecho y esa tos con secreciones que hace poco empezó a tener. Deben llevarlo a un hospital.

De inmediato salimos y emprendemos la vuelta hacia Coca, ya que allí hay un hospital militar.

Transitamos selva virgen y selva desforestada, el camino está en muy mal estado porque desde la temporada de lluvias no ha sido reparado. Vamos a los saltos en un camión que pareciera en cualquier momento va a perder el control. Los golpes hacen mugir a Fidel. Sus quejidos son lo único que se escucha en la cabina y no sabemos qué decir ni qué pensar.

–De ésta no salgo –rompe el silencio Fidel, para después escupir algo rosado.

–No digas tonterías –le respondemos.

El tiempo no pasa y los kilómetros se estiran… nos parece que el camión no avanza. El viaje se hace eterno, al igual que el silencio. Es como si estuviésemos en otra dimensión del espacio y del tiempo.

–¿Tienen agua? –pregunta. Toma un pequeño trago.– ¿Qué será de mis hijos? Marcelo, ¿los cuidarás?

–Sí, hermano, tú sabes que lo haría, pero nada te va a pasar.

Dejar a los hijos, dejar el amor, dejar la vida, dejarlo todo es el pensamiento de Fidel, y se hace también mío.

Cuando llegamos al hospital, Fidel, que escupe cada vez más espuma, respira distinto, como si le faltase el aire. Cuando se lo llevan a emergencia se despide de su hermano con la mirada.

Desde donde estamos Marcelo y yo podemos ver todo lo que le están haciendo… parecen estar todos desesperados, hay gritos y mucho movimiento. De pronto un enfermero sale corriendo y pide un avión de urgencia a Quito. Nosotros nos encargamos de llamarlo, pero cuando lo estamos por conseguir, el mismo enfermero nos hace una señal de que ya no hace falta: es tarde. Miramos la sala de emergencia, el médico se ve derrotado. La muerte trajo silencio y ya nadie se mueve.

Marcelo cae de rodillas en un llanto, yo no puedo creerlo, quiero que sea sólo una película, que no sea cierto. ¿Cómo puede ser? ¿Tan rápido? Pero si no tenía nada, salvo un golpe. ¿Cómo es que la muerte llega tan así, sin avisar?

Al rato, a tiempo para contener a un amigo que necesita más abrazos, llegan algunos compañeros de la empresa. Algunos ayudan a llenar papeles, Marcelo no tiene fuerzas ni ganas para hacerlo.

Respecto a Fidel, su cuerpo tapado por una sábana aguarda en el pasillo. Una enfermera se acerca a él y le coloca una etiqueta en un dedo del pie, luego nos pregunta:

–¿Qué harán con el cuerpo?

–¿Qué: "qué vamos a hacer con el cuerpo"? –aún no comprendemos cómo fue que perdió la vida tan rápido y nos preguntan esto. Nos miramos buscando una respuesta, pero no la hallamos.

Justo entonces, llega el capataz, quien de inmediato habla con el médico que atendió a Fidel. Sus jefes, de Quito, han dado la orden de que se realice una autopsia a la brevedad, pues si pasan dos días sin que se realice, el seguro no cubrirá la póliza. Pero el Hospital Militar no puede efectuarla, así que nos derivan a un pequeño hospicio del pueblo.

Entre todos cargamos a Fidel en la parte de atrás de la *pick up*, cuando lo movemos espuma y sangre salen de su boca, y manchan mis manos. Esto me produce repugnancia, pero qué pensaría mi amigo si se lo demostrara. ¿Qué pensaría yo si fuera el que necesitara de alguien y éste no me ayudara por la impresión…? Hago de tripas corazón y sigo ayudando.

Llegamos a un cuartito de material, con el hueco de la puerta y la ventana, pero sin ellas. La mesa de cemento revestida de azulejos está toda sucia… sangre seca de otra autopsia. También así está el piso. Al ver esto, por respeto a nuestro amigo, empezamos a limpiar en absoluto silencio, la única voz que se escucha es del capataz que está afuera discutiendo el precio de la autopsia con el médico. Como es sábado y ya muy tarde, éste exige más dinero.

Me mandan a comprar hojas de bisturí, hoja de sierra, formol, guantes e hilo y aguja para cerrar. Vuelvo y ayudo a poner el cuerpo sobre la mesa, está más frío y un poco más duro, sus ojos no se quieren cerrar, quieren ver qué le están por hacer. Todos se van a esperar afuera, no pueden creer que Fidel haya salido a trabajar a la mañana y que ahora esté sobre esta tétrica mesa. Cuando me estoy retirando, el médico me pregunta:

–¿Tendría problema en ayudarme un poco acá?

Claro que los tengo, nunca estuve en algo así y no quiero experimentarlo, pero aun así respondo:

–No, doctor. ¿Qué quiere que haga?

–Todavía nada. Si quieres, puedes esperar afuera y cuando te necesite te llamo.

Salgo y tomo aire, no recuerdo haber respirado tan hondo desde que me subí al camión para acompañar a Marcelo. Me lleno del aire fresco y húmedo de la noche, siento vida dentro de mí. El capataz continúa con la organización, ahora manda a uno a comprar un ataúd, con ciertas características y márgenes de precio a pagar. ¿Cómo es que todo va tan rápido? ¿Por qué no se puede detener por un minuto la muerte?

–Ven, che –me llama el médico, quien sabe mi origen pero no mi nombre. Entro y encuentro el abdomen abierto y mucha sangre–. Sostén acá, que tengo que cortar. Antes ponte los guantes. –El doctor agarra su sierra y empieza a cortar el esternón del pecho, para llegar al corazón. Nunca he visto un corazón humano ni quiero verlo. El médico encuentra la causa de la muerte de mi amigo.– Sus pulmones recibieron el golpe y se llenaron de sangre, ahogándolo. Vamos a tener que abrir también la cavidad craneal, necesito que me sostengas la cabeza –con mis manos la sujeto y veo su cara, aun sin poder creer dónde está Fidel ni dónde estoy yo. Cuando el médico termina, tan sólo dice: "Límpienlo".

Marcelo ingresa al cuarto y se encuentra con una escena espantosa: la sangre y las costuras expresan demasiado. Pero enseguida agarra un cepillo y empieza a lavar a su hermano, junto a otro muchacho lo ayudamos. Luego lo vestimos y lo ponemos dentro del cajón. Marcelo, en total silencio, se lo lleva en la *pick up*.

–¿Adónde va? –le pregunto al capataz.

–A la casa de su cuñada.

—¿Ya sabe?

—No, no tiene teléfono, no tuvimos forma de avisarle —no puedo creer lo que está pasando. Marcelo tendrá que decirle a su cuñada que le trae al marido, pero en un cajón. Ojalá fuese sólo una pesadilla.

Antes de irme a descansar, me doy un baño para sacarme el olor a sangre y a muerte que siento en todo mi cuerpo. No creo que logre dormir, sólo me recuesto.

Me despiertan para avisarme que Cande está en el teléfono, llama desde Quito:

—Voy para allá con los dos ingleses, están muy entusiasmados. Además te cuento que nos vamos para arriba, vendí cinco cuadros.

—Ah, qué bueno…

—¿Te pasa algo?

—No es nada para que te preocupes, pero cuando llegues te cuento.

El campamento está en silencio. Así lo dejo para ir caminando hasta donde estoy armando la canoa. Ya van dos veces que me ofrecen alcanzarme en *pick up*, pero son sólo tres kilómetros y quiero caminarlos, quiero sentir el viento en mi cara, respirar el aire tibio dando pasos lentos, pienso lo que viví el día anterior: nunca sentí, vi ni toqué la muerte, ni tan rápido. Si por algo tuve que vivirlo, seguramente algo tengo que aprender… Creo que ahora sé que la muerte está siempre ahí, lista para que todo se termine. Llega sin que la llamemos y sin preguntarnos ni esperar nos lleva. Más que nunca en la vida le agradezco a Dios este nuevo día que me regala. Creo ya no habrá para mí "un día más", todos serán para vivir y para recordar.

Con mucha energía me dedico a terminar mi canoa, me siento muy bien construyendo algo tan importante para nuestras vidas, para nuestro sueño. Dios nos ha dado el milagro de la vida y con ella estamos haciendo milagros.

Finalmente, llega Cande. Nos damos un abrazo que no queremos que se termine. Nos extrañamos demasiado, fueron cuatro largos días sin ella y la necesité mucho.

Miedo a no vivir

Hoy logramos hacer andar el motor, así que mañana partiremos. Al final viajaremos con dos ingleses y con dos indígenas que conseguimos a último momento para que manejen la canoa.

Cande ya se ha encargado, junto a los europeos, de la compra de víveres. El dueño del campamento en el que nos hemos hospedado durante estos días nos regaló mil litros de diesel, suficiente para ir hasta el Atlántico y volver… Ahora sólo nos falta el zarpe de la Marina.

—Capitán Aldaz, me vengo a despedir, partimos mañana.

—¿Conseguiste quien tripule tu canoa?

—Sí, son ellos —respondo señalándole a los nativos.

—Veamos sus papeles —ordena Aldaz, pero no me preocupo porque sé que los tienen.

—Herman, ¿tomas la responsabilidad de lo que podría llegar a suceder?

—Sí

—¿No tienes miedo a la muerte?

—Tengo miedo a no vivir, a que me llegue la muerte sin haber vivido esta vida, siento, ahora que estamos siguiendo nuestro sueño, que resucité. Estaba vivo pero en una vida sin vida. No, no le tengo miedo a la muerte, la muerte no duele. Duele la vida, la vida que no se vive.

–Les deseo el mejor de los viajes. Y recuerden presentarse en Rocafuerte, en la frontera con Perú, ante el destacamento naval.

Al salir de la Marina veo una placa de bronce junto al río, donde consta que un tal Francisco de Orellana inició en 1542, desde este mismo punto y junto a quince soldados, un increíble viaje en balsa hasta el Atlántico. Llegó a ser el primero en navegar todo el Amazonas y cuando llegaron al océano, con sus manos y lo poco que tenían, hicieron un pequeño barco para llegar hasta España. El valor de Orellana me empuja a hacerlo: él seguramente poseía conocimientos marinos y armas, pero no sabía adónde iba, ni qué monstruos marinos o de tierra encontraría, como tampoco si llegaría al fin del mundo. Si Orellana lo hizo hace cuatrocientos años, nosotros mañana podremos.

Cuando llegamos al campamento nos encontramos con que nos han preparado como despedida una gran cena. Convivimos con sus trabajadores tres meses, muy de cerca, compartiendo muchas vivencias.

Apenas iniciado el festejo, llega Marcelo, quien adelantó un día su franco por duelo para vernos:

–Te quería agradecer lo que hiciste por mí y por mi hermano.

–El agradecido soy yo, para mí la muerte de tu hermano no fue en vano, podrá ser un poco egoísta lo que digo, pero me enseñó mucho. Ahora sé que la vida es súper frágil y fácil de perder en cualquier momento.

–¿Por qué no se quedan unos dos años, hacen un dinero y después siguen? –me propone Ángel, el capataz del campamento.

–No, estamos en un momento increíble de nuestras vidas. Nos costó inmensamente empezar y ahora que todo, poco a poco, se nos está dando, no tenemos que detenernos, sino seguir.

–Sí, pero la suerte se les puede acabar y esto es plata segura.

–No creo que sea suerte, creo que todo nos es favorable, pero por una enorme razón.

–Entonces veo que no te puedo detener ni con una buena oferta…

–La vida no se detiene, el tiempo no espera a nadie, la vida fluye como un río y yo estoy con la vida, con su corriente: no quiero detenerla. Te agradezco tu oferta, me hace sentir muy bien, sobre todo útil, pero quiero seguir y ser, antes que nada, útil para mí mismo. Tu oferta es una gran tentación, pero éstas siempre nos llevaron lejos de nuestro camino.

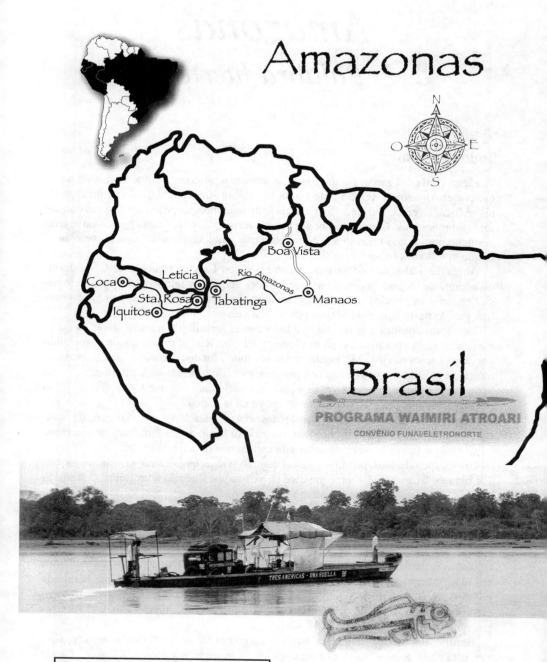

Amazonas

Boa Vista

Leticia
Coca
Sta. Rosa
Tabatinga
Rio Amazonas
Iquitos
Manaos

Brasil

PROGRAMA WAIMIRI ATROARI
CONVÊNIO FUNAI/ELETRONORTE

TRES AMERICAS · UNA HUELLA

Hasta aquí	
Tiempo de viaje	8½ meses
Kilometraje	11.793 km

Amazonas
Palabra fuerte

Todos a bordo

Llega el día del zarpe. En unas horas soltaremos amarras y empezaremos a navegar por el Amazonas. ¡Qué fuerte suena la palabra Amazonas! Tanto como Patagonia, África, Everest, Caribe… Son esa clase de palabras que producen respeto con tan sólo pronunciarlas. Cande y yo nos sentimos rarísimos, pues jamás hemos navegado y mucho menos con un auto a bordo. Claro que tampoco he sido capitán, pero siento que si lo logro, lo seré para siempre.

Antes de ir al punto de partida, recorremos con Cande el pueblo de Coca despidiéndonos de toda su gente, nadie puede creer que el tan famoso día finalmente haya llegado. Los saludos continúan donde la canoa está amarrada, muchos pobladores han venido hasta aquí para vernos por última vez.

Jaime, un hombre que nos ha ayudado con el armado de nuestra nave, es quien maneja la vieja grúa para cargar el Graham. El auto deja el piso y queda suspendido por unos cables añejos. Me siento nervioso: todos los movimientos son bruscos, el motor de la grúa se apaga cada dos por tres y encima Jaime me hace bromas, como la de dejarlo caer un metro en el aire para detenerlo antes de que toque el piso… No respiro hasta que por fin el Graham se apoya en la canoa.

Una vez más nos despedimos, con fuertes abrazos mezclados con lágrimas, de hombres y mujeres que nos han hecho sentir parte de su lugar, de sus familias y de sus vidas.

Cuando estamos a punto de subir a la canoa, nos detiene una voz:

–Una despedida más, por favor –es el capitán Aldaz, engalanado con su mejor traje blanco. Cuando me abraza me dice en voz baja–: despido a un futuro marino. Si llegas a Manaos, lo serás por siempre.

–Y me compraré una de éstas –le comento señalando su gorra de capitán.

Acercarse jugando

Todos nuestros amigos se quedan agitando sus brazos hasta que no los podemos ver más. Entonces doy media vuelta y respiro hondo mientras recorro con la mirada nuestra canoa, nuestra tripulación, nuestra nueva etapa. El día es maravilloso, pero creo que si no lo fuera, de todos modos sentiría lo mismo. ¡Ojalá Dios y el Amazonas quieran que tengamos un buen viaje!

Braulio, uno de los indígenas, queda a cargo del motor y del timón. El otro, Clever, está en la popa y marca el rumbo esquivando troncos y bancos de arena. Cande organiza la carga junto con los ingleses, James y Ben, y yo chequeo el motor que anda, pero calienta. Sin saber cómo, somos un equipo perfecto.

Tras dos o tres horas de viaje divisamos un helicóptero que nos sigue durante un tramo, en un momento se acerca tanto a nosotros que notamos que pertenece al ejército de Ecuador. Al rato vemos lanchas que andan a mucha velocidad, también están ocupadas por soldados y nos pasan por al lado una y otra vez.

Tres horas después paramos en Pañacocha, un pequeño caserío en el cual ya hemos estado anteriormente. En la orilla hay dos lanchas del ejército amarradas y muchos soldados armados y con sus caras pintadas:

–¿Están haciendo prácticas? –le pregunto a uno sin entender qué está sucediendo.

–No. Buscamos guerrilleros de Colombia. Entraron a un campamento petrolero y secuestraron a diez personas: ocho americanas, una belga y una argentina. Las metieron en un helicóptero contratado por la empresa y se las llevaron hasta la frontera.

–Ah… ¿ustedes creen que habrá más guerrilleros?

–Estamos buscando.

Junto a Cande les traducimos a los ingleses el porqué de tanto movimiento y les preguntamos si quieren volver a Coca con los militares. Nos responden que desean seguir con nosotros, así que nos vamos a pasear un rato por el lugar.

Apenas nos ven varios niños indígenas se acercan a nosotros, están felices de encontrarnos nuevamente por sus pagos:

–¡¡Martín, llegaron Martín y Cande!! –gritan los niños indígenas. Y sí, se trata de mí: es que en mi visita anterior no había logrado que me llamaran Herman, así que les había dicho que mi nombre era Martín. En aquella ocasión estuvimos en Pañacocha tres días, llegamos aquí aprovechando un viaje que Galeth y Conteros debieron hacer a esta zona.

Recuerdo que el primero de aquellos días debimos esforzarnos para acercarnos a los indígenas, pues eran tan tímidos que al principio cuando les preguntábamos algo sólo respondían con una risita y miraban para otro lado. Lo mismo hacían los niños si se nos acercaban. Entonces decidimos acercarnos a ellos a través del juego y les enseñamos el del "huevo podrido", que recordamos de nuestra infancia. Se engancharon de inmediato y sus risas fueron tan fuertes que atrajeron a los mayores, curiosos por conocer el porqué de tantas carcajadas. También ellos acabaron disfrutando del juego y al final de aquella jornada nosotros fuimos aceptados en la comunidad.

Al día siguiente nos invitaron a participar de una fiesta de casamiento. Asistimos y nos encantó. Su música, sus bailes, su comida… Ésta había sido cazada e inmediatamente ahumada durante los últimos quince días y el menú incluía cocodrilo, mono y venado. A la persona que estaba sentada a mi lado le tocó el brazo del mono y al verlo comer me parecía que se estaba masticando a un niño, ¡si hasta los dedos parecían humanos! Para beber nos ofrecieron chicha, una bebida alcohólica que hacen de la yuca: las mujeres la mastican, la escupen dentro de una tinaja, luego la cierran y el contenido, al unirse con las bacterias de la boca, fermenta produciendo el alcohol.

Otra cosa interesante de la celebración fue que no se centró en los novios, sino que estaba organizada por la familia del novio para complacer a la familia de la novia en agradecimiento por la entrega de la misma. Absolutamente todos los miembros de la nueva familia –padres, hermanos, primos, sobrinos, abuelos y parientes lejanos– tenían que acercarse, uno por uno, a la antigua familia para recibir consejos de cómo tratar a la nueva integrante.

109

La fiesta terminó con los invitados desparramados y dormidos en el lugar, por el alcohol. Nosotros nos llevamos envuelta en hojas de palma la comida que nos había sobrado, ya que es mal visto dejar los restos.

Hoy, en esta nueva visita, nos invitan con pescado. Nos quedamos unas dos horas y volvemos a salir, queremos buscar un lugar donde poder pasar la noche.

El inicio

Tomamos un río afluente y lo remontamos. De los doscientos metros de ancho del río Napo pasamos a uno de quince que, poco a poco, continúa angostándose. Un tronco atraviesa el río impidiéndonos avanzar más, así que "decidimos" parar. Estamos por apagar el motor cuando escuchamos un ruido muy feo que sale de él... ¡y encima no se detiene! Estoy muy cerca de él, pero no sé qué puede ser. ¿O sí? Sí, el arranque se ha puesto a andar sin que apretemos el botón y con el motor en funcionamiento. Braulio espera de mí una señal que le indique qué hacer, así que le digo que lo apague y desconecto el automático. De ahora en adelante tendremos que hacer puente de la batería al arranque cada vez que queramos ponernos en marcha.

Nos disponemos a pasar nuestra primera noche en la selva, entre miles de ruidos. Sobre las copas de los árboles, bajo ellos y desde el río hay vida que se esconde. Uno no ve el peligro, es el peligro el que ve a uno.

—Este día fue un perfecto comienzo de aventura —me comenta James.

—Sí, por ser el primer día de mi vida navegando no está mal —le respondo ante su mirada desconcertada: al parecer no sabía que yo no entiendo de navegación. Tampoco me lo había preguntado.

Al día siguiente continuamos río abajo. Estamos sentados mirando la maravilla de nuestro alrededor. Desde que zarpamos he elegido ubicarme en la punta de la canoa, con mis pies rozando el agua y salpicándose, así puedo admirar el entorno. Pero mis maravillosos momentos debo interrumpirlos para ir al ver el motor. Son veinte los metros que separan la proa de la popa y cuando llego lo primero que miro es el reloj de la temperatura: en este momento marca un rojo total. Sin pensar, corto la alimentación de gasoil para apagar el motor y grito al distraído Braulio:

—¿Quieres que nos quedemos en el medio de la selva con un motor fundido? ¿Cómo quieres que devuelva la canoa? ¿Fundida? —mientras le digo todo esto a los alaridos, Braulio me deja de mirar y empieza a hacerlo hacia delante—. Braulio, tenemos que cuidar este motor porque nos va a llevar...

—Sería bueno que mire —me interrumpe el indígena señalando un montón de troncos y ramas estancados en el río, justo adonde nos dirigimos llevados por la corriente. Braulio mueve el timón, pero sin motor esta acción no sirve de mucho—. Si chocamos, volcamos —me explica.

Me doy cuenta de que no tenemos ancla, pues nunca pensé en una. ¿Para qué si siempre amarraríamos la canoa en las orillas? Pero, ¡es imprescindible un ancla!, pienso mientras seguimos acercándonos a los troncos.

—¡Arranca el motor de nuevo! —le ordeno. Pero la temperatura que ha levantado no permite hacerlo. —Ata este cabo con este otro —le indico a Clever tirándome al agua, y empiezo a nadar sin importarme la corriente. No estamos tan lejos de la orilla así que intento llegar a ella desesperado, tengo mucho miedo de perder la canoa, el auto y tantas cosas. También me aterra pensar qué habrá en esas ramas y troncos, me estoy dirigiendo hacia ellos sabiendo que allí suelen estar los cocodrilos, las anguilas eléctricas… ¡Y peor: si me llegase a lastimar con una rama o algo, las pirañas se encargarían de mí! Toco algo con mis pies, es resbaladizo y liso, con el otro pie lo pateo y me doy cuenta de que es un tronco, porque sigue ahí y me duele mucho el pie. Ato la canoa justo cuando me está por remolcar con el cabo y aterrado nado alejándome como una flecha.

Nos quedaremos a esperar que el motor se enfríe y luego nos dirigiremos a la comunidad indígena de Braulio y Clever. Allí pasaremos la noche.

En la selva se nace y se muere

Nos imaginábamos que al llegar Braulio y Clever serían recibidos afectuosamente por sus familias, como hijos a los que no ven hace mucho. Pero no es así, sino que los atienden cual si no hubiesen faltado nunca. Vemos lo mismo que en Pañacocha, donde los padres no son muy apegados a sus hijos, donde las demostraciones de amor son escasas.

Caminamos por un sendero paralelo a la costa que va uniendo casa con casa, pequeños puentes realizados con material de la selva cruzan los arroyos de aguas quietas. Paramos a saludar en cada hogar, ésta no es una comunidad muy grande.

Encontramos a un primo construyendo un pequeño ataúd. Braulio habla con él en idioma quechua y luego nos cuenta:

—Es para su bebé de un año y medio, la semana pasada enterró otro hijo de seis años.

—¿De qué? –pregunta James.

—Fiebre –responde Braulio, pero ellos llaman fiebre al paludismo, al dengue, a la malaria y a cualquier otra enfermedad que provoque temperatura.

—Creo ahora entender por qué no se apegan tanto a sus hijos: en cualquier momento los pueden perder y si se encariñasen demasiado, el sufrimiento sería mucho mayor –dice Cande.

Llegamos a lo del abuelo de Braulio, quien es chamán. Está atendiendo a un niño con fiebre, pero sin saber exactamente qué enfermedad tiene. En el Amazonas la muerte es algo natural, algo tan común como la vida. Aquí no se andan con detalles: se nace y se muere, si en el medio puede haber vida y amor, mejor. Se convive con fiebre amarilla, paludismo, rabia, mal de Chagas, malaria, dengue, arañas, serpientes, pirañas, cocodrilos, pumas, jaguares, hormigas, anacondas, rayas venenosas, anguilas eléctricas, sanguijuelas, mosquitos, garrapatas y miles de parásitos. Y no hay médicos ni remedios.

Como estamos a un paso de la selva caminamos hacia ella sin dudarlo. Le pedimos a Clever que nos acompañe. Apenas entramos, nos sentimos a solas en la sombra, entre tantos árboles apenas se ve el cielo y parece que fuera mucho más tarde de lo que en realidad es. El piso está lodoso. Pero nada nos importa, la selva nos llama la atención.

Hace sólo unos pocos minutos que dejamos las casas, pero ya estamos en tierra virgen, inhóspita: los indígenas viven sobre el río y a la selva entran esporádicamente para cazar. Aquí no se puede caminar en línea recta ni ir derecho, es tanta la cantidad de flora que es imposible ver más que unos pocos metros hacia delante. Entre las plantas, que son de todos los colores, reconozco algunas que en el vivero de mi barrio venden como plantas de interior, la única diferencia es que de las que veo aquí no cuelgan etiquetas con precios.

Empiezo a sentir que si me dejasen solo, no sabría para dónde seguir, si ni siquiera reconozco dónde está el sol. Cada tanto cruzamos un arroyo... en realidad ignoro si siempre es el mismo, porque el agua va y viene serpenteando. Lo único que nos mantiene tranquilos es que Clever es de la zona y sabe cómo es la selva. Vemos huellas, ¿serán de jaguar?, ¿ésta será de tapir? Hay muchas, pero por nuestros ruidos las bestias ya deben estar muy lejos.

Recién ha pasado alrededor de una hora de caminata y estamos exhaustos. Nuestros zapatos están llenos de un barro pegadizo que los hace más pesados; la ropa se halla mojada por la transpiración y el roce de las hojas húmedas; y nuestros brazos nos piden un descanso, agotados de luchar con el machete. Cuando andamos en silencio escuchamos claramente los ruidos de la selva, oímos a los monos mover las ramas al huir de nosotros, a los pájaros dando la alarma de nuestra presencia y a nerviosos loros.

Realmente estamos en la selva, y es maravillosa: llena de árboles, plantas, flores y lianas. Estamos cerca de una ceiba, un árbol gigante de más de sesenta metros de altura cuyo tronco es como una columna que entre todos los que estamos no podemos abarcar. Siento un placer enorme al tocarlo y abrazarlo.

Una mariposa enorme y llamativa por su brillante colorido se posa en el cabello de Cande. Todos nos quedamos quietos para no espantarla.

—Es lindísima —comenta Ben.

—Espera un poquito que es mi mujer —le digo en broma.

—Lo digo por la mariposa —me aclara él por las dudas.

—Con semejante flor, no hay mariposa que se resista —le contesto enamorado y ligo un abrazo que espanta a la mariposa. Entonces, nos percatamos de que Clever no está tranquilo, pues mira para todos lados.

—¿Sientes que hay algún animal peligroso? —le pregunta Cande sobresaltada.

—No, no... Es que no estoy seguro de por dónde vinimos —le responde dejándonos a todos con la boca abierta.

—¡¿Cómo que no sabes?!—exclamo.

—¿No sabes cómo volver? —inquiere Cande casi desesperada.

—Sí, pero no estoy seguro...

La compañía de Clever nos había hecho sentir confiados, nos habíamos dejado llevar sin prestarle atención a nada en el camino, sin tomar recaudos. Ni siquiera habíamos traído una brújula. Ahora además de nerviosos estábamos perdidos.

Decidimos resolverlo siguiendo las huellas que dejamos en el barro, pero tras un breve trecho éstas ya no existen, pues han desaparecido en las hojas caídas. Entonces empezamos a buscar ramas cortadas a machete, pero éstas no son muchas ya que no sabemos usar el machete y nuestra onda ecologista nos había conducido a no cortar salvo que fuera necesario. Buscando la forma de salir de nuestros nervios y de la selva, nos organizamos: cuando llegamos hasta una rama cortada o hasta una huella, uno se queda ahí y los demás buscamos otra señal cercana, y así sucesivamente.

En total tardamos tres horas, que nos parecieron más, para alcanzar la orilla... y pensar que el camino de ida sólo duró una. Al divisar el río nos sentimos totalmente relajados, como si hubiésemos llegado a casa.

Sin novedad, mi Capitán

Al día siguiente navegamos río abajo casi dejándonos llevar por la corriente. Vamos muy despacio porque si aceleramos, el motor empieza a calentar. Por un lado, esto es mejor porque viajamos con menos ruido, podemos ver más y el viaje se extenderá unos días.

–No te calientes, sigue tranquilo –le digo al motor mientras le doy una palmadita. Luego me dirijo hacia la parte delantera de la canoa y escucho algo así como un chicotazo. Lo miro a Braulio con gesto de "¿qué fue eso?"

–Se rompió la correa –me informa muy tranquilamente.

–Pero ¿qué te pasa, motor? Pospusimos la salida porque no querías arrancar. Y ahora, una vez que lo has hecho, me tienes a prueba todos los días. No entiendo de mecánica ni tampoco me gusta, vamos a una velocidad que no te calienta, ¿qué te pasa ahora? ¡Una correa! ¿Me quieres decir de dónde saco una correa en el medio del Amazonas? –le digo a la máquina mientras Braulio me observa pensando que estoy loco.

Analizo qué es lo que hace la correa para ver si podemos seguir o no. Pero noto que de el funcionamiento depende el alternador y la bomba de agua, así que no nos queda otra que parar; si no, el motor va a recalentarse. Los ingleses vienen a ver por qué nos hemos detenido y al percatarse de la rotura de la correa resoplan desesperanzados.

Entonces se me ocurre probar la correa del auto, pero ésta además de muy chica tiene una forma distinta. Vuelvo a observarla y pienso que quizá la podría unir con mi herramienta favorita, el alambre... No, no funcionaría: la correa está muy seca y resquebrajada por tantos años sin uso, por el sol y la lluvia. Voy al auto en busca de algo que pueda ser útil. ¡Piensa, imagina... algo se tiene que poder hacer!, me digo.

¡La rueda de auxilio! Ella tiene una cámara, ¿qué pasaría si la cortase en anillos y usase uno de ellos como banda elástica? Todos me miran desarmar la rueda, agarrar un cuchillo y cortar la cámara:

–No sé si funcionará, pero no tenemos nada que perder –les comento.

–Una cámara –me alienta Cande.

Tras unos minutos coloco la nueva "correa" y arrancamos. Chequeo que la bomba de agua gire y así es. ¡Funciona! Todos gritamos por la alegría de superar esta nueva prueba.

A la tarde llegamos a Rocafuerte, el último pueblo de Ecuador. Mucha gente nos aguarda en el muelle. Presentamos los papeles ante la capitanía:

–¿Alguna novedad?

–Ninguna, mi capitán –le respondo.

–¿Ninguna rotura o inconveniente?

–Ninguno, mi capitán –es mejor mentir y seguir a que se preocupen y nos retengan–. La gente que nos recibió en el muelle... ¿es así con cada canoa que llega?

113

–No, vienen a ver el auto, casi todos los niños y muchos de los mayores nunca vieron uno –me explica haciéndome recordar cuando el circo llegaba a mi pueblo.

Nos quedamos a dormir en la casa de una familia maravillosa, nos quiere ayudar en todo. La hija, Kerly, es la encargada del Parque Nacional Yasuni y no es necesario que nos convenza para que decidamos ir a conocerlo. Reaprovisionamos la canoa y al día siguiente partimos.

Durante el viaje nos cuenta que es un parque gigante, totalmente virgen, que no hay guardaparques fijos porque está en un lugar de dificilísimo acceso. Casi nadie lo visita: ni turistas, ni cazadores. Todo suena lindísimo, salvo que el peligro está en que bajo esa maravillosa selva hay petróleo y que se está por empezar a explotar.

Pasamos por un puesto militar ecuatoriano que cuida la frontera con Perú. Debemos detenernos, mostrar nuestros papeles y nuestras intenciones. Como todo está en orden, nos dejan seguir, pero antes de entrar a Perú nos desviamos por un río que nos lleva al parque. Este pequeño río que remontamos divide los dos países: una costa es peruana y la otra ecuatoriana. Los árboles, por tramos, cubren nuestro camino y unos delfines nos empiezan a seguir, son rosados y vienen con un bebé. Paramos en la última casa habitada para pedir una pequeña canoa prestada.

Continuamos viaje, conscientes de que de ahora en adelante no veremos a nadie más que a nosotros mismos. Seguimos subiendo el río y tomamos otro afluente, más pequeño todavía, que nos lleva hasta una enorme laguna que hace del lugar un paraíso. Hay papagayos que cruzan el cielo y pájaros de todos los colores que nos vienen a curiosear. Todo es tan bello que anclamos en el medio de la laguna; bueno, ancla no tenemos, pero no hay corriente ni viento así que no nos vamos a mover. El agua está tan linda que nos bañamos por horas sin importarnos su color tierra ni que apenas sumergimos nuestras manos no las podemos ver. Cande, totalmente inspirada, pinta. Los ingleses se van de exploración en la pequeña canoa, equipados gracias a que Ben, quien conserva su linaje inglés hasta en la selva, lleva consigo un gran pa-

raguas negro. Nos quedamos hasta ver el atardecer, que es único, irrepetible: el rojo cielo nos glorifica. Decidimos ir a dormir a la casa del guardaparque, que está abandonada, pero aún es utilizable.

Prendemos el motor, pero no nos podemos mover. La imperceptible corriente nos estuvo llevando sin que nos diésemos cuenta. Cuando uno se queda varado en el río puede esperar una lluvia, pero en una laguna hay que aguardar un diluvio… Braulio, con su experiencia, empieza a mover tanto la hélice como el timón y logra desplazar apenas la canoa para adelante y para atrás, para un costado y para el otro, levantando mucho barro que al ir despegándose nos permite liberarnos.

Así llegamos a la casa, que está ubicada justo en la confluencia de dos pequeños ríos y ofrece una vista cautivante. De inmediato con Braulio nos ponemos a pescar nuestra cena. Él saca muchísimos pescados, en cambio yo sólo mojo mi anzuelo y alimento a los peces con mi carnada. Ayer pesqué un pescado chico, que era horrible, ciego, sin escamas y que estaba recubierto de una baba gelatinosa, tan escurridiza y asquerosa que me era imposible sacarle el anzuelo de la boca. Increíblemente, pesqué el único pez que no se come.

Braulio, con sólo tirar el anzuelo al agua con un poquito de pescado logra sacar montones de pirañas, en cambio yo continúo recuperando un anzuelo limpio. Me aconseja que si llego a sacar una, enseguida le corte la cabeza y recién luego le quite el anzuelo, de lo contrario podría comerme un dedo. Ahora estoy decidido a quedarme lo que sea necesario en la oscura noche hasta pescar algo, aunque Braulio haya recogido lo suficiente para todos. Al menos quiero mi propio pescado para el desayuno. Escucho el sonido de los peces al chapotear y saltar. Cada tanto mi línea se sacude, pero cuando la alzo la encuentro sin carnada.

—¿Hay peces? —me pregunta James.

—Peces, muchos; pescados, ninguno —contesto enojado.

—A ver, déjame un poco a mí —le cedo mi línea y no pasan dos minutos antes de que sienta un fuerte tirón. A la vez que se esfuerza por sacarla, me pide ayuda, y cuando lo intento noto que debe ser algo grande. Tiramos los dos. Cuando casi logramos sacar la pesca del agua escuchamos un chapoteo muy fuerte que no parece de pez, llamamos a gritos a Braulio para que nos socorra y traiga una linterna. Entre los tres sacamos una manta raya bien grande. James está súper feliz por su pesca y luego de que todos la ven tratamos de devolverla al agua, pero el animal se ha tragado el anzuelo y éste ha quedado enganchado en su estómago. La manta raya se esfuerza y da a luz a dos bebés que mueren rápidamente… Todos nos quedamos en un triste silencio, la alegría de James se transforma en pena y yo agradezco no cargar la culpa de ser el pescador. Al final dejamos los pescados para el desayuno y comemos un sabroso guiso de manta.

Después de la cena, Braulio, Cande y yo nos vamos en la pequeña canoa a remo a recorrer la laguna, queremos ver cocodrilos y éste es el mejor lugar para hacerlo. Al subir el pequeño río que nace en la laguna nos encontramos con una gran isla flotante de plantas acuáticas que bajan a una muy lenta velocidad. Aunque casi cubre la superficie de costa a costa, descubrimos por dónde escabullirnos y continuar. Cuando llegamos a la laguna nos parece mucho más grande, todo es distinto ante la oscuridad: los ruidos son otros y el agua pareciera cobrar vida, pues se escucha el incesante andar de los animales. La luna por momentos alumbra mucho y, por otros, se esconde detrás de las nubes dejándonos en total negrura. La pequeña canoa se ve frágil, está hecha de un solo tronco ahuecado, es viejita y en algunas partes está rota. Le entra agua; la saco en silencio.

Braulio pone sus manos en su boca y sopla emitiendo un sonido grave y fuerte, parecido al ronquido de un toro. Cuando lo deja de hacer, percibimos cómo desde toda la laguna se escuchan sonidos similares.

–¿Qué es eso?

–He hecho el ruido de una cocodrilo hembra en celo y esto que oímos son las respuestas de los machos.

–¿Tantos... ?

Braulio nos lleva a verlos, con una linterna los busco. Al ver un punto rojo, nos acercamos: son los ojos encandilados de un cocodrilo que apénas asoman sobre el agua. Poco a poco nos aproximamos más para ver su gran cabeza, seguimos arrimándonos a él con admiración y miedo, hasta que notamos que son varios y que ahora se sumergen. Pero logramos agarrar a uno muy chiquito, debe tener unos pocos días de nacido, y lo volvemos a poner en el agua. Costeamos la orilla buscando más vida, la linterna va y viene, su mancha de luz es lo único que podemos ver. El saber que hay tantos cocodrilos nos pone nerviosos, Cande y yo nos sentimos incómodos. Sobre el agua iluminada percibo un movimiento y hacia allí enfoco mi linterna a la vez que Braulio grita el nombre del animal y aclara: "Es una serpiente venenosa que viene atraída por la luz". Con el remo la levanta y la tira lejos, por el otro lado de la canoa. Tras unos segundos de silencio le digo a Braulio que ya es tiempo de retornar. Apago la linterna a pedido de él y en un silencio casi total, sólo roto por el ruido del remo, emprendemos la vuelta.

En poco tiempo y sin saber cómo, estamos en el pequeño río. Braulio pareciera tener visión nocturna, realmente se ve muy poco y aun así reconoce el camino. Respiramos hondo sintiéndonos más relajados por haber dejado la laguna... cuando de repente la canoa se levanta sobre el agua, se sacude, se oye un gran chapoteo y la canoa se vuelve a posar, pero ahora repleta de agua. Prendo la linterna e ilumino la cara de Braulio, que ya no es color marrón, sino blanca como el papel. Sus ojos parecieran haberse salido de las cuencas.

–¿Qué fue eso? –le pregunta Cande aterrada.

–Pudo haber sido un cocodrilo, no sé... –responde Braulio a la vez que empieza a remar más rápido que nunca. Mientras, intento sacar toda el agua que puedo y Cande instintivamente empuña el cuchillo.

A los pocos metros no podemos avanzar más, la isla flotante obstruye todo el paso, por más que buscamos no encontramos por dónde pasar. Braulio intenta por un lugar en el que considera que hay menos plantas, pero la canoa se estanca y no podemos seguir. Con esfuerzo volvemos hacia atrás, con la linterna miramos las orillas que son un mar de plantas y sin el machete sería muy difícil cortarlas. Además tenemos miedo de acercarnos a ellas. Nos quedamos unos minutos pensando qué podemos hacer, tratamos de relajarnos un poco: respiramos hondo llevando a nuestros pulmones un aire tan puro que oxigena nuestra sangre. Más tranquilos, buscamos la forma de salir.

–Tenemos un cuchillo. Podemos ir cortando la maraña de plantas de la isla a medida que avanzamos. Para eso tenemos que poner nuestras manos en el agua, ya sabemos que allí están los cocodrilos, pero en vez de que ellos nos asusten, asustémoslos nosotros –se me ocurre sugerirles.

–¿Cómo? –pregunta nerviosa Cande.

–Tú, Braulio, golpea rítmicamente el agua con el remo y Cande, tú haz lo mismo con el balde de sacar agua. A la vez todos emitamos sonidos con nuestras bocas. Que sea todo rítmico, evitemos que parezca un animal tratando de salir del agua desesperadamente.

Volvemos al mismo lugar por el que Braulio ha intentado pasar. Una vez que Cande y Braulio hallan su ritmo de voces e instrumentos musicales, comienzo a cortar ramas.

Nuestro miedo se despeja y da lugar a risas y a carcajadas de ver lo que estamos haciendo.

–¡Si los ingleses nos viniesen a buscar y escuchasen estos ruidos, volverían a la casa corriendo! –dice Cande.

–¡Si los indios huaoranis nos encontrasen, nos matarían creyendo que estamos endemoniados! –acota Braulio riéndose.

Y así, entre risas y ruidos rítmicos, cruzamos felizmente la isla.

Nos despierta el olor del pescado frito que Kerly sabe hacer muy bien. A las pirañas las cuece un poco más para que sus espinas se cocinen, y se puedan comer. El programa de hoy es completamente fuera del agua, queremos caminar dentro de la selva y con Braulio a la cabeza.

–Ir de caza en el Amazonas, en busca de comida, puede transformarse en ser comida de otro –nos comenta provocando un estado de alerta en todos nosotros. A medida que recorremos el lugar nos enseña el nombre de plantas y sus utilidades. Nos hace probar la savia de una: corta un tipo de liana de la que sale un chorro de agua sabrosa. Luego rebana una palmera y nos da su corazón, su palmito, pero la mayor sorpresa es al llegar a un pequeño árbol cuyas pequeñas ramas forman una especie de nudo. Las abre y vemos salir de ellas un montón de pequeñas hormigas alborotadas:

–Pruébenlas –nos sugiere Braulio.

–¿Hormigas? –preguntamos al unísono.

–Sí, se llaman hormigas limón –apoya su lengua en ellas–, porque tienen gusto a limón –nos explica mientras las saborea. Entonces abrimos otros nudos y posamos nuestras lenguas, al cerrar la boca sentimos un pequeño cosquilleo y el gusto a limón. Comemos las hormigas y también sus larvas.

Caminar por la selva nos está encantando, logramos ver monos, tortugas, tucanes y muchas huellas de animales que nos hacen saber que están, aunque no se dejen ver. Sin embargo, Kerly debe retornar a Rocafuerte y nosotros seguir con nuestro viaje, así que iniciamos la vuelta dejando este maravilloso lugar de la selva.

Siento...

Ahora nos toca bajar el río que antes remontamos, pero mágicamente, en vez de bajar, la corriente está subiendo.

–¿Cómo es que el agua viene en sentido contrario? –le pregunto a Braulio.

–Debió haber llovido aguas arriba del río Napo, entonces sube su nivel y entra a los afluentes –me explica.

No me siento bien, mi cuello está muy duro y es como si estuviese débil, desganado. Con el pasar de las horas mi estado empeora y sólo deseo recostarme, aunque sigo de pie.

Llega la noche y casi no podemos ver nada, pero al menos nos alegramos de llegar al río Napo. Estamos cerca de él y ya hay menos troncos bajo el agua, así que decido relajarme y recostarme un rato, pero entonces Braulio exclama:

–¡Perdimos el timón!, ¡perdimos el timón! –mientras mueve la palanca sin ningún esfuerzo y sin lograr desplazar la canoa.

–¿Cómo que no tenemos timón? ¿Cómo se supone que vamos a manejar la canoa sin él? Es como manejar un auto en un camino montañoso y de repente quedarse con el volante en la mano.

–De seguro que chocamos un tronco y perdimos el timón –me responde.

–Bueno, encima no tenemos ancla. ¡Qué bien nos vendría una! –digo pensando que cuando llegue a mi casa compraré una enorme que llevaré conmigo incluso cuando viaje en avión. Braulio empieza a desacelerar.

–¡A toda máquina! –le grito.

Tira todo lo que puede del acelerador y el motor pega un bramido. Braulio me mira sin saber qué planeo… y la verdad es que no tengo un plan, tan sólo quiero evitar que la corriente nos lleve y que choquemos donde ella quiera. Además sería peligroso pasar el puesto militar de Perú sin poder maniobrar: sin detenernos y encima de noche, nos podrían disparar. Así que prefiero ir a toda máquina para adelante y chocar con la costa, contra las ramas de los árboles que están sobre el agua buscando el sol. En microsegundos pienso mil cosas, me imagino el choque contra las ramas, al auto todo roto y que hasta nos podríamos lastimar…– ¡Todos al piso! –exclamo antes de que lleguemos a la costa. Que sea lo que Dios quiera.

Nos sentimos impulsados hacia adelante, la frenada no es tan brusca ni escuchamos ruidos de ramas rotas. Al detenernos totalmente levantamos nuestras cabezas y con la linterna vemos que parte de la canoa está fuera del agua sobre una pequeña y única playita de unos seis metros de ancho. A la derecha y a la izquierda sólo se ven árboles y ramas, pero no donde estamos nosotros. Nos miramos sorprendidos y contentos. Salto a la playa con un cabo para atar la canoa aún sin poder creer lo que pasó. Nuevamente sucedió un milagro.

Después de unos minutos de relajación, con una tabla, unas sogas y el machete improvisamos un timón, éste no nos permite maniobrar mucho, pero nos lleva hasta Rocafuerte.

Amanezco con pocas de ganas de levantarme, pues cada vez que lo hago me mareo. Braulio y Clever, machete y alambre en mano, fabrican un timón más maniobrable. Los ingleses descansan de tanta adrenalina. Y Cande se preocupa por mí, tiene miedo de que sea una "fiebre" o que algún bicho me haya picado, pero no tengo temperatura, sólo mareos. Me siento bien cuando estoy totalmente horizontal, acostado, ni siquiera soporto una almohada. Miro para arriba, inmóvil. ¿Qué sentiría en esta misma posición si estuviese muerto, si me pusiesen en un ataúd y me enterrasen? Aún hay muchas cosas que quiero hacer, aún no es hora de irme. Siento que todas las cosas materiales que junté a lo largo de mi vida ya no las tengo más y que perdí mucho tiempo tratando de tenerlas. Ahora sólo me queda mi interior, debo ver qué cosas hay allí, pues sé que son muchas. Y aún más son las cosas que me quedan por hacer, los sueños que siempre deseé cumplir y que no realicé porque la vida me llevó por otros caminos. Siento que fueron pocas las veces que les demostré cariño a mis seres queridos, que no fueron suficientes y que ahora es tarde. Siento...

–¿Vamos al médico? –interrumpe Cande.

–Sí, vamos –le respondo despertando de mi pensamiento.

El médico me encuentra deshidratado y me receta sodio. Volvemos a la canoa y Braulio me brinda su propia medicina: me hace una cura con humo y hojas sobre mi espalda. Luego me informa que el timón está listo y salimos junto a él y Clever a probarlo. Es mucho más pesado de mover que el que perdimos, pero sirve.

Volvemos a Rocafuerte y, en el momento del amarre, un palo escondido entre hojas aprieta el pie de Clever haciéndole pegar un grito de dolor.

Al llegar la noche me siento mucho mejor y Braulio cree ser el responsable de mi mejora.

Un nuevo día para ir a un nuevo país, Perú. Todos estamos listos, menos Clever. Ha amanecido con el pie muy inflamado, así que volvemos al médico.

–¿Sólo dos días en el pueblo y me vienen a visitar dos veces? –nos comenta el doctor un poco asombrado.

Clever no tiene fractura, pero necesita reposo. Sintiendo que ya no podrá sernos útil, con mucha pena hace su bolso y se despide. Pero con Cande le impedimos que nos abandone y él, muy feliz, vuelve saltando en una pata hasta la canoa.

La tierra sin propiedad

Ahora sí, navegando río abajo pasamos la frontera. En Pantoja, pueblo peruano fronterizo y militar, nos están esperando de una muy linda manera. Nos facilitan todo para el ingreso de la canoa y la tripulación, con el fin de que podamos continuar. A nosotros nos preocupaba cómo haríamos los papeles del auto en una frontera sin caminos, pero nos informan que los trámites deberemos realizarlos más adelante ya que aquí no hay una aduana.

Dejamos el pequeño pueblo para avanzar un poco más. A la tardecita nos cruzamos con un chico que está en una pequeña canoa con su red. Al pasar cerca nos saluda, entonces le hago señas a Braulio para que apague el motor.

–Hoy dormimos en una casa de familia –les digo a Cande y a los ingleses.

El joven se nos acerca con su canoa y nos ofrece pescados; se lo agradecemos.

Braulio y Clever le comentan en idioma quechua que nuestros planes son quedarnos a dormir en su casa. El joven asiente, sin importarle cuántos somos.

En su casa están su hermana mayor y dos hermanitos más, los padres están de viaje "río abajo", tal como explica el joven. La casa, construida totalmente con materiales de la zona y elevada sobre pilotes para refugiarse de las crecidas, está muy cerca del río. Sólo posee un gran ambiente y una cocina, no hay cuartos ni living, mucho menos comedor. Algunas paredes sólo se elevan hasta la altura de la cintura. Para dormir cuelgan sus hamacas, las cuales desenganchan por las mañanas. No tienen adornos, sólo poseen lo que es necesario.

Sobre el piso de la cocina hay un cajón con tierra, allí hacen el fuego y sobre él hay carne y pescados, que se están ahumando colgados del techo. Cande trae arroz para compartir y comer junto al pescado. La cena es muy rica y está servida sobre unos platos hechos con la cáscara de una calabaza, la comemos en cuclillas. Los lugareños sólo usan sus manos: si tuviesen cubiertos, necesitarían un plato; si tuviesen un plato, necesitarían una mesa; si tuviesen una mesa, necesitarían sillas; si tuviesen todo eso, necesitarían un comedor, pero así como estamos, en la pequeña cocina nos sentimos muy bien y muy cerca.

Braulio nos cuenta que no hay problema con quedarnos a dormir, todos lo hacen, todos tienen que viajar y descansar en las casas del camino. Entonces le preguntamos si son los dueños de la tierra y nos dice:

—La gente construye su casa donde gusta y cuando quiere. Cuando la tierra ya no da frutos, buscan otro lugar.

—¿Y qué pasa con la casa abandonada?

—Rápidamente vuelve a ser parte del suelo, y en unos años, selva.

—Pero ¿de quién es la tierra donde construyen?

—La tierra no te pertenece, tú le perteneces a ella: de ella vienes y a ella irás. Todo lo que ves de tu cuerpo es un préstamo de la tierra y un día se lo devolverás. Antes de que nacieras la tierra ya existía y después de que te vayas seguirá estando. Dios te dio el milagro de la vida para que disfrutes de ella y de las bellezas de la tierra, no para que te las adueñes. Que tengas un papel que diga que te pertenece… —hace una pausa con una leve sonrisa en su cara–, de ese papel la tierra se ríe.

—¿Quién te enseñó esto?

—Mi abuelo, que lo aprendió de su abuelo… y así.

Braulio se levanta y busca dónde enganchar su hamaca. Antes de irnos a dormir todos nos damos un baño en el río, está empezando a oscurecer y sobre el ancho río el sol se sumerge.

Inocentemente me pregunto si será por eso que el agua es tan calentita.

Camino con Cande de la mano por la pequeña playa. Nos sentamos pensando que si quisiéramos, podríamos quedarnos a vivir aquí. Estamos reflexionando sobre lo que dijo Braulio acerca de la propiedad de la tierra. Nuestras familias eran campesinas, allí donde la propiedad de la tierra es muy importante: quien más tiene es mejor visto y más respetado. Por eso dedican su vida a cuidarla y tratar de conseguir más. Mi abuelo fue la segunda persona que tuvo título de propiedad sobre unas sierras, antes de él hubo otro hombre y antes fue "la tierra de los salvajes". ¿Quiénes son los verdaderos "salvajes"? ¿Quienes cruzaban las pampas libremente o los que alambran parcelas y ahí se encierran? ¡Qué cambio enorme de culturas estamos viviendo, qué diferentes puntos de vista sobre la vida y todo lo que la rodea! ¡Qué cantidad de caminos podemos tomar en nuestras vidas y con qué libertad podemos seguir el que queramos! Con Cande salimos a ver un mundo y él se nos muestra, nos presenta a sus personajes de cada lugar, con sus distintas formas de vivir, con sus diferentes culturas y lenguas. Sí, son diferentes, pero hemos notado que los pensamientos más profundos son comunes a todos: nuestros cuerpos son de la tierra, nuestras almas de Dios y en las de todos los hombres del mundo Dios puso lo mismo: sueños y amor.

Casi no hay día en que nos perdamos el atardecer y el amanecer. Nos solemos ir a dormir al poco tiempo de oscurecer y despertamos antes de que amanezca. Hoy nos levanta el ruido de la lluvia, que tan fuerte y rápidamente como aparece se va. Cuando asomamos nuestras cabezas vemos que se han juntado muchos indígenas, de los cuales varios están sentados sobre la canoa. ¿Qué es lo que están haciendo ahí? Nos pueden robar todo… Tomado por estos pensamientos me levanto y voy a la canoa, pero en el camino recuerdo que no hay propiedad privada para esta gente y que la canoa es un lugar más para estar. En cuanto al robo, todo lo que necesitan ya lo tienen y no juntan cosas por juntar.

Más tranquilo y atraído por las visitas, subo a la canoa; me saludan con sonrisas muy grandes y palabras dulces que no entiendo. Les respondo con una sonrisa dirigida a cada uno de ellos y bajando la cabeza. En realidad no sé por qué me inclino, pero así me nace y continúo haciéndolo. Nadie ha tocado nada, sólo estaban aquí sentados mirando el auto. Al ratito Cande llega y también saluda a uno por uno y ellos le responden repitiendo mi gesto, es decir, bajando la cabeza… Cande los imita. Una vez que acaba la presentación ella va al auto a buscar su cepillo para peinarse; le da un poco de vergüenza estar tan despeinada, todos tienen los cabellos prolijos y sus flequillos bien cortados. Cuando abre la puerta del Graham todos ríen y, cuando sin querer toca la corneta, todos estallan en carcajadas y en comentarios que nos encantaría entender. Entusiasmado por sus felices reacciones me subo al auto y lo arranco dibujando en sus caras primero un susto que rápidamente se vuelve risas.

La tripulación

Luego de desayunar bananas y papayas, nos vamos. Desde que salimos no tenemos horario de partida ni punto al cual queremos llegar cada día, pues no sabemos adónde vamos. Los mapas que nos dieron en Ecuador sólo son de ese país y de todos modos nunca los entendimos, nunca hubo modo de relacionar el mapa con el lugar donde estábamos.

Braulio y Clever jamás navegaron esta parte del río, a pesar de lo cual no se muestran nerviosos. Las aguas se tornan cada vez más anchas y a medida que avanzamos son más las curvas y contracurvas. También hay islas, y por momentos son tantas que el río se ramifica entre ellas y nos despista, no sabemos por cuál continuar: tomando una podemos dar una vuelta enorme, tomando otra podemos ir más directo, pero qué importa si todas vuelven a formar el ancho río.

Amparado en mi asiento, ubicado en la punta de la canoa, dejo de mirar el paisaje para concentrarme en la tripulación: los ingleses son maravillosos, siempre dispuestos a hacer lo que se presente, no tienen ninguna queja de nada, sino que se dedican a disfrutar el viaje. Ben suele leer libros, uno tras otro e incluso se ha traído una silla de lona con almohadón para estar más cómodo. Es todo un "Sir", tanto que no entiendo mucho su inglés y a menudo debo pedirle a James que lo traduzca. Entonces Ben se enoja y dice: "Yo soy el que habla el verdadero inglés. El inglés Real". Y mi respuesta es siempre la misma: "Sí, pero no te entiendo". Ben es militar, como su padre y su abuelo, siempre está bien sentado o correctamente parado, come muy prolijamente y cuando cocinamos con el agua del río controla el tiempo de hervor con su cronómetro. Tiene todo lo que se necesite en sus dos enormes mochilas: cremas para el sol, para quemaduras, para infecciones, repelentes y muchas pastillas. También trajo su carpa, su hamaca, una red para los mosquitos y, para sellar su origen, además trae consigo una bandera inglesa y un paraguas negro. Y también trae música, que acostumbra poner a la tardecita según la ocasión.

Hoy me preguntó:

–¿Algún tipo de música en especial?

–Clásica –le respondí, un poco por mis ganas de escuchar esa música y otro tanto para jorobarlo.

–¿Alguna en especial? –me preguntó sorprendiéndome.

–Sí, la 6ª sinfonía de Tchaikovski –le contesté para liquidarlo, pero es él quien me remata a mí al cumplir con mi pedido.

Respecto a James, él es totalmente diferente: es un tipo de calle, de las calles de Londres, que trabaja como bartender, es decir, que sirve tragos en un bar. Claro que su diario, contrariamente al de Ben, es aleatorio, un día lo escribe y otro no, y está compuesto por hojas sueltas que le ha pedido a Cande. En cuanto a su mochila, ésta no es muy grande y podría ser aún más pequeña si guardara las cosas ordenadamente. Nada de lo que ha traído es útil para el Amazonas, dado que cuando llegó a Ecuador pensaba ir a las frías montañas, por lo que tiene camperas, gorros y medias.

James está junto a nosotros porque leyó en un ciber-café uno de los carteles que Cande pegó y le encantó la frase: "Para compartir un viaje de aventura por el Amazonas". Entonces acortó uno de sus pantalones, compró una hamaca y fue para Coca, punto de reunión.

Como olvidó comprar una red para los mosquitos amanece todas las mañanas lleno de picaduras nuevas y Ben lo asusta diciéndole que la red no sólo es buena para evitar a los insectos, sino también protegerse de tantos vampiros que hay, los cuales contagian rabia. Pero la verdad es que incluso Ben, Cande y yo, que sí tenemos redes, solemos rascarnos hasta sangrar, por culpa de un diminuto bichito, del cual estamos aprendiendo a deshacernos pasándonos alcohol. En cuanto a Braulio y Clever, ellos tienen una mejor forma de estar alejados de los insectos y animales, una forma que les funciona tan bien que ni siquiera deben dormir con redes para mosquitos: ésta es pasarse todos los días por el cuerpo entero diesel. Si esta es la opción, nosotros preferimos los mosquitos.

Los seis tenemos funciones, pues en estos días cada cual se ha ido buscando la suya. Por ejemplo, cada vez que llueve es James quien se encarga de sacar el agua de la canoa. Ben, por su parte, se ha convertido en el hervidor oficial de agua para beber y para cocinar y también es quien ordena la cubierta, pero es Cande la responsable de barrer. Justamente eso está haciendo ahora, va con su escoba limpiando de acá para allá y cuando está cerca de James, pone cara seria, de mala, y le dice a la vez que golpea la escoba contra el piso:

—*I am the bitch of the boat!* —es decir, literalmente "Yo soy la prostituta del bote".

—¿Qué? —le pregunta James seriamente, intentando hacerse el desentendido.

—*I am the bitch of the boat!* —le responde ella con gesto de malvada a la vez que golpea nuevamente la escoba contra el piso de la canoa.

—¿Eres...? ¿Tú? —vuelve a preguntarle James, aún anonadado.

—*Yes, I am* —"sí, lo soy", reafirma Cande.

También Ben la mira boquiabierto sin entender. Entonces yo, que escucho y veo todo, le explico:

—Amor, no se dice *bitch*, sino *witch*. *Bitch* significa prostituta y *witch*, bruja —termino de decirle mientras los ingleses sueltan tremendas carcajadas. Cande no sabe dónde meterse, quiere tirarse al agua y desaparecer. Estuvo diciendo que era la prostituta del bote y cuando James le preguntaba a qué se refería, ella más lo afirmaba.

Este episodio se convierte en motivo de bromas: cuánto cobra, cómo se le puede pagar, si acepta tarjetas de crédito, le preguntan y Cande agarra la escoba y se la ensarta en las cabezas mientras los corre por la cubierta.

La isla en el río

Las risas y las carcajadas son interrumpidas por un chillido agudo que proviene del motor. Como esto es cosa de todos los días voy tranquilo hacia él para verificar qué pasa ahora, qué hay de nuevo. Hace meses que venimos viajando en un auto de más de setenta años de antigüedad sin problemas, en cambio ahora, en esta canoa que se desplaza por el medio de la nada, todos los días hay algo que resolver. La sorpresa del día es que nuestras improvisadas correas, que suelen durar entre seis y ocho horas, están tan tirantes que han roto el alternador. Entonces lo sacamos para ver si podemos hacer algo, pero es en vano, así que tendremos que seguir viaje tratando de apagar el motor sólo una vez al día para no gastar las baterías.

Regreso a mi asiento, en primera fila, para ver este río. En cada curva, la selva pareciera ser otra. Cada tanto puedo ver indígenas en sus canoas, enormes loros cruzando de costa a costa y árboles caer al río por el cambio del cauce. Siempre el paisaje es distinto y en esta parte de Perú la selva es mucho más virgen, menos explorada.

A pedido de Ben, paramos a bañarnos en el medio del río y tiramos ancla, ¡sí, ahora tenemos ancla! Pues hemos juntado unos cuantos pedazos de hierro que atamos a un cabo. Cuando saltamos al agua nos sorprende que sólo nos llegue hasta la cintura, así la aventura de nadar en la mitad del río se convierte en un juego de niños.

Abandonamos la canoa y nos vamos nadando hasta una isla que está naciendo. Es de una arena muy fina y las plantas son incipientes, recién están comenzando a crecer.

Luego, con enorme libertad, nos tomamos el resto del día para pasarlo en la playa, comiendo caña de azúcar, ananás, palmitos y paltas, todos regalos de una familia que nos había hecho señas para que paremos. Nosotros respondimos a su agasajo dándole unos bidones vacíos y otros con diesel para sus lámparas de noche.

Aún no comprendo el porqué de tanta amabilidad hacia nosotros:

–Porque estamos viajando –me responde Braulio.

Llegada la noche movemos la canoa a la orilla, nos sentimos más seguros atados a un árbol que sujetados por nuestra ancla. Pronto se larga una fuerte lluvia, pero ésta no es impedimento para que se acerquen tres canoas con indígenas. Es bello verlas venir. El Amazonas es lindo hasta cuando llueve, las gotas pican sobre el agua marrón otorgándole otro colorido, el cielo está cubierto de nubarrones grises, todo refresca por un momento y estas tres canoas son el detalle pintoresco.

Algunos miembros de sus tripulaciones son mujeres embarazadas y niños. Apenas amarran sus naves a la nuestra se suben sin pedir permiso, lo cual ya no nos llama la atención. Hablan con Braulio, pero no mucho, es más su necesidad de estar en compañía que la de charlar. Les ofrecemos galletas y felices las aceptan.

Uno de los niños tiene en sus pequeñas manos un diminuto monito, Braulio me dice que lo llaman "de bolsillo", pero seguro que éste es un nombre puesto por algún foráneo, pues los nativos no usan ropas con bolsillos, simplemente porque no tienen necesidad de ellos.

Cande y los ingleses empiezan a jugar a las cartas y los indígenas se ríen de ellos mientras imitan sus movimientos. También se divierten cuando Ben prende la radio, ésta les llama mucho la atención e incluso tararean un poco la música.

Son niños: niños grandes, inocentes, simples. Para vestirse, sólo precisan algo que les tape el vientre. Para construir sus casas, eligen un lugar y con los materiales de la zona la edifican. Para comer, el río, la selva y la tierra les ofrecen todo lo que necesitan. Siempre andan en familia, siempre juntos, siempre felices. Los envidio sanamente.

–Casi son de la era de piedra, no saben nada del mundo civilizado –me comenta Ben.

–Estos incivilizados podrían sobrevivir en la ciudad, pero nosotros solos en la selva no podríamos hacerlo –le respondo con toda mi admiración hacia ellos.

Nos vamos a dormir adentro del auto, pero antes colocamos las cortinas, los mosquiteros y bajamos los vidrios. Estamos muy cómodos y la sensación es muy linda: los movimientos del agua nos hamacan, escuchamos ruidos de animales, como el de los pájaros y, a veces, el resoplido de un delfín curioso.

Al día siguiente, sin haber aún amanecido del todo, nos despertamos a causa de risas y cuchicheos:

–Me parece que hay gente afuera –me dice Cande, y cuando levanto la cortina veo a muchos indígenas que, parados uno al lado del otro, nos miran desde la orilla.

Al abrir la puerta y asomarme ríen más aún, parece que se corrió la voz de que gente extraña con cosas extrañas andaba por la zona, entonces nos han venido a ver. Desde la costa, como quien mira una novela, observan cómo hacemos nuestro desayuno y preparativos para un nuevo día. Los ojos de los niños están tan abiertos como los de los grandes, no se pierden siquiera un movimiento nuestro.

También me siguen con sus miradas cuando me acerco al auto. Se me ha ocurrido poner el alternador de éste en el motor de la canoa y así, aunque son de distintos voltajes, nos ingeniamos para hacerlo andar. Feliz, me acerco al Graham y le doy una palmada:

–No sólo no me das problemas, sino que además me resuelves problemas –le digo.

Todo es uno

Continuamos bajando por el río, casi a la lenta velocidad de la corriente. Se larga a llover y al ver estas gotas caer pienso de cuán alto provienen. ¿De dónde vendrían antes de ser nubes? Ahora, en un viaje largo de más de 6.000 kilómetros, van a llegar al mar. Pero Cande, justo ahora, con su olla toma un poco de agua y la pone al fuego a calentar… bueno, parece que al menos estas gotas no llegarán al mar: primero estarán en nuestra sopa, después en nuestros cuerpos se unirán con nuestras sangres y serán parte de nosotros hasta que uno de nuestros riñones las devuelva para que de alguna manera regresen al río y sigan su viaje hasta el mar. También estos árboles que nos rodean algún día terminarán cayendo y sus cuerpos serán alimento de nuevos árboles, así su materia será parte de otra vida. ¿Cuántas veces la misma materia habrá estado en distintas vidas? ¿Y mi cuerpo? ¿Cuánto de mi cuerpo está formado con materias que fueron parte de otras vidas? ¿Cuántas miles de veces habrán pasado por otros seres vivos? Todos estamos conectados en un círculo de vida. El mundo existió sin mí y existirá sin mí. ¿Qué puedo hacer por él en esta ínfima fracción de tiempo que me ha otorgado para vivir y disfrutar de él? ¿Qué puedo hacer? Tal vez, vivir el presente, porque lo único que sé del futuro es que algún día dejaré de existir. Hoy estoy y por eso hago lo que estoy haciendo. Vivo mis sueños, vivo mi amor. No, no tengo miedo. Se deja de temer a la muerte cuando se vive la vida, cuando el saber que la vida tiene un final nos incita a vivirla.

–¿Estás bien? –me pregunta Cande al percatarse de mis lágrimas.

–Estoy muy feliz –le digo mientras le extiendo los brazos para que se acerque y me abrace. Lo hace tiernamente–. Me siento en uno de esos mejores momentos de mi vida, estar con vos, en este viaje, atrapando nuestro sueño…

Hoy paramos en una casa de familia. Tiene gallinas que alimenta con nidos de termitas. Han pasado más de quinientos años desde que llegó aquí el hombre blanco para llevarse, tras la conquista, muchísimas cosas. La gente nativa desde entonces sólo ha encontrado bueno del paso del conquistador: solo sus pollos.

Como tenemos muchas ganas de cambiar nuestro menú de pescado por alguna otra carne, le ofrecemos un trueque: papas y cebollas a cambio de un pollo. La familia acepta el canje y corremos por más de media hora a un pollo muy atlético. Nos pone muy felices el tener un nuevo menú, pero nos cuesta mucho sacrificarlo. Cuan-

do lo desplumamos nos encontramos con un raquítico animal, que igual comemos.

Horas después, mientras estamos en marcha, James sin ninguna clase de aviso salta de su hamaca y se tira al río. Se alcanza a sujetar de un costado de la canoa, parece como si se hubiese vuelto loco.

–¿Que pasó? ¿Se te llenó de termitas la cabeza? –le pregunto.

–No, me dio diarrea –contesta.

–Te dije que no comieras pollo alimentado con termitas, ahora tu cuerpo está repleto de ellas.

Permiso de circulación Nro 001

Realmente no sabemos dónde estamos, no tenemos idea acerca de si aún falta mucho para llegar o si estamos cerca. Por primera vez en mi vida, no sé exactamente dónde estoy. Tan sólo puedo decir en el río Napo, en el Amazonas, en Perú, pero dónde… ni idea.

Braulio le pregunta a la gente del lugar, pero suelen contestar con señas y todas las respuestas son diferentes. Tampoco es que nos importe mucho, sólo que no quisiésemos pasarnos de Iquitos: éste se encuentra sobre el río Marañón, el cual tenemos que remontar.

Tres días más nos lleva llegar hasta Iquitos. La confluencia del Marañón y el Napo forma el río Amazonas. Apenas lo alcanzamos saltamos al agua para bendecirnos con agua cien por cien amazónica.

Empezamos a notar más movimiento de barcos y gente, y nos alegramos de volver a la civilización, de haber logrado sobrevivir, de habernos arreglado por nuestra cuenta en todo lo que nos sucedió, del equipo humano maravilloso que formamos, de haber aprendido tanto juntos. Pero también sentimos tristeza, éste es el fin de una aventura e implica la separación del grupo.

–Deténganse, por favor –nos solicitan por altoparlante desde una lancha de la prefectura naval peruana.

–Con este auto, hasta en el agua nos paran –le comento a Cande.

–Bienvenidos a Iquitos. Bienvenidos a Perú –dicen mientras se suben a la canoa.

126

También ellos están enterados de nuestro viaje y se alegran de vernos bien. Nos guían hasta un puerto.

Vemos unas barcazas que empujan unas chatas enormes con muchos containers. Amarramos nuestra pequeña canoa entre otras gigantes y nos dirigimos a la aduana para realizar los trámites del auto antes de desembarcarlo.

–Buenos días señor, venimos de Ecuador y queremos declarar un auto para poder bajarlo y seguir viaje.

El señor nos mira con cara seria y frunce el entrecejo.

–¿Es esto una broma? –nos pregunta.

–No, señor.

–Acá no hay autos de turismo, no existen caminos desde Ecuador ni desde ni hacia ningún lado. Sólo se llega en barco o en avión, no en auto.

–Sí, señor. El caso es que nosotros en una canoa, desde Ecuador, trajimos un auto de 1928.

–¡Tú, Ramírez, atiéndeme! Esta gente trae un auto de 19... ¿Qué año dijo?

–1928 –le responde Cande.

–Sí, claro. Trae un auto de 1928, desde Ecuador, en una piragua.

–En una canoa –corrige Cande.

–Es lo mismo.

–Creo que no nos creen –le susurro a Cande. Entonces ella saca una foto del auto de entre los documentos.

–Éste es el auto. Y necesitamos hacer los papeles para bajarlo y poder seguir a Brasil –le dice Cande al hombre mostrándole la foto. Como él no quiere caer en una broma, la mira de reojo.

–Pues si éste es el auto, me gustaría verlo de cerca.

–Sí, cómo no, síganos –le decimos, y lo hace acompañado de dos personas más.

Al ver el auto el trío se queda petrificado, meneando la cabeza y sin sacarle los ojos de encima.

–Habría jurado que era una broma. Bueno, chicos, nos tendrán que perdonar, pero nunca hicimos papeles a un auto, así que tendremos que llamar a Lima y preguntar qué hacer. Vuélvanse esta tarde.

Junto a nuestra tripulación nos vamos a recorrer a pie Iquitos y paramos a comer ¡pizza! Estamos muy felices de estar aquí, pero la despedida está cada vez más cerca.

–Con el ejército estuve en África, en Belice, en Groenlandia –comenta Ben–, pero ésta fue la mejor aventura de mi vida.

–Sí, realmente lo es, y creo que para todos. Nosotros seguiremos en esta aventura, aún tenemos que llegar a Manaos, aún tenemos que llegar a Alaska.

–No me quiero despedir –nos dice James–, fueron quince días de viaje maravillosos, me encantaría seguir con ustedes hasta Manaos, pero debo estar en Lima en un par de días. Los voy a extrañar.

–También yo los voy a extrañar. Eso sí, no se olviden de la witch y escríbannos seguido –dice Cande riéndose ahora de su equivocación.

–Ben, si mi gobierno entrase de nuevo en guerra con el tuyo, como cuando la guerra de Malvinas, ¿vendrías a matarme? –le pregunto.

–No, jamás.

–Y qué hay de mis padres y de mis hermanos, ¿los matarías?

–No, tampoco, jamás.

–¿Y cómo harías? Todos son mis hermanos. ¿Desertarías del ejército? –lo apuro, pero no me contesta, sabe que no podría desertar–. Un país que llega a la guerra para resolver una situación, sólo la complica. Si entre tu país y el nuestro hay algún problema, que lo resuelvan, pero que no cuenten con nosotros para matarnos.

Al llegar la noche nos despedimos de los ingleses que salen de viaje a Cusco, con promesas de volver a vernos, de escribirnos. Despedidas, tristes despedidas que terminan en lágrimas.

La Gran Loretana

Al día siguiente, una grúa desembarca el auto sin cargo alguno y en la aduana pegan una calcomanía en el parabrisas que dice "Permiso de tránsito Nº 001". No sólo causamos sensación en la gente de la aduana, sino también en las calles de la ciudad. Recorremos Iquitos rodeados de motonetas, raros buses y bicitaxis con curiosos tolditos, que llevan gente y cosas de un lado para el otro.

Tenemos que ver cómo seguir hacia Manaos. Podemos hacerlo con la canoa, sólo que cuanto más río abajo naveguemos, más será el que habrá que remontar. Si tuvimos tantos problemas bajando, suponemos que subiendo Braulio y Clever solos tendrán muchos más. Por lo tanto, nos ponemos a averiguar por barcos.

A partir de Iquitos el río tiene mucho más movimiento marítimo. El sitio en el que amarramos es un puerto nuevo y muy bien construido, cuenta con todos los servicios y comodidades, pero hay que pagar y hacen controles de todo tipo. Sólo las grandes empresas desembarcan allí. Entonces nos dirigimos a Puerto Masusa, donde hay mayor movimiento de barcos de particulares. Vamos con el auto metiéndonos por una calle de tierra barrosa, repleta de cientos de personas que cargan cosas sobre sus cabezas. Van y vienen.

Al llegar al río vemos un hormiguero humano: alguna gente aguarda para viajar con sus pertenencias, otra sólo trae cosas, otra desembarca. Sobre el barroso y sucio barranco del río hay un barco tras otro amarrado de punta. Sobre las popas hay tablones que los changarines usan para subir y bajar, cargan y descargan, y como lo que llevan sobre sus espaldas pesa más que ellos, al pasar por los angostos tablones los doblan.

Los changarines se suben al estribo de nuestro auto en marcha para ofrecernos sus servicios. Se echan unos a los otros diciéndose que nos han visto primero y que ya los hemos contratado. Nosotros seguimos avanzando mientras otros nos persiguen corriendo a la par. Al parar, las ofertas de los changarines son miles, pero aún no sabemos si hay un barco que nos pueda llevar ni cómo puede hacerlo y mucho menos si habremos de precisar changarines. De todos modos, ellos se siguen ofreciendo y nosotros aprovechamos para preguntarles cuáles son los barcos a Brasil.

–La Gran Loretana sale hoy. Es el único que llega a Brasil, si no lo toman recién volverá a bajar dentro de unos quince días.

Subimos a la Gran Loretana por los finos tablones. Los dueños de este barco son dos hermanos que observan cómo otros aparejan el gran motor, el cual está totalmente desarmado.

–Quisiéramos ir a Brasil, ¿ustedes nos podrían llevar? –les preguntamos.

–Estamos casi completos –contesta uno de los hermanos.

–Sólo somos dos, con nuestras cosas –le señalo el auto sobre el barranco.

–¿Qué es eso? –como el barranco es empinado apenas se llega a ver el auto encandilado por el sol.

–Un auto muy viejo, que nos está llevando muy lejos.

–¿De dónde son?

–También de muy lejos –le respondo

–Nosotros necesitamos de su ayuda. Somos Candelaria y Herman, venimos de Argentina y estamos cumpliendo nuestro sueño de viajar hasta Alaska. ¿Nos podría ayudar? –lo inquiere Cande usando las palabras mágicas de Alonso.

–Sí, claro. ¿En qué?

–Necesitamos que nos ayude con el precio, nos quedamos sin dinero en Ecuador, luego hicimos un poco y es con ese poco que tenemos que llegar a Manaos –continúa Cande su pedido.

–Nunca llevé un auto, menos un auto antiguo. Qué gusto sería verlo sobre la cubierta, así que sólo les cobraré sus pasajes, el auto es nuestro invitado.

Agradecidos abrazamos a los hermanos. Ahora sólo nos falta saber dónde meteremos el auto y cómo.

–Disculpen mi indiscreción. ¿Por qué están haciendo esto? –nos pregunta.

–Por muchas cosas, entre ellas, porque no queremos una lápida sobre nuestras tumbas que diga sólo el día que nacimos y el día que morimos, como si eso fuese lo único por decir sobre nuestras vidas. Buscamos ganarnos unas lápidas que indiquen: "Acá descansa alguien que vivió la vida".

Sobre el barranco nos despedimos de Braulio y Clever, a quienes les pagamos con el dinero que nos dieron los ingleses a nosotros. Aunque nos habían pedido dos dólares por jornal, les damos cuatro. Los saludamos como si fueran nuestros hermanos: nos han enseñado muchísimo y sin ellos habría sido muy difícil cumplir la aventura de navegar el Amazonas, les estamos súper agradecidos.

Todos a la vez

No creo que salgamos hoy, el motor de la Gran Loretana está totalmente desarmado. Veo los pesados repuestos llegar en *pick up* y cómo al hombro los suben al barco. Los mecánicos no parecen serlo, son hombres manchados en aceite, vestidos sólo con un short y chancletas o descalzos. La nave está llena de pasajeros que, como nosotros, curiosean los movimientos de los expertos.

Asombrosamente, con sólo tres horas de retraso el barco está listo para zarpar, apenas terminaron de armar el motor lo arrancaron para ubicar la nave en una posición que permita subir el auto. El Graham está en la otra parte del barranco y encima hay que correr otros barcos para dar paso a la Gran Loretana. Ya es de noche y aún no entiendo cómo lograremos embarcar. Nosotros estamos sobre un barranco de un gran desnivel, entre éste y el agua hay unos veinte metros de barro fangoso. Unos veinte changarines aún aguardan alrededor del Graham para ganar algunas monedas.

129

Atamos dos largos cabos al paragolpes trasero. Decidimos que unos diez cargadores sujetarán los cabos para que el auto no caiga por el barranco, mientras otros asirán el Graham de donde puedan. Dos changarines tendrán dos tacos grandes de madera para poner en las ruedas y frenarlo si llega a ser necesario.

Sobre el barro colocan tablones que llegan hasta el barco. Subo al auto, pongo primera y me acerco hasta el borde del barranco, no puedo ver hacia abajo por lo empinado que es, entonces miro a Cande. Ella, que está filmando, me da el okay.

Arranco, prendo las luces y comienzo a bajar, por el espejo puedo ver a la gente sosteniendo el auto con las sogas y a mi alrededor más personas que agarran los guardabarros. Me siento como si estuviéramos en la época del antiguo Egipto haciendo algo faraónico. Todos hablan a la vez gritándose. Muy lentamente llegamos al final del barranco y vuelvo a respirar.

Aún no hemos terminado, el Graham queda cruzado con respecto a los tablones y no puedo maniobrar. Sin vueltas ni dudas, entre todos agarran el auto mientras gritan al unísono "¡Uno, dos, tres!", e inmediatamente lo levantan y lo mueven. Nos sacuden al auto y a mí sentado dentro de él tantas veces como hacen falta hasta llegar a ubicarnos en posición. Así es que una vez derecho sobre los tablones, sin ningún problema más, y con otro poco de ayuda, logro subir a la cubierta del barco.

Toda la multitud que se juntó rompe en un inesperado aplauso que agradezco al bajar del auto. Los changarines reciben su paga, la cual es a voluntad sin tarifa fija ni exigencias. Por mi parte, recobro el color de mi cara y palmeo el auto. Rápidamente, zarpamos.

Una playa de arena

La Gran Loretana posee dos pisos: el de arriba es un mismo ambiente sin divisiones y de su techo cuelgan, casi tocándose unas con otras, cientos de hamacas. Su co-

lorido y el del piso, cubierto totalmente por el equipaje, forman un ambiente pintoresco. En la planta baja están la cocina, los baños, el motor a la vista, dos cabinas, más hamacas, y más equipaje.

130

El auto quedó en una ubicación privilegiada: en la popa y al descubierto. A su costado hay chanchos y gallinas, racimos de bananas enteras y gente que sale a tomar aire y que encuentra muy cómodos los estribos del Graham para sentarse.

La barcaza va parando, a pedido de los pasajeros, en distintos lugares. Algunos bajan, otros suben. También nos detenemos en algunos caseríos y aprovechamos para dar cortos paseos.

–¿Tiene herramientas para prestarnos? –escucho a través de la ventana del auto. Todavía estoy dormido y tardo en reaccionar. Cuando asomo la cabeza, un hombre me reitera la pregunta. Le muestro las herramientas y se desilusiona de que sean tan chicas y tan pocas.

–¿Para qué las necesitan? –le consulto.

–Hay que desarmar el motor del barco, algo anda mal –me dice el joven mecánico.

Bajo para ver qué está haciendo, de qué forma lo está desarmando. Mientras tanto seguimos en movimiento: han bajado el pequeño bote salvavidas con un motor fuera de borda de quince caballos e increíblemente, gracias a él y a la corriente, continuamos desplazándonos lentamente río abajo.

Como no podemos detenernos para que la gente suba o baje, ocurre lo siguiente:

–¡¿Hay alguien en tierra?! –gritan desde el barco al caserío.

–Sí –se escucha desde la orilla.

–Pues manden un bote que hay gente que quiere bajar.

Todo sucede como si estuviésemos en otra época. A los alaridos vuelven a avisar que manden un bote desde otros caseríos para descender pasajeros y carga. Algunos botes a remo nos alcanzan por el camino, se amarran y empiezan la descarga mientras continuamos río abajo.

Al rato el mecánico me pide pegamento, se ha dado cuenta de que la junta de la tapa está soplada y que consecuentemente el aceite se mezcla con el gasoil. Para arreglarlo agarra una lata de pintura, la aplana, la corta y la coloca. Sin las herramientas necesarias ni adecuadas…

–Con probar no se pierde nada –digo mientras miro dónde estamos. Intentan arrancar y apenas lo hacen nos movemos nuevamente a toda máquina.

–¡Aguantar o reventar! –me comenta uno de los dueños del barco.

–Si anda, que ande a fondo –agrega el otro hermano mientras ve mi cara de no poder creerlo.

Ya hace cinco días que estamos viajando. Los aprovechamos para pintar, enmarcar y para escribir mucho. Al recordar lo que hemos hecho nos sorprendemos de lo vivido en los últimos quince días; en realidad, en los últimos seis meses. No podemos creer hasta dónde hemos llegado gracias a que un día nos atrevimos a empezar. Es la mejor decisión que hemos tomado en nuestras vidas. Estando en casa, jamás imaginamos lograr todo esto y ni quiero imaginar lo que aún habremos de hacer. Recuerdo la frase "Yo sé de mi partida, Dios de mi regreso", que me produce una pequeña sonrisa.

Y es en este quinto día cuando llegamos a la frontera con Brasil. Con Cande celebramos haberlo conseguido, pero nuestro festejo es interrumpido por el aviso de un pequeño cambio de planes:

–No vamos a poder ir a Brasil.

–¿Entonces cómo hacemos? –pregunta Cande desorientada.

–Los podemos dejar en el lado peruano, en Santa Rosa.

–¿Y eso queda exactamente…? –pregunto.

–Frente a la costa de Brasil y de Colombia, pero del otro lado del río.

–¿Y cómo quieres que cruce? ¿Nadando? –le digo medio enojado.

–No sé, si quieres los llevamos de vuelta a Iquitos.

No podemos creerlo. Recién ahora nos avisan que no podrán ir a Brasil, en vez de haberlo hecho antes de zarpar. Recién ahora nos cuentan que no tienen papeles y que encima traen combustible de contrabando.

Aún sin salir de nuestro asombro somos depositados, con los mismos tablones que usamos para embarcar, en una playa de arena, frente a un caserío de unas seis casas hechas con materiales de la zona. Es de noche. Del otro lado del río se ven muchas luces, hay una ciudad muy cercana, pero no podemos llegar a ella. Estamos sentados en el estribo del Graham, la playa está desolada, salvo por un perro que nos viene a dar la bienvenida.

–¿Cómo vamos a hacer? –me pregunta Cande.

–No sé, algo se tendrá que poder hacer. Vamos a dormir, mañana será otro día. Mañana veremos.

Triple frontera

Amanecemos en la playa, que en realidad no es una playa, sino el lecho del río que ha bajado. Tratamos de sacar el auto porque con la primera lluvia puede crecer el río, pero no hay calles ni otros vehículos, ni siquiera para salir del lecho.

Estamos en la triple frontera de Perú, Brasil y Colombia. En una pequeña canoa a motor que hace de taxi voy a Tabatinga, Brasil, a buscar algo que nos pueda cruzar.

Hay un puerto de considerable tamaño y con bastante movimiento. Amarrado se encuentra un barco que en dos días zarpará para Manaos; si lo perdiésemos, deberíamos esperar unos quince a veinte días más para tomar el siguiente. Urge encontrar la forma de cruzar ahora mismo.

Un señor empresario me atiende detrás de un frío escritorio. Le cuento acerca de nuestro viaje y nuestra necesidad de cruzar. Él tiene una pequeña gabarra y perfectamente podría hacerlo, pero nos cobraría 300 dólares y eso es más de lo que tenemos. Cuando se despide me dice que espera mi llamado y que no busque más porque es el único con posibilidades de realizar el cruce.

Otro señor que tiene un muy lindo bar sobre el río nos ofrece usar su balsa de enormes troncos, la cual está donde ahora se encuentra el auto. El problema es que debemos retornarla al mismo lugar, lo que es difícil por el tamaño de los troncos y la contracorriente.

Así se va todo un día y llega la noche sin que nada haya logrado. Antes de volver a buscar a Cande voy caminando a Leticia, Colombia, para chequear mi correo en internet.

Me encuentro con un montón de mensajes que me sorprenden: gente de Sudáfrica, Uruguay, Estados Unidos, México, Canadá y un montón de nuevos amigos que de una u otra forma se enteraron de nuestro viaje. También entre los mails hay retos. Desde que salimos de Ecuador nunca nos pudimos comunicar con nuestros familiares y están desesperados por noticias. Ni siquiera saben que estamos en el Amazonas, pues no los queríamos poner nerviosos, pero por lo visto ya lo están. Así que le respondo a Vale, una de las hermanas de Cande, para que pase la voz: "Estamos muy bien. Yo estoy en Colombia y Cande en Perú con el auto. Nos vamos a encontrar en Brasil". Recién al irme del ciber-café recapacito y me doy cuenta de que quizá con este mail sólo lograré ponerlos más nerviosos. Mañana mandaré otro mensaje que les aclare la situación.

Vuelvo a Perú. Encuentro a mi amor rodeada de chicos que están pintando a la par de ella. Me cuenta que cuando me fui se puso a pintar y que estos niños se reunieron a su alrededor tímidamente, pero que luego tomaron confianza y terminaron coloreando algunos dibujos. A pesar de este lindo momento nos vamos a dormir un poco nerviosos, sin tener claro cómo vamos a hacer. ¿Lloverá? Mejor descansemos, mañana seguiremos nuestra búsqueda.

Esta vez le pido a Cande que me acompañe. Nos vamos primero a Colombia, directamente hacia la capitanía del puerto a pedir ayuda a los marinos. Nos responden que mucho no pueden hacer dado que el río, en su cambio de curso, los dejó con el muelle seco y embarcaciones inmovilizadas. Aun así están tan entusiasmados con nuestro viaje que buscan algún modo de ayudarnos. Nos acompañan de nuevo a Brasil, al puerto, buscan, preguntan, pero no aparecen soluciones. Lo único que obtienen son algunas confirmaciones para mañana, pero mañana a las 14:00 parte el barco para Manaos.

Volvemos un poco desilusionados a Perú. Entre ir y venir nunca crucé tantos países en tan poco tiempo: en esta frontera no hace falta mostrar papeles, pues no hay controles. El asunto más importante ya no es bajar a Manaos, sino mover el auto de aquí. Si llegase a llover... Nos sentimos un poco nerviosos, pero si esto nos hubiera pasado al principio del viaje hubiéramos estado como locos y no tan sólo inquietos. Para relajarme me voy a caminar por la costa, mientras Cande, a pedido de los chicos, saca sus pinturas y todos se ponen a colorear.

Veo a un señor cargando bolsas de papas en una canoa de unos cinco o seis metros de largo. Me quedo mirándolo. Las papas llegaron en la misma gabarra que nosotros y poco a poco las cruzan a Brasil para no pagar impuestos.

–¿Cuánto pesa cada bolsa? –le pregunto.

–Unos cuarenta o cincuenta kilos.

–¿Cuántas bolsas puede cargar?

–Unas veinte, veinticinco… más o menos

–Eso sería entre unos mil a mil doscientos kilos. ¿Qué pasaría si pusiésemos dos canoas juntas, unidas con tablones y subiésemos un auto? –se me ocurre preguntarle. Se queda mudo, mirando el Graham. Él, como todos los del lugar, conoce nuestro problema.

–No sé, no es que no quiera, pero si llegase a pasar algo… Es mi única canoa, mi herramienta de trabajo. Además habría que conseguir otra canoa y ver si se animan. No sé, sería muy riesgoso.

–¿Con quién hay que hablar para conseguir otra canoa?

Voy a hablar con su hijo, quien muy entusiasmado me dice que mañana a primera hora, cuando el río esté bien calmo, lo intentaremos. También me asegura que él se encargará de convencer a su padre.

133

Esta noche nos cuesta mucho dormir, no estamos nada tranquilos con la idea de cruzar el auto montado sobre dos pequeñas canoas.

Nos despiertan los ladridos de los perros que duermen bajo el auto. Ya están el hijo y el padre con las dos canoas en la orilla. Empezamos a ir casa por casa a pedir tablones prestados, los necesitamos para unir las barcas y subir el auto sobre ellas, asimismo gente de otras casas aparece con cuerdas. Cuando estamos listos, el pequeño pueblo se acerca a despedir al único auto que ha pisado Santa Rosa y los niños saludan a Cande con dulzura. Ella irá en otra canoa dado que lleva los documentos, las cámaras y la poca plata que nos queda, no sea cosa que…

Antes de subir el auto, recuerdo preguntar cuánto nos va a costar:

–Treinta dólares, ¿le parece bien?

–Bárbaro. Vamos.

Subimos el auto a las canoas con facilidad, estamos en una playa firme y plana y tenemos dos tablones que usamos como rampas. La gente nos ayuda a empujar las barcas y logramos estar a flote, entonces arrancamos el pequeño motor e iniciamos el cruce. Sólo serán unos treinta o cuarenta minutos de viaje, pero los primeros son tensos y recién logramos relajarnos poco a poco al ver que todo va perfecto. Hasta el río mismo nos ayuda, está calmo como el agua de un pozo. Tranquilo, muy tranquilo.

Recuerdo las palabras que me dijo un amigo al despedirnos en Buenos Aires: "No te deseo un viaje sin problemas, sino la fuerza para enfrentarlos". Poco a poco hemos aprendido que todos los problemas tienen solución, siempre existe una, sólo que a veces cuesta encontrarla. No nos tenemos que enfocar en el problema, sino en cómo resolverlo. No hay que buscar problemas, pero si no los tenemos nos estamos perdiendo una enorme oportunidad de superarnos: una vida sin problemas ni riesgos es una vida insulsa.

Cuando llegamos a la costa brasilera la gente nos mira asombrada, boquiabierta, al ver un auto tan antiguo llegar de la selva sobre dos pequeñas canoas que no saben desde dónde vienen.

No bajamos por el puerto principal dado que no hay cómo hacerlo para botes tan chicos, así que vamos donde amarran las canoas con productos de la zona. Estamos otra vez sobre el barro y ante un gran barranco que subir. Enseguida aparecen changarines que se ofrecen en portugués, todos a la vez. Les entendemos poco y nada. Entre muchos nos ayudan y ponen tablones sobre el barro para descender el auto de las canoas. Todos dirigen todo. Muchos buscan posicionarse cerca de la cámara con la que Cande filma. A uno se le ocurre decir que es para National Geographic y todos quieren figurar. La misma gente que nos ayuda a bajar nos ayuda a subir el empinado barranco, empujan y empujan. Otra obra faraónica.

134

Ya en tierra plana y transitable nos vamos a darle la buena noticia a la capitanía del puerto de Leticia. Ellos, encantados de ayudar, nos acompañan hasta el puerto de Tabatinga y hablan con el capitán del barco para lograr un mejor precio, y lo consiguen.

–Se lo agradecemos muchísimo.

–Tranquilo. Me debían unos cuantos favores...

Ahora hay que mover el Coraçao de Mãe para que podamos subir el auto. Al igual que en Iquitos, hay que correr todos los otros barcos para posicionar éste y subir el Graham. Una vez a bordo, zarpamos. Más justo no podríamos haber llegado.

Coraçao de Mãe

Coraçao de Mãe es un barco de tres pisos, construido totalmente en madera. Parece un galeón español. El estar a bordo y en camino con todo resuelto nos relaja muchísimo, ahora queremos sentarnos a ver el río, el cual se ensancha a medida que avanzamos. Estaremos en Manaos en cinco días. Apenas anochece caemos rendidos por el cansancio y nos dormimos cómodamente dentro del auto.

Al despertar veo que ya no estamos navegando, sino amarrados contra una costa, entre ramas de árboles, muchas de las cuales están quebradas y desparramadas sobre la cubierta, la que a su vez está empapada.

–¿Qué pasó? –pregunto.

–¿No escucharon nada? Nos agarró tormenta, con vientos y fuertes olas. Tuvimos que amarrar de urgencia contra la costa. ¿No se dieron cuenta de nada? –dice un tripulante con cara de asombro a un pasajero con cara de dormido. Ése soy yo.

Este barco, a diferencia del Gran Loretana, no para donde la gente le pide, sino sólo en pequeños pueblos. Nos encantaría quedarnos en ellos a pasear unos días, pero el barco no espera.

En una de las paradas, suben a una mujer joven que tiene "fiebre" y la alojan en uno de los dos únicos camarotes que hay. Cada tanto se escucha un grito que no puede retener, la pobre está muy mal, le duele todo el cuerpo y sus familiares no saben cómo aliviarla. Son muchas las madronas que proponen distintas recetas curativas, mas ninguna, lamentablemente, hace efecto.

También suben, cuando amarramos en los pequeños puertos, vendedores ambulantes y niños que usan la altura del barco como trampolín para saltar al río. La gente se extraña de ver un auto a bordo, más a uno de esta clase, y como los brasileros son extrovertidos las preguntas son muchísimas. Tantas que al responderlas, poco a poco, aprendemos el idioma local.

El dueño del barco continúa construyéndolo a medida que nos movemos. Tiene que terminar el piso de arriba y sus carpinteros van y vienen. Hay niños por todos lados que corren y juegan sin parar, desparramando alegría y los bolsos de los pasajeros. En la cocina del barco se escuchan ruidos de ollas y el canto continuo de las cocineras. Preparan tres comidas al día que uno puede repetir cuantas veces quiera. Y en el piso de arriba, donde la mayoría de la gente está recostada en sus hamacas, hay música, charlas y cerveza, que termina en baile por las noches.

135

Más que un barco de carga y pasajeros, éste parece un crucero de placer: engordamos un poco, aprendemos pasos de baile, canciones y mucho portugués. Si al principio nos sentíamos tan sólo espectadores, ahora nos tratan y nos acogen como a invitados especiales, y nosotros, felices, disfrutamos de esta situación.

Faltan dos días de viaje para llegar a Manaos, cuando uno de los contratistas del barco nos cuenta refiriéndose al camino que resta:
–La ruta a Venezuela pasa por una reserva indígena muy peligrosa. Nadie puede atravesarla de noche y mucho menos parar; ha habido muertos y desaparecidos. Son indígenas muy peligrosos, los más peligrosos del Amazonas. Ni siquiera los buscadores de oro, los garimpeiros, se meten ahí, por más oro que haya. –Al escucharlo imaginamos que nos toca enfrentar una especie de viaje al lejano oeste.
De pronto el barco se frena como si se hubiese clavado. Muchas cosas, como por ejemplo nosotros, van a parar al piso, mientras que quienes están en las hamacas se mecen profusamente por el gran envión.
–Chocamos contra un banco de arena –nos explica uno de los tripulantes mientras la ayuda a Cande a levantarse. Luego se va a ver a los pasajeros.
De la cocina ya no se escuchan canciones, sino insultos: toda la comida quedó desparramada por el suelo junto con las ollas.
Durante más de una hora con motores a fondo, vibraciones y sacudidas incluidas, mueven poco a poco el barco, hasta que logran sacarlo del banco.
Mientras tanto, como si nada hubiera pasado, el hombre continúa sus cuentos sobre estos indígenas. Primero eran indígenas, ahora son salvajes y los cuentos de muertos se multiplican. Se suman a la charla otros pasajeros que siguen triplicando los desaparecidos.
–Pero, ¿ustedes pasaron por ahí? –pregunto para confirmar tantos cuentos macabros.
–No, me lo han contado y por eso ni quiero ir.
Siempre escuchamos cuentos peligrosos de los lugares a donde vamos, pero nunca provienen de gente que haya estado en ellos, lo cual hace que las historias pierdan

136

veracidad. Los cuentos, cuentos son y van aumentando de boca en boca. Más aún si son sobre algo desconocido que todos temen.

La llegada a Manaos es increíble. Primero la cantidad de embarcaciones que hay es impresionante, el río está lleno de barcos, cruceros, barcazas, lanchas, canoas y galeones como el nuestro. Segundo, la unión del colosal río Negro con el imponente Amazonas dibuja una línea perfecta entre los dos colores el negro y el marrón, como si fuese agua y aceite que no se quieren unir.

En el puerto no encontramos dónde amarrar porque está repleto, así que nos atamos a otro barco que a su vez está amarrado a otro y así sucesivamente, hasta llegar a los que están sobre el muelle.

Naturalmente la gente toma sus cosas y empieza a pasar de barco en barco, sobre tablones dispuestos para ello, hasta alcanzar la costa. Pero nosotros no podemos tomar nuestro auto y llevarlo, así que tenemos que esperar hasta mañana, pues recién entonces podrá amarrar en el muelle el Coração de Mãe.

Dejamos al Graham embarcado y nos vamos a recorrer esta gigante ciudad. Manaos llegó a ser la ciudad más rica del mundo debido al caucho, y el esplendor de esa época aún brilla en muchos edificios como el del puerto, la ópera, las iglesias y las dependencias municipales. Recorremos todos estos sitios totalmente encantados.

Tierra firme

Al día siguiente bajamos el auto del galeón rodeados de turistas que se dirigen a un moderno crucero. Nos miran sorprendidos. Uno comenta que estos viajes sólo los pueden realizar personas con mucho dinero, entonces todos se asombran mucho más cuando les mostramos los únicos casi cuarenta dólares que nos quedan.

Antes de seguir viaje debemos hacer un poco de dinero, dado que con el que tenemos no podríamos comprar siquiera cuarenta litros de gasolina. Salimos a recorrer posibles puntos de venta. Todas las avenidas están repletas de puestos móviles, pegados unos a los otros. Nosotros nos ubicamos entre artesanos con nuestras pinturas. En vano, porque en toda la tarde sólo vendemos un par de artesanías indígenas. La gente local está muy empobrecida y las pinturas están muy lejos de su alcance.

A la noche nos ponemos frente a un restaurante visitado por muchos turistas. Decidimos entrar a pesar de leer un cartel bien grande colgado en la puerta que dice "Prohibida la venta ambulante". Nos sentamos y nos pedimos sólo una gaseosa. Empezamos a mirar alrededor en busca del cliente ideal. Entonces Cande ve, a dos mesas detrás de mí, a una pareja que le parece perfecta.

Tenemos tanta vergüenza que no nos podemos parar e ir a ofrecerles, nunca hicimos esto en nuestras vidas. Pero la necesidad...

–Dale, ve, que ellos seguro compran –me dice Cande.

–No puedo, me muero de vergüenza.

–¿Cómo? ¿No eres tú el encargado de las ventas?

–Ve tú, por favor... –le pido.

Después de un cierto tiempo de indecisión Cande junta valor y ante mi asombro se levanta con los cuadros bajo el brazo. Llega a la mesa y puedo escuchar su conversación:

137

–Hola, ¿qué tal? ¿Les molestaría que me sentase un minuto? –le pregunta en un quebrado inglés a la asombrada pareja de turistas. Asienten.– Mi nombre es Candelaria y mi marido es Herman, somos de Argentina. ¿Ustedes de dónde son?

–De Italia.

–Nosotros estamos de paso por Manaos, estamos viajando en este auto –les cuenta mientras les muestra una foto.

–¿El auto que está afuera?

–Sí, el mismo, y para solventar un poco la nafta vendemos cuadros que yo pinto y él enmarca. Si quieren, se los puedo mostrar.

Se miran entre sí y, levantando los hombros, dicen:

–¿Por qué no?

Al verlas se quedan fascinados con las pinturas y también con nuestra historia, me invitan también a mí a su mesa. Al terminar la charla se despiden de nosotros con dos cuadros bajo sus brazos y nosotros con la posibilidad de comprar unos ochenta litros de gasolina. Ésta fue la primera de las ventas que continuamos haciéndoles a más turistas.

–Eres toda una pintora internacional –le digo a Cande, pues su cuadros irán a distintos países y nosotros estamos listos para seguir.

–Me siento súper bien, no sólo por lo que vendimos, sino también y sobre todo por haber vencido mi timidez y mi vergüenza de acercarme a ofrecer los cuadros.

Los artesanos nos cuentan que tanto el sábado como el domingo cierran una avenida para poner sus puestos. Éstos hay que pagarlos, pero de todos modos no quedan espacios libres. Aun así Cande va con una mesa de artesanías y le cuenta al encargado de la organización nuestra situación viajera. El hombre encuentra un pequeño lugar donde instalarnos y se despide de ella sin querer cobrarle nada. Yo no quería venir, me muero de vergüenza y timidez, pero Cande me pidió que la acompañase igual. Tras cinco minutos en el puesto, le digo que voy a comprar algo para tomar. Recién aparezco nuevamente a la tarde para ir a buscarla. Está triste, me muestra los dos únicos dólares que se ganó, pero al mismo tiempo se siente feliz porque logró vencer aun más su timidez. Con suficiente dinero para comprar la gasolina hasta la próxima ciudad, nos despedimos de Manaos.

Brasil

Tierra colorada

Tierra de Salvajes...

Volvemos a conducir sobre tierra firme, sobre tierra colorada. Después de un mes de navegar un río que me hizo capitán. Todavía no tengo la gorra, pero aun sin ella y sin barco sigo siendo capitán, capitán para siempre.

Manejamos por un camino robado a la selva, teñido de color rojo por la sangre derramada de tantos árboles cortados. Ellos aún no se rinden, quieren recuperar esta brecha: donde el hombre descuida el camino, la selva rápidamente vuelve a crecer.

Tras algunas horas, llegamos a la temida reserva de los indígenas salvajes. En su entrada hay una barrera, construcciones policiales y varios carteles que indican al visitante cómo proseguir: "Horarios de paso", "Camino de tantos kilómetros sin servicios", "Terminantemente prohibido detenerse, por cualquier motivo", "Prohibido tomar fotos", "Prohibido sacar algo del lugar", "Respete a los habitantes de la reserva", "Respete la vida de la reserva".

–Buenos días –nos dice un oficial que no sabemos si es policía o guardaparque–, ¿tienen suficiente combustible? –asentimos–. No pueden parar, salvo por emergencia, no hagan contacto con los nativos...

–¿Son tan peligrosos?

–No –me responde un poco fastidiado–, no deben mantener contacto con ellos para no cambiar su estilo, su forma de vida.

–Perdónenos, pero nos habían alarmado. Nos dijeron que eran salvajes.

–Salvajes hay, pero no son ellos –y nos despide dándonos unas bolsas para que guardemos todos los residuos.

El cruce de la enorme reserva es extenso. En un momento nos encontramos con un pequeño grupo de nativos con sus torsos desnudos que cruzan la ruta; se detienen a mirarnos. Su tierra es atravesada por un camino invadido por cosas raras que llevan hombres en su interior. ¿Qué pensarán? "¡Pobres hombres encerrados en esos diminutos objetos! ¿Adónde los llevarán tan rápido?"

Apenas dejamos la reserva, aprendemos quiénes son los salvajes. A ambos lados del camino la selva está quemada, arrasada. Sí, somos nosotros.

El motor de nuestros sueños

Estamos en Roraima, una provincia cuyo setenta y cinco por ciento es reserva indígena o parque nacional y en la que abundan el oro y los diamantes. Entrar a la ciudad de Boa Vista es ingresar al mundo de los *garimpeiros*, de los buscadores de oro; este sitio creció del día a la noche por tantas minas descubiertas.

Y hablando de riquezas, tenemos que hacer dinero. Nuestras ventas se volatilizan por el altísimo precio de la nafta y con cada cuadro que vendemos podemos comprar unos veinticinco o treinta litros, que sólo sirven para avanzar ciento cincuenta kilómetros.

Nos recomiendan ir a vender a la Plaza de las Aguas, la más concurrida. Unas fuentes de agua iluminadas con varios colores siguen el ritmo de una música muy agradable, hay muchos vendedores. Por suerte, ninguno ofrece la misma mercancía que nosotros: ellos no quieren competencia, pero si uno vende algo distinto y además está de paso, no se molestan. Desplegamos nuestra mesa y sobre ella las artesanías de la selva ecuatoriana y las pinturas de Cande enmarcadas por mí.

El auto, que está estacionado atrás de nosotros, llama tanto la atención que hasta se acercan de un programa de televisión. Nos entrevistan frente al puestito, mientras nos filman aparece una clienta y los camarógrafos no se pierden la oportunidad de mostrar cómo nos financiamos. La señora pregunta:

–¿Cuánto cuesta esta pintura?

–Sesenta reales–le respondo muy entusiasmado de atenderla y encantado de que no deje de mirar el cuadro. Los camarógrafos continúan filmando. Todos esperamos que compre, sería perfecto tanto para nosotros como para la entrevista.

–¿Y cuánto costaría sin la pintura, es decir, el marco solo? Ocurre que tengo una foto que va justo con este marco –los de la televisión se ríen, Cande se la quiere comer.

–No, señora, no vendemos los marcos sin las pinturas –quisiera vendérsela, pues me siento súper orgulloso de mis marcos, pero sé que mi mujer no me lo perdonaría.

Muchas de las personas que se nos acercan lucen collares, pulseras, anillos y dientes de oro. Por todos lados el oro está presente e incluso el monumento de la plaza está dedicado a un *garimpeiro*.

–¿Cuántos gramos cuesta esto? –nos pregunta una joven señalándonos una artesanía. Mientras espera nuestra respuesta saca de su bolso, en vez de una billetera, una bolsita con pedacitos de oro. No conocemos cuál es el valor del oro, tampoco tenemos cómo pesarlo ni sabemos identificarlo. Para evitar complicaciones, le pedimos que nos pague en dinero. Luego un señor que lleva días sin afeitarse ni bañarse nos dice el precio del oro y también que nos conviene aceptarlo. Nos explica que como estamos de viaje lo podremos vender mejor en otro sitio y que lo mejor para nosotros sería quedarnos a vender todo lo que tenemos, auto incluido, y luego cambiarlo por oro. Nos asegura que así nuestra ganancia sería enorme, se desespera por contagiarnos su fiebre por el oro. Otro hombre se acerca escuchando con atención la conversación. Nos interrumpe:

–Todo lo que toco se transforma en oro o aun en algo más valioso. Tengo amigos que son de oro, una mujer y un hijo que valen todo el oro del mundo y más. Mírense ustedes, con un auto de oro, un sueño que no se puede cambiar por ningún metal por más preciado que sea. ¿Para qué buscar el oro cuando se poseen cosas valiosísimas? ¿Por qué perderlas por algo que vale menos? Mucha gente cambia lo valioso de su vida por la ambición de tener oro. Si puedes cambiar esto por oro, es porque el oro te cambió a ti, y cuando el oro te cambia ya no vales nada, ni siquiera un gramo de ese metal.

El hombre de las pocas afeitadas se lo queda mirando, resopla y se va. El otro, vestido en su uniforme de bombero voluntario, se queda a hacernos compañía:

–No saben cuántas casas que habían costado muchísimo oro vi transformarse en cenizas. Lo que ustedes están haciendo es el sueño irrealizado de muchos de nosotros, que vemos pasar los años y las oportunidades por motivos que no tienen razón de ser. Un sueño realizado es la mayor fortuna que un hombre puede llegar a tener, pase lo que pase seguirá con él, nadie podrá quitárselo, ni la muerte, porque lo llevará guardado en el alma.

El bombero ha aparecido en el momento justo, en el que tanto oro alrededor nuestro nos estaba por agarrar con su fiebre, que con palabras perfectas como paños de agua fría nos empezó a bajar la temperatura de nuestras cabezas.

–De toda esa gente que ven ahí, ¿qué saben?

–Nada, son todos extraños.

–Sí, lo son, pero saben qué les espera.

–No, no lo sabemos. ¿Qué es?

–Que todos ellos morirán. Todos. Aun así buscan oro, creen que con él podrán cumplir los sueños. Pues ignoran que se puede vivir de los sueños, para los sueños y por los sueños. La búsqueda del oro nunca termina, cuando se encuentra se busca más, nunca es suficiente. ¿Y saben qué ocurre cuando no se consigue más? Se responsabiliza a ese oro que no se encontró el no haber cumplido los sueños –el bombero, que percibe nuestras caras de admiración ante lo que dice, sólo interrumpe sus palabras para tomar aire–. Tenemos tres cosas valiosísimas en la vida: la primera es la vida misma; la segunda, los sueños y la tercera, la muerte. Sin el milagro de la primera no tendríamos las otras dos. Los sueños son el tesoro de la vida, sin ellos no valdría nada, y la muerte, aunque es el final de la vida, es el motor de nuestros sueños porque nos advierte que no perdamos ni un instante de la vida.

Se siente pero no se ve

Amanecemos en la casa de una familia que conocimos anoche, en la plaza. Mientras desayunamos, una joven pareja golpea la puerta, pregunta por nosotros. Se presentan como Gerardo y Dorcas, vienen de Venezuela y están recorriendo todos los países sudamericanos, visitan sus capitales de una manera muy particular: a pie, sólo caminan.

–Vimos el auto con los calcos y nos dimos cuenta de que no somos los únicos locos dando vueltas –enseguida nos hemos puesto a hablar de miles de cosas, tenemos muchísimos temas en común, tanto que decidimos posponer un día nuestra partida para tener tiempo de seguir charlando –. El propósito de ir caminando es crear una humanidad más cuidadosa de la naturaleza. Sentíamos que queríamos hacer algo, pero sólo nos teníamos a nosotros, así que nos propusimos visitar cada país caminando y en cada paso sembrar amor hacia nuestra naturaleza.

Continuamos charlando acerca de lo mágico que es estar en el camino, del descubrirlo y del descubrirnos, de las cosas que se van presentando en el viaje, de la gente que vive alrededor y, sobre todo, de los grandes cambios que estamos vivenciando.

–Yo no sé cómo continuará el camino ni cómo será que llegaremos, pero al parecer hay alguien que ya lo tiene todo preparado para nosotros. Si no, ¿cómo es posible que en todos los lugares a los que llegamos haya siempre alguien esperándonos? –me pregunta retóricamente Gerardo.

–Será que está escrito, que es el destino –digo.

–Puede ser que el destino ya esté escrito, pero la firma se la pongo yo. Lo escrito no tiene valor si uno no se lo otorga, recién lo adquiere cuando uno lo firma –me responde.

–A nosotros nos pasa lo mismo, todo se nos va dando. ¿Cómo es que cuando buscamos dónde descansar aparece alguien que nos invita a su casa? Si necesitamos algo para el auto, aparecen el mecánico y el repuesto. ¿Por qué nunca el auto se rompió en un sitio donde no había nadie? ¿Cómo es esto? ¿Por qué siempre tenemos buen tiempo? Las pocas veces que es malo, ocurre que paramos y conocemos gente maravillosa. ¿Por qué cuando necesitamos un consejo aparece la persona con las palabras adecuadas? ¿Por qué es que nos pasa todo esto? ¿Por qué tanta suerte? –comento.

–Uno puede tener suerte una o dos veces, pero no todos los días. Yo no lo llamo suerte. Les cuento…Vengo de una familia súper religiosa que nunca logró cambiar mi ateísmo, cuanto más me querían hacer creer, más me negaba. Pero fue salir a caminar y cambiar. Tuve sed y alguien apareció en el camino con agua, tuve hambre y alguien me dio de comer, tuve cansancio y alguien me brindó un lugar donde dormir. Hoy, después de haber vivido lo que viví, creo que hay alguien que está muy feliz con lo que estamos haciendo y que para ayudarnos nos envía a sus ángeles. Ahora creo en ellos, pero no son como me los imaginaba, no visten de blanco ni poseen alas: los ángeles que nos rodean poseen forma de personas y son cientos de miles. Hay muchos más de los que creía. –A medida que avanza en su discurso su voz se vuelve más vital.– Mírame ahora, si hasta parezco un cura diciendo todo esto. Mi familia no lo puede creer, casi se desmaya cuando antes de salir de Venezuela nos casamos por Iglesia –nos cuenta.

–Nosotros sentimos que debemos ser cuidadosos con lo que se pide, porque todo se da.

–Sí, Dios, siempre provee, pero sólo al que busca con el corazón. No se trata de pedir y sentarse a esperar –agrega Dorcas.

–¿Por qué si Dios existe no lo podemos ver? –pregunta Cande.

–Sí que lo ves, lo ves en este paisaje, en esa mariposa, en cada persona, en cada cosa…

–Sí, pero ¿por qué Él no se muestra?

–¿Alguna vez viste el amor o la felicidad? El alma existe, pero no la ves. Cuando me siento bien siento algo muy lindo por acá –apoya sus dos manos sobre su pecho–, y cuando me asusto, siento que se achica. Eso que siento no está en los libros de anatomía, pero es la parte de mi cuerpo con la que tengo más conexión. Es como Dios. Lo esencial es invisible a los ojos.

Gerardo agrega:

–¿Alguna vez viste el viento? ¿El calor? ¿Y el frío? No los ves, pero los puedes sentir, como al miedo, al amor y a la vida. Ves el mundo que se mueve alrededor del sol, en un universo que también se mueve pero este movimiento no lo sientes. No todo lo que ves existe, tampoco no todo lo que no ves no existe.

Nos despedimos dándonos abrazos y direcciones, ellos las de sus padres y nosotros las de los nuestros, para que los reciban. Tras quedar solos, paso horas junto a

Cande charlando acerca de nuestras sensaciones: hemos podido compartir un sentimiento muy lindo que llevamos dentro. Increíblemente, nuestros caminos se han cruzado con dos personas que están de paso, que experimentan lo mismo que nosotros y con la misma fuerza. Este encuentro no fue casual, como dijo Gerardo: "hay alguien que ya lo tiene todo preparado para nosotros".

Vaqueiros en la Sabana

Poco a poco la selva va quedando atrás, ahora transitamos una sabana interminable, muy parecida a la africana. Nos salimos del camino para visitar una enorme piedra perdida en este lugar sin montañas, está pintada por culturas ancestrales. Para llegar a ella entramos en una enorme *fazenda*, les preguntamos a unos *vaqueiros* que arrean búfalos cómo seguir. El camino es bellísimo, nos enamoramos de su paisaje. Un río de aguas cristalinas pasa cerca y nos invita a un chapuzón. Del otro lado del río divisamos un cartel gubernamental que prohíbe el paso, se trata de una reserva indígena. Nos quedamos en el agua por un largo rato y decidimos volver a la casa de los *vaqueiros* sin haber visto la piedra.

Volvemos al auto para emprender el retorno. En el camino Cande insiste, como es habitual, en hacer tomas. Esto implica parar y volver allí adonde halló un buen ángulo de filmación. Como siempre, la dejo donde quiere y doy marcha atrás con el auto hasta desaparecer por una curva. Tras unos minutos, retorno, paso por delante de cámara y vuelvo a perderme. Ahora sí, voy a buscarla. La veo por el retrovisor, está saltando, sacude sus pantalones y se rasca las piernas al mismo tiempo.

–¿Qué te pasa?

–Tenemos que hacer la toma de nuevo, me salió toda movida, ¡me paré sobre un hormiguero!

Siempre pasa lo mismo, pero si no fuera por Cande no tendríamos tantas fotos ni tantos videos registrando lo que vivimos.

Al vernos nuevamente, los *vaqueiros* nos invitan a comer un riquísimo guiso de cordero. La familia está compuesta por los padres con sus dos hijos, también está junto a ellos otro trabajador. Todos los comentarios y gestos son acompañados por sonrisas. Nos ofrecen ir mañana a una *fazenda* vecina a trabajar con la hacienda. Encantados de poder andar a caballo y vivir un día como ellos, aceptamos la invitación y acomodamos el auto para dormir bajo una noche clara y despejada.

Unos enormes sacudones nos despiertan, no tenemos idea de qué pasa ni de qué es, pero el auto se zamarrea de un lado al otro muy bruscamente. Saco mi cabeza por la ventana y me topo con un enorme toro cebú rascándose su cogote contra el paragolpes. Le grito para espantarlo y deja de rascarse, gira su cara con sus enormes y largos cuernos tranquilamente, luego me observa como preguntándome "¿qué te pasa?" Yo respondo a su mirada: "Perdón, señor toro, siga usted, no lo quise molestar". Finalmente, se retira con parsimonia.

Después de desayunar montamos unos caballos no muy grandes. Seguiremos una huella que atraviesa la increíble sabana que está ante nosotros. Es temprano y ya hace calor, los perros nos siguen en fila y cada tanto corren ferozmente en busca de algo, luego vuelven con la lengua totalmente afuera e intentando caminar bajo la sombra de los caballos.

Con un gesto salimos todos al galope, pero al poco tiempo mi caballo lo cambia por unas corcoveadas. Todos los perros empiezan a ladrar, mi bestia se alivia de mí para hacerme comer tierra y al caer soy lamido por montones de lenguas. Los *vaqueiros* se bajan un poco preocupados, pero al verme bien estallan en risas. Volvemos a montar, al galope les cuento que no es la primera vez que un caballo me baja tan rápidamente.

Alrededor nuestro hay árboles desparramados, sin embargo no llegan a tapar la vista de la ondulada sabana: se ve infinita. Abundan diversos tipos de pastos y matorrales, cada tanto cruzamos una aguada y de a ratos nos topamos con un animal, como ese enorme oso hormiguero, al que los perros sólo se animan a ladrar.

Tras unos largos galopes y caminatas sobre unos sudados caballos, llegamos a una casa donde una familia con enormes sonrisas nos invita a bajar y refrescarnos, con riquísimos jugos naturales y galletas. Nos avisan que ya tienen preparados caballos nuevos para todos. El hombre de la casa nos muestra con mucho cariño todo lo que hace y entre lo que muestra vemos un montón de lechones bien gorditos.

–Se ven riquísimos. –Le comento.

Decididamente agarra uno y lo sacrifica, no me da tiempo para pararlo. Se lo lleva a la mujer para que lo cocine. Mi comentario le ha costado la vida al lechón, pero le ha dado una alegría enorme al gaucho que al rato nos ofrece su trabajo convertido en un riquísimo bocado.

Después de la comida montamos e ingresamos de a dos en el monte a buscar el ganado. Son enormes cebúes, más altos que nuestra monta. Poco a poco juntamos unas cuantas cabezas que se agrupan con las de los otros.

Luego las arreamos hasta el gran corral de palos desparejos. Aquí trabajan de pie, separando a las celosas vacas de sus terneros. De repente se levanta polvareda, uno de los *vaqueiros* sale corriendo asustado a causa de una vaca enojada que lo corre. Todos los demás ríen al verlo colgado de uno de los palos del corral. Le pregunto qué pasa:

–Es que la tierra está caliente, me quema –me responde queriendo disimular la verdadera causa, haciéndonos reír a todos.

La tarde siguió con muchísimo movimiento: hierros calientes marcando ganado, lazos revoleados, ladridos de perros, gritos de *vaqueiros*, carreras, montada de terneros, caídas, golpes y risas.

Nos sentimos muy felices ante estas sorpresas del camino. Sólo un pequeño desvío nos ha traído a un día de la vida del lugar en el que nos permitimos ser uno más y codo a codo saborear el vivir de ellos.

Conocer gente que baja tímidamente la mirada cuando uno la mira, que no aprieta la mano con firmeza al saludar y que es de poco hablar nos demuestra que no hay nada de malo en esta forma de ser. No haber leído mucho, no saber demasiado del mundo, no conocer muchos lugares, no usar las palabras justas, no saber explicarse... ninguna de estas cosas es mala.

Pero sí lo es no respetar. Malo es no ayudar. Justamente los que más bajan sus miradas y no aprietan sus manos en un saludo, los que no conocen mucho de otros lugares, los que no disponen de grandes estudios y un gran vocabulario, son quienes no hacen cosas malas y son además los más respetuosos y quienes más ayudan. Y eso sí es bueno, muy bueno.

Volvemos con un atardecer de un rojo maravilloso que cambia los colores del paisaje. En una fila de caballos cansados como sus jinetes, sin decir palabra llegamos a la casa, después de un día de haber ayudado a otros en el trabajo, después de ellos habernos ayudado a vivir un día para recordar.

Tras la cabalgata de ayer, despertamos con dolores en todo el cuerpo. Ahora mi caída se hace sentir. Durante el desayuno, al vernos sentarnos lentamente, apoyando poco a poco nuestras doloridas nalgas en el banco, nuestros anfitriones se mofan de nuestra fragilidad y nos contagian sus risas.

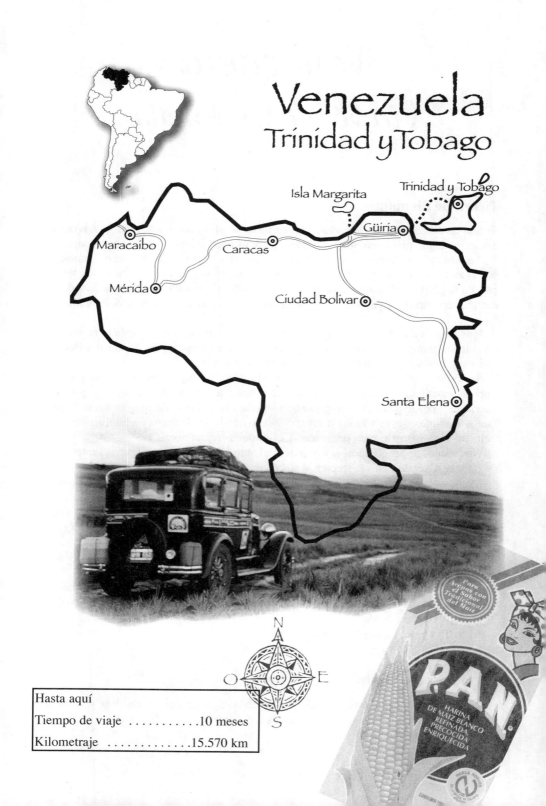

Venezuela
Trinidad y Tobago

Isla Margarita

Trinidad y Tobago

Maracaibo

Caracas

Güiria

Mérida

Ciudad Bolívar

Santa Elena

Hasta aquí	
Tiempo de viaje	.........10 meses
Kilometraje	...........15.570 km

Venezuela

A través de las estrellas

Tierra de diamantes

Son las seis de la tarde y la aduana venezolana ya está cerrada, sin embargo nos dejan pasar sin ningún problema, sólo nos piden que volvamos el lunes para hacer los papeles.

Apenas emprendemos viaje, nos topamos con una gran noticia. Miramos anonadados al surtidor: marca tres dólares con veinte centavos por un tanque lleno. Nos sentimos en la gloria, acabamos de salir de Brasil, donde la nafta fue la más cara de todo el camino recorrido hasta ahora, y aquí nos encontramos con la más barata del mundo.

Nos fuimos directo a la municipalidad de Santa Elena, donde nos habían recomendado ir los caminantes venezolanos que conocimos en Brasil, y preguntar por Pedro. Él enseguida nos pregunta qué puede hacer por nosotros.

–Se comenta por el mundo que usted es una muy buena persona –esto parece alegrarlo muchísimo. Le explicamos que debemos quedarnos hasta el lunes y que nos sería de gran ayuda que nos pudiera hospedar. Nos responde que lo aguardemos unos instantes, se va y cuando regresa nos extiende un diploma de bienvenida a la ciudad y un permiso para pasar tres noches pagas en un hotel.

Nos vamos súper contentos, y al buscar el auto hallamos a una persona sentada en su estribo. Cuando nos ve, se para y nos dice:

–En un auto de estos aprendí a manejar, mi hermano me enseñó. Soy uruguayo –nos abraza fuertemente, como si fuésemos paisanos a los que hace mucho que no ve–. Acá en Santa Elena, tan pequeña como es, hay gente de 75 países. Todos van a estar encantados con lo que están haciendo. Bienvenidos, y si necesitan algo, díganmelo que de seguro sabré quién los podrá ayudar.

–Bueno, necesitamos hacerle un service al auto, el último lo efectuamos en Ecuador –le explico.

–Tengo la persona ideal, es un peruano de 75 años que sabe más que veinte mecánicos juntos. Si esta noche no tienen adónde ir a cenar, me encantaría invitarlos. ¿Qué les gustaría comer?

–Algo típico del lugar –le responde Cande.

–¡Arepas! Síganme.

No creas saber vivir

Nos levantamos temprano. Cande hoy se dedicará a vender sus cuadros y yo iré a lo del mecánico, a la tarde nos volveremos a encontrar.

Sobre un descampado diviso una pequeña casilla rodante rodeada de unos cuantos autos abandonados, uno que otro en arreglo. No hay construcciones ni ningún galpón y esto coincide con las indicaciones del uruguayo.

El hombre me ve llegar mucho antes de que me detenga frente a él, su cara expresa una felicidad total. Apenas bajo del auto, me comenta:

–Aprendí mecánica de niño en el taller de mi papá, con carros como éste –mientras tanto abre el capó del Graham–. Un distribuidor delco-remy como el arranque, un generador autolite… –el hombre sabe todo con sólo mirar.– A la dirección hay que ajustarla, acá te está perdiendo líquido de freno… Además lo vamos a lavar a fondo para sacarle toda la arena –desliza sus manos por todos lados como quien toca una obra de arte, mira cada detalle.

–Hola, soy Herman –le digo interrumpiendo su éxtasis.

–¡Uy!, perdóneme, no lo saludé –no, no me había saludado, pues está deslumbrado.

Inmediatamente y sin que le diga nada, se pone a trabajar. Yo trato de ayudarlo, pero sólo me deja lavarle las piezas y buscarle herramientas. En eso aparece un señor que viene a buscar su auto, pero se tiene que ir sin él dado que el peruano le responde que aún está esperando una pieza. Apenas el cliente se retira me comenta:

–Mentira, en realidad tengo el repuesto, pero nadie me saca este placer de trabajar en un auto de verdad.

Bajo un caluroso sol paso todo el día junto a este hombre, que aunque es mayor, parece un niño con su juguete. Trata de explicarme el funcionamiento de cada parte del Graham con tanta devoción que yo aprendo a medida que desarma cada una de las piezas.

–Todo es práctico y muy lógico –le comento mientras lo miro trabajar.

–No, no todo. Esto es igual a la vida, en ella no todo es lógico, no todo es práctico, no todo es matemático. No se puede pasar todo a sistema binario. Hay cosas, como el amor, el misticismo, la religión, los dones, la energía, las fuerzas, pues miles de cosas que se sienten y que son complejas de explicar, aunque no son difíciles de experimentar. Con los autos pasa lo mismo: a veces, ilógicamente, el carro sigue andando, y otras, también sin lógica, se detiene. ¿Tuviste algún problema con el auto o con alguna otra cosa?

–No sé si llamarlos problemas, prefiero decir que tuve complicaciones o pruebas. Para cada una apareció la solución, en ocasiones llegó en el mismo momento y en otras tardó un poco más, pero nunca dejó de aparecer. Además siempre que surgió una complicación hubo una razón. Y le puedo asegurar que cada vez que conocimos el motivo agradecimos lo que nos pasó. Pero ¿sabe qué nos pasó muchas veces? Nos costó ver el motivo por estar más concentrados en la complicación.

El hombre me pregunta y escucha sin sacar la cabeza de abajo del capó.

–Siento que lo que estoy aprendiendo en este viaje me va a servir para toda la vida –le comento.

–Puede ser –ahora sí levanta su cabeza, me mira y hablándome como a un hijo me dice:– No creas saber vivir porque así como el día cambia en la noche, cambia la vida, se aprende día a día, es un cambio constante. Este día nunca existió, tú no eres el de ayer ni el de mañana –hace una pausa, mientras yo me quedo mudo, sólo logro mover mi cabeza afirmando sus palabras–. ¿Te fallaba el carro?

–No, ¿por qué?

—El carburador está tapado —me lo muestra mientras sopla su caño—. No sé cómo llegaste hasta acá —es su último comentario antes de concentrarse por completo en el auto. Sin ningún movimiento de más, sabiendo lo que hace, desmonta muchas piezas y las vuelve a armar. Luego, a su señal arranco el Graham. Lo hizo perfecto, nada falla y su sonido ahora es mucho más armonioso.

—¿Cuánto le debo? —le pregunto contento.

—Tú me tendrías que cobrar a mí por el placer que me ha dado trabajar en este auto. Anda, anda nomás.

Cuando llego al hotel encuentro a una Candelaria súper feliz:

—No sabes qué bien me fue. ¡Vendí un montón! Fui a la municipalidad y casi todos me compraron algo. ¿Y tú?

—Tenemos un auto nuevo, también un nuevo amigo.

¡Qué vaina! ¿Qué cosa es esto?

Durante estos tres días en Santa Elena hemos comido en varias casas de familia, en todas nos hicieron probar la comida típica del lugar: ¡arepas! Cande copió la receta y practicó cómo hacerlas en cada hogar, dado que son muy ricas. Ya sabiendo cómo preparar una comida típica venezolana, es hora de irnos.

Estamos cargando nafta cuando vemos llegar un jeep totalmente destruido, lleno de barro por donde se lo mire. De él baja un señor en las mismas condiciones, sólo es posible reconocer el blanco de sus dientes.

—¡Coño! ¡Qué vaina! ¿Qué carro es éste? —grita mientras le da un puñetazo al guardabarros de nuestro auto. La misma pregunta nos la acaba de hacer otro hombre al que le estamos respondiendo. El recién llegado interrumpe.— Te lo compro, dime a cuánto y te lo compro —está más que decidido.

—No está en venta.

—Todo está en venta, sólo hay que ponerle un precio —dice mientras saca una bolsita de cuero colgada de su cuello—. Estoy llegando de la mina, mira qué bien me fue —extiende su mano mostrándome unas cuantas piedritas que parecen pedacitos de vidrios rotos—: ¡diamantes!, y éste, éste que ves aquí, es una esmeralda. Con esto puedo comprarme muchos autos como el tuyo y más también. ¿Cuánto quieres? Dime…

—Perdóneme, pero no lo vendo, tengo tantas ganas como usted de tenerlo.

—¡Coño! Tú te lo pierdes —mira a su alrededor y se retira enfadado porque la gente que se ha juntado a causa de sus gritos en vez de admirarlo por su nueva fortuna se ríe de que no pueda comprarlo todo.

Encontrarse en el mundo perdido

Salimos del pequeño pueblo y entramos a uno de los parques nacionales más grandes del mundo: la Gran Sabana. Hace bastante calor y para refrescarnos un poco levantamos el parabrisas llenando el auto de los perfumes del camino, de su polvo, de su temperatura y de la visita de algún que otro insecto volador. Estamos en permanente contacto con la naturaleza. No tenemos aire acondicionado, pero sí contamos con un "acondisoplado" que nos permite saborear las brisas de los caminos y, cuando llueve, sentir las gotas que siempre encuentran su entrada por rendijas y chifletes.

Dejamos la ruta para tomar un camino de tierra, que sentimos que nos invita a entrar. Pasamos por una villa indígena, sus casas son todas iguales y se agrupan formando un círculo. Los niños salen corriendo para vernos, mientras los padres y los jóvenes trabajan el jade. Los saludamos y seguimos.

Ahora el camino se convierte en dos pequeñas huellas, las seguimos y nos conducen por un paisaje ondulado. Apagamos el motor en las bajadas para escuchar los ruidos en silencio. Cruzamos pequeños arroyos sin puentes y cuyos barros nos permiten pasar. Continuamos manejando durante varias horas, disfrutamos estar inmersos en este inmenso lugar.

Al llegar la noche nos detenemos para acampar. No hay nadie a nuestro alrededor, sólo un horizonte infinito y bellísimo. Ubicamos nuestras bolsas de dormir sobre el pasto y nos acostamos mirando el cielo. No estamos en un hotel de cinco estrellas, sino en uno de miles de ellas que brillan por todos lados. Nos divierte buscar las que se mueven.

Cuando la luna asoma, la vuelvo a mirar como lo hacía con mi abuelo en el campo, entonces salíamos a buscarla, a verla, sabía cuándo crecía y cuándo no, también cuándo había que sembrar y cuándo teníamos que cosechar. Esa misma luna que inspira al poeta, invoca al amor. Luna, paisaje nocturno, que nos hace alzar la mirada. Los ojos del primer ser humano te habrán mirado como hoy lo hago yo. Eres el paisaje común de la humanidad, podemos verte desde cualquier lugar. ¿Por qué eres tan bella que hasta los animales te cantan? Luna que mueves mares, que me mueves y conmueves... Sumido en estos pensamientos, me quedo dormido junto a Cande en un abrazo, con música de fondo de ranas y grillos.

Nos despertamos al alba por la luz de un nuevo día, y por los picotazos de un pájaro que lucha contra su reflejo en el parabrisas del auto. Nos levantamos con la espalda dura por el duro piso pero nos sentimos felices al ver dónde amanecimos.

Desayunamos unos ricos huevos con galletas y mientras saboreo mi bocado pienso que no tengo muy en claro por qué lado del camino hemos venido. Anoche lo dejamos para dormir cerca de un arroyo... Sigo masticando mientras quiero hallar un punto de referencia que me recuerde nuestra ubicación. "El mundo perdido" llaman a este lugar, y al parecer nosotros lo estamos.

Sin embargo, siento que no hay nada de malo en sentirse desorientado y creo que es muy bueno cuando uno se encuentra a sí mismo, que antes tan perdido estaba. En

otros momentos de mi vida sabía exactamente en dónde me hallaba, pero aun así estaba perdido: mi trabajo no tenía sentido, salvo por el sueldo; vivía en un lugar que me quedaba cerca de todo, pero no en el que me gustaría vivir; vestía lo que mi tarea me exigía, aunque esa ropa no coincidía con mi estilo… Estaba perdido, no sabía quién era yo y qué podría llegar a hacer.

En cambio ahora estoy desorientado, pero no perdido. Sé quién soy y qué puedo hacer. Recién en este momento encuentro sentido a aquellas palabras del fotógrafo inglés que conocimos en Cusco. Desde ahora en adelante mi trabajo será el que ame hacer, aunque me paguen poco. No sé de dónde vengo, pero si sé adónde iré.

Dejo mi desayuno y voy hasta el camino. Veo las huellas que nos trajeron hasta aquí. Nos quedamos todo el día junto a este arroyo rodeado de tepuy, unas formaciones rocosas muy grandes y elevadas, de paredes rectas y cimas planas, que albergan millones de árboles y vida animal. Toda la vegetación se ve fuerte, vigorosa, la energía del lugar la fortalece.

Cande se dedica a pintar mientras yo corto papeles y maderas para enmarcar sus obras. El lugar está en silencio hasta el atardecer. Como ocurrió en el desierto de Atacama, en los Andes y en el Amazonas. Silencio sereno que reina en estas inmensidades, que hace a uno sentirse tan pequeño, como si fuésemos tan sólo semillas. Volvemos a dormir en este hotel de miles de estrellas.

Al asomar el nuevo día, nos movemos. Pero no avanzamos demasiado, nos cautiva la belleza de unas cascadas sobre piedras rojizas como jade. Inspirados nos detenemos y volvemos a pintar. Estamos en el medio de un mundo perdido, pero aun así nos encontramos con una familia que pasa por aquí casualmente y que también por casualidad ve su pájaro favorito pintado por Cande y encantada lo compra.

La Navidad

El bajo valor de la gasolina nos tienta, nos da ganas de recorrer mucho, así que antes de ir para el lado de Caracas nos desviamos hacia la Isla Margarita, hacemos planes de pasar nuestras primeras fiestas de Navidad y Año Nuevo lejos de casa. Llegar a la isla significa para nosotros pisar por primera vez el Caribe, otro de los tantos lugares del mundo que queríamos conocer.

Nos subimos al ferry más económico de los que transportan camiones y carga y desembarcamos en una isla de sol y de playas.

Las primeras noches las pagamos con un cuadro que recibe encantado el italiano dueño del lugar. Las siguientes, somos invitados a una casa de familia y pasamos Nochebuena festejando con ellos.

Es nuestra primera Navidad fuera de casa y, aunque nos sentimos muy bien, no dejamos de extrañar. Las fiestas son motivo de grandes reuniones familiares y nos ponen un poco nostálgicos. Esperamos a que llegue la hora de Nochebuena para que Cande llame a su familia:

—Hola, papá. ¡Feliz Navidad!

—Feliz Navidad, hija. ¿Por dónde andan? Los extrañamos muchísimo.

—Sí, nosotros también. Estamos en la Isla Margarita, en la casa de una familia —después de hablar un ratito le pasa con la mamá, quien la felicita, pero con un tono de voz extraño. Cande la nota nerviosa, rara, y su madre no tarda en darle la noticia que menos quería escuchar: le detectaron cáncer de hígado.

La voz de Cande se quiebra por un momento, no sabe qué decir y se esfuerza para no llorar. —¿Qué pasa? —le pregunto, pero ella sigue atenta al teléfono.

—Las manchas son chiquitas y me las van a tratar con quimioterapia. No te preocupes, todo va a salir bien —la alienta la mamá. Cande queda asombrada por su fuerza, su madre siempre luchó haciéndoles frente a las situaciones. Nunca bajó los brazos y Cande siente que menos puede hacerlo ella. "No tiembles —piensa una y otra vez—, dale fuerza, dale lo que ella necesita: energía, energía de la buena". Quiere abrazarla con su voz, entonces se recompone y le dice:

—Sé que vas a estar bien. Aunque no esté físicamente cerca tuyo te abrazo y protejo. Días atrás mirando las estrellas se me ocurrió algo, usémoslas para comunicarnos, las dos las podemos ver, así que a través de ellas podemos darnos las buenas noches, estar juntas.

—Me encanta, me parece una buenísimo... porque te extraño tanto. ¡Te quiero mucho, hija! —y se despiden contentas con esta idea.

Entonces sí, Cande se quiebra y en un abrazo mío desahoga su tristeza. Recuerda sus miedos, aquellos que tenía antes de partir y que aún existen en ella pero ocultos por las maravillas del camino. Miedos a que les pase algo a sus seres queridos sin estar ella presente, miedos que subió al auto junto con ella. "¿Qué hago? ¿Me vuelvo? ¿Espero y decido? ¿Sigo? Quizá me están ocultando algo y no son tan chiquitas esas manchas. ¿Qué hago? No puedo creer lo que me está pasando." La cabeza de Cande es un torbellino, yo le digo sin presionarla, con voz tranquila:

—Amor, tengo suegra para rato. Tu mamá va a estar bien.

Por momentos mi mujer tiene mucha energía, se llena de fe, pero en otros se debilita y se quiebra. Quiere volver, pero decide esperar los primeros resultados y luego ver qué hacer.

Busca la calma, no la tormenta

Isla Margarita es maravillosa y nos movemos de una playa a otra. Nos recomiendan visitar a un paisano nuestro, Charly, quien nos recibe como a familiares. Él tiene un parador, con sombrillas, carpas, restaurante y, lo más valioso, una excelente atención que lo hace sentir a uno como un rey.

Lo observo trabajar y lo hace con devoción, tan feliz que contagia su entusiasmo y su alegría a todos sus empleados. Atiende a todos por igual, no le importa quién consume más ni quién menos, agasaja a absolutamente todos sus clientes:

–Muy buenos días, señor. ¿En qué le puedo servir? –le pregunta a un hombre que se ha sentado bajo una sombrilla del parador.

–Nada, cuando necesite algo se lo diré –contesta secamente sin devolver el saludo.

A la hora parece necesitar algo y de modo nada cortés llama a Charly:

–¡Ey, venga!

–Sí, señor, dígame.

–Tráigame un Johnnie Walker etiqueta negra.

–Discúlpeme, pero se me acabó. Tengo, si le parece bien…

–Quiero tomar lo que quiero tomar, no lo que usted quiera darme –lo interrumpe de una manera que si el mozo fuese yo le diría que tome agua de mar, nada le daría…

–Mil perdones, señor, es mi error no tenerlo. Pero sin cargo alguno le ofrezco uno de mis mejores whiskys –se justifica Charly ante mi asombro. Luego se lo sirve y este maleducado ni se lo agradece.

–Perdóname, Charly –le digo–, ¿viste cómo te trató ese señor y cómo lo trataste a él?

–Que él sea maleducado no significa que yo tenga que serlo. Yo soy como soy, si alguien viene de malhumor o es desagradable, no va a cambiar mi forma de ser. Si te dejas llevar, te pones mal, tanto o peor que él. ¿Y para qué? Yo soy feliz con mi educación, con mi alegría. ¿Por qué la voy a perder? ¿Por qué va a depender de con quién esté?

–Sí, claro. Pero este tipo se dirigió a ti de muy mala manera…

–Si alguien te dice algo de muy mal modo, respóndele de buena manera, no tires más leña al fuego porque así todo será peor. Busca la calma, no la tormenta.

–¿Y qué si te sigue…?

–Educadamente le dices que te encantaría seguir charlando, pero que tienes que atender unas cosas, y nada más.

Durante el resto del día Charly sigue atendiendo a un mundo de gente, siempre con una enorme y natural sonrisa. Cada tanto lo miro admirándolo. Siempre que alguien quiso discutir algo conmigo yo me enganché y seguí la pelea, cuando alguien me trató mal respondí de la misma manera e incluso peor; no podía dejarme ganar. Sin embargo, ahora me doy cuenta de que en realidad ocurría lo contrario: lograban vencerme porque me rebajaba a su nivel y dejaba de ser quien soy para convertirme en alguien aun peor que el otro.

Cuando llega la noche y como broche de oro, nuestro nuevo amigo nos brinda su cuarto. Éste está sobre el parador, frente al Caribe, es una habitación soñada, colmada del canto de olas y de mar, que nos acurruca y nos duerme dulcemente.

El deseo de Dios

Llega Año Nuevo y lo compartimos con los dueños de un ciber café en el que hemos parado dos días antes. A la noche de ese día ya estábamos hospedados en su casa. Tienen un hijo de tres años y los acompaña una mujer que viste ropas hindúes.

Ella es muy tranquila en todo: en sus movimientos, en su voz, en sus gestos, y contagia una sensación de paz. Nada la perturba, se muestra feliz y nos saluda con un abrazo que se siente muy cariñoso. Nos cuenta que está de vacaciones, es de Nueva York, donde trabaja en una iglesia de su religión. Le pregunto si no extraña su iglesia, dado que por aquí no las hay:

–Dios está donde está uno, lo puedes encontrar en ti. O en el enfermo, en el pobre, en un niño, en un bebé… Como te comportas con el prójimo te comportas con Él. A Dios más que le recen, le gusta que lo mimen, lo cuiden, lo amen y Él siente esto cuando se lo haces a otro. Cada vez que te acercas a tu prójimo te acercas a Dios. ¿Sabes cuál es su mayor dolor, su mayor pena?

–Las guerras –respondo seguro.

–Aunque las guerras lo lastiman mucho, hay otra cosa, algo que no puede creer que esté sucediendo en su propia creación humana: la matanza de miles y miles de bebés, matanzas que todos los días se suceden. Matanzas de bebés indefensos, que no pueden ni siquiera gritar, que no pueden elegir vivir. Son niños que no llegarán a tener sueños, aunque Dios los ame con toda su alma y les haya otorgado el milagro de la vida.

–¡¿Quiénes matan niños?! –le pregunto con rabia no pudiendo imaginarlo.

–Lo más triste es saber quiénes son esos asesinos: son sus mismos padres, que por comodidad, por dinero, por motivos que jamás excusarán su accionar, lo hacen. Cuando matan a un bebé, están matando a Dios, porque Dios está en cada uno de esos niños y los ama.

–¿Usted se refiere al aborto?

–Llámalo aborto, asesinato, genocidio… Como quieras, es horrible.

Justo entonces el niño aparece en la habitación e interrumpe nuestra conversación para darnos el beso de las buenas noches con mucha alegría y un gran abrazo. Lo miramos con la alegría que contagia un niño.

Me acuesto, cierro los ojos y medito. Nunca pensé en el aborto de esta forma, parte de la sociedad lo plantea como un progreso de la civilización fundado en que es mejor no traer al mundo a un ser no deseado. Pero ¿y el deseo de Dios? ¿El deseo de ese bebé? ¿El deseo de ser padres de quienes no pueden tener hijos? Tras hablar con la neoyorquina pienso que el aborto no es un progreso, sino el atraso más grande de la sociedad. Un hijo, aunque no haya sido deseado, es un ser humano que seguro nos llenará de alegrías y amores. Conozco muchos chicos que llegaron inesperadamente y que fueron las mejores sorpresas de la vida. Como ejemplo, tengo a Candelaria, ella fue una sorpresa para su familia y no me quiero imaginar qué hubiera ocurrido si la hubiesen abortado, si le hubiesen quitado su vida. También tengo una hermanita sorpresiva, con quien nos llevamos 16 años: ¡qué dulzura nos trajo a todos! Me acuerdo que nos decían que había muchos riesgos y peligros, tanto para mamá como para el bebé, pero sólo trajo maravillosos momentos. No imagino cómo sería la vida sin ella.

Con cada venta, una alegría

Todos los días vamos a la playa, para aprovechar la temporada alta y vender los collares y las artesanías que trajimos del Amazonas. Reconozco que si ya me es muy difícil salir a ofrecer los cuadros, casi me resulta imposible hacerlo con las artesanías.

–Anda Cande. A ti te van a dar bolilla –intento convencerla.

–Sola no voy... no me animo.

–De a dos no queda bien, anda.

Y así pasa una hora, sin que nos animemos a salir. Hasta que una chica se acerca a ofrecernos anillos y Cande le dice:

–Yo también vendo, pero no me animo.

–Mira, el que no muestra no vende, así que anímate. Mira todas las billeteras que hay en la playa –señalándole toda la gente que hay.

Cande sonríe por el comentario, observa a la gente con un poco más de valor, se pone el sombrero de paja, se cuelga en los brazos unas cuantas pulseras y collares y sale a recorrer la playa. Al irse, la miro y parece toda una hippie.

Mientras tanto yo me quedo cerca del auto. Un joven se me acerca y, tan suelto como todos los venezolanos, me empieza a hablar. Me cuenta al rato que es vendedor de televisión satelital, que golpea puerta por puerta y entonces le comento la vergüenza que nos da a nosotros salir a vender. Se mata de risa, me explica que el que no quiera comprar no lo hará, y el que sí estará feliz de que le hayas ofrecido. Su slogan es: "Con cada venta, un servicio; con cada venta, una alegría". Le cuento que Cande está vendiendo artesanías en la playa, y a mí me toca vender sus cuadros. Me pide verlos, los mira, le gustan y pregunta su valor. No puedo creer que me vaya a comprar un cuadro sin siquiera haber salido a ofrecerlo, pero no: sólo me pide las pinturas prestadas, se las pone bajo el brazo y se va camino al restaurante del lugar. No sé qué quiere hacer, por lo que no le saco el ojo de encima. ¡Increíble! Va de mesa en mesa ofreciéndolas, hasta que un señor agarra su billetera y se queda con una. Entonces el joven venezolano regresa y me dice:

–¿Viste? Hice feliz a un señor...

–A los que hiciste feliz fue a mí y a mi mujer.

–Es mi placer. Ahora tú anímate, estos cuadros se venden solos.

Feliz, voy a buscar a Cande para contarle lo que acaba de pasar, la encuentro justo vendiendo algo:

–Usted me pide una rebaja porque cree que yo estoy haciendo un negocio, pero yo no vendo para hacer dinero, sino para realizar un sueño –la escucho decir.

Sin discutirle más, le pagan lo que pedía.

Todo marino es aventurero

Dejamos Isla Margarita y volvemos al continente con dos posibilidades: ir a Caracas y seguir el camino planeado o desviarnos al Este para ir a Trinidad y Tobago. Tomamos el desvío.

Llegamos a Güiria, un puerto en el extremo de Venezuela, no es muy chico ni muy grande, pero su alma es de pueblo. La única empresa que tiene un barco que regularmente va a Trinidad, Tobago y otras islas del Caribe acaba de venderlo y recién dentro de unos meses llegará la nueva nave. Nos quedamos tristes, pues nos habían dicho que había embarcación y ahora nos topamos con esta sorpresa.

–Hay un holandés, hombre de mar... –nos empieza a exponer una posibilidad de ir, pero no está totalmente seguro. Nosotros lo miramos ilusionados y continúa.– Tiene un pequeño barco que por cierto es más viejo que tu auto, es de 1903. Sólo puede cargar cuatro pequeños contenedores, pero quién dice, tal vez los lleve.

–¿Dónde lo podemos encontrar?

–Difícil, vive en Trinidad y sólo viaja cuando tiene carga, pero pregunten por José. Él es su agente naviero.

En los pueblos no te indican cómo llegar, sólo te dicen "pregunte por tal" y uno va preguntando en cada esquina. Así, hallamos a José, quien nos da buenas noticias.

–Está en el puerto, vamos a verlo…

Vemos naves pesqueras muy coloridas, algún que otro velero y otros barquitos. Ansiosos, buscamos el de nuestro hombre. Cuando llegamos al barco, parece que hace años fue retirado del servicio, se lo ve débil, muy pequeño, con parches de soldaduras por todos lados, con pedazos coloreados recientemente y otros carcomidos por la sal, con reformas provisorias, eternamente provisorias.

El agente llama al capitán. Es un hombre mayor, de barba blanca y descuidada como su ropa y su barco, pero con espíritu juvenil. Nos invita a pasar y entramos a lo que también es o fue su casa. En su cabina hecha de artísticos trabajos en madera hay partes muy ordenadas, otras son un lío absoluto. Cartas oceanográficas, brújulas, timón, libros, recuerdos de otros puertos, todo como siempre me lo imaginé de estos viejos lobos de mar, de estos capitanes de barco. El interior huele a sal, a madera, a viejo. Es nuestra primera vez en un barco de mar y la sensación es perfecta.

–No puedo llevarlos ahora, no sé si en el próximo viaje podré, éste será dentro de unos diez o quince días. Si no se llena, pueda ser…

–¿Cuánto nos costaría?

–Cuando llegue el día vemos –nos contesta. El hombre no muestra mucho entusiasmo por nuestro viaje ni por el auto, pero juraría que siente tantas ganas como nosotros de pasar un tiempo juntos hablando de viajes y sueños. Recordamos muy bien lo que nos dijo el Comandante en Ecuador: "Todo marino es aventurero y los va a ayudar".

Con este presentimiento, vemos al capitán zarpar hacia Trinidad.

El Juega Niños

Estamos saliendo de la oficina del agente José cuando se nos acerca un hombre muy bien vestido, demasiado arreglado para este lugar. Su quebrado español evidencia que no es oriundo de la zona y cuando nos dice su nombre confirmamos que es árabe. Le contamos del viaje y que vamos a estar entre diez y quince días esperando en Güiria:

–Tengo un lugar ideal para ustedes, una casaquinta muy cercana al mar, con muchos árboles, frutales, algunos animales e incluso un cuidador que los puede ayudar en lo que necesiten. Si quieren, los llevo a verla y si les gusta, la pueden usar.

–¡Sin verla le decimos que sí! –respondemos emocionados por esta sorpresa.

La casa es exactamente igual a las que hacen los nativos del lugar. Además de hamacas, tiene su cama. Apenas nos acomodamos nos ponemos a trabajar en nuestras pinturas, queremos juntar suficiente para poder vender y pagar el barco y los gastos en Trinidad.

Con jugos caseros hecho de los frutales y bajo la sombra de bellísimos árboles, nos ponemos a pintar y a enmarcar. Enseguida se asoman niños a la tranquera de entrada, miran a estos desconocidos que viajan en tan extraño carro. Los invitamos a pasar y felices empiezan a dar pinceladas con Cande, a juntar hojas y a pegarlas haciendo un collage de mil cosas.

Con el paso de los días, cada vez se suman más niños y la casaquinta se convierte en una escuela de arte. Se juntan tantos que tenemos que poner un horario de visita, para poder trabajar en nuestros cuadros. También los padres se nos acercan y nos traen comidas caseras: riquísimas arepas que se pueden comer en el desayuno, en el almuerzo y en la cena.

Durante todas las tardes de estos siete días hemos bajado a la playa con el grupo de chicos a jugar a la pelota, a nadar, correr y divertirnos. Mientras me preparo escucho que los niños le preguntan a Cande por mí:

–¿Dónde está el Juega Niños? –el sobrenombre me emociona.

A la semana tenemos suficientes cuadros listos y con ellos nos vamos a la plaza a vender, habremos pasado unas cuatro horas donde sólo una persona paró a mirar. Casi nadie pasa, y quienes lo hacen no buscan pinturas. Al llegar la tardecita, nos retiramos desilusionados por no haber vendido nada, ni siquiera hemos logrado llamar un poco la atención.

Volviendo con toda la pena hacia la casa quinta, pasamos por el frente de una linda casa. Después otra y otra más. Freno, pongo marcha atrás y regreso hacia ellas. Cande me mira y me pregunta.

–¿Qué vas a hacer?

–Ven conmigo. Vamos a hacer gente feliz –le digo mientras estaciono frente a una pintoresca casa donde toco el timbre.

–¿Quién es? –pregunta una señora que nos abre la puerta antes de que le contestemos.

–Buenas tardes, señora. Somos Candelaria y Herman, estamos viajando desde Argentina hasta Alaska en ese auto –la señora nos mira sin entender–, y para financiarnos vendemos estos cuadros que nosotros pintamos. ¿Quisiera usted verlos... ? –la señora se queda muda un instante, mientras le acerco cada vez más los cuadros a su cara de sorpresa.

–Sí, claro, pasen. Querido, acá hay unos chicos de... ¿De dónde dijeron?

–De Argentina.

–Hazlos pasar...

Terminamos cenando con ellos además de cobrándoles dos cuadros. Ellos mismos llamaron a otros amigos que nos compraron más y nos dieron otras direcciones para ir. Así que en los días restantes, antes de que llegue el barco Nova Cura, nos dedicamos a la venta ambulante. Llegando a ir hasta a los bancos, preguntamos por el gerente, que unas secretarias muy dubitativas nos dejaban pasar a ver. Nos presentamos, les contamos nuestro sueño y les mostramos una foto de nuestro móvil. Al final sólo una vez un gerente se nos quiso escabullir, diciendo que el rojo del cartón color no combinaba con el de sus paredes:

–Si fuera azul...

–No hay problema –respondemos y volvemos al día siguiente habiendo cambiado el color.

Ahora no puede negarse y nos compra la pintura.

Nos sentimos súper bien por haber superado la vergüenza y la timidez de vender que tanto nos trababan.

Nova Cura

Unos chicos vienen corriendo a avisarnos que ha llegado el barco Nova Cura. Justo cuando ya tenemos suficiente dinero para pagarlo.

–Salimos mañana, chicos, prepárense a zarpar –nos dice el capitán de barba blanca.

–¿Cuánto saldrá el viaje?

–Doscientos dólares, si prometen no decirle a nadie.

–¿Ida y vuelta?

–Sí, y con estadía en Trinidad en el barco.

–Trato hecho.

–Traigan el auto ahora, así aprovechamos el alquiler de la grúa para cargarlo.

Zarpamos a la noche con el auto cargado en la vacía bodega, todo el barco es para el auto y para nosotros. El mar está revuelto aquí donde el Caribe y el Atlántico se unen en una guerra de corrientes; piedras e isletas asoman por todos lados. El capitán, en su cabina, súper tranquilo, mueve el timón de un lado a otro como si pudiese ver algo ahí afuera.

–Dos años atrás jamás hubiese cruzado de noche, muchos barcos se hundieron. Uno no puede dejarse llevar por la brújula porque las corrientes son fuertísimas. Pero ahora, con este aparato GPS, sé exactamente dónde está cada isleta y dónde está mi barco.

Mientras maneja nos narra historias. Sus cuentos de viajes marinos son cautivantes. Nos cuenta cruces de océanos, tormentas, puertos… tantas historias, que un escritor con una docena de ellas escribiría un excelente libro.

Tras unas horas, totalmente tranquilo por su "aparato" más la experiencia del capitán, salgo a recorrer el pequeño barco. Voy a su ruidosa sala de máquinas, a su popa y a su proa, en donde me siento para ver chocar las olas de cerca. La cálida brisa caribeña me trae perfumes de playa y música de una Trinidad que poco a poco se nos acerca. Un grupo de delfines sorpresivamente aparece, nadan y saltan un poco más adelante del barco. A gritos llamo a Cande, pero no responde. Puede que esté pensando en su mamá.

"La noche mostró sus estrellas, aquellas con las que me mantengo comunicada con mamá, unida. Aunque esta vez las siento distintas, siento algo especial, hay alguien más que comparte la charla, es mi hermano. La brisa trajo su sonrisa y la respiré hasta lo más hondo de mí, recuerdo que de niño siempre sonría. Me fui al punto más alto del barco para estar más cerca del cielo, más cerca de él. Desde allí le pedí que le dé fuerzas a mamá pero más aun que la curara, le expliqué cómo hacerlo. Me imaginé todo paso a paso a la vez que lo veía como real.

Sentí sus caricias de calma y sus consejos de niño. Cuando no lo vi más pensé en lo intenso que fue este encuentro, desde que murió nunca lo había sentido tan cerca. Me transformó en otra persona, estaba segura de mi fe, mamá se curaría, ahí decidí sin culpas esperar que la buena noticia llegara. Extendí los brazos y junto a la brisa la abracé. 'Buenas noches mamá'."

Busco a Cande para mostrarle los delfines, y la encuentro en la torreta del barco, voy hasta ella, la veo mirar las estrellas, en diálogo con su madre. Sin quitarle la mirada al cielo, me comenta:

–Cada uno tiene una estrella, ¿cuál es la tuya? –espera que le señale una.

–La mía eres tú –le respondo abrazándola por la espalda.

Isla Trinidad

El capitán, al llegar a puerto, iza una bandera amarilla para comunicarles a los de inmigración que tenemos que hacer los trámites. No es como en un aeropuerto, en este caso son los oficiales los que vienen al barco para recién ahí poder desembarcar.

Mientras hacen los trámites me quedo sentado sobre la baranda del barco, miro la isla pensando qué sorpresas nos traerá. Del mismo muelle en el que estamos amarrados sobresale una plataforma: un hombre desenrolla una alfombra en su piso, se arrodilla y se pone a rezar. Se para y se arrodilla e incluso llega a apoyar su cabeza sobre el piso. Creo que por primera vez veo a un musulmán rezar, pero para asegurarme espero a que termine para preguntarle. Me responde que sí, que este ritual lo repite cinco veces cada día y yo le cuento que ahora que estoy viajando estoy rezando mucho más y que al menos cinco veces por día me acuerdo de Dios.

–De una forma es un rezo. ¿Y a cuántos dioses le reza? –me pregunta.

–Siento que Dios hay uno solo, que lo llamamos con distintos nombres –le respondo, creyendo que comenzaría un debate de religiones o que se disgustaría.

–¿Has hecho caridad a lo largo de tu vida? –me pregunta sorprendiéndome.

–Sí, pero creo que no la suficiente. No di tanto como debería haber dado. Y en este momento siento que estoy recibiendo mucho más de lo que doy...

–¿Por qué?

–Porque estoy realizando el viaje de mi vida, mi gran sueño, y lo estoy logrando gracias a que la gente me está dando mucho.

No me pregunta más, me mira callado, se transforma en un ser súper tierno y me dice:

–Eres como un musulmán, ya que nosotros creemos en un solo Dios, realizamos caridad, rezamos cinco veces al día y durante nuestra vida tenemos que realizar un viaje, el sueño de todo musulmán: ir a la Meca –siento una alegría enorme de ser incluido en un mundo que para mí es desconocido y un gran gozo por no haber sido discriminado–. ¿Y tú adónde vas?
–A Alaska
–Ah… ¿Es tu tierra santa?
–No, sólo una meta.

Los de inmigración nos niegan desembarcar el auto hasta que lleguen los de la aduana.

Esperamos eternamente y cuando finalmente llegan a los dos días, nos prohíben bajar el Graham.

–Pero... ¿por qué?

–No tenemos regulaciones para autos de turismo –nos responden secamente, dándonos a entender que es el primer auto de paso y de turismo que pasa por Trinidad.

En busca de soluciones, visitamos la embajada argentina. Toda su gente se dedica durante tres días a encontrar la manera de desembarcar el auto. Encuentran mucha gente del gobierno de Trinidad que quiere hacerlo, pero el encargado de la Aduana no cambia su decisión. Sólo lo permitiría si el desembarco se realizara por el puerto oficial y si dejáramos una garantía del 30% del valor del auto. ¿Cuánto sería eso? Nadie tiene la respuesta, y aunque la hubiera no tendríamos cómo pagar. Además nuestro capitán nos informa que amarrar en el puerto oficial es prohibitivo por los altos costos.

Decidimos igualmente disfrutar de Trinidad, tan diferente a Latinoamérica, aunque tan cercana. Hay música por todos lados con una población casi totalmente negra e india de habla inglesa, que sólo los trinitenses entienden. Su ropa, el estilo y los peinados son súper extravagantes.

El capitán y su mujer nos llevan en su auto a recorrer playas de la isla, mas vamos a otros puertos llenos de veleros, muchos de los cuales buscan marinos con o sin experiencia para ayudar a navegarlos a Miami, a Europa, a Panamá o a Australia. Se trata de veleros que llegaron con su propia tripulación, la cual ya se volvió en avión o cambió de barco hacia otro rumbo. Las ofertas son muy tentadoras: viajes en veleros totalmente equipados hacia fascinantes destinos. Nos cuesta mucho esfuerzo resistirnos, debemos dejarlos para otro momento: un viaje por vez.

Durante los diez días de estadía dormimos en la mansión del barco, tenemos el camarote del capitán, la cocina, el comedor y cientos de amigas no invitadas: cucarachas. Es llegar a la noche y ver a cientos de ellas irse a su escondite para luego salir cuando agarran confianza. No queremos ni cocinar en el barco porque están por todos lados, en las cajas de arroz, en los condimentos… Una noche Cande me despierta sobresaltada: "Sentí algo caminando por mi pierna". Pensando en lo peor, abrimos la bolsa de dormir y ahí estaba la gran cucaracha.

El Nova Cura tiene que volver por carga a Venezuela. Así que para cargar unos contenedores bajamos el auto que llevamos fuera del movimiento del puerto.

Cuando llegan los de la aduana para chequear la carga y advierten que el Graham no está, ponen el grito en el cielo:

–¡¿Dónde está el auto?! –pregunta un hombre con bronca por haber sido desobedecido y con miedo a perder su trabajo.

–Mi mujer se fue de compras al centro –le respondo y se me queda mirando boquiabierto sin saber si gritarme o pedirme por favor que lo traiga de vuelta inmediatamente.

–¡¿Cómo puede ser?! –dice a los alaridos mientras revolea sus brazos, pero antes de que termine de estallar, le señalo el auto que está detrás de él. Se calla y creo que se pone contento, no por mi broma, sino por ver al auto en el puerto.– ¿Con qué permiso lo bajaron?

El capitán, que escuchó los gritos, se hace presente y le contesta con un tono muy tranquilo:

–El auto no aguanta el peso del contenedor, así que tengo que ponerlo sobre él y para eso necesité sacarlo –tras esta respuesta el agente nada puede decir y se va.

Llegamos al continente nuevamente escoltados por los delfines.

Sentirse como en casa

No sé por qué pero siempre quisimos conocer Caracas. A medida que entramos a ella tomamos decenas de ramificaciones, pero sólo nos perdemos dos veces. Llamamos a los padres de Gerardo, el caminante, y les comentamos que lo conocimos en Brasil y que estamos de paso. Sin darnos tiempo a pedírselo, nos invitan a su casa. Toda la familia nos recibe como hijos que vuelven de un largo viaje, nos dan el cariño que están acumulando desde que Gerardo se fue a cumplir su sueño: nos arman reuniones familiares, preparan comidas especiales y hasta organizan una feria artesanal para que vendamos las nuestras. También nos llevan a conocer su casa en la playa, donde comemos como ellos dicen: "Algo único de Venezuela: ¡arepas!". Éstas ya nos empiezan a salir por las orejas.

También en el Museo del Transporte de Caracas nos reciben de un modo muy familiar los coleccionistas y amantes de los autos. Apenas arribamos todos aplauden nuestra llegada, este cálido recibimiento nos emociona. No sólo son hombres, sino que también hay mujeres y niños, familias completas. Todos han traído sus autos y nos esperan con medallas, regalos, ofrecimientos de servicio y miles de cosas más. En cuanto a nosotros, también hemos traído algo: nuestras pinturas y artesanías, las cuales una chica peruana se dedica a vender, casi obligando a comprar algo a cada uno de los participantes.

En este tipo de reuniones es usual hablar de qué auto se tiene y cómo. Uno me dice que posee un MG modelo tal y otros, a lo que yo sólo puedo acotar: "¡Ah, qué lindo!", porque en realidad no sé de qué me está hablando. Todos imaginan que soy un fanático conocedor de autos y mecánica, sin embargo no logro desanimarlos, sino que los impresiono cuando les digo la verdad: "Si hubiese sabido de mecánica, quizá nunca hubiésemos salido con este auto a hacer esta clase de viaje".

Tras dedicarnos unas palabras muy lindas, nos invitan a brindarles un resumen del recorrido. Cuando terminamos nuestro discurso, empiezan las preguntas:

–¿No les parece una locura salir en ese auto? Como que veo pocas posibilidades de llegar… –Si dentro de mis posibilidades de realizarlo hay solamente un uno por ciento y un noventa y nueve por ciento en contra, pues por ese uno por ciento voy.

–Bueno, sólo porque eres optimista –me contesta.

–No. Soy realista. Es real que voy a vivir una sola vez, que hay más beneficios en intentar que en no hacer, que todo se puede.

Todos quedan en silencio hasta que irrumpe otra pregunta:

–¿Cuánto les consume?

–Cuatro litros cada cien kilómetros.

–¿Nada más?

–Sí, pero de aceite… –y las risas estallan.

–¿A cuánto van?

–A 120 ó 130…

–¡¿Qué?!– preguntan incrédulos.

–Sí, pero de temperatura. En realidad vamos a cuarenta –y festejan con más risas.

–Más vale paso que aguante a trote que canse –agrega el presidente del club.

Así pasamos una tarde maravillosa, en la que nos hacen sentir como si siempre hubiéramos pertenecido al club. Nos vuelven a ofrecer un servicio mecánico, pero les explicamos que no creemos que haga falta y nos despedimos.

Volviendo a la casa se escucha un ruido muy feo que proviene de la caja de cambios, la cual no me permite hacer ningún movimiento. Sólo puedo seguir en primera, marcha que logro poner con el motor apagado.

Cuando llegamos llamo al club y les cuento lo que nos ha ocurrido. Una hora después hay tres autos listos para llevarnos hasta un taller que pertenece a dos de los miembros. Muy, pero muy lentamente, nos escoltan por toda la ciudad parando el tránsito en cada lugar que pasamos.

Al día siguiente el taller se convierte en sede del club: las visitas llegan en cantidad preocupadas por el auto, por nosotros y por llevarnos a comer nuevamente lo típico de su tierra: ¡arepas! Incluso se molestan en traernos y llevarnos a la casa donde nos hospedamos.

Aunque el problema del auto es sólo un pequeño rodamiento que hay que cambiar por un buje, el auto y la fiesta duran casi una semana dentro del taller. Durante una de esas tardes estoy junto a cinco muchachos venezolanos que me cuentan algunos chistes sobre argentinos: "El hijo le dice al papá: 'Papá, papá, cuando sea grande quiero ser como vos'. El padre, lleno de orgullo y esperando escuchar todos sus atributos, le pregunta al hijo con un tono de persona importante: '¿Por qué?' 'Para tener un hijo como yo'". Pues en Venezuela los argentinos no son cosa seria, sino tema de bromas. Se hacen muchos chistes sobre el ego y la forma de ser de los argentinos, y al principio los escucho jovial. Pero a medida que pasa el tiempo y siguen las bromas me empiezo a molestar. Entonces les digo:

–¿Ustedes saben cómo se hace un argentino? El 70% de un argentino es diarrea de perro, bosta de vaca, concón de cerdo y así otras heces más –los jóvenes felices escuchan el chiste de la boca de un argentino–. Otro 25% es narcisismo, egocentrismo y otros "ismos" más –las caras de los muchachos ya están listas para la carcajada–, y el 5% restante son sólo cinco gotitas de orina de gato –un par ya empiezan a reír–, pero sólo cinco gotitas... ¡Te pasas en una y tienes un típico venezolano! –al oír esto algunos cortan sus risas inmediatamente, otros festejan con humor. Por mi parte, siento mi estima salvada.

Dejamos Caracas con una caravana compuesta por unos quince autos miembros del club. Nos escoltan durante más de cien kilómetros. Es de esperarse que alguno de tantos autos antiguos se pare, pero lo que no imaginamos es que iba a ser el nuestro. El Graham se queda sin nafta y las bromas que recibimos son miles: antes de salir nos habíamos reunido en una gasolinera en el país de la gasolina más barata del mundo. Parecemos unos tacaños que ni en nafta queremos gastar.

Al llegar a nuestro punto de despedida, nos espera un excelente almuerzo con todo tipo de… ¡arepas! Pero también nos aguardan unas muy lindas palabras de despedida y una colecta que no nos dejan abrir hasta que estemos nuevamente en camino.

Quien sueña lo absurdo logra lo imposible

Llegamos a la mediterránea Mérida entre las montañas. Aquí debemos buscar por recomendación a Alexis Montilla. Él tiene tres enormes parques de diversiones. En uno de ellos se deja el auto, se sube a un tranvía y entra a una Venezuela del año 30: el parque recrea un pueblo entero con todas las construcciones, negocios, vestimentas y autos de la época. Otro de sus parques representa todas las regiones de Venezuela con sus costumbres, su música y sus comidas típicas.

Cuando llegamos a la boletería pedimos hablar con él, una señorita lo llama por teléfono y sin preguntarnos quiénes somos nos avisa que ahora vendrá. Al rato vemos bajar de una *pick up* a un hombre de baja estatura, de cincuenta y pico de años, de ropas simples y, con una pequeña sonrisa dibujada en sus mejillas, nos saluda. Es él.

Le contamos qué estamos haciendo y nos pregunta qué puede hacer por nosotros. Le contestamos que necesitamos hospedaje; sin dudarlo nos dice que sí y nos pregunta qué más. Le respondemos que con eso ya es mucho.

Nos vamos a conocer su parque junto con uno de sus ayudantes. Este lugar es pura diversión excelentemente lograda. Tras recorrer el lugar nos volvemos a encontrar con Alexis en uno de los asientos del parque. Él no tiene oficina ni escritorio: donde él está, está la gerencia.

Un hombre que es su mano derecha nos cuenta que Alexis nació en la montaña, su familia era muy pobre y vivía en una casa de un solo ambiente, que desde chico soñó con un parque de diversiones para chicos y grandes, pero que todos lo veían como a un absurdo soñador. Dejó la montaña y se fue a trabajar de lavacopas, de vendedor ambulante, de maestro, de mozo y que después puso su propio restaurante. A éste le siguió un hotel y otro... y luego su primer parque. Hoy tiene su sueño cumplido y en una placa de bronce en la entrada de su tercer parque dice: "Quien sueña lo absurdo logra lo imposible".

Estamos cerca de Alexis contestando preguntas acerca de nuestro viaje, en realidad más que interrogantes lo que escuchamos son malos augurios, nos preguntan de todo lo malo que podría llegar a pasarnos. Uno tras otro: "¿Qué pasaría si se enfermaran? ¿Y si se rompiese el auto? ¿Y los repuestos? ¿Y si les roban?" ¿Y si tal cosa y la otra?

—Nada les va a pasar —interrumpe Alexis con toda calma y sinceridad, muy seguro de lo que dice desde su asiento.

Lo miro y advierto que tiene razón: nada malo pasó, nada malo va a pasar.

—Ya lo escucharon, nada malo ocurrirá —reafirmo y le comento a Alexis que lo común es escuchar preguntas de este tipo sin que nos vean un final feliz.

—Profetas del fracaso siempre los hay, es mucho más fácil augurar un fracaso que un triunfo. Como en una carrera donde es más seguro asegurar el fracaso de la mayoría que el triunfo de uno solo. No los escuchen, escúchense. Si se tienen fe, están condenados al éxito.

Alexis nos lleva a un hotel que no es suyo, pues los tiene todos ocupados. Paga nuestra estadía de su bolsillo, pero nosotros lo queremos disuadir, pues nos podríamos arreglar de otra manera. No hay modo, nos responde que le quitaríamos una felicidad.

Se queda conversando un rato con nosotros, de un soñador de sueños cumplidos a unos soñadores que necesitan de sus palabras.

—Chicos, escuchen: con las dificultades uno crece, con los problemas uno se fortalece. El miedo debilita, las dudas entorpecen, la fe empuja, con la esperanza se avanza. No dejen de avanzar. Ustedes, allá en el parque, le comentaron a mi gente que la mayor dificultad de todo el viaje fue empezar. Hay una más, hay otra dificultad que surgirá en el camino antes de terminarlo o casi al final. No la vean como una dificultad, sino como la prueba final. No aflojen, no cometan el error de la mayoría de aflojar a último momento. No abandonen su sueño. Si pasan esa prueba, podrán decir: "Sueño cumplido".

–Tenemos otro sueño –agrega Cande sacando otra de nuestras metas a relucir–: queremos tener un pequeño campo en la montaña adonde construir cabañas y recibir gente…

–Empiécenlo –nos dijo como la única fórmula para cumplirlo.

–Pero ¿cómo lograríamos que la gente viniera?

–A donde ustedes encuentren un lugar que les guste, la gente irá. No se preocupen de eso, la gente va a ir.

Campos de trigo

Le dejamos nuestro auto a Alexis para que lo exhiba junto a los suyos en el parque y nos vamos a Los Nevados, un pequeño pueblito en el páramo, muy alto en la montaña, tan alto que ni los árboles crecen.

Sólo se llega con un jeep 4x4 por un camino de tierra que realmente da miedo, por sus cornisas abruptas, curvas y subidas. Tardamos cuatro horas en llegar a este pueblo que nos hace sentir como en un mundo aparte: en las calles no hay autos, sólo caballos atados en las esquinas, las calles son muy empinadas y empedradas, las casas son de barro, piedra y ladrillo con tejas de cerámica. Resalta la iglesia pintada de blanco cal ante el oscuro paisaje de gigantes montañas por detrás.

Al día siguiente salimos a caminar por los senderos que nos llevan a la montaña, atravesamos empinados campos de trigo sembrados con bueyes. Cosechados y desgranados a mano.

En el camino nos encontramos con su gente, que nos saluda al pasar. Visten distinto. Son descendientes de inmigrantes que se fueron adaptando a este lugar y a este estilo de vida. El medio más rápido es la mula o el caballo. Las casas están diseminadas y son muy parecidas entre sí. Pasamos por una escuelita donde los chicos en recreo se amontonan a la vera del camino para vernos pasar. Nos hacen sentir como si fuésemos diferentes, raros. Es paradójico que unos segundos atrás fuimos nosotros quienes miramos así a este lugar y a su gente. Continuamos caminando durante tres horas, hasta que el sendero se pierde en la cima fresca de la montaña.

Al retornar, una familia nos invita a su casa. Nos convidan de su agua y para saciar nuestra hambre preparan unas tortillas de harina deliciosas. Nunca comí unas tan ricas. Nos cuentan con mucho cariño sobre sus antecesores, quienes llegaron a este lugar. Luego nos muestran la casa: tiene forma de U y el patio interno está rodeado por una galería. Sólo cuento tres ambientes, más la cocina. Uno pertenece a los padres, otro a los hijos y en el tercero se guarda las herramientas, las cosechas y hay un altar con su vela prendida. Miramos con mucha curiosidad la simpleza del lugar, todo fue hecho por ellos: los muebles, las paredes, el altar decorado. Cuando levanto la vista para observar el techo, me quedo helado: sobre unas cabrias reposa un ataúd vacío.

–¿Y eso? –pregunto extrañado.

–Para uno –me responde el señor de la casa como si fuese algo elemental.

Siento escalofríos en mi cuerpo, nunca imaginé tener en mi casa un ataúd como esperando mi retirada. Pero ellos, al vivir en la montaña, tan lejos de todo, tardarían muchísimo en conseguir la madera y hacer uno, por eso lo tienen listo. Tienen asumida la muerte, tienen asumido que algún día llegará. Ver el cajón me evoca la muerte de mi amigo Fidel en Ecuador y también me recuerda qué vivo estoy y cuánto estoy haciendo por mi vida.

Al salir al sol del patio, nos encontramos con la señora echando a una mula que aprovechó a entrar por la puerta abierta, tras cerrarla nos dice:

–Mañana vamos a hacer pan para vender en el pueblo, si quieren ver, están invitados.

–Si nos deja ayudar, venimos súper encantados –contesta Cande.

Nos despertamos a las seis para llegar tempranito a la casa. Tras una fresca hora de caminata nos esperan con un riquísimo café y mucho trigo para moler. Ellos son ocho y todos hacen algo: unos vienen con las mulas cargadas de ramas que traen de muy lejos, otros las cortan y nosotros nos sumamos a moler el trigo que otros tamizan. Mientras tanto la madre empieza a amasar y el padre carga con leña el horno.

El día se va pasando con mucha alegría y empolvados en harina. El sabroso almuerzo son unas pequeñas papas de montaña sobre tortillas de harina acompañado con un café que fue molido después de ser tostado en un plato de barro cocido sobre el fuego. Es una comida muy simple, que por ser compartida y por la calidez familiar que nos rodea, se transforma en un banquete. En este lugar donde la luz se va con el sol y el frío empieza a congelar las manos. Donde una vaca, un burro y gallinas son echados constantemente del patio al que buscan entrar por comida.

El día termina ayudando a cargar el pan recién salido del horno sobre las mulas que irán hacia el pueblo. Y nosotros despidiéndonos de nuestra nueva familia. Por el sendero retornamos a nuestro hotelcito mientras felices recordamos el día vivido.

Antes de emprender el viaje pensábamos que nuestro pequeño mundo era todo lo que existía y nos sentíamos muy bien en él, pero viajando nos damos cuenta de cuán equivocados estábamos. Nos rodeábamos sólo de aquellas personas de nuestro mismo nivel, educación, religión y cultura, nos cerrábamos a los demás, a los otros, a los diferentes. Solíamos rechazar a la gente que no opinaba lo mismo que nosotros e incluso nos llegamos a burlar de quien vestía diferente.

En cambio, al iniciar el viaje nos dimos cuenta de cuán poco habíamos crecido hasta entonces y de cuánto nos falta aprender aún. Pero algo ya sabemos: la igualdad idiotiza mientras que la diversidad culturiza. Estamos todos juntos en este mundo para que nos relacionemos, compartamos, convivamos y nos ayudemos unos a los otros y no para que cada uno se interese sólo por su vida, su familia, sus intereses, sus adquisiciones, sus necesidades, sus sentimientos… Hasta suenan aburridos tantos "sus".

Si vemos más allá de nuestros "mis", seremos felices en conjunto y no existe más grande felicidad que cuando la podemos compartir a corazón abierto, sin traba alguna. Es hermoso alegrarse por la felicidad ajena, sin envidias, como nos ocurrió hoy. Y más alegría uno siente cuando forma parte de esa felicidad, cuando ayuda de alguna forma, como por ejemplo, con un consejo oportuno o con un tiempo dedicado.

Hay miles de personas que antes para nosotros no existían; miles de sueños todavía sin cumplir; diferentes tipos de culturas; de miedos; de pensamientos; de vidas; de modos de diversión... Uno no se da cuenta de esta diversidad porque está rodeado de aquella gente que ha elegido para conformar su pequeño mundo, un

mundo que se achica con los años a pesar de estar inserto en un universo gigantesco que se agranda.

Por eso, nosotros ahora aprovechamos y nos sentamos con quien nunca nos habíamos sentado, hablamos, disfrutamos y aprendemos de él sin sentirnos ni superiores ni inferiores, sino felices. ¡Hay tanto para ver y tan ciegos estábamos! Hoy aprendemos del más pobre, del más rico, del artesano, del mecánico, de todos.

Comandante Jaramillo

Dejamos Los Nevados llevándonos mucho. Montamos durante cuatro horas unas lentas mulas hasta alcanzar el teleférico más alto y largo del mundo, que rápidamente nos baja a la ciudad de Mérida.

Buscamos el auto para participar en el desfile de comparsas del carnaval. A nuestro paso la gente grita: "Ahí va el carro de los sueños", como han bautizado al Graham en una linda nota que nos hicieron para la televisión.

Alrededor de cada auto dos o tres parejas se reúnen a bailar al ritmo de la música que sale de los parlantes a todo volumen y lo mismo en el auto siguiente pero con otra música y así en otro y otro... La ciudad es pura fiesta, al igual que los venezolanos: todo es chévere.

Dos días de manejo nos llevan cerca de la frontera con Colombia. Ha atardecido y preferimos entrar a nuestro próximo país por la mañana. Mientras nos acercamos a la frontera, buscamos dónde pasar la noche. Entonces divisamos una especie de fuerte, su cartel indica: "Destacamento militar".

–Siempre tuvimos despedidas fabulosas de los países, ¿por qué no intentamos acá? –pregunta Cande.

Así que a quienes hacen guardia les pedimos hablar con su superior. Muy rápidamente, mientras lo esperamos, se empiezan a juntar muchos soldados alrededor del auto. Todos visten uniformes camuflados y enormes armas al hombro, pero mirándoles sus caras son las mismas que se ven en cualquier humano al ver un sueño haciéndose realidad. Mirando la libertad en movimiento.

Nos damos cuenta de quién es el comandante porque los soldados le abren paso, y es el único que no trae armas:

–Comandante Jaramillo a la orden –se presenta. Nunca imaginé tener un comandante a mi orden.

–Buenas tardes, somos Candelaria y Herman y estamos dejando Venezuela, quisiéramos pedirle permiso para poder pasar la noche en su destacamento –recién cuando termino de hacer mi pedido, me doy cuenta de que estoy pidiendo mucho: estamos en el destacamento militar de una frontera ardiente pidiendo albergue como si fuese un campamento de turistas.

El comandante nos observa. Luego dirige su mirada a los soldados; todos con sus caras le piden que acepte. Él sonríe y con cortos movimientos de cabeza nos dice que sí:

–Sargento, acomódelos en el casino y haga que de la cocina les lleven comida.

–Sí, mi comandante –responde el sargento feliz por cumplir tan linda orden.

–Mil gracias, señor –le dice Candelaria al comandante, quien si bien se siente complacido por haber sido llamado señor, aclara:

–El Señor está en el cielo, yo soy sólo su servidor. Termino unas cosas y nos vemos en el casino.

El sargento nos lleva por todo el cuartel mostrándonos las barracas, las duchas y mandando a algunos soldados a buscar colchones para nosotros y al cocinero a preparar las mejores arepas.

–¿Comieron arepas?

–Sí, nos encantan –dice Cande educadamente. Por mi parte, ya no quiero saber nada de arepas por lo menos por un año.

Pasamos una muy linda noche, charlando de lugares de Venezuela que tanto nosotros como los soldados conocimos. Finalmente, llega la pregunta del millón, a la que respondemos:

–Costeamos el viaje vendiendo cuadros: Cande pinta pájaros que vemos en el camino y yo los enmarco.

Entonces el comandante pide verlos y, ante nuestra sorpresa, se queda con dos. No sólo nos han hospedado, sino que además nos dan un empujón para seguir.

Colombia

ESTADO DE CARTAGENA DE INDIAS

II DE NOVIEMBRE DE 1811

Riohacha

Santa Marta
Barranquilla

a Panamá

Cartagena
de Indias

ta aquí

mpo de viaje ..1 año y 1 mes y medio

ometraje . . . . .20.153 km

Colombia
La otra Colombia

Miedo

Arribamos a una frontera nada limpia, poco agradable, como tantas otras que ya hemos pasado. Pero esta vez es diferente, tenemos mucho miedo de todo lo que escuchamos hablar sobre Colombia. En cada cara, en cada persona, vemos a ese asesino, a ese guerrillero, a ese narcotraficante o sicario del cual tanto se dice. Más que nunca quisiéramos pasar inadvertidos, pero es imposible disimular un auto como el nuestro.

Es sábado por la mañana y la gente de aduana no trabaja los fines de semana, así que sólo podemos realizar el trámite de inmigración. No sabemos qué hacer: no podemos volver a Venezuela porque al auto no lo dejan entrar nuevamente hasta pasado un tiempo, pero tampoco podemos entrar a Colombia hasta el lunes… Estamos entre dos fronteras.

–Si hay algo que no quiero, es quedarme acá –me dice Cande, un poco nerviosa.

Tiene razón, estamos en una zona muy caliente y terrible. Es Colombia. Vuelvo a hablar con la gente de inmigración. Le pido que nos sugiera qué hacer:

–Yo pediría que me dejaran pasar y me comprometería a hacer los papeles el próximo lunes en Riohacha, donde también hay una aduana –me aconseja.

Seguimos su recomendación y enseguida nos permiten pasar. Entramos a tierra colombiana, donde al muy poco tiempo de circular vemos sobre la ruta un control militar extremadamente armado. No nos hacen ninguna seña de que paremos, seguimos.

A los pocos metros me detengo a chequear el agua y el aceite, que por los nervios me olvidé de hacerlo antes de salir. Mientras reviso el motor, escucho gritos de alto. Miro asustado y de reojo: un hombre mayor corre de la mano con su hijo o nieto cargando sobre su hombro un gran paquete. Los soldados lo apuntan, pero quizá porque yo estoy mirando un oficial manda bajar los rifles y perseguir al lerdo prófugo. Éste arroja su paquete, pero su edad y su niño no lo dejan llegar lejos. Vemos cómo lo tiran al suelo y lo revisan para ver si porta armas; no encuentran nada y lo llevan al destacamento. Entonces cierro el capó, abro la puerta y entro al auto a la vez que le digo a Cande: "Bienvenida a Colombia".

Se tiene o no se tiene

Maicao es una ciudad fronteriza que tiene miles de puestos callejeros y cuya calle principal es casi intransitable. Una señora que va delante nuestro en una increíble *pick up* de lujo se baja sin importarle detener el tráfico y camina hacia nosotros. Ostenta mucho oro en sus pulseras y collares. Pareciera que no le teme a este sitio, qui-

172

zá sea "ella" quien da miedo en este lugar... no sé, creo que en realidad somos no-sotros que nos hacemos la película con cada persona que vemos.

–Les cambio mi *pick up* por el carro, así como está, completa, con todo full... –nos propone muy sueltamente.

–No, gracias, no podemos dejar nuestro carro a mitad de viaje.

–¿Adónde van?

Dudamos en contarle, porque nos recomendaron no hacerlo, pero nuestro auto ya lo dice:

–A Alaska.

–Ah, bueno: la *pick up* y plata entonces. ¿Cuánta plata quieren? –insiste.

–La *pick up* es muy linda y plata no tenemos, pero no podemos dejar el auto que tanto queremos.

–Soy una mujer de negocios. ¿Cuánto quieren?

–Usted ve un auto para hacer negocios, nosotros vemos un auto para hacer un sue-ño. –Se nos quedó mirándonos fijo, sin entender o entendiendo mucho.

–Se lo pierden –y se va como llegó, es decir, ostentando su oro.

Dejamos Maicao. Manejamos por un lugar muy árido, rodeado por un monte cerra-do, bajo y espinoso. Nos pasan muchísimos camiones que llevan un montón de gente, ésta hace sus negocios en la frontera. Al pasar nos saludan, nos gritan "bienvenidos" o tan sólo agitan sus brazos dándonos sus mejores sonrisas y disolviendo poco a poco el caparazón de hierro que cubre nuestro corazón desde que ingresamos a Colombia.

Finalmente llegamos a Riohacha, ciudad donde nos hospedamos en un conforta-ble hotel que brinda todos los servicios a un precio muy accesible. Los problemas por la guerrilla y demás asuntos han ahuyentado al turismo y derrumbando los precios.

Luego de acomodarnos nos vamos a caminar por la playa. Enseguida se nos acer-ca un joven: nos saluda, se presenta, nos pregunta nuestros nombres, qué estamos ha-ciendo, de dónde somos... Son demasiadas preguntas en muy poco tiempo y nos provocan dudas acerca de sus intenciones. Nuestra tonada delata nuestro origen, el muchacho nos comenta que tiene un amigo argentino que está en la playa vendiendo artesanías y nos pide que lo sigamos. Lo hacemos desconfiados.

–Acá tienes a otros "che" –le dice a un artesano con pinta de hippie.

Esta situación me da miedo, puede que tenga droga, puede que este compatriota haya venido a Colombia a buscarla... ¿Y si llega a caer la policía y lo revisan con nosotros acá? Nos van a encerrar a todos juntos, mejor nos vamos, pienso.

–¿Quieren un mate? –nos pregunta.

–Sí, claro que sí –responde Cande.

–Cuiden el paño que voy a buscar agua –y nos deja confiado un montón de artesa-nías hechas con calidad. Yo sigo pensando qué pasaría si en esos bolsos hubiese droga y justo ahora cayese la policía. Vamos fritos...

–¡Qué lindas cosas que hace! –me comenta Cande, quien está mucho más tranqui-la que por la mañana.– ¿Estás nervioso? –me pregunta al notar que mis ojos miran hacia todas las direcciones.

–Sí, mi cabeza está a mil revoluciones pensando lo peor.

–Relájate, hoy me acordé de lo que nos dijeron muchas personas en el camino: que nada malo nos va a pasar, que tengamos fe...

–Sí, pero estamos en Colombia...

–A la fe no hay que pederla por estar en otro lugar. Se tiene o no se tiene –con estas palabras Cande me contagia su confianza y logra relajarme.

Así que tomamos unos ricos mates utilizando la última yerba que le queda al artesano, quien gustosamente la comparte con nosotros. Muchos se acercan curiosos para ver qué tomamos, y nuevamente mi cabeza empieza a imaginar que alguno nos delatará a la policía suponiendo que nos estamos drogando. "Tranquilo –me digo a mí mismo–, nada malo va a pasar."

Caminos peligrosos

Es lunes y nos presentamos ante la aduana. Los papeles nos los gestiona una mujer muy sorprendida, pues no puede creer que nos hayan dejado pasar sin hacer los trámites de aduana en la frontera.

Una vez en regla, manejamos rumbo a Santa Marta, por caminos llenos de peligros, colmados de retenes de guerrilla. La montaña llega al camino y donde hay montaña está la guerrilla. Al andar notamos que el poco tráfico delante nuestro se desacelera mientras nuestros corazones se aceleran. Acercándonos vemos al costado del camino ametralladoras que apuntan a los autos, los hombres vestidos de guerra miran muy inquietos y nos contagian los nervios. La sensación de ser apuntados es horrible. No sabemos si son militares o guerrilleros.

Al camión de delante de nosotros lo detienen haciéndonos parar. Le indican al conductor que abra la parte de atrás y mientras éste se dirige hacia allí, nos ven. No nos sacan los ojos de encima y entre ellos se dicen algo señalando la patente de Argentina. Se sonríen y con un movimiento de cabeza nos saludan agregando una sonrisa. Volvemos a respirar y seguimos.

Después de dos retenes más en la ruta, llegamos a Santa Marta. Sólo en uno nos detuvieron para preguntarnos qué es lo que hacemos.

Una vez en la ciudad, vemos un museo que nos tienta visitar; nos sorprende al ser el lugar donde murió Simón Bolívar, "Héroe de América". Su cuerpo fallecido fue copiado en yeso y la figura muestra a un general flaco y demacrado, muy débil, que en nada se parece al héroe que nos muestran los libros de historia y en los monumentos de las plazas. Las enfermedades que sufría al momento de su muerte eran varias: tuberculosis, sífilis, vejez prematura, malaria, orquitis, desnutrición y cálculos en los riñones. Lo admirable es que lo padeció durante sus momentos más gloriosos, en aquellos en que más salud necesitaba para cumplir su sueño.

Más tarde llegamos a una bahía cuyo mar es una inmensa pileta y cuyos edificios son todos de veraneo: Rodadero. Apenas entramos, nos detienen unos jóvenes y otros no tan jóvenes que están en una esquina. Tras el susto, nos ofrecen departamentos totalmente equipados para alquilar, nos dicen precios y aunque nosotros no les respondemos, los empiezan a bajar

Con un poco de nervios les pedimos que nos muestren alguno de los sitios. El primero al que nos llevan nos encanta: es un gran ambiente, todo nuevo, con baño, cocina, cochera cubierta, seguridad y encima es muy económico. Por lo que nos proponemos pintar unos cuadros para poder pagarlo. La verdad es que necesitamos descansar después de meses tan movidos y del estrés vivido en estos últimos días.

Al descanso lo disfrutamos escuchando una gran mezcla de música de vallenatos en la playa. Varios grupos de cinco o seis músicos se ofrecen a tocar y cantar a quienes se broncean. La escena se repite una y otra vez hasta más allá de medianoche. Y el agua es tan cálida y tranquila que la gente lleva sus tragos y sus conversaciones al mar con el agua hasta la cintura.

Todo es muy tranquilo, la gente súper amable. Hay música, risas y familias por todas partes. Nada de la Colombia que nos habían contado. Estamos más relajados y charlamos con la gente, cuyo hablar es acompañado por una dulce tonada. Son personas muy educadas, cultas, clásicas en su vestir y de expresiones suaves, que lo invitan a uno a sentirse cómodo. Las mujeres son muy bellas y femeninas. Los hombres, todos unos caballeros.

Cariñosa

Solemos trabajar en la playa, Cande pinta y yo enmarco pero esta vez ella escribe a su mamá.

"Querida Mamá:

Que tan lejos estás de mí, pero sin embargo que cerca te siento. Siempre estás ahí como guiando mi camino y hasta en mis sueños te encuentro. Hoy, que es un día muy especial, quiero que me sientas tan cerca como yo lo hago, que sientas mi abrazo fuerte y mi cara pegada a la tuya. Pero más que todo quiero que escuches de mí, un FELÍZ CUMPLE MAMÁ, deseándote con mi corazón todo lo que te mereces, todo lo mejor que se puede esperar de la vida, porque eres tan linda por fuera y por dentro, eres una persona tan compañera, tan amiga, tan admirable que desearte lo mejor me resulta poco. He aprendido tantas cosas de ti que hoy me recompensan, me has enseñado tanto que hoy me beneficia, siempre me has marcado el exacto orden de los valores de la vida y sobre ellos me educaste. Pero lo más lindo de todo esto es que hoy, en el día de tu cumple te puedo decir que todavía sigo aprendiendo, que todavía me sigues enseñando tantas cosas. No sabes cuánto me llena de alegría decir que mi madre sigue siendo mi ejemplo de vida. Un ejemplo tan fuerte que me gustaría ser

175

un poco como ella. Cuán valorable es que siempre a todas las adversidades les has hecho frente. Estoy feliz de tenerte, y sobre todo estoy feliz de poderte decir que TE QUIERO TANTO MAMÁ, pero tanto que me llena el alma. Nunca pensé que íbamos a estar separadas tanto tiempo. Miro las estrellas todas las noches y por ellas te mando muchas fuerzas que veo que las estás adquiriendo, de esta forma. TE EXTRAÑO, pero te siento cerca y estoy tranquila. Todo, absolutamente todo lo que estoy viviendo me gustaría compartirlo contigo, siempre pienso y digo "mamá y papá estarían chochos viendo esto o aquello". Así que dentro de este sueño uno tiene otros y uno de ellos es que te quiero ver y compartir un poco de esta aventura contigo y con papá, así que cuando todo salga bien los esperamos en algún lugar que ustedes quieran. Que todo va a salir bien, ya Dios me lo ha concedido, así que ahora es cuestión de planear.

Bueno mamá, te deseo lo mejor del mundo en tu cumple, que disfrutes mucho y la pases cheverísimo. Métele fe con el tratamiento que todo va a resultar excelente. Yo lo sé.

Te quiero mamá y te quiero abrazar… desde acá lo hago…

Un abrazo gigantesco de tu pequi,

Cande"

Un sendero Tairona en las Sierras Nevadas

En un bellisimo lugar llamado Parque Tairona escuchamos hablar de Ciudad Perdida, el centro de la cultura Tairona. Se trata de las ruinas de una ciudad, que están en la falda de las Sierras Nevadas, inmersa en la selva tropical a 1100 metros de altura. Nos cuentan que allí podríamos ver centros de culto, viviendas, terrazas, sistemas de drenaje, escaleras y caminos empedrados fundados 1500 años atrás, pero recién descubiertos en 1975. También nos explican que sólo un grupo de turistas sube por semana y que para ello deben recorrerse a pie durante seis días unos caminos de pura selva, cruzando ríos sin puentes. Ante tanta aventura nos anotamos sin dudarlo para el próximo viaje.

En tres viejos y sobrecargados jeeps, cargados hasta con nosotros en el techo, dejamos Santa Marta para ir hasta las Sierras Nevadas. El camino termina en un pequeño poblado, frente a un bar-despensa sin paredes en el que hay muchos hombres alrededor de una mesa de pool, casi todos llevan grandes armas.

Estuve filmando el viaje hasta aquí y ahora capto cómo descargan los jeeps y ponen los bultos sobre las mulas que nos acompañarán durante un trecho. También grabo la huella a seguir… hasta que en ella aparece un paramilitar, quien se enfurece y me grita. El guía lo calma explicándole que sólo soy un turista y que borraré la toma; luego el paramilitar se retira mirándome con cara de odio. Nosotros ya sabíamos que hay movimiento guerrillero en el camino a las ruinas, pero es muy diferente oír acerca de ello a ver tanta gente armada y preparada en contra de los guerrilleros.

Cargadas las mulas, con nuestro grupo, conformado por doce turistas (un alemán, un belga, una inglesa, dos franceses, cinco israelíes y nosotros), cinco porteadores colombianos y un guía, salimos hacia unas preciosas montañas selváticas, muy empinadas. Para llegar hasta las ruinas y volver de ellas caminaremos una semana atravesando un pequeño sendero que usan los indios taironas, quienes aún habitan la zona.

Nuestro guía conoce muy bien el lugar, pues ha sido saqueador de tumbas antes de que llegara el gobierno y las protegiera. A medida que subimos, la humedad y la vegetación aumentan, hay partes en las que nos embarramos hasta las rodillas, al cruzar los ríos nos mojamos hasta la cintura y por momentos entramos en claros donde familias crían animales. El guía nos cuenta que quedan pocos clanes campesinos, dado que huyen de la guerrilla y de los paramilitares porque éstos reclutan a sus hijos para alistarlos y si se niegan, los matan.

La primera noche la pasamos bajo una construcción de techo de palmera, sin paredes, junto a un ruidoso río. Nos vamos a dormir a las hamacas para escapar de los mil y un insectos del suelo. No obstante, a la mañana veo algo en Cande, cerca de su oreja:

–Cande, tienes... una garrapata prendida...

Seguimos la difícil marcha y aunque es en subida, entre los viajeros nos ponemos a charlar.

–¿Cómo van a cruzar a Panamá? –nos pregunta el belga.

Ése es un gran interrogante. Aún no tenemos respuesta, pero de alguna forma vamos a hacerlo. Sabemos que hay que cruzar en barco, pero no tenemos ni la séptima parte del dinero necesario para embarcar el auto, ya veremos...

–¿Cuál fue el lugar que más les gustó en todo su recorrido? –continúa el belga.

–Todos los países que visitamos por ahora son países hermanos y las comparaciones entre hermanos no se hacen. Sí te puedo decir qué nos gustó más de cada lugar, ya que cada país tiene algo, cada lugar es especial. Muchas veces nos enamoramos de sitios no por la belleza del lugar, sino por su gente. Pues de nada sirve estar en un lugar lindísimo si no te reciben bien –le respondo y le pregunto–. ¿Qué prefieres tú? ¿Una noche solo en un hotel cinco estrellas o una estadía en un camping con tus amigos?

–Y sí, sin duda, estar con mis amigos...

–En Venezuela estuvimos en un pueblo que se llama Temblador, un lugar totalmente llano, sin río, sin montañas ni playas, sin nada interesante para ver, pero su gente nos trató tan lindo que tenemos unas enormes ganas de volver. Lo mejor de un lugar está en su gente, en su cariño, en su trato. Es realmente muy hermoso llegar a un lugar y que te digan: "Bienvenido a mi país", "¡Que lo disfrute!". Cuanto más quieren a su tierra, mejor te tratan, porque desean que te lleves de ella la mejor impresión. Los recuerdos de los lugares los llevamos en la mente, a la gente la recordamos en el corazón.

Al pasar por poblados indígenas Kogi, se ven sus viviendas circulares de hojas de palma. Mujeres, hombres y niños usan el mismo color crudo en sus vestimentas. Una túnica hasta las rodillas y los hombres pantalones por debajo de la misma tela. Andan descalzados y son de muy poco hablar con nuestro grupo. Cande para la excursión se había hecho trencitas en todo su cabello con unas pintorescas cuentas traídas desde Perú. Las indígenas no le sacan los ojos de encima hasta que se animan a pedirle varias de ellas. Éste es el puntapié con el que logramos tener una conversación más larga con los pobladores.

Al tercer día llegamos a una escalera de piedra, detrás del otro lado del río, muy escondida en la selva, que el guía sabe ubicar. Tras subir sus 1100 escalones, alcanzamos lo que fue un imponente centro.

–A ustedes, que conocieron Machu Picchu, ¿qué le parece más imponente? ¿Machu Picchu o Ciudad Perdida? –nos pregunta la chica inglesa.

–¿Quieres que te diga la verdad?

–Sí.

–La verdad es que aprendí a viajar sin comparar, a llegar a un lugar y vivirlo como es, sin buscarle la diferencia, sin fijarme en qué es peor y en qué es mejor. Cada lugar es como es, y lo disfruto por eso. Todos son distintos, sin ser mejores ni peores, y justamente es lo distinto lo que me atrae a conocerlo. Cuando comparaba no estaba inmerso en el lugar, sino que estaba en dos o tres a la vez sin disfrutar de ningún sitio. Ahora llego y me amoldo al clima, comidas y costumbres del lugar en el que estoy, disfrutando así de él.

Machu Picchu es Machu Picchu, Ciudad Perdida es Ciudad Perdida. Las comparaciones son odiosas, y sólo buscan cosas feas, errores. Yo vengo por un corto tiempo y no quiero perderlo en eso, vengo a llenarme de sus bellezas. El que busca diferencias busca distanciarse. El que busca similitudes busca acercarse. Y eso hago durante los dos días en que nos quedamos en las ruinas, aunque no alcanzan para recorrerlas por completo. Todo a nuestro alrededor es de una enorme preciosidad, se escuchan los monos aulladores y con nuestro cansancio al final de cada día nos acostamos a disfrutar y a llenarnos de la energía del lugar.

Las pruebas del camino

Tras regresar y reencontrarnos con el auto, nos vamos a Cartagena para buscar una empresa de barcos y cruzar a Panamá. Estamos ansiosos por saber cómo lo lograremos, pues no tenemos ningún contacto ni conocemos a nadie aquí. Éste es un paso gigantesco y difícil de nuestro viaje: cruzar a Centroamérica.

Mientras conduzco, Cande lee una pequeña guía de lugares que indica que en nuestro camino hay otra ciudad. Se llama Barranquilla y posee un pequeño puerto. Hacia allí vamos, dado que no perdemos nada con preguntar y nos gusta que sea un puerto pequeño.

–¿Sí? ¿Qué necesitan? –escuchamos con dificultad a través de la ventanilla. Son ya las seis de la tarde y los camiones de carga pasan por un lado y por el otro, otros esperan su autorización para entrar. Nunca pensamos que era un puerto tan grande.

–Quisiéramos ver al encargado del puerto. Estamos viajando en ese auto –le señalamos–, cumpliendo nuestro sueño de viajar desde Argentina hasta Alaska, y necesitamos cruzarlo a Panamá –la señorita nos mira con total indiferencia, sin dirigir su mirada al Graham.

–Tienen que ir a un agente naviero –nos responde.

–Igualmente quisiéramos hablar con alguien del puerto, necesitamos ayuda y estamos seguros de que nos podrán ayudar –insistimos.

–No, les reitero, tienen que ver a un agente naviero –dice mientras le hace a quien está detrás de nosotros un gesto para atenderlo y a la vez echarnos.

¿Por qué no existe camino entre Sudamérica y Centroamérica? Esto obliga a muchos a desertar de viajar al tener que buscar un barco, lo cual implica agentes navieros, aduanales, gastos de movimientos portuarios, de contenedores, de impuestos, de tiempo y encima todo esto se repite al llegar al otro puerto. Así, tan pocos kilómetros se convierten en los más caros del viaje. En los más difíciles.

Mientras caminamos hacia el auto, la noto a Cande callada, pensativa: "Si fuera por mí saldría corriendo hasta donde la tierra se acabe, pero debo quedarme si quiero continuar. Ésta no es una dificultad, sino una prueba. No debemos aflojar, es un gran desafío para nosotros estar acá y un paso más que importante en el viaje. Noté que la secretaria no entendía de sueños, y ni siquiera quería ver el que tenía enfrente suyo. Parecía una persona encerrada en su mundo, no conforme con su trabajo, de las que miran el reloj cada dos por tres para irse a su casa lo antes posible. Nuestro viaje la sacaba de su esquema rutinario y por eso nos negó rotundamente la entrada. ¿Y ahora qué hacemos? Lo pienso una y otra vez. Por supuesto que sabemos que necesitamos un agente naviero, pero no tenemos la plata para pagar el container y menos aún para el agente. Tenemos que lograr entrar a este puerto".

Ser parte

El lunes nos presentamos ante la Marina en la Capitanía del Puerto. El capitán nos promete avisarnos apenas sepa algo. Cuando estamos saliendo, a un hombre que se acerca a nuestro auto para curiosear le comentamos sobre nuestra búsqueda de ayuda. Nos da el dato de un señor que trabaja en el puerto.

Lo llamamos, pero nos dice que no es su área y que necesitamos un agente de barcos que se encargue. Así que finalmente vamos a ver a un agente. Le pedimos ayuda y, contra toda suposición nuestra, el hombre deja el negocio de lado y se pasa al lado humano, al lado de los sueños:

–Suárez es la persona indicada, él los puede ayudar. Vayan al puerto y pregunten por él –nos aconseja.

–Hagamos una cosa, vayamos al puerto para hablar con él personalmente. Si no funciona, nos vamos al puerto de Cartagena –me propone Cande con la intención de jugar la última carta en esa ciudad. Ella está concentrada en pedir ayuda, tal como nos enseñó Alonso en Ecuador.

"Pienso cuántas veces he pedido ayuda en mi vida, y resulta que quizá me sobran para contarlas los dedos de una mano. ¿Por qué nos cuesta tanto solicitar ayuda? ¿Por qué siento tanta vergüenza de pedirla? –se cuestiona–. Me enseñaron a no pedirla, a que yo sola puedo... y que si no, no lo haga. Obviamente, en mi vida he aceptado distintos tipos de ayuda que me ofrecieron, pero ¿pedir? Casi nunca. ¿Y Herman? Él conduce el auto con serenidad, lo conozco muy bien y puedo percibir que piensa lo mismo que yo. Tenemos a Alonso repitiendo sus palabras en nuestras cabezas. Palabras mágicas, como las denominó él. ¿Serán realmente mágicas?"

–Sí, ¿qué necesitan? –nos vuelve a preguntar la mujer de la entrada al puerto.

–Venimos a ver al señor Suárez.

–¿A cuál Suárez? ¿A Mauricio?

–Sí, a él –respondemos sin saber qué estamos diciendo.

–¿Tienen cita?

–Sí –mentimos.

–Un minutico –nos dice, y automáticamente levanta el tubo del teléfono para anunciarle que estamos aquí. Nos quedamos helados, pues descubrirá nuestra mentira y nos dejará nuevamente afuera. Mientras no le contestan, se va sumando cada vez más gente atrás nuestro para entrar. La empleada vuelve a intentarlo, mientras otras personas la apuran.

–Bueno, pasen –nos indica resoplando–, sigan por esta calle hasta el final, doblen a la izquierda hasta el muelle y van a ver un edificio amarillo; ahí está el señor Suárez.

Entramos sintiendo un enorme triunfo, aunque no tenemos nada resuelto. Caminamos hacia la oficina indicada, es un trayecto largo a pleno sol; podemos sentir el calor intenso irradiado por el pavimento y los contenedores que nos rodean. Finalmente llegamos, un cartel en la puerta del edificio anuncia: "Departamento Comercial". Nos damos un apretón de manos antes de entrar deseándonos lo mejor.

Ingresamos a unas oficinas separadas por paredes de vidrio: a nuestra izquierda vemos gente inmersa en su trabajo. A la derecha, una oficina muy linda con una mesa redonda donde se encuentran cuatro hombres vestidos impecables, hablando de trabajo y tomando un tintillo, como ellos llaman al café. Suponemos que uno de ellos debe ser el jefe, tal vez sea Mauricio.

Nos presentamos ante la secretaria. Ella levanta el teléfono y marca el interno. Quien atiende es una persona de cuarenta y pico de años, de pelo castaño oscuro, alto, apuesto y que inmediatamente nos dirige su mirada. Cuelga, se levanta y viene a nuestro encuentro.

–Mauricio Suárez, ¿en qué les puedo servir? –se presenta a la vez que nos extiende la mano.

¡En qué nos puede ayudar, nos pregunta! En algo que solos no podemos, en algo que cuesta 1500 dólares cuando nosotros sólo contamos con 200. Sentimos un poco de vergüenza, pero su ofrecimiento nos anima y usando las palabras mágicas decimos:

–Somos Candelaria y Herman, estamos cumpliendo nuestro sueño de viajar de Argentina a Alaska y necesitamos su ayuda. ¿Usted nos puede ayudar?

El hombre nos mira a los ojos mientras le hacemos el pedido y, sin dejar pasar un segundo, contesta con total naturalidad:

–Claro que sí, ¿qué puedo hacer por ustedes?

–Tenemos este auto –le explico mientras Cande le muestra una foto–, con él estamos viajando y necesitamos cruzarlo a Panamá.

–¡Vamos a hacerle la vuelta! –exclama el señor Suárez con un gran entusiasmo–. Tengo la persona ideal para esto, seguro le encantará ser parte. Llame a Hortensia –le indica a su secretaria–. ¡Este auto tiene que salir del Puerto de Barranquilla!

180

–casi grita como si él fuese parte del viaje. Y apenas una mujer pelirroja de unos cincuenta años asoma por la puerta, Suárez le empieza a decir con mucha alegría–: Horte, ¡tienes que conseguir un barco! Estos chicos están haciendo algo increíble, tenemos que apoyarlos en todo. El Puerto de Barranquilla tiene que ser el puerto de salida de Sudamérica –la mujer lo mira con la boca más que abierta.

–Ehemmm... ¿Señor?... –le llama la atención la secretaria, señalando con la cabeza a la gente abandonada en su oficina.

–¡Uh, la reunión! Me olvidé... –nos comenta con cara de sorprendido–. Horte, encárgate tú, pero cuenta conmigo para lo que necesites y tenme al tanto de todo. ¡Este carro tiene que salir de Barranquilla! –le va diciendo mientras vuelve a su oficina.

No podemos creer lo que escuchamos, estamos atónitos.

–Nunca lo vi tan entusiasmado. ¿Qué es lo que tengo que conseguirles? –indaga Hortensia aún sin entender.

Entonces le contamos detalladamente todo. Percibimos que estamos en manos de una persona de energía súper positiva. No hace otra cosa que decirnos que ella revolverá todo el puerto para conseguir un barco.

–¿Y dónde están parando? –nos pregunta.

–En un hotel que... –sin que podamos decir más nos interrumpe.

–Déjenme ver qué puedo hacer. A mí me encantaría que se quedasen en casa, pero mi marido Francisco trabaja allí. Le voy a preguntar. Él es artista y se la pasa pintando cuadros.

–No se preocupe –respondemos realmente agradecidos.

Nos deja con la gente de la oficina: todos están encantados con nuestro sueño, felices porque serán parte. Entre ellos se empiezan a decir nombres de posibles empresas, de barcos... Mientras tanto Hortensia entusiasmadamente habla con su marido a la vez que grita nombres de quienes quizá nos quieran llevar a Panamá. Tras colgar el tubo del teléfono, se acerca a nosotros y nos informa:

–Están invitados a casa. Mi marido está feliz con la idea de hospedarlos. Además es paisano de su tierra.

Hemos venido hasta aquí para ver la posibilidad de conseguir ayuda y nos vamos con la seguridad de obtenerla, más hospedaje mientras dure la búsqueda. Estamos totalmente asombrados. Nos sorprende que tanto nos haya costado pedir colaboración y que ahora nos la brinden con un enorme entusiasmo. Pedir ayuda no es malo, es compartir, es invitar a otro a ser parte.

Nos quedamos en la oficina. Aquí no hay relación jefe / empleado, sino que existe un vínculo de equipo. Y así entre todos bosquejan una estrategia para conseguir el barco. Mauricio, apenas termina su reunión, entra con ganas de saber cómo va todo:

–¿No es una barraquera fascinante lo que están haciendo estos chicos?

–¡Me voy con ellos a Alaska! –le responde Hortensia, a quien se le suman otros de la oficina.

Nido abierto

Al finalizar la jornada de trabajo, seguimos a Hortensia hasta su casa. Tenemos nervios de incomodar, con que nos ayuden a cruzar a Panamá ya es muchísimo y además no sabemos cuánto tardarán los trámites y la búsqueda de un barco.

181

–Hola, mi amor. Ellos son los chicos sobre los que te conté, Candelaria y Herman –nos presenta Hortensia a su marido, a medida que entramos a un cuarto lleno de óleos. Su taller posee vista al mar siendo más que luminoso e inspirador. Vemos lienzos de todos los tamaños sobre atriles y en las paredes, mil formas de pinceles y apretados pomos de pinturas desparramados. Detrás de uno de los atriles está Francisco agregando pinceladas.

–Hola, viajeros –nos extiende la mano manchada en colores un hombre de bigotes, barba, pelo de color gris oscuro y mirada cómplice. Viste medias hasta la rodilla, bermudas, musculosa blanca... presenta mucha personalidad.

De inmediato la mujer nos muestra donde vamos a dormir. Será rodeados de pinturas y murales, muchos hechos por el dueño anterior, otro pintor llamado Obregón. La casa tiene un jardín terraza sobre el acantilado. Estamos en un lugar llamado Puerto Colombia, un sitio con una excepcional vista a un movido mar que escuchamos chocar y chocar incesantemente contra el acantilado. Todo resulta inspirador, se siente una energía muy fuerte que constantemente se renueva con iones positivos cargados en el mar y traídos hasta aquí por la brisa. Nos miramos con Cande sin poder creer lo que nos está sucediendo, lo que estamos viviendo. En un abrazo lleno de alegría, nos quedamos mirando el mar Caribe.

Acercándose sin que lo escuchemos se nos pone a la par Francisco, que nos da la bienvenida a su mundo. Nos convida con dos vasos de panela bien fría con limón. Le volvemos a agradecer el recibirnos en su casa y nos dice:

–Mi casa es como un nido abierto, donde pájaros de todos los lugares reposan a su paso, trayéndome distintos cantos y cuentos, dejándome con sus plumas un colorido infinito.

Al día siguiente, Hortensia y su equipo del puerto nos organizan una ronda de prensa y en un solo día somos entrevistados por doce medios. Hacernos famosos le facilitará a Hortensia explicarles quiénes somos y solicitarles la ayuda que necesitamos a las empresas. Otros periodistas se acercan por la tarde a la casa, y por la noche somos nosotros quienes vamos a ver a algunos periodistas. No creo que en todo el viaje, hasta ahora, hayamos tenido una jornada tan estresante como ésta.

Los días comienzan a transcurrir, el tiempo pasa sin que sepamos con certeza qué empresa nos llevará, pero no es difícil esperar en esta casa donde un mundo de cosas nuevas se nos abre ante los ojos. Y la imagen del país Colombia que teníamos antes de entrar, ya nada tiene que ver.

Hortensia se dedica cotidianamente a nuestro tema, revuelve mar y tierra siempre con la misma tenacidad. Finalmente, tras una semana de habernos conocido, llega a la casa con la primera novedad:

–Chicos, les conseguí una empresa que los quiere llevar, sus barcos van a la isla de San Andrés, en el Caribe, y desde allí hay un barco que vuelve a Costa Rica vacío. Sólo nos faltaría hablar con el dueño del barco que va a Costa Rica.

El atrapa sueños

Durante estos siete días en la casa, nosotros pusimos en marcha una idea, para hacernos de dinero. Un artesano que nos hospedó en Rodadero junto a otros artesanos

nos enseñó todas sus técnicas. Estábamos buscando hacer algo diferente y ellos, en vez de guardarse el secreto de sus trabajos, nos lo enseñaron. Uno nos dio la receta de una masa para hacer figuras, otro nos explicó cómo crear artesanías con imanes. Nuestra idea era y es hacer algo más económico que las pinturas, porque mucha gente nos quiere comprar para ayudarnos, pero no le alcanza para un cuadro. A aquel artesano que fue nuestro anfitrión, se le ocurrió que hiciésemos llaveros de bronce con nuestro logotipo, y que parecen no muy difíciles de hacer. Así que ahora, en Puerto Colombia, compramos placas de bronce, pinturas, ácidos y moldes. Pusimos manos a la obra y todos nuestros intentos... son un total fracaso. Yo abandono al cuarto, me parece una tarea muy delicada y difícil. Además insume mucho tiempo tanto hacerlos como limpiarlos. En cambio Candelaria, por haber invertido "tanto" y por su increíble terquedad, sigue intentándolo, enojada conmigo por haber desistido.

Entonces llega de visita un amigo de Francisco, Mario Tarud, quien enseguida ve a mi mujer luchando con los ácidos y me hace una de las preguntas más comunes del viaje:

—¿Cómo se subvencionan?

—Con cuadros que pinta Candelaria y que yo enmarco. Pero estamos buscando algo mucho más accesible y que esté relacionado con el viaje.

—A ver... denme unas fotos, voy a ver qué se me puede ocurrir.

Al día siguiente, regresa con el prototipo de una postal: al frente presenta una foto nuestra y al dorso el mapa con el recorrido, el logotipo y el nombre del viaje. Mario además nos muestra una pequeña libreta con la misma foto en la tapa y en la contratapa el mapa, y algo muy lindo que ha escrito sobre nuestro sueño. Incluso tituló la libreta: "El Atrapa Sueños: Para que no se te escapen". La propuesta es que la gente escriba sus propios sueños en las hojas en blanco que trae. Entusiasmado nos imprime 1000 postales y 800 libretas que queremos pagar pero no nos dejan hacerlo, ni él ni nuestros anfitriones.

Llega Semana Santa y qué mejor lugar para probar la venta de nuestras postales y libretas que Cartagena. Allí vamos todos: Francisco, Hortensia, Mario, su novia y nosotros a hospedarnos a una fabulosa casa de un amigo de Horte.

Entramos de una forma triunfal a la ciudad amurallada de Cartagena de Indias. Está igual que en el año 1700: bellísima por donde se la mire y se la viva. El Caribe frente a ella, rodeada de castillos llenos de historias de piratas, bucaneros y fantasmas. En un clima siempre de playa... ¡y qué playas!

Durante el fin de semana largo de nuestra estadía, todas las tardecitas y hasta entrada la noche, estacionamos el Graham en la plaza Santo Domingo, un lugar con mucha vida. Mesas de bares en la vereda llenas de gente que disfruta de la fresca y de espectáculos improvisados, cuyos actores buscan propina. Además hay muchos artesanos a los que nos sumamos con el auto, las postales y las libretas.

La postal es un éxito. Todos quieren ser parte de alguna manera, les encanta saber que con cada compra de una tarjeta podemos comprar un litro de gasolina. Y las libretas... se venden, pero la gente se desilusiona al encontrar sus hojas en blanco, pues imaginan leer allí sobre el viaje y cómo atrapamos nuestro sueño.

–¿Y por qué no? –despierto a Cande al día siguiente.
–¿Por qué no qué?
– Despiértate. Escúchame. ¿Por qué tenemos que esperar a terminar el viaje para escribir un libro? ¿Por qué no escribimos lo que vivimos hasta acá y ahora?
La idea de escribir un libro se venía gestando en los últimos tiempos para realizar al final. Y la libreta es el puntapié para concretarla.

Inspiración

Es llegar a Puerto Colombia a la casa de las inspiraciones y empezar a escribir.
Cande no quiere abandonar los llaveros y durante unos días más sigue luchando con los ácidos y las breas. Mientras tanto yo le doy para leer lo que escribo. Así también ella empieza a entusiasmarse, a escribir y a corregir mucho de lo mío. Y ¡al fin se ha olvidado de los llaveros ilegibles!
Por su parte, Horte continúa comunicándose con las empresas de barcos. A la que va de San Andrés a Costa Rica no la puede ubicar, pero no importa: han aparecido dos ofrecimientos más.
Uno es de una compañía que viaja sin regularidad a muchas islas y a la costa pacífica de Colombia, pasando por Panamá. Su dueño está encantado con la idea y es la opción que elegimos, pero pronto nos comunican que el barco sufrió un contratiempo en una isla del Caribe y que no se sabe cuándo volverá.
La otra posibilidad es Evergreen, una enorme empresa de origen taiwanés, que viaja semanalmente a Panamá. El único problema: no lleva pasajeros. Por lo tanto, ahora tenemos que ver cómo ir nosotros sin poder creer que el auto tenga ofertas para embarcarse y nosotros seamos la complicación.

Ya hace un mes y medio que estamos acá. Francisco y Cande pintan, yo escribo. Estamos todos inspirados contagiándonos la inspiración que se suma a la del lugar. A Francisco lo distraemos todo el tiempo. No porque sea nuestra intención, sino que él quiere ser distraído. Entre otras cosas, nos cocina comida típica argentina, que tanto extrañamos, y siempre se toma un tiempo para que ambos juguemos con los naipes al truco, mientras Cande pinta frente al mar. La amistad se va fortaleciendo con Hortensia y Francisco como con los amigos de ellos. Casi todas las noches se arma una reunión en la casa que nos mantiene despiertos hasta tarde. Donde llegamos a probar unas enormes hormigas "culonas" que comen como una delicates.

Cada sapo está en el pozo que quiere

Estamos tomando mate en el balcón y mirando al mar.
–Che, Francisco, ¿cuándo empezaste a pintar? –le pregunto.
–¡Uf! Hace mucho tiempo, y no empecé a pintar porque quise. Cada vez que mi madre me retaba por algo, me mandaba al patio y como penitencia me hacía pintar las ma-

cetas de sus plantas. Me fue gustando eso de ir mezclando los colores y dar vida a lo imaginado –hace una pausa momentánea y mira sin fijar la vista, como si hubiera vuelto a su infancia, a su tierra salteña–. Cuando crecí un poco me anoté para estudiar pintura y arte, pero me dijeron que no porque aún era muy chico y además no había más cupo. Sin embargo, insistí hasta que me tomaron un examen, pero cuando busqué los resultados no llegaba al puntaje. Me dijeron que no sabía pintar y les respondí: "Es que a eso mismo vengo, a que me enseñen a pintar". Y ese año hubo un alumno más que el que permitía el cupo, y así empecé a estudiar –acaricia el mate con sus manos llenas de colores–. Al tiempo mejoré y me inscribieron en un concurso. Gané y me dieron una beca para ir a estudiar a la capital, a Buenos Aires, una ciudad más que soñada por mí. Desde ese entonces nunca dejé de pintar. Es lo que me motiva, lo que me gusta, lo que quiero, y es por eso que sigo pintando.

–¿Siempre te permitió vivir y estar bien?

–No, no siempre. Muchas veces estuve mal. Muchas veces no lograba vender mis pinturas, pero nunca dejé de pintar. Por etapas subsistía pintando un mural, un fresco… Y cuando casi tocaba fondo, aparecía una posibilidad para viajar a exponer a México o a Cuba o a España; así volvía a empezar. Sí, varias veces bailé con la más fea, pero peor hubiera estado si hubiese hecho algo que no me gustase por el solo hecho de que me permitiese vivir. Así que nunca dejé de pintar: pintar es mi vida.

–¿Y qué hubiese ocurrido si fracasabas?

–Muchas veces fracasé ante los demás, pero pocas ante mis ojos… Una forma de fracasar en la vida es haber conseguido muchísimo, pero de lo que no necesitamos, y nada de nuestros sueños. Es llegar a la muerte y ahí ver que no nos llevamos nada de esta vida, que todo lo material queda aquí. Sentirse fracasado es saber que ya falta muy poco para morir y que a la vida no la hemos vivido. Todos buscamos la admiración, el respeto y la estima de la sociedad, para ello tratamos sólo de hacer y de conseguir lo que ella exige tener, dejando de lado mucho de lo que nosotros

185

queremos y deseamos. La sociedad rechaza a los fracasados, pero entre los que ella muestra "exitosos" hay muchísimos fracasados.

–También influyen mucho en tu éxito o en tu fracaso la educación y el medio que te rodean –le comento.

–Es muy importante la educación de tus padres y el trato de ellos hacia ti, como también tu colegio y la sociedad en la que creces. No obstante, no puedes responsabilizarlos de tu forma de vivir y de tus fracasos. Tienes la inteligencia para cambiar lo que sea necesario, para lograr ser quien quieras ser. Si tu persona no encaja en el mundo que te rodea, si te sientes incómodo haciendo lo que supuestamente te gusta, y todos te miran como sapo de otro pozo, pues así es: no estás en tu lugar. Pero no cambies, búscate otro pozo, encuentra tu lugar, aquél en que el mundo que te rodee sea tu mundo. Solo tú eres responsable de tu persona, no busques tus excusas en los demás –son las palabras de Francisco, hombre de arte y de mundo.

Yo continúo conversando con él, pero Cande, que está junto a nosotros, está sumida en sus pensamientos:

"¡Qué espectacular hubiese sido nunca haber dejado de lado lo que realmente me gustaba hacer! ¿Por qué fui y soy tan frágil ante el sistema? O mejor dicho, ¿por qué me lo auto-impongo? Hacer lo que uno quiere suena maravilloso. ¿Por qué, en el momento de decidir, elegí hacer lo que creía necesario y no lo que deseaba? Siempre le otorgué prioridad a otras cosas.

Antes de salir de viaje, trabajaba con mi padre, quien es perito médico. Yo estaba a cargo de un sector de su oficina, al igual que mis otras dos hermanas. Mi padre es un hombre emprendedor y muy capaz en su profesión, y el hecho de trabajar con mi familia me gustaba.

Pero si tengo que hablar del trabajo en sí, no era lo que quería para mí, que estudié durante seis años la carrera de Ingeniera Zootecnista. Me interesaba la producción animal y estar en contacto directo con el campo, sin embargo a los dos años de recibida estaba escuchando a pacientes con problemas y a astutos abogados en una oficina ubicada en plena ciudad capitalina. Por supuesto que sabía que eso no era para mí, pero ahí estaba.

Igualmente trabajé con mucha tenacidad, pues la consideraba una empresa familiar. Aprendía mucho, me sentía cómoda con mis hermanas y mi padre, y hasta podía pedirle un día libre cuando quería. Pero la comodidad es un arma de doble filo: en mi caso, me fue más cómodo trabajar con él que salir a buscar lo mío. Lo intenté, pero ahora me doy cuenta de que no lo suficiente. El miedo me pudo, no me animé y para evitar correr riesgos elegí lo más sencillo: el sí seguro. Me resguardé en las típicas frases: "Necesito trabajar", "Ahora trabajo en esto, pero en el futuro me voy a dedicar a lo mío". Y es verdad, necesitaba vivir, pagar las cuentas, la casa en construcción, y para eso consagraba mi tiempo y dedicación… Pero ¿quién sabe si habrá futuro?"

Cande mira el mar de horizonte infinito, puede sentir la sal en la brisa cálida de la tarde. Otro día pasa, dejándonos tanto que pensar.

El dibujante de sonrisas

Cuando recorremos la ciudad de Barranquilla, la gente nos saluda. Casi todos de alguna manera escucharon de nuestro viaje. "¡Para allá no es Alaska!", nos gritan

cuando vamos en sentido contrario a nuestra meta o "Ahí va el Consentido", refiriéndose al auto, que en el camino va sumando apodos. En Venezuela, "El carrito de los
sueños" y "La carcachita viajera"; en Perú, "El dibujante de sonrisas"; en Chile, "La
burrita de las ilusiones"... Pero nosotros aún no le pusimos nombre, no sabemos cuál
de los apodos le queda mejor, así que por ahora lo llamamos "Abuelo Graham".

El "Consentido" ya ha visitado tres talleres mecánicos de Barranquilla. Pues todos
quieren hacerle algo: en uno lo cromaron, en otro le arreglaron un bollo que le hice con
un poste y en el tercero, un chequeo completo. Incluso quienes no tienen talleres nos
buscan para hacerle algo, por ejemplo un señor copió las manijas y otros faltantes.

En todo este recorrido, el único de los tres que ha sabido conservar su elegancia
y estilo en cada momento fue el Graham. Ha transitado caminos de ripio, polvo, barro, selva, montañas y ríos, aun así sigue con su impecable frac azul, esbelto, robus-
to y devorando cientos de kilómetros aferrado fielmente a sus finas ruedas de tractor.

Sus 40 kilómetros por hora demuestran cierta parsimonia, haciéndonos percibir el
paisaje, el tiempo e incluso a nosotros mismos de otra manera. Por su parte, el Abuelo
se siente totalmente ecológico: pues posee un prontuario libre de crímenes de animales
e insectos, dado que con su velocidad les otorga tiempo para que todos lo esquiven.

Nada lo frena en su caminar campante, su carácter bohemio y de libertad. Su música cíclica de válvulas y cilindros nos acompaña en nuestras conversaciones convir-
tiéndolo en nuestro mayor confidente que conoce nuestro sueño como la palma de
sus ruedas.

La fiesta de "El Consentido"

Marchamos en una caravana organizada por Alex, un nuevo amigo, con el Club
de Autos Antiguos de Barranquilla hacia el puerto. Donde la fiesta continúa para despedir al Graham que se va a Panamá sin nuestra compañía. Nos precede una grúa con
sirenas y parlantes que anuncian nuestro viaje, y nos siguen montones de autos. Han
venido muchos amigos que nos hicimos durante nuestra estadía aquí, pero también
montones de desconocidos que se acercan a "El Consentido".

En el puerto Hortensia organizó el show y trajo a todo Barranquilla. Hasta la empresa de cerveza Águila se ha hecho presente con dos promotoras y cerveza gratis para quien quiera. Se acercan muchas personas, entre ellas los periodistas a quienes les
agradecemos nuevamente tanto apoyo y cariño recibido.

Y como si esto fuera poco, Horte nos tiene una sorpresa más:

–Ahoritica chicos, siéntense, porque cuando les cuente esto se van a caer al piso: el
dueño de Coremar, como no pudo llevarlos en su barco, ¡quiere pagarles el avión a
Panamá!

–¡No! ¡En serio! ¡No te puedo creer! –exclamamos al unísono con Cande.

El festejo continúa hasta la noche. Cuando se llevan nuestro auto al depósito, lo
acompañamos. Luego quedamos un ratito a solas. Nos gusta este momento. Recordamos juntos el primer día que llegamos al puerto:

–Cande, ¿te acuerdas? No nos dejaban entrar al puerto, parecíamos unos pollitos
mojados. Cuando lo logramos, pedimos ayuda y todo se nos dio, aun mucho más
de lo que pedíamos. Fue acercarse y la gente recibirnos. Fue contarles el sueño y la
gente... sumarse –le digo.

–No sólo eso, sino ¡con qué gusto lo hicieron! Los quiero tanto que no me quiero ir, los voy a extrañar –me comenta Cande con sus ojos brillosos por lágrimas que quieren y no quieren caer.– Si no lo hubiésemos intentado de nuevo, nos hubiésemos perdido de tanto...

–Hay que intentarlo una y otra vez, golpear una puerta y otra, siempre va a haber alguna que se abra.

Cuando uno cambia, el mundo cambia

A la noche siguiente, continuamos celebrando, pues Javier Redondo, gerente de la empresa de los movimientos portuarios que nada cobraron, nos lleva a bailar merengue a tres lugares distintos. Y al siguiente, a bucear para festejar el cumpleaños de Cande.

Cuando estamos en el bote de buceo yendo a los corales, nos pregunta por Colombia y por los colombianos.

–Cuando salimos de Argentina, no planeamos venir para acá. Y a medida que avanzábamos, nada nos hacía cambiar de opinión. Pero una vez en Venezuela, decidimos venir, aunque teníamos muchísimos miedos.

–¿Por qué cambiaron de opinión?

–Porque ya habíamos visitado muchas ciudades a las que nos habían recomendado no ir por lo peligrosas que eran. Cada una de ellas resultó todo lo contrario y a ninguna nos arrepentimos haber ido. También porque creció la fe en nosotros mismos y en alguien que nos está cuidando. Aprendimos que cuando estás cumpliendo tu sueño nada malo te va a pasar…

–¿Y cómo encontraron a Colombia?

–No sé si es porque nos imaginábamos todo mal que nos parece todo demasiado bien. No sé si es por tanto que nos ayudaron o por la forma en que nos recibieron, pero estamos encantados. Nos duele muchísimo ver esta guerra en la que, como en toda guerra, nadie gana –le cuento.

–El que usa la violencia, no usa la inteligencia –agrega Cande.

–¿Qué cambiarías de Colombia? –lanza Javier.

–Mira, es como si me preguntases cómo cambiaría al mundo… –me quedo pensando cómo hacerlo. ¿Cómo? Pienso, mi alma y mi rostro se iluminan. Lo tengo, recién ahora lo veo, pero siempre estuvo delante de nosotros–. No tenemos que cambiar al mundo, el mundo es perfecto. Miro este mar, recuerdo esas montañas y esa gente que siempre nos ayudó, nos recibió y nos alimentó. Son perfectos, es perfecto, no hay nada que cambiar.

–Sí... pero ¿las guerras?, ¿las tiranías? –me inquiere Javier.

–Es justo lo que digo, el mundo es perfecto, es uno el que tiene que cambiar para bien. Uno tiene que cambiar y exigir el bien, no dejarse manejar por quienes nos inculcan miedo, orgullo u odio. Tenemos que decir lo que hay que decir, exigir lo que hay que exigir, dar lo que hay que dar y más también. No tratemos de cambiar el mundo, cambiemos nosotros, nosotros somos los que necesitamos cambiar. Cuando uno cambia, el mundo cambia.

Por la noche, aún empapado de estas ideas, me siento a escribir:

En mi hogar, no quiero armas
porque fueron hechas para matar.
En mi hogar, no quiero gritos
porque el que grita no escucha.
En mi hogar, todos tienen voz
porque todos tienen voto.
En mi hogar, no quiero nadie con hambre
porque aquí para todos hay comida.
Quiero mi hogar en paz y armonía.

No hay lugar como

Mi hogar

El sueño de todos

Con llantos despedimos a Francisco y a Hortensia. Durante todo este tiempo nos hemos convertido en una familia, y ahora quién sabe si nos volveremos a ver. Adiós a Colombia. Nos costó muchísimo llegar. Existían miles de motivos para no venir, pero más nos cuesta irnos. Nos enamoramos justamente de aquello sobre lo que nos alertaron que nos cuidáramos, de su gente. El miedo que sentimos lo fuimos perdiendo poco a poco gracias a los colombianos, quienes se destacan por su solidaridad, dulzura y extrema amabilidad. ¡Lástima que esto sólo se descubra al estar aquí y que los medios no lo muestren!

Aún conmovidos por la despedida, llegamos al aeropuerto de Cartagena, donde esperamos el vuelo a Panamá. Lo único que no encaja es que llegaremos el sábado a la mañana y que al auto no lo podremos retirar hasta el lunes a la mañana. ¿Deberemos pagar dos noches de hotel en la ciudad de Panamá? No sabemos dónde vamos a dormir, pero "a caballo regalado no se le miran los dientes", y hacia allá vamos.

Tomamos asiento en el avión, nos abrochamos los cinturones y aguardamos el despegue:

–Mil disculpas, pero por desperfectos técnicos tendremos una demora, por lo que solicitamos tengan a bien descender nuevamente. Mientras resolvemos el desperfecto les brindaremos un almuerzo en el restaurante del aeropuerto. Sepan disculpar las molestias ocasionadas.

Los pasajeros bufan y maldicen la demora, algunos la pérdida de sus vuelos de conexión a otros lugares. En cambio nosotros estamos felices y nos miramos con Cande adivinando nuestros pensamientos: ¡almuerzo gratis!

Mientras comemos conocemos a una pareja y también a Martín, todos argentinos. Él es un viajero que gastó hasta su último centavo en estas tierras y al que ahora le quedan en sus bolsillos tan sólo los billetes para costear la tasa de embarque y el colectivo hasta su casa en Buenos Aires. Es otro de los nuestros, pues le viene muy bien el almuerzo de arriba.

Los tres están fascinados ante nuestra hazaña:

–¿Cómo se animaron? Yo no podría, hay muchísimos riesgos –la argentina nos pregunta lo que ya mil veces nos han preguntado.

–Hay que animarse, somos como barcos, desde que nacemos nos van armando y preparando para alta mar, nos van construyendo para que sepamos qué hacer ante vientos y tormentas. Nos van enseñando que hay un mundo enorme afuera de siete mares, de seis continentes. Y es antes de estar listos que queremos salir, cuando todavía somos pequeños y aún nos siguen preparando. Y en el momento en el que sí estamos listos para zarpar, cuando nuestros cascos y velas están más fuertes que nunca, es cuando no levantamos anclas… Sentimos que algo nos falta, que aún no estamos listos, porque hay tormentas, porque hay… Somos barcos, en el puerto estamos seguros, pero no fuimos construidos para eso.

El encanto de la conversación es interrumpido al ser llamados todos los pasajeros por los altoparlantes:

–El desperfecto es mayor y debemos esperar un repuesto de Panamá. Por lo tanto, les daremos alojamiento en un hotel cinco estrellas con cena incluida, hasta solucionar el problema.

Los pasajeros maldicen a la compañía mientras nosotros saltamos de alegría. Nos encanta la idea de pasar una noche más en Cartagena, y más en un hotel así.

Contratan un ómnibus para todos y nos llevan hacia el hospedaje de lujo. Una vez arriba, junto al resto de los pasajeros, noto que Martín se encuentra muy ansioso:

–Denme las postales, las que les imprimieron acá en Colombia –me ordena.

Le doy un puñado, aún sin entender para qué. Entonces se para en el frente del ómnibus y:

–Señoras y señores –comienza logrando la atención de todos–, acá tengo para todos ustedes unas postales maravillosas –mientras las muestra bien en alto–, de aquella pareja que está sentada allá en el fondo –todo el micro se da vuelta para mirarnos. No sabemos dónde meternos, no podemos creer lo que está haciendo–. Ellos están haciendo algo que todos soñamos alguna vez. Yo quiero ayudarlos y mi forma de hacerlo es que ustedes los ayuden. Ellos están viajando… – mientras les cuenta del viaje, el caradura de Martín, como si fuese el mejor vendedor ambulante, reparte las postales y en una cajita va juntando la contribución de cada pasajero, que por cierto resulta muy buena.

Cuando termina, se sienta junto a nosotros:

–¿Qué hiciste, Martín? –le pregunta Cande.

–No sé, pero cuando vi todos esos ojos que me miraban, sentí un calor y una vergüenza dentro de mí que me pregunté qué estoy haciendo acá… –larga un suspiro y con cara de felicidad agrega–, me siento súper bien, quería hacer algo por ustedes. Y lo hice. A bordo de este auto –nos dice señalando la postal– ustedes encarnan todos los sueños de cada persona: sueños de aventura, viajes, amor y libertad. Cargaron en un auto lo que todos quisiéramos cargar en una vida. Los admiro y hasta diría que los quiero, recién los conozco, pero los quiero mucho.

El hotel es maravilloso: vista a las playas del Caribe, dos camas de dos plazas, como si fuera a venir a dormir otra pareja más; montones de toallas de distintos tamaños, que no tenemos idea para qué son; jaboncitos, perfumitos, champucitos, folletitos, y muchos otros "itos" que seguramente hacen sentir muy conforme al que paga un hotel cinco estrellas.

Luego de una cena espectacular y de una última visita a la noche de Cartagena, nos echamos a dormir entre almidonadas sábanas blancas sin parches. Súper abrazados nos quedamos dormidos…

"¡Ring, ring!" ¡Maldita sea! Cuarto de cinco estrellas con teléfono incluido, ¡cómo me gustaría que no lo tuviera! Es el conserje: "Mil disculpas, pero el avión está reparado y dentro de veinte minutos los recogerá el ómnibus para irse." Entre sueños, sólo atino a preguntarle la hora: "Las dos de la mañana, señor".

Nos levantamos como niños que recién han entrado al parque de diversiones y que tienen que abandonarlo por algún motivo de sus padres. Mientras preparamos las cosas vemos esa almohada que aún nos llama, ese televisor que tiene muchas películas por ver, ese baño con agua caliente que seguro duraría tanto tiempo como quisiéramos ducharnos y… ese teléfono, que todo lo arruinó.

Finalmente, llegamos a Panamá casi a las cuatro de la mañana. A todos aquellos que perdieron las combinaciones con otros vuelos les otorgan una habitación en un hotel muy cercano al aeropuerto.

Miro para un lado y para el otro, no encuentro a Cande. La empiezo a buscar más detenidamente y la veo en el lugar menos pensado: en la cola de las personas que están recibiendo habitaciones de hotel. La miro con cara como diciéndole: "¿Qué haces?". Ella me responde con un gesto que delata: "No sé, ya veré".

Es la última de la fila, y llega su turno. Me acerco de espaldas, para poder oír sin ser reconocido. El hombre de la compañía le pide el pasaje, lo mira sin comprender:

–Señorita, su pasaje es para Panamá y usted está en Panamá…

–Sí, pero ¿ahora que hago? Son las cuatro de la mañana, no tengo idea de cómo llegar a la ciudad ni sé a qué hotel ir. Nosotros deberíamos haber llegado al mediodía de ayer, con toda la luz del mundo… ¿No va a pretender que a esta hora me ponga a buscar hoteles?

–Sí, entiendo. Tiene razón, aquí tiene habitación con desayuno. Tome un taxi que nosotros lo pagamos.

¡Ja! ¿Qué tal la petisa? ¿Eh? Se consiguió una habitación.

Panamá y Costa Rica

desde Colombia

Pto. Limón
San Carlos
Pto. Viejo
Bocas del Toro
Colón
Panamá
San José
Montezuma
David
Manuel Antonio

PANAMA
V·I·E·J·O

COSTA RICA

Entramos el 7/06/2001 por Aduana
Sixaola con $ 130

• Donación pagos de Seguro
  por Bermont Rojas
  Permiso circulación x 1...
  Galletas
  Comida (Puerto Vie...

  Comida
  Agua
• IN...
• Iva...
  Arreglo Va...

Hasta aquí

Tiempo de viaje . . .1 año y 4 meses

Kilometraje . . . . .21.219 km

BANCO CENTRAL DE COSTA RICA

5

CINCO COLONES

Panamá

Unión de Mares

Nueva Etapa

Centroamérica, una nueva etapa seguramente llena de sorpresas. Nos encanta el no saber qué nos espera en estos países tan pequeños y que hoy empezamos a recorrer.

El auto está en el puerto, y sin él, nos sentimos raros. ¿Por qué tenemos que volar y embarcar el auto si el continente está unido? ¿Por qué si pudieron unir dos mares para que gigantes barcos puedan pasar, no pueden hacer un pequeño camino? Logran unir lo no está unido, y separar lo que ya naturalmente está unido. Escuchamos algunas excusas que sólo esconden el "divide y reinarás". ¡La próxima vez llego por tierra, cueste lo que cueste!

Despertamos en el hotel al que nos derivó la compañía aérea y nos vamos a la embajada argentina. Apenas les contamos nuestra situación, que necesitamos desembarcar el Graham, se ponen en campaña para conseguirnos algún despachante de aduana. Demuestran mucho interés por ayudarnos, pero consiguen precios y tiempos que están bien lejos de nuestro presupuesto. Así que nos presentamos ante la empresa que nos trajo el auto para agradecerle y de paso indagar por otro despachante... También sus precios nos asustan.

Permítannos ayudarlos

Decidimos ir directamente a la ciudad de Colón, donde está el auto esperándonos. Nos hospedamos en un hotel de muy, pero muy mala muerte. Borrachos y ruidos de mujeres que hacen su dinero no nos dejan dormir. Entonces salimos a caminar, aunque con temor. Pues no es ésta la Panamá que imaginábamos: la del Canal, con mucho comercio y grandes adelantos...

Con las primeras luces del día aparecemos en el puerto de la empresa. Es lindo saber que en alguno de esos tantos containeres apilados se encuentra el Graham; lo sentimos cerca y lo que más nos incita a verlo son sus aires de libertad.

Solicitamos los papeles que necesitamos para presentar ante los despachantes, a quienes aún seguimos buscando. Salimos de la terminal y a dos cuadras vemos una oficina de aduanas:

–¿Por qué no entramos y les preguntamos directamente a ellos por un despachante económico y rápido? –sugiere Cande.

La secretaria nos informa que no puede recomendar a nadie, que nos entregará un listado de agentes y que nosotros tendremos que llamar a cada compañía. Un señor, que está mirando unas carpetas detrás de ella, nos interrumpe: quiere saber qué tenemos que desembarcar. Le contamos del auto, del viaje y de nuestro sueño. Suficiente para que nos invite a su oficina y nos explique:

—No necesitan despachante, ustedes mismos lo pueden hacer. Permítannos ayudarlos, mi nombre es Ramón —y mientras nuestros ojos se agrandan y lo saludamos, él empieza a llamar a sus asistentes—. Tú escribe la carta de presentación por ellos, aclarando qué traen y con qué fin —señala a otro que espera órdenes—. Tú, busca los formularios, llénalos y cuando los tengas listos avísame —hace una breve pausa pensando qué más debemos hacer—. Herman y Candelaria, ustedes denme el título del auto y sus pasaportes. Los mandaré fotocopiar y yo mismo certificaré las copias —nos pide mientras seguimos incrédulos ante el revuelo que arma sólo para ayudarnos. Está tan entusiasmado que habla y habla sin darnos opción de decir algo—. ¿Qué talle de cintura tienes? —le pregunta indiscretamente a Cande mirándole su cuerpo—. Tenemos un montón de indumentaria confiscada que nunca fue reclamada y que me parece que les vendría bien… —manda traer la ropa.

Nos la probamos y tomamos café con leche mientras otros llenan nuestros papeles. Cuando todo está listo y nosotros vestidos, nos llevan en un auto al banco. Allí hay que pagar dos dólares de sellado.

—Esto es todo lo que necesitan —nos informan en la aduana entregándonos una carpeta.

—¿Cómo? ¿Ya está todo listo? Los despachantes nos habían dicho que se tardarían tres días en hacer los papeles, más gastos… Sólo hemos pagado el sellado.

—Sí, lo sé. Ellos lo hacen parecer más difícil y trabajoso, para justificar su cobro. A ver, Yarelis, llévalos hasta el puerto de Evergreen y quédate allí hasta que saquen el auto, no quiero que surja ningún problema a último momento.

Nos damos un abrazo comprometiéndonos a volver.

—Eso va a ser muy lindo de ver, los esperamos. Ahora vayan, que no les cierren el puerto…

Al Graham lo retiramos como si nada, sin ningún tipo de complicación ni de revisaciones. Imaginábamos que, como venía de Colombia, lo desarmarían casi por completo, pero sólo lo han desinfectado.

El reencuentro con nuestro inseparable compañero es emocionante, verlo nos llena de felicidad. Dentro del mismo container lo pongo en marcha, parece deseoso de salir a ver la luz y conocer nuevos caminos. Cande le da un beso, yo una palmada. Estamos nuevamente juntos.

Otra vez en el camino, nos vamos a la ciudad de Panamá. Cruzamos desde el Atlántico al Pacífico en sólo una hora y media.

Una vez allí, enseguida conseguimos dónde estacionar el auto y dormir: en una parrilla, un argentino muy feliz nos hace lugar y nos invita a comer las riquísimas carnes, que tanto extrañamos.

Crecer gracias a la necesidad

La ciudad es pequeña. Contrastan los prósperos edificios de empresas extranjeras con los pobres barrios de los locales. La ciudad fue fundada en tres lugares distintos: la primera vez quedó totalmente en ruinas tras el paso de los piratas; la segunda conformación es la actual Panamá vieja, que poco a poco recupera su belleza y la tercera, es la moderna.

En la plaza de la Panamá vieja vendemos las postales mientras esperamos al embajador y a su señora española, quienes nos invitaron a comer. Viajan por su trabajo, pero sobre todo por placer, y este punto en común provoca una amena charla.

–¿Qué fue lo mejor que les pasó en el viaje? –nos pregunta la señora.

–Lo mejor fue quedarnos sin dinero.

–¿De veras? –dice muy sorprendido el embajador.

–Sí, aunque suene increíble, lo es. Antes, con dinero, éramos turistas que sólo pasábamos mirando un lugar. Ahora lo vivimos intensamente, con todas sus costumbres. La necesidad nos llevó a abrirnos mucho más hacia la gente y ella nos abrió sus puertas, compartiendo sus tradiciones, sus culturas y sus comidas. Cada persona nos enseña no sólo de su país, sino de la vida misma. Esto es para nosotros un aprendizaje continuo, que nos hace crecer y tener más deseos de seguir conociendo. Nunca uno termina de crecer, si se abre al mundo y a las personas –les dice Cande.

La miro como también lo hacen nuestros nuevos amigos y me doy cuenta de cómo Cande ha cambiado y crecido desde el comienzo del viaje. De la misma manera me siento yo, distinto.

–En cada lugar tenemos que hacer un poco de dinero –les explico–. Muchas veces algo funciona en un lugar, pero no en otro y se deben buscar cosas nuevas. Para eso nos tenemos que integrar, adaptar y aprender; convertirnos en unos lugareños más. Ahora sabemos lo que somos capaces de hacer gracias a la necesidad. Jamás habíamos imaginado fabricar artesanías, ni pintar, ni vender… Mucho menos, relaciones públicas. Además hemos conocido idiomas y otras religiones y nos hemos vuelto más sociables, humanos y creyentes. También aprendimos a organizarnos mejor, a observar, a escribir, a planear, a financiar. Hoy somos mejores marido y mujer, mejores compañeros, socios y mil cosas más… ¡Tantos aprendizajes y enseñanzas inesperados a partir de necesidades de inmediata solución!

–Todos creen que estamos de vacaciones, sin tener preocupaciones –agrega Cande.

–La calle es la mejor escuela y el mundo, como lo ven, la mejor universidad –concluyo.

Gracias por dejarnos recibirlos

Dejamos la ciudad después de haber recorrido su Canal, una obra que fue faraónica, y ahora resulta chica. Costó cuarenta mil vidas humanas y con la cantidad de suelo que se removió para ella se podrían haber construido sesenta pirámides egipcias.

Cruzamos el puente De las Américas, que apunta a Sudamérica, deseoso de unión. La panamericana lo cruza, pero a los pocos kilómetros muere en la nada.

Partimos ansiosos de conocer Centroamérica. Nos hemos propuesto manejar doscientos kilómetros para avanzar y recuperar tiempo.

Pero cuando a sólo 28 kilómetros nos detenemos para cargar gasolina, aparece una pareja que en un español quebrado nos invita a su casa. Quisiéramos decirles que no, preferiríamos avanzar. Sin embargo, con Cande estamos aprendiendo a ver las señales: nada es por nada, y aceptamos ir.

Se llaman Bob e Irene, son de Estados Unidos y trabajan como pastores de una religión de aquel país. Aquí poseen un terreno con una casa, en la que nos agasajan y sólo nos permiten descansar. Nos preparan el baño con toallas, jabones y perfumes. Mientras nos duchamos cocinan una cena riquísima y después de comer nos brindan su cuarto. Aunque quieren hacernos mil preguntas sobre el camino recorrido, se las guardan para que podamos descansar.

Por la mañana, tras un desayuno con jugos, frutas y panqueques, que un buen tiempo les habrá llevado preparar, nos despiden agradeciéndonos el haberles dado la posibilidad de recibirnos.

Una vez en la ruta, nos miramos cuestionándonos qué pasó ahí.

–Nos trataron como reyes y encima nos agradecieron –es el comentario de Cande.

Para quien precise atrapar su sueño

Apenas unos kilómetros después, empieza a gotear.

–¿Lloverá? –me pregunta Cande.

–Sólo es una nube pasajera –le respondo mirando la ventana. Sin embargo, esta "pasajera" parece venir con valijas súper cargadas, porque se larga un aguacero que ni siquiera nos deja ver el camino.

–Parece que a la "viajera" le gustó el lugar –acota Cande riéndose.

Cada vez que saco el escurridor para secar el parabrisas del auto me empapo todo y el vidrio sólo permanece seco por unos segundos. Es tanto lo que llueve que hasta tenemos goteras dentro del auto. Cande vacía una caja plástica y la pone debajo.

–Fíjate si ves dónde podemos parar –le pido, pues sólo diviso un camino con mucha selva y descampados.

–Ahí hay una tranquera, debe llevar a una casa –me dice.

Está abierta, así que entramos. Por un angosto camino llegamos hasta una casa con una enorme galería alrededor. Los pocos pasos que tenemos que dar desde el auto hasta la galería nos dejan hechos sopa. Toda una familia sale a vernos. La señora, que aparece desde de la cocina, limpiándose las manos en su delantal nos pregunta:

–¿Qué se les ofrece?

–No quisiéramos manejar con esta lluvia, ¿podríamos parar aquí hasta que pase?

–Esta lluvia no va a parar hasta la mañana: si quieren, pongan ese auto en el galpón y quédense a pasar la noche –responde el marido que se acerca para saludarnos.

–Claro, quédense. Pronto estará listo un caldo de res que estoy haciendo. Es riquísimo –intenta convencernos la mujer, aunque ya lo estamos.

Para sorpresa nuestra, hemos parado sin querer en la estancia más grande de Panamá, en la casa de su encargado.

Al día siguiente, nos lleva a recorrer gran parte de la propiedad. Vamos hasta la costa del mar, donde nos señala algunas islas que pertenecen a la misma estancia. Nos cuenta que quien la formó, al poco tiempo de lograrlo, llamó a su hermano que estaba en Europa para que lo ayude. Éste, al llegar murió de fiebre amarilla. Entonces llamó a otro hermano, pero éste en un breve lapso corrió la misma suerte. Entonces ya no llamó a nadie más.

Pasamos gran parte del día a la sombra de los árboles, rodeados de perros y gallinas, escribiendo y corrigiendo nuestro libro, el cual ya está tomando forma. Sin embargo, nos insume mucho más tiempo de lo que pensábamos y empiezo a dudar cuándo estará listo.

–¿Para qué estamos escribiendo un libro? –le pregunto a Cande.

–Porque allá afuera hay alguien que necesita un empujoncito para atrapar su sueño –me responde sin sacarle la mirada a lo que está escribiendo y dándome muchísimas ganas de también yo seguir haciéndolo.

–¿Los sueños tienen vida?

–Sí, cobran vida cuando se empiezan.

Eslabones del sueño

Paramos en David, una ciudad muy cercana a la estancia. Pues debemos pasar por la radio local, donde nos están esperando. Apenas llegamos, el dueño interrumpe la programación para ponernos en el aire. Él mismo nos hace la entrevista e incita a los oyentes a llamar y participar con preguntas.

–Tenemos un llamado, adelante –anuncia.

–Yo quisiera saber qué les pareció Panamá, ¿les gustó? –una muy típica pregunta de toda persona que quiere a su país.

–Panamá es increíble, unió dos mares. Ahora me gustaría que uniera Latinoamérica –respondo.

–¿Cómo se llama el país de donde vienen? –pregunta otro oyente que se perdió el principio.

–Mi país se llama Argentina, pero descubrimos que también tiene apellido: Latinoamérica. El mismo que de tu país, y esto nos hace hermanos. Además nuestra "Madre" Tierra es la misma, por lo tanto, todos somos hermanos.

La entrevista se desvió hacia qué maravilloso sería que estuviéramos unidos y la fortaleza que esto nos daría. Todos confluimos el mismo interrogante que tengo desde que estuvimos en Colombia: si hay continentes conformados por culturas, razas, religiones e idiomas totalmente distintos que están unidos, ¿por qué nosotros que todo lo tenemos en común seguimos separados?

–Déjenme recitarles una parte de un libro que leí de chiquito, el Martín Fierro –solicito–: Sean los hermanos unidos / Esa es la ley primera / Tengan unión verdadera / En todo tiempo que fuera / Porque si entre ellos se pelean / Los devoran los de afuera.

–Es cierto: la unión hace la fuerza –acota el periodista–. A ver, otro llamado. Adelante, por favor.

198

—Yo sólo quería saber si podría invitar a mi casa a estos viajeros –dice una señora con una voz muy dulce.

Cuando termina la entrevista, hacia allí vamos. La mujer nos recibe como a nietos queridos. Apenas terminamos la merienda, nos lleva a conocer a sus hijas y nietos. Ella goza de su familia, que es su tesoro, y nos cuenta la vida y obra de cada uno de los miembros.

Abraza a Alexandra, su nieta, y con palabras de admiración y estima nos dice:
—Ella es nadadora, una de las mejores de Panamá. Ya ha ganado muchas competencias: en la última representó a la provincia de Chiriqui, salió primera, ¡y ganó una medalla! –entonces Alexandra, que tendrá unos trece o catorce años, corre a buscarla. La trae colgada de su cuello con mucha alegría y junto a su abuela nos la muestra encantada. Nos leen a la par la inscripción de la medalla; es muy emotivo ver a toda la familia orgullosa de aquel triunfo.

Al día siguiente nos despiertan las risas y cuchicheos de todos los nietos. Han venido a despedirnos bien temprano, antes de ir a la escuela, y nos han traído una sorpresa que guardamos como uno de los mejores tesoros de nuestro viaje: la nieta campeona de natación nos entrega una cajita envuelta. La abrimos y ahí está su medalla, su bien más querido, uno que no se compra, sino que sólo se gana una vez y con muchísimo esfuerzo. Acaricia su trofeo y nos dice que nos lo llevemos para que nos acordemos de ella y de su familia. Le agradecemos el gesto con un enorme abrazo, estamos derretidos.

Nos despedimos con varios apretones de nuestra abuela panameña:
—Gracias por tanto cariño –le decimos.
—Yo quería aportar un granito de arena a este sueño –nos responde.
—No, abuela, no es un grano de arena, sino el eslabón de una cadena. Sin él, ésta se habría cortado.

Hay de todo

Dejamos el Pacífico rumbo al Atlántico. Pasamos por una cordillera baja que nos refresca. Vemos al costado del camino un puesto bien de campo, construido con materiales de la zona, sin paredes y atendido por un hombre mayor que, sentado a la sombra, nos regala una sonrisa sin dientes. Leemos un cartel grande escrito desprolijamente: "Mercado de campo de S. Pimentel. HAY DE TODO". Nos queremos reír, porque sólo vemos unas paltas y unas bananas. Eso es todo, nada más, pero nos detenemos. Pues es lo que necesitamos para almorzar.

Tras nuestra ligera comida, continuamos viaje. Mientras manejamos, corregimos nuestros escritos. Lo cual se suma a todo lo que Cande tiene para escribir. ¡Y ella que pensó que en el camino iba a tener tiempo de leer libros y de tejer!
—¿Anotaste los kilómetros de salida? –le pregunto.
—Sí.
—¿Y el nombre de la señora y la nieta que nos regalaron la medalla?
—Sí.
—¿Te fijaste dónde hay que tomar el ferry para ir a las islas? –parece que es demasiado porque…
—¿Yo tengo que estar en todo? Soy la de los mapas, la de los documentos, la del diario, la que tiene que anotar amigos y lugares, la que filma. ¿Y tú qué papel haces?

—El del amor de tu vida, al que le perdonas todo –le respondo, y me tira las hojas, pero con cariño.

La tarde es calurosa y el paso cerca de un río nos invita a refrescarnos. Enseguida aparecen cinco niños y niñas que se acercan a nadar con nosotros. Al principio son tímidos, pero al hacerles un poco de payasadas entran en confianza.

Una de las pequeñas no nada muy bien, no puede mover su brazo derecho correctamente porque es malformado. Otro de los chicos oculta sus manos siempre debajo del agua, intenta ocultarnos que posee seis dedos en cada una.

Estamos en una zona bananera de enormes empresas internacionales: los trabajadores viven dentro de las plantaciones con sus familias y, como los aviones fumigan constantemente la zona, las mujeres embarazadas respiran esos químicos que les provocan malformaciones a sus bebés. Vemos enormes injusticias, que tanto daño producen...

América profunda

Llegamos a Almirante, un pequeño puerto contiguo a la frontera con Costa Rica. Queremos ir a Bocas del Toro, unas islas que nos describieron como el paraíso. Vamos hasta el único ferry que nos puede llevar: sólo viaja dos veces a la semana.

—¡Qué chuleta! Están de suerte, sale mañana –nos comunica el capitán, un hombre repleto de rollos, cuyo cuerpo es tan grande como su corazón. Dado que enseguida nos invita a usar el barco como hotel: podremos dormir, usar la cocina y ver televisión–. Quédense y usen todo con confianza. Y si mañana alguien les pregunta algo, digan que ya me pagaron el viaje: ida y vuelta –nos comenta guiñándonos un ojo–. Hace tiempo pasaron otros viajeros por acá, estaban haciendo un viaje increíble, no sé si como el de ustedes…

—No comparemos los viajes, porque si no Colón nos gana a todos –lo interrumpo.

—¿Saben que este lugar se llama Almirante debido a él? Colón llegó a estas islas escapando de una tormenta y les fue poniendo nombres. A la primera la llamó Bastimentos, porque allí dejó a unos marinos con animales para futuros viajes. A la segunda, Carenados, porque en esa isla arregló uno de sus barcos. A otra, San Cristóbal y a la que le siguió, Colón. A la tierra firme la denominó Almirante. Son todos nombres puestos por él mismo en su propio honor.

200

–Colón murió sin saber qué había descubierto. Nosotros salimos a descubrir nuestra América y ella nos permite descubrir algo tan extraño como nuestro mundo interior –agrega Cande.

Al día siguiente desembarcamos en un pequeño pueblito de la isla Colón. Se siente raro manejar en una isla en la que uno no sabe exactamente dónde está. Hay gente de todos los colores. Por ejemplo, los morenos, que no son totalmente negros, fueron traídos para trabajar las plantaciones de bananas y cocos. No hablan un perfecto español ni un perfecto inglés. También hay muchos descendientes de asiáticos, que mezclaron su sangre, lengua y comida. Y, en cuanto a los nativos, ellos fueron quienes pusieron su tinta a esta mezcla de culturas.

Nos detenemos frente a un puesto muy pequeño atraídos por un cartel que dice "Jugos de frutas y sándwiches. Viva la pepa". La dueña sale corriendo a nuestro encuentro y nos grita: "¡Yo también soy argentina! Me llamo Ioca". Luego nos cuenta que llegó a la isla hace cuatro años para ayudar a las tortugas marinas que vienen a desovar, que se enamoró del lugar y aún está acá. También que lo poco que genera en su pequeño negocio le súper alcanza para vivir:

–Es que aquí no necesitas nada: ni calefacción, ni refrigeración, ni ropa, ni auto, porque todo es cerca; ni luz, porque levantas y te vas a dormir aún con sol y si no, sigues un rato más con las velas. Mi casa está hecha con tablas y techo de palmera. Si quieres, pescas; si no, comes bananas, paltas o cocos que crecen por todos lados. Incluso, si deseas darte un lujo, con dos dólares te compras una langosta enorme –escuchando a Ioca comprendemos cuán simple puede ser la vida.

Todos soñamos alguna vez vivir en una isla, pero imaginamos que sólo pueden hacerlo aquellos que tienen muchísimo dinero. ¡Cuán equivocados estamos! En las islas, justamente, se necesita poquísimo dinero.

Esa misma noche nos lleva a ver las tortugas desovar. Es enternecedor observarlas salir del mar, caminar, hacer los pozos, desovar y regresar al mar.

Al final nos quedamos aquí unos cuantos días, muchos más de los pensados, conociendo playas bellísimas. Poseen distintos colores de arena, son enormes y parecen existir sólo para nosotros. Algunas playas son calmas y otras bravas, recorremos en soledad una de ellas como vinimos al mundo.

Es llamativo, pero cada vez que nos acercamos al mar sentimos mucha ansiedad, como si fuera la primera vez que lo hacemos en nuestras vidas. En cada playa a la que llegamos, lo primero que hacemos es ir derecho hasta el agua para tocarla y saludarla y como quien le da una mano a un amigo decirle: "Hola Océano Atlántico, aquí nos vemos otra vez". Luego solemos sentarnos en la arena, junto a él, y quedarnos en silencio observándolo ir y venir mientras oímos sus olas, que son su voz.

En bote vamos a la isla de Bastimentos. La caminamos porque no existe otra forma de movilizarse. Pasamos a pie por casas de familias: a la gente se la ve muy tranquila. Algunas señoras apoyadas contra las ventanas se dedican a mirar cómo pasa alguna que otra persona, otras están recostadas a la sombra en sus hamacas. Los únicos movimientos que se perciben son los de los niños que corren y el de un señor que intenta remolcar un chancho que no quiere avanzar.

Por un sendero llegamos a una playa; sus olas y entorno nos encantan e inspiran a escribir. Estamos terminando de darle forma a nuestro libro. Dejamos las islas para volver al continente y a nuestro próximo destino. Costa Rica.

Costa Rica

¡Pura vida!

Feliz Cumpleaños

Para entrar a Costa Rica debemos esperar a que pase el tren sobre un puente que pertenece a una empresa bananera, y que por eso tiene todo el derecho de pasar. Manejamos sobre las misma vía de tren siguiéndolo por detrás. Llegamos al otro lado observando una pequeña garita al costado de las vías. Hace de Aduana e Inmigración. Una sola persona la atiende y entre otras cosas nos pide once dólares de impuestos por el auto y otros veinte por nosotros… Le explicamos que no tenemos tanto. El hombre mira mi pasaporte y me dice:

–Por ser tu cumpleaños, y todo esto un vacilón, yo les pagaré el costo del auto. Ustedes, el resto.

¿Se estará mandando la parte? Seguro que no lo pagará, sino que hará ingresar el auto sin costo alguno. Sin embargo, ahí vuelve, y nos entrega un recibo por cuarenta dólares en el que consta su pago. ¡Con una gran bienvenida y un sorpresivo regalo de cumpleaños entramos a Costa Rica! ¡Pura vida!

Este país no tiene ejército y ya por eso lo considero uno de los más avanzados del mundo. Un país que usa la fuerza se debilita, los que no se fortalecen. Costa Rica es un perfecto ejemplo. Además cuenta con más del 25 por ciento de su territorio en parques nacionales y reservas, toda la electricidad de Costa Rica es generada con plantas hidroeléctricas. Una conciencia ecológica y una democracia muy fuerte.

Desde que entramos todo es lindísimo, pero no podemos filmar: la máquina dejó de funcionar y no tenemos ni idea de dónde podremos arreglarla.

La Grahambulancia

Nuestra primera parada es Puerto Viejo, un pequeño pueblo sobre las arenas del Caribe, sin bancos, sin gasolineras, sin calles asfaltadas. Solo vemos muchos *surfistas*.

Damos una vuelta por lo que sería el centro. Buscamos dónde pasar la noche. Veo una cartelera con ofertas y me detengo a leerla cuando un señor de baja estatura me pregunta muy educadamente:

–Sin querer molestar, ¿le puedo hacer una pregunta?

–Por favor, adelante –contesto pensando que seguro será más de una.

–¿De qué año es el carro?

–De 1928, señor.

Me agradece y se retira.

–¿No tiene más preguntas? –le consulto sorprendido.

–Sí, claro, pero no quisiera molestar…

–Por favor, no molesta.

Entonces me hace las preguntas de rigor, que son varias. Luego inquiere:

–¿Qué está buscando aquí?

–Un lugar para dormir, no hace falta que sea un hotel. Donde podamos acomodar el auto estará bien.

–Mi nombre es Jaime. ¿Usted quisiera usar el jardín de mi casa? Si lo deseara, también podría usar nuestro baño.

Lo seguimos. Primero nos lleva a su pequeño restaurante, recién inaugurado por él y su familia. Allí cenamos con su hijo y su nuera embarazada.

–¿Cuánto falta para que nazca? –a Cande le sorprende el gran tamaño de su panza.

–Ya estamos en fecha, puede que sean testigos del nacimiento –explica la mujer.

Son refugiados de Colombia, llegaron a Costa Rica con todas las ganas de progresar e invirtieron lo poco que tenían en el restaurante. El negocio va lento a causa de la poca gente que hay en la zona, pero ellos están felices de empezar una vida nueva.

–Siempre se puede volver a empezar, no es la primera vez que empezamos de nuevo. Mientras estemos juntos no importa nada más –me comenta Jaime.

–¿En Colombia tenían restaurante?

–No, yo arreglo lavarropas y electrodomésticos, pero acá no hay casi nada de eso. David, mi hijo, arregla cámaras y videos, así que…

Se nos abren tanto los ojos que David interrumpe a su padre para preguntarnos:

–¿Se les rompió algo?

–Sí, nuestra videocámara –le respondemos. Y en veinte minutos, asunto resuelto.

Acogidos por esta familia nos quedamos otro día más en estas playas fabulosas que caminamos durante horas pensando en voz alta ideas y recuerdos para el libro que casi está listo.

Ya es casi medianoche cuando golpean el auto para despertarnos:

–¡El niño ya viene! ¡Jadith está con trabajo de parto!

Enseguida nos levantamos y preguntamos qué podemos hacer. Estamos dispuestos a alcanzarlos hasta el hospital.

–Tranquilos, muchachos, voy en la bicicleta a buscar el pastor, él tiene auto y ya se comprometió a llevarnos a la salita cuando esto ocurriera. De ahí una ambulancia nos llevará al hospital de Puerto Limón –nos explica Jaime.

Así que nos quedamos acompañando al resto de la familia hasta que él regrese, entre gemidos y contracciones. Filmamos a todos, quienes muestran sus nervios y alegría ante la cámara.

–El pastor no está –dice Jaime mientras entra corriendo a la casa, se lo nota alterado.

–¡Vamos con nuestro auto! –exclamamos.

La familia se mira entre sí sin saber qué hacer, pero como no hay otra salida nos ponemos a vaciar el auto para hacer lugar. Partimos seis personas y es la primera vez en todo el viaje que manejamos de noche y además por un camino de tierra lleno de pozos.

–¿Dónde es la salita? –consulto imaginando que quedará cerca del pequeño pueblo.

–A quince kilómetros –responde David.

Me quedo mudo. Y me lleno de nervios. No sé si tengo nafta suficiente y en el pueblo no hay gasolineras. Sin embargo, no comento nada, ya todos están lo suficientemente inquietos. Jadith se queja de los dolores; David, su marido, quiere aliviarla pero no sabe cómo. Sostiene sus manos, le da besos en la frente, le habla bajito...

Finalmente, tras cuarenta minutos de viaje encontramos la salita médica. Todos suspiramos aliviados, menos Jadith que pega un grito cada tanto.

Mientras le agradezco al Graham haber aguantado con poca nafta y a Dios el darnos la oportunidad de ser parte de un nacimiento, veo que la familia entera vuelve apresurada de la salita:

–El médico nos dijo que la llevemos ya al hospital... –me dice David.

–Pero ¿la ambulancia?

–No hay ambulancia, se fue hace media hora.

Me quedo helado. Todos están subiendo al auto, no tengo nafta. Menos, conocimiento sobre partos. En el camino hacia la salita no nos hemos cruzamos ni siquiera a un auto, ¿cómo será el camino a Puerto Limón?

–¿Cuántos kilómetros son? –pregunto.

–Treinta y cinco.

Permanezco en silencio. Me pregunto una y otra vez si llegaremos a tan baja velocidad, por un camino tan feo y con una parturienta cada vez más dolorida. No, sin nafta no.

–¿Sabes de alguna gasolinera?

–Sí, como a diez kilómetros, en el cruce. Llegas, ¿no?

–Sí –respondo sin creerlo posible. ¿Para qué ponerlos más nerviosos? "Sólo diez kilómetros más te pido, empújame, Dios... sólo diez más", ruego en un silencio que es quebrado por un grito de Jadith.

El camino está lleno de curvas y viajamos apretados a más no poder: somos tres adelante, tres y medio atrás. Intento ir lo más rápido posible, pero cada pozo nos hace saltar a todos y nos da miedo: puede que empuje hacia la salida a ese bebé. Por los nervios, cada comentario es una risa seguida por un silencio.

Cande, Jaime y yo estamos compenetrados en el camino; seis ojos buscando pozos por esquivar y el camino por el que ir mejor. A veces, uno me indica la derecha mientras que el otro la izquierda. Festejamos el equívoco con carcajadas nerviosas mientras pasamos sobre el pozo que queríamos esquivar. Atrás, la nuera es animada por su suegra mientras su marido la mima. Ella le pide al bebé que espere, que no se apure, que ya llegamos.

–¡Qué va querer esperar! Quiere ver este viaje, acaso ¿cuándo va a volver a andar en un auto de éstos? –bromea sonriente el futuro abuelo.

Al divisar la gasolinera todos gritamos de alegría, como si los demás también estuviesen al tanto de mi urgente necesidad. Llenamos el tanque, Jaime insiste en pagar:

–Estos litros de nafta van a ser los mejores usados del viaje. No me quite el placer de pagarlos –le pido con sinceridad mirando el surtidor que marca cuarenta litros. Es todo lo que el tanque puede cargar. Palmeo a Macondo y digo gracias mirando al cielo estrellado.

Estoy feliz ante esta escena, ante lo que estamos viviendo. Recuerdo la experiencia de la muerte de mi amigo en Ecuador, aunque sea justo lo opuesto: así como fui parte de su muerte, ahora soy parte de una nueva vida.

Como todos hemos bajado del auto porque necesitábamos aire y Jadith, en particular, caminar para calmar un poco sus dolores, los llamo para que suban nuevamente y sigamos.

Le doy arranque al auto, pero ni siquiera hace ruido. Todos nos quedamos en silencio:

—¿Qué pasa? —pregunta la futura abuela.

—Todos a empujar —pido mientras ruego que sea sólo el arranque. Empujan y por la velocidad que me hacen tomar aflojo el embrague y tras dos carraspeadas, el auto arranca.

Estamos manejando por primera vez de noche y parece que las luces consumen más de lo que el alternador puede generar. La anaranjada luz poco ilumina nuestro camino y cuanto más despacio vamos, peor es. Para animar la situación siguen los chistes con risas ansiosas:

—¡Jaime, súbete al capó e ilumíname con la linterna!

—¡Qué linterna si bajamos todo para hacer lugar!—agrega Cande.

—¡Aunque sea con fósforos! —exclama David.

Todos seguimos riendo, pero abruptamente callamos cuando Jadith pide a gritos que detenga el auto. "Dios, te hago de chofer pero no me pidas que sea partero", pienso mientras Jadith baja con la suegra. Todos nos miramos en silencio sin saber qué le pasa. Vuelve a los pocos minutos, pero parecieron eternos.

—El bebé está bajando y le presiona el vientre dándole ganas de ir al baño. Sólo fue eso, ganas de ir al baño.

Los pedidos se repiten dos veces más, y dos veces más quedamos con el corazón en la boca.

El oscuro cielo ahora se percibe más iluminado: es reflejo de la ciudad que deseábamos alcanzar. Al entrar en ella nos dirigimos derecho al hospital. Saltamos del auto y revolucionamos el policlínico. Con toda la paz del mundo le dicen a Jadith que todavía es pronto, que aún le falta dilatar, que salga a camina. Nosotros ahora con mas tranquilidad largamos un larguísimo suspiro de alivio.

Las horas pasan, la caminata sigue. El niño que tanto nos ha apurado no quiere ahora asomar. Acomodo el auto para dormir y nos vamos rotando para descansar un poco. Un médico que sale de su guardia nos ve en la espera, nos invita a todos a su casa a desayunar, a bañarnos y a descansar. Jaime siente que es demasiado molestar, pero el doctor lo convence agregando que es bueno para la futura mamá un baño de agua tibia.

Cuando entramos a la casa la esposa del médico nos recibe naturalmente, como si fuera algo de todos los días. Ella con una enorme sonrisa lleva a las mujeres para ayudar a dar un baño a Jadith. Luego prepara un desayuno para todos.

Yo me pongo a jugar con su hijo de cinco o seis años y su cachorrito. A la media hora me hacen notar algo que no había visto en él: es sordomudo. Nos estuvimos riendo todo el tiempo y no necesitamos otra comunicación que la felicidad.

En las primeras horas de la tarde de un maravilloso día soleado, llega un nuevo bebé al mundo, una nueva personita. Nace un varón al que todos abrazamos con un hermoso sentimiento. Este niño es lo más valioso. La fortuna de Jaime, su mujer,

Jadith y David sólo llegará a ser mayor cuando llegue otro bebé.

Sacamos fotos de la nueva familia, de la que nos sentimos y nos hacen sentir parte. Al darnos el bebé a Cande y a mí, nos dicen:

—Ahora, una foto con los tíos.

Hemos salido seis, regresamos siete. Hemos salido como amigos, regresamos como una familia.

Nace un libro

Apenas llegamos a San José, la capital de Costa Rica, vamos a visitar al embajador argentino.

—Tenemos un libro para imprimir, ¿usted nos puede recomendar dónde hacerlo? –le preguntamos.

—No tengo idea, pero tienen que imprimirlo como sea: en cuatro días es la Feria Internacional del Libro de esta ciudad y en esta edición el país invitado de honor es Argentina. Así que les puedo conseguir lugar para sus libros, para su auto y para ustedes –nos ofrece.

Salimos de la embajada sin saber por dónde empezar. Tenemos muy poco tiempo y ni siquiera hemos diseñado el libro. Se nos ocurre preguntar en una concesionaria de autos usados por el Club de Autos Antiguos. Y uno de los señores empieza a llamar. A los cinco minutos me comunica con el presidente del Club, Alan Rodríguez. A él le comento sobre nuestro viaje y le consulto por una imprenta. Me da el número de un miembro que tiene una pequeña, lo telefoneo y me dice que vaya para allá.

Este señor nos recomienda una diseñadora gráfica que deja su trabajo y que no para hasta que terminamos de armar todo el libro. Inmediatamente empezamos a imprimir en un ambiente de camaradería total con los tres trabajadores del taller que se esfuerzan en todo. Cande y yo cumplimos el papel de ayudantes ingresando a un mundo que nos es totalmente extraño: tintas, letras, máquinas, olores y ruidos desconocidos. Como nos permiten quedarnos encerrados dentro de la imprenta después de hora, logramos adelantar trabajo poniendo las hojas del libro en orden, una por una. A la inauguración de la feria llegamos... aún pegando las tapas.

Quien organiza la exhibición nos recibe muy bien y nos indica dónde podemos armar nuestro stand: la ubicación es excelente. Pero nos damos cuenta de que no tenemos con qué armar un stand, pues no tenemos mesas, ni sillas, ni nada en donde ubicar los libros. Somos sólo el auto y nosotros con los libros en mano.

La gente de los puestos vecinos nota todo esto y se nos empieza a acercar con una mesa, después con otra, con sillas, y hasta nos regala un mapa de toda América donde marcamos nuestra ruta y pegamos algunas fotos del viaje.

La feria abre sus puertas al público. Los paseantes visitan nuestro stand. La sensación es rara, ahora somos autores y también editores de nuestra propia historia.

"Estoy ansiosa por saber cómo resultará, nunca imaginé escribir un libro y ahora tengo uno muy especial en mis manos –piensa Cande mientras acaricia uno–. Cuenta parte de mi tesoro, de mi sueño, de lo que crecí y cambié. Revelo parte de mi vida abiertamente para que las personas me conozcan y vean que soy como ellas. No soy especial por lo que hago, soy común a todos, haciendo algo especial con mi vida. Atrapo mi sueño. Y así se llama el libro, *Atrapa sueños*." Cande continúa acariciándolo, lo mira con cariño. Entonces un chico de trece años le pide que se lo firme. "Me siento rara, firmo mi propio libro poniendo todo mi esmero en la dedicatoria", piensa mientras escribe: "Gracias por ser parte de este sueño, persigue y atrapa los tuyos. Con cariño, Cande".

Tras la firma de Cande, el joven viene a mí y me pide que se lo autografíe, Cande no le saca los ojos de encima mientras piensa: "Observo al niño. Tiene la mejor edad para pensar que los sueños se pueden realizar, no piensa en lo imposible sino en lo posible. Yo tenía catorce años cuando soñé viajar y acá, frente a sus ojos, le demuestro que los sueños son posibles. No me animo a preguntarle por lo que anhela hacer. Lo saludo con un beso, deseándole lo mejor en sus sueños y me despido".

–Recuérdalo siempre, nada es imposible. –Cande ve a su libro irse en las pequeñas manos que con cariño lo acaricia.

–Cuando lo lea ¿le gustará? –me pregunta Cande sin esperar respuesta.

Mucha de la gente que se acerca ya conoce nuestra historia porque hemos salido en la tapa del diario del domingo y en la televisión. Esto nos ayuda mucho. Firmamos cientos de libros a gente que nos trae abrazos, empuje y bendiciones. Las personas no reparan en nuestro viaje, sino en la concreción de un sueño, y mucha energía fluye hacia nosotros como también hacia ellos.

A un señor que mira detenidamente el recorrido en el mapa, le comento sobre la casualidad de haber llegado justo para la fecha de la feria, de que Argentina sea invitada de honor y de cómo se dio todo.

–Nada es casualidad, sino causalidad –me corrige–. No hay suerte ni accidente, todo es causal. Nada es en vano, todo tiene su razón de ser: cada cosa que nos pasa, cada encuentro, cada movimiento que ocurre tiene su enorme sentido, para nosotros y para el universo. No darnos cuenta es perdernos de mucho.

–¿Ustedes son los locos que están viajando con esto? –interrumpe un joven con ganas de hacer mil preguntas.

–Si te dicen loco, da las gracias –continúa el hombre que nos estaba explicando su concepción del universo–, eso significa que no eres del montón –y con un gesto se despide. Quisiera seguir hablando con él, pero la gente pide atención.

Al culminar la exposición, todos recibimos una gran sorpresa: *Atrapa sueños* fue el libro más vendido.

Vergüenza ajena

A partir del éxito del libro surgen muchas invitaciones de la gente del interior de Costa Rica y una del Club de Autos Antiguos, la cual aceptamos.

Éste organiza una salida con sus coches por un camino muy pintoresco hasta un restaurante que queda en el campo. Partimos de un parque, siendo nosotros quienes cerramos la caravana. Al rato de iniciar la marcha, los autos comienzan a dispersarse. No nos esperan, así que continuamos suponiendo el camino, hasta que aparece un jeep que ha llegado tarde y nos guía.

Al llegar al restaurante, mientras estacionamos entre los autos ya llegados, imaginamos que, como en todas las reuniones anteriores, explicaremos nuestro viaje y hablaremos sobre el Graham, tan desconocido para los amantes de los autos.

Sin embargo, al ingresar ya están todos sentados en las mesas y nadie se nos acerca. Somos nosotros quienes vamos hasta ellos, pero aun así no nos invitan a compartir ninguna mesa. Finalmente, nos sentamos solos.

Nos llama la atención que no haya casi mujeres ni niños, ésta parece más una reunión de hombres de negocios... y justamente de eso están hablando.

Al final de la comida el presidente del Club toma la palabra. Habla sobre su institución y aprovecha para darnos la bienvenida dándonos un paraguas del club y una carta. Todo termina tan rápidamente como empezó.

Cuando nos estamos yendo, un señor llamado Carlos, con el que casi no hemos hablado durante la reunión, nos invita a pasar por su casa para que veamos sus autos. Vive en un barrio privado muy exquisito. Estacionamos frente a una casa enorme y muy linda.

Junto a dos de sus amigos nos lleva a su garaje y nos muestra cinco autos mientras nos enumera los valores que pagó por cada uno. Nos induce a sacarles fotos, pues pretende que después mostremos su colección a otros.

Por nuestra parte, viendo que posee tanto poder adquisitivo, le ofrecemos pinturas ya enmarcadas. Elige una frente a sus amigos y nos pide que lo llamemos a la oficina el lunes para pasar a cobrarla. Luego le solicita a Cande que se la dedique.

Nos llama mucho la atención que en ningún momento nos invite a pasar a la casa. Ni siquiera nos ofrece algo para beber a nosotros ni a sus amigos.

Al día siguiente me presento ante otro miembro del Club que me ha recomendado su presidente como muy buen mecánico. Haremos un *service,* el cual será un regalo del Club.

Este hombre posee una gran casa y un muy buen taller para restaurar autos. Antes de empezar con el trabajo le pido un lugar para cambiarme:

–Por allí, entre los autos –me indica.

Luego, le solicito lavarme las manos:

–Hay una canilla en el jardín –me responde.

Al irse a comprar aceite para el auto, cierra el taller con llave dejándome afuera en el jardín, para prevenir que nada le desaparezca.

Cuando Cande llega, le cuento mi indignación. Además, aunque su familia está en la casa, no nos saluda ni nos invita a pasar. ¡No puedo creer el trato que estamos recibiendo! Tomo mis cosas y, cuando el hombre regresa con sus compras en las manos, me despido de él diciéndole:

–Para nosotros, más importante que el service a un auto es el trato humano.

El lunes Cande llama al señor Carlos, pero su secretaria le responde que lo llame mañana porque no puede atenderla.

Toda la semana nos la pasamos recorriendo la ciudad de San José, entre invitaciones de embajadas, argentinos residentes y ticos viajeros.

Seguimos insistiendo durante varios días, llamando y llamando por el pago de nuestra pintura. El hombre nunca contesta el teléfono y su secretaria, con vergüenza ajena, nos dice que le ha avisado y que ella nada puede hacer. Nunca más vimos la plata ni la pintura.

Antes de irnos de San José escribimos una carta al Club, dirigida a su presidente. En ella les contamos lo lindo que fue ser bien recibido en otros clubes y qué bellos recuerdos nos llevamos, como, por ejemplo, los abrazos, el apoyo y las bendiciones que recibimos para el resto de nuestro viaje. También les contamos cuánto nos hubiera gustado irnos igual de felices de aquí.

Mandalas

Continuamos recorriendo playas del Pacífico hasta llegar a Montezuma, donde conocemos frente a su puesto de artesanías a un español que lleva muchos años viajando por todo el mundo. Para financiarse hace mandalas con alambre. Tienen el tamaño de una naranja y sus alambres se articulan formando varias figuras.

Observamos cómo se los muestra a sus clientes mientras los mueve y les explica qué significa cada movimiento:

–Átomo: inicio de la vida, principio de todo –cambia la forma del mandala, de átomo a pelota, y continúa–. No se sabe ni cómo, ni por qué, ni para qué, es el símbolo de la energía al que estamos conectados. Siempre y cuando el florecimiento, la gran explosión cósmica, la científicamente conocida teoría del Big Bang... –pasa a la forma de tambor–... Se dice que toda vida animal y vegetal está conectada con una vibración cósmica, conocida como el mantra Om... –y así continúa moviendo el mandala ante sus clientes, que, maravillados, compran el objeto que tanto significado tiene.

El español, muy feliz con nuestro viaje, me enseña a fabricarlos; nos quiere ayudar y lo hace transmitiéndonos lo que sabe hacer, lo que le permite a él seguir viajando. Incluso nos enseña la historia de los movimientos del mandala, la cual Cande apunta en un papel.

Con los materiales que me regala, construyo mis primeros mandalas. Con la práctica van mejorando. Y cuando creo que ya están listos para ser vendidos, me estudio el cuento y armo mi puesto en la siguiente playa, predispuesto a tener tanto éxito como el español.

Mi primer cliente levanta uno; yo con otro en mis manos empiezo a relatar la historia mientras lo muevo:

–Nace la cúpula celeste, formación de los cielos. Nace la cúpula azul, creación de los mares. Nace el huevo, origen de la tierra... –y no me acuerdo cómo sigue, todo se me traba.

Mi cliente se retira sin hacerme la compra y Cande se mata de la risa:

–Te apuesto cien besos a que la próxima, vendo –la desafío antes de volver a practicar la historia.

Estoy repasando la historia cuando otra clienta llega, toma un mandala. Vuelvo a intentarlo. Mientras muevo la artesanía avanzo con mi relato:

–... y se forma el Ying-Yang o Equilibrio: bien-mal, hombre-mujer. La flor de toda alegoría de la sabiduría. Tambor hindú, símbolo de la meditación...

–¿Usted conoce sobre la madre Chakra... Kundalini, sobre la metáfora de la creación de los nueve planetas, nueve orificios, nueve sentidos...? –me interrumpe la mujer con una pregunta: no tengo idea de qué me habla.

–No, señora, yo sólo trato de vender mis mandalas... –le respondo, y se va sin realizar una compra.

Llega otro señor y me pregunta qué son:

–Son mandalas, se articulan. Valen diez pesos. ¿Quiere uno? –le digo solamente.

Este fue mi primer y único día como vendedor de mandalas. O mejor dicho, mi primer intento de serlo.

A ritmo de perezoso

Invitados por la embajada española, nos vamos al Parque Nacional Manuel Antonio, donde dormimos y comemos con los guardaparques, en un lugar donde nos volvemos a encontrar con el mar. No hay nadie en la playa, los únicos que nos acompañan son los monos, de los cuales debemos cuidar nuestro almuerzo.

Estamos acostados en la arena, Cande apoya su cabeza sobre mi pecho. Nos sentimos felices: todo es perfecto, maravilloso. Juntos miramos para atrás y vemos dos años de viaje. Por la intensidad con que los vivimos no parecen tanto tiempo. En el trayecto hemos cambiado muchísimo, somos totalmente otras personas, otra pareja. Gran parte del cambio se debe a que nos fueron cambiando. Y otra gran parte de lo que aprendimos no se enseña, sólo se aprende viviéndolo. Salimos a llenar algunas páginas de nuestras vidas, ahora sentimos que podemos llenar dentro nuestro una biblioteca de vivencias.

Vemos a nuestro alrededor. Este lugar nos inspira pensar, si todo lo que existe fue hecho para nosotros, por qué no salir a dar una vuelta, ir a conocer, a subir sus montañas, a cruzar sus desiertos, a ver selvas, a admirar esos animales de todas formas, a navegar sus mares y, lo mejor de todo, ir a charlar con esa persona desconocida que tanto tiene para enseñarnos.

No sé si llegaremos a cruzar todos los mares, subir las montañas más altas, ver todos los animales y charlar con todas las personas, pero salimos y después contamos qué aprendimos.

En el parque, los días pasan muy lentamente. Estamos contemplativos, pensativos, meditativos. Hace casi cuatro horas que estoy mirando a un perezoso. Apenas lo encontré se estaba moviendo y me miró con esa cara que contagia plena paz robán-

dome una de mis mejores sonrisas. Luego dejó de moverse, apoyó su cara en su brazo y se dispuso a dormir. Desde entonces me senté a esperar que se despierte, para ver sus lentos movimientos, su mirada. Así han pasado una hora, dos, tres… hasta que se larga a llover. Con las gotas debería moverse, despertarse, buscar refugio. Pero el perezoso no opina lo mismo sobre la lluvia, sólo mueve su cabeza acomodándola debajo del brazo. Me quedo debajo de la lluvia: si él puede yo también. Tampoco yo, en todas estas horas que han pasado, me he movido. Sólo giro mis ojos para mirar a mi alrededor, cómo las gotas caen del cielo hasta una hoja y después a otra originando pequeños ruidos. Golpes de agua, que se suman a cantos de ranas, de pájaros, monos y otros. Todo en concierto.

Cuando empezó a llover pasó un tiempo hasta que las gotas llegaron a mí por tantos árboles y plantas. Cuando dejó de llover, siguió lloviendo desde las mismas plantas por otro tiempo. Cosas que veo mientras mi perezoso duerme, cosas que me hacen pensar cómo puede el viento, hecho de aire, traer agua o tierra; cómo puede el agua siendo tan blanda deshacer la piedra tan dura sólo con su roce; cómo puede un puñado de tierra dar vida a una semilla y hacer de ésta un árbol. Cómo puede un sol tan lejano darme calor y unas estrellas más lejanas guiarme en la noche, y cómo puede este animalito dormir tanto… puede que no me hayas dejado verte mover, pero me dejaste ver cosas que antes no había visto, me despido agradecido.

Está la puerta abierta

En la ciudad de San Carlos nos quedamos hospedados con una familia que es "todo corazón". El padre, carpintero, construyó la casa de sus sueños con la mujer que ama junto a unos hijos soñados. Nos muestran una vez más que para formar un hogar sólo se necesita amor.

Nos reciben con una canción que entonan todos: "Está la puerta abierta", dándonos una cálida bienvenida. Estamos tan cómodos que Cande aprovecha para pintar.

Una de sus hijas de veintidós años está de novia, muy enamorada y ante nuestro asombro el novio debe "marcar". Esto significa que debe cumplir un horario estricto de visita para verla y en determinados días. Ella con mucho trabajo nos quiere hacer un regalo. Es nuestro logo del viaje, que arma pegando pequeñas semillas sobre una madera. Le llevó tres días hacerlo, por lo que tuvimos que quedarnos gustosamente hasta que lo termine.

Al salir de la ciudad de San Carlos, luego de varios días de tan buena compañía, el auto se para en el camino. Enseguida una *pick up* se detiene, el dueño se ofrece en todo, para todo, pero no es necesario, porque el auto vuelve a arrancar.

Igualmente nos lleva a su casa a tomar unos refrescos, nos ofrece su teléfono para que llamemos a nuestras familias en Argentina y nos invita a dormir, pero recién hemos hecho sólo cinco kilómetros y queremos avanzar, entonces le decimos que no.

Nos pide que anotemos su teléfono y le prometamos que ante cualquier inconveniente recurriremos a él.

A los cinco kilómetros el auto vuelve a fallar y se detiene. Como estamos en una loma pensamos en aprovechar la pendiente, pero no hay caso, el Graham no quiere arrancar.

Un campesino con un gran machete en mano aparece. Nos pregunta qué necesitamos y le decimos que un teléfono. Me acompaña hasta una tienda y desde allí cumplo con nuestra promesa: el hombre que a todo se ofrecía, encantado, me dice que ya sale a buscarnos.

Cuando regreso al auto el campesino nos trae leche que acaba de ordeñar para nosotros, aún tibia y riquísima. No sé si por la buena leche o por el buen hombre, pero el trago sabe especial.

Remolcados por primera vez en todo el viaje, nos llevan hasta un taller que queda justo frente a la casa del señor, donde se arma un revuelo bárbaro; todos abandonan sus tareas para intentar arrancar el auto, que por momentos lo hace y por otros no.

Empiezan a llegar más mecánicos y electricistas de otros talleres para analizar qué pasa. Nos traen una batería nueva y cables, pero al ver que no es el problema se las devolvemos.

Sólo lo pudo arreglar al día siguiente un loco y realmente un loco de verdad. Tiene un taller muy pequeño en el que entra únicamente un auto por vez, porque arregla un auto por día. Tiene en su agenda dos meses de trabajo reservado, dado lo bueno que es. Entonces le pregunto por qué deja un auto para hacer el nuestro.

–Porque lo puedo hacer mañana junto a otro carro. Si quiero, puedo arreglar hasta tres o cuatro por día, pero me alcanza con hacer uno. Trabajo para vivir, no vivo para trabajar y por eso, más que nada, me tratan de loco. Creo que si Dios nos hubiera creado para trabajar, el cielo sería una gran fábrica –responde mientras desarma mi distribuidor. Le hemos traído el auto remolcando y no me ha pedido siquiera que lo intente arrancar, sólo ha abierto el capó y desarmado pieza por pieza el distribuidor–. No recibo a cualquiera. No porque me paguen tienen derecho a tratarme como quieran. Además si el auto no está limpio y prolijo, no lo acepto –mientras lo dice pienso que por fortuna lavé el nuestro ayer–. Nadie puede reclamar un buen trabajo para un auto que no se trata bien.

No entiendo por qué lo tratan de loco, todo lo que dice, aunque sea inusual oírlo, tiene mucho sentido. Aprovecho a sacarle una foto mientras trabaja. Pero cuando ve el flash, tira sus herramientas mientras grita:

–¡Ehy Mae! ¡Nadie me saca una foto! ¡Nadie tiene una foto mía! Ni siquiera mi hija tiene una foto conmigo… –ahora comprendo el por qué y no sé qué hacer. Mala suerte la mía, ¡es una de las contadas veces que saco una foto sin pedir permiso! Le pido disculpas.

–Prométeme que apenas reveles el rollo la destruirás –me ordena. Y sólo gracias a que también me considera un loco por lo del viaje, me perdona.

Cuando termina de armar el distribuidor, me dice:

–Bueno, ya es hora de que arranques –el auto lo hace como si nunca nada le hubiera pasado. Aunque intento varias veces no puedo pagarle y el loco tampoco acepta el dinero de quien nos está hospedando. Nos dice que el agradecido es él.

Vacaciones del sistema

Guiados por el humo del volcán Arenal llegamos a Fortuna, un pequeño pueblo. Durante la noche se puede escuchar las explosiones y ver la luz rojiza sobre el cráter.

Nuestros deseos de ver lava fluir aún no se cumplen, pero mientras esperamos, conocemos a un argentino que está viajando en motocicleta desde nuestro país hasta México. Ya lleva dos años y medio recorriendo y se transformó en artesano desde que se quedó sin dinero. Su pinta es la misma que la del Che, pero sin boina. Le contamos cómo cruzamos de Colombia a Panamá. Él también tiene algo para contarnos:

–En Bogotá me puse a trabajar en una revista de comercio exterior, como vendedor de publicidad. En una de las empresas que visité, me atendió el gerente. Es una empresa de aviones de carga. Al notar que soy argentino, me preguntó qué estaba haciendo por allí y le conté de mi viaje en moto y que buscaba la forma de pagarme el transporte a Panamá. ¿Y sabes qué me dijo? "Tú y tu moto viajan gratis. Yo recorrí toda Europa en moto y no te das idea de las mil veces que me ayudaron en el camino, ahora contigo puedo devolver un poco de esa ayuda que recibí." –Nos súper emociona.

El compatriota nos pregunta:

–¿Y qué les dice la gente cuando los ve con ese carro?

–Toda clase de cosas, pero hay algunas que son bien cómicas. No pueden creer los rayos de madera de las ruedas, nos preguntan si éstas son macizas, si somos los dueños del carro, si el auto es alquilado… ¿Te imaginas manejando un auto alquilado por dos años? También nos preguntan cuántas horas hemos tardado –le cuento.

–Hay una pregunta que me duele en el alma, porque me hace sentir vieja: "¿Lo tienen desde que era cero kilómetro?" Imagínate cómo me hacen sentir… –confiesa Cande con nuestras risas de fondo.

–¿Y no les dicen que lo que están haciendo es una locura?

–Sí, miles de veces. Ahora, cada vez que nos lo dicen, les agradecemos. Ellos no se imaginan cuán bien nos hace sentir esta locura.

–A mí me pasa lo mismo. Siento que cada uno es una persona única y especial, pero que al dejarse llevar se convierte en mediocre. Sólo nos destacamos si vamos en contra del sistema. Mírame a mí, yo ante la sociedad soy un hippie. Y no hay nada de malo en eso, siempre y cuando no me junte con sus hijos, porque para la sociedad no valgo nada por no tener casa ni cosas materiales. Eso me convierte en un pobre diablo, y porque tengo barbas y pelo largo me considera rebelde y hasta un bicho feo. Esta pinta de hippie es como un escudo, un filtro, sólo se me acercan las personas que se interesan por mi interior. A las que les importa la imagen, ni se me acercan. Yo soy un arte-sano: todo mi ser es sano y con él hago arte. Sé muchas cosas que ellos no saben.

–¿Y qué es lo que sabes? –lo inquiero.

–Sé que el colegio, la secundaria y la universidad fabrican personas mediocres que no aprenden lo que quieren saber, sino lo que sus maestros quieren enseñarles. De

214

las mejores universidades han salido presidentes que llevaron a sus pueblos a la guerra. Ingenieros que construyeron camaras de gases, físicos que fabrican bombas atómicas y medicos que practican abortos. Muchos que se reciben se dan cuenta de que lo que aprendieron no les sirve, salvo un cinco o diez por ciento. Las escuelas y universidades no están generando vivas personas que van a usar herramientas, sino herramientas que van a ser usadas por personas vivas. Mírame a mí: debajo de esta ropa cómoda para el calor, de esta "ropa de hippie", hay un dentista que estudió odontología porque el sistema le exigía estudiar. Debía hacerlo porque si no, en el futuro, no podría darle un sostén a mi familia. Ese futuro me lo pintaban como muy difícil. En el no cabían personas sin título y con conocimiento de, al menos, dos idiomas. Me dijeron que tenía que estar preparado, aunque yo no me sentía siquiera preparado para el presente. Llegué a temerle al futuro. Terminé mi carrera, empecé mi trabajo y… sentí vacío. Un día, un paciente de aquellos que uno preferiría no atender, se quejó de que lo hacía doler. Me dijo de todo, incluso que yo no era dentista… Y me di cuenta de que tenía razón. Entonces me fui a mi casa pensando quién era realmente, qué era lo que quería de verdad, qué podía hacer y a qué había venido yo a este mundo. Sentí un despertar dentro de mí –continúa su historia mientras lo miramos con atención–. Imagínense que a mis viejos, felices de tener un hijo bien insertado en el sistema, no les gustó mi nuevo planteo sobre la vida. Me dijeron que seguro había estudiado y trabajado mucho, que estaría estresado y que necesitaba vacaciones. Y acá me ven, aún en mis vacaciones. Vacaciones del sistema. No tengo un lugar ni un ingreso fijo. Tampoco, un plazo fijo –comenta con ironía–… Pero tengo una libertad, una felicidad y una sabiduría de cosas que no te enseñan en ninguna universidad…

–¿Cómo cuáles?

–Por ejemplo, ahora poseo más conocimiento sobre las personas, el amor, la amistad, Dios y los sueños. Pero aún sigo estudiando, aún no me recibí: sólo mis amigos, mi amor y mis hijos, que serán mis maestros, sabrán darme el título.

Nicaragua, Honduras y El Salvador

Honduras

Utila

S. Pedro Sula

Copán

Tegucigalpa

San Salvador
Sta. Rosa de Lima

La Libertad

Choluteca

Nicaragua

León
Managua

Poneloya

Granada

Lago de Nicaragua

Ometepe

REPUBLICA DE MONDURAS

31 AGO 2

EL SALVADOR

CA-8

CIRCO
Emperador
Gratis
Adultos
GRACIAS POR SU VISITA
N° 05606

Hasta aquí

Tiempo de viaje . 1 año y 6 meses y medio

Kilometraje . . . . .23.655 km

Nicaragua

El tiempo no espera a nadie

"Tengan Cuidado"

Tras unos días más de marcha en subidas y bajadas de bellísimas montañas cubiertas de un maravilloso verde, dejamos Costa Rica para entrar a la "peligrosa Nicaragua", como todos nos aseguran.

Ya es tarde cuando entramos a Nicaragua. Cosa rara en nosotros, que siempre tratamos de cruzar temprano las fronteras. Es que en Centroamérica es diferente, aquí todo es cerca y se llega más rápido de lo pensado. Los países son más pequeños y, no existen largas distancias sin gente ni construcciones por manejar, como ocurría en Sudamérica. Aquí se cruza de país a país como allí se cruza de una provincia a la otra.

Al poco tiempo de entrar, la noche empieza a caer. Vemos una tranquera abierta a nuestra derecha e ingresamos hasta llegar a un puesto de campo, la casa es muy sencilla. Cobija una familia numerosa. Los miembros salen de a uno a nuestro encuentro. Nos preguntan si ya comimos mientras nos ofrecen arroz y frijoles y nos indican alegremente dónde dormir. Ésta es nuestra bienvenida a Nicaragua.

Descalzos

Nos han recomendado visitar la Isla de Ometepe, ubicada en el lago Nicaragua. Para ir tomamos un ferry. La isla es bonita, grande, tiene algunas playas y pronto conseguimos un hospedaje estilo familiar para dormir.

Por la mañana mientras Cande pinta, salgo a caminar por la oscura arena. Alcanzo a un hombre que tira pequeñas piedras al agua haciéndolas rebotar varias veces antes de que se hundan. Me presento e iniciando la charla le pregunto si es verdad que hay tiburones de agua dulce en este lago:

–Los había hace tiempo. No se ha vuelto a ver ninguno, una empresa extranjera los pescó a todos –el sonido de su voz demuestra que no es latino, sino español. Me cuenta que está tomándose unos días de descanso con su novia y que ambos trabajan en El Salvador–. Llegué allí hace dos años. En España trabajé para una empresa consultora. Por casi tres años estuve reflotando una empresa totalmente en bancarrota y cuando lo logré y estaba muy bien encaminada, armaron un complot inventando cosas que no hice para echarme y así no pagarme lo que habíamos acordado. Con toda la bronca del mundo, armé mi bolso, me fui al aeropuerto y saqué un pasaje. ¿Por qué a El Salvador? No lo sé, creo que era el primer avión que salía. Me vine escapando de la ley de la selva, donde sólo reina el más fuerte. Buscaba un poco de paz. Llegué a El Salvador al poco tiempo del terremoto que arrasó con todo y caminando por las montañas

218

encontré plantaciones de café destruidas. Lo poco que los campesinos lograban cosechar les era pagado con monedas –arroja al agua dos piedras más y prosigue–. Aun así la gente me invitaba a sus casas y me daba de su comida. Me quedé unos días con ella saboreando un café riquísimo, como nunca había tomado. Un café especial que crece en las alturas de la montaña, bajo la sombra de los árboles y que es cosechado a mano seleccionando así las mejores pepas. Ahora ya llevo dos años trabajando con esa gente, armamos cooperativas, presentamos el café con marca y sello propio, lo envasamos para que llegue al público directamente y ya estamos haciendo envíos internacionales. Me cambió la vida, no estoy entre personas de las que me tengo que cuidar, estoy entre familias que me cuidan.

–¿Y tu novia es salvadoreña?

–No, no lo es. Es una mujer que llegó con la Organización de Médicos sin Fronteras para ayudar tras el terremoto. Su felicidad es dar y me contagia, lo hace todo el tiempo, tanto que ahora nos encontramos haciéndolo y ya se convirtió en nuestro sueño.

–¿Y ahora? ¿Vuelves a la montaña con tus amigos? –le pregunto maravillado al comprobar que hay muchas personas ayudando a otras sólo por el placer que sienten al hacerlo, porque no son adineradas de bolsillos, sino de corazón.

–Ya me estoy despidiendo de ellos, la idea es que ahora sigan solos. De todas maneras, seguiremos en contacto y ayudándolos en todo. Ahora deseo ser parte de los Médicos sin Fronteras.

–¿Eres médico?

–No, ni mi novia tampoco lo es, pero no sólo se necesitan médicos: cualquiera que tenga ganas de ayudar puede ingresar. Tampoco importa tu origen porque es una organización internacional. El grupo de mi novia está equipando las escuelas de las montañas con letrinas y miles de cosas más. Además les enseña a los pobladores cómo cuidar la higiene, cómo prevenir enfermedades. –El hombre me sigue contando cosas maravillosas que hacen a la humanidad maravillosa. Me nace agradecerle y él me dice que es su placer hacerlo.

El ferry de vuelta viaja completo, lleno de camionetas, camiones y mucha gente a pie. Es pequeño. Se destaca mucho un rodado de lujo último modelo, cuyos dueños, que visten muy finamente, se nos acercan para preguntarnos por el auto y el viaje.

No son nicaragüenses y después de preguntar y responderles las preguntas típicas nos quedamos en silencio, el cual rompen con un comentario.

–¡Qué pobreza que hay en este país! ¡Qué difícil debe ser la vida de esta gente!

Me molesta un poco la forma en que lo dice y la definición que tienen muchos de la pobreza.

–Usted ve pobreza, yo veo muchas riquezas –acoto–. Veo familias con muchos hijos, los cuales son su mayor fortuna. Veo familias unidas, numerosas, cuyos abuelos y nietos comparten un mismo techo construido por sus propias manos. Usted ve pobreza porque sólo ve lo que sus ojos le permiten ver, pero no vive lo que ve. Yo viví dentro de esos hogares, donde no tienen cuarto para huéspedes y aun así siempre hay lugar para uno más. Donde siempre se puede compartir la comida, donde uno no tiene que avisar su llegada. Son hogares donde siempre hay vida, risas, llantos, ruidos, juegos, niños corriendo. Todos se sienten útiles porque todos hacen algo y se necesitan entre sí.

–Sí, pero... andan descalzos.

–Es cierto, no tienen zapatillas, pero le puedo asegurar que esos chicos corren y hasta juegan más que los que las tienen. Usted ve pocos juguetes y rotos, pero es por el uso y por tanto compartirlos. Al no tenerlos desarrollan su imaginación y hacen de cualquier cosa un juego diferente. Usted ve pobreza porque ellos no fueron educados de niños para juntar, ahorrar y hacer dinero, no. Cuando sean grandes van a hacer lo que vivieron de niños en sus casas. Las pocas monedas que junten de su trabajo las compartirán, abrirán las puertas a quien pase, darán al que necesite, alimentarán a sus padres, hijos, sobrinos y a quien tenga hambre. Usted ve casas pobres, yo veo ricos hogares. Una casa se hace con ladrillos, con madera, con piedra o con barro, pero un hogar se hace sólo con amor. Mido la riqueza no por lo que uno puede mostrar, sino por lo logrado en la vida, por esas cosas que no se pueden vender ni comprar –el hombre no acota nada, sólo escucha–. Si yo le preguntara cuáles fueron los tres mejores momentos de su vida, ¿usted qué me diría?

–Bueno... –el hombre se pone a pensar. Me doy cuenta de que recuerda uno muy lindo por la alegría que expresa su rostro, luego parece recordar otro y aunque le cuesta un poco más, también encuentra un tercero– ... entre los mejores momentos que ahora recuerdo están: los nacimientos de mis hijos, el día de mi casamiento y la reconciliación con mi padre.

–Como ve, los mejores momentos de su vida están relacionados con lo humano, ninguno con lo material. Entonces ¿para qué nos esforzamos en tener más cosas materiales? ¿Por qué no ir más por lo humano?

No hay armamento ni celda contra la voluntad humana

Llegamos a tierra firme y echamos a rodar a Macondo por una ciudad maravillosa: Granada, fundada en 1524 y la más antigua de todo Centroamérica. Colorida y de estilo totalmente colonial, sus iglesias y casas están bien conservadas. Señoras de polleras anchas con canastas llenas de frutas sobre sus cabezas decoran aún más esta pintoresca ciudad. Nos quedamos tres días aquí, y por las noches dormimos en el jardín de una mujer que amablemente nos lo permite usar.

Luego seguimos viaje hacia el poblado de San Juan de Oriente. La belleza de sus vasijas de cerámica, que vemos por doquier, nos atrae y nos detenemos para admirarlas más detenidamente.

Todo el pueblo se dedica a la cerámica y caminando el lugar podemos observar la manera en que la trabajan. Nos tienta el precio y la excelente calidad de las artesanías, así que pensamos en comprar algunas para venderlas más adelante.

Nos paramos en el mostrador de una familia que ha armado el puesto frente a su casa. Elegimos sólo algunas tinajas... quisiéramos llevarnos más, pero el dinero no nos alcanza. Son tan lindas que seguramente las venderíamos muy bien, pensamos una y otra vez.

La señora que atiende el puesto parece adivinar nuestra idea y nos pide que le mostremos las cosas que traemos de otros lugares. Así enseguida empieza el trueque. Luego manda a llamar a sus sobrinas e hijos que llegan desde otras casas para ver y cambiar sus trabajos por otras artesanías. Tengo fe de poder canjear uno de mis mandalas, y es lo primero que le muestro a cada uno de los recién llegados, pero a ninguno le interesa.

Al rato llega el marido, viene de la cooperativa que formaron entre los artesanos. Mientras nos convida con panela y mango salado cortado en trozos, nos invita a ver cómo se hacen las tinajas.

La elaboración de vasijas se realiza en cada casa, provista de torno, horno y estanterías de secado. En la zona hay un barro muy especial para hacerlas y se fabrican desde antes de que llegaran los españoles. Cada tinaja implica muchas manos de trabajo, delicadeza y paciencia. Cada miembro de la familia realiza su especialidad: uno es el tornero, otro el dibujante, otro el pintor que da toques con distintos colores, otro realiza los detalles y otro cocina en el horno. Entre que se tornea y se cocina, cada trabajo puede llevar quince días, durante los cuales se corre el riesgo de que se rompa, resquebraje, queme de más o de menos, etcétera.

Luego de que el hombre nos explica todo el proceso, vemos a todos trabajar. No podemos creer que los precios sean tan bajos y el trabajo, tanto. Todos están entusiasmados con nuestra visita y cada uno nos quiere enseñar su oficio, ¡hasta el torno nos dejan usar!

El señor, abrazando a su mujer, nos dice:

—En mi casa siempre hay rincón para uno más, por favor, quédense con nosotros esta noche. Con todo gusto los llevamos, si quieren, a conocer la zona.

Aceptamos encantados, aunque sin saber dónde dormiremos, pues no vemos lugar para nosotros: la casa tiene dos piezas, una es el negocio y la otra, el dormitorio donde duerme toda la familia junta. En la galería funcionan la cocina y el taller.

Nos llevan al mirador de Catarina, desde aquí podemos ver el lago Nicaragua y la ciudad de Granada. Mientras tanto hablamos de este país, de sus guerras civiles y guerrillas. El hombre nos cuenta cosas horribles que toda guerra trae, como por ejemplo, familiares caídos. Pero habla sin bronca ni odio, habla con perdón, con la idea de construir una nueva Nicaragua:

—El mañana no existe, porque cuando creemos que el mañana llega seguimos estando en el presente. Es como el horizonte que nunca se alcanza. El pasado sólo fue, y es una experiencia para vivir el presente. De nada sirve esperar un mañana mejor o vivir de lo pasado, lo único que tenemos en nuestras manos es el hoy y hay que vivirlo con todo nuestro ser —sus palabras nos encantan, queremos escuchar más.

—Oí que se hicieron muchas expropiaciones de tierras a los grandes hacendados —le comento.

—No son expropiaciones de tierra, sino devoluciones de tierras a los nativos —me mira de frente y con voz serena continúa—. Sólo es una gota de justicia en un mar de injusticias. Ahora que la guerra ha terminado estamos logrando mucho, pero que recuerden que no hay armamento ni celda contra la voluntad humana: se podrá matar la carne, pero no un pensamiento. La verdad se podrá doblar un poco, pero nunca llegará a quebrarse… —con estas pocas palabras dice todo, y su pequeño discurso no es sólo para Nicaragua.

Al regresar a la casa nos acomodan en el negocio. Entre todos ponen cartones y papeles de diarios sobre el piso para protegernos de la humedad. Sobre ellos tendemos nuestras bolsas de dormir sabiendo que será una dura noche y que podríamos dormir mucho mejor en el auto, pero estamos en casa.

Nos despiertan los gritos de unos chavalos vendedores ambulantes de plátanos, quienes tiran una pequeña carreta mientras a su paso todos los perros ladran. Aún no ha salido el sol, pero la luz que se le adelanta es suficiente para que nos estén preparando el desayuno de gallo pinto con huevos. Tras saborearlo en familia, nos despedimos con fuertes abrazos y recibiendo bendiciones para el resto de nuestro viaje.

Cargamos el auto con las abultadas tinajas que aún deben esperar para ser vendidas. Viajamos hacia el poniente, la cima, el horizonte. Por nuestro camino vemos a las lavanderas debajo de los puentes; friegan en los ríos con las piernas sumergidas hasta las rodillas. Cuelgan la ropa sobre ramas, alambrados, pastos y piedras dando a todo un gran colorido. Los niños juegan a su alrededor, las pequeñas, por su parte, ayudan a sus madres a lavar.

Managua

Llegamos a Managua, la capital. Entramos por una de las avenidas centrales eligiendo manejar por su carril más lento. Cruzamos una calle importante y a la media cuadra nos para la policía.

Me pide el registro de conducir y, cuando se lo entrego, el oficial me dice:

–En la esquina anterior usted estaba en el carril para doblar y no dobló, siguió derecho. Por lo tanto, voy a retener su registro de conducir...

De un rápido manotazo se lo quito, dejándolo con los ojos abiertos:

–A mí nadie me retiene mis documentos; si quiere, vayamos a la comisaría y hablemos allí –me le enfrento.

El policía se exaspera, me dice que él tiene la autoridad y mil cosas más. Yo insisto con ir a la comisaría sin entregarle nada. Su compañero se acerca, lo tranquiliza y después de unas palabras nos dejan ir.

Hemos llegado a Managua en el momento de una gran celebración. Por sus calles marchan comparsas y miles de caballos llegados de toda Nicaragua. Nos entretenemos mirándolos pasar.

A Cande la invitan a subir a una carreta tirada por bueyes. Ella sube de un salto, ¡si cuando de diversión se trata... ! Enseguida un mono que llevan se aferra a ella sin dejarla mover, al igual que un hombre disfrazado de muerte y otro vestido de esqueleto. Todo el mundo ríe por los gestos de despedida que me hacen desde la carreta.

Yo estoy entre la multitud saludando a Cande, cuando tres jóvenes aprovechan mi distracción. Siento algo en mi bolsillo, con un movimiento rápido agarro la mano intrusa y le digo a uno de los chicos:

—Te equivocaste de bolsillo, éste es mío.

El muchacho me mira atónito, después sonríe y se va junto a sus amigos.

El tiempo no espera

Después de Managua nos vamos para León, desde donde partiremos hacia las playas de Poneloya. En el camino, un auto nos para y su familia nos invita a hospedarnos en su casa, que está en León.

Su hogar es una construcción colonial, como casi toda la ciudad, con su patio interno rodeado por una galería. Por la tardecita nos invitan a sentarnos afuera, en la vereda angosta, con las mecedoras, como lo hacen todos los vecinos de la ciudad. El que camina debe esquivar constantemente a la gente sentada y, por supuesto, además saludarla.

Conversamos mientras nos mecemos:

—Yo también tuve mi sueño y lo quise cumplir: ir a Europa. Durante mi juventud me puse a trabajar muy duro con ese fin. Y cuando junté el dinero necesario, me iba tan bien que seguí trabajando para reunir más. Después vino la crisis y me quedé sin trabajo y sin dinero, entonces empecé a trabajar de nuevo hasta que llegó otra crisis... Al final nunca pude ir: o porque tenía mucho trabajo o porque no tenía ninguno...

—¿Y ahora por qué no? —lo interrumpe Cande.

—No lo sé, tal vez ya esté viejo, tal vez idealicé mucho... y ahora tengo miedo de que no sea así. Quizá es sólo un sueño y tal vez el sueño sea más importante que ir. No sé, pero creo que prefiero imaginarme el caminar por Europa que recordar el haber caminado por Europa... Sinceramente, no lo sé... Tal vez vaya, tal vez no. Realmente no estoy seguro de lo que quiero, ni siquiera sé lo que pretendo de mi vida. Parece ser que ustedes sí saben qué quieren, Dios quiera que nunca lo olviden...

—¿Que olvidemos qué? —le pregunto.

—Lo que quieren de la vida, los sueños que quieren cumplir en ella.

223

El hombre calla mientras mueve su silla. Se sabe observado. Lo miro a los ojos y en silencio le deseo que Dios lo bendiga y que cumpla sus sueños. Se lo deseo con todo mi ser, porque sé la gran diferencia que hay entre cumplir lo que se anhela e imaginarlo.

No obstante, su mirada me dice que él sabe que nada en su vida va a cambiar, pero aún así me agradece. Y así nos quedamos por un buen rato. Quizás soñar es lo que lo mantiene vivo. Tal vez piense que su sueño puede esperar un poco más, pero el tiempo no espera a nadie. Los días no tienen extensiones, ni la muerte acepta prórrogas.

Todo está y existe por ti

Vamos hacia la plaza central para ver cómo se divierte la gente un domingo. Estamos conversando con los artesanos cuando otra familia nos invita a que vayamos mañana a su residencia en Poneloya.

El lugar es precioso y la casa posee una imponente vista al mar. Nos cuenta la señora que ellos años atrás fueron grandes terratenientes, con muchas propiedades, pero que con un gobierno perdieron todo. Algunos pierden, muchos ganan; muchos pierden, pocos ganan... a unos les expropian, a otros les devuelven...

Observar el mar nos da muchas ganas de tocarlo, así que con Cande salimos a caminar por la playa. Somos casi los únicos. Está nublado y es día de semana, sólo vemos una persona caminando más adelante.

Nuestra romántica caminata de la mano es interrumpida por una lluvia que cae repentinamente. Nos ponemos a correr y cuando alcanzamos al hombre, que sigue caminando, le oímos decir:

–¿Para qué corren si más adelante también llueve?

Continuamos al trote pensando lo que nos dijo. Tiene razón: sigue lloviendo, ya estamos mojados y no hay nada de malo en eso. Nos quedamos parados esperando que nos alcance. Llega sonriente:

–¿No les encanta sentir estas gotas que bendecidas llegan desde el cielo?

–Sí nos encanta, pero siempre que llovió corrimos. Creo que desde que tenemos memoria hacemos eso.

–Se puede cambiar, uno siempre está en el cambio, y hay que cambiar la forma de ver las cosas. Uno está en un lugar y a la vez el lugar está en uno.

–Creo haber sentido eso, que era parte y todo estaba para mí –balbuceo recordando Machu Picchu y ese inolvidable momento en el que me sentí rey.

–¿Las estrellas del cielo o el cielo de las estrellas? ¿El árbol del bosque o el bosque del árbol? ¿La humanidad del hombre o el hombre de la humanidad? ¿Cuál es tu punto de vista de las cosas? ¿Cuál es más importante? –inquiere–. Ambos en un mismo nivel. Porque ¿de qué sirve uno sin el otro y viceversa? Nunca sientas que no eres importante ni que si tú no estás, nada cambia. Todo está y existe por ti. En toda la humanidad no hay quien sea más ni menos importante que tú...

–Perdón, pero ¿todo esto lo venía pensando mientras caminaba o se lo dice a cada uno que pasa corriendo un día de lluvia? –le pregunto.

Me mira a los ojos:

–¿Tú crees en las casualidades?

–No, ya no.

Desierto de Atacama, Chile.

En la ruta desértica, Perú.

RIO NAPO, ECUADOR.

CAMINO A ALMIRANTE, PANAMÁ.

RÍO AMAZONAS, PERÚ–BRASIL

–¿Entonces por qué preguntas? –su interrogante me deja absorto. Los tres nos quedamos en silencio por unos minutos. La lluvia nos sigue refrescando.

Luego le pregunta a Cande:

–¿Cuál fue el mejor momento de tu vida?

–El ahora mismo –responde ella.

–Pero cómo, ¿no tuviste otros mejores?

–Lo mejor que tengo es lo que tengo ahora, lo que tengo en mis manos, el presente –responde Cande, segura.

–¿Sabes que tienes un tesoro en tu chava? –me dice el hombre.

–Sí, lo sé. Me siento el hombre más rico de la tierra.

La Gritería

Al día siguiente volvemos a León, dado que es día de fiesta. Hoy se festeja "La Gritería", como ellos lo llaman.

Todo el pueblo llena las calles con su presencia. La gente va de casa en casa, golpea las puertas o las ventanas y quienes las abren preguntan a gritos: "¿Qué causa tanta alegría?", para que los de afuera respondan a los alaridos: "¡La Asunción de la Virgen María!". Entonces los de las casas les dan regalos, que pueden ser comidas, golosinas, lápices o cosas útiles para el hogar, todo vale.

Emocionados nos prendemos a la fiesta y vamos gritando de puerta en puerta. Los pobladores han armado en sus casas altares floridos para la Virgen María. Todo está muy alegremente decorado, a tono con las caras llenas de felicidad. Hay fiesta por donde se mire.

Tocamos la puerta de la familia que nos hospedó apenas llegamos, la del hombre que postergó su sueño. Entramos y cambiamos de rol. Ahora, desde adentro, somos nosotros quienes regalamos los obsequios antes recibidos a quienes pasan gritando. Nos deleitamos viendo esas caras iluminadas a través de la ventana, mientras nos cuentan que esta fiesta se originó cuando la ciudad quedó destruida tras la erupción del volcán y un terremoto. Dicen que fue la Virgen quien logró detener la destrucción y que entonces toda la gente compartió sus pocas cosas que les quedaron brindándoles a los otros aquello que les faltaba para poder sobrevivir.

Un nuevo Graham

Antes de llegar a la frontera con Honduras, vemos cerca de una casa de familia una carreta tirada por bueyes. Paramos a sacarnos fotos junto a ella, como para demostrar que existen vehículos más lentos que el nuestro.

Toda la familia sale a nuestro encuentro. Pido atar los bueyes al auto para remolcarlo como a una carreta. Su dueño, encantado con la idea, los desata y los engancha a nuestro carro.

Por un trecho abandonamos los cincuenta caballos de fuerza del motor para tener dos bueyes de fuerza. Todos pasamos un buen rato, hasta los bueyes parecen encantados.

Tras sacar las fotos, Cande anota los nombres de las personas y pregunta los de cada animal:

–Este se llama Joaquín –comenta la esposa–, pero éste es nuevo y aún no tiene nombre...

–Sí que tiene, desde ahora se llama Graham –interrumpo mientras bautizo al buey dándole una palmada en su cabeza.

Honduras

Puerta al mundo maya

Cuando tú creces, la humanidad crece

Entramos a Honduras y cerca de Choluteca paramos en un pequeño restaurante familiar. La madre cocina, el hijo mayor sirve, la hija limpia, los hermanitos menores juegan y el marido trabaja afuera.

Sólo nosotros estamos sentados, puede que sea porque es tarde o simplemente que hayamos sido los únicos comensales. Nos sirven corrido de pollo, plato que consiste en una presa de pollo, arroz blanco y frijoles. Les preguntamos si nos permitirían dormir en el auto junto al comedor.

La señora nos pide que aguardemos, sale a consultarle al marido y regresa con él:
–De ninguna manera, ustedes no pueden hacer eso. Nosotros los hospedaremos en una piecita que tenemos –nos dice el señor.

Por más que les comentamos que podemos dormir en el auto cómodamente, no quieren saber nada, y se ponen a acomodar una pieza alejada de la casa. Su construcción es bien simple: paredes de adobe, techo de paja y una puerta de tablas llenas de agujeros. Iluminados por una vela dormimos en una cama cuyo relleno no sé de qué será, pero es muy cómoda, rodeados entre bolsas de semillas, carretilla y herramientas. Nos encanta el lugar, el ambiente y sobre todo la bienvenida a Honduras.

Temprano nos duchamos en un pequeño baño que está aislado de toda la casa y que consiste sólo en tres paredes sin techo y una cortina que deja ver el interior. Nos bañamos con agua de pozo, fría, que uno le junta al otro con la bomba manual.

Tras el fresco baño ingresamos al comedor saludando a toda la familia, quien no nos permite pagar el desayuno argumentando que le hemos traído bendiciones: el auto parado frente al comedor atrajo a muchos que pasaban por la ruta, quienes se quedaron a comer.

Empiezan a escucharse preguntas de las mesas de alrededor de nosotros. Las primeras provienen de un señor que, tratando de usar un inglés muy quebrado, nos consulta de dónde somos:
–Somos argentinos y hablamos español…
–Ah, bueno, mister. Mi ser tu "frend". "Güelcom" a Honduras –insiste con su inglés.
–Mil gracias por la bienvenida, pero somos de Argentina –le explicamos nuevamente.
–Habla bien "el mister" –comenta a su compañero de mesa.
–¿Buscan romper un récord para estar en el libro de los Guinness? –se escucha desde otra mesa.

227

–No, no es el fin. No queremos vencer a nadie, sólo ganarle un poco de vida a esta vida. Además el libro de los récords no incluye a todos ni a los más importantes, ¿sabes por qué? Porque hay algunos récords que venden más que otros.

–¿Quién tiene el récord de amar más en el mundo? ¿De ayudar más? ¿Y de más sueños cumplidos? Esos son récords que importan –agrega la dueña del lugar, feliz de ser la anfitriona y dirigiendo su mirada hacia todas las mesas.

–¿No se les rompe la carcachita? –se oye desde el fondo.

–Por ahora no, pero si se rompe se arreglará; es muy sencillo. La gente ayuda mucho: los mecánicos, los clubes de autos antiguos, siempre nos dan una mano y revisan si todo está bien.

–¿Qué pasaría si se te rompiera algo dentro del motor? –nos preguntan desde otra mesa.

–Dios y la Virgen no lo permitan –dice la patrona a la vez que se hace la señal de la cruz.

–Mira, yo creo que nos deberemos preocupar por esa rotura el día que se rompa. No me voy a hacer problema ahora por algo que no ha pasado y que quizás no pase nunca…

–Pero deberías estar preparado…

–Preparado estoy. Primero, porque no me invento problemas; segundo, porque sé que todo problema viene con una solución y tercero, porque me tengo fe a mí y también a Dios: sé que lo solucionaremos. Mientras tanto, disfruto el hoy sin tener problemas y sin imaginármelos.

–Pero deberías saber… –insiste.

–No seas tan pesimista, ¿quieres? –le gritan desde otra mesa. Ya estamos como en una charla de club.

–Este muchacho tiene razón. Deja que todo fluya, dale lugar a la energía positiva… –grita otro.

–¿Cómo cocinan? ¿Cómo lavan su ropa? ¿Dónde duermen?

–Comemos y dormimos, muchas veces, en casas de familias que nos invitan. De paso quiero que le den un gran aplauso a los dueños de este lugar, quienes nos invitaron a pasar la noche dándonos una muy linda bienvenida a Honduras –pido.

La señora se sonroja y dedica una reverencia a su público, que la aplaude. Cuando el salón se calma vuelven las preguntas:

–Pero ¿cómo conocen a la gente? ¿Son amigos?, ¿los contactan antes?, ¿cómo?

–Es llegar a un lugar y que la gente se nos acerque, más que nada por el auto. También por las inscripciones que están escritas sobre el auto. Las preguntas empiezan: de dónde venimos, adónde vamos, qué estamos haciendo, cómo y dónde solemos dormir... A esa última pregunta respondemos: "Donde nos inviten", y enseguida alguien lo hace. No obstante, también son muchísimas las veces que espontáneamente nos ofrecen albergue. Otras, lo pedimos nosotros.

–Sí, pero... –quiere acotar el pesimista ante la mirada de todos– ¿cómo saben que no les robarán? No todo el mundo es bueno.

–Y ¿cómo saben ellos que no les vamos a robar? –contraargumento–. La gente nos abre las puertas de sus casas con el corazón y nosotros nos llevamos de ellos lo más valioso: su cariño.

–Disculpe mi indiscreción, pero ¿dónde se bañan?

–Pero ¿por qué preguntas tanto? Eso ya es preguntar cosas íntimas –le grita uno mientras se para.

–Aunque no lo crea, durante el viaje nos bañamos más que en casa –responde Cande–, y puede ser en un río, una casa o al lado del auto con un balde.

–¿Cuál es el punto final del viaje?

–El de este viaje, Alaska. Y en el viaje de la vida, el horizonte. Será hasta que llegue a él.

–Y ¿por qué este viaje entonces?

–Sólo por cumplir nuestro sueño, que con la ayuda que estamos recibiendo poco a poco se convierte en el sueño de todos.

–Cuando cumplas tu sueño no sólo estarás cumpliendo contigo mismo, sino también con quienes te han ayudado: con tus padres, con la vida, con el Creador y con el mundo. Realizando tu sueño tú creces como así también toda la humanidad –dice un hombre dejándonos a todos perplejos.

Nos paramos y la señora nos llena de besos agradeciéndonos habernos detenido en su comedor. Le dedicamos un libro y se lo dejamos como regalo. Todos salen para vernos arrancar el auto y levantan sus manos para saludarnos a la vez que nos gritan bendiciones.

Una razón de ser

Cruzamos Honduras casi de costa a costa para visitar su arrecife en el Caribe, y nos embarcamos en un ferry para llegar a Utila, una pequeñísima isla que consta básicamente de una calle principal transitada sólo por cuatriciclos y carritos eléctricos.

Está llena de gente de todas las nacionalidades que viene, especialmente, con ganas de bucear. Éste es uno de los lugares más bellos y económicos del mundo para hacerlo.

Conseguimos un cuarto con balcón ubicado sobre el mar turquesa y realmente económico. Nos hospedaremos durante una semana celebrando otra pequeña luna de miel.

Además de dedicarnos a bucear y a hacer snorkel, recorremos toda la isla a pie, que si bien es muy buena para el buceo, posee muy pocas playas.

Hay una pequeña, detrás del diminuto aeropuerto de tierra. Los colores de sus corales y los peces nos invitan a pasar horas y horas en el lugar. Todos los días vamos y vemos las mismas caras de siempre y otras que se renuevan.

Un grupo de seis italianos, que están aquí por primera vez, nos consulta sobre el mejor lugar para hacer snorkel. Les explicamos que primero tienen que nadar unos quince metros, luego caminar sobre un enorme banco de arena y que más allá encontrarán en el mar un arrecife maravilloso, con miles de peces para ver.

Cinco salen a la expedición, pero una de las chicas del grupo se queda rezagada, pareciera no tener muchas ganas de ir. Cuando ve que Cande se prepara para entrar nuevamente al mar, la chica un poco nerviosa le pregunta si puede ir con ella. Cande afirma sin problema.

La muchacha se pone su máscara y empieza a seguir a Cande, hasta que ambas llegan a la parte donde se debe nadar. Cande continúa alejándose sumergida debajo del agua a la vez que la italiana al empezar a nadar deja de avanzar. Se queda en el lugar moviendo sus brazos y su cabeza en una forma sin sentido y sin continuar. Cande la llama para que la siga, no puede ver su cara de terror, pero algo raro presiente porque la otra se sumerge y vuelve a salir a la superficie sin sacarse el snorkel. Cande nada hacia a ella lo más rápido que puede y cuando la alcanza, la chica, en su desesperación, la hunde. Tiene un ataque de pánico. No nada, sólo hace movimientos bruscos y al levantar la cabeza traga más agua por el snorkel. Cande logra arrebatarle la máscara permitiéndole inhalar una enorme bocanada de aire. Luego tose una y otra vez al mismo tiempo que Cande la tranquiliza y la trae, poco a poco, de vuelta a la playa.

La joven agradece algo que Cande todavía no asimila:

–Tante grazie, tante grazie –repite llorando asustada.

Cande no reacciona hasta a la noche, cuando volvemos a encontrar a la joven en la pequeña avenida y le reitera:

–Molto grazie, tante grazie novamente –le dice mientras abre sus brazos para estrechar a Cande.

"Nunca pensé tener la oportunidad de salvar una vida, de ser responsable de una. Actué sin saber lo que hacía, pero ahora caigo en razón. Vivir... es tan bello vivir. Actualmente para mí cada minuto que respiro, que disfruto, que río o que lloro vale oro. Todo cuenta en mi vida y ella es lo mejor que tengo. No me imagino perderla en un santiamén. Pero ella estuvo a punto de ahogarse. Felizmente me di cuenta y ahora se le presenta otra oportunidad –piensa Cande mientras caminamos por la calle principal–. Todo tiene una razón de ser, ¿cuál será la suya?"

Seguimos caminando, Cande medita un poco más sobre lo sucedido. "Hoy, a mí, me tocó salvar una vida, a Herman vivir la muerte de cerca en Ecuador y los dos fuimos parte de un nacimiento en Costa Rica". Estos son episodios muy fuertes que nos ocurrieron en un lapso muy corto, que nos dan para pensar y aprender mil cosas a la vez...

Ruta Maya

Empezamos la Ruta Maya en Copan. Son nuestras primeras ruinas mayas y nos alucinan la calidad y belleza de las construcciones. Caminamos entre pirámides y templos viendo en cada lugar cosas inéditas para nuestros ojos. Nos recostamos en su plaza central llenándonos de su energía.

Nuestra próxima parada es en Gracias, un pueblo olvidado en la historia y perdido en la montaña, rodeado de plantaciones cafeteras. Recorremos sus calles adoquinadas, a los lados hay casas de portones y ventanales con rejas que nacen en el piso y acaban en el techo.

A la tardecita todos abren sus ventanas para que entre la fresca con la escasa brisa. Nos detenemos al ver, a través de una puerta, a un pintor que trabaja sentado frente a un gran lienzo.

–¡Qué lugar ideal para pintar! –le comenta Cande iniciando una conversación.

El pintor, un joven de barba oscura, enseguida nos invita a pasar, a ver sus pinturas y la enorme casa colonial. Nos cuenta que la construyó su bisabuelo para conquistar a su amor: le había prometido que le construiría una casa grande con el patio interno más amplio del pueblo en el que crecerían las flores de toda Centroamérica. Nadie creyó en sus palabras porque no era un hombre de fortuna, sin embargo él cumplió y se casó con su amada.

–¿Cómo pintas? ¿Tienes una forma particular de hacerlo? –pregunta Cande al joven admirando sus pinturas y con ganas de perfeccionar su estilo.

–Es relativo, como todo. No sé. Un día uso una técnica, al otro la cambio. En el colegio aprendí: "mi mamá me mima", el orden de los factores no altera el producto, la gravedad es proporcional a la masa del cuerpo e inversamente proporcional a la distancia, Pi es 3,14, el agua es H_2O, todos los cuerpos se expanden con el calor, todo movimiento insume energía… todo lo enseñado es así y no hay otra.

–No obstante, casi al finalizar mis estudios me enseñaron que hay una ley que dice que todo es relativo, incluso ella. Así que si alguien te dice que algo es así y que si no no es, es porque no llegó a estudiar hasta el final, si no sabría que todo lo que aprendió es relativo.

Por lo tanto, no tengo una forma de hacer las cosas, pinto relativamente. Este mismo aprendizaje lo transporto a mi vida, he aprendido que nada es seguro ni para siempre, que todo lo que somos y sabemos hoy mañana puede ser historia. Todo es relativo.

–¿Quieren comprar manzanas? –interrumpe una niña preciosa que se asoma por la ventana con un canasto lleno de frutas rojas. Le compramos tres y va tan contenta como luce su vestido de alegres colores.

Una vez de vuelta en Tegucigalpa, visitamos la embajada argentina donde nos reciben y nos hospedan. También nos recargan con kilos de yerba mate. Nos habíamos quedado sin yerba días atrás y la tradición de manejar por nuevos caminos mientras Cande ceba, charlando, es lo que nos tiene conectados con nuestro origen, con casa. Como que no estamos tan lejos.

Dos turistas que conocimos nos contaron que para entrar a El Salvador tuvieron que pagar mucho dinero por su vehículo. Entonces nos presentamos en la embajada antes de entrar al país y le pedimos que nos hagan una carta de recomendación, sobre todo para ver si podríamos evitar dicho pago.

Salimos para El Salvador con nuestra carta que sin ningún problema redactaron. Pero nos aclararon que no exceptúa de ningún pago o multas. Allá vamos, El Salvador...

El Salvador
Se ve chico, se siente grande

Ocupación: trotamundo

Los comentarios que nos han hecho sobre El Salvador son similares a las alertas recibidas sobre Colombia y Nicaragua. Así llegamos a la frontera con El Salvador y, al igual que cada vez que dejamos un país para ingresar a otro, experimentamos una sensación de nervios y de paz.

Apenas abandonamos Honduras estacionamos para hacer los papeles, pero antes de detenernos del todo nos invaden muchos chicos que se ofrecen para realizar el trámite por nosotros. También aparecen los cambistas con cientos de billetes en sus manos, policías, militares, curiosos, viajeros y oportunistas del descuido. Varios hacen preguntas a la vez, un grupo cuenta anécdotas sobre otros que han pasado por aquí y algunos hablan acerca de su propio viaje… Es difícil así concentrarse en los formularios y los trámites.

–En cuatro horas llegan a Guate –me informa un niño– nos separan menos de doscientos kilómetros de allí.

–Le compro sus lempiras, le vendo colones –insiste un cambista al que evado para presentarme en ventanilla de inmigración mientras Cande aguarda en el auto.

Me entregan un formulario para llenar: "Nombre y Apellido": Herman Zapp. "Origen": argentino (quisiera poner terrícola, pero sería para problemas). "Ocupación": trotamundo, respondo, y así sigo completando otras peticiones. Cuando el oficial lee mi papel pregunta sin entender:

–¿Ocupación trotamundo? ¿Me explica?

–Hace más de dos años que estoy recorriendo lugares –le digo–, por eso me considero un viajero, un trotamundo.

–¿Es usted millonario?

–Sí, todo lo que más quiero lo tengo.

–Tenga cuidado con lo que dice por estos lugares... –me aconseja.

–¿Usted lo dice porque me pueden robar? Mis fortunas no se cuentan con billetes, la mayoría son intangibles.

–Bueno, muy lindo, pero ¿a qué se dedica? –me apresura.

–A los sueños.

Resignado, el oficial resopla y me sella el pasaporte señalándome la ventanilla de aduana, donde debo hacer los papeles del auto. Los niños se interponen nuevamente en mi camino, se siguen ofreciendo a la vez que los cambistas continúan insistiendo en su venta de colones. Lamentablemente, la experiencia nos ha enseñado que ellos son quienes peor cambian el dinero y también que algunos de los niños son usados para chantajear a los turistas.

–Buenas tardes, quisiera hablar con el encargado de la aduana. Tengo una carta para él –le pido al empleado de la ventanilla, quien de inmediato llama a su jefe, que sale a verme.

Le muestro el auto, con el que se queda maravillado, y le entrego nuestra carta. Tras leerla, me pregunta:

–¿Qué necesitan de nosotros?

–Que, por favor, nos ayuden con el pago del impuesto de ingreso del vehículo, ya que todo ahorro nos ayuda a seguir.

–Pero mire que no es tanto, es sólo...

–Igualmente nos ayudaría mucho –insisto.

–Pero le digo que...

–Por favor, todo cuenta, todo ayuda.

El hombre se lleva nuestros papeles y a los quince minutos vuelve con todo listo y sellado. Me comenta que uno de los agentes pagó el impuesto. Le agradezco el gesto, tomo los papeles, me despido y me retiro en dirección al auto. Veo a Cande rodeada de muchísima gente. Nos sacamos fotos, como ya es costumbre en toda frontera, y partimos contentos.

–Y ¿cómo te fue con el pago? –me pregunta Cande intrigada.

–Mostré la carta y les pedí por favor que no me cobraran y ¡lo logré! –digo realmente feliz de haber ahorrado unos cuantos colones.

–¡Genio, "Pitu"! Te mereces un "chuick" –toma mis mejillas entre sus manos y me da un beso– ¿Cuánto era lo que había que pagar? –le doy los papeles para que se fije. En voz alta lee el impuesto– "Pago por ingreso vehicular: un dólar".

–¡¿Un dólar?! ¡¿Me estás cargando?! –Cande debe estar bromeando, así que paro en la banquina para ver el papel con mis propios ojos–. ¡Tanto lío hice por un dólar!

Nos morimos de risa y vergüenza a la vez, tanto alboroto y revuelo que armé para quedar como unos tacaños. ¡Qué vergüenza! Pensándolo fríamente, seguro que los turistas que nos hablaron lo alto que era aquel impuesto fueron chantajeados.

El mundo circense

El primer pueblito a visitar es Santa Rosa de Lima, pues nos comentaron que en esta época está de fiesta. Y así es: sobre su calle principal se han armado cientos de puestos, con todo tipo de juegos, músicas y comidas. Hay familias por todas partes que ríen y festejan.

Al final de la calle hay dos pequeños circos, cuyas lonas emparchadas, carteles despintados y luces tenues no prometen un gran espectáculo, aunque éste sea anunciado a gritos por payasos de tristes ropajes y mujeres con medias de red agujereadas, que frente a la puerta invitan a entrar.

Así lo hacemos eligiendo el circo "Emperador". Nos sentamos en uno de los pocos bancos que hay frente al diminuto escenario. Quien hace de presentador también hace de iluminador y de disc-jockey. Incluso al final del show también aparece disfrazado de payaso. Lo mismo ocurre con la cajera y otros miembros del circo, que entran y salen de escena representando distintos personajes.

Los payasos que aparecen después de cada acto nos toman de punto a Cande y a mí, nos incluyen como parte de su show y nosotros nos prestamos sin vergüenza a ser el hazmerreír de toda la tribuna. Debemos hacer piruetas, malabares, arrojar pelotas al aire y atraparlas y un montón de cosas más, hasta que llega el tirador de cuchillos.

Entonces la que hacía de cajera se apoya sobre una puerta de madera y la música de suspenso se empieza a escuchar. Alrededor de ella, el tirador arroja los cuchillos uno por uno: algunos los clava demasiado cerca de la mujer, dejándonos a todos sin respiro y en silencio. Acto seguido pide una voluntaria de la tribuna a la vez que mira a Cande y le extiende la mano para que pase… Ni locos aceptamos. El tirador insiste hasta que un hombre totalmente borracho, que casi no se puede mantener en pie, nos salva. No logra permanecer quieto frente la madera y todos nos reímos, pero más por nervios que por diversión. Sin embargo, al tirador no le importa el movedizo borracho y arroja los cuchillos de a uno por vez con mucha destreza. Al finalizar obtiene un gran aplauso bien merecido.

Por la noche, decidimos descansar dentro del Graham. La gente borracha que circula por los alrededores me inquieta un poco, pero aun así me siento más protegido que nunca. Escucho la muchedumbre pasar desde este pequeño y delicado auto, sobre esta calle extraña de un remoto pueblo de este lado del mundo desconocido para nosotros. Pero a pesar de lo frágil que me siento, cierro mis ojos para dormir tranquilo, como un niño que duerme con sus padres. Es que puedo ver en cada esquina del auto un ángel guardián en posición de centinela que cuida de nosotros. Son cuatro y poseen el poder de detener a cualquiera, aunque no lleven armas. Estos ángeles nunca descansan ni se detienen, tal como mis ganas de cumplir este sueño.

Solo no puedes

Al día siguiente tomamos el camino de la costa. Sentimos que somos totalmente vulnerables a todo: nuestra velocidad jamás nos permitiría escapar ante algún altercado ni llevamos armas para defendernos. Muchas veces nos parece que el peligro se nos acerca. Nos atemoriza, por ejemplo, ver a un grupo de gente en el camino que deambula con sus machetes desenvainados, aunque simplemente los saludemos, nos saluden, nos miren y sigamos. ¿Nos seguirán? Un poco paranoicos, nos alejamos.

En el camino nos paran muchos salvadoreños para brindarnos bienvenidas y saludos. Nos invitan a tomar algo o a comer pupusas en sus casas y nosotros aceptamos sólo bajo la promesa de que luego nos dejarán seguir. Queremos avanzar un poco más rápido, pero con tantas invitaciones no logramos ir muy lejos. Son incontables los ofrecimientos.

¿Por qué será que cuando un país sufrió o sufre demasiado su gente está más dispuesta a abrir sus hogares y a ayudar? Quienes perdieron todo, incluso seres queridos, a causa de una guerra o terremoto, como sucedió en Colombia, Nicaragua y El Salvador, quieren compartir lo poco que les queda.

Sobre esto charlamos con una familia que es ahora nuestra anfitriona y que tiene demasiadas historias tristes sobre la guerra.

–Durante una catástrofe o una guerra, solo no puedes. Necesitas de los demás y ellos necesitan de ti. Unos ayudan a otros y otros ayudan a uno para sobrevivir. Es

un aprendizaje que te queda. Una sociedad que no necesita de los demás se aísla. Hay ciudades de millones de habitantes en las que todos se sienten más solos que en una isla. Las riquezas aíslan, las desgracias unen. Muchas personas del mundo que nos vienen a ayudar nos cuentan que en el poco tiempo que permanecen aquí hacen más amigos que en toda su vida. Nos dicen que nos veían como pobres, pero que ahora se dan cuenta de que los pobres son ellos.

Vencer distancias y fronteras

En Libertad nos alojamos en un económico hotel de surfers y viajeros. Hay gente de todos lados. Apenas llegamos, un grupo de turistas jóvenes nos invita a su fogata. Parte de él son dos hermanos colombianos que llevan casi un mes en este lugar. Han llegado por tierra desde Colombia y su destino es Miami, donde sus padres están. El mayor tiene 19 años y el otro 16:

–Por la situación nefasta de Colombia nuestros papás nos querían llevar a vivir a Miami. Habían escuchado que estábamos en una lista de posibles personas a secuestrar, para recibir luego un rescate. Así que vendieron todo y nos mudamos a Bogotá para solicitar visa a Estados Unidos. Pero se encontraron con el gran problema de que si pedían visa para todos nos iban a rechazar, por lo que tuvieron que pedirlas sólo para ellos y como turistas. Viajaron y apenas llegaron al aeropuerto solicitaron asilo político, para luego poder pedirlo para nosotros y todos juntos volver a estar. Sin embargo, se lo negaron. Con mi hermano no sabíamos qué hacer. No queríamos que nuestros padres volvieran por nosotros a Colombia, por lo tanto les mandamos un correo diciéndoles: "Estamos en camino". Agarramos lo poco que teníamos y empezamos –nos relata el hermano mayor.

–Y ¿cómo hicieron para llegar hasta acá? –le preguntamos al menor.

–Cruzamos a pie el Darien, donde nos robaron algunas cosas, entre ellas nuestros pasaportes y documentos. Pero por ser colombianos, no nos servían de mucho: para casi todos los países debemos pedir visas y casi siempre nos la rechazan sólo por ser de Colombia. No obstante, no se imaginan qué feo es no tener algo que diga quién eres y de dónde vienes. Eres un indocumentado, lo mismo que no ser nada.

De Panamá subimos tratando de pasar por las fronteras de selva o con la ayuda de un camionero o de algún buen samaritano. En Nicaragua, tuvimos que darle nuestra cámara de fotos a un guarda que nos estaba por deportar –nos cuenta el joven. Nosotros estamos más que intrigados por cómo sigue la historia de estos dos hermanos y los escuchamos con mucha atención–. En el camino dormimos bajo la lluvia, muertos de frío, comimos hasta restos que buscamos en la basura. No obstante, siempre había quien nos ayudara o recibiera. A pesar de que podríamos haber sido ladrones o asesinos, nos abrieron sus puertas y nos dieron un lugar donde estar, un trabajo, una ayuda… Muchas madres que tenían varias bocas que alimentar nos decían que lo hacían porque eran madres y porque deseaban que si algún día uno de sus hijos necesitara ayuda, la recibiera.

–¿Sus padres ya saben que están en El Salvador? –indaga Cande.

–Sí, recién cuando llegamos a El Salvador les avisamos, estaban desesperados. Pero no queríamos pasar por las grandes ciudades, sino por los pequeños pueblos. Nos da muchísimo miedo llegar a ser deportados o encerrados, no tenemos documentos y por eso nos podrían hacer mil cosas.

–¿Y qué están haciendo ahora?

–En este país nos recibieron de maravillas, hasta engordamos los kilos perdidos. Puede que sea porque los habitantes de aquí tienen tantos familiares en el exilio que saben lo feo que es. Aquí trabajo arreglando tablas de surf –nos cuenta el mayor–, y de paso aprendo a surfear. ¡No imaginaba que era tan apasionante!

–Ahora necesitamos juntar dinero para cruzar todo México –nos explica el otro hermano–, Guatemala no va a ser problema, pero sí México. Allí es donde más buscan y frenan a gente como nosotros. Luego faltará entrar a Estados Unidos. Sabemos que será difícil, pero no saben las ganas que tenemos de estar con mamá y papá. Así que vamos a llegar, ojalá antes de Navidad.

Estamos hablando con dos chicos que a pesar de su juventud, ya son hombres. Luchan convencidos y corren miles de riesgos decididos a cumplir su sueño. ¡Cuánto duele esta discriminación de fronteras y cuántas familias permanecen separadas por ello! Duele, duele en el alma.

Los dos días siguientes que nos quedamos en Libertad nos reunimos todas las noches con los hermanos y nos contagiamos mutuamente las ganas de seguir y de vivir. Al despedirnos, les regalamos unas postales, un libro y entre sus hojas unos dólares para que continúen su largo viaje.

Una sacudida al corazón

Al arribar a San Salvador nos presentamos en la embajada argentina para preguntar por hospedaje.

El embajador en persona hace unos llamados y nos dice: "Tienen dos opciones. Opción A: una casa en la costa que alquilamos entre cuatro familias. Opción B: la residencia de la embajada". Elegimos la B para poder estar en la ciudad y conocerla.

Al día siguiente, la mujer del embajador y él nos invitan a comer a un restaurante en el que además se venden libros. Ellos leen mucho y les encanta nuestra obra. La parte que más admiración les causa es aquella referida a la gente que conocimos por el camino. Sobre ella nos preguntan y les contamos que las personas que encontramos nos suelen contar cosas increíbles de sus vidas y de sus sueños. También que no entendemos por qué la gente nos dice lo que nos dice, por qué es tan sincera ante nosotros, por qué nos muestra tan abiertamente su corazón. No nos conocen y aún así nos confiesan sus verdades.

–Porque son una visita inesperada –nos responde la mujer–, un baldazo de agua fría al alma, una sacudida al corazón, un grito para despertarnos. Ustedes nos hacen recordar nuestros sueños, nos hacen cuestionarnos qué estamos haciendo por nuestras vidas, por nuestros sueños, por nuestro amor... Muchos de nosotros hasta tenemos que esforzarnos para recordar cuál era nuestro sueño... tan arrinconado lo tenemos en nuestro corazón que ya ni nos acordamos de él. Ahora que los conozco, puedo decirles que quienes tenemos la suerte de cruzarnos con ustedes vivenciamos ese sentimiento. De alguna manera nos confesamos con ustedes porque nos muestran la verdad de la vida y nos inspiran a cumplir nuestro sueño. Están haciendo algo que siempre quisimos hacer. Somos aventureros frustrados, somos soñadores frustrados... pero ahora vemos una luz.

Ayudar, maravillosa sensación

En el bello pueblo de Suchitoto nos entrevistan los diarios y la televisión, rodeados por cafetales. Además aprovechamos para seguir vendiendo libros, tal como lo hicimos en los demás países centroamericanos.

También chequeamos, como siempre, los correos electrónicos que nos llenan de alegría. Son la manera en que nos mantenemos en contacto con la gente que hemos conocido y también con la que no tuvimos el gusto de conocer.

Hoy leemos un mensaje muy especial de una chica de Costa Rica a la que conocimos en nuestro pasar. Nos cuenta que está en España cumpliendo su sueño gracias a nuestro libro. Siempre quiso irse allá a estudiar y trabajar, pero los miedos y excusas sin sentido se lo impedían, hasta que nos conoció. Entonces dejó todo y se fue. Aunque aún no tiene trabajo se siente feliz por estar allí. Al leerla nos alegramos a su par, porque sabemos que le va a ir bien, simplemente porque a quien se juega por lo que quiere, no le puede ir mal. Gracias a ella experimentamos lo que la gente siente al ayudarnos en este sueño, porque ahora nos toca a nosotros ser parte de otro sueño. De alguna manera hemos ayudado, y es una sensación maravillosa.

Felices por este suceso, seguimos por la ruta maya rumbo a Guatemala. Al pasar por las ruinas de San Andrés nos detenemos a hacer unas tomas. Está lleno de mosquitos y encima Cande se para sobre un hormiguero. La picazón provoca que todas las tomas salgan movidas:

–Me picó otro mosquito, no se puede filmar –me comenta fastidiada...

–Amor, si yo fuera mosquito, te comería y si fuera hormiga, te llevaría a mi hormiguero... –así, otro beso me gano.

Guatemala
y Belize

Belize
Belmopan
Tikal
Dangriga
Spanish
Look Out

Chichicastenango   Guatemala
Antigua

Café Condesa

Hasta aquí

Tiempo de viaje . .1 año y 8 meses

Kilometraje . . . . .25.184 km

Guatemala

Tierra de colores

Payasos sin fronteras

Entre volcanes y plantaciones de cafetales encontramos la pequeña ciudad de Antigua, toda ella colonial. Nuestra idea es recorrerla, pasar una noche y seguir viaje, pero a medida que la transitamos descubrimos que nos costará irnos rápidamente.

Tras discutir un poco los precios, nos hospedamos en un hostal, en cuyo patio interno estacionamos el auto provocando un revuelo entre los mochileros provenientes de muchos rincones del mundo que aquí se albergan. Nos presentamos ante los más de treinta que rodean el Graham y les contamos de nuestro viaje. A su vez algunos de ellos relatan sus propias e increíbles experiencias.

Tras un rato de conversación, sacamos nuestro mate y se arma la rueda: al probarlo algunos gesticulan cara de asco, otros se quedan encantados. Dos chicos se presentan como "Payasos sin fronteras", una organización que va haciendo felices a niños de pueblo en pueblo, de país en país, sólo con el fin de brindar alegría. A todos nos cautiva su historia y les pedimos que cuenten más:

–Llegamos a un poblado, armamos nuestra carpa de títeres y enseguida los niños se acercan. Su felicidad atrae a los padres. De este modo vamos rompiendo el hielo y de a poco nos insertamos en la sociedad. Una vez que somos parte, podemos enseñarles a armar una huerta, construir baños y otras cosas que mejoran el nivel de vida de los niños. Sin embargo, sobre todo nos dedicamos a estar con los chicos, a enseñarles juegos, canciones, a pintar y dibujar…

Al escucharlo todos estallamos en ovaciones de alegría.

–Y ¿cuánto les pagan? –indaga uno que piensa que hoy nadie hace nada por nada, que la plata mueve al mundo y que todo se rige por el dinero. El payaso se toma su tiempo para contestar y le dice:

–En este momento hay una persona escribiendo una canción de amor, otra cuidando a un enfermo o visitando a un desconocido en un hospital porque hace mucho que nadie lo va a ver. En este momento hay un maestro, que gana muy poco, enseñando a leer a un niño. Ahora mismo hay alguien defendiendo un animal en extinción y otro, un árbol. Hay millones de personas que no están generando dinero, sino amor, que es lo que mueve al mundo. ¿Tú has amado a alguien?

–Sí, claro, a mi mujer, a mis hijos, a mis pa…

–¿Y has hecho dinero con ellos?

–No, claro que no, pero…

–Así como sentiste un llamado de amor hacia tu mujer y tus hijos, seguramente algún día recibirás un llamado para ayudar a otros a cambio de una sonrisa, un abrazo o quizá tan sólo un sentimiento de paz enorme dentro de ti. No sé por qué lo harás y quizá tampoco tú sepas entonces por qué lo estarás haciendo, pero ese llamado llegará; a todos nos llega. ¡Ojalá lo oigas! –le desea el payaso sin fronteras, y continúa– La misma pregunta que tú me hiciste me la formuló un compañero de mi ex trabajo en Europa, donde no me iba nada mal –hace una pausa para terminar de tomar su mate y se lo entrega a Cande agradeciéndole–. Entonces le conté: "Juancho es un niño de nueve años cuyos padres ya están en el campo trabajando cuando él se despierta. Así que Juancho levanta a sus hermanitos, les prepara el desayuno y con ellos se va a la escuela. Luego, al regresar a casa, les prepara la comida y camina cinco kilómetros hasta donde estoy yo para ayudarme a armar la carpa de los títeres y acompañarme en la tarea de invitar a jugar a los niños. Un día le pregunté cuál era su héroe favorito, pues deseaba fabricarle un títere. Me respondió que lo era yo y que de grande quería ser igual a mí" –todos nos quedamos tiernamente callados–. ¡Qué mejor paga puede tener uno! ¡Qué mejor que saberse el héroe de un niño!

–¿Sabes que con lo que estás haciendo estás cambiando el mundo? –le comenta Cande con sus ojos brillosos por la emoción.

Un deseo mutuo

Más tarde, solos en nuestro pequeño cuarto, con Cande conversamos acerca de algo maravilloso que venimos charlando desde hace muy poco tiempo. Un día tocamos el tema y descubrimos que los dos, por separado, lo veníamos pensando a la vez. En tener un hijo.

Antes no nos comentábamos esta idea porque pensábamos que sería una locura que Cande viajara embarazada, diera a luz en el camino, lejos de casa y luego continuáramos la ruta con un bebé, con los cuidados que requiere. Además de lejos de la familia y sin dinero.

Pero fue comentarlo y soltar libremente nuestro enorme deseo de ser familia. Estamos encantados con esta conversación y no queremos terminarla.

Nos casamos hace ocho años y ahora ambos experimentamos unas ganas enormes de ser papás. Estamos transitando el mejor momento de nuestras vidas y nos sentimos más preparados que nunca. Sí, tenemos miedos, pero sobre todo muchísima fe: sabemos que será maravilloso.

Hace dieciocho años que estamos juntos, hace casi dos décadas que imaginamos nuestro futuro rodeados por hijos que traerán alegrías inmensas a nuestras vidas, compañía, felicidad y muchas cosas más. Ahora ese futuro es presente: deseamos ser papás.

Sin embargo, algo nos preocupa: ¿podremos serlo? Tememos que no sea posible, porque durante los años que llevamos casados sólo nos cuidamos naturalmente y además Cande no es regular. Su hermana está intentando todos los tratamientos de concepción posibles, pero hasta ahora no hay resultados. Ciertamente, estamos asustados y aún tendremos que hablar un poco más, así que dejamos la charla para mañana.

Humanidad atacada

Estamos desayunando en la galería con unas israelíes, Cande pinta súper inspirada. En eso entran al hotel unos chicos que gritan como locos. Cuando otros se les acercan para saber qué pasa se agarran las cabezas, exclaman dolor e incluso una joven estalla en llanto a la vez que grita:

–¡Un avión se estrelló contra una de las torres gemelas de Nueva York!

Inmediatamente junto a Cande y una de las israelíes salimos a buscar un televisor. Lo encontramos en un antiguo convento convertido en hotel. Las imágenes son horribles. Pocos minutos después no entendemos qué pasa, pareciera que están emitiendo la repetición del choque del avión contra la torre. Pero no: ahora es la otra torre la que está en llamas, y al rato el Pentágono y otro avión... Se habla de miles de muertos, sin saberse realmente cuántos son. Las imágenes no cesan: gente huyendo, torres cayendo, escombros. Nos conmueven el alma, estamos petrificados sin comprender qué ocurre. Cande lagrimea ante lo que ve.

Los tres nos abrazamos y miramos a nuestro alrededor. Nos parece mentira: estamos viendo un patio interno con una bellísima fuente de la que cae agua lentamente, rodeada de una edificación poética, un paisaje inundado en paz. Paz que es interrumpida por los llantos de una chica que intenta comunicarse con su familia de Nueva York. ¿Cómo puede el hombre hacer cosas tan bellas y a la vez tan horribles?

Salimos a la calle y todo está triste, apagado. Las caras de las personas se muestran dolidas, de luto. Por hoy con Cande preferimos no seguir hablando de niños, sino simplemente abrazarnos, amarnos más que nunca y sentirnos vivos.

Las tardes del resto de los días que permanecemos en Antigua nos reunimos en la pequeña pensión con los mochileros. Entre todos representamos a más de quince naciones, y todos sentimos dolor por lo sucedido. Nos ayuda poder compartir lo sucedido, conversar y pensar en conjunto. Todos deseamos lo mismo: ¡ojalá este atentado no traiga venganzas, odios y más guerras!

Niños especiales

Partimos de Antigua para visitar pueblos indígenas llenos de colores: en sus vestidos, en sus artesanías, en sus colectivos, en todo ponen color. Sobre sus cabezas, niñas y adultas llevan canastas llenas de artesanías hechas en telar.

Al llegar a la ciudad de Guatemala ya hay gente que nos espera. Le han avisado desde El Salvador de nuestra visita y nos recibe de maravillas, con cena, hospedaje y servicio para el auto.

La señora de una de las familias que nos hospeda dirige una escuela de niños con problemas mentales a los que ella prefiere llamar "niños especiales". Nos pregunta si quisiéramos ir a darles una charla, aceptamos y nos encontramos con un mundo de niños desconocidos que enseguida nos abrazan y sonríen dándonos la bienvenida.

Nunca habíamos pensado a los chicos "especiales" como niños felices, sino como pequeños con problemas. Pero ahora los vemos sueltos, espontáneos, felices, demostrando sus sentimientos. Les contamos del viaje y de los lugares por donde anduvimos. Ellos aplauden o ríen ante cada comentario nuestro.

Luego les abrimos las dos puertas del auto. Por un lado suben y por el otro, bajan. Les encanta tocarlo todo y sentir al auto viajero. Cuando uno de los pequeños descu-

bre la corneta, todos quieren volver a subir al Graham para tocarla. Los que esperan su turno nos abrazan a nosotros y al auto o se ríen a carcajadas contagiados por la bocina o por las luces que ahora prenden.

Siempre tuve miedo de llegar a ser padre de un niño así, pero ahora comprendo que Dios no condena a una familia dándole un hijo así, sino que la elige porque seguro es de las que más amor tiene para brindar a ese pequeño que tanto lo necesita.

Camino a la decisión

La belleza natural de Semuc-Champey nos deja totalmente anonadados: en la montaña boscosa, sobre un correntoso río, por más de trescientos metros se ha formado un puente natural que sigue creciendo. Sobre éste hay una serie de piletas escalonadas llenas de agua de vertiente que fluye mostrando diferentes colores que van desde el azul intenso al suave turquesa.

Mientras disfrutamos nadando de pileta en pileta, una turista que toma sol sobre una piedra nos comenta:

—Se dice que este lugar, por su belleza, es la octava maravilla del mundo.

—Será la novena, porque la octava es mi mujer —le respondo logrando un enorme beso de mi amor.

Tras un hermoso día seguimos por la ruta rumbo a las ruinas de la ciudad más grande del mundo maya: Tikal. En el camino paramos en El Remate, un pequeño pueblo frente a un hermoso lago. Dormimos en una cabaña cien por ciento maya, construida en la ladera de un cerro, sin puertas, sin ventanas ni pared de frente, y con una espectacular vista al lago.

Una persona curiosa por el auto se nos acerca a hablar. Notamos, por su acento, que es extranjera.

—¿Adónde quieren ir? ¿A Estados Unidos? —se asombra—. De ahí es de donde yo vengo. Allí nací y, por eso, ahora vivo aquí. Cuando vivía en los Estados Unidos me decían que no había mejor lugar en el mundo que ése, que era "la tierra de los sueños". Pero déjenme decirles por qué yo ahora estoy en Centroamérica, un lugar "sumamente peligroso" según mi país. Ustedes están por ir a una nación con mucho racismo y no sólo hacia los negros. En Estados Unidos se suicidan más de 30 mil personas y por ley se pueden matar más de 800.000 niños al año, porque para ellos un aborto no está mal, simplemente porque hay una ley que lo permite. Además es el país con la mayor tasa de divorcios en el mundo y allí casi no existe la familia. Hay tanta locura que verán a muchas personas insanas merodear por las calles, dado que no hay lugar donde albergarlas. Es el país con mayor porcentaje de armas por persona y está lleno de estrés, de consumidores de drogas y de personas obesas. Se cometen más de cincuenta asesinatos por día y hay criminales en las escuelas, en los trabajos. También bombas y envío de veneno por correo. Entrarán en una nación que posee bombas nucleares y que ha sido la única en usarlas... y lo hizo sobre familias, mujeres y niños. Es un país en el que, vayan donde vayan, estarán apuntados por una bomba nuclear de algún lugar del mundo o por un loco armado que dispara porque sí. Si no, por terroristas que están listos para inmolarse. En Estados Unidos una de las primeras preguntas es: "¿A qué te dedicas y cuánto dinero haces por año?". El dinero les importa demasiado y si no lo tienes no eres absolutamente nadie. Miden todo éxito en la vida según cuántos dólares posees. Sabrán que si alguien tiene un problema de salud o legal y no tiene dinero, está en el peor lugar del mundo porque a nadie le importará que esté enfermo o que tenga la razón en un juicio. Si no tienes dinero, no eres nadie ni eres nada... –hace una pausa y prosigue diciendo–.

–...Donde nací yo el dinero habla y el que no lo tiene es mudo. Ustedes podrán haber visto lindas películas, escuchado de California, Disneylandia y la Estatua de la Libertad, pero la verdad es otra. Adonde ustedes vayan no los recibirán como aquí, en Latinoamérica. No los invitarán a las casas tan naturalmente, menos ahora que ha ocurrido esta desgracia del 11 de septiembre. No esperen que los abracen y besen siendo desconocidos –lo dejamos hablar sin casi hacer gestos, ni de miedo ni de asombro–. Aquí en Latinoamérica es muy distinto que allá. Vayan y vean por su cuenta, experimenten lo que es vivir en el país con mayor ingreso per capita del mundo, donde el gasto en armamento inútil es monstruoso y mucho más importante que la lucha contra el cáncer, contra el hambre... –concluye.

Cuando se retira, conversamos con Cande acerca de lo que nos ha dicho. Siempre hay alguien que nos dice que el lugar en el que estamos es mejor que aquel hacia el que nos dirigimos. Pero esta vez nos llama la atención que quien lo dice es oriundo de allí, y que justamente por eso vive aquí. ¿Deberemos tomarlo en serio? No teníamos esa imagen de Estados Unidos, aunque por supuesto sabíamos algunas cosas de las que mencionó. Este hombre nos ha presentado una imagen muy caótica de aquel país y ningún comentario suyo nos pareció exagerado. Tampoco habló con odio, sino que tranquilamente nos contó su percepción de un país al que muchos quieren ir y que él abandonó.

Para ingresar al parque Tikal, los turistas deben pagar veinte dólares por persona, mientras que los locales, sólo dos.

–Cande, ¿te animas a preguntar si nos pueden cobrar como locales?

Cuando ella se está por bajar del auto para intentarlo, los de la casilla de cobro empiezan a gritar a la vez que se acercan:

–Son los del auto antiguo, los argentinos...

Nos quedamos mirándonos entre nosotros sin entender qué sucede.

–Los estábamos esperando, el encargado del parque está ansioso por recibirlos. Pasen, pasen; nosotros le avisamos que ya llegaron.

–Muchas gracias –agradecemos sin comprender.

Cuando llegamos a las oficinas nos reciben maravillosamente, nos muestran la carta que recibieron del Ministerio de Cultura donde les piden que nos den libre acceso y trato preferencial. Nos muestran el bungalow donde podremos dormir y nos presentan a dos guías: uno nos acompañará durante el día y otro durante las salidas nocturnas.

Atando cabos entendemos qué pasó: Lorena Mendoza, una periodista guatemalteca, logró todo esto sólo porque le dijimos qué lindo sería tener unas fotos del auto junto a las pirámides.

Luego de acomodarnos, uno de los guías nos lleva a recorrer toda la inmensa ciudad maya. Ésta se halla dentro de una densa selva virgen, llena de animales, monos, tucanes y loros que nada temen a los humanos. Las explicaciones del guía nos hacen imaginar el lugar de antaño: poblado por cientos de miles de hombres en movimiento, con sus ruidos, sus comercios, ritos religiosos, artesanías, construcciones y juegos de pelota.

A la tarde, antes de que llegue nuestro guía nocturno, trepamos hasta la parte más alta de una pirámide desde donde podemos ver un inmenso manto de selva plana y, sobresaliendo sobre el verde, otras tres pirámides mayas.

Aquí estamos: solos, abrazados, encantados con este sitio que se siente místico y único, lleno de energía y de fuerza. El sonoro canto de las ranas nos acompaña, mientras el sol le da fin a otro día. Quiebro el silencio en voz muy baja y profunda:

–Cande, quiero ser papá.

–Yo, mamá. Dios lo quiera.

En total permanecemos en la mágica Tikal cuatro días, que iban a ser tres. Un huracán que azota Belice nos obligó a quedarnos: en Tikal éste sólo trajo lluvias y vien-

tos muy fuertes y estuvimos protegidos. En cambio, si hubiéramos estado en el camino a Belice, la habríamos pasado muy mal. Allí toda una ciudad desapareció tras el paso de este huracán.

Belize
Tesoro pirata

Un sueño dentro de otro

Entramos a un pequeño país, de menos de doscientos mil habitantes y con sólo dos rutas pavimentadas que lo cruzan. Tiene apenas veinte años de independencia con logros admirables, como no tener ejército.

Al entrar en este pequeño país uno deja Latinoamérica, sobre todo porque si bien se encuentra entre los países latinos, su idioma es el inglés y sus construcciones, típicamente anglosajonas.

Frente al mar, en uno de los pocos edificios de la ciudad de Belice, nos hospeda un colombiano, hombre de negocios que asesora al banco central y a la privatización del puerto. Feliz nos lleva a conocer la pequeña ciudad, su puerto, como también tierra adentro hacia la capital de Belice, que en nada se parece a una ciudad capitalina. Y siguiendo camino hasta el mar vamos a conocer a los garifunas. Ellos, según nos cuenta el colombiano, son descendientes de esclavos que sobrevivieron a una tormenta escapando del barco en el que iban y mezclándose con los nativos de esta zona. Poco poseen de rasgos indígenas, pero sí mucho de su lenguaje y sus costumbres.

Compartimos unas cervezas con los garifunas en sus pequeñas chozas, recién armadas sobre la arena más blanca y frente a un mar encantador.

El otro día, a causa del huracán, perdieron casi todo. Dos de los que están con nosotros tan sólo llevan un bolso en la mano; lo único que alcanzaron a rescatar. No parecieran estar deprimidos, tal como nos veríamos nosotros si nos hubiera pasado esto

–No fue el primer huracán que se llevó mi casa junto a todo lo que teníamos ni va a ser el último. Mientras no nos lleve a nosotros, volveremos a empezar –me explica uno de los hombres.

–Y ¿por qué no buscan otro lugar para vivir?

Me mira como si mi pregunta fuera tonta y me responde:

–Mire este lugar, este mar, este cielo… Es maravilloso, es lo que tenemos. Es como la vida que es maravillosa. No la vamos a dejar por unos días de tormenta, ¿verdad?

247

El garifuna tiene razón, todos tenemos días en la vida que son horribles, pero después de la tormenta hay días grandiosos que siempre nos permiten volver a empezar. Con cada tristeza o fracaso, un aprendizaje que nos induce a recomenzar.

Con Cande estamos disfrutando, aunque un poco nerviosos. No por el lugar ni la compañía, aquí no hay nada que temer, sino por un atraso que ella tiene. Si bien éstos son habituales en Cande, esta vez presiento algo distinto.

Ella me dice que no tenemos que ilusionarnos porque no siente nada diferente. Aún así apenas regresamos a la ciudad de Belice, movido por mi ansiedad, compro un test de embarazo.

Cuando en el departamento entra al baño a hacerse el chequeo, me pone cara de "ya verás cómo malgastamos plata", pero su mirada me indica que está nerviosa… quizá porque es una prueba y como toda prueba produce nervios.

Cierra la puerta y todo queda en silencio. Espero ansioso. Nada se escucha, todo está muy quieto, apoyo mi oreja en la puerta tratando de escuchar algo. Repentinamente me quedo sordo con un grito de Cande, que me provoca una enorme intriga:

–¿Qué pasó? –pregunto desesperado por saber.

Cande abre la puerta mientras con nervios y alegría me muestra el resultado:

–¡Positivo! ¡Positivazo!

Nos abrazamos súper fuerte, con lágrimas y con un sentimiento rarísimo, uno totalmente nuevo para nosotros: ¡El sentimiento de que vamos a ser papás! Que nos trae en décimas de segundos miles de pensamientos mezclando alegrías, responsabilidades, miedos y una gran incógnita: ¿ahora qué hacemos?

Sólo interrumpimos nuestro abrazo para hacernos alguna pregunta o comentario, para volver a pegarnos el uno con el otro fuertemente abrazados sintiendo entre los dos un nuevo amor.

–¿Qué vas a hacer con tu hijo cuando nazca? –pregunta Cande tiernamente.

–Voy a jugar. Voy a volver a jugar.

Creo que como todos los padres primerizos lo primero que hacemos son planes, quizá demasiados. El dejar o terminar el viaje está descartado. Si llegó en el camino es porque quiere ser parte. Entonces que nazca un sueño dentro de éste. Dos sueños a la vez.

¿Dónde debería nacer? México está muy cerca. Estados Unidos también. Puede que en Canadá o si no ¡qué mejor que en Alaska, al final del viaje! Viajar con un bebé nos parece difícil, por él y por el poco dinero. Además ¡cómo cambiaría el viaje con un bebé!, ¿quién querrá recibirnos a los tres?

–Mejor lleguemos a Alaska antes de tener el bebé –sugiero.

–A ver, fechas… Son nueve meses y tal vez ya haya cumplido uno –comenta mirándose la panza–, así que nos quedan ocho. A ver... quedémonos en Belice una semana más, en México, un mes y medio; en Estados Unidos, tres; en Canadá, uno y medio, y un mes en Alaska. Para buscar un lugar, un doctor y aclimatarnos un poco...

–Suena bien, pero ¿será así? Nunca resultó ser como lo planeamos. Siempre fue distinto aunque también mejor.

–Esta vez es diferente: tenemos que llegar a Alaska antes que nazca.

Por la tarde vamos al hospital de Belice, que es público. Enseguida nos atienden unos médicos cubanos que nos dicen, mientras permanecemos abrazados:

–En nueve lunas tendrán a alguien más para abrazar. Candelaria tiene un pequeño embarazo.

Nacerá entre el diez y el once de junio, es decir que nos embarazamos el mismo once de septiembre que tanto nos amamos. Sin ninguna duda del nuevo miembro en la familia y seguros de poder festejar, le avisamos a nuestro anfitrión, quien no lo puede creer. Piensa que fue un accidente, que el viaje ahora no podrá concretarse. Nos pregunta cómo vamos a volver, cómo haremos con el auto...

–Vamos a seguir –le aviso.

–¿A seguir? Con una mujer embarazada, no, no se puede. Necesita reposo y descanso, puede haber complicaciones, se va a sentir mal y hay que hacer controles médicos. No creo que sea bueno... –nos aconseja el colombiano.

–Por ahora me siento bárbaro, no tuve ninguna náusea; sólo mucho sueño y cansancio –le explica Cande.

–Sí, pero un embarazo es algo delicado, va a haber complicaciones... –continúa nuestro amigo, a quien dejamos hablando solo.

¿Y para qué?

En una lancha colectivo visitamos los cayos: paramos en el de San Pedro. Allí conseguimos un hotelito frente al mar por un razonable precio.

Rápidamente, en la única calle transitada del lugar conocemos a unos artesanos que en su viaje por el mundo escogieron esta isla para pasar unos años. El estilo de vida, el clima y la facilidad de conseguir lo necesario para vivir hacen que todo vaya a un ritmo lento. Son pausados para hablar, lentos en sus movimientos y no tienen mucha organización ni muchos planes

–Yo no tengo nada, pero a la vez lo tengo todo –nos dice un pintor que muestra sus obras a una pareja de turistas–. A esta isla, en la que ahora vivo, vienen turistas que ahorran todo el año para viajar por sólo quince días. Yo vivía en Houston, sin lograr que ningún trabajo me alcanzara para vivir y ahora con mis pocas ventas de cuadros me sobra. Es lo que me gusta hacer –la pareja simula mirar los cuadros, pero su atención está en las palabras del pintor–. Aunque sea difícil de creer, casi todos tenemos miedo a la libertad, a aquella de poder hacer lo que uno quiere y como quiere. Siempre estamos buscando estar dentro de los parámetros "normales" y hacer las cosas como los demás. Buscamos estar ocupados, tener alguna obligación, ser empleados con horarios y recibir órdenes cuando podríamos ser jefes de nosotros mismos –los turistas ya no disimulan, miran al artista detenidamente. Él sigue hablando, pero ahora se dirige a todos–. Eres un ser totalmente libre, no te ates y haz las cosas de forma que

puedas empezarlas y terminarlas en un tiempo, no las hagas eternas, no compres a crédito, porque eso sólo te esclaviza. No juntes cosas de valor que te tengan siempre al
cuidado de ellas, porque son las cosas las que tienen que estar a tu servicio. Acuérdate que no es más rico el que más tiene, sino el que menos necesita.

–¿Usted conoce la historia del pescador y el turista? –le pregunta el hombre que lo
escuchaba.

–Sí, la conozco. En pocas palabras cuenta cómo era mi vida.

–Yo no la conozco –le digo al turista, curioso por escucharla.

–Sobre una muy linda playa –empieza el relato– desembarca un pescador su pesca.
Un turista curioso se acerca al pequeño bote y al notar que no es mucha la pesca le
pregunta por qué no va y pesca más. "¿Para qué?", le responde el pescador. "Pues
si pesca más, tendrá más ingresos y podrá comprarse un bote más grande", le explica el turista. "¿Y? ¿Para qué sería?" "Para pescar más y tener más ingresos y así
poder comprar un barco pesquero". "¿Y para qué?", cuestiona el trabajador mientras continúa tranquilamente bajando su pesca. "Con un barco pesquero podría empezar a comprar otros y así formaría su propia empresa pesquera –se excita el
turista–, la que podría elaborar su propia producción, exportarla y así tener mucho
dinero". "Y ¿para qué?", vuelve a interrumpirle. "¡Pero cómo para qué! ¿Acaso no
lo ve? Si fuera millonario, podría ir de vacaciones a lugares como éste y salir a pescar..." El pescador levanta su mirada hacia él, se encoge de hombros y le responde:
"es lo que estoy haciendo".

La historia me parece excelente, me hace pensar cuán simple puede ser la vida.
Uno puede hacer lo que quiere sin tener que complicarlo todo: vivir con simpleza es
vivir con libertad.

La conversación tan amena invita a sentarse. Lo hacemos encantados y mientras
los escucho pienso cuánto hemos cambiado desde que iniciamos el viaje. Nuestro trato con la gente es distinto: antes no nos acercábamos a los desconocidos y ahora sentimos como una necesidad de hacerlo. Necesitamos disfrutar de distintos personajes
y opiniones, que pueden ser correctas o equivocadas, que pueden servirnos o no. Lo
importante es que cada una nos pinta un mundo con diferentes formas de vivir.

Previo al viaje, ante los demás, actuábamos siempre a la defensiva, nos presentá-
bamos como caballeros acorazados, mostrándonos más fuertes de lo que éramos, más
serios y hasta más importantes, tratando de poner un tono de voz más altivo. Casi todos nos defendemos, algunos haciendo hincapié en su apellido, mencionando su cargo en una empresa o quizá mirando fijamente a los ojos.

Aprendimos que si nos presentamos sólo con nuestros nombres, estrechando las
manos, ni fuerte ni suavemente, y mirando al otro a los ojos expresándole que estamos encantados de conocerlo y a sus órdenes para lo que necesite, nos mostramos
como seres humanos tan maravillosos como el otro. Sin tratar de ser superior ni in-
ferior, ni vencedor ni vencido. Pasando a tener un nuevo amigo.

Concentrado en mis pensamientos, no me doy cuenta de en qué momento terminó la conversación, sólo me despido y volviendo al hotel con Cande de la mano ella
me pregunta en qué me quedé pensando. Le comento los cambios que notaba tanto
en mí como en ella hacia las personas, y ella me responde:

–¿Sabes por qué creo que cambiamos de esa forma? Porque en estos momentos no tenemos nada que nos identifique: no tenemos casa, no hacemos un trabajo determinado, no estamos con un sólo nivel de gente. Aprendimos a mostrarnos tal cual somos porque lo único que llevamos en este viaje es nosotros mismos. No tenemos nada ni hacemos cosas por las que la gente pueda "estudiarnos". No me siento, como antes, encerrada en un tipo de sociedad determinada, porque ahora vivimos en todas a la vez y creo que lo que nos ayuda a poder disfrutarlo es haber aprendido a ser transparentes. Un día al mediodía nos toca comer en un restaurante de lujo y por la noche cenar en el mercado. Un día dormimos en una cama doble, con televisión, baño y agua caliente y al otro, dormimos en una cama improvisada en el piso de una casa humilde. Y la pasamos tan bien en un lugar como en el otro. Si uno exterioriza lo que no es, no disfruta la esencia del momento. Me acuerdo que antes del viaje a veces me mostraba como una persona diferente a la que soy, por el sólo hecho de agradar a los demás. Entonces lo que me pasaba era que creaba una situación que al final no disfrutaba, porque no era yo misma. Uno vale por lo que es, no por lo que aparenta ser. Ahora que somos más transparentes compruebo que las relaciones son más fuertes y claras.

Al tercer día en San Pedro ya somos parte de la isla. Conocemos a unas cuantas personas que nos saludan diciendo nuestros nombres mientras nosotros tratamos de recordar el de ellos. Estando en la playa se acerca un joven que nos ofrece cocos, aunque no los tiene consigo. "Nos encantaría", le respondemos. Y se trepa a una palmera como si nada y baja unos cuantos frutos. Aquí todo se ve sencillo.

A pesar de dos días seguidos de náuseas, festejamos nuestros primeros tiempos de embarazo como recién enamorados. Los nervios ya se han tranquilizado un poco y la felicidad brota naturalmente de nuestros rostros sin poder disimularla. Sentimos unas ganas enormes de compartirla con quien se cruce, y aún más con nuestras familias y amigos.

Al volver al continente hacemos la primera ecografía, la cual pagamos con una pintura de Cande. Sólo el alcanzar ver su corazón latir nos llena de alegría.

La paz es el camino

Partimos contentos hacia la frontera mexicana, cumpliendo nuestro nuevo plan de estar en Belice sólo una semana.

Una vez en inmigraciones, Cande hace los papeles para salir del país mientras yo contesto preguntas sobre el viaje y el auto a muchos curiosos. Entre ellos me sorprende un menonita, un hombre bien alto, de gran barba y alto sombrero. Sus tres hijas visten ropas que se parecen a las de la familia Ingalls y el hijo un pantalón con tiradores. Las dos primeras preguntas que me formula este señor son qué estamos haciendo y por qué. Seguida por otra que me asombra:

–¿Les gustaría pasar una semana con nosotros en nuestra comunidad amish-menonita?

Pienso que me encantaría, pero Cande acaba de hacer los papeles de salida y nos hemos propuesto un tiempo para llegar a Alaska. Aceptar sería empezar mal con el plan. De todas maneras, voy hacia ella y le pregunto mientras le señalo a nuestros convidantes.

251

–Sí, claro que sí. Eso es algo que siempre quise hacer –exclama entusiasmada–, pero... ¿cómo hacemos ahora con los papeles?

–Hagámoslos de nuevo.

Dejamos el auto cerca de la frontera, en una finca de un conocido del menonita. Allí nos subimos a la *pick up* de nuestro anfitrión para ir todos juntos a su comunidad. Queda lejos, debemos cruzar gran cantidad de Belice, hasta casi la frontera con Guatemala, así que recién a altas horas de la noche llegamos a la comunidad que está en Spanish Look Out.

Nos hospedan en una pequeña casita y por la mañana vamos a la del hombre, cuya familia es mucho más numerosa. Apenas entramos brindamos los buenos días con besos y abrazos que provocan tímidas risas a las mujeres; al parecer hemos hecho algo que aquí no se acostumbra.

Después de desayunar riquísimos panes recién horneados con una leche bien fresca nos llevan a conocer parte de la comunidad, sus familiares y progresos alcanzados por todos ellos. Por los caminos de tierra prolijamente cuidados vemos mujeres y hombres caminando que nos saludan amablemente cada vez que los cruzamos.

–La comunidad tiene los papeles de propiedad de la tierra, pero cada familia posee su parte. Si uno se va, nadie toca su tierra si él no lo permite –nos enseña el menonita, que ahora señala un pequeño puesto policial–. Lo puso el gobierno de Belice. Apenas los policías llegaron empezaron a desaparecer cosas. Hasta que los agarramos in fraganti y los mandamos de vuelta. Desde entonces no han enviado a ningún otro.

Visitamos la fábrica de leche, la escuela, la iglesia. Charlamos con el párroco, el maestro, sus padres y sus sobrinos, quienes nos reciben con una alegría contagiosa que nos colma. Se siente la paz y tranquilidad en el aire. Es nuestro primer día y ya tenemos muchas invitaciones para comer en distintas casas de familia, ir a nadar y pasar un día de campo, entre otras propuestas más. Nuestro anfitrión nos pregunta qué nos gustaría hacer, le contestamos: "montar a caballo".

Él solo tiene uno, pero esa misma tarde con su familia consigue otros dos de los campos vecinos. Salimos a recorrer de otra forma la comunidad, que no nos deja de sorprender. Nuestros dos acompañantes saludan con el mayor respeto a cada uno que pasa mencionando su nombre. Todos se conocen.

Después de la cena, nos llevan a ver un partido de hockey sobre patines al aire libre. Disfrutamos de un espectáculo en el que los jugadores se divierten sin decirse una sola cosa fuera de lugar ni agredirse.

Nos asombran, porque creíamos que los menonitas no practicaban estos juegos ni andaban en autos, incluso pensé que no escuchaban música. Se los cuento y me explican que ciertamente esto del hockey y de la música es algo nuevo y que los menonitas lo han adoptado, pero no los amish. A ellos vamos a visitar al día siguiente.

Llegamos a una pequeña casa de madera, la puerta no tiene picaporte, sino una traba de madera. Nos invita a pasar un hombre mayor de ropas azules y negras. Tomamos asiento en sillas muy lindas y sencillas, por pequeñas diferencias que tienen entre sí nos damos cuenta de que son artesanales, al igual que la mesa y todo lo que nos rodea. No hay luz eléctrica ni heladera. El interior de la casa es súper sencillo, sólo tiene lo esencial. Sobre la mesa reposa una Biblia.

El hombre, feliz por la visita, nos ofrece un vaso de leche. Nos empieza a hacer muchas preguntas cuando sentimos que somos nosotros quienes tenemos miles de interrogantes. El señor pregunta de dónde venimos, qué hacemos en Argentina, qué hacemos acá, qué hemos visto, qué hemos aprendido y qué haremos. Nosotros poco a poco le vamos contestando, interrumpiendo cada tanto con nuestras preguntas:

–¿Cómo llegaron a Belice? –es mi primer interrogante.

–Vamos adonde nos dan libertades, adonde no nos persiguen. Y si después de un tiempo empiezan a hacerlo, tan sólo nos vamos. Nosotros nunca peleamos, porque siempre hay un lugar en el mundo en donde uno puede vivir en libertad de una forma sencilla y en armonía con Dios.

–Si somos creación de Dios y él es perfecto, ¿por qué en el mundo hay tormentas, tornados y volcanes? ¿Por qué creó un humano que no es perfecto, un hombre que hace guerras, tiene enfermedades y a veces se inflige tanto daño a sí mismo? –le pregunto con intención de aclarar mis dudas.

–Dios creó vida, ésta empieza en su creación porque de la nada la vida no empieza. Y para que la vida tenga sentido tiene que tener un final. Cómo o cuándo se pierde esta vida yo no lo sé. La tierra también tiene su vida y la vida tiene sus cambios buscando su equilibrio y con ella vienen las tormentas, los huracanes, las inundaciones… El hombre también tiene vida y busca su equilibrio.

–Pero ¿con guerras y muertes se puede llegar al equilibrio?

–No, a la guerra nunca la inicia la Humanidad, sino unos pocos, que mezclando miedos, honores, orgullos y heroísmos mueven a una enorme masa de gente que la convencen en beneficio propio. Logran de esa manera que hagan lo que jamás harían por voluntad propia, como es matar a otro ser humano. Dios siempre dijo "amaos unos a otros", sin identificar razas ni religiones, ni nada. Tan sólo "amaos unos a otros". Sin embargo, siempre aparece quien hace olvidar esas palabras y logra generar odio hacia el prójimo, llevando a una guerra que incluso, muchas veces, se libra en nombre de Dios. A Él le piden la gloria sobre el enemigo. Pero para Dios no hay enemigos, sino hermanos. No hay camino a la paz, la paz es el camino.

–Y entonces, ¿cómo se busca el equilibrio?

–La humanidad existe hace sólo cien mil años y el hombre, desde que tuvo razón, creyó en un ser superior, en un creador. Hace sólo algunos miles de años aparecieron mesías y profetas dando un poco de paz y equilibrio, uniendo a quienes se mataban entre sí peleando por distintos dioses. Y ahora, aunque en el mundo hay guerra, está emergiendo un enorme cambio. Aunque parezca increíble, en un mundo lleno de bombas capaces de destruirlo todo está naciendo en lo más profundo de cada alma humana un "no quiero más, quiero más humanidad". Se está empezando a pensar para qué más armas si ya hay demasiadas, para qué más guerras si nada con ellas se logra. Todos podemos vivir aquí, todos podemos ayudarnos y estar en equilibrio. En la gente está creciendo el poder de hacer algo, de ser escuchado en el otro lado del mundo, en un contacto directo. Poder pedir ayuda desde muy lejos y desde muy lejos poder ayudar. Está creciendo en todos una mayor espiritualidad, donde vale más el saber convivir que el sobrevivir.

–Sí, pero hay lugares donde la guerra ya lleva más de cincuenta años y cuyas víctimas siempre son civiles. No se logra ver dónde va a terminar.

–¿Sabes dónde terminará? Acabará en un "Gandhi" que repetirá: "Soy libre y por ser libre elijo la no violencia" y que demostrará que sin armas y con la razón se logra mucho más. Hay muchos "gandhis", "madres Teresa", "mahomas", "budas" y "jesuses" en el mundo que están haciendo mucho por él. Y vendrán a esta tierra muchos más –hace una pausa en su explicación para devolver el saludo a otros amish que pasan por el camino en una carreta–. La humanidad está llegando a su equilibrio, se está volviendo más inteligente, más fuerte, y cada vez le cuesta más a unos pocos dominar a tantos. La humanidad crece en información, en historia y sabe que la violencia engendra más violencia, odios y deseos de venganza que a su vez generan en la otra parte el mismo odio sin final. Es justamente esto lo que la misma humanidad quiere terminar, sin importar el orgullo ni los honores ni los héroes, simplemente porque se vive mejor sin ellos. Hoy tras una guerra no se contabiliza a los muertos de cada bando, sino que se cuenta cuántos humanos han fallecido y se cuestiona el porqué y para qué. Hoy la gente piensa a quién seguir: ¿a ese gobernante que le hace odiar a esas personas como para matarlas o a Dios que le aconseja amar? –toma un trago de la leche fresca y concluye– El equilibrio está cerca, aunque parezca que no.

Ese mismo día visitamos a otros amish más, quienes nos demuestran que aun conociendo nuestro mundo modernizado eligen su estilo de vida: el contacto directo con la tierra, con lo que producen y comen, con sus hijos, sus vecinos y su comunidad. Nosotros nos creíamos más evolucionados, pero el camino nos enseña cuánto más civilizados que nosotros son ellos, con sus pensamientos e ideales.

Así como aquel amish de ropas oscuras, sentado en su silla artesanal y tomándose un vaso de leche, nos mostró la clara interpretación del mundo que tienen aquí, ahora otro poblador de este lugar nos dice, mientras con su caballo hace andar unas sierras para cortar maderas:

–Busquen vivir una vida simple, desacelerada y sencilla. Vivan sólo con lo necesario. Cada vez que posees algo nuevo, has dejado de tener algo. Cuanto más tienes más dejas de tener otras. Si casi nada tienes, lo tienes todo.

Muchas personas se creen más ricas porque tienen más cosas para mostrar, pero en realidad la fortuna se mide en felicidad. A mayor felicidad mayor riqueza.

En este lugar sentimos que crecemos tanto que en total nos quedamos a compartir una semana maravillosa. Cuando llega el momento, nos despedimos de nuestra familia menonita y de tantas más, que ahora sin timidez nos abrazan y besan. Cada despedida se acompaña con un desgarramiento de algo de mí. A medida que más viajo, crezco como una persona más fuerte pero por otro lado más sensible.

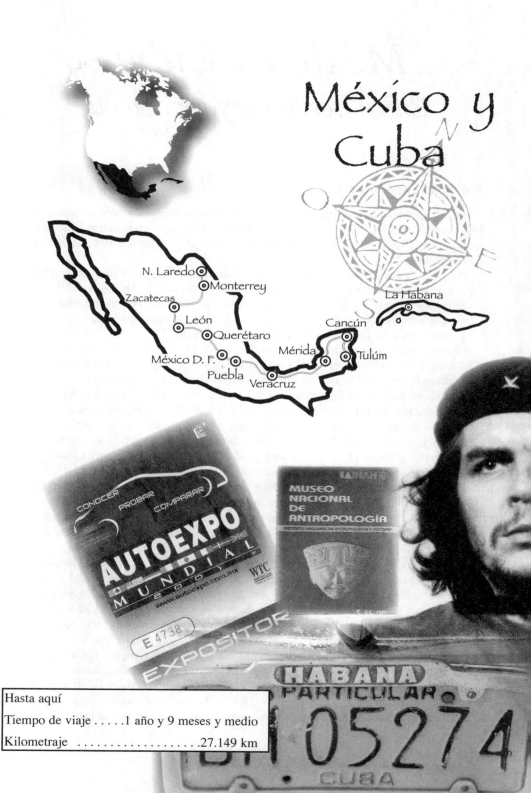

México y Cuba

N. Laredo
Monterrey
Zacatecas
León
Querétaro
México D. F.
Puebla
Veracruz
Mérida
Cancún
Tulúm
La Habana

N

E

S

O

Hasta aquí

Tiempo de viaje . . . . . .1 año y 9 meses y medio

Kilometraje . . . . .27.149 km

México y Cuba
Entre tierra maya y azteca

Volver al encuentro

Jamás imaginamos encontrarnos tan pronto, mucho menos durante el resto del viaje, con este amigo del que nos despedimos en Iquitos hace un año, tras haber bajado juntos el Amazonas. Pero aquí está James, el inglés, y los tres nos abrazamos fuertemente:

–¿Qué hacen acá en Cancún? –nos pregunta tan sorprendido como nosotros–. ¡¿Siguen de viaje?! ¿Acaso no les faltaban sólo seis meses para llegar a Alaska?

–El hombre propone y Dios dispone –le respondo–. Cuando salimos de casa dijimos que serían sólo seis meses de viaje... y ya llevamos veintidós meses.

–Y ¿cómo les está yendo en este México lindo y querido?

–Es muy lindo y nos sentimos súper queridos. Si te contamos, no nos vas a creer...

–A los dos les creo todo, conviví con ustedes uno de los mejores meses de mi vida.

–Primero fuimos a las playas de Tulum, pensando que si los mayas habían elegido construir un templo allí algo especial tendría, y no nos equivocamos. En la misma zona visitamos los cenotes, unas cuevas bajo el suelo llenas del agua fresca y cristalina. Es increíble, te sumerges y nadas entre túneles y cuevas hasta salir por otra entrada. Luego fuimos a Playa del Carmen, donde paramos en la peatonal para vender postales y libros. ¡Y se nos agotaron todos los ejemplares! –le narra Cande.

–Entonces me tendrán que mandar uno cuando lo reimpriman –acota James.

–Un chico –continúa Candelaria– dueño de un restaurante nos invitó a comer. Incluso otro señor, dueño de una cantina, nos ofreció que durmamos en su local, una vez cerrado al público. Así que por un par de días juntamos las mesas, los almohadones de las sillas y dormimos como en la selva, porque toda la cantina estaba ambientada en ese estilo. Los mexicanos nos están recibiendo muy bien.

–Y no sabes Cancún…–le cuento a mi amigo inglés–. Llegamos a la ciudad hospedados por el dueño del restaurante de Playa del Carmen. Al día siguiente, nos paró en la calle una señora que nos comentó que pertenecía al pequeño Club de Autos Antiguos de Cancún y que esa misma noche sus miembros se reunirían. Fuimos y había cinco familias que pertenecían al club, donde los autos eran simplemente una excusa para pasar un buen rato. De inmediato nos organizaron toda nuestra estadía. Primero, Jaime, uno de los socios, nos prestó su departamento, que queda en un complejo turístico frente al mejor mar de Cancún. Luego le hicieron al auto un service completo e incluso un amigo de ellos nos cromó todos los paragolpes. Otro de los miembros del club nos consiguió un chequeo médico para Cande y dos entradas para que visitáramos un parque temático maya excelente. Además, invitaciones a comer y contactos con los diarios…

P.N. Secuoya,
USA.

Pampa Zapp, New
York, USA.

Utah, USA.

BRITISH COLUMBIA, CANADÁ.

ALASKA, USA.

–Aunque no todo fue fiesta, también estuvimos trabajando... –me interrumpe Cande– Nos presentamos en el shopping Forum y les comentamos a sus gerentes que si nos permitían estacionar el auto dentro del centro comercial, seríamos una atracción para los turistas: les contaríamos las vivencias del viaje y a la vez le venderíamos nuestras postales.

–¿Y qué les dijeron?

–Súper encantados con la idea pusieron avisos en los periódicos locales, nos colocaron una alfombra roja e iluminación y nos dieron invitaciones para comer en los restaurantes del shopping. Durante una semana hablamos con turistas de todo el mundo, quienes felices por un sueño que se está cumpliendo nos apoyaron comprando postales. Aparte, la gente de los locales del centro comercial nos invitaba a bailar y a comer, como en la parrilla Cambalache que tan rica carne comimos –cuenta Cande.

–Y te podemos asegurar así fue desde la última vez que te vimos –le comento a nuestro amigo inglés–: siempre encontramos gente hospitalaria y con ganas de ayudarnos, por eso hemos tardado tanto en llegar hasta acá.

–Estoy seguro de ello –me dice James.

–Ah, pero tenemos más y en esta que sigue vendrás con nosotros –le propongo.

–¿Adónde?

–¿Qué te parece Cuba con todo pago? –nuestro amigo se nos queda mirando sorprendido– Pasa que hay cubanos exiliados que no pueden regresar a su país, pero que desean hacerles llegar a sus familiares, que no pueden salir de Cuba, elementos de primera necesidad, como ropa, artículos de higiene y remedios. Entonces buscan turistas que quieran hacerlo por ellos y a cambio les pagan el pasaje e incluso las tasas de embarque a la isla. ¿Vienes?

–Vamos.

Música de rumba

Llegamos al aeropuerto de La Habana, donde nos recibe la familia del cubano que nos envía a nosotros.

Apenas llegamos a la casa de "nuestra familia", sus miembros se ponen a abrir felices la valija que les traemos y lo hacen como si fueran regalos de Navidad. En ella encuentran lo que uno pondría normalmente en el carrito del supermercado. Así, en minutos, tenemos un primer pantallazo de cómo está la gente en Cuba.

Luego nos acomodan en un entrepiso construido sobre la cocina, de tan poca altura que nuestras cabezas tocan el techo. La casa es pequeña; está muy limpia y ordenada. No obstante, la pintura descascarada de sus paredes, los muebles y los objetos delatan sus años de uso sin mantenimiento ni modernización. El único bien moderno, que recibe los mejores cuidados, es el televisor color que todos los días cubren para protegerlo.

–Cuatro años ahorramos, más un dinerillo que nos mandaron de Miami para poder comprarlo –nos explica el padre mientras destapa el artefacto para mostrárnoslo como quien exhibe una obra de arte valiosísima.

Queremos experimentar cómo vive el cubano y adaptarnos al lugar. Por la tarde acompañamos a uno de los hijos de esta familia al mercado. Hay muy poca mercadería y casi todos sus estantes están vacíos, aun así hay mucha gente efectuando compras, aunque éstas son mínimas.

Saludamos al carnicero, quien al vendernos carne de cerdo reconoce nuestra tonada:
–¡Argentinos, miren! –nos grita mientras se saca la camisa para mostrar un tatuaje del Che que le cubre toda la espalda.

Tras hacer las compras caminamos por calles muy rotas, llenas de gente, con ca-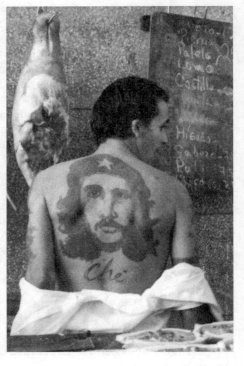sas que parecieran estar a punto de derrumbarse, muchas están apuntaladas con maderas. No hay carteles publicitarios de ningún tipo. Pasan por al lado nuestro autos tan viejos y destartalados que nos sorprende que sigan funcionando. Luego entramos a otro negocio y advertimos lo mismo que en el mercado: estanterías vacías.

A pesar de todo esto, nos asombra la gente del lugar, que sonríe todo el tiempo. Los cubanos son alegres, sus rostros contagian felicidad y al pasar nos saludan como si fuésemos vecinos del barrio.

Salimos a recorrer La Habana con los hijos de la familia que nos hospeda. Aquí la música está por todos lados: algunos tocan en las calles, otros bailan y los que no escuchan la radio. Además en casi todas las esquinas hay algún grupo reunido: unos muchachos juegan al frontón con una pelota de tenis contra la pared de una iglesia, otros discuten de fútbol, otros charlan de política, los jóvenes hablan de chicas y las chicas hablan de jóvenes. Así en casi cada manzana.

Vamos a la parada del colectivo, donde hay mucha gente, pero ninguna fila formada. Nuestro guía pregunta quién es el último. Uno responde: "Soy yo", con que ya sabemos detrás de quién subir. Llega otra persona y pregunta lo mismo. Ahora es nuestro acompañante quien dice: "Nosotros". Y así sucesivamente hasta que llega "el camello", un camión con un trailer adaptado para llevar pasajeros. Viajamos en él tras pagar el boleto más barato del mundo.

Durante toda la jornada nos mezclamos, en las calles cubanas, con su gente. Nuestro guía nos lleva a visitar tanto los puntos turísticos como aquellos lugares típicos de la vida del lugareño. Jugamos al dominó en sus plazas, tomamos unos mojitos en *La bodeguita del medio* y bailamos salsa cubana en el malecón. Allí dos señoras nos paran y algo nos piden. No se trata de dinero, sino de aspirinas y pasta dentífrica.

–Taxi, al fuerte, por favor –le dice nuestro acompañante al chofer. Quien nos ha pedido que no digamos ni una sola palabra dentro del taxi, dado que los hay para turistas y para cubanos y la diferencia de precio es gigante entre uno y otro. No sólo viajamos en éste para ahorrar, sino también para conocer un taxi realmente cubano. Éstos tienen prohibido llevar pasajeros extranjeros y si descubren a sus chóferes haciéndolo, les quitan el auto.

El que nos traslada es del año cincuenta, está coloreado a mano con pintura común y decorado con objetos y colgantes que sólo se consiguen por aquí. Viajamos sentados sobre bolsas y telas que funcionan como asientos, sintiéndonos parte de la fiesta cubana mientras escuchamos música que es acompañada por los ruidos mecánicos.

Nos dirigimos al fuerte para ver el cañonazo. Allí todos los días se revive el cierre de las puertas a la ciudad, ocurrido en la época colonial.

En el camino el taxista levanta cubanos. Aquí no existe la exclusividad, sino que si el chofer encuentra un pasajero que va hacia el mismo destino lo amontona junto a los que ya lleva. En nuestro caso, ya somos siete.

Un policía de tres que hay en la calle hace señas de parar. El chofer empalidece: aunque nos hemos mantenido en silencio, él no es tonto y se ha percatado de que no somos cubanos. No sabe qué hacer, pero baja la velocidad. El policía se acerca, mira el interior del auto chequeando a los pasajeros, pero justo cuando nos está por observar a nosotros es llamado por otro de los oficiales. Entonces el chofer aprovecha para acelerar mientras vocifera maldiciones al mejor estilo cubano.

Volvemos de madrugada después de parrandear por el centro de la ciudad viviendo la fiesta que es La Habana por la noche. Retornamos caminando por calles muy oscuras, cortando caminos por callejuelas. Vemos mujeres solas y grupos de muchachos en las esquinas, pero nada malo pasa, acá no hay nada que temer. Llegamos a la casa tal como si hubiera sido una caminata diurna.

Libertad, hermoso tesoro

Es un muy lindo día y nos vamos a la playa. La belleza del lugar enamora, su arena blanca y su mar del más maravilloso color turquesa. Todo es muy lindo pero es empañado por la presencia de torres de control militares que hacen del lugar una cárcel. Los uniformados armados buscan, con sus binoculares, gente con intenciones de escapar del país.

Me llaman la atención dos cubanos que están en el mar con antiparras y *snorkel*, no hay peces ni corales por ver sino blanca arena, así que les pregunto:

–¿Qué buscan?

–Oro, anillos, pulseras... Cuando llegan turistas extranjeros, algo siempre se encuentra –me explica uno a la vez que observo su piel de gallina y sus manos y pies arrugados por tantas horas de estar en el agua.

–La semana pasada encontramos un aro de oro por el que nos pagaron ¡veinte dólares! –agrega el otro feliz, y no es para menos: treinta dólares es aquí el sueldo mensual promedio.

Al rato tres músicos se acercan a Cande, ofreciéndose para cantarle. Ella complacida acepta. Cantan con mucha energía, la música es alegre y las letras son cómicas... pero el espectáculo es interrumpido por tres uniformados que los llaman aparte y los empiezan a llevar uno por uno.

–Perdón, pero ¿qué pasa? Nosotros les pedimos que nos canten, son amigos nuestros –le digo a los oficiales.

–No se meta, no complique las cosas... –me responde uno de ellos.

–No se preocupe, es rutina –me comenta uno de los músicos, con gesto afligido.

Mientras regresamos vemos una moto rusa con *sidecar* y más allá un auto con su capó abierto; siendo esta vez una de las miles de veces que ha sido arreglado. Hay personas que desde los balcones miran el movimiento callejero... y, en un patio, rodeado de cientos de zapatos y con un habano en su boca, hay un zapatero que, tras saludarlo desde la reja, alegremente nos responde y nos invita a pasar. Le pide a su compañero de charlas, que está sentado frente a él, que vaya a buscar unas sillas para nosotros:

–¡Y dile a Mirta que traiga un poco de jugo para refrescarlos! –le grita– ¿Qué hacen por acá? ¿De vacaciones? –nos pregunta sin sacarse el habano de la boca y con sus manos ocupadas en el trabajo.

–¿Cómo decirlo? Vacaciones no son, estamos como en un viaje de aprendizaje...

–Y ¿qué aprendieron de Cuba?

-Creo que aún no podemos hablar, llegamos hace sólo cinco días...

–Yo tengo algo para enseñarles de Cuba. Este país es una isla, donde todo lo que pasa es un ejemplo perfecto para el mundo. Estamos aislados, no tenemos países limítrofes a los que podamos influenciar ni por los que podemos ser influenciados. Cuba tuvo una revolución que era muy necesaria, porque la riqueza era para pocos y la pobreza para muchos –se saca el habano de la boca para decir claramente lo que sigue–. Ahora podemos decir que la riqueza no es para nadie y que la pobreza es para todos. Ahora todos sufrimos parejo. Antes de la revolución tenía mi profesión y ahora soy zapatero, porque si hubiese continuado con mi oficio, ganaría menos. Sería como los médicos, que no tienen cómo pagarme el arreglo de sus zapatos. Pero como ellos, ahora todos podemos fumar este habano, el mejor tabaco del mundo... –le da una pitada larga y goza en su boca el sabor del humo–. Este cigarro cuesta un peso: con un dólar hoy podría comprarme treinta, pero antes hubiera necesitado treinta dólares...

–Sí, nosotros vimos en la plaza a un linyera fumando su habano... –recordamos.

–Lo ven, hasta el linyera puede, y a ese linyera comida nunca le falta y menos atención médica. Aquí contamos con la mejor. Es verdad que muchas cosas mejoraron, pero también muchas nos tienen mal... por el gobierno y por los gringos. Siempre fuimos su piedra en el zapato... –llega Mirta con los refrescos y su compañero toma asiento. El zapatero da otra pitada y continúa–. Pero incluso si estuviéramos muy bien, si todo lo tuviéramos: salud, trabajo, casa, dinero, de nada me sirve sin libertad: libertad de ir adonde yo quiera, de leer, escribir y ver. Libertad de elegir mi casa, mi auto, mi trabajo... Libertad, ¡qué bien suena! Palabra linda y maravillosa, que tan lejos está de Cuba. ¡Cómo me gustaría tenerla al menos por un momento!

Cuerpos vacíos

–Chicos, ¿qué les gustaría cenar? –nos pregunta el ama de casa de la familia que nos alberga.

–Lo que ustedes coman...

–Miren que será lo mismo que ayer y que anteayer: arroz con frijoles o si no frijoles con arroz.

–Si quiere compre un pollo y algo más para el desayuno –le digo dejándole dinero sobre la mesa, que encantada lo toma antes de salir para el mercado.

La mujer regresa y continúa cocinando entusiasmada por darnos a todos el gusto comer. Huele rico en toda la casa.

Para la cena vienen su hija mayor y el marido, quienes viven en la casa de una tía que les pudo dar una habitación al casarse. También James.

Las preguntas de la pareja son muchas, quieren saber del mundo exterior. Para empezar les contamos que estamos viajando por toda América:

–¿Desde Argentina hasta Alaska? ¿Y su gobierno les dio permiso? ¿En cuánto tiempo tienen que volver?

–No tenemos tiempos ni tenemos que pedir permiso...

–Y ¿los otros países los dejan ir y cruzar nomás?

–Sí, hasta ahora...

–Y ¿cuántos países van a conocer?

–Más de veinte...

–¡Más de veinte países! –repiten con ojos de niños que escuchan un cuento de hadas y dragones, como un cuento increíble e imposible.

–Y ¿por qué lo hacen?

–Para cumplir un sueño –fue decir esto y ellos quedarse en silencio sin gestos en sus caras, sólo en sus ojos que muestran una enorme pena.

–Acá no existen los sueños. Acá uno nace y trata de sobrevivir cada día –dice el yerno del ama de casa.

–¿No tienes sueños?

–¿Sueños como cuáles? ¿De qué? ¿Para qué? Si total nada podemos hacer. ¿Para qué soñar e ilusionarse? –nos contesta totalmente convencido, sin ninguna esperanza.

LA BODEGUITA DEL MEDIO

–Pero ¿en serio no tienes algún sueño? –insisto sintiendo en frente de mí a un hombre vacío, a una masa de carne viviente y nada más. Nunca he sentido algo así. Nada somos si no tenemos sueños, si no tenemos fe. Nada...

–Sueños... Ustedes tienen un pasaporte que los puede sacar de esta isla, ustedes son los que no se tienen que quedar, ustedes son los que pueden elegir mañana adónde ir, ustedes son los que pueden soñar...

Libertad, nuevamente sales a flote, tesoro escondido. Libertad, te poseemos y no te valoramos. Libertad, como dijo el pintor de Belice, muchos no te disfrutamos a pesar de tenerte: te limitamos atándonos a cosas, trabajos, créditos... Libertad, si el zapatero o esta joven pareja te poseyeran, cumplirían sus sueños.

–¿Qué harías si fueras cubano? –me pregunta James cuando salimos a la vereda a tomar el café.

–Armaría mi balsa.

Y con Cande nos ponemos a tararear la canción "La balsa" de Lito Nebbia. Ambos preferimos naufragar que vivir sin libertad.

Al día siguiente, volvemos a México, a Cancún. Antes de ir al departamento prestado, pasamos a hacer unas compras por el supermercado. Al entrar quedo petrificado viendo las góndolas repletas de productos.

Caminos aztecas

Nuestros amigos del Club de Autos Antiguos nos despiden de Cancún con un gran desayuno mexicano. Jaime, quien nos dio su casa y tantas cosas, me toma del brazo y me lleva afuera del recinto, cerca de su auto:

–Herman, aunque no te lo he dicho antes, tu viaje es también mi sueño. Verlos a ti y a Cande, con este auto, en pareja y embarazados me ha inspirado a cumplir el mío y me gustaría que me dijeras qué necesitaré –mientras dice saca papel y lápiz, listo para anotar.

–Fe.

–Bueno. Sí, fe y ¿qué más? –Jaime se muestra dispuesto a comprar lo que sea necesario.

–Si tienes fe, lo tienes todo. Si te tienes fe, estás condenado al éxito. Para este viaje o para lo que hagas no importa qué cosas tengas o no tengas. Solo importa tener fe.

Partimos de Cancún. Cande ahora tiene algo más que hacer mientras yo manejo: mientras acaricia su panza, que ya se nota, canta canciones de cuna y otras infantiles que hemos empezado a recordar.

Por el camino pasamos por Chichén Itzá, Mérida, Veracruz y Palenque, donde terminamos nuestra ruta maya. A partir de ahora nos internamos en tierra azteca.

En la muy bella Puebla, ciudad de iglesias, se produce, al parecer, la primera rotura seria del auto. Estamos a una cuadra del centro de la ciudad, queremos ponernos en marcha pero el Graham emite un gruñido feo negándose a arrancar. Abro el capó, sólo como acto reflejo, porque nada entiendo.

–¿Pasa algo, señor? Porque si no le anda, acá a cuatro cuadras hay un museo de autos antiguos... –dice un hombre a mis espaldas, como caído del cielo.

En el museo llaman al dueño, Fernando García Limón, quien deja lo que está haciendo para venir volando a ayudar. Enseguida desarman un auto que está en exhibición, le sacan la pieza y se lo ponen al Graham, que arranca nuevamente.

Al día siguiente Fernando ya nos tiene organizada una fiesta con muchos invitados, comida y hasta músicos. Con un uso maravilloso de la palabra nos dedica un hermoso brindis que a todos nos hace lagrimear:

–Un sueño es una razón para vivir y por un sueño uno se debería arriesgar a morir. Acá hay dos jóvenes, que siendo tan sólo eso, dos jóvenes, dos personas como cualquiera de nosotros, se atrevieron a arriesgar sus vidas y perderlo todo. Salieron al camino y sólo cosechan triunfos. Se aman uno al otro gracias a los sueños, que es por lo que uno se enamora de una persona. Hoy con ellos viajamos todos, con ellos encarnamos nuestros sueños, y por ellos ¡brindamos para que lleguen y así lleguemos todos!

Agradecemos sin saber qué decir ante tan lindas palabras y tan sentido cariño. Sólo nos sale gritar:

–¡México lindo y querido, vamos todos para Alaska!

–Vamos –nos corean los invitados al unísono.

–Una cosita les quisiera pedir a todos, y esto incluye a los músicos. ¿Podríamos cantar "El rey"? –y al segundo que lo pido, los músicos empiezan a tocarla mientras todos entonamos a viva voz.

Le preguntamos a Fernando por una imprenta, tenemos nuestro libro listo para volver a imprimir tras haberle agregado algunas anécdotas de Centroamérica. Él enseguida nos lleva a la imprenta de un amigo suyo, que nos hace un precio muy bueno y además nos deja trabajar junto a él y poder ayudar.

Mientras el libro se imprime, Fernando ya lo está vendiendo entre los socios del museo y sus amigos. Uno de ellos es el dueño del diario Síntesis, quien manda a uno de sus periodistas a hacernos una entrevista. Cuando ésta concluye, el dueño del periódico nos manda llamar, y tras unos minutos de charla nos pregunta:

–¿Qué puedo hacer por ustedes?

–Si nos quiere comprar algunos libros... –le contestamos asombrados ante su pregunta.

–No, algo mejor que eso: ¡Hagamos almanaques!

–¿Almanaques? –nos miramos con Cande desconcertados.

–Sí, almanaques. Estamos a fin de año, en la mejor fecha para hacerlos y venderlos. Vamos a imprimir dos mil almanaques, no: mejor dos mil en español y dos mil

en inglés, así los venden allá en Estados Unidos –el hombre, a medida que piensa alza la voz mostrando un entusiasmo casi mayor al nuestro–. Que sean doble hoja carta, impresa de ambos lados, todo color… Traigan fotos del viaje, usen a mis diseñadores, y vengan buscar los ejemplares en diez días.

–¿Almanaques? –nos vamos preguntando entre nosotros.

Mientras esperamos la impresión de los almanaques y del libro, nos hospeda, en la ciudad de Puebla, un uruguayo al que conocimos en el camino a Veracruz. Él está casado con Carmen, una mexicana que junto a sus dos hijas nos hace sentir como en casa.

–Que pensarán los otros automovilistas cuando los ven en ese auto a la lejanía –dice el uruguayo–. Yo cuando lo vi me pregunté: "¿Que será eso?" Y viéndolo de más cerca pensaba "¿Qué harán por acá? ¿De dónde es la patente? ¿Qué dice ahí? Viajando desde Argentina hasta Alaska…" "¿Será verdad? Deben ser millonarios o locos y bla bla bla…" Así que con una enorme curiosidad me les puse a la par y los saludé... y bueno, ustedes pararon y me brotó invitarlos a casa...

–Y acá están –concluye Carmen encantada.

Los libros están listos y llega el momento de pagar la impresión. No nos alcanza, pero el señor Lamas, un socio del museo, nos compra cerámicas de Nicaragua. ¡Tantas que no tenemos idea adónde las habrá de ubicar! Pero él está feliz de ayudarnos y con el pago, además, nos entrega un libro. Es sobre dos argentinos, Ángel y Néstor, que fueron hasta Alaska en un Ford T y, para nuestra sorpresa, nos damos cuenta de que son los mismos que pasaron por Manta (Ecuador) y llevaron a aquella pareja a la iglesia. Con gran alegría leemos que llegaron a Alaska y, meritoriamente, en pleno invierno.

Camino a la ciudad más grande del mundo

Salimos de Puebla cargando mil libros y tan sólo cuarenta dólares en nuestros bolsillos. Ahora nos encaminamos a la ciudad de México. Nos contaron sobre ella muchísimas cosas, tanto lindas como espantosas.

–Cande, ¿te das cuenta de todo lo que nos pasó gracias a la rotura del arranque?

–Si no se hubiera roto, nos hubiéramos perdido de la fiesta en el museo, los libros, los almanaques, los nuevos amigos...

–¡Qué bueno que se rompió!

–Es como que todo por algo pasa. Fue quedarnos sin dinero y todo ser para mejor. En Panamá se largó a llover y tuvimos que parar, pero amanecimos en un lugar increíble. En Colombia, no teníamos cómo pagar el barco y gracias a eso pudimos disfrutar de su gente.

–No sólo es que cada problema tiene su solución, sino que por algo ocurre. Y siempre, por algo bueno.

Pegamos un salto de susto dentro del auto cuando de repente escuchamos las sirenas de un auto policía que nos sigue por detrás, y mientras paramos, los miles de comentarios que nos hicieron de la policía mexicana nos vienen a la cabeza. Muchos nos recomendaron darles su mordida y seguir, pero nosotros prometimos no pagar ni una sola coima, por lo que estamos dispuestos a pasar toda la tarde discutiendo con el policía...

Puedo ver por el espejo que es uno solo y que se acerca con algo en su mano izquierda, ¿será un talonario de multas?

–Discúlpenme por haberlos parado, pero no los quiero dejar ir sin que me den la oportunidad de sacarles una foto –la toma.

–¿Quieres que te saque una a ti con el auto?

–Ándale, sácame una como si estuviera haciéndoles un ticket...

Al despedirse arranca de su camisa la insignia de Policía Federal y nos la regala.

La soledad y la ciudad

Entramos a la enorme ciudad por una autopista atestada de autos y camiones. Una *pick up* de los sesenta se nos acerca hasta ponerse a la par nuestra:

–¿Van a la exposición del automóvil? –grita el chico que maneja.

–¿Dónde es? –preguntamos, y vamos: estamos buscando dónde vender los libros y ese parece un lugar ideal.

Efectivamente la Autoexpo es una exhibición de autos, solo que es de cero kilómetro. Están todas las marcas del mundo exponiendo en increíbles *stands* que atraen al público: se muestran prototipos, autos de primera generación y chicas lindísimas bajo un show de luces. Tampoco faltan música ni bailarines. Y en la puerta, nosotros y nuestro autito viejo pensando cómo entrar.

Consultando nos enteramos de que en realidad la exposición acaba de inaugurar hace unas horas, no para el público general sino exclusivamente para expositores e invitados. Entonces nos encontramos con Fernando García Limón, el dueño del museo de Puebla, quien enseguida nos hace entrar. Nos lleva directamente con la secretaria de quien organiza la exposición; ella súper contenta con nuestra historia nos dice que apenas pueda se la contará a su jefe y que cree, por lo que lo conoce, que no va a haber problema en hacer algo con nosotros.

Mientras aguardamos una respuesta, vamos a ver si está todo bien en el auto. Al bajar las escaleras mecánicas vemos tras la gran vidriera la calle y el Graham ¡que está siendo remolcado por una grúa de la policía! Saltando escalones, llevándonos gente por delante y corriendo como ladrones que salen de un banco, intentamos llegar al auto. La gente de seguridad que está en la puerta no entiende nada, pero al ver cómo empujamos para afuera a quienes entran nos empieza a seguir.

–¡Paren, paren! –les alcanzo a gritar a los policías del remolque.

–En esta zona está prohibido estacionar, así que nos lo tenemos que llevar. Lo lamento.

–No, no pueden, lo estamos por ingresar a la feria –miento porque aún nada sé, desesperado ante la posibilidad de que se lleven el Graham y sabiendo que no tendría dinero para retirarlo.

–Por favor, bajen ese auto y traten a estos chicos como se merecen –les pide Fernando que nos seguía.

–Estoy cumpliendo con mi trabajo, y ya no hay nada que se pueda hacer. Lo hubiera pensado antes –responde el policía.

Los guardas de la feria no saben qué hacen aquí, pero su presencia nos da un toque de importantes. También un fotógrafo del diario, que vino a cubrir la feria, ya que está toma fotos. Aprovechando esta escena Fernando saca y muestra su credencial de prensa. Y le dice al policía.

–Está bien, usted haga su trabajo que yo haré el mío. Ya tenemos sus fotos y ahora quiero su nombre, porque va a salir en los diarios como el peor mexicano de toda la nación. Usted no tiene idea de a quién les está retirando el auto, ¡ni idea!

El oficial empalidece, se acomoda la gorra, se sube el pantalón y nos mira como si fuéramos los hijos de los reyes de España. Enseguida empieza a bajar nuestro auto, nos pide perdón aduciendo que sólo estaba cumpliendo con su deber, que si él hubiera sabido, que si alguien le hubiera dicho… y miles de disculpas más. A la vez que las oímos miramos a Fernando, quien nos hace una guiñada de ojo.

Para evitar otra escena de estas, metemos el auto en el estacionamiento que hay debajo de la feria, aunque cobra por hora y es carísimo. Más lejos no queremos estacionarlo porque tenemos que mostrárselo al director de la feria en cuanto podamos.

Luego de dejar el Graham resguardado, Fernando se va dejando en nosotros una

sensación de soledad: estando cerca de él todo era más fácil, pero ahora deberemos arreglarnos por nuestra cuenta.

Volvemos a ver a la asistente del director de la feria, quien nos dice que desgraciadamente hoy su jefe no nos podrá atender; porque está de cóctel en cóctel inaugurando cada *stand*. Esto nos pone un poco nerviosos: pues si al auto lo dejamos en el estacionamiento hasta mañana, entonces no tendremos cómo pagar para sacarlo, pero si lo retiramos, tal vez mañana, que la feria abre al público, ya no haya más lugar. Bueno, mejor lo dejamos. Pero ¿nosotros adónde vamos?

Mi casa es tu casa

Ya es de noche, deben ser como las nueve. Telefoneamos a una casa cuyo dato nos lo dieron en Cancún. El hombre que atiende nada sabe de nosotros, así que le contamos todo. Tras escucharnos, el señor pregunta:

–¿Qué quieren de mí?

–Necesitamos un lugar para pasar la noche… –le respondo, y no se escucha más nada, todo queda en silencio. Supongo que me ha cortado–… ¿Hola?

–Sí, acá estoy, sólo estoy pensando... –el hombre no nos conoce, así que tranquilamente puede decirnos que nada puede hacer para ayudarnos–. ¿Me podrían volver a llamar en media hora?

Esperando que transcurra el tiempo acordado, y para no gastar los pocos pesos que nos quedan, nos escurrimos en los cócteles y comemos cosas muy ricas acompañadas del mejor champagne.

Al rato vuelvo a llamar:

—¿Podrían volver a llamar dentro de media hora? Aún estoy buscando quien los pueda hospedar, porque en mi casa no es posible...

Volvemos a otro cóctel y nos mezclamos entre hombres de trajes y mujeres con vestidos de fiesta.

Llamo al hombre nuevamente:

—¿Dónde están ustedes? Porque mi hija estaría dispuesta a recibirlos, yo los iría a buscar y los llevaría.

—Perfecto —contesto contento.

—En unos cuarenta minutos estaré por allí.

Con Cande vamos a otro cóctel, ahora para festejar el tener adónde ir. Nos parece extraño que la hija de este hombre nos reciba, cuando no somos amigos de su padre sino unos meros desconocidos y son, encima, las diez y media de la noche. De todos modos, no tenemos otra opción: los llamados telefónicos nos han dejado aún más escasos de dinero.

Exactamente a los cuarenta minutos el señor nos pasa a buscar y nos deja en lo de su hija. Allí nos reciben ella, su marido y sus tres hijos. Nos acomodan entre juegos y juguetes, en el cuarto de uno de los niños, quien nos concede su espacio feliz dado que dormirá con sus padres. Luego nos muestran toda la casa, cuando hablan sobre ésta nos dicen: "Su casa tiene el televisor abajo, cuando quieran utilícenlo. Su casa tiene la cocina por acá, lo que quieran tómenlo. Las llaves de su casa son éstas...".

No podemos creer que sean tan abiertos, que confíen tanto en nosotros que no tenemos nada para presentarnos. Además el auto, que suele ser una carta de presentación y de confianza hacia nosotros, está en el estacionamiento de la feria. Más de una vez durante el viaje nos han dicho que malas personas no podríamos ser, porque en tan lento y vistoso auto no lograríamos escapar muy lejos.

Gestos inesperados

A primera hora del día siguiente entramos de nuevo en la feria, que ya abrió al público. Vemos cómo las personas entran de a miles mientras nosotros esperamos ser atendidos por el organizador. Ya pasaron tres horas desde que llegamos y suponemos que si tanto nos hacen esperar, no debe de ser para mal.

—Encantado, William A. Meyer —se presenta un hombre que se acerca directamente hacia nosotros sin que sepamos quién es—. Desde ya los quiero en ésta, mi feria. Además organizo otras en Los Ángeles y en Chicago, y también deseo que estén allí...

—Bueno, muchísimas gracias —respondemos asombrados.

—Rebeca, por favor, búscales un lugar, los quiero donde todos los puedan ver. ¡Quiero que la gente vea que se puede, que todo se puede! —le ordena a su secretaria.

—Le agradecemos mucho, pero ¿podríamos pedirle una cosita más? ¿Tendría cómo sacar el auto del estacionamiento? No tenemos suficiente para pagarlo...

267

Rebeca nos explica que la feria durará ocho días y que permanece abierta desde las 11:00 hasta las 23:00. Ubica el auto junto a una puerta que une un salón con otro. ¡Y todos los que concurran tendrán que pasar por aquí!

En este excelente lugar empezamos a contar del viaje una y otra vez llegando a hacerlo miles de veces, la respuesta de la gente es maravillosa, no sólo por la venta de los libros, que con los días se están por agotar, sino por los gestos inesperados.

Un joven junto a su hermano, un amigo y su novia vuelven a la feria después de haber leído el libro, todos visten camperas nuevas e iguales, impresas con enormes logos que al verlos nos quedamos con la boca abierta. Es nuestro logotipo pegado en la espalda y por delante, nuestro mensaje. Se acercan y nos dicen.

–Les trajimos cien "rameras" para que las vendan –el muchacho me da bolsas negras llenas de algo blando.

–Si son "rameras", me las quedo... –me río mientras miro hacia adentro de la bolsa. ¡Hay remeras con nuestro logotipo y nuestro lema: "Un sueño se puede cumplir si algún día se empieza. Empieza el tuyo"!

–Sigue mirando, ándale –sacamos todas con Cande y entre las chombas descubrimos una muy especial, de tamaño pequeño, para nuestro bebé.

Nos quedamos perplejos. Al despedirnos, con abrazos y agradecimiento, nos dan también sus camperas.

Otro joven viene y sin hacernos ninguna pregunta ni comentario nos pide un libro.

–¿Se lo dedico?– le pregunta Cande.

–No, lo necesita urgente el rector de la universidad, está haciendo el discurso del acto de fin de año y no encuentra el que ya les compró, por eso me mandó a buscarlo.

–Hola, yo soy camionero. Si los veo en la ruta, los invitaré a comer unos tacos –irrumpe uno.

–Leí el libro y volví –dice un señor que me extiende la mano entregándome algo–. Toma, esto es para tu viaje, pero no lo consideres un regalo, sino un préstamo. Es una ayuda que me tienes que devolver dándoselo a quien veas que un día lo necesite como tú hoy. Así me pasó a mí. Así hoy te lo entrego a ti.

Un curioso pregunta:

–El récord Guinness es 25 días desde Tierra del Fuego hasta Alaska. ¿Ustedes cuántos días llevan?

–Si el record es de 25 días, lo seguirá siendo. No creo que podamos romperlo.

–¡Qué lástima! ¿Seguro? ¿Cuántos días van?

–Digamos que dos años, y 25 días.

Resucitar de la vida

Luego de vivir cosas tan lindas, estamos preparándonos para levantar nuestro puesto cuando nos visita un señor que está en un *stand* de autos de muy buena marca. Su apariencia y modo de actuar son de alguien exitoso en los negocios. Además, viste muy bien.

–Ya pasaron veinte años desde que entré a trabajar acá. Veinte años que volaron. Entré para hacer algo de dinero y luego buscar y hacer lo que yo quería. Sin embargo veinte años pasaron como la velocidad de la luz, y ahora no sé qué hacer. No sé si me gusta esto. Quisiera hacer otras cosas, pero todos me dicen que debería estar agradecido por lo que hago, por lo que tengo, por mi trabajo; y que hay personas en peores situaciones que yo –hace una pausa y sigue como queriendo desahogarse–. Ya veinte años se me fueron, y sólo para seguir en el sistema. Sistema en el que calzo bien con mi trabajo, pero que no me calza a mí. Pues me falta mucho, deseo sentir amor por lo que hago, deseo sentir que es útil para mí y para muchos. Sin embargo, veinte años y sólo me siento una pieza de un motor ajeno. A mi propio motor lo tengo apagado por miedos: a no saber prenderlo, a que se rompa, a no saber arreglarlo. Veinte años pasaron. Pero ahora mis miedos crecen a la par de mis deseos de cambiar y de ver qué es lo que puedo hacer por lo que quiero hacer.

Se lo ve vencido, vencido por temor, comodidad, conformismo y carencia de valor a la libertad. Todo esto junto va en contra de sus sueños. "Levántate y anda", le dijo Jesús a su amigo muerto. Aquí, hacia este hombre, las mismas palabras darían el mismo resultado. No se resucita solamente de la muerte, también se puede resucitar de la vida que no se vive, de la existencia perdida y sin sentido.

–¿Sabes qué dijo un filósofo chino? "Un camino de mil millas se inicia con los primeros pasos". ¿Por qué no te levantas y andas... ? –ante mis palabras no contesta nada, sólo me mira–. Si te dieran un pase para un parque de diversiones, ¿qué harías?

–Bueno, creo que me levantaría muy temprano para estar entre los primeros en ingresar y que sería de los últimos en irme.

–¿Tratarías de ir a todos los juegos?

–Sí, claro: me subiría a todas las montañas rusas, aunque a algunas les tuviera miedo, me haría todas las colas y volvería a subir de nuevo a los juegos que más me gustaron, aunque sean las colas más largas. Hasta probaría los juegos que no llamaran tanto mi atención y si me quedara tiempo, volvería a comenzar. Trataría de sacarle el máximo jugo al día.

–Y ¿si en vez de un vale para un día en un parque de diversiones te diera un vale por una vida? ¿Qué harías con esa vida? –le doy unos segundos para que piense–. Yo no sé si hay un paraíso, nadie volvió para contarlo. Creo que este mundo en el que vivimos es un paraíso y que venimos a él para disfrutarlo y no para vivir una vida de sacrificios con la recompensa de una próxima vida de placeres. Si Dios nos regala el milagro de la vida y nosotros aun así no la vivimos, ¿entonces por qué habría de darnos otra mejor?

Nos quedamos en silencio, uno parado frente al otro. Me da su mejor sonrisa junto a un abrazo y se va. Me quedo parado en el mismo lugar pensando en lo que le he dicho y notando cuánto cambio hay dentro de mí. Tal vez, los sueños sean contagiosos...

Una cosa que sí es contagiosa es la "venganza de Moctezuma", infección que casi todo turista se agarra en la ciudad y que me tiene con muchísima fiebre. Pueda que hayan sido los burritos o las enchiladas o tal vez la barbacoa de chivo o… tantas cosas ricas que hemos estado probando. Cuatro días llevo sin poder hacer casi nada dejándola a Cande sola con todo el gentío que hay. No hay en la feria dónde poder acostarse y dentro del auto daría pena, entonces me tiro debajo del auto y ahí descanso, duermo. Desde ahí se puede ver cientos de pies que giran alrededor del auto y escuchar a Cande contar del viaje... Una vez a un chiquito se le cayó un autito y al levantarlo me ve.

–¡Papá, hay un hombre muerto ahí abajo del auto!

Me desperté con el comentario y un montón de gente mirándome...

Xochimilco

Cuando termina la feria nos mudamos de casa, que nos cuesta tanto como costó abandonar nuestra propia casa. Y como las cientos de invitaciones no las podemos aceptar, tenemos que elegir una sola como nuevo hogar.

Decidimos reunirnos con Miguel, socio de un club Renault. Él quiere instalar una calefacción en nuestro auto para el frío de Alaska y hacer cualquier otra cosita que sea necesaria.

Por más de una semana paseamos con él y su esposa por Xochimilco, las pirámides aztecas, y hasta nos organizan una caravana de autos por la ciudad.

Al despedirnos, la mujer le dice a Cande:

–Cuando mi marido me contó que los había traído a la casa, me puse loca, y me enojé mucho. Le pregunté cómo es que traía gente extraña a la casa, que no sabía nada de ustedes... Y ahora que se van, no quiero que lo hagan, los voy a extrañar mucho. Les compré esto para que los acompañe a ustedes y a su bebé durante el viaje.

En una cajita envuelta, que Cande abre con entusiasmo, hay una medalla de la Virgen de Guadalupe, la patrona de México, la patrona de América. Cande se lo agradece emocionada.

El palo en la rueda

En la feria del automóvil un mexicano nos comentó que ellos no deben solicitar visa para Canadá. ¿Y nosotros? Sí, los argentinos sí. Al principio nos tomaron los nervios y las dudas por lo que pasaría si nos la negasen. Pero pensándolo bien, nos parece imposible que lo hagan. Durante nuestra estadía hemos armado una buena carpeta que explica el viaje; contiene recortes de diarios, fotos, el libro, cartas de recomendación e incluso de embajadas.

Hacia allí vamos con el auto con la intención de mostrarlo, y vemos que es imposible que lo vean. Pagamos nuestros cien dólares no reembolsables con mucho dolor para solicitar la visa. Estamos un poco indignados. ¿Por qué un país tan rico tiene que cobrar tanto por un trámite de tan pocos minutos?

Hacemos la cola mezclándonos con gente de todo el mundo. Finalmente, llegamos a una ventanilla blindada atendida por una chica mexicana con la que sólo nos podemos comunicar por micrófonos.

–¿Nacionalidad?

–Argentinos.

La joven estudia una planilla y nos ubica dentro de una categoría. Luego sigue con el cuestionario:

–¿Cuánto dinero tienen?

–El suficiente.

–¿Poseen cuenta bancaria?

–No, pero si quiere le mostramos lo que tenemos –y sacamos nuestra carpeta.

Ella mira sorprendida todo lo que damos. Trata de ocultar su encanto por el viaje y la aventura, pero su cara la delata. Sin embargo, continúa:

270

–¿Profesión?

–Electricista y secretaria –se borra su demostración de encanto y expresa preocupación.

–¿Pasa algo?

–No, no… Yo le voy a dar todo esto al cónsul, esperen sentados que los volvemos a llamar.

Tomamos asiento como lo indicó, muy ansiosos y muy nerviosos. Vemos llamar por segunda vez a otras personas que esperan junto a nosotros. Rápidamente, de lejos y con sólo ver la expresión de sus caras uno puede decir a quién se le ha concedido la visa y a quién no. Quién ha sido admitido o rechazado. Quién ha sido aceptado o segregado.

Mientras espero pienso muchas cosas. Lo primero que preguntan es de qué país eres, es decir que por haber nacido en un lugar o en otro tienes más o menos posibilidades. Por lo que veo importa mucho cómo uno viste: hay que ser prolijo y cuanto más occidental pareces, mejor. La discriminación es total: si perteneces a alguno de los países agraciados, puedes entrar seas lo que seas. Ahora, si no estás entre esos países y eres una maestra de pocos ingresos y sólo quieres viajar para poder enseñar sobre lo recorrido, no entras.

Escuchamos nuestros nombres, nos agarramos fuerte de las manos, nos levantamos y acercamos a esa horrible ventana blindada. La chica no nos mira a los ojos, quizás no quiera hacerlo. Mira los papeles que nos va devolviendo, la carpeta, los diarios y, por último, el pasaporte.

–Y ¿podemos ir a Canadá?

–No, el cónsul les rechazó la visa.

–Pero ¿por qué? –le preguntamos con la voz quebrada, nos sentimos morir.

–No tiene por qué decirles, tan sólo fueron rechazados.

–Pero necesitamos pasar por Canadá para llegar a Alaska, para cumplir nuestro sueño. No puede ser. ¿Miró el cónsul todo lo que le dimos para comprobar que es cierto?

–Yo le conté su caso y él sólo se fijó en que no tienen cuenta bancaria. Eso para ellos es más que importante –me explica la muchacha confirmando mis ideas.

–¿Nos dejaría hablar con él? Por favor.

–No, no atiende a nadie, y una vez que dice no, es no. Lo lamento.

Nos vamos cabizbajos, sintiéndonos totalmente denigrados, rechazados, discriminados. Como si fuéramos ganado enfermo. Abrimos el pasaporte y vemos que estamparon un sello enorme de rechazados.

Cande se pone a llorar, no por no poder entrar a Canadá, sino por ese sello y la impotencia de no poder hacer nada. El sentimiento es horrible.

–Por no tener una cuenta bancaria, no nos dejaron entrar. En mi casa entran más, mucho más, quienes no la tienen, que son tan especiales como los que sí –comenta entre lágrimas.

Nos excluyeron por haber nacido de un lado de una frontera y por no tener dinero. Nunca nos hubiéramos imaginado ser rechazados, no sólo por lo que estamos haciendo, sino porque además creemos que somos buenas personas que obramos sanamente.

Ahora los dos lloramos con bronca, mucha bronca por la impotencia. Una persona que ni siquiera vio nuestros rostros, que no salió a conocernos ni nos quiso atender cuando se lo pedimos, nos discrimina. Eso es lo que nos causa impotencia: no haber podido hablarle, explicarle. Queremos arrancar la hoja del pasaporte, no me falta mucho para hacerlo:

–Cande, Alaska es nuestro destino, como sea vamos a llegar. No logramos estar acá para que una sola persona nos cierre el paso.

–Es un estúpido que nada sabe de sueños. De seguro que odia su trabajo, odia estar en México. ¿Cómo puede una sola persona decidir mi destino? ¿Cómo puede privarlos a sus compatriotas de compartir el sueño y buena onda que contagia nuestra historia?

Pensamos las cosas que podríamos hacer para revertir este sello y sentimiento. Se nos ocurre enviarles cartas a los canadienses que conocimos en el camino, a los que nos escriben sin conocernos, a los miembros de los clubes de autos antiguos de Canadá, quienes ya nos ofrecieron sus casas… Escribirles y contarles lo que pasó. Pero lo haremos dentro de unos días, con más tranquilidad, con menos bronca y con más lugar para ideas fructíferas.

Don Quijote, Rocinante y …

Volvemos a Puebla a pasar Navidad, tal como le prometimos a nuestra familia mitad uruguaya y mitad mexicana. También a buscar nuestros almanaques, que finalmente no son cuatro mil, como nos dijo el dueño del diario, sino ¡siete mil! No sabemos cómo meterlos dentro del auto ni tampoco cómo venderlos:

–¿Quién querrá comprar un almanaque con nuestras fotos? ¿Quién querrá tener colgado por un año entero en su cocina un almanaque con nuestras caras? –nos preguntamos.

La primera ciudad a la que vamos a probar las ventas es Querétaro. Llegamos y nos hospedamos en un hotel al que fuimos invitados durante la Autoexpo. Frente a él, se encuentra la redacción de un diario que está a punto de cerrar la edición de mañana, pero que detiene el cierre para hacernos una nota que será tapa.

Al día siguiente, vamos a la plaza central, ubicada entre edificios de piedra increíblemente bellos. Estacionamos donde hay un cartel que prohíbe hacerlo; colgamos nuestro mapa con el recorrido, también fotos. Además, a cada lado del Graham ubicamos los almanaques. Pronto la gente se empieza a juntar alrededor de nosotros: llega atraída por el auto, por la nota del diario o bien sólo se acerca para ver a qué se debe tanto tumulto.

Un señor nos compra un almanaque y nos pide que se lo firmemos. Luego otro, y otro. Cuando alzamos la vista, vemos una cola bien formada cuyos integrantes aguardan llevarse nuestros almanaques con sus monedas en las manos. Podemos escuchar que unos preguntan:

—¿Qué regalan?

—No, no regalan nada, venden unos almanaques –les contestan.

—Y ¿quiénes son?

—No lo sabemos, pero parece que son famosos, porque están autografiando.

A la noche vamos a comer con el rector de la Universidad de México, pero no sabemos quién es él, hasta ya avanzada la comida:

—¿Saben? Yo no soy amante de los autos, y sin saber por qué fui a la Autoexpo. Allí me los encontré y les compré su libro. Me gustó tanto que días después, cuando tuve que hacer mi discurso de cierre de año, me basé muchísimo en él. Para muchos, recibirse es su propio sueño o el sueño de sus padres; sea como sea, para la mayoría es un paso más en la vida. Hay miles de personas que se reciben de abogados, doctores y arquitectos, pero ¿cuántos hay que se reciben de atrapadores de sueños?

Nos encanta oírlo y saber que nuestro sueño puede servir a otros en sus anhelos personales. Quizá ése fue el porqué de su visita a la feria. Nos quedamos en silencio, pensando en sus palabras, hasta que uno de sus amigos lo rompe comentando:

—El auto de ustedes es como el caballo de Don Quijote, Rocinante: de pura estepa, con estilo, de caballeros… y tú sí que te pareces a Don Quijote: alto, flaco y un poco loco –me señala a mí y luego se dirige a Cande–. En cambio tú, te pareces a...

—la pausa nos hace pensar que le dirá "a Sancho Panza", por lo que sonreímos en una picardía colectiva–… a Dulcinea –continúa seriamente haciéndonos entender que lo hemos malinterpretado–. Este auto, esta dama y este personaje –prosigue señalándome– son la segunda parte de Don Quijote de la Mancha, son el final tan esperado para tan bella historia…

Como tú te ves, yo me veía

Antes de irnos de Querétaro, escribimos una carta y se la enviamos por correo electrónico y postal a nuestros conocidos de Canadá, contándoles nuestra situación con la visa y nos quedamos a la espera de recibir respuestas. Así nos vamos para la bella San Miguel de Allende, desde donde viajamos hasta la misteriosa Guanajuato. No pareciera que estuviéramos en América, pues su estilo se asemeja al de una ciudad feudal europea.

En Guanajuato visitamos el Museo de las Momias: exhibe cadáveres retirados del cementerio que nadie reclama y que por estar en una zona árida no se descomponen, sino que se momifican. Entramos por unos pasillos rodeados de cientos de momias: las hay desde vestidas con sus botas hasta desnudas. Algunas son mujeres que en el parto fallecieron junto a sus bebés; otras, niños. Todas tienen cara de sufrimiento y sus cuerpos están consumidos. Poco antes del final, hay una que tiene un cartel. Algunos al leerlo se ríen, otros se van pensando: "Como tú te ves, yo me veía. Como tú me ves, tú te verás". Con Cande nos vamos pensando: pensando que cada uno con la vida corre una carrera con la muerte, donde siempre gana la muerte. Sin embargo el triunfo está durante la carrera, no en el final; carrera que estamos corriendo y disfrutando.

Entre los lugares a los que estamos invitados se encuentra la Hacienda Ciénaga de Mata, cercana a la ciudad de Aguascalientes. Hacia allí nos dirigimos. El camino es desértico, no se divisa a casi nadie, el sol quema y la ropa se nos pega. Tanta temperatura nos obliga, al mediodía, a parar. Pero ¿dónde? El asfalto caliente espanta y la falta de sombra no invita. Seguimos. Mejor la brisa caliente que el olor a alquitrán.

Vemos en el recto camino un camión que viene en sentido contrario, un movimiento en el caluroso desierto. Apenas nos pasa, algo oscuro y esférico sale de sus ruedas y a gran velocidad pica contra el suelo levantándose hacia nosotros. Escuchamos un ruido a golpe metálico y el de vidrios rompiéndose. Por reflejo, me agacho en el mismo momento en que se escucha otro golpe, un grito de Cande y vidrios saltando por todos lados. El silencio vuelve. Miro a mi mujer: tiene un corte en su frente, pero no es grave. Ella me observa y se asusta mucho: mi mano está llena de sangre y en el espejo retrovisor veo mi cara cubierta de pequeños cortes. Sangro, pero nada me duele. Cande sigue nerviosa, tiembla:

–¿Qué fue eso? –me pregunta.

–Creo que una piedra, la vi venir. ¿Dónde está? ¿Adónde fue a parar?

Miramos en el asiento trasero, no encontramos. Levantamos la vista y en el techo de tela vemos un gran agujero: meto la mano y noto que un parante de madera fue quebrado; un poco más atrás está la piedra, cuyo tamaño es mayor al de un gran pomelo.

–Te podría haber matado... –dice Cande al verla, aún más nerviosa–. ¿Qué hubiese hecho yo si algo te pasaba? –sola, con sus pensamientos, se va poniendo cada vez más tensa–. Acá, en el medio del desierto, ¿adónde te hubiese podido llevar?

Me ayuda a sacarme los vidrios. Con cada uno que me quita repite qué hubiese ocurrido si la piedra me hubiese pegado en la cara. Mira los agujeros en el parabrisas y en el techo, marca con sus brazos una línea recta: sí, si no hubiera reaccionado, si no me hubiera agachado, estaría muy mal.

Me bajo, miro el frente del auto. El farol está destruido por el primer golpe, aquel que sirvió de aviso para que me agachara. Después la esfera dio contra el parabrisas y por último en el techo. La piedra tiene marcas de caucho, seguro que estaba atrapada entre las dos ruedas traseras del camión y se zafó justo cuando nosotros pasábamos. La ayudo a Cande a terminar de limpiar un poco el asiento y seguimos.

Asunto de charros

A sólo sesenta metros del accidente encontramos la entrada a la hacienda. Ésta pertenece a la misma familia, Rincón Gallardo, desde 1650. En esa época era todo un latifundio que cubría 360 mil hectáreas y tenía 1850 habitantes. Aún posee su propia iglesia, la que cualquier ciudad envidiaría, su propio pueblo y su propia represa.

Nos recibe "Poncho" Rincón Gallardo, a quien tuvimos que esperar porque estaba arreando el ganado. Un señor mayor que no respeta los años. En este hombre la vejez tendrá que esperar. Poncho es todo un charro, es decir, un vaquero mexicano, digno de conocer.

Nosotros, encantados por la casa y por la historia del lugar, le pedimos que nos cuente más sobre él. Primero, nos muestra la fachada de la iglesia y de la casa. En ésta se observan varias estatuas rotas y muchos agujeros de balas.

–Pancho Villa –nos comenta el charro. Luego nos muestra el interior de la casa y nos invita a comer en su patio interno, sobre una enorme mesa, junto a su hijo. Durante la cena nos cuentan que la hacienda no tiene el mismo tamaño de antaño; revoluciones, reformas agrarias, divisiones familiares y ventas hicieron que algunas partes se fueran perdiendo. Aun así, la antiquísima casa, las caballerizas y demás construcciones reviven aquella época dorada.

Por la noche, nos hospedan en el "cuarto del obispo", llamado así porque cuando el obispo venía desde Aguascalientes a oficiar la misa, era aquí donde descansaba después de su largo viaje.

Poncho nos nota tan interesados por la historia del lugar que nos regala un libro sobre la hacienda. Nosotros respondemos a su gesto obsequiándole el nuestro:

–¿Cómo? ¿Ya tienen un libro del viaje? ¿Aún sin haberlo concluido?

–Es como su hacienda, Poncho. Es lindo leer sobre algo que aún existe, y en nuestro caso es sobre algo que aún está pasando.

–Y ¿dónde lo imprimen?

–En imprentas pequeñas. Esta impresión es nueva, la hicimos en León, en donde también participamos de una enorme feria –le contesto.

–Y ¿el embarazo cómo va?

–También en León hicimos un chequeo. Nos hospedó la hija del dueño del hospital. Allí me hicieron una ecografía y se lo ve maravilloso –dice Cande muy alegre.

–¿Y? ¿Se supo si es niña o niño?

–Le avisamos a la doctora, en tres oportunidades, que no queríamos saber, pero aún así insistía en decirnos. No obstante, logramos pararla: a nosotros nos encantan las sorpresas.

–Hablando de embarazos, tengo que ir a chequear la preñez de las vacas –comenta el hijo del charro.

–¿Quieres decir que parezco una vaca? –rezonga Cande.

–Bueno, tan lejos no estás con tus cuatro meses de embarazo –el joven se ríe y para arreglar la situación nos invita a ir con él.

A pedido mío me prestan ropas de charro y luciendo el enorme sombrero mexicano salimos, junto a otros seis hombres y Cande, a juntar las vacas. Una vez en el corral mi mujer y el veterinario palpan a cada uno de los animales. A ella se la ve feliz, en su salsa, pues para eso ha estudiado. Celebra cada preñez con el veterinario, y nos contagian su alegría a todos los demás.

En la casa del puestero, junto al corral, un joven aguarda para hablar con el patrón. Le ha traído su montura para vendérsela. Está vendiendo lo poco que tiene porque cruzará el Río Grande para entrar de ilegal a los Estados Unidos. No puede llevarse nada, salvo sus documentos y algo de dinero. De todos modos, éste debe ser poco por que si lo llegaran a agarrar se lo sacarían.

—¿Y si te pescan?

—Me mandarán de vuelta y nuevamente intentaré pasar. No tengo nada que perder y quiero ir, yo tengo muchos más derechos que ellos a vivir ahí. Ellos formaron un país con gente inmigrante de todo el mundo que buscaba un lugar para vivir, trabajar y cumplir sus sueños. Y ahora sus mismos hijos y nietos rechazan a los inmigrantes. Ellos se dicen americanos, pero ninguno tiene mi color ni mi raza: mis padres nacieron aquí, como los padres de mis padres, y así por ciento de generaciones, pero ahora tenemos que pasar, trabajar y vivir a escondidas. Ellos nos usan, maltratan y discriminan. Nos denominan: "indocumentados", cuando nosotros podemos documentar con nuestra raza, con nuestra sangre, que somos los "americanos".

Comprendemos muy bien lo que nos dice, porque estamos viviendo lo mismo con el rechazo de visa para entrar a Canadá. Rechazo que selló una persona, cuyos padres o abuelos alguna vez solicitaron entrar y a quienes el permiso se lo concedieron.

—¿Se van muchos a Estados Unidos? —le pregunto a Poncho cuando nos quedamos a solas.

—Sí, muchos, y suelen ser los mejores, los más decididos, los más dispuestos a todo. Son justamente los que tienen más ganas de trabajar, de progresar, de crecer. Allá los rechazan y acá los perdemos. Allá hablan mal de ellos, son mal vistos, les adjudican delitos y otras cosas. Puede que haya algunos que delincan, pero la mayoría se arriesgan sólo por trabajar...

Con un poco de tierra

Partimos por el mismo camino en el que tuvimos nuestro accidente. Recuerdo cuán cerca estuvimos de que algo malo pasara y experimento una sensación rara, que se agudiza cuando pasamos por un cementerio que en su entrada reza: "Pasajero, aquí te espero". "Pues tendrás que esperar, porque aún tengo mucho que andar", le respondo en mi sincero pensamiento.

Paramos en Aguascalientes, para arreglar el carro. Vamos hasta una concesionaria de autos Chevrolet en la que si bien sólo reciben autos de esa marca, nos atienden por orden de uno de los hermanos Guzmán, dueños del comercio. Es decir que a partir de ahora también aceptan Graham-Paige, aunque francamente no creemos que con esta nueva adición de marca el trabajo les vaya a aumentar. Nadie quiere cobrar los repuestos. Y para la mano de obra, sobra gente dispuesta a ayudar.

Aprovechamos nuestra estadía para chequear novedades por internet. Ante nuestra sorpresa, las respuestas de los canadienses no han tardado en llegar y todas demuestran vergüenza por su país, que niega la entrada a un sueño.

No sólo recibimos invitaciones muy lindas, sino que además les han pedido a sus propios amigos y parientes que nos escriban, recibimos cartas hasta de iglesias. En dos mensajes nos piden fotos y material del viaje para hacer notas en los diarios. El correo recibido es tan emotivo que saltamos de alegría al leerlo. El único que nos niega la entrada es aquel hombre de la embajada, no Canadá.

Con el auto arreglado avanzamos cuesta arriba muy lentamente por una ruta empedrada a mano por muchos kilómetros hasta llegar a la boca de una mina en la montaña. Ingresamos al túnel con el auto, ésta se comunica con otra mina que lleva al otro lado de la montaña y al salir por la otra boca de mina, frente a nosotros, sorpresivamente, aparece un pueblo. Así entramos a Real de Catorce, que se conecta al mundo a través de una mina. Un pequeño pueblo de menos de 800 habitantes a 2800 metros de altura, ubicado en un angosto valle.

Por sus minas de plata llegó a ser muy rico y a tener cuarenta mil almas. Todas sus construcciones son de piedra y barro, muchas están en ruinas. Asi pasamos puentes y cementerios, teatros, iglesias antiquísimas y hasta una plaza de corridas de toros. Todo en subida y bajada, porque estamos en la ladera de la montaña.

Nos hospedamos en una construcción muy antigua, en un gran cuarto lleno de ruidos y espíritus. Más tarde, caminando visitamos minas abandonadas y pequeños pueblos fantasma.

Comiendo conocemos a un turista encantado con el lugar y deseoso de encontrar un cactus llamado peyote. Éste es un alucinógeno que los indígenas usan en rituales:

–Si quieren, mañana salimos juntos. Contraté a un conocedor del lugar que sabe dónde lo podemos encontrar. Dicen que es fabuloso, que ves las estrellas –nos invita.

–No, gracias. No venimos buscando peyote –le respondo.

–Pero el peyote es único de este lugar, no se deberían ir sin probarlo...

–En el viaje nos ofrecieron drogas, pero no quisimos. No necesitamos algo para sentirnos bien temporalmente, sino que precisamos cosas que nos hagan sentir mejor para siempre. Queremos estar bien por haber hecho algo, no por tomar algo que después necesitaremos volver a consumir –le explica Cande.

–No es que tengamos miedo a ser adictos, porque ya lo somos... –el turista se queda asombrado al escucharme decir esto–. Somos adictos al amor, a los sueños y a la vida. Cuanto más amor tenemos, más amor queremos; cuantos más sueños cumplimos, más queremos lograr. Estamos apegados a la vida.

–Si no me gusta cómo está el mundo, no quiero verlo distinto por un alucinógeno, sino que quiero verlo transformado por algo que yo cambié, que yo hice –concluye mi mujer.

Al día siguiente salimos nuevamente a caminar por senderos que llevan a minas abandonadas. Su oscuridad nos da miedo. Luego visitamos los pequeños pueblos abandonados.

Dentro de una iglesia en ruinas encontramos a un pastor apacentando a sus ovejas. El día, el lugar, la montaña y este pastor nos provocan una hermosa sensación de paz. Hablamos un rato largo con él envidiándolo sanamente porque en su pequeño mundo, con su pequeño rebaño, lo tiene todo.

Nos cuenta de sus ovejas, de la personalidad de cada una. Nos explica que algunas son mejores que otras y que todas tienen nombre. También habla maravillas de sus perros:

–Mis ovejas no son mis ovejas, sino que son de mis perros. Y ellos no son mis perros, sino que yo soy de ellos. Es por eso que me cuidan tanto a mí como a las ovejas.

Cuando nosotros le contamos qué estamos haciendo y que somos viajeros, nos dice:

–Trabajar para vivir, bien; vivir para trabajar, mal. Comer para vivir, bien; vivir para comer, mal. Viajar para vivir, bien; vivir para viajar, muy bien. ¿Cómo les va en su viaje?

–Hasta ahora de maravillas, pero estamos un poco preocupados por lo que se viene –le respondo eludiendo nuestro inconveniente de visa con Canadá.

–¿Tú confías? –me pregunta.

–¿Si confío en qué?

–En ti mismo, en que de alguna manera podrás, en que sabrás encontrar cómo solucionar tal cosa o tal otra. Si dudas de ti mismo, difícilmente la gente confíe en ti.

Contentos con lo que nos dice el pastor y advirtiendo cuánta razón tiene, nos volvemos a Real de Catorce. En el camino encontramos a un hombre haciendo con sus manos ladrillos de barro, para su casa.

Esta imagen nos hace pensar que con un poco de tierra se puede hacer un ladrillo. Con unos pocos ladrillos se puede hacer una casa. Con unas pocas casas se puede hacer un pueblo. Con unos pocos pueblos se puede hacer una nación. Con unas pocas naciones se puede ha-

278

cer un continente. Con unos pocos continentes se puede hacer la tierra. Y con un poco de tierra se puede hacer un ladrillo… Todo vuelve a empezar.

Es vida, son historias

Llegamos a Monterrey, donde tenemos muchos planes y cosas por hacer. Una de ellas es conocer a unos parientes míos, del lado de mi madre, cuyo tatarabuelo es hermano del mío.

Es una familia más que numerosa, que nos recibe muy afectuosamente. Hablamos durante horas sobre los parientes de allá y los de acá, y luego todos se sientan alrededor de nuestro álbum de fotos para que les contemos del viaje.

Nos disponemos a hacerlo, a pasar hoja por hoja. Entonces, Cande se aísla, toma un papel y un lápiz y se pone a escribir. Me intriga saber qué está anotando, pero espero a que termine. Entonces me dice que necesitaba volcar un sentimiento en papel, y me lo muestra. Lo leo:

"Mirando fotos viajo hacia atrás. Veo sentimientos, veo almas. Mis ojos se nublan de recuerdos. Viajo otra vez y no quiero seguir, prefiero vivir lo vivido, quedarme ahí. No deseo ni siquiera pasar a la otra foto, porque sé que también allí permanecería. Pasaría años en el álbum, pero la gente requiere de mí. Contar recuerdos es lo que hacemos, pero mirando fotos vivimos de nuevo. Son imágenes con movimiento, tiempos sinceros. Los países pasan más rápido que el tiempo real. Energía sentida, energía que brota de ilustraciones impresas. No sólo son fotos, sino vida, historia."

Este sitio nos viene bárbaro para descansar. Pero durante la noche me levanto sobresaltado con un terrible dolor cerca del estómago. El malestar se apacigua por momentos, pero al rato vuelve con más intensidad. Duele tanto que veo las estrellas. Cande se levanta asustada por mis quejidos y me ve caminando por el cuarto, doblándome de dolor. Tanto que hasta llego a vomitar. Ninguno de los dos sabe qué será.

Apenas llega el día, buscamos alguna clínica abierta. Cuando la hallamos, el dolor ya ha mermado:

–¡Cálculos! –afirma la doctora–. Tome mucha agua. Le voy a dar esta orden médica, hágase esta ecografía para asegurarnos, pero por lo que me cuenta parece que ya desechó la piedrita por la orina.

Hasta pronto Latinoamérica

Como si fuera mágico, como si fuera una regla del viaje, antes de dejar México, en Nuevo Laredo, nos despiden de maravillas. Hasta se forma una caravana de autos antiguos, cuyo recorrido termina en la plaza central. Ésta fue organizada por Oscar Chavarría, quien feliz nos da el último abrazo de los miles que recibimos en México.

Con tanto afecto se disimulan nuestros nervios de estar a las puertas de un gigante país, donde la diferencia idiomática, legal y cultural es enorme. Nos sentimos ante una nueva etapa del viaje, como si empezáramos de nuevo. Afloran los miedos de la primera vez y retornan las mismas preguntas: ¿cómo será? ¿qué nos espera?

–Quiero conocer Estados Unidos, pero no quiero dejar Latinoamérica. Estoy triste, mi amor –Cande me abraza para disimular las lágrimas que ruedan por sus mejillas–. La gente latinoamericana fue fabulosa, nos hicieron sentir como en casa y no extrañar tanto la nuestra. Pero ahora me da miedo el resto del embarazo y el parto en un país con otra cultura, otra forma de pensar… No tengo a nadie más que a vos cerca de mí, y a este bebé. Me siento que dejo nuevamente a mi familia, a mis amigos…

–¿Qué pasa si les niegan el paso? –nos pregunta un señor mientras nos tira un balde de agua fría para mermar la calurosa despedida.

–¿Por qué nos la habrían de negar?

–Y si ven que ella está embarazada o si les piden que les demuestren cuánto dinero tienen. O por lo que sea...

–Mira, lo que él te dice es un poco cierto. Por ahora vinieron cruzando países hermanos, países latinoamericanos, pero los gringos... ellos si quieren, te niegan la entrada. No tienen por que darte razones ni motivos: si quieren, te mandan de vuelta... –agrega otro.

Sabemos que tienen razón. Aún así las palabras del pastor me dieron confianza y ahora la tengo que contagiar:

–No te preocupes, nada malo va a pasar. Confía en nosotros. Nada está en contra de un sueño.

Estados Unidos Canadá

White Horse

Hyder

Pince George

Parksville
Vancouver

Seattle

Portland

Chicago
Detroit

Denver

P. Nacional
Yosemite

S. Francisco

P. Nacional
Gran Canyon

Los Angeles

San Antonio

Laredo

Fort Worth

Jackson

Houston

Kansas

Saint Louis

Cleveland

Hershey

Greensboro

Quebec

Montreal

Ottawa

Toronto

Buffalo

Halfmoon

Boston

Nueva York

Washington D. C.

Halifax

P.E.I.

Prince Edward Island

New Nouveau Brunswick CANADA

Hasta aquí

Tiempo de viaje . . . . 2 años y 1 mes

Kilometraje . . . . 32.409 km

Estados Unidos
y Canadá
Empezar de Nuevo

Del alambrado que evita el ingreso a Río Grande cuelgan pequeñas tablas, son muchas. Llevan inscriptos los nombres de personas que murieron en la búsqueda de una nueva vida. Estamos aguardando, en una larga cola, poder entrar a Estados Unidos.

Sentimos ansias, nervios y miedos. ¿Qué nos pedirán para entrar? ¿Qué nos preguntarán? ¿Serán capaces de negarnos el ingreso? ¿Acaso no estamos entrando con un sueño a la tierra de los sueños, como ellos la llaman?¿Podremos encontrar gente que nos reciba o estaremos solos? ¿Podremos seguir haciendo dinero para avanzar? Hay una única forma de saberlo, y es yendo.

La cola se mueve y ya estamos casi sobre el puente. Nos damos el último abrazo con Oscar Chavarría, quien nos ha acompañado hasta el último momento para despedirnos de México y de Latinoamérica.

–¿Están realmente viajando desde Argentina hasta Alaska? –pregunta un señor en inglés. Es quien dirige los autos apenas pasan el río.

–Sí.

–¿No se pudieron conseguir otro carro? –pregunta con tono cómico, mientras nos señala por dónde ir.

Luego nos atiende un hombre dentro de una cabina que no responde a nuestro saludo ni muestra ninguna sorpresa ante el Graham ni ante el viaje. Nos entrega un papel donde marcó: "Revisación completa" y nos indica por dónde seguir.

Estacionamos el auto y, esperando a que nos revisen, un señor nos manda a que hagamos primero los papeles de inmigración. Entramos a una gran oficina y nuevamente una larga fila de gente esperando. Al alcanzar el mostrador entregamos nuestros pasaportes a la vez que vemos a una pareja a nuestro lado a la que le niegan la entrada. Preguntan por qué, pero el hombre que los atiende no les responde, sólo atina a llamar automáticamente a la siguiente persona de la cola.

Después del 11 de septiembre están mucho más atentos y presionados: ahora ante cualquier duda, niegan la entrada.

–¿Usted nació en San Francisco, California? –pregunta quien nos atiende.

–Sí –respondo.

–Y ¿no habla inglés?

–Casi nada. Sólo he nacido en San Francisco. Resido en Argentina desde mi primer año de vida

Observa mi cara, mira el pasaporte, se fija su autenticidad y cuando me lo devuelve me dice:

—Welcome home, guy... —no nos pregunta nada más.

Cande llena los formularios solicitando seis meses de estadía, pero le dan tres:

—¿Se puede renovar? —consulta ella—. Por el auto en que estamos viajando necesitaremos más de tres meses para llegar a Alaska.

—Sí, claro que sí. Cuando se esté por vencer, pidan una renovación.

Mientras regresamos al Graham vemos muchos uniformados a su alrededor: cinco de los hombres que revisan autos, tres militares armados y otros que se nota que trabajan acá.

—¿Qué pasa? —le pregunto a Cande con un enorme nudo en el estómago. Ella sólo levanta los hombros.

Nos acercamos...

—¿Ustedes son los dueños del auto? —inquiere un militar.

—Sí —contesto con voz nerviosa-. Ya llevamos 32.200 kilómetros, dos años de viaje y nuestra meta es llegar a Alaska.

—Guau, men. Ustedes sí que están locos —me dice mientras oímos cómo los demás exclaman: ¡Qué bueno! ¡Qué increíble! Más preguntas se suceden. Con Cande nos miramos y nos relajamos.

No nos revisan el auto para nada. Prefieren escuchar las preguntas y respuestas y nos despiden estrechando fuertemente nuestras manos mientras nos señalan la ruta a tomar hacia Alaska.

Al salir de la frontera y entrar a EE.UU. nos damos un beso de premio, contentos de empezar una nueva etapa y felices por que el paso de frontera haya sido fácil. Para festejar, paramos a comer y fieles a nuestra costumbre de probar lo típico de cada país nos detenemos frente a un McDonald's.

Un "mojado"

Seguimos viaje hasta San Antonio. Nos hospedamos en la casa de unos chilangos que conocimos en Nuevo Laredo. Para cuando llegamos al lugar ya nos han hecho famosos. Varias personas nos vienen a ver a su taller e incluso nos entrevistan periodistas de la televisión. La mayoría de los reportajes son en español y los hacemos rápidamente. En cambio, para el canal en inglés se nos dificulta responder.

Con mucho entusiasmo, en el taller, repintamos entre todos gran parte del auto: por la mala calidad de la pintura anterior se estaba descascarando el color negro.

Citlali, la hijita de un año de nuestros anfitriones, abraza a Cande una y otra vez.

—Va a ser varón —dice con seguridad la madre.

¿Varón? No tenemos nombre para un niño, nuestro presentimiento nos condujo a creer que es una niña y ya pensamos el nombre para ella: América. No es que tengamos preferencia entre niño y niña. Es sólo una corazonada.

Entre los muchos que conocemos en el taller hay un "mojado". Llaman así a quienes se mojaron al cruzar ilegalmente el Río Grande.

—Yo crucé el río cuatro veces, solo, sin coyote —nos cuenta éste.

—Sin ¿qué...?

–Sin ninguno de los que te cobran por pasarte de frontera –me explica–. Dos veces me agarraron los de "la migra" y las dos veces, al día siguiente, volví a cruzar.
–¿No temes?
–Claro que sí, pero no a los de la frontera, sino a los rancheros. Aquí existe una ley que los ampara y pueden dispararte si estás en su propiedad.

También nos cuenta que con su trabajo pudo pagar para que pasen a su mujer embarazada y que su hijo haya nacido acá en nada le facilita a él obtener sus papeles.
–¿Cómo que no?
–Debemos esperar que nuestro hijo cumpla los 18 años. Entonces podrá pedir mi nacionalidad estadounidense, hasta ese entonces tenemos que cuidarnos mucho, y más también. Si nos agarran ilegales, nos pueden mandar de vuelta y quedarse con nuestro hijo.

El Graham se despide de San Antonio, con pintura, batería y alternador nuevos. Como en este país no suelen arreglar las piezas, sino que se recambia todo, nos fuimos a un desarmadero gigante a sacar el alternador de un Chevrolet para ponérselo a nuestro auto. Muchos de los autos que estaban allí, si fuesen llevados a Latinoamérica, al poco tiempo estarían en la calle andando nuevamente.

Una corazonada

Llegamos a un cruce de ruta, aún estamos en Texas. Podemos elegir dos caminos:
Uno, hacia el oeste y directo a Alaska. Por éste llegaríamos sin duda en cuatro meses y tendríamos seguro a nuestro hijo a tiempo, antes del invierno.
La otra opción es ir por el este, participar en la reunión del Club Graham-Paige, visitar Nueva York, Washington; Toronto, Ottawa, la capital de Canadá, y Detroit, lugar donde nació nuestro auto. Por supuesto, esta ruta significa muchísimos más kilómetros, tiempo y un montón de dinero. La distancia no nos asusta, dado que nos gustaría conocer más.
En cambio, el tiempo sí nos preocupa porque esta elección significaría viajar con bebé a bordo y deber aguardar otro año más para recién llegar a Alaska el próximo verano. Además el dinero… dinero que no poseemos para pagar el parto ni para hacer kilómetros en un país donde todo cuesta mucho. Aún nos quedan libros que seguimos vendiendo, pero son en español y más al norte nos costaría encontrar latinos. Tenemos artesanías, pero sólo con ellas no llegaríamos muy lejos. Cande sigue pintando, pero si quisiéramos vivir de eso debería pintar un cuadro todos los días, cosa imposible.
–Y entonces ¿qué hacemos? –le pregunto a Cande que está sentada junto a mí observando el cruce de ruta frente a nosotros.
–Si lo pienso, digo al oeste… –se queda callada, con ganas de decir algo más–… Si lo siento, es al este.
Pongo primera, suelto el embrague y doblo mi volante rumbeando la trompa del auto hacia el este. Recuerdo las palabras del español subiendo a las ruinas de Machu Picchu: "Si dejas que tu corazón te guíe, nunca estarás en el camino equivocado".
Haber dejado la decisión de qué ruta tomar hasta este último momento nos ha servido para elegir más rápido. Si nos poníamos a pensar aún más, seguíamos al oeste.

En cambio, hacia lo mágico vamos. Nuestro corazón nos lleva al este.

No tomamos las autopistas, que las hay por todos lados, sino los caminos pequeños, que van por los pueblos. Así pasamos más cerca de las casas donde se puede ver cómo es Estados Unidos.

Manejamos por la aridez del desierto. Nos detenemos en un pueblito, frente a un bar, para preguntar por una gasolinera.

Hay enormes camionetas, dos de ellas poseen largos cuernos de vaca en sus capó.

Es empujar la puerta y entrar a una película del lejano oeste: pisos de madera, un *bartender* de bigote y camisa blanca, y tan sólo dos mesas ocupadas por varios *cowboys,* que aunque están bajo techo siguen con sus sombreros puestos.

Apenas doy dos pasos dentro del bar todos se voltean a verme. ¡Qué gran impresión debo causar! Tengo el pelo todo despeinado por venir con el parabrisas abierto, una remera amarilla con el logotipo de la cerveza colombiana Águila, pantalones cortos y ojotas… Sólo me falta pedir mi vaso de leche.

Hadas y ángeles

Houston nos espera, y con los brazos abiertos. Una pareja de argentinos que conocimos en Costa Rica nos hospeda. Ellos viven en una gran casa ubicada en un increíble barrio junto con su hijo, su nuera y el nieto.

Nos acomodan en una sala de juegos con televisión, advirtiéndonos que seguro el niño de dos años mañana nos despertará antes de las seis para jugar aquí.

Sin embargo, al día siguiente amanecemos después de las nueve y toda la casa está en silencio. Bajamos a la cocina y notamos que las cosas están revueltas, un poco desordenadas. Lo más llamativo es que no hay nadie en la casa. No sabemos qué hacer, no entendemos y sólo suponemos cosas.

Esperamos por media hora hasta que aparecen los abuelos:

–Perdonen que los hayamos dejado y despertado de esta forma...

–Nos despertamos solos, hace media hora –les dice Cande.

–¿Cómo? ¿No escucharon nada? A la mujer de mi hijo le agarró un ataque de epilepsia en el baño, se golpeó la cabeza y le salió mucha sangre. Llamamos a la ambulancia, la cual llegó con la policía despertando a todo el barrio. Estuvieron un buen tiempo. Mientras tanto mi nieto se despertó llorando y no lo podíamos calmar. Al final nos fuimos todos al hospital. Y ¿ustedes no escucharon nada?

–No, nada.

–Bueno, no importa. Ahora prepárense que tienen que ir a una reunión que organiza la Casa Argentina de Houston. Habrá muchas personas y los están esperando.

Antes de ir al encuentro chequeamos nuestro correo electrónico. Nosotros queríamos seguir vendiendo libros para avanzar, no sólo para financiarnos sino también porque es algo del viaje y transmite nuestro mensaje. Pero nos habíamos topado con el gran escollo del idioma: traducir la obra, corregir esa traducción, diseñarla e imprimirla costaba demasiado dinero.

Sin embargo, hoy nos encontramos con un milagro: en el momento más justo y exacto, desde Guatemala un amigo nos envió por e-mail la traducción al inglés. Se trata de Richard Skaggs, quien después de haber quedado encantado con el libro se había ofrecido a traducirlo. En ese entonces le habíamos respondido que sí pero pensando que no lo haría por el arduo trabajo que esta tarea significaba. Aun así ahora está acá, en nuestras manos, y sin cargo alguno.

Llegamos a la reunión y somos cálidamente acogidos por una colonia argentina mucho más grande de lo que imaginábamos. Todos nos festejan el haber llegado desde tan lejos. Están tan entusiasmados que algunos discuten entre ellos por invitarnos a sus casas, a pescar, a comer o a lo que sea. Incluso aparece un médico que se ofrece para efectuarle a Cande un examen de laboratorio y darnos el nombre de un obstetra.

Además, aparecen nuestras hadas madrinas: Juanita es estadounidense y está casada con un argentino. Emocionada ante todo lo que sea latino nos ofrece a corregir la traducción del libro y además, como esto le llevará mucho tiempo, nos invita a parar en su casa.

Al escucharnos comentar nuestro propósito, otra mujer argentina, diseñadora, se ofrece a armar el libro junto a su marido. Es decir que ahora sólo nos falta la imprenta. Mientras esto nos ocurre pensamos por qué y recordamos al pastor de ovejas que encontramos en la iglesia de aquella montaña: todo se puede, todo llega. Si uno se tiene fe, la contagia... Y aquí estamos, rodeados de contagiados por nuestra esperanza.

Antes de irnos del encuentro, y como broche de oro, nos presentan a un colombiano que nos ofrece su pequeña imprenta. Todo lo que él pueda hacer nos lo cobrará al costo.

Reinstalados en la casa de Juanita y Eduardo empezamos a trabajar. Pensábamos pasar en Houston sólo un par de días, pero ya llevamos aquí más de un mes abocándonos al libro y a recibir o visitar gente de todo tipo.

De entre varias invitaciones, aceptamos ir a comer a la casa de una pareja que recorrió Europa en un Ford T. Esto nos sorprende, pero no tanto como algo muy lindo que hicieron durante su vida: adoptar muchos chicos y a casi todos ya de grandes. Parece ser una pareja con infinito amor hacia el prójimo y hacia los sueños.

Aprovechando que sabe de autos antiguos le preguntamos al hombre, Peter Reinthaler, por el seguro, que en este país es obligatorio y que aún no hemos podido conseguir. Los seguros para autos antiguos son muy baratos si tienes un registro de conducir local, pero no es ése nuestro caso. Al preguntar por precios nos pasaban tarifas altísimas por el tipo de viaje de aventura que estábamos realizando. Él sabe de qué estamos hablando y al terminar de explicarle me dice:

—El seguro para su auto corre por cuenta mía, me dedico a los seguros —nos ofrece Peter provocándonos inmensa sorpresa—. Tengo mi propia empresa de seguros para autos antiguos.

Con Cande nos miramos anonadados: ¿cómo es que siempre caemos en el lugar adecuado? Todo encuentro en este viaje nunca fue porque sí, todos traen su causalidad.

Al despedirnos, la pareja nos compra artesanías y nos sugiere llevarlas a la reunión del Club de Autos Antiguos de América (AACA) la semana entrante.

En la celebración de dicha reunión nos reciben de maravillas. Nos invitan a dar una charla sobre el viaje. Gracias a nuestras ansias de contar y las ganas de los presentes de escucharnos, logramos entendernos en un inglés que poco a poco empieza a mejorar.

Durante el encuentro conocemos a la familia Hardeman, que en modelos Ford T fueron dos veces desde Texas hasta Alaska. Hablando de viajes y sueños se nos pasan un par de horas. Al final de la charla, les pregunto si saben dónde podemos conseguir los neumáticos para el auto dado que nuestras ruedas de tractor no dan más. Enseguida el hombre saca de su portafolio una revista de una empresa que sólo se dedica a neumáticos de autos antiguos. Al ver nuestras ruedas nos quedamos helados por el precio: 125 dólares, cada una.

—Mejor vemos después del parto —digo.

Al día siguiente, mientras seguimos armando libros, suena el teléfono. Es para nosotros:

—Me tomé la libertad de contarles por mail a mis amigos que viven alrededor de Estados Unidos sobre su peripecia y su sueño —me cuenta súper exaltado Ben Hardeman— y también les hablé de sus ruedas gastadas. ¡Y entre todos ya les compramos las cinco ruedas! Con donaciones de Kentucky, Montana, Tennessee, Texas y Alaska. Algunos donaron lo suficiente como para comprar un cuarto de rueda, otros, media y algunos, una entera. Además, al contarle nuestra intención, la fábrica *Coker Tires* donó la de auxilio. Le preguntamos a Ben por qué esta gente que ni nos conoce, ni vamos a llegar a conocer, nos ayuda. A lo que me responde:

—por que hay un sueño que cumplir.

Nos vamos hasta Bryan para buscar las ruedas. Ben y sus amigos nos reciben, hospedan, ayudan a ponerle las ruedas al auto y además le realizan algún que otro arreglo. Para la noche nos han organizado una reunión en el club de la zona.

Es la primera vez desde que entramos en Estados Unidos que estamos rodeados sólo por estadounidenses. Sin embargo, por la forma en que nos tratan, su hospitalidad y ansiedad por ayudarnos, nos hacen sentir como si aún estuviéramos en Latinoamérica. La única gran diferencia que notamos es la idiomática.

Al final no sólo nos vamos con ruedas nuevas sino también con una cocina a estrenar. Ben nos fabricó una olla rectangular cuyo fondo abraza parte del motor y absorbe todo su calor. El artefacto nos viene genial en esta parte del viaje en la cual la comida es mucho más cara.

Apenas nos despedimos, como niños con juguete nuevo, la probamos. Ponemos unas sopas de pollo a cocinar que a los pocos kilómetros empezamos a oler a rico dentro del auto. Paramos bajo la pobre sombra de unos árboles donde comemos una sabrosa sopa caliente en una calurosa tarde de Texas.

El auto, con sus zapatillas nuevas se ve muy lindo. Además ahora podemos ir mucho más rápido, hemos mejorado nuestra velocidad crucero

en un veinte por ciento: antes íbamos a cuarenta kilómetros por hora, ahora estamos manejando a ¡cincuenta!

Frontera: zona caliente

Por recomendación del cónsul argentino y otras personas, al mes y medio de estadía solicitamos la extensión de la visa en la oficina de inmigración. Para esto vamos a las cuatro de la mañana con el fin de hacer la cola, pero cuando llegamos ya está larga. Hay gente de todo el mundo: mucha viene por vigésima vez; otra, como nosotros, por primera. La mayoría desea radicarse.

Una vez dentro del edificio nos entregan un número que pareciera ser el infinito, porque nunca llega. Cuando por fin lo anuncian, solo somos atendidos por unos segundos, horriblemente:

–Esto no se extiende, esto no sirve. Se tienen que ir –nos desalienta un hombre corpulento y rígido en sus gestos.

–Pero nos dijeron que sí se podía extender... –atina a decir Cande.

–No leyó acá atrás. Dice muy clarito: "No renovable". Se tienen que ir.

–Pero ella es mi mujer. Yo nací acá y quiero que mi hijo también lo haga.

–La embarazada es ella, no usted. Ella se tiene que ir: que se tome un avión a Argentina, haga los papeles y después vuelva.

–Pero ¿yo acaso no tengo derechos? –el hombre me deja con las palabras en el aire y se va dándome la espalda. No lo puedo creer.

Preguntamos en otra ventanilla si hay algo que se pueda hacer. Nos responden que no, pero que si queremos podemos consultar a algunos abogados.

Vamos a ver a tres que nos dan la misma información: yo podría solicitar que le diesen a Cande la *green card*, pero ese trámite en Texas puede llegar a durar unos dos o tres años y cuesta dos mil dólares. Además, dado que no tenemos ingresos, alguien nos debería respaldar y tendríamos que conseguir un domicilio fijo. Como si fuera poco, durante ese tiempo ella no podría salir del país.

–Nosotros no queremos radicarnos, estamos viajando a Alaska –le explico al tercer legista.

–Acá, para lograr su renovación debe llenar formularios y si lo que están haciendo no cumple con uno de sus objetivos, pues nada se puede hacer. No les recomendaría salir y volver a entrar porque con ese embarazo tan visible dudo que se los permitan. Por lo tanto, les recomiendo que se queden de ilegales.

288

No podemos creer que los mismos abogados nos aconsejen esto, nunca en todo el viaje, en ningún país, hicimos algo ilegal. ¿Por qué deberíamos hacerlo ahora, tan cerca de Alaska? Además tampoco nos solucionaría nada porque tenemos que salir de Estados Unidos para pasar a Canadá y luego entrar a Alaska, territorio estadounidense, en donde nos podrían rechazar al ver que estuvimos más tiempo del permitido.

En búsqueda de alguna solución real visitamos el consulado. Nada pueden hacer, salvo contarnos de algunos casos que están lejos de comparase con nuestro viaje.

–¿Por qué en el mes y medio que les queda no se van rápidamente a Alaska?

–No creo que lleguemos, por el auto y por el embarazo de Cande, al menos quince o veinte días antes de la fecha de parto tendremos que parar. Además no es la esencia del viaje llegar rápidamente a Alaska. Lo mejor está en el recorrido, no en el destino final. Hemos aprendido muchísimo y sabemos que en esta última parte hay mucho que aprender.

No vemos otra salida que salir del país y volver a entrar. Cande necesita renovar la visa, pero no juega a su favor este gran embarazo de siete meses. Además la frontera por tierra con México no es la mejor para pasar en ese estado.

Entre todos los argentinos de Houston se comentan nuestro problema. Una compatriota que tiene una agencia de viajes nos ofrece un paseo en crucero por el Caribe. Como la gente que así viaja lo hace por placer, la oficina de emigración es más flexible con ella. Nos gusta la idea y el crucero sería una despedida como pareja, antes de ser familia. Pero al día siguiente la argentina nos llama para avisarnos que no llevan pasajeros con un embarazo de siete meses en barco ni en avión.

Decidimos volver a México por tierra, en contra de los consejos de todos. Muchos nos despiden como si no fuéramos a verlos nunca más, y durante los dos días de viaje hacia la frontera nos llaman al celular una y otra vez que ahora llevamos con nosotros. ¡Raro un auto de 1928 con teléfono portátil! Nos comentan que a tal señora que acude siempre a Houston por un tratamiento de cáncer sólo le dieron diez días cuando antes solían darle tres meses, que otra que quería venir con su empleada no logró hacerla pasar y así un montón de historias negativas que nos provocan ganas de tirar el teléfono por la ventana.

Durante nuestro paso por San Antonio visitamos a nuestros amigos nuevamente. Como temen no volver a vernos algunos "mojados" nos traen datos de personas que podrían ayudarnos si nos llegaran a negar la entrada.

Retomamos el camino hacia Laredo. Estamos nerviosos, pero intentamos tranquilizarnos mutuamente: sabemos que lo que estamos haciendo es lo correcto, que estamos cumpliendo un sueño y que nada malo va a pasar. Asustándonos, en el camino vemos cómo gente de inmigración abre el baúl de un auto y pesca a dos hombres escondidos entre mantas y ropas.

Apenas llegamos a la ciudad fronteriza, vamos a ver al escritor chileno que habíamos conocido en nuestro paso por aquí, quien nos dice que nos puede solucionar el problema. Él está ayudando en la campaña por la alcaldía de la ciudad a una abogada que se dedica a estos temas y que podría hacer algo. Incluso le serviría para obtener un rédito político.

Nos quedamos esperando en su casa mientras la va a ver. El tiempo pasa, no hay novedades, ni siquiera un llamado. Ya casi de noche el chileno aparece, pero sin ninguna solución.

–Cande, quédate acá. Voy hasta la frontera a preguntar por mi cuenta.

Logro estacionar el auto frente a las ventanas de las oficinas. Entro y hago la misma cola que hicimos la primera vez que estuve acá. Apenas llego al mostrador, saco todos los diarios de Estados Unidos donde aparecimos. Le cuento al oficial lo que estamos haciendo y le muestro el auto estacionado. El hombre, acostumbrado a ver sólo pasaportes, no entiende mucho y me pregunta cuál es el problema:

–Quiero saber lo siguiente: si mi mujer y yo salimos y volvemos a entrar con esta visa, ¿habría algún problema? ¿Tendríamos que cumplir con algún otro requisito?

El hombre toma el pasaporte y se lo muestra a su jefe a la vez que le comenta nuestra situación. Su superior le hace corroborar la visa. Luego el oficial vuelve hacia mí:

–Váyase a México, tómese un café y vuelva.

Salgo casi corriendo a buscar a Candelaria. Subo al auto, veo que son cerca de las ocho temiendo que por esta hora cambie el personal. Como nunca, aprieto el acelerador hasta la casa del chileno. Cuando Cande sube al Graham le cuento el éxito de mi charla. Ella festeja con gritos de alegría y emoción.

Cruzamos a México, pero no tomamos ningún café. Apenas pasamos el puente pegamos la vuelta y volvemos a cruzarlo. Nuevamente dejamos el auto en la zona de chequeos y nos dirigimos rápidamente a la oficina de inmigración.

Cande viste ropa negra y holgada para disimular la gran curva de su vientre. Con la misma intención trae una carpeta grande con nuestros papeles en un brazo y en el otro los mismos diarios que yo he traído antes. Una vez en la fila, miro al personal detrás del mostrador lo cual me produce un intenso dolor en el alma.

–El que me dijo que vaya a México y vuelva...

–¿Cuál es? –me susurra Cande ansiosa por saber.

–Ya no está. Los cambiaron a todos.

Ella se viene abajo, la siento demolida:

–Herman, ¿qué hacemos?

–Ya estamos acá, ya nos tiramos a la pileta. Ahora tenemos que ver si hay agua.

Cuando nos hacen señas para que avancemos, Cande se esconde detrás de mí. Al llegar al mostrador choca rápidamente contra él escondiendo así su panza.

–Hola, somos Candelaria y Herman. Estamos viajando desde Argentina a Alaska en este auto –le explico al nuevo oficial mientras le muestro los diarios. Él no sabe si esto está permitido o no, pero yo continúo sin dejarlo hablar. –Por las características del viaje, necesitaríamos que nos dieran el mayor plazo de estadía posible –el hombre se nos queda mirando, hojea los diarios con curiosidad, pero no dice nada.

Cande llena nuevamente el formulario y lo hace mal por lo nerviosa que está. Lo vuelve a completar y el hombre, sin levantar su mirada atenta a los diarios, nos comunica:

–Más de seis meses yo no les puedo dar...

Nosotros, que por dentro saltamos de alegría, le decimos:

–Y bueno, tendremos que hacer el viaje en seis meses...

–Oh, no. Llegado el caso la pueden renovar –nos devuelve los diarios y toma el pasaporte buscando dónde sellar. A la vez que hace esto, una fila de nuevos agentes sale de una oficina. Uno se para detrás del que nos está atendiendo, quien enseguida se para, deja todo y se va sin sellarnos los seis meses de estadía.

No podemos creerlo; salimos de una para entrar en otra peor: de Guatemala a guatepeor.

–¿En qué estaban? –nos pregunta el nuevo agente.

Cande saca los diarios y se los muestra. El hombre pone la misma cara de no entender que el anterior.

–Nos estaba por sellar seis meses de estadía porque... –comienza a explicarle Cande cuando de una oficina sale el jefe. El mismo que vi cuando vine a averiguar solo.

–A esos argentinos dales lo que te pidan –ordena.

–¿Qué es lo que piden? –pregunta el oficial.

–Seis meses de estadía –respondemos al unísono.

¡Paf! Se escucha el sello.

Salimos felices de la oficina y nuevamente encontramos al auto rodeado por gente. Esta vez sin nervios, contestamos todas las preguntas.

El águila dentro de mí

Buscando rutas distintas volvemos hasta Houston, para dar la buena noticia, que sorprende a muchos. Ahora nuestra meta es Greensboro, Carolina del Norte, donde tenemos la reunión del Club Graham.

Primero vamos cerca de Dallas para ser recibidos por el presidente del club y asistir a una exhibición de autos durante la cual vendemos libros, artesanías y charlamos con gente de todas partes del país. Muchos, con sus tonadas de sus estados que apenas entendemos, nos ofrecen hospedarnos en sus casas cuando pasemos por allá. Con quienes puedo mantener una mayor conversación en la que nos entendemos es justamente con unos sordomudos, mediante señas y gestos.

Luego recorremos Louisiana, donde somos hospedados por un hombre que posee más de 40 autos antiguos. Ninguno funciona y aunque todos, según su dueño, están en alguna etapa de trabajo, para cualquier otro se trata de autos abandonados. La casa está repleta hasta el techo de repuestos, incluso los hay debajo de la cama que nos ofrece. La vida de este hombre son sus dos hijos, sus planes para los autos y el ser rebelde. Su familia es oriunda del sur y peleó en la guerra contra los yanquis. Él está convencido de que pelearía hoy si una guerra volviera a suceder. Mientras le sacamos fotos vestido de rebelde, con un cañón y armas de la época, junto al auto, nos dice:

–Acá en el sur los van a recibir muy bien. En cambio, en el norte... Los yanquis no, porque no son como nosotros.

Siempre la misma historia: los de acá son buenos, los malos están más allá. Antes de llegar a esta zona sur de Estados Unidos, nos contaron sobre ella lo peor: que no querían a los de afuera, que eran racistas y que los latinos no eran bienvenidos.

En un restaurante de la ruta de Mississippi, nos esperan socios del club Ford A.
Al terminar de cenar salimos afuera para
sacar la foto grupal junto al auto, pero lo
encontramos ladeado. Por primera vez en
el viaje, pinchamos una rueda. Rueda que
no puedo cambiar, porque todos los hombres mayores de edad no dejaron que este joven les entorpezca su trabajo.

Seguimos a dos miembros del club,
John y Jane, hasta su casa. Es bellísima y
está escondida en un bosque frente a un
espejo de agua.

Al día siguiente emparchamos la cámara pinchada mientras una joven pareja

vecina nos trae a modo de bienvenida una canasta llena de cosas ricas. El joven, al
ver el asiento del auto vencido, se ofrece a retapizarlo.

Tanto en esta casa como en otras, Cande es muy mimada. Su embarazo provoca
ternura, desde un poco antes de salir de México. Antes yo bajaba del auto causando
impresión, para la gente era el héroe de la aventura acompañado por su bella mujer.
Pero ahora es a Cande a quien ven como la increíble trotamundos que cruza el continente en un auto antiguo y nada menos que embarazada, acompañada por su marido, por no decir por su chofer. De repente primero está Cande; después, su embarazo;
luego, el auto y al final, yo. Para colmo todos me dicen que la cuide mucho, pero ¿a
mí quién me cuida? Creo que estoy un poco celoso. No tanto por el trato de la gente
hacia Cande, sino por el bebé que viene. Temo que ella me deje a un lado.

Como es costumbre en el viaje, vamos a la iglesia con la familia que nos hospeda
sin preguntar qué clase de religión es la suya. No sólo vamos y celebramos junto a la
gente, sino que además, prestamos mucha más atención a los sermones: ahora suelen
darnos un mensaje que casi siempre tiene que ver con lo que estamos haciendo.

En esta ocasión acompañamos a John y Jane, y el que oficia la misa cuenta:

–Un pichón de águila cae de su nido. El granjero lo ve, lo levanta y lo guarda en la
bolsa. Al llegar a su granja lo mezcla entre las gallinas. El águila crece comiendo,
durmiendo y haciendo todo como ellas. Una vez crecida, un hombre que pasa la ve
en el gallinero comiendo el maíz del granjero. "Señor, ¿cómo es que el águila está
entre las gallinas?", pregunta. "¿Qué águila, señor?", le responde el granjero. "Esa
que está en el medio de todas las gallinas." "En mi gallinero sólo tengo gallinas, señor." "Mire –le indica el forastero–, eso que está ahí es un águila y de las más agre-
sivas del mundo". "Como le dije, yo sólo tengo gallinas", insiste el granjero. "Si me
permite, le probaré que es un águila. La subiré hasta el techo de su galpón y desde
allí la haré volar como lo hace un águila", propone el paseante. "Si toma esa gallina y la tira del techo, verá que vuela como una gallina". El forastero pone una escalera hasta el techo, toma al águila, sube la escalera y en la parte más alta suelta al
animal. Éste aletea, aletea, pero acaba en el piso como una gallina. "Si me permite
una vez más, le demostraré que es un águila", insiste. "Si quiere tratar de hacer volar a la gallina, va a tardar más de lo que se imagina", le advierte el granjero, pero

el forastero vuelve a subir y a largar al águila, que otra vez, tras aletear, da contra el piso del gallinero. "¿No ve? Es una gallina", afirma el granjero. "Y dígame, granjero, ¿usted me vendería su águila?". "Sí, yo vendo mis gallinas", le responde. Paga el precio, la retira y enfila por el camino cuesta arriba hacia la gran montaña. Cuando llega al acantilado se detiene, saca su águila, se arrima al borde del abismo y la suelta. Ésta empieza a aletear como lo hace una gallina, pero el miedo a golpear contra el acantilado y perecer hace que pronto comience a aletear más fuerte, hasta que sus alas embolsan aire y levanta vuelo. Se eleva más y más alto hasta perderse en el horizonte. El águila que estaba dentro de la gallina despertó –explica el pastor–. ¿Por qué siendo águilas nos comportamos como gallinas? Nos criamos entre gallinas y pensamos que debemos ser como lo son a nuestro alrededor. Pero aunque sea cómodo ser gallina, somos águilas y como tales debemos actuar a pesar de que nos digan, juren y repitan que somos gallinas. No, no lo somos, somos águilas.

Para cuando acaba el sermón, el águila que hay dentro de mí empieza a aletear más fuerte.

Cande se me acerca y en voz baja me dice:

–Tenemos que escribir un libro al final del viaje que empuje a las gallinas al acantilado e incite a las águilas a volar.

El camino

Después de la misa se realiza una comida durante la cual contamos sobre el viaje.

–¿No les da miedo perderse? ¿Qué pasaría si se perdieran? –escucho esta pregunta hecha más de una vez en este país.

–No existe estar perdido: se podrá estar fuera del camino, pero no perdido. Además ¿cuál es el camino? –últimamente pienso mucho en esto.

Sé dónde empieza, empieza en la puerta de mi casa y no tiene fin ya que es infinito, cuando parece que se termina aparece otro que lo cruza y que lleva a otro camino y este a otro y así…

Ver que sigue es sentir su llamado a que lo camines con una sensación de libertad infinita. Es una fiebre que una vez que se contagia no se cura con nada. Aunque lo dejes de recorrer sientes el llamado, sientes tu corazón cada vez que lo pisas.

Caminos que los hay de barro, de tierra o polvo, de cemento. De todas las formas y colores, negros, grises y hasta rojo sangre. Caminos que suben montañas, bajan cuestas, costean mares y lagos, cruzan ríos, valles y desiertos. Caminos de una huella, de dos, de tres y de muchas más. El camino une, une pueblos con ciudades, distintos países, cerros con costas, aridez con verdeles. Por el camino uno se va, despidiéndose de los suyos, y por el mismo camino uno va saludando nuevos horizontes, nuevas culturas. Uno aprende que hay distintas formas de vivir, de sentir, de rezar, uno las convive, las mezcla y las valora.

El camino es una prueba, sobre todo de fe, porque cuando uno está en él, uno está en las manos de Dios, no sabe qué le espera en la próxima curva, qué pasará más allá. El camino enseña y cuando uno aprende, uno cambia y eso es para siempre. Es el camino que me atrapó, que no puedo dejar. El camino que no termina, que sigue y me lleva, en lo físico o en mi imaginación. Ese camino que nació de una huella, ahora lo llevo dentro por toda América.

La mejor recompensa

Seguimos por Alabama, donde nos esperan los miembros del AACA en la casa de un gran coleccionista de Cadillacs. Un montón de gente nos mira bajar del auto: "Pensábamos que eran mayores... En esa clase de auto...", comentan sorprendidos. Luego nos agasajan y regalan una bandera enorme de Estados Unidos junto con un certificado de que ésta estuvo flameando por un día en el Congreso, en Washington D.C.

Continuamos por un bello camino, cruzando el parque nacional Great Smoky Mountains, hasta llegar a Carolina del Norte y a la ciudad de Greensboro, donde nos aguardan, desde hace mucho, Mike y Mariann.

Como faltan sólo dos semanas para el parto tememos incomodar; seguramente el día del nacimiento y los posteriores serán jornadas complicadas. Sin embargo, Mike y Mariann aun así desean acogernos y nos ofrecen todo: hogar, amistad y apoyo, el cual en un momento como éste, lejos de casa, de nuestras familias, necesitamos a montones.

Además, otra pareja miembro del club Graham, Bob y Jeneil, son vecinos y se brindan para lo que necesitemos. Incluso ella ha guardado con entusiasmo un moisés para nuestro hijo, aquél en el que han dormido los suyos.

El primer fin de semana, vamos con Mike y Mariann, cada cual en su Graham, a un pequeño pueblo en el que se realiza una reunión de autos. Lo llamativo es que los propios concursantes eligen el mejor del show.

Mientras buscamos dónde estacionar, pasamos junto a carros en maravilloso estado, de marcas carísimas y que brillan por donde se los mire. No vemos muchas chances de ganar entre ciento cincuenta autos fabulosos. Nuestra intención es vender los libros.

Nos entregan un cartel con el número de ingreso que además pide al público: "Por favor no tocar". Tacho el "no" y pego el afiche en el auto: "Por favor tocar", reza ahora. Con Cande sentimos que cada caricia, cada palmadita de la gente que toca el auto y cada niño que a él se sube son una bendición.

En el transcurso de la tarde nos visitan algunos diarios locales y el alcalde, que como muchos otros se lleva nuestro libro. Se siente una maravillosa sensación al ver a otros que tras llevarse el libro se sientan a leer cerca de sus autos, y tras la lectura también recibir sus comentarios.

De todas, la mejor visita de la jornada es la de un chico de diez años que permanece casi todo el día con nosotros. Su abuelo, quien lo ha traído aquí, posee un Studebaker flamante.

Llega la hora de la votación y el hombre se prepara para elegir a un increíble Franklin, pero su nieto lo frena:

—Oh, no, abuelo: no votarás por ése, sino por éste —le ordena mientras nos señala.

También oímos conversar a dos señores. Ellos ya han escuchado nuestro relato frente al mapa, y ahora uno le dice al otro:

—Perdóname, pero no votaré por tu auto, será por éste... —se excusa mientras tacha el número de su amigo para anotar el nuestro.

Estamos un poco ilusionados, creemos que como hay quince premios podríamos obtener alguno. La entrega comienza por el último lugar y lentamente va acercándose el primer puesto:

–¡Y el primer premio... –ánuncia el maestro de ceremonias a la vez que levanta un enorme trofeo y una bolsa con monedas doradas– ...el primer premio es para un auto, un sueño y una pareja increíble: es para un Graham Paige de 1928!

Pego un salto y gritamos. Muchísimos festejan junto a nosotros y nos abrazan. Nos sentimos felices, no tanto por la recompensa: nos emociona que la gente haya votado con su corazón un sueño que se concreta en un auto, que evidentemente no está en estado para esta clase de exhibición.

A corazón abierto

Nos seduce la idea de tener un parto natural y en un hogar. Además éste es exageradamente más económico: a pesar de que venimos ahorrando desde que nos enteramos que seríamos papas, aún estamos muy lejos de los siete mil o diez mil dólares que pide un hospital para atender un parto normal y sin ninguna complicación.

Entonces visitamos una casa de nacimientos con parteras, que es la única en la ciudad de Greensboro. Pero nos dicen que no nos podrán atender por lo avanzado del embarazo, razón que no comprendemos: pues un parto es un parto.

Luego nos presentamos en las oficinas de Medicare, una agencia estatal, para solicitar apoyo económico. Tras hacernos las preguntas de rutina, una señora nos dice de forma firme y fría que aunque yo haya nacido en este país y esté esperando un hijo, nada podrá hacer para ayudarnos porque no soy residente.

Tras su negativa, salimos a la calle en un silencio total. Nos abrazamos sintiéndonos solos y discriminados. Así nos subimos al auto y nos vamos a The Women's Hospital.

Allí no nos atiende una enfermera ni una médica, sino una encargada de negocios, a quien le contamos nuestra situación, cuántos ahorros tenemos y nuestro ofrecimiento de pagar el resto pintando cuadros, haciendo trabajos de electricidad o publicidad para el hospital. La señora, en silencio, escucha toda nuestra exposición:

–Este es un hospital privado, con fines económicos. No realizamos obras de caridad, tenemos que responder a inversores que esperan sus ganancias –responde.

–Pero, señora, necesitamos ayuda, mi mujer está por dar a luz... –le digo sin poder evitar que mis ojos se llenen de lágrimas.

La encargada no se inmuta, y en nada logro cambiar su postura. Me llama muchísimo la atención que aún con su comportamiento lleve en su pecho un enorme y vistoso crucifijo como queriendo mostrar al mundo su gran amor a su religión. La cruz me inspira:

–Señora, ¿usted qué haría si se les presentaran José y María a pedirle ayuda? ¿los mandaría de nuevo al establo?

La mujer se queda helada, dura, jamás habría imaginado esta situación. Se queda en silencio unos segundos. Entonces nos responde, pero lo hace mal. Como Poncio Pilatos habría hecho lavándose las manos, me dice:

–Yo sólo trabajo acá...

–Señora –continúo dolorido ante la evidencia de que es religiosa, pero no en horario de trabajo–, cuando usted vaya al cielo y San Pedro le diga que no y usted le pregunte el porqué, ¿sabe qué le dirá San Pedro?: "Señora, yo sólo trabajo acá".

Salimos de su oficina destruidos, no podemos creer tanta frialdad hacia lo humano, hacia la salud. Quisiéramos más que nunca estar en casa, donde uno se presenta en el hospital y lo atienden sin preguntar nada. También así fue en Ecuador, Belice, México... todos países subdesarrollados. En cambio, aquí, país en el que encima he nacido, nos cierran las puertas.

Volvemos a la casa en total silencio, no queremos llenarnos la cabeza de bronca ni tampoco hay tiempo para ello. Debemos pensar qué podemos hacer. En un semáforo, Cande me agarra la mano y la apoya en su panza: siento una pequeña patadita, siento a mi hijo, que felizmente sí cuenta con nuestro amor, con el de nuestros amigos y seguramente con el de muchos otros, si ellos supieran que está por venir...

—¡Cande! Llamemos al diario y contémosle. Ellos pueden hacer una nota... —se me ocurre.

—Ya llamaron Mike y Mariann, antes de que viniéramos y también desde que llegamos, pero ningún periodista mostró interés —me interrumpe.

—Llamémoslos de nuevo, mandémosles un e-mail, alguien dentro del diario tiene que darse cuenta de que es una noticia de interés para el público.

Por la tarde compro el periódico y les mando correos a aquellos periodistas cuyas notas se orientan a lo social y humano. Dejo pasar unas horas, y los empiezo a telefonear:

—Hola, mi nombre es Herman y le mandé un correo sobre nuestro viaje y lo que estamos haciendo en Greensboro.

—Ah, sí, lo leí. No creo poder hacerle una nota, gracias igual por llamar.

—Hola, soy Herman, y le mandé un correo...

—¿Cuándo dijo que me lo mandó? A ver, ah, sí. Acá lo tengo, interesante viaje, pero no es mi estilo de notas.

—Hola, soy Herman...

—¿Hasta cuándo se quedan? Tal vez podríamos hacer algo, llámeme dentro de unas semanas y vemos.

Insisto, pero recibo respuestas negativas o escurridizas. Justo en la ciudad en la que necesitamos estar en la prensa, es donde más nos cuesta lograrlo. Ahora sólo me quedan dos llamados por hacer:

—Le mandé un e-mail, mi nombre es Herman...

—Hola, sí, leí con mucho interés su historia —contesta una voz femenina con tono inseguro—. Tendría que preguntarle al editor si me deja cubrirla. Deme su teléfono, que lo llamo.

Descarto que lo haga, porque también le he mandado un correo a su editor, al rato el teléfono suena y Cande contesta.

—Buenas tardes, hablé con su marido por la posibilidad de hacerles una nota. ¿Me podría decir dónde están?

Esperamos a la cronista muy ansiosamente. Cuando toca la puerta, vemos a una muy joven señorita que se presenta como Fia Curley e insiste en aclararnos que no debemos ilusionarnos con que publiquen su nota: ya que está haciendo una pasantía muy corta. Casi no hay espacio para sus crónicas en el periódico. Al parecer no exagera, porque ni siquiera le han asignado fotógrafo.

Igualmente ponemos toda nuestra energía en contarle con entusiasmo y alegría nuestro viaje, nuestro sueño. Poco a poco ella va enamorándose de la historia y la conquistamos al presentarle el auto.

296

–Bueno, yo vuelvo al diario, le contaré al editor y trataré de convencerlo de que mande un fotógrafo, pero no puedo prometerles nada. Su historia parece de película, con lo que me narraron no sólo se podría escribir una nota, sino filmar una película... Encima, como broche de oro, ¿estás embarazada? –comenta la joven dándonos pie a que le contemos qué nos está ocurriendo con el parto.

La vemos irse convencida de que tiene una buena nota y pensamos que tal vez logre que nos manden a un fotógrafo, donde una foto ayudaría mucho.

–¿Van a estar ahí? Me confirmaron al fotógrafo –nos anuncia por teléfono media hora más tarde.

Al día siguiente, salimos corriendo a comprar el diario. Vamos monitoreando cada página ilusionados de encontrar nuestra nota, pero llegamos a la última y no hay nada. Nos desilusionamos mucho. Llegando a la casa, desde afuera escuchamos el teléfono sonar: "Los estuve llamando –nos dice la reportera– tengo más preguntas que hacerles, quiero más detalles, ¿puedo ir para allá?".

Ya junto a nosotros, nos cuenta:

–El editor está entusiasmado con la nota, le gustaron las fotos y me atreví a pedirle la tapa del domingo en la sección vida. Hasta ahora nadie más la pidió y esperemos que siga así, porque si la solicita un reportero del diario seguro la pierdo. Estoy encantada con la nota, es del tipo que quisiera hacer. Además, chicos, les confieso que sería mi primera nota... con fotos y en tapa.

Mariann y Mike, dispuestos a todo por nosotros y dolidos por lo que nos está pasando, nos ofrecen tener al bebé en su casa, pero para esto hay que encontrar una partera. Mike halla a alguien que nos podría ayudar: un mecánico de enfrente de su trabajo que ha asistido el parto de su propia hija. Gran solución, ¡falta que venga con sus herramientas! Nos reímos mucho con ellos, más por nervios que por otra cosa.

El domingo muy, pero muy temprano, antes de despertarnos suena el teléfono:

–Perdón que llame tan temprano, pero acabo de leer su nota y no podía esperar más. Me encantaría ser parte de su sueño. ¿Les quedan pinturas? Quisiera comprarles una...

Cortamos totalmente sorprendidos. Apenas apoyamos el auricular en el teléfono vuelve a sonar y después otra vez y así sucesivamente durante cuatro días consecutivos.

Nos llaman por nuestras pinturas, libros y artesanías, para ofrecernos ropa y cosas para el bebé. Llegamos a recibir catorce ofertas de carritos para bebé y siete asientos para el auto. Y lo más importante: se comunican médicos, parteras, anestesiólogos, enfermeras y pediatras del hospital para ofrecernos sus servicios gratuitamente.

También nos llaman iglesias, que sin preguntarnos qué religión profesamos nos organizan *baby showers* u otros eventos. Asimismo nos invitan a clubes de autos que centralizan colectas y reúnen donaciones para darnos.

La casa es un ir y venir de gente ansiosa por ser parte de nuestra historia y convertirse en futuros tíos, tías y abuelos. Un capítulo aparte merecen Mike y Mariann, quienes reciben a todos con su corazón abierto.

Volver a ser niño

La miro a Cande pintar una pareja de jilguerillos. Observo su panza, la rodeo con mis manos y siento un movimiento del bebé, que me inspira tanto como la reacción de toda esta linda gente. Quiero escribir lo que siento, compartir este momento en el que hasta el mate amargo me sabe a dulce, en el que hasta lo más insignificante me es importante.

Faltan días para que me den el título de "padre", pero no me estudié la lección: pregunto por libros, no los hay; pregunto qué tengo que hacer, me responden: "Ya sabrás". El momento se acerca: ¿será niña o varón? Sólo deseo que sea soñador. ¿Qué haré? ¿Cómo lo agarraré? ¿Y qué sentiré? ¿Cómo será tener en brazos algo que hice por amor y con amor? ¿Cómo será verlo? ¿Me hará ver las cosas con otra mirada? ¿Me hará sentir las cosas distinto?

Un nuevo sentimiento me está llegando: de seguro un amor a primera vista y para siempre. ¿Para siempre? ¿Aunque tenga que ponerlo en penitencia? ¿Aunque rompa las cosas de la abuela? ¿Y cuando sea adolescente y se rebele? ¡Ay!, ¿cómo haré?, ¿cómo seré? Hijo, sólo te pido paciencia, nunca fui padre y contigo me toca aprender. ¡Diosito mío, sólo me diste nueve meses para prepararme! ¿No te sabe a poco?

Pero por otro lado, ya lo quiero tener. ¿Para qué? Pues para jugar, volver a cantar "Manuelita" y todas esas canciones, hacer castillos en la arena sin que digan: "¡Qué grandulón!", sino: "Mira qué lindo papá jugando con su hijita o hijito". Para ir a pescar mojarritas y renacuajos, hacer tortas de barro, jugar a la casita y todo eso.

Diosito, a mi hijo sólo quiero enseñarle que si aprende a amar, a soñar, a tenerte fe, todo lo tendrá. Pero no me dejes solo en esto, ayúdame, acuérdate de que no tengo ningún manual.

Te quiero agradecer por Cande, hoy la quiero más que cuando me la presentaste, incluso está más linda, más buenaza, pero –sí, hay otro pero–… parece ser que ahora ya no soy su James Dean. Por ejemplo, ya no me teje más, ahora es el bebé quien se lleva sus "pulovercitos" e incluso le ha hecho gorritos y mediecitas mientras yo… ¿Yo? Bien, gracias. Cuando nuestro hijo nazca, ¿Cande tendrá tiempo para mí? ¿Me brindará esos abrazos eternos porque sí? ¿O el bebé estará siempre diciendo: "¡Mamá es mía!"? Sí, yo estoy feliz con la idea de ser papá, pero a uno le agarra "celositis" y no tengo idea de cómo curarla. Diosito, tú dile a ella que no se olvide del papi, ¿sí?

–¿Qué estás pensando, Herman? –Cande interrumpe mis pensamientos–. ¿Te gustan los jilguerillos? Ya lo puedes enmarcar.

Un amanecer distinto

Hoy cuatro de junio amanezco sobresaltado. Cande pegó su salto a las siete y monedas: al sentir agua correr salió de la cama, yo creí que estaba soñando. Pero no, el sueño recién empieza, cuando ella exclama: "¡Rompí bolsa!".

¡Nervios por todos lados! El día esperado ha llegado. ¿Qué hago? Cande está tranquila, divina, en cambio yo, alterado, sigo aquí parado ¿Cómo puede ser? Si aún faltan cuatro días para la fecha… y preciso ese tiempo más que nunca.

Limpio esa agua bendita que avisa una nueva visita, Cande se baña serena. Mariann ayuda a Cande, Mike no sabe qué hacer, pálido sale y entra de la casa.

Preparo el auto y subimos a él, para hacer el último viaje en pareja. Mike nos seguirá con su coche. El Graham, como si estuviese entusiasmado, arranca apurado. Manejo pensando que…, rezando por…, suplicando que no nazca aquí… Cande tiene contracciones. ¡Pucha! Este recorrido se nos hace más largo que el llegar a Alaska.

El hospital nos espera y nos recibe. La partera revisa a la futura mamá. Nuestra alegría desborda, pero la mujer cambia su mirada y pide un ultrasonido a la vez que nos explica:

—Está ubicado al revés…

Mientras ella llama al doctor nosotros nos sentimos caer. Vemos en la pantalla del ecógrafo que el bebé se resiste a hacerla normal, ¿por qué esas agallas? Llega el doctor:

—¿Qué hacemos, chicos? —nos pregunta—. Si ustedes quieren, no opero. Podemos intentar hacer un parto natural, la dilatación es muy buena —el fantasma de la cesárea ya no nos asusta tanto, por lo que dice el doctor, no es la única salida para esta nueva vida—. Sin embargo, deben saber que correrán riesgos.

—¿Cómo cuáles?

—Como que, al nacer con los pies y ser su cabecita la última en salir, ésta se atranque y no pueda salir ni respirar y… Esto lo deben decidir ustedes, ¡pero ya! Este bebé está viniendo.

Nos deja solos por escasos tres minutos. ¡Ay, qué momento! Cande y yo sentimos que esto es una prueba de fe y en ella nos basamos. Tomamos la medalla de la Virgen de Guadalupe y la lanzamos al aire: si sale la Virgen, parto natural; si sale el otro lado, a quirófano. La medalla cae sobre la panza de Cande y ¡con la Virgen mirándonos!

—Al menos, déjame anestesiarte por las dudas —le dice el doctor a mi mujer cuando le contamos nuestra decisión.

Cande asiente y en su camilla, camino a la sala, reza: "Que se haga Tu voluntad… Amén". A mí me parece que todos los que nos rodean tienen alas. Las cosas siguen su marcha; Cande, maravillosa, dilata rápidamente, tanto que no hay tiempo para la anestesia.

El doctor le pide vida:

—Empuja, empuja —insiste él.

"Cande, empuja", pienso yo. Vamos, mi amor. Absolutamente todo pasa por mi mente en este instante.

—No grites, empuja que sale —le dice nuevamente el doctor.

Y, como una rebeldía, este bebé muestra primero su trasero. Nace como tenía que nacer: fuerte y sano. Pero no sólo nace él, sino también una mamá y un papá, un nuevo amor, un todo corazón.

—¡Es varón, mi amor!

Lloramos, nos abrazamos y seguimos llorando acompañando al bebé en su primer llanto.

La enfermera me entrega un pequeño niño tan pequeño que en mis dos manos abiertas lo puedo sostener. Siento su suave piel y su pequeño peso, siento el cielo en mis manos, me lo llevo al pecho abrazando por primera vez a mi hijo, que me derrite en amor. Se lo ve increíblemente lindo, con ganas de empezar una linda vida, con ganas de empezar a soñar, de ver de qué se trata la vida. Son los primeros segundos que te tengo, los primeros como papá y los más lindos de mi vida.

Mamá también quiere tenerte y a ella te llevo. Tiene lágrimas que brillan, de esas que dejan marcas de amor y que sólo momentos muy especiales permiten salir. Con esfuerzo, por su voz quebrada, Cande me dice que está muy feliz, tan feliz que nos abrazamos los tres, el primer abrazo de una nueva familia.

Hijo, sentimos que entre los dos estás muy bien, dejas de llorar y cierras tus ojos en paz, pero tu manito no deja de moverse. Buscando algo atrapas mi dedo, atrapándome la vida, atrapándome para siempre. Pampa, hijo nuestro, te queremos muchísimo, mil gracias por esta bendición.

—Felicitaciones. Tomaron la decisión correcta —comenta el doctor.

—Nosotros no decidimos, sólo nos sumimos en nuestra fe.

—Y ¿cómo se llama el nuevo viajero?

—Nahuel Pampa.

En el hospital, recibimos muchísimas visitas, con flores y regalos. Incluso viene la televisión y en el diario sale otra nota anunciando el nacimiento de Pampa.

Volvemos a entrar a "casa", a nuestra casa rodante, pequeña, pero con el jardín más grande del mundo, es decir, el mundo mismo:

—Macondo, otra nueva generación te toca llevar y nada más ni nada menos que hasta Alaska —le digo al Graham mientras los tres subimos a él.

Nuestro auto acuna a nuestro hijo hasta dormirlo en su regazo. Verlo a Pampa en el asiento trasero, viviendo, durmiendo, me provoca paz.

Llegamos a la casa de Mike y Mariann, quienes nos esperan con su casa decorada con guirnaldas de colores y dos carteles en la puerta que dicen: "*Welcome Home*" y "¡Es un niño!". Así como nuestros padres nos hubieran recibido lo hacen ellos; con todo el cariño del mundo.

Por la tarde, juntamos los tres Grahams, es decir, el de Mike, el de Bob y el nuestro, el cual decoramos con globos y guirnaldas. Todos festejamos llevándolo a Pampa en su primer día de vida a bordo de los tres autos.

Los dos días siguientes participamos de muchas reuniones para presentarles a todos a su nuevo sobrino y nieto: encuentros de autos, de iglesias, y de grupos diversos. Pampa continúa recibiendo regalos, algunos muy emotivos, como ropita tejida a mano o mantas con el nombre de nuestro niño bordado.

Estamos aprendiendo a ser padres, y para ello nos quedaremos aquí un mes, tal como nos recomienda la Dra. Lukas, la pediatra. Junto a Pampa empezaremos una nueva etapa del viaje: la de una familia que viaja unida en un sueño hacia Alaska. ¿Cómo será? Es la pregunta de siempre. ¿En que cambiará el viaje?

"Eres nuestro invitado"

Llega la reunión del Club Graham Paige, que organizaron Mike y Bob junto a sus mujeres. Ésta dura cinco días y asiste gente desde todo Estados Unidos y Canadá, algunos con sus autos. En total se reúnen unos veinte, de distintos modelos.

Un día, estacionados todos los autos frente a una casa de campo a la que llegamos en caravana, nos sentamos en un jardín a charlar.

Los asistentes conocen nuestro viaje por la página de internet del club, en donde venimos contando algunas experiencias. Sin embargo, nada saben de lo que pasó en EE.UU. dado que aún no hemos escrito nada al respecto.

–¿Cómo fue el viaje desde que entraron aquí? –pregunta un hombre haciendo reinar el silencio, pues todos están interesados en la repuesta.

–Creo que mucho mejor de lo imaginado, vivimos increíbles historias: con el seguro, las ruedas, la extensión de visa y ahora, el nacimiento de Pampa. Todas historias que se fueron resolviendo de la mejor manera. Lo que más nos llama la atención es que antes de entrar aquí nos dijeron que no seríamos recibidos en las casas de familia, pero ya llevamos cuatro meses y sólo dormimos por nuestra cuenta una noche. Como ejemplo les puedo contar: en el Great Smoky Mountains, en una estación de servicio apareció un hombre que, después de las preguntas de siempre, nos preguntó si nos gustaría quedarnos en una cabaña que él tenía en la montaña. Allí nos llevó en su *pick up* y nos dejó solos en un lugar increíble. Mas no fue sólo eso, también nos llevó a bucear al río y ayer se vino desde allí para conocer a Pampa. Otro que conocimos en Guatemala viajó desde Florida para felicitarnos y reencontrarse con nosotros y así otras sorpresas más, como cuando dormimos en una casa trailer muy humilde…

Bill Conley, junto con su mujer y otros canadienses, aprovecha el paseo por el parque para apartarnos del resto del grupo. Es que nuestro problema con la visa a Canadá sólo lo charlamos con canadienses, quienes sienten muchísima vergüenza por lo que nos pasó y quieren solucionarlo.

–¿Has recibido muchas invitaciones para visitar gente en Canadá? –me pregunta Bill.

–Sí, cientos de cartas para ir a casas de familia, clubes, organizaciones.

–Quiere decir que la nota en el diario hizo efecto. Les traje esta copia del diario donde verán su nota contando lo maravilloso de su viaje, de la gente del camino, y en el último párrafo sobre Canadá dice que es el único país que les está impidiendo entrar y terminar su viaje. Con estas invitaciones su situación es distinta, ahora somos nosotros quienes queremos que vengan a Canadá. Ellos pueden negar un pedido a un extranjero, pero no pueden negarnos a invitarlos. No sólo tienen esas invitaciones apoyándolos, muchos han llamado a sus representantes en el parlamento para contarles su situación. Quien decide qué temas se tratan en el parlamento tiene autos antiguos y pertenece al club de Canadá. Está muy enojado por lo que ha pasado.

–También otros canadienses nos contaron que hasta llamaron a la embajada en Washington contándoles que vamos a pasar a solicitar la visa –agrega Cande.

–Y hasta tenemos uno que se ofreció a cruzarnos ilegalmente en su lancha, de última... –digo yo.

–No creo que llegue a hacer falta. Que una sola persona en la embajada en México haya hecho una estupidez no significa que ahora nosotros vayamos a hacerla –concluye Bill.

El último día, durante el cierre de la convención, se entregan premios: Pampa gana el galardón al miembro más joven de la reunión, que le es entregado por los descendientes de la familia Graham fundadora de la empresa.

En cuanto a nosotros, nos llevamos el premio a la mayor distancia manejada, sin que nadie lo discuta, y la vivencia de cinco días maravillosos en los que conocimos personalmente a gente que sólo frecuentábamos por correo, a gente que nos ofrece sus casas y su apoyo.

Desfile

Al mes, la pediatra Lukas nos da el visto bueno para seguir viaje. Es 4 de julio y se nos ocurre la mejor forma de agradecerle a toda la gente de esta ciudad su trato hacia nosotros: este mismo día participaremos en la caravana del Día de la Independencia.

En el guardabarros delantero viajan los hijos del anestesiólogo; dentro del auto, con nosotros, Mike y Mariann, y al estribo se van subiendo muchas caras conocidas. A medida que avanzamos, los aplausos se hacen escuchar, nos dicen cosas muy lindas, pero sobre todo desean ver al bebé y gritan por ello. Mi mujer lo muestra desde el asiento trasero yendo de una ventanilla a la otra.

Agotados por tanta fiesta, a la noche volvemos a casa. Cande, mientras ordena todo para llevar y muy pensativa, me confiesa:

–Cuanto más se acerca el momento de despedirnos, menos quiero vivirlo, sentirlo. Algo de mí queda aquí como en cada lugar que dejamos. Sigo hacia delante con nuevos aprendizajes y rostros nuevos que difícilmente se borren de mi mente. Este encuentro, como todos los demás, me cambió: aprendí y crecí. Evado pensar que mañana me iré, que lloraré diciendo adiós. Es que ni ellos ni yo sabemos de un próximo encuentro, porque en la mayoría de los casos no lo habrá. La intensidad de lo compartido es lo que me emociona. Un día o un mes, no importa, lo que vale es lo vivido. Ya me veo temblar, diciendo frases hechas como: "Algún día nos volveremos a ver". No quiero llegar a eso, pero sé que me tocará vivirlo porque el camino sigue, más sorpresas y más gente por conocer nos esperan.

Tal como lo adelantara Cande, dejamos Greensboro a viva lágrima. Mariann y Mike nos alientan, nos prometen que nos volveremos a ver antes de que concluyamos el viaje y dentro de unos años en Argentina. Con esta esperanza, nos alejamos.

Tal como venimos

En el camino nos llaman dos personas distintas diciéndonos que tienen *sponsors* para nosotros. La noticia nos toma totalmente por sorpresa y debemos decidir qué hacer.

Por un lado, contar con *sponsors* significaría no tener que rebuscarnos para generar dinero con el que seguir, significa más tiempo para dedicarnos a otras cosas. En definitiva, una cómoda seguridad.

Pero por el otro, si ahora pusiéramos la calcomanía de una empresa en el auto, sería como si todo el viaje hubiera sido posible gracias a ella y no a las personas que nos recibieron, apoyaron y ayudaron por amor y a cambio de nada.

Al principio, sobre todo en Perú y Ecuador, nosotros buscamos anunciantes, pero todos nos dijeron que no. Además, nuestra intención de mostrar que todo es posible quedaría menoscabada por un: "Ah, con *sponsors*... así es fácil".

Por otra parte, el vender libros nos gusta, es nuestra forma de contactarnos con la gente, de inspirarla a ser águila, y nos gratifica. Además vender el libro no es sólo eso, son esos lugares inimaginables: estacionamientos, calles, ferias, mercaditos, restaurantes, esquinas, parques, escuelas, exhibiciones...

Venta de libros frescos, llenos de cuentos, aventuras y sueños. Libros que cuentan lo aprendido, lo enseñado; de aventuras para algunos, de locuras para otros. Libro que revive los sueños del lector y lo pone a prueba. Libro que, al firmarlo, le agregamos el toque de tierra recorrida.

Las nuestras son ventas en movimiento, a bordo. Ventas de una sola oportunidad, de un solo contacto, pues pocas veces nos hallan en el mismo lugar. Cada encuentro no es casualidad: el auto y nosotros nos reunimos en un lugar por el que sólo estamos de paso con un comprador que siempre resulta ser de aquellos que necesitan revivir sus sueños o ser parte de uno.

Casi no tenemos que hablarlo, Cande y yo deseamos seguir por nuestra propia cuenta. La mejor parte del viaje empezó cuando nos quedamos sin dinero, ¿para qué arruinarlo ahora?

Nos vuelven a llamar y agradecidos les damos a conocer nuestra decisión de seguir tal como venimos.

Fórmula de amor

Como si el auto fuera parte del paisaje con el que armoniza, viajamos por pequeños caminos ondulados, con muy poco tráfico, cruzando puentes cubiertos hechos de madera y rodeados de pequeños campos de amish en Virginia y Pensilvania, para llegar al pueblo de Macungie.

Llegamos a este pequeño pueblo casi sin querer, la familia que nos hospedó la noche anterior sabía que aquí habría una gran reunión de autos clásicos. Viendo la oportunidad de vender libros, nos acercamos. Recién mañana abrirán la exposición, pero ya hay muchísimos autos, puestos de venta, carpas y movimiento.

–Está todo ocupado, ya ni siquiera hay lugar para el año que viene. Se debe reservar con dos años de anticipación. Sin pase no dejan entrar a nadie –nos comentan varias personas. Igual nos quedamos a ver si hablando mañana conseguiríamos nuestro espacio.

Nos preparamos para dormir en el auto, por segunda vez desde que entramos a Estados Unidos y por primera vez junto con Pampa. Entonces se nos acerca una familia que nos invita a su casa y a la que le aceptamos ir, pero sólo a bañarnos y a comer. Mañana queremos estar desde bien temprano al pie del auto intentando entrar al show.

Cuando llegamos a la casa, nos encontramos con un hogar donde el amor no sobra sino que hay en demasía. Tienen siete hijos adoptados ya de niños. Para muchos, adoptar niños así es para problemas, pero no para esta pareja que con una fórmula de amor disuelve todos los problemas:

–Dales amor, es lo que precisan. Si hacen cosas para llamar la atención, es porque la necesitan, necesitan que les demos nuestro tiempo, atención y amor –nos aconseja la mujer.

Por la mañana, buscando hablar con el encargado de la reunión, conozco a Bill, importante directivo del AACA:

–Aquí son muy estrictos y difíciles, no puedo hacer nada. Sí los invito a Hershey en octubre, que es la reunión de autos más grande del mundo.

Luego, cuando conseguimos hablar con el encargado feliz nos acomoda en el centro del show bajo el mástil de la bandera. Un gran espacio que enseguida se llena de gente.

Son tres días de show en los que recibimos todo tipo de afectos. La encargada del parque nos da vales para usar la pileta y las duchas, los de la organización del show nos brindan desayunos y mucha de la gente que pasa vuelve con alguna gaseosa, jugo o sándwich para nosotros. No hay forma de pararlos.

Vendemos muchísimos libros, pero lo mejor es la cantidad de invitaciones que recibimos para ser hospedados en esta zona y otros muchos estados.

Nuevo intento

Entrar a la ciudad de Washington con nuestro auto es mucho más sencillo de lo que habíamos pensamos. Usamos un camino asfaltado que costea el río y por el que no se puede circular a alta velocidad.

Ya dentro de la ciudad, tampoco es difícil llegar a la casa de Paulita, una muy buena amiga y ex compañera del colegio de Cande, con quien hace años que no se ve. Es emotivo verlas abrazarse y recordar muchas cosas de su niñez.

Hay muchísimo por recorrer y ver en la ciudad. Sólo para los museos se necesitan varios días, pero no tenemos en nuestra mente nada de eso. Por ahora queremos resolver la visa a Canadá.

Nos presentamos en la embajada argentina, donde nos reciben como si fuera un club aun sin saber nada de nosotros. El ministro Jorge Osella se sube a nuestro auto y sueño queriendo ser parte en todo. Nos organiza una ronda de prensa y consigue que salgamos en varios canales internacionales; nos lleva a la sede de la Organización de Estados Americanos (OEA), donde nos nombran embajadores del continente americano y para terminar el día, nos dedica una gran parrillada junto con sus amigos.

El día siguiente lo dedicamos con Jorge a armar una carpeta en la que agregamos cartas con invitaciones a Canadá, una explicación de la razón del viaje, diarios, el libro, la carta de la embajada argentina y la de la OEA.

–Que no nos falte nada –nos alienta el ministro mientras manda a todo su personal a fotocopiar, traducir o escribir cartas.

Bien temprano nos presentamos junto al ministro en la embajada canadiense para solicitar la visa. Ya sabemos que conseguir una no es fácil, ahora nos falta saber si es posible revertir una denegada. Pagamos por segunda vez el arancel para solicitarla y empezamos a llenar el formulario. Hay tres preguntas con sus casilleros para marcar sí o no. La primera, es "¿Participó de un acto de terrorismo y/u otros delitos graves?"; la segunda, "¿Fue detenido por drogas y/u otros delitos graves?" y la tercera, como si fuera "delito grave": "¿Alguna vez solicitó visa y le fue rechazada?".

Hacemos la gran cola rodeados de gente de todo el mundo. Se nos vienen a la mente recuerdos muy feos, difíciles de olvidar. Al llegar nuestro turno, el ministro se presenta para anunciarnos, pero la mujer que atiende lo para antes de que termine:

–¿Quién es la persona que solicita la visa?

–Ella, pero quiero que sepa que el gob...

–Entonces, que ella sola la solicite –lo interrumpe secamente.

Cande le muestra la solicitud y el ministro le pasa la carpeta.

–Quisiera mostrarle, si me permite, porque queremos ir a Canadá –atina a decirle Cande mientras que la mujer lo primero que ve es una foto enorme en un periódico con el auto y nosotros–. Estamos siendo invitados por muchos canadienses...

–¿Ustedes son los que están viajando desde Argentina hasta Alaska? –nos pregunta sorprendiéndonos con su conocimiento, y agrega– Los estábamos esperando.

A partir de aquí todo nos es mucho más fácil. Simplemente nos preguntan qué es lo que queremos, a lo que el ministro responde: "el máximo tiempo con múltiples entradas". El pedido es otorgado.

Felices, apenas volvemos a la embajada argentina llamamos a nuestros amigos de Canadá y nos contestan:

–Los estamos esperando, no se tarden.

Colgamos el teléfono y nos abrazamos felices de haber triunfado: se disfruta la victoria cuando se conoce la derrota.

El final está escrito

El auto ha empezado a estar más acelerado, no entiendo qué puede ser. Meto mis manos en el motor y junto al portero de la embajada logro arreglarlo ajustando unos tornillos. Mientras tanto, Cande está dentro del edificio vendiendo libros y artesanías en una feria que nos han organizado especialmente.

Al regresar a casa el auto falla de nuevo, empeora a medida que avanzamos y se para a tres cuadras de lo de Paulita, frente a la casa de un fotógrafo de aventuras quien sale enseguida y empieza a retratarnos a la vez que se ofrece a ayudarnos.

Le pido el teléfono y llamo a Pino, un paraguayo de unos setenta y tantos años, que al ratito viene a nuestro rescate. Lo conocimos en la radio Tango y Milonga: escuchó nuestra entrevista al aire y se acercó a la radio para regalarnos su libro. Una obra recién impresa en la que cuenta su viaje en un Ford T, desde Paraguay hasta Nueva York, en el año 1951, junto a una pareja.

Al libro me lo leí en una sola noche. Cuenta que al poco tiempo de salir se quedaron sin dinero, después que la pareja quedó embarazada y que el bebé nació en Colombia. En Costa Rica construyeron una balsa para cruzar un río selvático y se hundieron: el auto quedó bajo agua, a una profundidad de un metro y medio. No pudiendo encontrar quien los ayudara a sacarlo, lo fueron desarmando para volver a armarlo al otro lado del río.

Más tarde, en Estados Unidos y cuando ya casi estaban llegando, los chocaron por detrás haciéndolos a la vez colisionar con el auto de adelante y romper las cuatro ruedas de rayos de madera. La policía remolcó el Ford hasta un "desarmadero", pero ellos no se rindieron: Pino consiguió un pedazo de madera y empezó a hacer los rayos. Cuando el dueño del "desarmadero" vio tanta decisión, les regaló un Ford T fuera de funcionamiento del cual pudieron obtener todos los repuestos. Llegaron a Nueva York, cumplieron sus sueños y Pino empezó una nueva vida, dado que encontró el amor de su vida y se quedó.

Ahora en la calle del muy pintoresco barrio Georgetown, bajo su dirección, estamos viendo qué pasa con el auto. Ya le saqué el capó, el radiador, el ventilador y la tapa de la cadena de distribución. Pino opina que con alguna de las aceleradas que pegó, de seguro la cadena saltó unos eslabones saliéndose de punto.

Muchos se nos acercan para mirar, opinar y preguntar. Mientras, el fotógrafo Robert Hyman los entretiene para que no nos distraigan contándoles lo que leyó de nuestro libro. De tanta publicidad que está haciendo, le vende uno a cada curioso que se acerca.

Por la tarde, mientras con Pino seguimos trabajando, algunos de los presentes se sientan sobre el pasto de la casa o el estribo del Graham a filosofar sobre la vida y los sueños mientras el fotógrafo sirve a todos refrescos.

–¿Y qué se siente ir por el camino y que todos los pasen?

–Ya me acostumbré –contesto.

–Ellos irán lento en su camino, pero saben muy bien adónde van –agrega uno.

–¿Qué tiene un hombre de negocios que otros no? ¿Qué diferencia hay entre el que se desarrolla y el que no? –nos pregunta a todos un señor mayor.

–¿La perseverancia? ¿El arduo trabajar? –arriesga otro.

–No, hay muchos que trabajan arduamente y son perseverantes, pero siguen dándose contra la misma pared y no avanzan.

–Entonces ¿qué es? –pregunto sin sacarle la vista a la tuerca.

–Es la imaginación, el uso de la imaginación llevada a la práctica. Donde muchos ven que todo se viene abajo, otros imaginan qué se puede hacer y lo desarrollan. Al actuar sin dejarse llevar por lo que ha sucedido, sin llorar por lo perdido ni por la negatividad colectiva, se amoldan a la situación y tratan de salir de ella superándose –nos explica–. Cada vez que una persona desarrolla un producto nuevo, simple y sencillo con el que gana millones, nos solemos preguntar cómo fue que no se nos ocurrió a nosotros. Fue sencillamente porque no queremos usar la imaginación. Creemos que todo está inventado, que no hay nada nuevo bajo el sol, pero hasta en las cosas más simples de una casa familiar hay un mundo de productos por desarrollar… Usa tu imaginación, mézclala con la razón y harás un millón.

–Perdón, pero ¿a qué viene este comentario? –le pregunta el fotógrafo.

–Tú me has dicho –me dice a mí– que cuando te quedaste sin dinero no regresaste a tu casa, sino que seguiste, y que en cada país que entraste volviste a empezar imaginando nuevas cosas, cambiando tus productos de venta, amoldándote a la situación económica de cada zona y modificando hasta tu estrategia de venta. Tú llegaste a cada país con el auto y con lo puesto, y en países donde a millones se les hace muy difícil el vivir día a día tú paseaste, trabajaste y te marchaste habiéndola pasado muy bien.

–Sí, bueno, pero siempre con mucha ayuda de la gente…

–La gente no ayuda a quien no sirve ayudar, sino al que está haciendo algo, al que la está peleando. Ustedes donde están demuestran que persiguen un fin, un sueño, por el que hacen todo lo posible. Ante eso la gente no puede resistirse a ayudarlos.

Nunca imaginé que la gente nos ayuda porque no puede resistirse… Suena muy lindo, como si fuésemos nosotros quienes les hacemos un favor a ellos. Pero siento que le quita valor a la ayuda recibida.

–¿Sabes cómo una empresa crece, se hace fuerte y muy rentable? –pregunta nuevamente el mismo señor.

–No, no creo saberlo.

–Pues haciendo que cada empleado de su empresa sienta que es suya, que le pertenece. Haciéndole creer que cada movimiento que realice influirá y que si tiene una idea para mejorar su empresa, la comente. Que si puede ahorrar en fotocopias, llamadas, productos de limpieza, materiales, electricidad o lo que sea, lo haga porque es su empresa. Así de sencillo… –hace una pausa y me mira fijamente–… Este comentario se debe a que ustedes, a cada una de las personas que les ayuda, le hacen sentir que este sueño también le pertenece, que es una parte fundamental para lograrlo. Es por eso que su sueño está funcionando como una empresa totalmente exitosa. Aunque no lo sepas, estás usando herramientas que llevan a las personas al éxito. Su sueño o empresa, como quieras llamarlo, tiene un final ya escrito: el éxito.

Me deja pensando, sin saber qué decir. Llamar a mi sueño empresa no me gusta y menos aún que el final ya esté escrito. Claro que tenemos fe en que vamos a llegar, pero vivimos cada metro avanzado como un logro sin plantearnos ni saber dónde ni cómo será el final.

Si bien Pino hace todo lo posible para ayudarnos, no está bien del corazón y el calor que hace le sienta mal. Los chicos de la radio Tango y Milonga ya tienen otra solución para nosotros: una grúa nos lleva al taller Champion, de un argentino. Guillermo, uno de los mecánicos latinos que atienden el lugar, se encarga de nuestro arreglo, que finalmente es un problema de carburación.

Por la noche me voy a dormir a la casa del mecánico, que vive en un barrio lleno de inmigrantes, muchos latinos. Con él y su hijo nos vamos a jugar a la pelota. Pareciera que no estuviéramos lejos de mi casa: llegamos a la cancha, intentamos armar un equipo con los que están afuera y pedimos jugar contra el ganador de los dos equipos que están enfrentando ahora.

El mecánico y el hijo son unos genios con la pelota y porque soy argentino lo mismo creen de mí los demás, razón por la que junto a ellos me mandan arriba, para luego, poco a poco, irme bajando hasta casi sacarme de la cancha por mi mal juego.

Si das, olvídalo; si recibes, recuérdalo

Entrar a Nueva York sí que es complicado; hay tantos puentes, túneles, desvíos, autopistas y tráfico que nos pasamos sin tomar salidas y otras que luego tomamos equivocados. Todo hace que llegar a la Quinta Avenida se convierta en un *tour* obligado por casi toda la ciudad. Al primer lugar que vamos es al consulado argentino, allí ya saben de nuestra llegada y nos han conseguido quien nos hospede.

Siguiendo sus indicaciones vamos hacia el Bronx; cuanto más nos adentramos más se parece este barrio al escenario de las películas de acción. Llegamos a la puerta de la iglesia que nos indicaron en el consulado. Golpeamos y abre la puerta una señora que se presenta como Mariana y ansiosa nos avisa: "Ahora llamo al Padre Carlos". Al rato vuelve con él, quien nos muestra una enorme sonrisa mientras le pide a Cande el bebé para tenerlo en sus brazos. Luego nos da la bienvenida y nos explica que Mariana será quien nos recibirá en su casa, a dos cuadras de allí. Ella está encantada por ayudarnos y nos comenta que esto la hace muy feliz.

–Mariana, por favor venga… –la llaman y se va

–Ella trabaja en la secretaría de la iglesia –nos cuenta el padre a la vez que se acerca al auto–. ¡Qué maravilla, qué increíble, qué bueno!

–¿Tanto le gusta el auto?

–No, lo que están haciendo. Claro que el auto es muy lindo, pero lo que están haciendo es… glorioso.

–¡Padre! ¡Una pandilla saltó el alambrado del estacionamiento y está ahí! ¿Llamo a la policía? –irrumpe Mariana.

–No, ¿para qué? Son sólo unos chicos haciendo travesuras. Ahora vamos para allá y estacionamos el auto de Herman y Candelaria.

Su respuesta nos deja helados, estamos en el Bronx, famoso mundialmente por sus malas historias y al parecer estacionaremos el Graham por toda la noche en un lugar donde pandillas podrían saltar el alambrado mientras nosotros estuviéramos durmiendo, si es que pudiéramos pegar un ojo, a 200 metros de allí.

El padre indica que demos la vuelta a la manzana, él nos esperará en el estacionamiento.

–¿Escuchaste eso, Cande? Una pandilla en el estacionamiento. ¿Qué hacemos?

–No sé, me da terror. Veamos…

Al dar la vuelta vemos que, para colmo, el estacionamiento está cruzando la calle. El Padre ya nos ha abierto la puerta y nos hace señas para que entremos.

–Padre, ¿usted cree que el auto estará seguro aquí? –pregunto mientras miro la puerta hecha con caños ya torcidos.

–Sí, ten fe –me responde el padre en un tono muy seguro de lo que dice.

¿Qué pasó conmigo? ¿Cómo es que olvidé a mis ángeles guardianes? ¿Cómo puede el miedo hacerme olvidar mi fe de que nada malo pasará? ¿Cómo me dejé llevar así? Desde que entré a Nueva York soy un manojo de nervios. Al ingresar pensé cómo podríamos entrar a la ciudad con tantas autopistas, dónde conseguiríamos un lugar para dormir. Y acá estamos, dentro de la ciudad, tras cruzarla toda, desde Manhattan hasta el Bronx y habiendo conseguido lugar para dormir y estacionamiento para el auto. Mis nervios no me dejaron ver cómo todo ya estaba arreglado de antemano para nosotros. Respiro profundo, me relajo y me siento colmado nuevamente:

–Sí, Padre, tiene razón, no tengo que abandonar mi fe.

El Padre nos invita a pasar a la cocina de la iglesia, donde sobre la mesa hay un plato con comida rodeado por dos cubiertos y un vaso de agua. Busca un plato más, divide en dos la comida, llena otro jarro y pone otros cubiertos.

–Coman, chicos, que esto está muy rico…

–¿Usted ya comió, Padre?

–No, pero no se preocupen…

–No, Padre, nosotros podemos buscarnos algo.

–Chicos, no se dan una idea de la satisfacción que siento al compartir mi comida con ustedes. Por favor no me quiten este momento tan feliz.

Tras sus palabras, nos comimos el plato entero. Está riquísimo, con el ingrediente especial de que una persona estaba ayunando por nosotros.

Inquebrantable

La casa de Mariana es grande y, aunque aún está pagando una hipoteca, nos da un cuarto que suele alquilar. Su marido, Marceliano, nos invita a quedarnos por todo el tiempo que queramos.

Mientras saboreamos el exquisito desayuno que nos preparó su mujer, él nos comenta, meneando la cabeza: "¡Qué par de locos ustedes dos! Son extraterrestres, son un par de marcianos", y así quedamos apodados por siempre para él: "marcianos".

Salimos a recorrer la ciudad. Tomamos el ferry, para ir a ver la Estatua de la Libertad, que tanto representa, que tantas personas vieron como la bienvenida a un mundo de nuevas posibilidades, de nuevos horizontes. Millones de seres la vislumbraron antes aun que a la tierra firme. Recuerdo Cuba y aquella gente que tanto me enseñó a valorar la libertad. La estatua es mucho más grande y linda de lo que imaginaba. Se ve tan firme e inquebrantable como yo siento mi libertad.

Volvemos al ferry y, para nuestra sorpresa, el *tour* aún no se termina. Nos llevan a una isla que fue para todo inmigrante el primer lugar donde puso sus pies en este continente al dejar el barco. Allí se mezclaban y compartían la mesa codo a codo con personas de todo el mundo. Esperaban en salones donde se escuchaba el eco de cientos de lenguas distintas, dormían en barracas llenas de desconocidos, sin embargo, todos tenían algo en común: sueños. En las paredes del ahora museo, hay cientos de fotografías que muestran, por las vestimentas, cuán distintas eran unas de otras: había gitanos, turcos, griegos, rusos, españoles…. Todos los rostros se ven cansados por el largo viaje y nerviosos por la incertidumbre; sin embargo, si uno se acerca más a las fotos y ve sus ojos, éstos tienen una luz que brilla: es la luz de la esperanza, que nunca se les apagó y ahora brilla más que nunca.

Silencio que no queremos romper

Menos lugar para estacionar, la ciudad de Nueva York lo tiene todo. Tiene a las personas más ricas del mundo viajando en la limusina más larga por la misma esquina en la que los sin hogar revisan la basura en busca de comida. Las entradas a edificios de empresas que dirigen la economía mundial, de noche funcionan como cobijo para ellos.

En esta ciudad se pueden probar todas las comidas del mundo y visitar barrios de comunidades de las que jamás uno antes escuchó hablar. Incluso la ciudad está plagada de carteles en idiomas que se mezclan con el inglés y que no podemos descifrar. Siguiendo uno de ellos, llegamos al lugar donde estaban las Torres Gemelas. Aquí el silencio duele y se hace notar, ni siquiera los autos que pasan se atreven a tocar la bocina, hay mucha gente a nuestro alrededor y todos en silencio. Algunos toman fotos pero nadie pide una sonrisa. Es que el lugar donde murió tanta gente que tan llena de vida estaba, que nada tenía que ver, donde los que murieron podríamos haber sido nosotros si hubiéramos llegado antes, nos deja en un silencio que no queremos romper.

Una vez repuestos de tanta intensidad, vamos al barrio Queens. En la unión de cuatro de sus esquinas nos podemos sentir como en Argentina: una parrilla, una carnicería, una panadería, una vidriería, un bar, el club social, una peluquería y el cariño con el que nos recibe la gente de este barrio argentino hacen que, aunque tras dos años y medio lejos extrañando lo nuestro, nos olvidemos por un momento de las distancias.

Estacionamos el auto y enseguida se nos vienen al humo un montón de personas. No pueden creer que, desde Argentina, hayamos llegado "en esto", tal como ellos llaman a nuestra nave.

310

–Éste es mi sueño: volver manejando desde aquí hasta la puerta de mi casa –dice un joven.

–Me siento tan feliz de verlos a ustedes como cuando salimos campeones del mundo. ¡Es que esto es mundial! –comenta otro.

A esa misma esquina volvemos varias veces, dado que es el paso obligado de muchos argentinos que buscan comprar artículos regionales, comer una parrillada o juntarse con paisanos. A ellos les vendemos nuestro libro, y casi todos compran. Nos sentimos muy bien al escuchar nuestra música en la calle y ver las mesas en la vereda.

Subir al altar

El domingo llega y no podemos negarnos a la invitación del Padre Carlos de asistir a su misa, la cual es brindada en español ya que en el Bronx viven miles de latinos.

El Padre nos pide que estacionemos el auto en el frente mismo de la iglesia, aunque está prohibido. "Éste pasa por un auto de casamiento, la policía no molestará", nos asegura. Luego nos ubica en el primer banco e inicia la misa.

La iglesia está bien llena y realmente linda, hace muchísimo tiempo que no escuchamos una misa en español. Ya cerca de terminar la misma, el padre comienza a decir algo que nos inquieta:

–Hoy nos acompañan unas personas muy bellas que están tras su sueño. Habrán visto al entrar, un auto muy hermoso y muy viejo. Con él llegaron desde muy lejos, tras casi tres años de viaje, y habiendo tenido en su camino la bendición de poder contar con un integrante más que los convirtió familia –nos señala–. Por favor, Candelaria, Pampa y Herman, suban al altar. Cuéntennos algo de su viaje, de su sueño –nos propone tomándonos totalmente de sorpresa.

–El Padre tiene razón cuando dice que Dios nos bendijo al hacernos familia, y no lo decimos sólo por Pampa, sino por la maravillosa familia americana que ahora tenemos. Más que nunca sentimos que tenemos hermanos, porque cuando pasamos por sus países nos recibieron en sus casas, nos compartieron sus comidas y nos dieron su tiempo. Tienen que estar súper felices y orgullosos de sus paisanos, que nos abrieron tanto sus casas como sus corazones haciéndonos sentir en un lugar especial y muy queridos.

Al terminar de decir esto, el padre no nos deja volver a nuestro banco. Finaliza su misa llevándonos con él hasta la puerta de la iglesia, donde vemos a tres personas con baldes en sus manos que gritan:

–¡Juntemos para los viajeros, para que sigan con su sueño! ¡Para los viajeros!

Nos queremos morir, no sé si de alegría por el apoyo que nos brindan todos o si por la vergüenza de ser los destinatarios de la colecta. De todos modos, no nos dejan tiempo para replanteos porque inmediatamente nos empiezan a comprar libros a la vez que cada cual nos cuenta de dónde es, cosa que de todos modos podemos intuir por la típica tonada de cada uno. Al final de la jornada, nos dan un poco mas de trescientos dólares recaudados, gesto que agradecemos mucho a todos.

Corazón con corazón

¿Qué sería estar Nueva York sin visitar Times Square? Hacia allí vamos con el auto y bien tempranito. Ya que estamos tan bien estacionados decidimos quedarnos a vender libros y lo hacemos a buen ritmo. Una mujer policía se acerca, intuyo que me obligará a mover el auto y se acabará la fiesta. Ella se queda mirando absorta hasta que alguien le pide que le saque una foto con nosotros. Para mi sorpresa, encantada lo hace e incluso nos compra un libro.

Un hombre de casi cuarenta años y muy bien vestido, que espera parado la luz del semáforo, se queda en la esquina mirándonos aunque ya puede cruzar. Se nos acerca y nos dice:

–Están haciendo algo que millones soñaron, pero nunca hicieron –miles de veces he escuchado este comentario, pero no estoy haciendo esto para diferenciarme de millones, sino que lo hago por mí–. ¿De qué trata el libro que venden?

–Te resumo todo el libro en pocas palabras: el secreto para cumplir un sueño es empezar.

–Bueno, me lo llevo.

Creo que es una de las ventas más rápidas que hice, sorprendiéndome tanto que me nace cuestionarle:

–¿Te puedo preguntar qué estás haciendo por tu sueño?

–Ayer, justo ayer me planteé mi vida. No sé qué es lo que estoy haciendo ni para qué lo estoy haciendo. ¿Nunca te preguntaste por qué o para qué? O ¿a qué viniste a este mundo y qué estas haciendo por ello? A veces me pregunto: "¿Qué estoy haciendo acá en vez de estar pescando con mi hijo en la laguna o caminando con mi mujer por la playa, el bosque o donde sea, pero con ella?". ¿Cómo es que todo se complica? ¿Cómo puede ser que no tenga tiempo para las cosas más simples, para mis amigos, para mis queridos… ? Tengo un excelente salario, pero me falta tiempo para disfrutarlo. Entre mi trabajo y el viaje que implica, estoy once horas fuera de casa. Mi mujer también trabaja y llegamos en distintos horarios, tenemos diferentes épocas de vacaciones y mi hijo... ¡tan poco tiempo paso con él! –el hombre necesita ser escuchado y yo, escuchar–. En este país hay estadísticas para todo, sin embargo falta un estudio sobre cuántas personas felices, enamoradas y cumpliendo su sueño existen –me dice mientras me da el libro para que se lo firme–. Si le preguntaras a cualquier estadounidense qué sacaría de su casa ante un incendio, te respondería que primero, a su familia y, segundo, los álbumes de fotos. Lo más importante de la vida son nuestra familia y nuestros momentos, ¡lástima que sólo lo recordemos durante un incendio!

No sé qué decirle, él sabe la verdad de lo que hay que hacer y también sabe que no es lo que está haciendo. Él quiere dejarse llevar por el amor, por los sueños, por la fe y la esperanza. Desea dejarse ganar por la alegría, pero está atrapado o, mejor dicho, se siente atrapado. El mayor escollo para cumplir un sueño y la felicidad es uno mismo. Se despide de mí:

–Ten cuidado.

–Todos me dicen que me cuide, ¿de qué? –inquiero.

–Cuida tu vida, que no te pase nada malo…

–Pero por más que haga lo que haga y me cuide, moriré.

–Bueno, mientras vivas, cuida de tu vida.

–Es justamente lo que estoy haciendo: cuido de que mi vida tenga vida. Y para eso hay que arriesgarla un poquito.

Me extiende la mano para saludarme. Yo le doy un abrazo.

–Tú abrazas porque eres latino...

–No, porque lo necesito. El abrazo nos pone corazón con corazón. Escucha, estás en un momento muy bueno de tu vida, puede que te sientas en crisis, pero estás en un momento en el que puedes empezar toda una nueva vida. Si a este momento lo dejas pasar, puede que no vuelvas a tener otra crisis. Es tu corazón que a gritos te está pidiendo cambiar, no lo calles, escúchalo, síguelo.

Vivir día a día

Una de las paradas que hacemos camino a Canadá es frente al río Hudson, para visitar a una pareja que conocimos en Macungie: Lou y Peg. Lo primero que uno percibe es que tienen muy claro qué desean de la vida: vivirla día a día. Su casa no es ostentosa, ni tiene cosas de valor: no son dueños de la tierra, así que construyeron su hogar provisoriamente sabiendo que algún día se tendrán que ir. Pero eso sí, se han armado una cancha de *beach volley* donde vienen amigos a jugar, un *jacuzzi* frente al río y cenan todos los días con champagne, aunque coman *hot dogs*. Ella es ambientalista y él tasa casas para los bancos, pero no responde llamados, sino que su máquina lo hace. Sabe que el trabajo de dos días a la semana le alcanza para vivir, y ése es el tiempo que le dedica. Se los ve felices, llenos de vida con todo lo que quieren de la vida.

Nos dan su cuarto para dormir, que si bien es tan pequeño que casi sólo entra la cama, se siente enorme: una de las paredes es toda una ventana con vista al río, la otra tiene una enorme ventana al bosque y el techo es de lo más estrellado, porque también es de vidrio.

Para el café de la sobremesa, nos invitan a pasar a los bancos que están frente al río y desde donde se puede ver en la costa de enfrente una enorme mansión con un gran parque:

–El dueño de esa casa que ven ahí es uno de los más ricos, tiene millones de millones, lo que quiera se lo puede comprar. Pero la verdadera riqueza de una persona no se mide con monedas. Millones de monedas pueden hacer de una persona un pobre tipo y a otro con pocas, el más valioso. Acá, en este país, el más rico del mundo, una persona es exitosa por la fortuna que puede mostrar, cosa que nos convierte en uno de los países más pobres –comenta nuestro anfitrión.

En esta casa nos relajamos totalmente, no sólo por la personalidad de la pareja, sino por una sumergida que nos damos solos con Cande en el *jacuzzi* observando el excelente paisaje del río mientras Pampa duerme.

Canadá
En equilibrio

Los caminos que nos acercan a Canadá son bellísimos, son todos pequeños, hasta de tierra. Por muchos pueblitos que pasamos el camino es casi su única calle, comemos en pequeños restaurantes atendidos por los dueños, y cargamos gasolina en estaciones que no se modernizan desde hace décadas. Las sorpresas son muchas, una vez al terminar de comer y pedir nuestra cuenta nos dicen que ya pagó la gente que se fue de la mesa de al lado, y ese mismo gesto se vuelve a repetir en otro restaurante, o que el dueño no quiere saber nada de cobrarnos.

La frontera con Canadá parece un simple control de tránsito: es una sola cabina, ante la cual nos detenemos. Permaneciendo sentados dentro del auto mostramos los documentos con la costosa visa otorgada. Sin ninguna pregunta ni chequeo, pasamos.

Cuando estamos haciendo los primeros kilómetros, Cande comenta:

–Herman, ¿te diste cuenta que Canadá es el primer país en el viaje del cual nadie nos habló mal?

El cambio tras la frontera es enorme, por su arquitectura, pero principalmente porque estamos en el lado franco de Canadá y nos cuesta entender el idioma francés. A nuestro rescate viene Gilles, una persona que se desvive por darnos la mejor atención y nos escolta hasta su casa en Montreal.

Con él y sus amigos recorremos la muy bella ciudad en una caravana de autos antiguos, hasta llegar a una pequeña plaza empedrada, con una fuente en su centro y frente a una pequeña iglesia. Mientras oímos una dulce música de arpa, nos cuentan que éste es el casco histórico y que acá es donde empezó Montreal, a nuestro alrededor todos los edificios son antiquísimos, de piedra y ladrillos.

A esta zona está prohibido ingresar con vehículos, pero nuestros anfitriones no hicieron caso porque no consideran a sus autos "vehículos", sino joyas, y todos los turistas parecen compartir esa opinión. Estratégicamente Gilles y sus amigos nos han hecho estacionar frente a la puerta de la iglesia, por donde entran y salen muchísimos grupos de visitantes a los que les contamos nuestra historia y les vendemos libros. Son tantos que no nos dan tiempo a disfrutar el lugar, así que en el primer minuto que tenemos libre nos escapamos para recorrer las empedradas calles del lugar: sabemos que vender libros podemos hacerlo en cualquier momento y en cualquier lugar, pero disfrutar de estar acá sólo es posible hoy. Todo es embellecido aún más por la melodía del arpa. Poco a poco nos acercamos al músico. Antes no prestaba atención a los artistas, menos a los que estaban en la calle buscando monedas, pero he cambiado tanto que ahora los admiro. Ahora sé qué es el arte y el estar en la calle: Francisco, el pintor de Colombia, los artesanos que conocimos en el camino, el escritor de Laredo y muchos músicos me mostraron que su trabajo es maravilloso, que desarrolla al humano, que lo realza.

Para muchos el hombre del arpa será alguien que trata de ganar unas monedas, pero para algunos pocos, como Cande y yo, es una flor humana en un desierto civilizado. Ya estamos tan sólo a un metro del músico y en vez de una moneda, un libro le dejamos en su sombrero. Cuando termina de tocar nos agradece el regalo y nos pregunta si tenemos ejemplares en español.

–¿Eres chileno? –le consultamos por la tonada.

–Ahí nací y me crié, pero crecí y me desarrollé en el mundo, de cada lado por el que pasé algo me llevé, algo que me formó haciéndome ciudadano del mundo... –saca un disco compacto y lo empieza a firmar–. ¿Ustedes son argentinos?

–Argentinos, latinos, americanos, terrícolas –le respondo generando una sonrisa cómplice.

–¿Vives o sobrevives? –me pregunta retóricamente a la vez que nos da su CD–. ¿Bien o acostumbrado? ¿Agradecido o conformista? ¿Con esperanza o sin ella? ¿Planificando o improvisando? ¿Con rutinas o sobre la marcha? ¿Amas o convives? ¿Sueñas o qué? –es su último interrogante antes de declamar lo siguiente–: No sobrevivas porque igual vas a morir, vive porque vas a morir. No te acostumbres, todo cambia y tú puedes cambiar para bien. Agradece todos tus logros y lo que tienes, pero nunca llegues a ser un conformista. Siempre con fe, porque sin ella ni para ti hay esperanza. Planifica y una vez dentro de tu plan, improvisa. Rompe con las rutinas, te destruyen, te cierran; haz un cambio y avanza. Nunca dejes de amar, cultiva día a día el amor, sin pensar por qué vives con ella o con él. ¿Sueñas o qué? Si no vas por tu sueño ¿para qué haces lo que haces? Vive porque estás vivo, para eso, para soñar.

Momentos

En la bellísima ciudad de Québec nos esperan, avisados por Gilles, el Club de Autos Antiguos, la televisión y una pareja fabulosa que nos hospeda en su casa. Ella es mexicana y de Puebla.

–Puebla es un recuerdo maravilloso –le comenta Cande.

–Mi hermano vive allí, él es periodista.

–¿De qué medio?

–Del diario Síntesis.

–¡¿Síntesis?! Nos hicieron una nota para ese diario.

–¿Habrá sido mi hermano? Él se llama Mariano Morales.

Cande se fija en su carpeta y lo es. A miles de miles de kilómetros nos encontramos sin querer con la hermana. El mundo es chico y hay que portarse bien.

Participamos en una reunión de autos a la que asiste mucha gente de la ciudad. Una persona me comenta algo en francés, otra me traduce:

–Yo colecciono monedas de todos los países, ¿tienes alguna de Argentina? –mientras le doy las dos últimas monedas que encuentro, me pregunta– ¿Tú qué coleccionas?

–Momentos de vida.

–Ah, y ¿no coleccionas autos antiguos?

–No, el auto vino con nosotros porque él colecciona kilómetros y sabía que con nosotros reuniría unos cuantos.

–¿Y qué momentos tienes coleccionados? –me pregunta curioso.

–Tengo muchos, y ninguno es repetido. No fueron comprados ni puedo venderlos, en cambio sí algunos de ellos fueron buscados y otros encontrados. Tengo momentos especiales y también difíciles.

–¿Por ejemplo?

–Especiales, por ejemplo, mi mamá curando mi rodilla, soplándola y poniéndole una curita. Mi primer beso. También poseo momentos compartidos con alguna película, tales como Carpe Diem o Il Postino, y con libros, como El Principito. Otros son momentos con amigos, con la naturaleza, de charlas. Y momentos de amor, como una tarde en el parque abrazados con Cande. Otro maravilloso es aquel que me recuerda cuando se abrió la puerta de la iglesia y la mujer más linda y maravillosa del mundo entró a mi encuentro para casarnos. Uno más reciente es la primera sonrisa de mi hijo, cuando en mis brazos nos miramos.

–¿Y feos?

–Cuando mamá estaba en un frío cajón, siendo la última vez que la veía.

–¿Y para qué guardas recuerdos tan feos?

–Para disfrutar más de los lindos.

El caminante

Después de unos cuantos días recorriendo Québec seguimos camino. Camino que para muchos es equivocado porque estamos yendo hacia el Atlántico cuando Alaska está hacia el Pacífico. Pero para nosotros sigue siendo la ruta hacia Alaska, solo que ésta da una vuelta más larga y nos permite disfrutar de más lugares, nuevos mundos y personajes.

Yendo por la provincia de New Brunswick, transitamos por un valle rodeado de campos verdes y tras ellos, montañas tapadas con árboles de colores, llenos de hojas rojas, *bordeaux* y amarillas.

Un fuerte viento, que silba al entrar en el auto por las rendijas, nos juega a favor. Sin embargo divisamos en el solitario camino una mancha a la que la misma corriente le juega en contra. Desaceleramos y ponemos toda nuestra atención en ella: es un hombre que viene caminando con un gran palo como único compañero. Su capa inflada por el viento le otorga un mayor tamaño, su cara fruncida y su barba asustan. El hombre nos alcanza, nos sonríe y se presenta como Moesch, un canadiense que está caminando desde su casa de Toronto hasta New Foundland ida y vuelta recorriendo 6.000 kilómetros. Le pregunto el porqué de su hazaña, mientras Cande le da jugo de manzana:

–Porque estoy más vivo que nunca. Un día me desperté después de soñarme caminando y llamé a mi madre para contarle, ella me dijo: "Hijo, ve y camina, camina hacia el Este, hasta el mar". ¿Para qué habría de caminar?: ¿para encontrar algo? ¿algo como qué?, ¿acaso una novia? La verdad es que no tengo idea, pero igual armé mi bolso, cargué la guitarra y unos muy pocos pesos. No entendía qué estaba haciendo, pero salí y hacia el Este encaré. Al principio buscaba el motivo en cada persona y lugar. Veía cosas distintas que nunca había visto, pero no sentía que fueran el motivo de mi peregrinación. Cuando llegué al mar, me senté frente a él y le pregunté: "¿Para qué caminé desde Toronto hasta ti?". La única repuesta que me dio fue su rítmica campanada de olas, así que callé y me quedé sentado sobre la arena esperando alguna respuesta. Una ola me trajo un palo, me levanté, lo alcé y me imaginé de dónde vendría. Seguramente de muy lejos, ya que árboles no había por allí. Noté que teníamos algo en común: ambos éramos viajeros y nuestro punto de encuentro era una solitaria playa. Alcé mi vista, observé el lugar y lo único que vi fueron mis huellas, que venían desde el lejano oeste. En ellas advertí, al final del camino, lo que venía buscando desde el principio. Al ver esas huellas, mis huellas, que seguí desde donde mi vista alcanzaba hasta que me llevaron a ver mis pies, me vi a mí mismo, lo que había hecho y todo lo que podría hacer si hice esto. Vi a alguien muy importante y esa persona importantísima era yo que no sabía que siempre lo fui, lo soy y que siempre lo seré. Siempre había creído que otros lo podrían ser, pero ¿yo? –el viento sopla aún más fuerte, mas no es capaz de distraer nuestra atención ni de hacer que él pare de contar–. Salí a perderme en el camino, y el camino terminó encontrándome. Ahora sé quién soy y qué puedo lograr. Sé que soy capaz de alcanzar cosas increíbles. Estoy de regreso, aún falta muchísimo para llegar a casa, pero al menos ya no me siento un extraño en este mundo ni en este cuerpo. ¿Y ustedes por qué viajan? –pregunta al terminar su maravilloso cuento.

–Para conocer gente en el camino... como tú.

Amor chiquitito

Por la noche paramos en un pequeño pueblo, en el hotel Cuatro Estaciones, que está frente a un lindo lago. Es el primer hotel en mucho tiempo. Preguntamos los precios pidiendo la habitación más económica, volvemos al auto a buscar nuestras cosas y al regresar al edificio vemos a los dueños del lugar hablando con sus hijos.

–¿Ustedes son los que están viajando desde Argentina, los que salieron en la televisión? –nos preguntan.

Nos tratan como a estrellas de la televisión, nos dan gratuitamente la mejor habitación y mientras nos preparan una cena llaman al intendente y a personalidades del pequeño pueblo que nos traen regalos de bienvenida. La hija del dueño me corta el pelo para atender a la prensa y el hijo promete llevarnos mañana a recorrer el lago y la montaña.

Cuando nos disponemos a descansar como reyes, le armo la cuna a Pampa con el cajón de la cómoda a la vez que miro a Cande darle el pecho a nuestro hijo mientras escribe. ¿Qué escribirá? Me duermo tranquilo.

317

"Pampa, amor chiquitito, hoy nos sentamos juntos los dos y frente al espejo te miro despacito, observo cómo poco a poco en mis brazos te duermes. Miro cada centímetro de tu suave pielcita, ¡cómo creciste en tan sólo tres meses! Tu mano en mi pecho se duerme y mi corazón la toma. El arpa dulce toca sus notas por detrás y, como si supiera la felicidad que nos une, mantiene su dulzura. Ya has comido, pero en mis brazos te dejo, aunque dormido estés; disfruto con sólo mirarte. Amor chiquitito, que cada día me sorprendes, cómo te quiero, cómo te adoro sólo yo lo sé. Amor chiquitito, compañero de mis sueños, te sigo y me sigues. La vida vivimos recorriendo caminos de sorpresas. Nos llenamos el alma, de besos y alegrías. Ahora, alguien que completa nuestro amor, también se duerme en paz al observarnos. El arpa sigue bailando, mis dos amores se durmieron y mirándolos cerraría mis ojos. Dulces sueños tendré, espero ansiosa tu despertar. Una sonrisa te dedicaré, con mis brazos te rodearé. Pampa, amor chiquitito.

Te quiero.

Tu mamá"

Historias de hermanos

Queríamos llegar a la isla Prince Edward antes de que anocheciera, pero el óxido del tanque tapa los filtros de gasolina y me obliga a parar y limpiarlos. Cuesta avanzar. Ya ha caído la noche, hace frío y está lloviendo.

Pasamos por una casa de campo; la luz del galpón está encendida y la puerta abierta. Retrocedemos y entro a preguntar. Me encuentro con un hombre de unos sesenta años que está sentado arreglando sus trampas de pesca. Le cuento de mi problema con el auto, pero aunque se lo señale sólo logra ver las luces en la noche. Le pregunto si nos podría hospedar por esta noche.

–Claro que sí, hijo –me responde mientras deja las redes a un costado. Me encantó cómo me lo dijo. Nos lleva hasta la casa y al entrar le pide a la señora:

–Querida, pon dos platos más en la mesa, tenemos compañía.

La mujer, sin poner cara de sorprendida, nos extiende su mano presentándose. El hombre es pescador de langostas e inmediatamente nos cocinan pequeñas y exquisitas colas de langostas. Mientras las comemos, el señor cuenta su historia:

–Nací en Inglaterra, durante la crisis del treinta, tiempos muy difíciles en los que no había mucho para comer. El gobierno inglés nos separó, involuntariamente, a mi hermano y a mí de mis padres como a muchos otros niños de sus familias. Nos desterraron poniéndonos en barcos hacia Canadá. Aquí nos regalaban a familias que necesitaban ayuda en el campo o en trabajos domésticos. Los más afortunados fueron recibidos como hijos adoptivos, pero muchos sólo como mano de obra. Mi hermano mayor fue a otra familia no muy cercana a la mía, pero aunque después recibiera su castigo siempre se las ingeniaba para venir a verme. Ya de grande dejó esa familia y se mudó mucho más cerca, me ayudaba en todo y se portaba como el mejor hermano mayor. El día de mi casamiento lo elegí como mi padrino y durante la fiesta me dijo algo que jamás me había imaginado escuchar de él: "Ahora tú tienes a quien cuidar y quien te cuide". Se despidió y nunca más lo volví a ver, algunos me contaron que volvió a Inglaterra, otros que se enroló en el ejército.

Retorno a Estados Unidos:

La piedra del camino

Después de estar dos días en la isla de Prince Edward, cruzamos en un ferry a la provincia de Nova Scotia. Desde allí volvemos a Estados Unidos en un crucero que disfrutamos muchísimo.

A medida que avanzamos seguimos recibiendo invitaciones de Bill, presidente del AACA, para participar en Hershey, la exposición más grande de autos antiguos del mundo. Incluso nos ha mandado un libro sobre todos los miembros del club con sus direcciones y teléfonos, por si necesitamos algo, y una placa del club para poner en el frente del auto junto a las de los otros clubes.

Aceptar participar de la reunión significa volver mucho para atrás, casi hasta Washington DC, lo que insumiría mucho tiempo, que en este momento, cercano al invierno, vale oro. Pero no sólo insiste Bill, sino también varios amigos que nos recibieron, que piensan asistir a Hershey y que desean volver a vernos y conocer a Pampa.

Quienes acaban por convencernos son Dave y Agnes Wiltsey, en cuya casa de Halfmoon nos hospedamos antes de irnos a Canadá. Ellos hace como treinta años que van a Hershey, nunca se pierden una sola reunión y siempre alquilan tres espacios en los que venden sus repuestos usados de Chevrolet. Nos dicen que si nosotros fuéramos a la reunión, este año no venderán nada, sino que llevarán un *motorhome*, alquilarán un baño, armarán una gran carpa y harán un gran cartel donde pondrán: "Viajando desde Argentina hasta Alaska". Todo para nosotros, ¿cómo decir que no? ¿Además cómo negarnos si desde que los dejamos a nuestro paso por allí han estado junto a otros amigos armándonos más libros? Sí, ellos se han juntado casi todas las noches y hoja por hoja han compaginado una nueva edición. Así que, sin cambiar el destino a Alaska, tomamos un gran desvío y nos vamos a Hershey, Pensilvania, para participar de la exhibición que dura casi una semana.

Entre miles y miles de puestos de venta de repuestos, accesorios y autos, estacionamos el Graham bajo la carpa junto con nuestros libros recién hechos. Agnes, que como muy buena abuela ha conseguido todo lo que un niño necesita, incluso un co-

319

rralito, se encarga de Pampa mientras Dave charla con mucha de la gente y nos ayuda a vender los libros. Solos, por la cantidad de público que hay, no podríamos atender.

Además de vender nuestro libro exitosamente, con alegría nos reencontramos con muchas personas que conocimos en el camino. Por las noches, junto a ellas, sus amigos, los de Dave y Agnes, y quienes vuelven después de leer el libro nos juntamos en el *motorhome* hasta muy tarde, haciendo que cada noche se forme una peña.

Una noche mientras todos dormimos en el *motorhome* me despierto con muchas ganas de orinar. Tendría que levantarme, al hacerlo movería todo y haría ruido, y además hace mucho frío. O sea que ir al baño móvil significa despertar a alguien. Mis ganas son enormes y no me queda otra que hacerlo, cuando me empiezo a mover encuentro la botella plástica donde me traje agua para beber, la vacío tomándome toda el agua y disimuladamente la lleno con mi pis que a la mañana, antes que la vean, voy a tirar.

Al levantarme salgo a tomar mi café que Agnes ya nos tiene preparados y aunque está oscuro y aún no son las siete de la mañana, ya hay gente dando vueltas y preguntando por el viaje, así que me pongo a charlar con ellos. Mientras estoy contestando preguntas, Cande me llama desde la cama.

–¿¡Qué es esto!? -y me muestra la botellita que olvidé tirar.

–Este... yo... tenía ganas...

–Dime que no es pis porque te mato.....

–Bueno, yo no me aguantaba...

–¡¡¡Te voy a matar, me desperté con sed... y me tomé un trago largo!!! ¡¡¡Creí que era jugo por el color!!! ¡¡¡y sentí un gusto raro que no pude escupir!!! Y ahora siento un asco tremendo... ¡¡No me digas que me tomé tu pis!! –Me fui lo más rápido que pude antes de que me tire la botella por la cabeza.

Es viernes y acompaño a Dave, que es como nuestro *manager* y que se asegura de que todo esté bien para nosotros, a escuchar una charla. Dave se ha encargado de conversar con Bill para arreglar nuestra presentación mañana, junto a los maravillosos autos que llegan de todo el país.

–¿Qué necesitaremos para entrar? –le pregunto a Bill.

–Ustedes vayan que los van a recibir –nos asegura.

–Y ¿dónde ponemos el auto?

–Ellos los van a acomodar...

Al día siguiente vamos con el auto a la presentación. Dave avisa a los de la entrada que estamos invitados por Bill, y nos dejan pasar. Luego nos acomodan un poco alejados del resto de los autos. Lugar hay de sobra, pues estuvo lloviendo desde que empezó la feria y, aunque hoy es un día muy lindo, habían anunciado chaparrones y muchos no vinieron. Los autos que están presentes se encuentran en una condición excelente y compiten por ser elegidos como el mejor auto del año. A los jueces les será muy difícil decidir el ganador.

Muchos de los dueños de los autos y gran cantidad de público nos hacen preguntas, y al enterarse de que tenemos el libro del viaje empiezan a comprarlo como pan caliente. Es intenso el entusiasmo y la energía que nos rodea, la gente está tan contenta que nos da abrazos, palmadas y hurras porque estamos haciendo algo que a ellos les encantaría realizar.

–¡¿De quién es este auto?! –repentinamente pregunta una señora en tono imperativo que está junto a otro hombre con quien se encargan de la organización del show.

–Nuestro.

–¡Tienen que moverlo inmediatamente de aquí! –a la vez que levanta su mano señalando la salida.

–¡¿Cómo?! ¡¿Por qué?! –preguntamos nosotros y los visitantes al unísono.

–No tienen permiso, ¡así que lo sacan!

–Estamos invitados por Bill.

–Bill, ¿cómo Bill? Él no tiene nada que ver con esto, ¡saquen este auto ya! –nos lo dice en un tono que a nadie le gustaría escuchar.

–Ellos son lo mejor de Hershey y lo mejor en años, no merecen este trato –dice uno de los presentes.

–Apenas llegue a casa voy a dar de baja mi membresía. Le debería dar vergüenza... –la alerta otro que se le acerca hasta sus narices. Los abucheos no tardan en hacerse escuchar.

–Los vamos a sacar de acá para ponerlos en un mejor lugar –interviene el hombre que está con la señora para salvar la situación.

Siento que no tengo que irme, estoy invitado y todos están contentos con nuestra presencia, pero para evitar problemas los seguimos con el auto y realmente nos llevan a un mejor lugar: detrás de unos puestos de ventas de comidas y *souvenirs*, sobre una explanada a un costado de un estadio, lejos de los demás autos. Se retiran y nos dejan con toda la gente que nos ha acompañado hasta aquí para buscar su libro.

Cande, ante el llamado de Pampa, se mete dentro del auto a darle el pecho. Yo, para no molestarla, saco los libros afuera y los pongo sobre el estribo, desde donde los voy entregando a una casi ya multitud súper entusiasmada.

De repente llegan seis hombres uniformados con ropa de seguridad. El que viene adelante me dice en la cara que me vaya, a lo que le contesto que tengo permiso de estar acá. Él agarra mis libros y los tira adentro del auto, sin importarle que Cande esté allí dándole de comer a nuestro bebé. También a ella le dice: "¡Mis órdenes son sacarlos de acá!". Los otros guardias tratan de alejar a la gente moviéndola hacia fuera. Yo sigo diciendo que nos trajeron hasta acá dándonos permiso a la vez que otros, que fueron testigos, intentan aclarar la situación.

–Los mismos que los trajeron me dieron la orden de sacarlos... –confiesa el guardia sintiéndose acorralado.

No lo puedo creer, primero nos invita un alto directivo, pero parece que sin tener derechos. Luego, los organizadores nos cambian de lugar y se van para mandarnos al rato a la seguridad, como si fuéramos bandidos.

–Si no mueven el auto, llamo a la policía y a una grúa. Están en propiedad privada –insiste el hombre a gritos mientras me da un empujón aunque muchos le gritan que no lo haga.

Miro a Cande y a la gente, me siento muy mal. Todos estábamos haciendo algo bueno, pero dos personas, tan sólo dos que nada saben de sueños aunque se los pongan frente a sus narices, mandaron a estos seis guardias para echarnos y encima dispuestos a usar la fuerza. Puedo irme o quedarme para demostrar quiénes son los malos. Escucho que por los altavoces llaman a Bill, así que me quedo: si él apareciera, todo se solucionaría. Pero esperamos en vano.

Por su parte, el vigilante sigue gritando. Tanto, que ofuscado uso mi derecho a estar en *strike*, es decir, de paro: tomo un cartón blanco que Cande usa para pintar y en él escribo:

"Estamos cumpliendo un sueño, sólo eso. Y de acá, nos echan a patadas". Visitantes que no saben qué está pasando leen mi cartel y preguntan qué pasa: los testigos y yo les contamos a la vez que el vigilante llama a la policía y a más guardias. Incluso intenta agarrarme y sacarme el cartel, por lo que me subo al techo del auto para desde aquí seguir mostrando mi pancarta. "¡Que no los echen!", "¡Quédense, estamos con ustedes!", grita la gente. Alguna se acerca a Cande para decirle que siente una vergüenza enorme por lo que nos están haciendo.

–Cumplo órdenes –acota el guardia como si eso fuera una excusa, como si eso justificara su mal trato.

Entre los custodios hay una chica a la que se la nota muy dolorida por lo que está haciendo. Me mira a los ojos como pidiéndome perdón. Ya hemos pasado media hora de este horrible momento, los treinta peores minutos de nuestro viaje, ¿para qué seguirlo?

Me meto dentro del auto, arranco y nos vamos derrotados, destruidos... Nunca habíamos sido tan maltratados. Dejamos la zona de autos y nos volvemos a meter en la de venta de repuestos, de donde ya muchos se fueron por el mal tiempo que se avecinó. Esto nos permite, con comodidad, elegir un espacio muy cercano al show de autos.

La gente que nos ve desde allí se acerca y algunos que saben lo que nos está sucediendo piden disculpas. No sabemos qué decir, tenemos tal nudo en nuestros estómagos y tanta bronca a punto estallar que preferimos no comentar nada hasta saber por qué nos pasó esto.

A la mañana, dejamos Hershey habiendo sido maltratados por dos personas, pero con invitaciones a cientos de hogares, tantas que será imposible que cumplamos con todas. Además tenemos una nueva familia y amigos: los de Dave y Agnes. Nos entristece despedirnos de ellos, pero antes de partir, Dave abrazando a su mujer nos alienta con una maravillosa amenaza: "No se van a deshacer tan fácilmente de nosotros, nos vamos a volver a ver".

Con esta imagen, acelero rumbo al norte, queremos llegar a Canadá, conocer su capital y la ciudad de Toronto. Luego visitar las cataratas del Niágara, volver a entrar a Estados Unidos y, para escapar del invierno, tomar la ruta 66 al sur hasta California, para después, por la costa pacífica, subir a Alaska.

Qué hacemos, quiénes somos

Antes de dejar Halfmoon NY, pasamos por un diario donde tenemos cita con una periodista que nos hace una nota. La reportera se encuentra ante una noticia que está fuera del contexto de sus notas típicas. Seguramente sabría qué preguntar si la hubieran enviado a cubrir un accidente, un robo o a entrevistar un político. Pero ¿cómo cubrir un sueño? Así comienza:

—¿Cómo es un día de ustedes?

—No sabemos cómo contarlo, porque no tenemos más esa vida rutinaria en la que los días estaban preestablecidos y se diferenciaban del anterior tal sólo por la fecha. Hoy, un día es totalmente impredecible.

—Lo común es que ningún día sea común —acota Cande.

—¿A veces duermen en el auto?

—Sí, y nos despertamos temprano según si está nublado o soleado. La lona que cubre el auto absorbe todo el sol y actúa como una manta térmica, es decir, que levanta la temperatura del auto hasta convertirlo en un horno.

—¿A qué hora suelen salir?

—Eso depende más de los dueños de casa que de nosotros. A veces nos arman un montón de planes. Incluso nos han llegado a organizar una semana completa.

—Pero cuando salen ¿qué hacen?

—A pesar de que nuestros anfitriones quieran dirigir por dónde seguir, el camino siempre lo definimos nosotros el mismo día que partimos.

—¿Y qué hacen mientras están en la ruta?

—Ese es nuestro momento. Único, maravilloso e inexplicable. Quien siente la libertad del camino nos entiende. Ese es nuestro tiempo para conversar. Es cuando estamos solos y recordamos lo que hicimos, lo que sentimos, lo mágico e increíble de la gente que nos recibe, de las sorpresas de cada día. Es el momento de ideas sobre lo que podríamos hacer y adónde podríamos llegar. Herman maneja y yo anoto los nombres de la gente que fotografiamos, los kilómetros hechos el día anterior, el diario, las personas que conocimos. Tomamos mate, filmamos, paramos todo el tiempo para sacar fotos, para cargar muchas veces gasolina porque el tanque es chico. O tan sólo porque la gente nos hace señas —cuenta Cande.

—¿Para qué los para la gente?

—Para saber qué estamos haciendo, por qué, adónde vamos, de dónde venimos. Y muchas preguntas más que terminan en una conversación, en una parada inesperada.

—¿Cuándo y dónde paran?

—No depende de nosotros. Las cosas se dan así, mágicamente. Muchas veces esas mismas personas que nos paran preguntan dónde solemos ir a dormir. Al responderles, se miran entre ellos como diciéndose: "¿Los invitamos?". Siempre aparece un angelito.

—¿Cómo un angelito?

—Sí, está lleno, están por todas partes —le responde Candelaria—. Una vez estábamos en Pensilvania, casi llegando al estado de Nueva York, era medio tarde y de noche no nos gusta manejar. Aunque había gente que nos estaba esperando más adelante en su casa, no llegábamos a tiempo. Entonces paramos al costado de la ruta, en un cruce donde había un galpón abandonado y unas casas, para pensar qué hacer. Buscamos una persona recomendada a quien llamar, pero no teníamos a nadie cerca. "Fíjate en la revista de los miembros del Club Graham-Paige, a ver si hay algún miembro que nos pueda recibir", me dijo Herman. Busqué hasta que encontré uno que vivía a unos 35 kilómetros de donde estábamos. Tras discutirlo, fue a Herman a quien le tocó llamar, mientras yo escuchaba atentamente. Luego de presentarnos, le preguntó al miembro del club si era posible que nos albergara por esta noche. El señor no sabía qué decir, preguntaba dónde estábamos, no decía que no, pero tampoco que sí. Mientras me imaginaba la respuesta, un auto paró al lado del nuestro. Era un carro todo rotoso, de dos puertas, poco cuidado, y se veía desordenado. De él se bajó un hombre joven, de treinta y pico de años, al que le faltaban algunas afeitadas. Se me acercó y me dijo: "Leí su cartel y tuve que parar. ¿Vienen desde Argentina? Yo quiero mucho a Latinoamérica. ¿Qué hacen por acá? ¿Están perdidos?". Muy entusiasmado con nuestro viaje, no paraba de contarme que también él era viajero, que había estado en Argentina, Asia y Europa y que incluso había salido con una chica argentina. Yo mientras lo escuchaba pensaba: "Éste es nuestro ángel de hoy", y le tiraba del brazo a Herman para que no se preocupara más. Entonces este joven me preguntó adónde pensábamos dormir. Le respondí que no sabíamos y enseguida me dijo: "Yo tengo una cabaña de madera en las montañas y me encantaría que vinieran. Tengo unas truchas que podemos cocinar para todos, tengo un caballo, una vaca, dos cabras, un perro, un río…". "Sí, sí, vamos para ahí", lo interrumpimos. Lo seguimos, a medida que avanzábamos el paisaje se hacía cada vez más agreste y pintoresco, estábamos rodeados de montañas en un valle lleno de árboles. Creo que nuestras caras delataron la sorpresa al ver una cabaña maravillosa construida por él mismo y un establo con los animales prometidos. Era un lugar soñado. Mientras nos cocinaba, nos contó de sus viajes y nos dimos cuenta de que era una persona especial que se adaptaba al lugar al que viajaba. Herman le preguntó cómo hacía él para entenderse con gente que hablaba otro idioma, a lo que el joven John Longmore respondió: "Todo ser humano puede hacerse entender, y me es más fácil comunicarme con esas personas que con la gente que habla mi idioma. Ellas, te aseguro, no entienden mis viajes y el tipo de vida que llevo: trabajo seis meses al año para procurarme el dinero que preciso para viajar, el otro semestre me dedico a hacerlo de la manera más sencilla, para que la plata me rinda más y así poder seguir paseando por más tiempo. Tampoco yo los entiendo a ellos, que sólo trabajan y trabajan para pagarle al banco cosas que compraron y que no necesitan. Dan su vida al banco y a la empresa en la que trabajan, más que a su familia y a sí mismos. No tienen tiempo para sus hijos, pero sí para sus jefes. Sólo se toman quince días de vacaciones y los usan para hacer arreglos en su casa, en vez de para arreglar su vida. Cuando viajo y estoy con estas familias que hablan tan distinto, no necesito mucho para entenderlas, sé que con una sonrisa soy bienvenido, sé que su familia es su mayor riqueza y al verlos percibo que saben que lo mejor para la familia es estar con ella. Yo no entiendo a los que hablan mi mismo idioma, porque les muestro las fotos de estas familias y dicen: "Pobres, mira dónde viven, no tienen nada". Y quien me lo dice está separado o como su hijo está lejos no lo ve o no disfruta el tiempo con su nueva mujer porque ambos hacen horas extras… Esa noche nos fuimos a dormir recordando a tantas familias con las que nuestra primera comunicación fue una sonrisa. El joven tenía razón, la sonrisa es el idioma internacional, ¡significa tantas cosas lindas! Con nuestro hijo también una sonrisa fue nuestra primera comunicación, y nos llenó de felicidad. Solamente y simplemente con una sonrisa nos hacemos entender –culmina Cande.

–¿Ése no es un ángel? –le pregunto a la periodista que no responde. Se ha quedado en silencio esperando saber más. Insisto– ¿No es un ángel ése?

–¿Así es todos los días? –reacciona.

–Con mil variantes, pero así ocurre todos los días.

–Y ¿cuál fue el momento más feo?

–Hershey.

Ambos le contamos en detalle lo que nos ocurrió. La reportera, a quien la entristece mucho que esto haya pasado en su país, nos pregunta:

–¿Llamaron a Bill para preguntarle qué pasó?

–Sí, lo llamamos, pero como no contestaba nuestros llamados le tuvimos que pedir a un amigo que lo llamara y nos pasara con él.

–Y ¿qué les dijo?

–Que lo olvidemos, que solo fue un error, que ya era tarde para hacer algo.

–Triste que él siendo un directivo importante no quisiera arreglarlo o pedirles disculpas... –comenta la periodista.

–¿Ése fue el momento más difícil?

–No, lo más difícil fue empezar, dejarlo todo: la familia, la casa, el trabajo y los amigos, para dirigirnos hacia lo desconocido, lo imprevisible, lo extraño.

–¿No fue más difícil bajar el Amazonas, cruzar los desiertos, las montañas, el parto o el quedarse sin dinero?

–No, nada de eso. Mucho más difícil fue empezar.

Regreso a Canadá

Pescador de gaviotas

De vuelta en Canadá, lo primero que hacemos es ir a Cardinal donde nos esperan Karen y Ray, una pareja que conocimos en la reunión de Graham-Paige que se hizo en Greensboro. Una vez en su casa, frente al río San Lorenzo disfrutando ver las gaviotas volar, Karen nos pregunta:

–¿Qué opinan de Canadá?

–Muchos ven a Canadá como un país en el primer mundo, mientras que para nosotros está último –sorprendiéndola por mi comentario.

–¿Cómo?

–Sí, el último país en nuestro recorrido.

–Ah –suspira aliviada.

–Karen, no te tiene que importar cómo se ve tu país. Él es como es, al igual que tu familia, tu casa y tú misma. ¡Qué importa lo que opinen los demás!

Quedamos en silencio. En nuestro encuentro anterior Karen nos había contado que un día había ido a buscar a su sobrina al jardín de infantes. La niña al verla corrió a su encuentro y la abrazó, pero Karen no la reconoció y tuvo que preguntarle a una maestra quién era esa pequeña. Ese mismo día la llevaron al hospital. Entonces le diagnosticaron un tumor cerebral y le dijeron que al día siguiente debería ser operada de urgencia. El mundo se le vino encima en segundos y sin aviso. La operación no tenía garantía: podría dejarle como secuela retardos mentales o pérdidas de funciones, incluso podría morir, pero había que intervenirla. Increíblemente salió perfecta. "Nunca enfrenté la muerte tan cercanamente, nunca estuve a un paso de perderlo todo", nos había comentado. Hoy, de una de las paredes de su casa cuelga un signo chino que significa longevidad. Eso es lo que Karen desea ahora, vivir muchos, muchos, años. Tras recordar esto, le consulto:

–¿A ti qué te gustaría más?: ¿cinco kilos de helado sin gusto o el vasito más pequeño de tu gusto favorito?

–El vaso pequeño de helado con mi gusto favorito –me responde sin ninguna duda.

–Tú me dices que prefieres tu pequeño helado con el mejor gusto, lo mismo pasa con la vida. No se trata de cuánto vivamos, sino de cómo vivamos. No busques vivir eternamente, busca vivir algo que lleves eternamente. Hay quienes buscan cómo matar el tiempo y otros que viven preocupados por cómo vivir más años. La realidad es que al tiempo hay que vivirlo. Cada día que vivas es un regalo, vívelo como si fuera el último, porque un día lo será. La vida te da sólo vida, todo lo demás se lo tienes que sacar. No esperes que te dé amor, alegrías, momentos inolvidables, sueños... eres tú la que tiene que ir por ellos. No porque pidas vivir una larga vida, con ella llegarán estas cosas. Un hombre de treinta años puede haber vivido mucho más que uno de noventa. Es como una película. ¿Qué prefieres? ¿Una excelente película de treinta minutos o una aburrida de noventa?

–La de 30...

–Bueno, así es como tienes que vivir: una excelente vida que si se prolonga, bienvenido sea. Dios te bendijo con otra posibilidad de seguir viviendo. Come tu gusto favorito de helado, saborea la vida.

En total, nos quedamos en Cardinal tres días en los que solemos salir a caminar y chequear nuestro correo en internet. Entre los mensajes, leo el de una pareja que nos recibió en Texas: nos cuentan que perdieron a su único hijo, de más de treinta años, pero que aun así, con todo el dolor que significa enterrar al propio hijo, le agradecen a Dios la bendición de haber podido convivir todos estos años con él. El mensaje me estremece: siempre le recriminé a Dios que se hubiera llevado a mi madre, pero esta pareja me enseña a agradecerle que me permitiera disfrutarla durante veintiún años. Podrían haber sido menos, podría haber sido... nunca.

Receta de amor

Al entrar a la ciudad capital de Ottawa nos dirigimos directamente al mercado, donde entre frutas y verduras, carnes y comidas, cafés y otras yerbas, acomodamos el auto para hacer nuestras compras. Nos sorprende la cantidad de gente canadiense que habla español y la cantidad que ha viajado por el mundo, sobre todo la manera de hacerlo, casi todos con mochila al hombro sin importar la edad. Cerca de allí, el club de autos antiguos de Ottawa nos agasaja maravillosamente durante un desayuno hasta con entrevistas para los diarios.

En la ciudad nos recibe el matrimonio Moore. Se trata de gente mayor, nada les interesan los autos, a la que contactamos a través de unos amigos en común en Mississippi. Forman esa clase de pareja que a todos nos gustaría ser a esa edad o, mejor dicho, de por vida. Se tratan como novios, constantemente se miman y se declaran cosas muy dulces. Por eso les pedimos que nos cuenten sus secretos a modo de consejo:

–Nunca faltarle el respeto al otro, ni siquiera durante una discusión ni tampoco en broma. Jamás hacer chistes para que los demás se rían de tu pareja –enumera el señor Moore–. Nunca irte a dormir sin el beso de las buenas noches ni levantarse sin el de los buenos días, aunque estés enojado. No importa que sea cortito... el beso hay que darlo. Nunca dormir separados, aun siendo lo que quieras hacer después de una discusión. Saber que cuando una discusión termina, se termina para siempre, no se vuelve a recriminar. Cuando se perdona, se perdona para la eternidad. Nada de ir elegantemente vestido al trabajo y ponerse ese cómodo y viejo equipo de gimnasia, la bata o los ruleros para estar en casa. Siempre hay que vestirse y prepararse como si se saliera a una cita: siempre a la conquista. Otra cosa muy importante y difícil de entender es que los hijos no son el fin del matrimonio, sino un fruto del mismo. La pareja debe seguir siendo tan importante como lo era antes de que naciera ese hijo. Con padres felices se crían hijos felices. Y por último, prestar mucha atención a los detalles: brindar una sorpresa, regalar unas flores, escribir una carta, darse tiempo para la pareja, para hablar, para salir y hasta para solo estar solos –culmina el señor Moore muy seguro de lo que dice.

–El amor no es un sentimiento que se va a sentir eternamente porque sí –agrega ahora su señora mientras mece a Pampa en sus brazos–. Hay que cultivarlo, regarlo y cuidarlo todos los días. El amor tiene que crecer y ser mayor que cuando uno recién se casó o, por el contrario, se irá muriendo poco a poco. Uno se enamora de la otra persona por los sueños. Si ellos se olvidan, se olvida también el porqué uno se había enamorado. Sueños por los que hay que luchar, ya que fortalecen el amor y lo hace crecer si por lo menos se intentan cumplir.

–El mayor tesoro que uno puede encontrar en la vida es el amor, amar a alguien y sentirse amado. Sin él, nada somos, nada tiene valor. Hay que encontrarlo, ya que para cada uno, allá afuera, hay un amor esperándolo –termina diciendo él.

Yonge Street

Tras algunos días de viaje entramos a la ciudad de Toronto, por gigantes autopistas para ir a la casa de Carolina y Gonzalo, unos amigos argentinos que junto a sus dos hijas vinieron hace poco a Canadá. Extrañan intensamente nuestro país, pero las cosas allá se complicaron justo cuando la empresa para la que él trabaja le ofreció trasladarlo a Toronto. El puesto de Gonzalo es muy bueno, al igual que la casa y el auto, también es muy bella la ciudad en la que ahora estamos y su gente; sin embargo tanto él como Carolina sienten que les falta mucho para ser felices: las familias, los amigos, la casa que poco a poco habían construido, las costumbres, las comidas... Tanto falta que extrañan en demasía.

La tierra donde uno crece es como el primer amor, nunca se olvida y siempre se recuerda como la mejor. El cariño a la tierra de uno no se diluye con nada, porque uno ama ese lugar y quiere vivir en él sin importar cómo es ni qué nos puede dar. Nos casamos con la persona que amamos, no con la que nos conviene. Igual ocurre con la tierra. Por algo, la mayoría de los que se van de la suya, lo hacen por razones de fuerza mayor, con gran dolor y sintiendo que están traicionando a su tierra. A muchos inmigrantes se los mira mal, sean ilegales o no, pero después de haber convivido con tantos, puedo asegurar que hay que admirarlos: es tanto lo que dejan que pocos tendrían el valor de hacerlo.

327

Es domingo y recorremos la ciudad de Toronto, nos encanta. Vamos por su avenida más importante, Yonge Street, dirigiéndonos a vender libros a una zona bohemia donde hay muchos transeúntes.

La luz roja del semáforo nos detiene; al pasar a verde y poner el cambio para movernos, se escucha un ruido de rotura que hace que instantáneamente nos miremos con caras de "¿Qué fue eso?". El auto no avanza por más que acelere. Bajamos a empujar para llevarlo más cerca de la vereda. Un señor que aparece me ayuda, pero cuando intentamos moverlo una parte del auto se derrumba contra el piso: la rueda trasera del lado del conductor se ha salido.

–Se rompió el palier. ¡Qué mala suerte! –exclama el hombre.

–¿Usted cree? –le contesto– Mire que se podría haber roto en la autopista que recién dejamos. Entonces hubiésemos perdido el control, chocado contra otros autos y las ruedas podrían haber salido disparadas y provocar otros accidentes... Acá, en cambio, sólo se rompió un palier. Creo tenemos mucha suerte.

–Si lo ve de esa forma, se puede decir que sí: tienen mucha suerte.

–¿Los puedo ayudar en algo? –se ofrece otra persona.

Luego se acercan más y entre todos levantamos el auto. Poco a poco lo acercamos a la vereda tratando de aliviar el desastre que provocamos en el tráfico. Cada vez es más la gente que se acerca y pregunta qué puede hacer por nosotros. Incluso uno nos trae chocolate caliente para alivianar el frío, otro llama al Automóvil Club Canadiense y una señora colombiana nos regala una manta tejida por ella para su nieto pero que feliz regala a Pampa, y que enseguida la estrena.

Llega la policía:

–Disculpe, oficial, por el lío que estamos causando con su tráfico.

–¿Lo hicieron a propósito? –me pregunta.

–No, claro que no.

–Entonces ¿por qué se preocupa?

Mientras esperamos la grúa del Automóvil Club, llamo a dos socios del Club Graham, uno de Estados Unidos y otro de Canadá, para que nos ayuden en la búsqueda del repuesto. Algunas personas nos invitan a sus casas, otras se llevan el libro firmado que Cande empieza a ofrecer. Hasta tenemos visitas conocidas: un mexicano que en el Distrito Federal nos entrevistó para una revista, justo en este momento está de paso por acá.

Los policías ven que mi mujer vende algo sin parar y quieren saber de qué se trata: nos ponemos nerviosos, puede que no esté permitida la venta ambulante. Sin embargo, cuando Cande les muestra el libro los policías le compran dos ejemplares.

Llega la televisión con el periodista Peter Gross y hacemos una nota muy divertida, en la que nos reímos de esta situación, que implicará quedarnos más tiempo en Toronto. Las cámaras filman a la grúa llegando, llevándose el auto y a nosotros despidiendo a la gente que aún en el frío se ha quedado aguardando por si algo podía hacer para ayudarnos.

Por ser miembros del Automóvil Club Argentino tenemos el beneficio de 5 kilómetros de grúa gratis, los veinte restantes que hay hasta la casa donde nos hospedarán, tendremos que pagarlos y no son nada baratos.

El chofer de la grúa llama a la sede del club:

–Jefe, me encantaría que estuviera aquí para ver esto. Seguramente, me ordenaría que no les cobráramos nada. Por favor, no me pida que les cobre. Estos chicos están realizando algo que todos deberíamos hacer. Al menos, los tenemos que apoyar.

–Si tú me lo pides, así debe ser. Yo me encargo –contesta el jefe. Así, llegamos a la casa.

Al día siguiente telefoneamos al consulado argentino. Enseguida nos brinda la dirección de un mecánico. Cuando lo llamamos, como si ya supiera de nosotros, nos pregunta la dirección adonde mandar la grúa.

El chofer de aquélla, al llegar, se baja con la boca bien abierta, no puede creer lo que está viendo:

–Oscar me mandó a buscar algo advirtiéndome que me iba a encantar, pero no me imaginé qué sería. ¡Menos un auto del veinte con patente argentina y que vino andando!

El hombre resulta ser argentino y está emocionadísimo. A la hora de pagarle, nos dice que sólo aceptará si le pagamos en pesos argentinos. Obviamente, no los tenemos.

El taller al que nos lleva parece típico de un barrio porteño: pósters de equipos de fútbol, fotos de autos de turismo carretera, alguna que otra imagen de una mujer promocionando algún producto al que nadie presta atención... al producto. Aquí también trabajan el hijo y la mujer del mecánico y por los parlantes que animan el lugar se oye la transmisión vía internet de una radio argentina que están escuchando.

–Che, sabé vo, que cuando los vi por la tele ayer, le dije a mi "jermu": "Vas a ver que mañana los tenemos por el taller" –nos dice el dueño del lugar.

Él está soldando el palier, cuando recibo un llamado para avisarme que dos nuevos palieres ya están en camino para acá. Mientras los esperamos, volvemos a poner el arreglado en el auto.

Al final nos vamos de Toronto con nuevos amigos, muchos libros vendidos y con palieres de repuesto, todo gracias a una rotura.

¿Cuál es el plan?

Apenas salimos de la ciudad recibimos un llamado de Dave y Agnes que están a nuestra caza, quieren acompañarnos a las cataratas del Niágara, razón por la que felices nos comunicamos frecuentemente para contarles por dónde andamos:

–¿Por dónde están? –pregunta Agnes.

–Vamos por un pequeño camino rodeado de árboles de colores, estaremos a tres horas de las cataratas. Nos encontramos allí –le cuenta Cande.

Simultáneamente a que corta se oye un fuerte ruido metálico horrible que proviene del motor y empieza a salir humo. Saco el cambio y paro despacio sobre la banquina, al mismo tiempo que una *pick up* que apenas nos pasa se detiene. Abro el capó: las paletas del ventilador están dobladas. Encima, como se rompió la pieza que lo sostiene, éste chocó contra el radiador y le hizo algunos agujeros. De ellos sale agua que al mojar el caño de escape produce aquel vapor que recién nos pareció humo.

El hombre de la *pick up* se para a mirar mi motor sin decir nada. Veo que sus manos son manos de trabajo y le pregunto su nombre:

–Stewart –me responde mientras sigue mirando el motor.

–Bueno, Stewart, ¿cuál es el plan?

–Conozco un taller con torno donde pueden arreglarte el soporte del ventilador. Además tengo un amigo que arregla radiadores y mientras todo eso se hace tengo mi casa donde pueden quedarse –me contesta sin ninguna vacilación.

–Entonces... vamos.

Llegamos remolcados por su *pick up*. Nos presenta a su familia, vive con su mujer, hijos y nietos en una cálida casa de campo. Cande se queda adentro con la nieta, quien juega mucho con Pampa, mientras Stewart se pone el mameluco y yo ayudo a desarmar el auto. También llegan Dave y Agnes, a quienes los reciben como amigos de toda la vida. Por la noche, todos juntos cenamos un riquísimo guiso.

Nuestra despedida de esta parte de Canadá al final debe esperar tres días más, en los que además de arreglar el auto disfrutamos con la familia anfitriona el recorrer sus lugares favoritos. No sólo el tornero no nos quiso cobrar, porque había leído en el diario nuestra nota, sino que tampoco el del radiador, quien adujo: "Si son amigos de Stewart, son mis amigos. Y a mis amigos no les cobro".

Estados Unidos nuevamente:

Primera nevada

Luego de recorrer las cataratas del Niágara, entramos nuevamente a Estados Unidos junto con Dave y Agnes. La idea es ir a Detroit, donde nació el auto, y desde allí avanzar todo lo posible hacia el Sur, es decir, California, para escapar de este invierno que ya se hace sentir con sus primeras nevadas.

Tenemos una invitación a una casa cerca de Buffalo, y como ya ha caído la noche nuestros amigos prefieren acompañarnos para después ellos retornar a su casa. De repente en un puente que atraviesa una autopista el auto pega un duro golpe contra el piso al salirse la misma rueda que en Toronto, pero esta vez en movimiento. Chispas enormes salen de los hierros que rozan contra el pavimento. Rezo por que la rueda no caiga del puente ni se vaya al carril contrario a la vez que trato de mantener el auto derecho hasta que se frene solo.

Cuando bajo encuentro el guardabarros trasero cortado por la mitad y todo doblado hacia arriba, la campana gastada por el rozamiento, pero sana, y la rueda, como si hubiera estado atada, a dos metros detrás del auto con el pedazo de palier. El mismo palier que soldamos, se volvió a romper.

Llamamos a la casa de Buffalo. Sharline y Vernon, sus dueños, invitan también a Dave y Agnes a dormir allí. Gracias a la grúa del Automóvil Club Americano (AAA), llegamos.

Al día siguiente amanece todo blanco con unos diez centímetros de nieve. El día lo dedicamos a sacar el palier roto y cambiarlo por uno de los recibidos en Canadá.

Por la noche, mientras comemos, Dave y Agnes nos invitan a pasar el invierno en su casa, no quieren que manejemos con este frío y para convencernos nos ofrecen un cambio de anillos al motor y otros arreglos, que no son nada comparados con el disfrute que nos genera estar con esta hermosa familia y sus amigos. No obstante, el motor realmente necesita un cambio de aros, está usando muchísimo aceite y tiene menos fuerza. Por otra parte, también es verdad que desde que salimos de viaje venimos quemando aceite y que podríamos seguir hasta que diga basta... Pero ¿por qué el palier en Toronto, luego el ventilador y otra vez el palier aquí? ¿No son señales de que deberíamos parar? Con Cande nos vamos a hablar solos, y no tardamos en decidir volver a casa, a casa de Dave y Agnes.

Salimos para Halfmoon nuevamente después de un desayuno fuerte en carbohidratos porque realmente el invierno llegó. En esta zona nieva tanto o más que en Alaska y lo está demostrando. Marchamos igual siguiendo la *pick up* de Dave. Llegando al mediodía la nieve deja paso a una lluvia helada que cae con pedacitos de hielo, para volver a caer nieve y volver a caer hielo. Durante una parte del viaje, sólo veo lo que mi limpiaparabrisas manual limpia porque lo demás lo cubre la nieve. Cuando llega la tarde mucho más fría todavía, una lluviecita que cae sobre el auto se transforma en hielo y se queda pegada al auto, haciendo una gruesa capa de hielo por todos lados menos sobre el capó. El parabrisas ahora es todo hielo menos esa partecita que mi limpiaparabrisas alcanza a limpiar. Dave con su moderna *pick up*, con calefacción y desempañador, tiene que parar seguido para derretir su hielo en el parabrisas lo cual relaciona con algo divino que no tenga que hacerlo yo en mi auto. El camino lleno de subidas y bajadas también se cubre con nieve y hielo pudiendo ver sólo las luces de posición de la *pick up*, y usando todos mis sentidos para no perderlas.

Llegamos a la madrugada del día siguiente siendo el trayecto realizado el más largo de todo el viaje: 544 kilómetros en un día, que sumado a lo difícil, se sintieron agotadores y nosotros vencedores.

Descubrir nuevos amigos

Desarmando el auto, descubrimos que un cambio de aro no será suficiente. Hemos quitado algunos y están en pedacitos, además dos pistones se han agrietado y uno de los metales de las bielas está destruido.

–Es increíble que en estas condiciones hayan podido llegar hasta acá. Creo que mejor momento para desarmar el auto no podría ser –sentencia Dave antes de convertirse con sus amigos en un provisorio taller oficial de Graham-Paige.

Del Club Graham nos mandan otro palier extra, pero nada pueden hacer por los pistones y los anillos. Éstos no los conseguimos por más que buscamos, así que decidimos mandar a hacerlos.

El primer presupuesto que nos consiguen es de 3375 dólares y tardaría tres meses. Dave habla con sus amigos Doug y Vernon y otros; entre ellos están dispuestos a pagarlos, pero nosotros no queremos, ya es demasiada ayuda la recibida, sería demasiado que además de todo gastaran tanto en los pistones. Amigos, como Doug, se han tomado los días de vacaciones que les corresponden en sus trabajos para reparar el

331

auto; algunos nos han regalado repuestos, Ray ha venido desde Canadá para colaborar al igual que otras personas provenientes de distintos sitios de Halfmoon, como por ejemplo el tornero y el socio de nuestro anfitrión.

A Dave se le ocurre una idea: organizar reuniones en el taller que está pegado a su negocio de motosierras. Invita a todos sus amigos a participar y resulta un éxito: muchos nos compran libros y artesanías, que Cande junto a Agnes, su hija y la mujer de Doug se ponen a vender.

Además, nuestro amigo ayuda a difundir la noticia de nuestra necesidad y así consigue el dato de una empresa en California que hace pistones para autos de carrera. La llama y les cuenta el propósito de estos pistones, logrando que la empresa acepte hacérnoslos por 800 dólares en tan sólo un mes.

Durante ese tiempo yo acompaño el trabajo en el taller, mientras que Cande, a

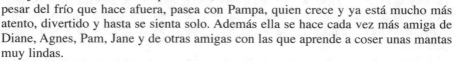

pesar del frío que hace afuera, pasea con Pampa, quien crece y ya está mucho más atento, divertido y hasta se sienta solo. Además ella se hace cada vez más amiga de Diane, Agnes, Pam, Jane y de otras amigas con las que aprende a coser unas mantas muy lindas.

Todos los movimientos de mecánica son bien precisos. Dave y su equipo tienen muchos años de práctica en sus autos antiguos, pero no en carros Graham. No obstante, para dilucidar dudas y dirigir los trabajos está Bob, quien desde Greensboro, ciudad en la que Pampa nació, da todas las indicaciones telefónicamente. Cada uno tiene su tarea, menos yo. Cuando el motor ya está desarmado y es imposible ir a algún lado con él, las bromas en el taller empiezan. Sé que son burlas cariñosas, pero son hacia mí y no puedo responder porque mi viaje está en sus manos:

–¿Qué puedo hacer? –pregunto.

–¿Ves ese rincón? ¿Lo ves? Ve ahí y quédate. Eso nos ayudaría mucho.

Otro día pido ir a comprar líquido de freno, que se dice *brake fluid*, y me llevan a la verdulería a comprar pomelos, que se dice *grape fruit*. Mi pronunciación aún no es muy buena, pero es la justa como para que me hagan chistes.

Dave es fanático de Chevrolet, y una tarde me comenta:

–Si hubieras hecho este viaje en Chevrolet, no estarías arreglando el auto acá –me dice socarronamente.

–Sí, es verdad, todavía estaría en Chile arreglándolo –comento empezando a retrucar los chistes, pero sin lograr callar a mi amigo.

–Herman, ¿dé que marca eres tú fanático?

–De Ford –respondo aunque no lo soy, sólo para llevarle la contra.

–Ah, Ford. ¿Sabías que la mitad de los autos Ford que salieron de fábrica aún están en la calle…? –suena raro su comentario tan optimista– y la otra mitad pudo llegar a sus casas.

Abrazar a papá

Estando en Halfmoon recibo un llamado desde California. Es de mi padre, que vive en San Francisco. Cuando cumplí un año mi madre se separó de él y ella y yo volvimos a Argentina. Él se quedó y nunca más hubo comunicación. Perdimos todo contacto. Cuando quise conocerlo no sabía cómo encontrarlo. Comencé a buscarlo a los 16 años, y a toda persona que viajaba a Estados Unidos le pedía que viera la forma de hallarlo.

A los 19, una amiga de Cande me trajo un número telefónico. Llamé y me respondió en inglés un hombre al que notaba feliz de hablar conmigo pero al que no podía comprender por el idioma, así que se lo pasé a mi madre, quien habló y anotó otro número. "Era tu hermano, se llama igual que tu padre", me dijo. Así me enteré de que tengo un medio hermano.

Luego llamamos al otro número y me atendió mi padre. Nadie le había dado ninguna clase de aviso, lo llamaba un hijo al que nunca conoció sólo de bebé, y al que nunca más había visto ni escuchado. Por momentos, lleno de gozo y por otros, en estado de *shock*, me dijo unas pocas cosas y me pidió mi número de teléfono diciendo que él me iba a llamar en unos minutos.

Así lo hizo, y más relajados hablamos por horas. Recuerdo que me preguntó qué tan alto era, qué hacía, cuáles·eran mis deportes y quiénes mis amigos, quería saber todo de mí. Enseguida me invitó a visitarlo, me preguntó cómo lucía, a lo que le contesté "ya verás".

A los tres meses volé a San Francisco. Ni él ni toda su familia podían creer nuestro parecido. Hasta una vecina pensó que era él después de una operación. Conviví tres meses con mi papá y juntos descubrimos que tenemos muchas cosas en común: gustos, costumbres y hasta gestos. El tiempo que pasé fue maravilloso, conocer a mi padre y a dos hermanos y una hermana, emocionante.

Pero volviendo a su actual llamado, lo que él quiere es que pasemos Navidad en familia. Y felices aceptamos su invitación. Será la primera vez con él. Nos vamos para allá en avión gracias a los pasajes que nos manda. Volver a ver al "viejo" es lindísimo, sobre todo siendo las fiestas. Con Pampa en sus brazos no deja de repetir que nunca había tenido tan lindo regalo. Nuestro hijo ya gatea y mi padre se encarga de llevarlo a la plaza sobre sus hombros, de darle de comer y esas cosas que gustosos hacen los abuelos.

Sin embargo, no estamos felices del todo. Estando en lo de Dave habíamos recibimos otro llamado familiar, además del de mi padre. Era para avisar que la mamá de Cande nuevamente está mal. Desde Argentina nos contaron que le hicieron una intervención quirúrgica para extraerle el tumor del hígado y que otra vez deberá realizar tratamientos. En todo nuestro viaje hemos pensado mucho en su mamá, y ahora Cande quiere volver para estar con ella y realmente a mí también me gustaría acompañarla.

Con ese objetivo, llamamos a una empresa de viajes de un argentino que está en Nueva York para preguntarle los precios a Buenos Aires. Él se ofreció a cobrarnos al costo. El peluquero de un local en Nueva York donde vendimos libros y otro señor que viajó desde Argentina hasta aquella ciudad en bicicleta nos ayudan a pagar el pasaje pero recién hay pasajes para después de Navidad.

La estrella elegida

Pensar en volver a Argentina se siente rarísimo. ¿Cómo será estar de nuevo en casa?

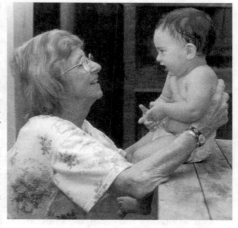

Se suponía que no íbamos a volver sin primero haber terminado el viaje, pero hay cosas que no se planean, que el corazón nos pide y que no se pueden dejar pasar.

Por eso, ya estamos en vuelo hacia Buenos Aires, ansiosos por llegar y pasar un mes entero con la abuela.

Bajamos del avión y al ingresar al hall vemos a todas nuestras familias. Lo primero que nos surge es reírnos a carcajadas porque todos están totalmente disfrazados saltando y gritando. Luego, al llegar los abrazos, aunque nos sentimos muy bien, todos lloramos de emoción. Han pasado tres años sin vernos, que se sintieron mucho más.

Cande estruja con sus brazos a su mamá, que conmovida y sin querer soltarla le dice:
–Te extrañé tanto, hija mía.
–Yo también, mamá.

Por la noche, Cande y su madre señalan en el cielo cuál era la estrella que habían escogido para comunicarse. Señalan una y otra, riéndose encantadas de estar juntas nuevamente. Más tarde, hablamos a solas con mi suegro, que es doctor:
–El diagnóstico no es bueno. Pero no hay enfermedades, sino enfermos y tu mamá es especial. Tiene la fuerza de querer seguir y este nieto es una poción mágica que le hará muy bien –dice mientras vemos que Pampa disfruta estar sentado en el regazo de ella.

Pasamos un mes entero súper familiar, comiendo muchos asados en casa, la cual después de tres años sola necesita cantidad de arreglos. Estando en Argentina nos damos cuenta de cuánto extrañábamos, pero aun así las ganas de volver para continuar el viaje a Alaska siguen firmes.

Otra cosa que notamos es el enorme cambio en nosotros. El sólo hablar con nuestras familias y amigos nos lo demuestra. Para muchos que la casa esté mal debido a estos años es algo terrible y toda una desgracia, en cambio nosotros pensamos que son sólo cosas materiales que se podrán arreglar.

Durante uno de los asados:

–¡A ver si se dejan de tanto viaje y se ponen a trabajar...! –es el comentario de uno.

–Después de tanto vagar por el mundo les va a costar tremendamente –comenta otro.

–¿Ustedes con qué fin trabajan? –les pregunto.

–Y, para el bienestar mío y el de mi familia.

–¿Y con qué fin creen que estamos trabajando nosotros en este viaje, día a día? Seguramente les parecerá que sólo estamos disfrutando y sí, lo estamos. Disfrutamos armando nuestros libros, firmándolos a quienes se los llevan, pintando y enmarcando cuadros, armando artesanías, manejando a nuevos horizontes, conociendo a mucha gente y cada tanto haciendo un service al auto. Es por ahora nuestro trabajo y es por nuestro bienestar, y como la Madre Teresa dijo: "Nuestra mejor distracción".

–¿Sabes qué? Uno está acostumbrado a relacionar el trabajo con un sacrificio, pero tienes razón, estás en el trabajo adecuado.

El mes se ha pasado muy rápidamente, como estos últimos tres años, como pasa el tiempo cuando se disfruta. Dejamos a la mamá de Cande muchísimo mejor de lo que la encontramos: un pequeño nieto pudo hacer maravillas en ella, como llenarla de alegría y energía.

Es un poco difícil dejar nuevamente la casa y la familia, pero no tanto como hace tres años: ahora volvemos a nuestro sueño con mucha más fe que con la que habíamos partido anteriormente.

Motor nuevo

Dave y Agnes, listos como siempre a darnos su cariño, nos esperan en el aeropuerto de Nueva York.

El cambio es brusco: dejamos en Argentina un lindísimo verano y ahora en lo de Dave estoy paleando nieve nuevamente. Para nuestra sorpresa, el auto no sólo está casi listo, sino que le han hecho varios arreglos extras. Por ejemplo, al guardabarros lo arregló un colegio secundario técnico en el que Dave daba clases antes de retirarse y adonde vamos a dar una charla para agradecerles a los chicos su excelente trabajo.

Aún con mucho frío y nevadas, pero ya cerca de la primavera, retomamos el camino, dejando Halfmoon con una mezcla de alegría y tristeza: ¡tanta gente nos ayudó, tantos amigos hemos cosechado! Pero ahora, es hora de dejarlos. Lo mejor del camino es la gente, lo peor es despedirse de ella.

Un meticuloso genio

Fácilmente habremos recibido unos veinticinco llamados de Jim desde Cleveland, Ohio. Lo conocimos en Hershey: durante la reunión de autos nos invitó a pasar por su taller camino a Detroit. Entonces su apariencia era de loco, sus ropas y sombrero le daban una imagen extraña y su interés por los detalles en la mecánica del auto era demasiado. Nuestra primera impresión fue que era un charlatán o un loco fanático de los autos y que si aceptábamos su invitación quedaríamos detenidos en Cleveland mucho tiempo, porque Jim podría obsesionarse arreglando cada detalle, y Macondo los tiene a montones.

Además en sus sucesivos llamados nos promete, para convencernos, que al ir haremos algo con la televisión y el diario locales. Nos ruega que no le fallemos, que vayamos a visitarlo. ¿No será él quien quiere un poco de fama? ¿Y si es un charlatán de primera?

A pesar de las dudas, tanta es su insistencia que no podemos negarnos. Después de todo, hay algo que nos contó en Hershey que nos une mucho a él: Jim intentó cumplir su sueño, que era organizar nuevamente la carrera Nueva York-Pekín, esta vez con autos antiguos. Nunca se llegó a concretar, por la falta de unos pocos dólares de los muchos que ya había conseguido. De algún modo, Jim nos hace sentir que ahora él ve en nosotros la posibilidad de cumplir su proyecto: aunque el punto de partida y de llegada sean otros.

Nos recibe con un amigo a la entrada de la ciudad de Cleveland y nos lleva directamente a su taller, que está lleno de autos valiosísimos. A Jim se lo ve súper entusiasmado, es tarde pero no le importa: junto a su amigo ingeniero y otros mecánicos empiezan a revisar el auto buscándole cosas para hacer.

Si bien Jim sólo arregla Rolls Royce y Bentley y en su oficina exhibe un cartel que alerta: "Si tiene algo que contarme, lo escucho, pero sepa que mi hora vale 150 dólares y el reloj está marcando", al Graham está dispuesto a dedicarle todo el tiempo del mundo para arreglarle cosas y cositas que sólo él ve que están mal:

–Acá hay una pérdida de líquido de freno, acá hay un poco de juego…

–Jim, por favor –lo interrumpo–, no queremos quedarnos una semana arreglando cosas, sino seguir viaje. Te ruego que sólo repares lo que sea imprescindible –le pido firme. Encima nos ha organizado muchas cosas: en el bar que frecuenta nos quiere presentar a todos, consiguió un reportero del diario, otro de la televisión, al alcalde de Berea para que nos reciba y al inventor de una nueva bujía que se usará en nuestro auto. Si sumamos a éstos los planes que tiene para el auto, necesitaremos un mes entero. Así que hago de tripas corazón y le reitero:

–Jim, en serio, haz por favor sólo lo que sea necesario, tenemos que llegar a Alaska este verano.

Los días siguientes recibimos visitas de numerosas personas que leyeron el diario. Algunas buscan nuestro libro, otras las pinturas de Cande y muchas se ofrecen para lo que sea necesario. También hay quienes se quedan ahí paradas, sólo mirando y tratando de no interrumpir nuestro trabajo. Todas nos irradian muchísima energía. Nos traen todo tipo de regalos que suelen ser muchas veces nuestro problema ya que no sabemos dónde guardarlos pero cada vez que los vemos, nos traen bellos recuerdos.

Meten sus cabezas por las ventanillas, buscan verlo todo, hasta oler el olor de la aventura, de los sueños y recorren el auto acariciándolo con sus manos. Es verlos y ver que se llenan de energía, que ellos toman y a la vez nos devuelven con sus mejores deseos de un feliz viaje, feliz regreso y feliz vida. Es necesitar un tornillo o algo que Jim no tenga, para que enseguida aparezca el voluntario a ir a buscarlo, es ofrecerle a Cande llevarla a un lugar más cómodo o a comprar pañales o a lo que necesite. Y para Pampa son muchísimos brazos que quieren sostenerlo, jugar, hacerlo reír. Es como en todo el viaje lo fue, es llegar y ser súper bien recibidos, muy cálidamente aunque afuera sea todo nieve y hielo.

A corazón grande, familia numerosa

Una de las familias que nos viene a visitar nos ofrece hospedarnos en su casa. Aceptamos felices. Ésta está frente a un lago y un bosque llenos de cisnes y ciervos. Cuando estamos cenando, la pareja nos cuenta cómo lograron comprar este lugar:
–Vivíamos en un pequeño departamento y buscábamos con nuestros dos hijos mudarnos a una casa: por el dinero que teníamos y las posibilidades de crédito no podía ser grande. Se lo comentamos a la agente de la inmobiliaria, pero ella, no sabemos aún por qué, nos llevó a ver esta casa primero, que hacía sólo dos días que estaba en venta. Por supuesto, fue verla y enamorarnos, toda ella era perfecta, pero teníamos que descartarla totalmente por su valor. Sin embargo, al día siguiente volvimos sin la inmobiliaria y nos presentamos al dueño y le dijimos sinceramente: "Discúlpenos, señor, teníamos que volver, no podemos comprarla, pero sentimos algo tan lindo en este lugar que si no le molesta…". El dueño nos invitó a pasar y mientras nos invitaba un café nos dijo: "Tengo un pacto que cumplir, pacto que hice con quien me la vendió a mí. Yo les puedo vender la casa, les firmaré un papel de recibo de pago por un gran adelanto de dinero que no efectuarán, sino que sólo me pagarán el dinero con el que cuenten. Todo esto a cambio de un pacto: ustedes deberán hacer lo mismo que yo hago con quien quiera comprar esta casa en el futuro, permitirle que sea la casa de sus sueños. Así la compré yo, así se las vendo, así la tienen que vender".

Pero no sólo esta historia es sorprendente, sino toda la vida de nuestros anfitriones. Ella es una estadounidense que de adolescente juró no casarse y menos tener hijos, porque creía que eso sería atarse a una persona, a un lugar, a demasiadas cosas. Sin embargo, se casó. El primer hijo llegó de sorpresa, el segundo fue buscado para darle al otro un hermano, y cuando por fin la mujer dijo basta, llegó inesperadamente el tercero.

Las sorpresas no terminaron ahí: se enteraron que un familiar muy lejano del marido, que vivía en Argentina daba a sus tres hijos en adopción. Su mujer había fallecido por culpa del alcohol y el hombre, que sufría el mismo vicio, no podía ni quería encargarse de los chicos. Esto no era todo: dos de los niños sufrían retrasos mentales para toda la vida, a causa de las borracheras de su madre durante el embarazo.

Nuestros anfitriones nunca habían pensado en adoptar, ya tenían tres hijos y los niños argentinos no sólo tenían disfunciones, sino que además eran aún mayores que los propios niños de la pareja. Además, por sus retrasos, apenas hablaban: ¿cómo aprenderían entonces el idioma inglés? ¿Cómo se adaptarían? ¿Cómo influirían en sus hijos? ¿Qué traumas traerían criados en contexto tan adverso? ¿Cómo podría esta pareja sostener económicamente una familia tan numerosa? Toda una noche se pasaron pensando qué hacer, hasta que el sol de un nuevo día les trajo la repuesta: "Por más que pensemos y pensemos estos chicos siguen sin un hogar, sin una familia", y con estas palabras se decidió agrandar la familia.

Y aquí está esta mujer con sus seis hijos varones en una perfecta armonía. Junto a todos ellos estamos comiendo en una enorme casa, sobre una larga mesa, rodeados de perros con sus cachorros y sintiéndonos una vez más en casa, en un feliz hogar.

Nos quedamos a pasar con ellos unos días maravillosos. La casa, la familia y el lugar rebosan de energía y muchas visitas la vienen a buscar.

Todo confluye

Respecto a Jim, pronto nos damos cuenta de que nos hemos equivocado, nuestra primera impresión sobre él fue totalmente errada, como lo son siempre las primeras impresiones. Éstas no cuentan, porque son falsas, cualquiera puede dar una primera imagen totalmente distinta a la real. Pero lo más grave es que nosotros olvidándonos de lo aprendido en el viaje, volvimos a cometer el mismo error. Todo lo que habíamos pensado sobre él es erróneo. Sólo quiere que cumplamos nuestro sueño, y así cumplir el suyo.

Ahora, prontos a irnos de Cleveland, veo cómo el meticuloso genio desarma la dirección, volante incluido. Y también veo su cara de asombro cuando en el volante halla algo fuera de todo razonamiento: encuentra una pieza partida por un lado y agrietada por el otro que lo asusta.

–Haz llegado hasta acá y nada ha pasado, pero a esta pieza le falta apenas un golpe para partirse. Podrías haberte quedado con el volante en la mano, y vaya a saber Dios qué hubiera pasado entonces.

La pieza, de complicada forma, es fundición de un metal blando. Jim está con su tornero, su amigo ingeniero y un señor que les fabrica piezas viendo cómo pueden llegar a hacer una nueva. Mientras, llamo al Club Graham, pero nada tienen.

Ya todos piensan que tendremos que pasar un buen tiempo aquí mientras la fabrican.

–Yo tengo un auto de éstos…
–comenta un señor que entra al taller, pero nadie le presta atención porque es común confundir al Graham con un Ford o un Chevrolet–… ¡es un 610! –continúa logrando ahora sí captar nuestro interés: sólo una persona que tenga un Graham sabe que éste es un modelo 610.

338

–¡¿Cómo está tu auto?! –le pregunta Jim excitadísimo.

–Todo completo, pero lleva como treinta años sin andar, necesita restauración.

–¿Podríamos sacar este repuesto de la dirección? –le pide mostrándole la pieza– Nosotros después te fabricamos uno.

–Sí, claro, vamos.

Lo que hubiese llevado días, se resuelve en un par de horas. Cuando necesitamos un resorte del arranque, apareció, cuando necesitamos un palier, apareció, ahora que necesitábamos otro repuesto dificilísimo, apareció.

Recuerdo al indio uro de Perú, que me dijo que en el camino iba a encontrar lo que necesitara, recuerdo las palabras de muchos que me aseguraron que Dios proveería, recuerdo que si se tiene fe, todo se puede. Todo confluye en una misma corriente para poder cumplir un sueño.

¿No seremos nosotros el problema?

El día anterior a dejar Cleveland vamos a almorzar, como venimos haciéndolo, junto a todos los amigos de Jim. La charla empieza a girar sobre el excelente estado que tiene ahora el auto, pero pronto cambia de rumbo para dar lugar al inminente principio de la guerra.

Todos ellos creen en su gobierno, y como éste les ha inculcado el miedo, ven necesario ir a la guerra. ¡Qué bien les vendría ir a Machu Picchu y mezclarse con gente de todo el mundo! Recuerdo las palabras de mi amigo Dave, quien me dijo: "Si hubiera vida en otro planeta, ya estaríamos en guerra con él".

–¿Herman –una voz interrumpe mis pensamientos–, tú qué opinas?

–¿Pues qué voy a opinar después de haber visitado veinte países y conocido a gente de toda clase que me hizo sentir querido? ¿Qué voy a opinar si visité países que vivieron guerras hace poco que sólo dejaron destrucción y muertes? ¿Qué voy a opinar si siento cada lugar como mi hogar y a cada persona como un amigo? Aunque sólo conozca América, sé que allá ha de ser tan maravilloso como acá y que en su gente habrá seguramente un montón de amigos por conocer. Guerra que muy bien manejada por unos pocos, va a llevar a muchísimos a la muerte, a la destrucción. Guerra que volvemos a repetir sin aprender que nada se consigue con la violencia, sino generar más odios. Guerras que con excusas sin peso dejan a pueblos destruidos. ¿Cuántos niños tendrán que morir?. Quieren mi opinión... Pues opino que no tendría que haber guerra.

–¡¿Cómo que no?! Si nos odian y estos terroristas son capaces de todo…

–Entonces habría que ver por qué los odian y remediarlo. La guerra no es el camino a la paz, sino que la paz es el camino. Si van a la guerra, verán que habrá muchos más que los van a odiar….

Uno de los presentes en la mesa deja de tomar su sopa. Durante todos los días que compartimos la mesa, siempre era él quien menos participaba de las conversaciones, pero ahora tiene algo que decir:

–Cuando llegamos a este continente, nuestros enemigos fueron los indios. Después, los ingleses. Cuando nos independizamos buscamos enemigos entre nosotros mismos y nos peleamos con los del sur. Luego, otra guerra contra los indios en el oeste y una contra México. Más tarde, nuestros enemigos pasaron a ser los alemanes y los japoneses. Cuando terminaron las grandes guerras fueron los comunistas. Y ahora estos nuevos enemigos… ¿No seremos nosotros el problema?

Nadie agrega nada: puede que nunca lo hayan pensado de esta manera o bien que no quieran discutirlo delante de mí.

La herencia

Entramos a la ciudad de los autos, Detroit, donde vio la luz por primera vez nuestro Macondo. Gente del lugar nos acompaña a ver la fábrica que aún se mantiene en pie y casi igual a 1928. El único cambio es que ahora sus oficinas comerciales son una gran panadería; las técnicas, una gran ferretería y los galpones de la fábrica se han convertido en depósitos.

Tomamos fotos que simulan que el auto vuelve a salir de fábrica y rejuvenecido para empezar una nueva vida. ¡Qué raro que un auto que salió de aquí y en barco llegó a Argentina, vuelva por tierra a su lugar de nacimiento 75 años después! Los cuatro, más la gente que nos acompaña, festejamos con un brindis de champagne este momento memorable para el Graham y para nosotros.

Al día siguiente alguien nos comenta que si el auto hubiera sido un Ford o un Chevrolet en Detroit hubieran celebrado nuestra llegada con una verdadera gran fiesta. Sin embargo, no lo creo así. Hoy la guerra se ha iniciado y no hay nada que festejar, sino todo lo contrario. La gente en las calles protesta sosteniendo carteles que dicen: "No War".

A Donna, nuestra anfitriona en esta ciudad, la conocimos en Canadá. Es divina y nos lleva a todos lados. Entre ellos, al fabuloso Museo Henry Ford, en donde nos tratan muy bien, nos invitan a pasar y a recorrer todo con un guía que, más que contarnos de qué se trata, quiere que nosotros le narremos lo que vivimos hasta ahora.

Entre los autos en exposición, nos encontramos con una sorpresa muy linda: hay que usar la imaginación para reconocerlo, por los miles de cambios que le han hecho, se lo ve casi destruido y muy pobre entre tantos autos lujosos, pero ninguno bri-

lla tanto ante mis ojos como este Ford A 28, que fue de un padre y un hijo que salieron desde Chile sin nada y que llegaron con mucho hasta Detroit.

Cuando estamos dejando el museo, uno de sus encargados nos pregunta cuál es nuestro plan para el Graham una vez que terminemos el viaje, porque el museo estaría interesado…

–Nosotros ya nada podemos opinar sobre el auto, ahora su dueño es él –respondemos con Cande a la vez que señalamos a Pampa.

Ciudad del viento

En la ciudad del viento, Chicago, nos recomiendan una y otra vez que no nos detengamos en cierta parte de la ciudad que se considera muy peligrosa. Pero tal cual nos pasó en Perú, como si fuera a propósito nos volvemos a quedar sin nafta justamente en aquel temible lugar.

Tomo el bidón, entro a un bar y pregunto por una estación de servicio, me dicen que hay una a tres cuadras. Camino por un barrio muy pobre en un país rico, es una zona marginada y así se siente, seguramente, mucha de la gente que la habita. En una esquina hay una patota de chicos adolescentes, a mi paso gritan que huelo a policía. No les respondo.

Continúo hasta llegar a la estación de servicio, que está aún más blindada que un banco. Sus cajeras atienden detrás de gruesos vidrios y la plata debo ponerla en una caja que después ellas abren del otro lado.

Al volver al Graham, paso nuevamente cerca de la patota. Esta vez nadie pregunta si soy policía, sino que me maldicen como si fuera uno. Me detengo y les explico que tan sólo soy un turista conociendo su ciudad:

–Ah, okay –se quedan sin entender y agrega uno asombrado– ¿Le gusta? –ninguno imaginó un turista por su barrio.

Cuando llego al auto me encuentro con la misma escena que en Perú: Cande está rodeada de gente "peligrosa" que le preguntan cosas acerca del viaje y acaricia a nuestro bebé.

Route 66

En Chicago empieza la ruta 66, desde donde iniciamos el cruce al Oeste que nos conducirá tan al sur que casi estaremos en México nuevamente. La mítica ruta nos va llevando por pueblos y ciudades, la primavera está llegando y este trayecto del viaje es sumamente disfrutado.

A partir de Saint Louis dejamos la 66 internándonos en Kansas por la zona de los huracanes, en la época de huracanes. El camino es recto y plano, nos recuerda a la pampa argentina. Una *pick up* que nos sigue nos hace señas de parar. El hombre que la maneja, con su sombrero de *cowboy* bien puesto, se baja y nos comenta:

–Si lo que dice ahí es lo que están haciendo, me encantaría tenerlos en casa.

Aceptamos gustosos la invitación y por la tarde, en su hogar, nos entrevista el diario local, con el que coordinamos encontrarnos al día siguiente en la plaza central para que quienes así lo deseen nos puedan conocer.

Llega muchísima gente, recibimos todo tipo de invitaciones y cariños, muchas personas se llevan nuestro libro firmado y todas nos cuentan acerca de los tornados ya que estamos en temporada:

–En un auto de éstos no podrían escapar de un tornado –comenta una.

–Si ven una pared de nubes, un cielo gris, viento, traten de escapar. Tengan siempre la radio prendida para oír si se anuncian tornados –nos dicen otras.

–No tenemos radio.

Al finalizar el encuentro en la plaza, nos vamos a dormir a la casa de una pareja un poco despareja. Según nos cuentan eran muy parecidos cuando vivían en California, donde se conocieron y se casaron: entonces él era fotógrafo y ella hacía arte con desechos. Luego se mudaron a Kansas porque a él le ofrecieron ser director artístico de una gran empresa de televisión y con un gran sueldo. Aquí ella siguió con su arte, sólo que al estar lejos de California empezó a venderles a sus clientes por internet y por este medio cada vez se sumaron más compradores, hasta que las obras se empezaron a cotizar. Así, en poco tiempo, ella llegó a igualar a su marido en ingresos, pero con la diferencia de que mientras ella sigue haciendo lo que siempre le gustó, su esposo trabaja cada vez más y ya no tiene tiempo para sacar fotografías. Sin embargo, el hombre no se queja: con lo que gana ya pudo comprar otra casa a la que se ha mudado y en la que guarda unos Jaguars antiguos junto a una moto espectacular, que aún no pudo estrenar.

Nosotros estamos hospedados en la casa de ella. Sentados en el living cantamos canciones con su guitarra acompañados por Pampa en las maracas. Luego hacemos un poco de arte con "basura".

Después de una cena vegetariana sin cocción la pareja nos deja solos para irse a dormir a la otra casa. De él nos despedimos esta misma noche, ya que por su trabajo no lo volveremos a ver, en cambio a ella la veremos por la mañana, porque nos ha prometido un desayuno vegetal.

Al levantarnos nos sorprende verlo a él esperándonos. Llegará más tarde al trabajo porque ahora quiere más libros que nos hace firmar para un montón de amigos suyos:

–Chicos, me hicieron recordar mis sueños. Siempre quise ser fotógrafo y mi sueño era recorrer mi país en un motorhome, sacarles fotos a los personajes del camino y armar un mosaico de caras y de lugares de Estados Unidos.

Al poco tiempo de dejar la casa, recibimos una carta de ellos. Él ha renunciado a su trabajo, han vendido las dos casas, se compraron un *motorhome* y ya han empezado su viaje fotográfico. La pareja se ha vuelto a emparejar.

Un viento apurado

Camino a Colorado, por las planicies de Kansas, un viento apurado nos pasa. Miramos para atrás y vemos las nubes grises. La corriente está a favor de nosotros y nos impulsa, pero es raro: al sacar la mano por la ventanilla el viento la empuja hacia adelante cuando lo común sería que lo hiciera hacia atrás. Esto quiere decir que el viento es más rápido que la velocidad del auto y mi presunción se hace evidente cuando al doblar nos choca contra un costado y quedamos ladeando de un lado a otro porque es difícil de controlar.

Manejamos tensamente, mirando cada cinco minutos para atrás, durante dos horas, cuando por fin la calma vuelve de repente. Como está por oscurecer, paramos en una casa de campo cercana al camino y preguntamos si nos pueden hospedar. Un hombre mayor, que ni siquiera abre la puerta, nos responde que no.

La segunda construcción que encontramos está alejada del camino y es mucho más sencilla que la anterior. De un gran galpón que está continuo sale un señor vestido con mameluco. Viene limpiándose las manos aceitadas, y enseguida me las extiende para saludar. Apenas nos presentamos le decimos que estamos buscando dónde dormir. Él no comenta nada, sólo mira el camino de entrada al campo porque justo está llegando su mujer.

–No creo que vaya a haber problema, pero déjenme preguntarle a mi mujer.

La vemos bajar con sus nietos del auto.

342

–Estos chicos son de Sudamérica y están yendo a Alaska. Buscan dónde poder dormir –le explica el marido.

–Bueno, chicos, de alguna forma nos vamos a arreglar, vengan –responde.

En cuanto cae la noche, la casa se llena: los abuelos, sus hijos, los cuatro nietos, que juegan con Pampa hasta la medianoche, y nosotros. La familia se muestra súper feliz con nuestra visita, les gusta oír historias de lejanos lugares y de personajes del mundo. La hija menor de la señora trae el álbum de fotos de su viaje de egresados a Alaska, para demostrarnos lo bien que la ha pasado. Al verla, sus sobrinos traen también los suyos, luego los abuelos nos muestran el de su casamiento y hasta un video de un viaje.

Agradecidos por haber sido recibidos tan cálidamente, al día siguiente damos una charla en el colegio rural, donde la abuela es maestra, rodeados de cientos de chicos.

Fiesta latina

Llegamos justo a Denver para la gran fiesta latina del 5 de mayo, que se realiza en el centro de la ciudad. El único problema es que los espacios hay que pagarlos y están todos vendidos. Vemos en este acontecimiento una gran posibilidad para juntar suficiente dinero con el que cruzar todas las rocallosas, el desierto de Utah y Nevada, así que buscamos otro modo de ingresar.

Preguntamos a cada latino, que son miles en Denver, hasta que llegamos a uno que está ayudando en la campaña política a una concejala. Él nos lleva hasta ella, quien pronto hace un llamado: "Tengo aquí presente a un matrimonio que es un ejemplo de que los latinos son capaces de hacer. Esto es para celebrarlo y ¡qué mejor que en una fiesta latina!". Cuando corta, ya todo está solucionado: tenemos nuestro espacio y sin cargo alguno.

Acomodamos el auto en una excelente esquina, donde colgamos el enorme cartel: "Viajando de Argentina a Alaska" y durante los cuatro días de fiesta nos va de maravillas. Nunca pensamos que habría tantos latinos por estos lados.

Está lleno de puestos de comidas como burritos, choclos, puestos en las calles, de ropa, de artículos para el hogar, que nos recuerdan aquellos mercados que tanto visitamos. En algunos pasillos entre los locales que tan llenos de cosas están, se escucha gente discutir el precio, en otro a la vendedora jurando que no destiñe ni se achica, en este otro puesto la señora que vende yuyos diciéndome que hasta los hay para enamorar. Pero yo... yo, señora, ya estoy súper enamorado. Hay gritos por todos lados, gritos de ofertas, de festejos y a gritos se llaman. "Hey pana mírale aquí", "¿Oíste? No tengo fuerzas", "Epale, ven para acá, no seas pichirri, cómpratelo" "Hey pelado no se toca, ahoritica te atiendo", "¿Qué hubo?", "El mae me está vacilando", "No le vendas, el Chavalo no tiene pisto", "No tenga pena mañana vuelva", "¡Está chulo seño!", "¿Le pagó cabal la patoja?", "Corre estos chunches de aquí", "Que Dios te bendiga".

Vivir todo esto nos trae maravillosos recuerdos, ganas de vivirlo todo de nuevo. ¡Quiero tener el "¡pura vida!" de Costa Rica en la punta de la lengua cada vez que me pregunten "qué tal". Quiero que sepan que estoy feliz cuando digo "chévere" como lo dicen en Venezuela. Quiero cambiar mi "de nada" cuando alguien agradece por un "siempre a la orden" de Colombia. De Ecuador quisiera saber decir "¿mande?" cuando no entiendo qué me dijeron, me fascinaría decir con esa feliz tonada de los chilenos "¿cachai, po?" después de explicar algo, y cuando me cuenten algo decir el "ándale" de México. Quisiera llamar a mis amigos "pana" como lo hacen en Perú y un "primero Dios" cuando deseo algo como los nicaragüenses.

En fin, esta fiesta me recuerda que quiero conservar conmigo todo lo que me enseñaron mis hermanos latinoamericanos.

Entre hippies y en sintonía

Volvemos a subir montañas, que tanto nos gustan. El Graham va lento, pero seguro. Atravesamos pueblitos fantasmas, abandonados, exactamente iguales a los de las películas del lejano oeste. Continuamos por caminos de tierra seca, a veces suelta, a veces arenosa, y de repente en una curva que está repleta de pozos en "serrucho", el auto empieza a saltar. Intentamos doblar, pero perdemos el control. El barranco empieza donde termina el camino y no tiene guardavalla, por los brincos y la tracción trasera el auto se va de cola para el lado del vacío. Si freno, puede que pierda el control. Si mantengo la velocidad, caemos. Acelero como nunca lo hice, a fondo, y el auto se impulsa hacia adelante volviendo contra la montaña. Gracias a Dios, nadie venía en este momento en sentido contrario. Cande, que ha pegado tantos gritos como yo, aunque los míos hayan sido silenciosos, pide que paremos. Lo hacemos nada más para respirar profundamente y suspirar. Por su parte, Pampa sólo sonríe.

Luego de este gran susto, seguimos camino. Éste nos enamora con sus lugares bellísimos, como el Parque Nacional de Mesa Verde. En Utah los parques nacionales, como el Natural Bridges, con sus grandes puentes naturales, el Cañón Bryce y el Zion.

Una familia que conocemos durante el paseo nos invita a pasar por su casa que está en Boulder, un pueblo muy pequeño y precioso. Ellos son cien por ciento *hippies*: su casa es una carpa blanca con forma de iglú llamada Yurt, de un ambiente y con un hogar a leña que también funciona como cocina. Las dos hijas de la pareja visten ropas hechas con cuero de venado, que ellos mismos curten, calzan sandalias sólo cuando salen, usan ropas sueltas y el cabello largo. Cultivan la tierra, preparan sus conservas y todo lo que comemos es hecho por ellos. Buscan sencillez, tranquilidad y paz. Trabajar la tierra es muy importante para ellos, porque necesitan estar en contacto con ella, sentirla entre sus dedos.

344

–Somos parte de la naturaleza, no estamos contra ella, sino en ella. No tenemos que buscar superarla, sino desarrollarnos con ella en total armonía. La dependencia de nuestros cuerpos a la tierra es total e influye absolutamente en nuestra salud, para bien o para mal. Todo lo que le hacemos nos lo hacemos a nosotros mismos –nos enseña.

A sus hijas se las ve felices. Orgullosas nos muestran lo que ellas sembraron, sus conejos y todo lo que deben cuidar. Sin ninguna timidez nos toman de las manos, nos abrazan. A Pampa se lo llevan afuera y lo hacen jugar con pedacitos de maderas. En un momento veo que Pampa junta tierra y se la lleva a la boca. Mi primera reacción es detenerlo.

–No te preocupes, si lo hace, es porque la necesita. No hay químicos ni venenos en esta tierra, así que le va a hacer muy bien. Sólo va a tomar uno o dos puñados –me aconseja el hombre, y tiene razón: al segundo puñado Pampa deja de hacerlo.

En el mismo pueblo hay una comunidad más grande y que vive en casas móviles. Al entrar a una de ellas nos llevamos una gigante sorpresa: en el medio de Estados Unidos, a miles y miles de kilómetros de Sudamérica y a cientos de cualquier latino, están todos tomando mate y con el equipo completo.

–Unos argentinos que vinieron a hacer un curso de supervivencia nos dieron de probar y al ver todo lo bueno que contiene para el cuerpo quedamos encantados –nos explican.

Tomando mate nos quedamos charlando con ellos. Nos cuentan que se dedican a la tierra y a dar clases de supervivencia. Conversamos acerca de nuestro viaje y de muchas experiencias que ellos también adquirieron viajando. Comprenden de milagros y no se sorprenden ante las cosas increíbles que nos vienen sucediendo, de nuestras anécdotas sobre lo maravilloso de conocer gente y de la excelente forma que nos tratan y nos ayudan. Para esta gente, así es como debe ser, ellos reciben personas todo el tiempo y cuando viajan son recibidos por otras. Quieren a la tierra, pero no se apegan a una sola parte de ella, buscan recorrerla.

–Vivir en estos tiempos, al ritmo que exige la sociedad, cuesta cada vez más. Primero aparecieron la radio, el auto, el televisor, los electrodomésticos, el teléfono, la computadora, el celular… y cuando se llegó a tener todo esto aparecieron modelos más modernos que la nueva sociedad exige tener. De este modo nos demanda más esfuerzos, en una carrera que no se termina y en la que cada vez hay que ir más rápido –comenta un joven rubio cuyo cabello le llega hasta los hombros.

–Nosotros nos bajamos de esa autopista y tomamos este camino más lento, no estamos en contra, sólo más tranquilos, en sintonía con la naturaleza y en concordancia con los nuevos tiempos –agrega la mujer que sabe cebar el mate espumoso.

Los malos de la película

De vuelta en el camino aparece un coloso de la naturaleza: el Gran Cañón. Aquí, sentado en una cornisa, uno puede pasarse horas mirando el inmenso paisaje repleto de diversidad de formas y colores. Saludo al cañón como a un rey y admirándolo por sus bellezas repito un pequeño ritual que tengo con cada lugar que me hace sentir tanto: me mojo un dedo índice, lo apoyo en la tierra rojiza y lo llevo a mi boca junto a un poco de tierra. Ahora este lugar es parte de mí y yo soy parte de él.

Retornamos a la famosa ruta 66, después de haber atravesado el desierto de Nevada y visitado la fastuosa ciudad de Las Vegas, que nos encandiló. Entramos a California por la ruta por la que muchos inmigrantes llegaron con ganas de empezar de nuevo en una tierra de buen clima, playas, películas y sueños.

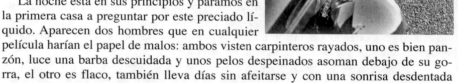

Justo aquí, en la ruta desértica, nos estamos por quedar sin gasolina. Aunque creíamos que si algo sobraba por acá eran estaciones de servicio, no hay ninguna a la vista. Decidimos pasar por los pueblitos marcados en el mapa para allí encontrar alguna. Al llegar los hallamos casi abandonados: sus gasolineras han sido cerradas hace mucho tiempo.

La noche está en sus principios y paramos en la primera casa a preguntar por este preciado líquido. Aparecen dos hombres que en cualquier película harían el papel de malos: ambos visten carpinteros rayados, uno es bien panzón, luce una barba descuidada y unos pelos despeinados asoman debajo de su gorra, el otro es flaco, también lleva días sin afeitarse y con una sonrisa desdentada asiente a todo lo que su compañero nos dice:

–No hay gasolina por unas cuantas millas –mientras me lo dice reviso lo que me queda en el tanque–. Con eso se va a quedar en esta peligrosa noche en la mitad de este temible desierto. Si quiere, nosotros le vendemos seis galones que es lo que necesitaría para llegar a la próxima estación –me sugiere el gordo mientras el flaco afirma con la cabeza.

Nos vamos sintiéndonos robados, ya que hemos pagamos la gasolina tres veces más cara que el precio de mercado. Y encima comprobamos que fuimos estafados cuando a tan sólo tres millas encontramos una gasolinera.

Si lo puedes soñar, lo puedes cumplir

Entrar a la ciudad de Los Ángeles implica atravesar muchas ciudades todas juntas: es gigante. Enseguida aparece quien nos quiere invitar a dormir a su casa pero tenemos gente esperándonos en Hollywood. Donde dormimos entre casas de actores, escritores y directores de películas. Quien nos hospeda es director de comerciales: junto a sus amigos en la década del 70 recorrió gran parte de Sudamérica en bicicleta.

Entre los amigos que nos presenta hay una agente que ve en nuestra historia una película.

Entre los lugares que visitamos hay un restaurante argentino en el que podemos vender los libros en español. A él asiste gente de todos lados: estadounidenses, descendientes de árabes, asiáticos, italianos, españoles y muchos latinos de todas las razas y lugares. A nadie le importa cuál es nuestra religión ni nacionalidad, ni qué ideales tenemos, sino tan sólo que estamos cumpliendo un sueño, que todo humano tiene, y por el que quieren hacer algo.

Firmando un libro le pido a un señor mayor que me escriba su dirección para avisarle cuando lleguemos a Alaska. El hombre mientras lo hace muestra un tatuaje con un número en su antebrazo. Le pregunto si es de la Segunda Guerra Mundial:

–Sí, son los que nos hicieron en los campos de concentración –el señor, que habla en perfecto español, lo cuenta sin odio–. Fue el error de unos pocos en contra de unos cuantos, tenemos que recordarlo para que no se repita.

–¡Ojalá que no lleguen nunca a Alaska! –grita uno para que todos lo oigan–. ¡Ojalá nunca lleguen!

–¿Por qué? –le pregunta otro medio enojado ante su deseo.

–Porque yo cumplí mi sueño: viajé en moto desde Argentina hasta Nueva York y lo más triste es cuando se termina. Lo mejor de un sueño está en ir cumpliéndolo.

Tiene razón, estamos sintiendo algo distinto desde que llegamos a California, ya estamos en el tramo final, ya no hay más desvíos que hacer y algo diferente se siente al saber que ya falta poco para terminar.

Un señor que ayer nos compró el libro vuelve y llega justo a la charla a aconsejarnos:

–No paren, por favor, no lo hagan. Hace dieciocho años llegué a Los Ángeles con un amigo, estábamos cumpliendo nuestro sueño de alcanzar Alaska. Hasta acá llegamos a dedo y nos detuvimos para hacer unos pesos. No lo hagan ustedes. No se imaginan todo lo que recordé de mi viaje leyendo su libro. Hoy haciendo un balance me di cuenta de que aquellos días fueron los mejores de mi vida, y culminaron por reunir dinero para seguir, y acá estamos aún juntándolo sin saber para qué y habiendo perdido casi dos décadas. Lo mejor que junté en mi vida son recuerdos de ese viaje, así que por favor continúen, háganlo por mí.

Antes de dejar Los Ángeles nos súper divertimos gracias a Pampa en Disneylandia, invitados por un señor que trabaja ahí. Al llegar al monumento a Walt Disney leemos su mensaje: "Si lo puedes soñar, lo puedes cumplir".

–¡Señor Disney, le doy toda la razón! –le digo a viva voz a la escultura. Veo que algunas personas que están ahí me miran, y entonces les digo a ellos–. Este tipo sí sabe lo que dice.

Los primeros pasos

Tras nuestro saludo con mucho respeto al mar Pacífico que felices volvemos a ver, mojar mi dedo y tomar algunas gotas, nos despedimos de él en San Luis Obispo, para subir de nuevo a las montañas. Vamos cuesta arriba para tocar, sentir y abrazar a las secuoyas. Apenas empezamos a ver a los primeros árboles paramos y corremos a ver quién los toca primero, Pampa no entiende nada. Son preciosos, increíblemente gigantes, en una parte del bosque salimos a caminar entre muchos de ellos que nos hacen sentir pequeñas hormigas. Nos sentamos apoyando nuestras espaldas en estos árboles que tanta energía irradian, como tanto para contar. Al igual que las montañas, ellos son silenciosos testigos de los últimos tres mil años de la humanidad. Desde el comienzo de todas las pirámides, antes de que muchos profetas llegaran a la tierra, testigos de que Colón pisara América y testigos del hombre que llegara a la luna. Testigos de miles de cosas en tantos años. Mientras las pensamos en voz alta, Pampa recorre con sus pequeños pasos apoyándose en toda la circunferencia del tronco hasta que deja de hacerlo y sorprendiéndonos da sus tres primeros pasos. De golpe y sin saber qué hizo, nos mira, dándonos una hermosa sonrisa de felicidad. Cande le extiende los brazos y vuelve a ella con otros pasos más siendo las secuoyas testigos también de estos primeros pequeños pasos. Algo más para contar de la humanidad.

Sintiéndome muy bien por todo lo que nos pasa y nos rodea, le digo a Cande:

—Ya sé dónde quiero vivir.

—¿Dónde? —me pregunta un poco asustada.

—Cerca de ti.

Tras darnos un abrazo, ella se para y siguiendo las sombras de estos gigante árboles busca su agenda y lápiz. Veo cómo con mucho cariño agrega en ella:

"Desde acá te veo y te cuento lo que siento al tenerte a mi lado. Es tanto que debo volcarlo en un papel para descargar de alguna forma todo el amor que tengo dentro. Sabrás que desde que naciste no hago otra cosa que quererte.

Me sentí súper bien todo el embarazo y estaba orgullosa de mostrarte. Amaba mi panza, llevarte, sentirte, alimentarte, cambiar, te amaba a cada minuto. Te cantaba canciones, te acariciaba, te hablaba y buscaba dónde estaría cada parte de tu cuerpo imaginando e imaginándote por tus movimientos.

Ahora que eres bebé te aprovecho. Te apretujo entre mis brazos todo lo que puedo, eres chiquito y aún te puedo rodear por completo. Te como a besos, me encanta tu cuello y tienes en él unas cosquillas que nos matan de risa a ambos. Ahora, cuando te doy de mamar, te distraes mucho más que antes, cuando comías a ciegas. Quieres charlar en el ínterin, y aunque no te entiendo, creo que lo hago. Te escucho decir "ta-ta", pero más me habla tu mirada.

¿Sabes? Hace cuatro días me diste una alegría enorme: por primera vez me extendiste los brazos para que te tuviera en los míos. Esos bracitos chiquitos me pedían que te abrazara sabiendo cuánto te adoro. Desde entonces estás pegado a mí como garrapata, y no puedo siquiera imaginarte lejos por un segundo.

Jugar te encanta. Cuando intuyes que empezará un juego, disimulas timidez y miras para otro lado, como intentando ocultar tu ansiedad. Siempre dedicamos con papá un momento del día a jugar contigo, y lo que más te gusta es cuando pego pequeños saltos jugando a que yo los agarro a ustedes y luego ustedes a mí. Cuando paramos, no ves la hora de empezar a saltar. Con papá también solemos perseguirte por el piso. Es increíble cómo nos transformamos en niños como tú: gateamos por todos lados, te contestamos en tu idioma bebé, jugamos con tus juguetes y es así como nos divertimos. También te encantan las hamacas y te matas de risa cuando al mecerte te hacemos morisquetas. A nosotros nos fascina verte reír. Es algo que me llena el alma y lo disfruto el triple: por tu papá, por ti y por mí.

Es lindo esto de viajar contigo. Así junto a tu papá estamos todo el día a tu lado sin perdernos ninguno de tus progresos. Quiero que crezcas y a la vez no. ¿Quién me entiende? Eres un excelente viajero. Andar en el auto te gusta tanto como aparecerte cada noche en un lugar diferente. En cada casa lo primero que entregas es una sonrisa y miras todo a tu alrededor, como preguntándote: "Y ahora, ¿dónde estoy?". Sin embargo, no parece preocuparte, sino tan sólo causarte curiosidad. Tú te adaptas, eres un ganador, como dice papá, y por ejemplo, duermes de cualquier forma. Te has acostumbrado al improvisado colchón con mantas que te armamos sobre el piso. A veces tienen corralitos o camita de niños o un moisés que usan para las muñecas, lo único que siempre te acompaña a dormir es tu jirafa de peluche.

Viajamos durante tus horas de siesta y paramos mucho más seguido sólo para que puedas caminar y jugar. Además, desde que estás junto a nosotros sólo cumplo con mi trabajo de copiloto mientras duermes, porque cuando no lo haces me la paso jugando contigo, cantándote canciones junto con tu papá, contándote cuentos y distrayéndote del modo más divertido posible.

Tuvimos que regalar un montón de nuestras cosas para hacerte lugar. Pero nos organizamos y pusimos tu sillita entre el asiento delantero y trasero. Allí vas sentado mirando el paisaje. El auto está que rebalsa, pero él no se queja, sino que gustoso por conocerte hasta en el techo lleva tu carrito. La parte trasera del Graham es tu cuarto: en cada esquina tienes un muñeco colgado y en la tabla que está detrás de tu asiento reposan todos tus juguetes.

Ya tienes un año, eres una personita grandota. Gateas por todos lados, casi nada es inalcanzable para ti. Te paras en cualquier parte trepándote de donde sea. A veces estamos muchas horas parados en un lugar vendiendo libros y como no puedes estar todo el tiempo alzado uno de nosotros se queda con la gente mientras el otro te hace caminar. También te solemos dejar parado agarrándote del estribo del auto, donde te quedas un ratito para luego dedicarte a gatear.

Cuando estás en brazos y necesitamos firmar un libro, le pedimos a la gente que te tenga por un ratito. Es gracioso verles las caras, algunos parecen expertos, pero otros hacen gestos sin saber qué hacer contigo. ¿Tú? Todo un santo, permaneces tranquilo mirándolos. Ellos no saben que te encanta, y a veces se ponen tan nerviosos que te devuelven enseguida.

No sé cómo has pasado a ser la estrella de este sueño, la gente pregunta más por ti que por nosotros o el auto. Con la televisión y los periódicos pasa lo mismo: todos quieren saber de ti. Antes de tenerte pensábamos cómo sería nuestro viaje con tu compañía, en qué cambiaría: "¿Las personas nos seguirán recibiendo?", "¿A nuestro hijo le gustará viajar?", "¿Se enfermará?", eran algunas de las preguntas que nos hacíamos. Pero cuando naciste pasó lo que no nos imaginábamos: tu presencia lo hizo todo mejor. Tienes abuelos, tíos, hermanos y primos por todas partes, que te piden que algún día, cuando seas grande, vuelvas a visitarlos. ¿Quién sabe? Quizás lo puedas hacer y así darles una gran felicidad.

Tengo un pedido muy especial y simple: no te olvides nunca de ellos, de la gente que te recibe y nos ayuda en este sueño. Abre las puertas de tu casa y de tu corazón para cualquier otra persona que te necesite y esté cumpliendo su sueño. Vas a aprender mucho de ellos. No importa lo que tengas para dar, mucho o poco, sólo dalo. Será una forma de agradecer a toda aquella gente que armó alguna vez una camita para ti. Hijo, nadie te ha cerrado las puertas y cuando las abren lo hacen con la mayor satisfacción.

Hoy, Pampa, diste tus primeros pasos. No sé cuantas veces te caíste al tratar de lograrlo, pero aun así seguiste intentándolo. Dios quiera que siempre seas así, que aunque hagas lo que hagas y te caigas, siempre vuelvas a levantarte para continuar tu camino. Desde acá te sigo viendo, hijo, y te adoro. A este sueño, Pampa, te doy la bienvenida. Te quiere mucho,

Tu mamá."

Pelota de trapo

Tras visitar durante una semana la maravilla que es el Parque Yosemite, retornamos hacia el Pacífico buscando un camino sin autopista. Llegar a San Francisco y golpear la puerta del apartamento de mi padre es muy raro, sobre todo habiendo llegado en auto desde Argentina. Recuerdo cuando le conté mi idea de ir en auto hasta Alaska: "Por favor, tómate un crucero, no hagas cosas raras", me suplicaba.

Nos atiende Susan, su mujer, quien ya nos quiere como a sus hijos y nos lleva hasta donde mi padre está trabajando. En la ciudad, junto a mi papá, pasan algunos días. Me gusta verlo transformarse en un abuelo: lleva a Pampa a la playa, al Golden Gate Park, al Zoológico... En una de sus salidas los acompaño a un parque. Es mirarlos y disfrutarlos: mi padre se sienta en la arena junto a mi hijo y juegan. ¡Cómo me hubiera encantado haberlo tenido como papá para que empujara mi hamaca, me esperara a la salida del colegio, respondiera mis por qué, me refugiara en mis noches de miedo y pedirle ayuda para remontar aquel barrilete! Cuántas cosas me perdí, nos perdimos. Observo a mi viejo y lo disfruto, como él a su nieto.

–¿Qué estás pensando que se te ve tan pensativo, Herman? –me pregunta.

–Nada, sólo qué lindo que es todo por acá –miento, no deseo romper este lindo momento.

–Sí, todo es muy lindo, ésta es la ciudad más bella de Estados Unidos, pero te digo una cosa: ahora que llevo casi cuarenta años acá, si pudiera elegir de nuevo entre Quilmes y San Francisco, no sé por cuál optaría –me comenta refiriéndose a la localidad bonaerense de Argentina en la que vivió desde los nueve años hasta los veinte, cuando junto a sus padres se mudó aquí–. Allá pasaba horas en el taller de

tornería, donde trabajaba dibujando las piezas. Luego me juntaba con los muchachos en una esquina. La misma esquina de siempre. Recuerdo que solía llegar en mi motoneta, que tanto me costaba arrancar. Junto a mis amigos nos divertíamos muchísimo, salíamos a bailar, a piropear chicas, al bar, al taller, al baldío a jugar a la pelota... Cuando a mis padres les salió la oportunidad de venir para acá, no quise saber nada, si hasta estaba de novio con tu mamá… Al final me convencieron explicándome que si no me llegaba a gustar, me podría volver. Pero ¿cómo iba volver si apenas llegué conseguí un trabajo cuyo sueldo a los tres meses me alcanzó para comprar a crédito un Jaguar? ¿Me imaginas a mí con veinte años pasando de la motoneta al Jaguar? –me inquiere.

Quedo callado imaginándolo al mejor estilo James Dean, hasta que el viejo vuelve a tomar la palabra pero ahora con un tono triste:

–En Argentina iba con mi motoneta a juntarme con mis amigos a una esquina, acá iba por la autopista en mi Jaguar, pero solo.

–¿No te hiciste amigos acá?

–Sí, claro, pero no fue lo mismo. Imagínate: recién llegado y sin saber el idioma, nunca logras sentirte del lugar por completo. Es al día de hoy que la gente al escucharme hablar me pregunta de dónde vengo. ¿Quieres que te diga cuál es el mejor lugar para vivir en el mundo? Adonde están tus amigos. Es preferible estar con ellos jugando con una pelota de trapo, que solo con una de cuero.

Que se recuerde…

Cruzamos el puente colgante Golden Gate para ir a la ciudad de Sausalito, que tan linda es. Tras una invitación, festejamos el Día de la Independencia formando parte nuevamente de la caravana que termina en el parque con una reunión muy familiar. Comemos y charlamos. Estamos más relajados que de costumbre porque es tanta la publicidad que nos han hecho por aquí que no nos hace falta ofrecer nuestros libros, muchos nos los piden apenas nos ven.

Volviendo para San Francisco paramos en una estación de servicio. Se me acerca un vagabundo para pedirme marihuana, aunque tiene una lata de cerveza parece que aún no ha logrado embriagarse lo suficiente. Le respondo que no fumo ni siquiera tabaco. Al oír mi tonada me pregunta de dónde vengo. Le cuento del viaje, pero no nos cree. Para demostrárselo le doy uno de los libros:

–¿Lo puedo comprar?

–No hace falta, déjeme regalárselo –le contesto.

–No, en serio, quisiera comprárselo.

Me da la cerveza para que se la sostenga, se sienta en el piso, se saca el zapato, luego la media y de ella saca unos billetes húmedos y arrugados. Me los da casi todos y se los devuelvo diciéndole que con diez dólares alcanza. Él sigue insistiendo y me los vuelve a dar.

–Poco hice en mi vida ¡pero que se recuerde que Jami Thomason contribuyó a cumplir un sueño! –grita feliz mientras busca más dólares en sus bolsillos.

Con Cande le damos un abrazo, nos despedimos y subimos al auto. Parece que nos quiere decir algo más y le hace señas a ella para que baje el vidrio. Al hacerlo nos tira todo el resto de dinero dentro del carro:

–Disfrútenlos, nadie les dará más sentido a estos billetes que ustedes.

–¡Unos cuantos kilómetros de este viaje te pertenecen, Jami, son tuyos!

Lo dejamos con los brazos abiertos, levantando la cerveza y brindando por nosotros.

Nos cuesta despedirnos de San Francisco, sin embargo nos vamos felices de haber compartido este tiempo con mi familia y además porque Cande habló con su madre, quien se siente muy bien después del tratamiento. Desde que fuimos con Pampa mejora día a día, como dijo mi suegro: "No hay enfermedades, sino enfermos". También mi suegra está contenta, y ansiosa, porque sabe que estamos cerca de Alaska y eso significa que pronto estaremos de regreso. Se muere de ganas de volver a ver a su hija y a su nieto.

La costa de un pacífico mar

Aunque faltan más de cinco mil kilómetros hasta Alaska, la vemos muy cerca. Sentimos que ahora sí los días y los kilómetros para llegar son contables. Recorremos caminos costeros bellísimos pasando por pueblos y ciudades. En casi todos los lugares, enterados de nuestro paso, nos esperan para hospedarnos y recibirnos con caravanas de autos. Incluso hay gente que se acerca al camino tan sólo para vernos pasar. Las invitaciones que estamos recibiendo son tantas que con dolor muchas tenemos que rechazar, de otro modo llegaríamos en pleno invierno a destino.

Antes de llegar a Eureka, rodeados de gigantes árboles *redwood*, nos escoltan unos cuantos Ford A que nos siguen por muchos kilómetros. Pasamos por Trinidad, Gold Beach, Reedsport, Beaver hasta Portland, Oregon, donde nos esperan Scott y Carrie Hass.

A ellos los conocimos en un parque nacional donde nos hicieron prometerles que pasaríamos por su casa. Mientras comemos, Scott nos cuenta que él siempre tuvo la idea de viajar solamente en ómnibus públicos desde la ciudad de Vancouver, Canadá, hasta la de San Diego, Estados Unidos. Con el tiempo ese pensamiento se transformó en su sueño, entonces averiguó todos los medios y por suerte muy pocos tramos serían los que debería caminar entre los autobuses.

–Pero sólo era un sueño al que me dedicaba en mis ratos libres –nos comenta–: averiguaba datos, buscaba mapas y demás para pasar el tiempo. Pero nunca me puse realmente firme para lograrlo. Usamos los ahorros que teníamos para ese viaje para ir al parque nacional donde los conocimos a ustedes… y a su libro. No se imaginan lo importante que fue para mí encontrarlos allí. Fue lo mejor del parque: leí en su libro que los sueños se pueden cumplir y como ejemplo aquí están ustedes, felices. Ahora mi sueño está muy cerca de empezar. Y realmente lo está.

Al poco tiempo de marcharnos nos manda un e-mail contándonos que está en Vancouver, ya en viaje.

El bebé viajero

Estar en Seattle es muy especial. Primero, porque hemos estado en la tapa de los dos periódicos más importantes hace ya un tiempo largo y por lo tanto ya tenemos muchas invitaciones.

Segundo, porque a nuestra llegada los medios realizan otra nota invitando a la gente a conocernos en el mercado que está frente al puerto, un lugar muy pintoresco y al que llegan un montón de personas. Todas están tan felices como nosotros de que tan cerca estemos de cumplir nuestra meta.

Una señorita pasa por el lugar y al vernos se queda helada. A pesar de que la gente me distrae con sus preguntas puedo notar la cara de conmoción de la joven que continúa petrificada.

–Hola, me llamo Herman –me presento.

–Sí, ya sé quién eres –me dice con voz un poco temblorosa–. Mi mamá, que vive en Saint Louis –mientras habla busca algo en la cartera–, me mandó esta carta justo en un momento muy difícil de mi vida. No sé cómo, pero ella presintió que algo andaba muy mal conmigo –saca la carta de la cartera y continúa–, por eso me recortó una nota del diario de Saint Louis en que aparece esta historia –nos muestra nuestro artículo–. Fue leerlo y animarme, ¡no saben lo bien que me hizo! Me llenó de esperanzas y alegría por ustedes, pero lo que más me emocionó fue ver la cantidad de gente que por donde pasan los viene ayudando a cumplir este sueño. Me sentía sola, pero a partir de entonces sé que hay miles de personas ahí afuera listas para ayudarme en lo que necesite. Sentí un enorme empuje por vivir la vida y ahora me siento otra –se toma una pausa para mirar a Cande, a Pampa y al auto–. Jamás imaginé encontrarlos, tener la posibilidad de charlar con ustedes. Además ni siquiera sabía que estaban acá ni suelo venir al mercado. Sólo vine a caminar...

–Seguramente debe haber una razón especial para este encuentro –la interrumpo mientras le paso a Pampa para que lo alce.

–¡Lo feliz que mamá se va a poner cuando le cuente que los conocí!

–¿Por qué no mejor llamarla ahora? –le propongo, y con cara de buena idea empieza a telefonearla desde el celular.

–Mamá, ¿a que no sabes a quién tengo en mis brazos? Jamás adivinarías. ¡A Pampa! –hace una pausa–. Sí, al bebé viajero. Es un dulce y estoy muy contenta de conocerlos –le cuenta a su madre.

Hay amor en todos, y para todos

Durante nuestra estadía en Seattle nos hospeda la familia Willie, que también tiene un Graham-Paige. Son personas especiales que todo lo hacen por nosotros.

Por ejemplo, nos organizan un enorme asado para poder juntar a todos aquellos de esta ciudad que nos escribieron. Entre los asistentes hay una señora de unos noventa años que trae consigo muchísimos recortes de diarios y fotos de un viaje hecho con su marido ya difunto. Con ella vinieron dos sordomudos con quienes nos comunicamos mediante un anotador.

Luego llega otra pareja viajera más joven, que se casó en un pueblito en Argentina sintiéndose más unida que nunca al cumplir su sueño. Otro joven de Los Ángeles, que allí nos había escuchado por la radio, se tomó un avión hasta aquí para conocernos. También Jim y Roberta Heath, miembros del Club Graham, quienes nos mandaron uno de los palieres por correo cuando los necesitábamos.

Al día siguiente del asado, Rod Willie, nuestro anfitrión, me pregunta por el estado del auto: "Hay un ruido raro en la caja de cambios...". Sin dejarme terminar de explicarle, él se pone el mameluco y levanta el auto. No sale de debajo de él hasta que logra sacar la caja y una vez afuera enseguida la desarma hasta encontrar que la pieza más importante está muy gastada. El auto que él tiene es como el nuestro, pero descapotable. Rod sacrifica la pieza de su caja de cambios para ponérsela a la nuestra. Como si fuera poco, por hacer el arreglo llega, junto conmigo, tarde a la fiesta de cumpleaños de su nieto.

Al llegar, Cande, Pampa y la esposa de Rod, que estaban esperándonos, nos presentan a un niño que casi nada habla inglés:

–Es ruso, de Chernobyl. Viene aquí todos los años por quince días para tratamientos médicos. La planta nuclear de su ciudad explotó y él enfermó a causa de la radiación, como muchos otros –me cuenta la señora.

Luego nos enteramos que su hija es quien todos los años paga los pasajes y los tratamientos de aquel niño. Lo más maravilloso es que encima ella no es adinerada, sino que tiene que sacrificarse todo el año para juntar lo suficiente y sus hijos nada le reprochan. Es más, ellos incluso colaboran con sus padres para que sea posible ayudar al pequeño.

–Muchas veces queremos cambiar el mundo por uno mejor, pero no tenemos la solución en nuestras manos. Por eso pusimos nuestras manos a trabajar y hacemos esto que tanto nos colma –me comenta el hada madrina del ruso.

–Nosotros, en nombre de muchos, te decimos: ¡gracias, muchas gracias!

Tras tres días en el mercado y de convivir con amigos nos despedimos de Seattle. Como siempre, quisiéramos quedarnos más tiempo, pero prometimos estar en la Isla de Vancouver, Canadá, para participar de un gran show de autos al que nos están invitando desde hace mucho tiempo.

Regreso a Canadá

Fuertes aplausos

Nos tomamos el ferry a la Isla de Vancouver: el recibimiento organizado por Roy está fuera de todo lo imaginado. Antes de que alcancemos el puerto, vemos cómo llegan a la bahía barcos de todas partes y el escuadrón de aviones acrobáticos del ejército realiza sus más difíciles acrobacias brindando un espectáculo precioso. Para completarla, al bajar del ferry muchísima gente nos acoge con aplausos mientras Roy nos entrega un enorme ramo de flores:

–¿Les gustaron los aviones? –nos pregunta– No se imaginan lo que gasté... pero ¡qué importa! –agrega riéndose feliz de la coincidencia.

–Roy, ¿quién es toda esta gente?

–Ah, son personas que esperaban subir al ferry; las convencí para que apenas los vieran a ustedes llegar, celebraran. Además habrán visto que el día está perfecto, tal como lo solicité... –agrega con sorna.

Nuestro amigo nos viene escribiendo desde que se enteró del inconveniente con la visa canadiense. Ahora, en su tierra, nos tiene todo programado: primero nos lleva a una casa que nos ha conseguido y en la que estaremos solos, dado que sus dueños están de vacaciones. Al entrar en ella la encontramos llena de productos argentinos: vinos, fiambres, quesos, libros y hasta música de nuestra tierra.

354

Los dos días siguientes, Roy nos acompaña a unas bellísimas reuniones de autos, en las que ya saben de nosotros gracias a la difusión que él nos ha dado. En uno de estos encuentros recibimos un diploma de bienvenida del alcalde; el premio al mejor auto, elegido por el presidente del club, y muchos regalos que nos trae la gente.

Todo es maravilloso, pero aun así la gente se encuentra preocupada por nuestra llegada a fin de temporada: los fríos se avecinan rápidamente y todos los turistas con que nos encontramos, que son muchos, se están yendo. Uno de ellos nos dice:

–Miren el cielo, vean los pájaros y se darán cuenta de si están llegando tarde.

Miramos y vemos que vuelan en sentido contrario al nuestro.

–En Alaska hay sólo dos estaciones: este invierno y el invierno pasado –agrega otro.

–No hay calefacción de auto que sea suficiente. Se necesita de instalaciones eléctricas que mantengan el aceite, el agua y la gasolina sin congelarse y, ante una tormenta de nieve, todo auto tiene que llevar una caja con comida, pala, ropa de abrigo y una vela para mantener el calor, entre otras cosas.

Palabras selladas

En el ferry que nos lleva de vuelta al continente y a la ciudad de Vancouver, Cande escribe. Lo está haciendo mucho más últimamente, es que ambos estamos sintiendo cosas que queremos guardar para volver a recordar cuando el sueño se haya cumplido. Veo cómo deja caer lágrimas que mojan sus letras; escribe con la pluma y sella con el alma. Cuando termina le pido que me deje leerlo:

"Estamos cerca, muy pero muy cerca. ¿Qué siento? No lo sé, pero los ojos se me llenan de lágrimas. Vancouver, una ciudad esperada, una ciudad muy lejos de casa y a la vez cercana a mi destino. Pero ¿cuál es mi destino? ¿Alaska? Creo que tengo varios. Ahora es cumplir mi sueño.

Estoy nerviosa, me quiero relajar y no puedo. ¿Cuándo estuve nerviosa durante este viaje? Una semana antes de salir, el minuto anterior a prender el auto y dejar mi casa, mi familia y mis amigos. El primer día todavía lo recuerdo como si fuera hoy. Me reía de cualquier cosa, sentía ansiedad. Parecía que me olvidaba de todo: documentos, remedios, ropa, máquina de fotos... Mi mente iba a mil revoluciones por hora cuando a mi alrededor todo se movía a 40 Km/HR. Tenía muchas preocupaciones que hoy entiendo que estaban de más. Muchos miedos. Recién ahora puedo ver y explicar lo que sentí en ese momento.

¿Cuándo podré explicar lo que siento ahora? ¿En Alaska? No lo sé. Estoy nerviosa, pero esta vez es diferente: quiero llegar y a la vez no quiero. Físicamente me dirijo hacia lo desconocido, adonde me espera la sorpresa; sentimentalmente voy al pasado, adonde fui sorprendida.

Ayer una señora se acercó a saludarme y me dijo: 'Vengo especialmente a estrechar la mano de una mujer que tuvo la valentía de perseguir sus sueños'. Nos dimos las manos con firmeza y no pude evitar soltar lágrimas, sentía que las piernas me temblaban. Esa señora realmente me admiraba y yo podía sentirlo no solo en sus palabras sino sobre todo al tocar su mano. Muchas veces nos demostraron admiración, pero ¿por qué temblé esta vez? Creo que porque estamos cerca. En ese apretujón de manos vi mis kilómetros recorridos: me vi de niña, cuando ya soñaba con viajar y luego me vi allí en la Isla de Vancouver. Por eso temblé, porque sentí admiración de mí misma.

La señora se fue, me di vuelta y ahí estaba el carrito de los sueños, como suelen llamar al Graham. Al mirarlo lo percibí más grande, fuerte y con mucha personalidad. No me parecía así al comienzo del viaje. Entonces tenía mis dudas: ¿sería capaz de llevarnos al otro lado del mapa? Lo veía débil, frágil por la edad, pequeño. El tiempo, las vivencias y los kilómetros lo fortalecieron. Exactamente lo mismo pasó con nosotros. Nos fortalecimos a cada kilómetro.

Cada minuto que pasó, pasó, pero sigue vivo dentro de mí. Cada kilómetro que recorrí, lo sentí y pisé con firmeza. Ahora me miro y me veo distinta. Crecí sin darme cuenta y fue la gente quien me mostró al mundo de otra manera. Pero ¿cómo me siento ahora? No lo sé. ¿Cómo podría sentirme más tranquila? Busqué esa respuesta últimamente, escuché los comentarios de la gente para hallarla y reconfortarme, pero no. Muchos mirando hacia delante me dijeron: "Ya falta poco" "¿Y después qué?" "¿Cómo se adaptaran a no viajar?", frases que más nerviosa me pusieron.

Entonces me doy cuenta de que al lado de mí tengo una respuesta. Una respuesta que me acompañó todo este tiempo y que se incrementó con cada foto nueva que pusimos en sus hojas: es el álbum él que logra tranquilizarme mostrándome todo lo hecho. Es increíble con que intensidad viví estos años. Cada foto cuenta: es tiempo y espacio, es gente. Mirándolas me tranquilizo. Pero no solo el ayer me apacigua, el futuro también. Herman dijo algo muy cierto: 'No veo Alaska como el fin del sueño, sino como el comienzo de otro'. El pasado es concreto y el futuro incierto. Y aunque temo a la incertidumbre, ahora sé que algún día el futuro será concreto. Ahora, tan cerca de Alaska, sé que nada es imposible."

Termino de leer lo que Cande escribió. Ahora soy yo quien sella sus palabras con una lágrima.

Volver a ser parte

En el camino a Prince George nos espera Jack, un hombre mayor de casi ochenta años que para que lo identifiquemos escribió un cartel que dice "Argentina". Al llegar a su casa, nos da una bellísima sorpresa: nos muestra fotos de dos argentinos a quienes también recibió anteriormente. Se trata de los chicos que viajaron a Alaska en un Ford T y que llevaron en su auto a casarse a la pareja que conocimos el día de su aniversario en Manta, Ecuador. A Jack se le quiebra la voz cuando nos cuenta sobre los arreglos que le hicieron al Ford entonces, y es tanta la alegría que siente por haber sido parte de ese sueño que siente suyo. Es más: pareciera que esos dos chicos hicieron el viaje hasta este lugar de Canadá "sólo" para cumplir el sueño de Jack.

Al día siguiente, en el desayuno, Jack ya tiene puesto su mameluco. Como si ya fuera costumbre recibir viajeros de Argentina rumbo a Alaska y además arreglarles el auto. Enseguida encuentra qué arreglarle y hasta busca un soldador para que lo ayude.

Una vez que finaliza el trabajo, emocionados por las causalidades nos despedimos de Jack tras haberle entregado también nuestro sueño.

Bonnie & Clyde en el río de los osos

Continuamos la marcha manejando muchos más kilómetros de los que acostumbramos. Paramos en bellísimas casas, cerca de arroyos y construidas con troncos en las que, sumado a la hospitalidad de su gente, nos quisiéramos quedar varios días, pero es ver el cielo y ver a los pájaros irse. Nosotros aún ni hemos llegado.

Vamos por caminos de tierra, a veces asfaltados, rodeados de bosques y, por momentos, de enormes montañas de donde bajan glaciares. Vemos cruzarse en nuestra huella un alce y osos negros y hasta nos topamos con una osa junto a sus dos crías. Deseosos de ver más de éstos nos vamos para Hyder, un pequeño pueblo de no más de cien habitantes que es parte de Alaska y de Estados Unidos. Para llegar a él debemos salir de Canadá, y al entrar no hay ninguna clase de control fronterizo.

En Hyder el camino sólo sigue tres kilómetros y nada más, aunque es parte de Alaska no sentimos el haber llegado. A este pueblo llegan miles de salmones para desovar en pequeños arroyos, salmones que son presas fáciles de atrapar por los osos del lugar. Ellos nada le temen al hombre y desde muy cerca los podemos observar: hay tantos salmones que eligen el que quieren y comen sólo la parte que más les gus-

ta. Nos quedamos totalmente sorprendidos al ver su inmenso tamaño, sus uñas son del tamaño de mi dedo meñique y se comen en un par de mordiscos todo un salmón.

–No estamos en la dieta de los osos y hay muchos peces para comer que saben mejor que nosotros, así que no teman –nos dice un señor vestido con ropas de cazador–. Todos los años hay ataques de osos, pero la mayoría ocurren porque se sienten sorprendidos. Les recomiendo que si quieren entrar al bosque, hagan mucho ruido y lleven pimienta en spray. Ya la usé dos veces y realmente funciona. Si no, no estaría aquí contándoles esto –explica el hombre que se dedica a estudiar y fotografiar osos.

Salimos de Hyder para volver a Canadá, que sí tiene control fronterizo. Una señora uniformada nos hace señas para detenernos y me dice algo sobre seguir hasta más adelante. Entonces empiezo a mover el auto.

–¡Que se baje del auto! –nos grita la oficial mientras se pone en posición y se prepara para detenernos a la fuerza.

Paramos, nos bajamos y con otro grito un poco más suave nos indica ir hacia el frente del auto. Se pone unos guantes blancos y revisa todo junto a otra mujer a la que llama para que la ayude. Pasan paños químicos por el volante para detectar si fumo marihuana, luego continúan buscando reacciones por distintos lugares y dentro de los bolsos. Les intento decir que sólo estuve tres horas en Hyder y que vengo de Canadá.

–Atrás, quédese donde le indiqué, ¡conteste sólo lo que se le pregunta! –me ordena con voz autoritaria. Me pongo a pensar que por el remoto lugar en que estamos puede que aún tengan colgado el papel de búsqueda de Bonnie and Clyde ofreciéndose recompensa, y esta idea me produce una risita que la mujer escucha.

–¡¿De qué se ríe?! –me pregunta enojada.

–Es que no lo puedo creer. Pasamos por 25 fronteras, por países famosos por drogas, otros por armas y muchos por contrabando y nunca nos revisaron. Y acá, que venimos de haber estado casi tres horas en un pueblo que sólo tiene osos, nos revisan todo... Perdón, pero me da gracia.

–¡Hago mi trabajo! –se justifica mientras nos entrega los papeles y nos hace señas de seguir.

Antes de volver hay que llegar

Pasamos la noche con unos alemanes que en un camión del 60 armaron su *motorhome* y están dando la vuelta al mundo hace seis años. Dos días antes de empezar su viaje se dieron cuenta de que ella estaba embarazada, pero aun así no abandonaron su sueño. Hoy la niña está por cumplir los seis.

–Al principio nos imaginábamos que sería imposible viajar con ella. En cambio, ahora no imaginamos cómo sería viajar sin ella. En países como Tailandia o Vietnam, era ella quien jugando con los niños aprendía el idioma del lugar y eso nos ayudaba muchísimo para cosas tan sencillas como hacer las compras en el mercado –nos explica el padre de la niña, que súper desenvuelta va y viene jugando con Pampa.

Estamos frente a un lago, lugar hasta el que nos trajo una huella de tierra que tomamos. El lugar me invita a recorrerlo y entro a un bosque más achaparrado y muy silencioso, sólo un águila avisa de mi presencia. Camino silbando bajo. Me elevé y me vi caminando por este inmenso bosque, silbando por miedo a osos y vi que nunca me imaginé estar haciendo esto, ¡y menos en este lugar!

Salí a cumplir un sueño y jamás me imaginé ayudar en una autopsia, en un parto, construir una canoa, bajar el Amazonas, quedarme sin dinero, que Cande fuera pintora y ambos ponernos a escribir, tener un hijo y llenarnos de amigos. Sólo salimos a recorrer un continente y el hacerlo se transformó en vivirlo. Nosotros sabíamos de nuestra partida y Dios de nuestro destino y regreso... Regreso que aún no tenemos ni idea de cómo será.

Todos nos preguntan qué haremos al llegar a Alaska, como si lo tuviéramos planeado. Tanto tardamos en alcanzar este destino que ahora no quiero pensar cómo nos iremos. Primero deseo llegar a Alaska, vivirla, disfrutarla. No sé cómo vamos a regresar, lo único de lo que estoy seguro es que llevar el auto de regreso a casa está fuera de todo nuestro alcance por lo que cuesta. Pero para empezar a volver, primero hay que llegar.

Veo que la vida es como un rompecabezas que se va formando con momentos, hay lindos y aburridos, hay partes difíciles y otras fáciles. Es tan frágil que en cualquier momento todo se puede romper. Pero lo lindo es que siempre se puede volver a empezar. De alguna manera, vamos a empezar el regreso.

El principio de otro sueño

Puede que en cuatro o cinco días lleguemos. Todo es tan lindo alrededor nuestro como lo es dentro nuestro y en silencio lo disfrutamos. Sólo lo rompemos para señalar algo o para compartir un recuerdo de algún lugar o persona que con silencio volvemos a disfrutar. La mayoría de los negocios aledaños al camino han cerrado por el fin de la temporada. Seguimos mirando al cielo y ya son pocas las aves que vuelan hacia el sur. Nosotros seguimos al norte.

Cande toma su anotador y escribe: "11 de agosto de 2003, Cassiar Hwy., British Columbia, Canadá: Alaska está ahí, llega muy pronto. Es en este momento, cuando veo la ruta delante de mí, en el que mi mente navega con mis sentimientos. Recuerdo momentos difíciles de olvidar. Amigos, sonrisas, fiestas, palabras, descanso, una tarde, alegrías, tristezas, todo navega hacia diferentes rumbos. Puedo imaginar la cara de la gente cuando les demos la noticia. Puedo escuchar sus comentarios entusiasmados, sus gritos, sus sonrisas, pero no puedo imaginarme a mí. Sé que no veré la hora en la que les diga a todos "lo logramos". Su felicidad me contagiará y se sumará a la mía.

Estamos cerca de Alaska y estas montañas que veo frente a mí me recuerdan Los Andes del principio. Sentimientos mezclados estoy viviendo, igual que al comienzo que solo en la desolación del paisaje se encuentran."

Hoy, no

Hoy es 15 de agosto del 2003 y estamos a muy pocos kilómetros de la frontera con Alaska.

–Mi amor, no quiero llegar hoy a Alaska. Algo me dice que aún no estoy preparada –me comenta Cande.

Al escucharla pienso que ninguno de los dos desea llegar hoy, es algo raro, pero es así.

–¿Adónde escribiremos el libro final? –me pregunta pensando más en el futuro que en el presente.

–Cande, discúlpame, pero estoy en un momento en el que necesito pensar –le respondo.

Ella se queda en silencio con la mirada perdida en las montañas, en la ruta, pensando seguramente en el día de hoy. De repente me da un beso, otro a Pampa, otro al auto y el último lo da en el aire. Me deja sorprendido hasta que nos dice:

–Gracias, mi amor, por acompañarme en este sueño; gracias, Pampita, por tu excelente compañía; gracias, Graham, por traerme con esfuerzo hasta acá y gracias, gente, por ayudarme en mi sueño. No lo logré sola. ¿Sabes? Doy gracias por haber empezado mi sueño aquel día. Siento mi alma entera, llena de satisfacciones. Estoy feliz.

Seguimos manejando y el silencio vuelve, ninguno pregunta al otro dónde anda volando con su mente. Cada uno en su mundo. Canto en voz baja "Manso y tranquilo" de Piero, ideal.

Se hace tarde, pero igual podríamos cruzar la frontera. Paramos en una gasolinera de un camping, en realidad no sé para qué, porque gasolina no necesitamos. Sale del negocio un señor de cincuenta y tantos años que nos pregunta:

–¿Se acuerdan de mí? Yo soy Bill y los conocí en la isla Vancouver. No puedo creer encontrarlos acá. Vivo allí, pero durante el verano vengo a Yukon a trabajar y paso la temporada con mi amigo Bob.

Éste está pintando unas cornamentas de alces gigantes para adornar su puesto de venta de salmón y demás pescados. Bill nos lo presenta:

–Bienvenidos a mi camping. A mí me encantaría invitarlos a comer, así que les ofrezco una de mis cabañas para dormir y desayunar juntos mañana antes de que lleguen a Alaska –cuando nos hace esta propuesta, nos miramos con Cande y así cae de madura la decisión de no seguir por hoy. El gran día será mañana.

Más relajados, adornamos el auto con las cornamentas para sacar unas fotos y al vernos la gente del camping se acerca. Provienen de Holanda, de Québec, de New Hampshire y de Alemania y para nuestra sorpresa, todos compran el libro. Más gente para agradecer.

Después de una excelente comida, estamos los tres en la cabaña iluminados por una sola lámpara. Pampa, que tan chiquitito es, duerme plácidamente sin saber qué significa para nosotros el día de mañana. Me quedo dormido junto a él mientras Cande escribe su diario.

No sé por qué pero al rato me despierto y veo que ella aún sigue escribiendo. No se ha dado cuenta de mi despertar. En sigilo sigo viéndola concentrada en su papel. La tenue luz de la lámpara brilla en una lágrima que viene bajando por su mejilla. Debe de estar escribiendo con todo su ser sus sentimientos. Se la ve lindísima, mucho más linda que cuando nos pusimos de novios y mucho más desde que nos casamos. Se la ve radiante, llena de vida, feliz. Se la ve madre y soñadora, se ve en ella la mujer que todo hombre ha deseado tener. Cambio toda una vida en el cielo por sólo un día más con ella.

–Cande, ¿qué deseos pediste cuando soltamos el globo en Ecuador?

–¿Estabas despierto? ¿Hace mucho? –se sorprende.

–No, sólo hace unos minutos. ¿Qué deseos pediste?

–Para que se cumplan no hay que contarlos.

–A mí ya se me cumplieron dos –le digo demostrando mi felicidad.

–¿Cuáles?

–Si tú no me cuentas los tuyos...

–Bueno, ya se me cumplió uno –me dice.

–¡Tener un hijo! También fue uno de mis deseos.

–¿Y el otro?

–Si tú no me cuentas...

360

La meta está cerca

Despertamos muy temprano. Hoy sí nos sentimos preparados y listos para llegar. El día es maravilloso, parece que ni el cálido sol quiere perderse nuestra llegada y se lo ve más radiante que nunca. ¡Llegó el día tan esperado durante años!

El desayuno junto a Bob y Bill es estupendo. Tras él los dejamos súper agradecidos por haber hecho que una tradición del viaje nuevamente se cumpla: la de despedirnos maravillosamente de cada país visitado.

En la última estación de servicio de Canadá llenamos el tanque, pero un turista italiano no nos deja pagar. Como él hay otros que están compartiendo la felicidad de alcanzar nuestro sueño. Las palmadas que recibimos en nuestras espaldas junto a apretones de mano son algunos de los premios que recibimos. Estamos muy ansiosos, con Cande nos agarramos las manos el uno a otro, nos damos un beso, otro, y traemos a Pampa adelante con nosotros. Él no entiende por qué tanta exaltación. Jugamos a ver quién ve primero en cada curva algo que nos indique que llegamos. Se hace desear, porque ningún cartel aparece. ¿Habremos seguido de largo?

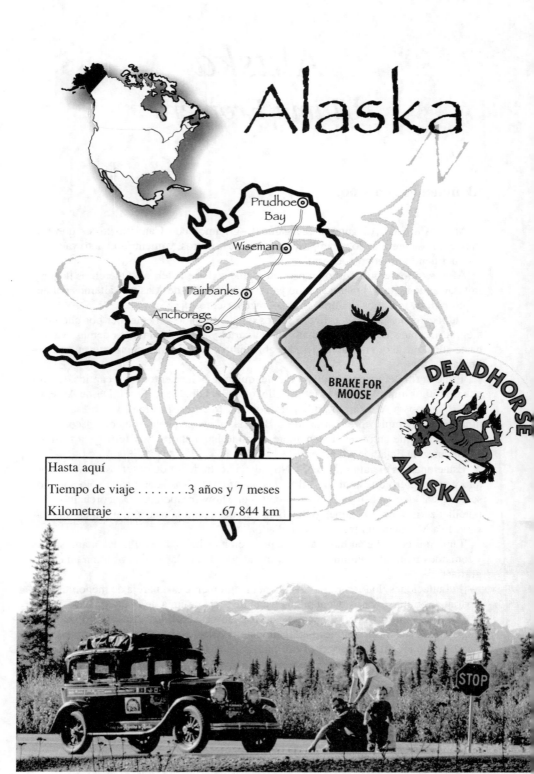

Alaska

Prudhoe Bay

Wiseman

Fairbanks

Anchorage

BRAKE FOR MOOSE

DEADHORSE ALASKA

Hasta aquí	
Tiempo de viaje . . . . 3 años y 7 meses
Kilometraje . . . . 67.844 km

STOP

Alaska
Última Frontera

¡Brindemos con vino!

–Ahí... Ahí está. ¡Llegamos! ¡Llegamos! –gritamos con Cande a·la vez que nos abrazamos apretujando a Pampa que está entre nosotros, y mientras el auto va y viene perdiendo un poco el control.

Al letrero lo vemos a quinientos metros que se hacen eternos. Queremos llegar y saltar, Cande agita sus piernas como ya pisando la tierra de Alaska. Saltamos del auto, corremos, gritamos. Pampa, en mis brazos, ríe, festeja.

La poca gente que hay, primero se nos queda mirando sin entender por qué tanta alegría. Después uno ve el Graham con el cartel y se lo señala a los demás. Vamos hasta ellos que ahora nos aplauden, los abrazamos; necesitamos compartir nuestra felicidad.

Tomo la filmadora para captar a Cande, quien se pone a entonar un cántico de cancha de fútbol improvisando la letra: "Olé, olé, olé. Olé, olé, olé, olá. Desde Argentina... llegamos a Alaska, no pude parar, olé...". Mientras la filmo, veo a esa Cande niña que contemplé en el carnaval de Bolivia, a esa pequeña que conocí con ocho años y de la que entonces me enamoré como lo hago ahora. Soy feliz, y la fórmula es una mezcla de amor y de sueños.

Estacionamos el auto más cerca. No hay nada alrededor de nosotros, salvo el bosque y este letrero que anuncia: "*Welcome to Alaska*". Nos acompañan sólo aquellos seis turistas que nos siguen mirando como un show inesperado. Descorchamos una botella de vino tinto mendocino, tan bien guardada para la ocasión, y brindamos tras servirle a Macondo un trago en su radiador.

Tanto nos costó llegar hasta acá que no queremos irnos. Mientras calentamos agua y tomamos mate, llegan muchos más turistas y cada uno de ellos nos toma una fotografía:

–¡Felicitaciones, lo lograron! –nos alienta alegremente una pareja de menonitas que paran a retratarse y nos cuentan que están de viaje de luna de miel.

En su *pick up* exhiben dos carteles: "Recién casados" y "¡Alaska o˜reventar!". Pienso que estas inscripciones perfectamente podrían estar en nuestro auto. Aún me siento como recién casado y creo que las cosas hay que hacerlas o reventar.

¡Bienvenidos!

Ya en territorio de Alaska, revisando el mapa nos damos cuenta de que este estado es gigante y que tiene pocos caminos para recorrer sus miles y miles de kilómetros. Sólo para llegar a Anchorage, la gran ciudad, nos faltan casi 900 y, luego, 1500 más hasta el Mar Ártico.

La primera noche dormimos en Tok, en la casa de una familia que tiene perros de trineo y un cuarto que alquila. Nos sorprende lo que nos cuenta:

–A este mismo lugar una vez llegó un argentino desde la Patagonia a caballo. No le cobramos, así que tampoco podremos hacerlo con ustedes.

Nos emocionamos, una vez más, al saber que otro sueño se ha cumplido.

Camino a Anchorage una *pick up* nos pasa y nos hace señas, más adelante se detiene y nos esperan. Es un matrimonio, paramos y el hombre sin saludarnos ni nada señala una rueda delantera del Graham y nos dice:

–¡Esta rueda es mía!

–Espero que no la quiera ahora –le contesto.

Bruce y su mujer nos abrazan felices de vernos con nuestro sueño cumplido, con el que mucho ellos tienen que ver. Esta pareja fue uno de nuestros contribuyentes en la compra de las cinco ruedas, cuando estábamos en Texas. Recién ahora la conocemos. Nos despide avisándonos que difundirá que ya estamos en camino.

Anchorage, qué cerca estas

Antes de entrar a la ciudad ya nos esperan: sobre la ruta están Dennis y su mujer, quienes nos saludan agitando sus manos, parados al lado de un Ford rojo del año 1936. Inmediatamente nos dirigen al pequeño grupo que nos aguarda en un estacionamiento; con abrazos y aplausos nos reciben. Nos esperan también del periódico y de la radio, y nos avisan que mañana nos entrevistarán para la televisión.

Una sorpresa total es volver a encontrarme con mi padre y con mi hermano. ¡Jamás imaginé verlos acá! Si hay algo que no tenemos en común, es el gusto por viajar. Las últimas veces que hablamos se mostraban muy interesados por nuestra fecha de llegada a Anchorage, y recién ahora entiendo el porqué.

En un momento, al acercarnos al Ford rojo, notamos que tiene muchas inscripciones, entre las que resalta una que dice: "Ushuaia-Alaska". Dennis nos cuenta que el auto se lo compró a unos argentinos cuando terminaron su viaje y que entonces les había prometido mantenerlo tal cual estaba. Felices nos sentamos dentro para sentir lo que debió haber sido viajar en ese carro.

Dennis y su mujer, personas especiales que todo lo dan, son nuestros anfitriones en Anchorage. Nos conocimos por correo cuando ellos recibieron el pedido desde Texas y se anotaron con una rueda para nosotros.

Esta noche ofrecen en nuestro honor, y en su casa, una cena para todo el Club de Autos Antiguos. Los días posteriores nos llevan a otros clubes deseosos de preparar el auto para el último trecho hasta el Ártico.

Además, durante nuestra estadía en Anchorage el gobernador de Alaska nos recibe y entrega una linda carta de bienvenida y los organizadores de la Feria del Estado nos invitan a participar.

Felices aceptamos, y antes de que pensemos dónde podremos dormir durante la feria, Dennis nos ofrece en préstamo su *motorhome*, cuya heladera y despensa atiborra.

365

¿El fin del sueño?

La Feria del Estado de Alaska es realmente grande y con la publicidad que nos hicieron en los medios vemos la posibilidad de vender los libros y las artesanías que nos quedan. Además esto nos permitirá relacionarnos con más gente.

Colgamos, quizá por última vez, nuestro pasacalles "Viajando de Argentina a Alaska" sobre el auto como así también el mapa del continente americano, de un metro de ancho por casi dos de largo, junto con algunas fotos y la ruta marcada.

Casi todos los que vienen a la feria viven en Alaska, pocos son turistas porque casi ya no los hay para estas fechas. Un señor del lugar nos señala la montaña que vemos desde nuestro puesto y nos muestra la primera nevada en su cima: "Cuando llega la primera nieve, llega el invierno".

Muchísima de la gente se acerca a felicitarnos por el sueño cumplido, celebrándolo efusivamente. Pero para nosotros terminar el sueño significa llegar hasta donde acaba Alaska, es decir, hasta el extremo norte del continente americano.

–Sólo pueden ir hasta Deadhorse, no hasta el Mar Ártico: los últimos kilómetros del camino pertenecen a una empresa petrolera y nadie puede pasar –nos comenta un visitante.

No podemos creerlo, pero realmente parece que así es porque nos lo confirman muchos más. Todos nos repiten lo mismo: "No podrán llegar al Ártico". Y no sólo porque no lo permitirán, sino además por la fecha en que estamos:

–Son 1400 kilómetros. Tienen 600 kilómetros asfaltados, pero después de Fairbanks únicamente camiones y camionetas 4x4 transitan el empedrado camino de 800 kilómetros. Éste ni siquiera tiene banquinas. Los camiones pasan a velocidades altas tirando piedras que les romperían todos los vidrios. Además para esta época el camino se hace hielo y con ruedas sin clavos no podrían dominar el auto. Como si fuera poco, hay que cruzar las montañas por un paso lleno de hielo y si nieva, hay que esperar que dinamiten para evitar avalanchas, y después encima aguardar a que limpien el paso. Es decir que si los agarrase la nevada, pasarían días sin poder moverse y allí no hay dónde refugiarse –nos explica sin tomar respiro un señor de casi cincuenta años que trabaja en Deadhorse–. Después viene la tundra, su planicie sin nada, sin siquiera pequeños árboles... Absolutamente nada, salvo el viento helado.

–Den por terminado el viaje –opinan quienes presencian esta conversación, como si no hubiese nada que se pudiese hacer.

No saben de nuestros pensamientos y sentimientos: siempre nos vimos terminando el viaje tocando las aguas frías del mar Ártico.

–No vinimos de tan lejos y pasamos todas las que pasamos para plantarnos acá –es nuestra respuesta–. Terminar vamos a terminar, pero donde siempre dijimos –y señalándoles el mapa agrego–: donde termina América. Ni un kilómetro antes. –Todos mantienen su silencio, no muestran entusiasmo ni esperanzas, saben que es ley, que es una propiedad privada y que a nadie dejan pasar.

–Ojalá no tenga que ser yo quien les niegue el paso –nos dice un señor.– Trabajo como seguridad en la puerta de entrada de la empresa dueña del tramo final: British Petroleum (BP). No me gustaría nada tener que ser yo quien les dijese que no. Muchos han llegado hasta la puerta, y no saben qué feo es para mí tener que decirles que nada puedo hacer por dejarlos pasar.

Recuerdos

Muchos de los visitantes de la feria leyeron en el periódico las anécdotas y los detalles de nuestro trayecto, pero aun así quieren saber más y escuchar de nuestra propia boca cómo fue. Se lo contamos una y otra vez a grupos de quince o veinte personas; nos turnamos: mientras uno contesta las preguntas y firma libros a quienes ya oyeron el relato, el otro se ocupa de Pampa y empieza de nuevo. La narración nunca es igual, pues pedimos que nos interrumpan con la primera pregunta que se les ocurra y según las inquietudes vamos desarrollando el cuento.

−¿Ustedes son los que llegaron manejando desde Sudamérica y tuvieron un niño en el camino?

−Sí, señora, ¿quiere que le cuente cómo fue nuestro viaje? −le pregunto en un tono un poco alto para que todos me puedan escuchar y así lograr que se acerquen más personas.

−Ven, que va a contar el viaje... −le dice un señor a su hija.

−Buenas tardes, mil gracias por estar aquí. Deseamos con ustedes compartir nuestro viaje que poco a poco se fue haciendo el viaje de muchos. Voy a empezar a contarles rápidamente y desde el principio, pero apenas tengan una pregunta háganla. Soy un poco tímido y hablar solo me asusta, así que tratemos de tener una charla. Bueno, el viaje empezó el 25 de enero de 2000, con la idea de llegar a Alaska en seis meses. Como ven, estamos cerca del 2004; no somos muy puntuales −todos sonríen−. Salimos desde Buenos Aires despidiéndonos de amigos. Pensaban que estábamos locos, la mayoría; que llegaríamos lejos, sólo algunos; que estaríamos en Alaska, casi ninguno.

−¿Por qué esta idea de ir a Alaska?

−Por un sueño. Apenas nos conocimos nació el sueño de hacer un viaje de aventuras, y éste se fue desarrollando con nosotros. Estando de novios nos propusimos cumplirlo apenas tuviésemos dos años de casados, pero como ustedes saben el trabajo, la casa, los miedos, los "pero" y las excusas hacen que una y otra vez uno posponga el inicio. Cuando ya llevábamos seis años de casados empezamos a tener unas ganas enormes de tener un hijo, pero "¿y el sueño?" nos preguntábamos. Entonces tomamos la decisión de hacer el viaje primero, después vendrían los hijos. Y como ven... −les señalo a Pampa− terminamos cumpliendo los dos sueños a la vez −otra vez se sonríen, pero ahora enternecidos−. Así que el porqué de este viaje es tan simple como fundamental: nuestro sueño.

−¿Qué fue lo más difícil?

−Empezar. El día de la partida, cuando tuvimos que tomar los miedos que siempre nos acompañaron y dejarlos a un costado para que nos dejasen avanzar. Tampoco es que nos libramos de ellos, aún vienen con nosotros, pero ya no están por delante impidiéndonos continuar. No saben lo difícil que fue dejar la casa, el trabajo, la familia, los amigos... y hasta a nuestra querida perra Lucy, que ya no nos espera. Pero debíamos empezar: la vida no te da nada si tú no vas por ello. Así que salimos a sacarle vida a esta vida y empezamos. Partimos con un sólo mapa, el de Argentina, con dinero suficiente para seis meses de viaje, sin planes ni rutas y con un auto... un auto que no conocíamos y que apenas probamos el día anterior a la partida conduciéndolo por tan sólo 140 kilómetros. Apenas partimos ya tuvimos problemas con los palos de las ruedas… Podrán decirnos que así no se hace, que hay que estar preparados, que hay que saber. Pero, en realidad, ¿cuándo estamos preparados? ¿Cómo saberlo todo? Partimos y cruzando la cordillera de los Andes pasamos a Chile. Por el desierto de Atacama, el más seco del mundo, llegamos a Bolivia, donde a 4800 metros de altura festejamos el carnaval más autóctono y colorido divirtiéndonos como niños. En Perú visitamos Machu Picchu y el lago Titicaca, otra vez cruzando los Andes. El auto en la altura andaba sin ningún inconveniente, el problema con la altura lo teníamos nosotros. En Ecuador nos pasó lo mejor del viaje: quedarnos sin dinero.

–¡¿Eso fue lo mejor?! –pregunta una mujer asombrada.

–Sí. Como los pájaros aprenden a volar cuando los padres los dejan de alimentar, nosotros dejamos nuestro nido y empezamos a ver todo desde otro ángulo. A partir de Ecuador dejamos de ser esos turistas que sólo recorrían mirando desde afuera y empezamos a vivir cada lugar. Fue mágico. Al no tener dinero, la gente nos abrió mucho más sus puertas y nosotros entramos a un mundo nuevo en el que vivimos y convivimos con nuevas costumbres y tradiciones. –Vuelvo a mirar el mapa y sigo con mi relato.– En Ecuador, con mucha ayuda armamos una canoa, donde metimos el auto para bajar cuatro mil kilómetros del río Amazonas hasta Brasil. Por un mes convivimos con indígenas que además de manejar la canoa nos conseguían de comer. También nos relacionamos con otras comunidades indígenas. En muchas de ellas este auto era el primero que veían y seguramente debieron imaginar que todos los autos son como el Graham. Una vez en tierra, por la selva, nos fuimos hasta Venezuela. Visitamos uno de los parques más grandes del mundo y vimos por primera vez el Caribe. Entramos a Colombia dejando nuestros miedos a un costado y gracias a que lo hicimos conocimos a una gente bellísima y dispuesta a todo. En el puerto de Barranquilla pedimos ayuda para que nos pasen en barco a Panamá y no conseguimos una empresa, sino tres. Tuvimos que ser nosotros quienes decidiéramos quién sería el afortunado de llevar gratis al auto. Encima, el dueño de una que no elegimos nos pidió que al menos le diéramos el placer de pagarnos los pasajes aéreos –la gente al escucharme se muestra cada vez más asombrada y esto suma a otros a la charla–. Desde ahí subimos toda Centroamérica, visitando muchísimas islas y playas del Caribe. Y en Costa Rica fuimos ambulancia para llevar a nacer un bebé y…

–¿Y cómo se financiaban el viaje si se habían quedado sin dinero?

–Bueno, ahí tuvimos que poner todo el ingenio a trabajar porque muchas veces lo que funcionaba en una parte no lo hacía en otro país, y teníamos que volver a pensar en algo nuevo. Cande empezó a pintar pájaros en acuarela, cosa que nunca había hecho, y yo a enmarcarlos y venderlos, algo que tampoco había hecho en mi vida. Después artesanías, unas postales y, en Costa Rica, imprimimos nuestro primer libro, que presentamos en la Feria Internacional del Libro de Costa Rica y que resultó ser el más vendido de la exposición. De allí pasamos por Nicaragua, Honduras, El Salvador…

–¿No tenían miedo de pasar por esos países, con tantas guerras? ¿Y la gente...?

–En países como Nicaragua, El Salvador o Colombia, en los que la gente sufre mucho a causa de guerras, guerrillas o terremotos, es en donde encontramos a las personas más predispuestas a ayudar, a darlo todo. Ellas saben qué es estar mal, porque perdieron y pierden mucho, incluso seres queridos, y muchas veces necesitan de otros para poder seguir. Quien tiene todo lo que necesita, no necesita de nadie y puede que no vea esto. Pero aquellas personas sí, y a nuestro paso por sus lugares todo nos lo dieron. Seguimos viaje hacia el norte. Acá, en Guatemala, tuvimos un momento romántico –la gente ríe mientras indico el mapa–, bueno uno muy importante dentro de otros, y en Belice nos enteramos que alguien se nos quería unir a este sueño. En México "lindo y querido", con tacos y tortillas, la panza empezó a crecer y en Carolina del Norte, con la ayuda de mucha gente, nació Pampa quien desde siempre estuvo lleno de tíos y abuelos que nos dieron mucho cariño en el momento que más lo necesitábamos. Cuando cumplió el mes de vida y la pediatra nos dio el okay, volvimos a la ruta subiendo hacia el Este de Canadá. Luego hacia Detroit, donde nació el auto, y de ahí hasta Los Ángeles recorriendo parte de la ruta 66, para una vez allí, por la costa pacífica, subir hasta llegar acá con un niño que ya camina.

–Y ¿por qué en este auto de tanta edad, tan usado?

–"Todo auto que está en la calle está usado", leímos en un cartel que estaba en la puerta de una concesionaria de autos usados. Sólo puedo justificar algunos porqués. Primero, porque me enamoré al verlo; segundo, porque es sencillo y tercero, porque tiene estilo. Y una vez alguien me dijo: "Si vas a hacer algo, hazlo con estilo".

–¿Y el auto nunca se les rompió?

–Sí. Gracias a Dios, sí lo hizo y también gracias a Dios jamás en un lugar donde nada pudiéramos hacer. Cada vez que se rompió fue por algo. En Puebla, México, rompimos un resorte del arranque a cuatro cuadras de un museo de autos antiguos, donde desarmaron uno que estaba en exhibición para darnos el repuesto. Luego nos hicieron una fiesta con mariachis, nos ayudaron a imprimir el libro y nos regalaron 7000 almanaques con nuestras fotos y el recorrido para vender en el camino... todo gracias a un resorte que se rompió. También nos pasó en Toronto, donde rompimos un palier y gracias a eso nos sucedieron muchas cosas maravillosas.

–Y ¿cómo hacían con los repuestos?

–Esa es una pregunta una y mil veces realizada. No te preocupes tanto por los repuestos, preocúpate más por la vida, que esa sí que no tiene repuesto. Todo en este auto se puede hacer, lo que no se puede hacer es volver marcha atrás en el tiempo y recuperar una vida que se perdió. Todos ustedes tienen recuerdos maravillosos y les puedo asegurar que los tres más importantes fueron protagonizados por ustedes mismos y un ser querido. Seguramente, si se los ponen a pensar, serán ese primer beso, la primera vez que tuvieron a su hijo en brazos, un día de pesca con su padre... Se darán cuenta de que ninguno ni nada de estos maravillosos recuerdos tiene que ver con cosas materiales. Entonces ¿por qué perdemos tanto tiempo en tratar de cuidar y tener más cosas en vez de intentar acumular hermosos recuerdos? Nosotros cuando salimos lo hicimos en busca de estos momentos, no importándonos en nada los repuestos. Si nos hubiéramos puesto a pensar en ellos, deberíamos haber traído otro auto por las dudas. Con todas las cosas que en algún momento pensábamos traer, hoy estaríamos hundidos, porque cuanto más tienes, más te hundes. Hay que andar liviano porque todo lo que necesitemos en esta vida lo encontraremos en el camino.

–Durante el viaje nos recibieron clubes de autos antiguos y mecánicos que fueron poco a poco dejando al auto casi nuevo. Nos hicieron repuestos, cromados, un nuevo motor y hasta ruedas nuevas. Dos veces tuvimos que decir que no a la tapicería y una vez, a la pintura del auto. Si no, no llegábamos más. El auto ahora está en muchísimas mejores condiciones que cuando salió de Buenos Aires. Y con nosotros pasó lo mismo: salimos de una forma y llegamos totalmente de otra, mejorando en mucho como pareja. En el auto sólo nos separaban unos veinte centímetros: o nos matábamos en el primer mes o –la miro a Cande– nos dábamos cuenta de que no hay nada más lindo que el amor, sobre todo si junto a él cumples un sueño. Si posees esas dos cosas, lo tienes todo. Entonces aprendimos que no necesitábamos más que todo lo que puede caber dentro de este auto y menos también. Cuanto menos posees, más libertad tienes. Salimos a ver un maravilloso continente y lo hicimos. Sus bellísimos lugares los llevamos en la mente, pero ante todo encontramos algo que jamás imaginamos, la mejor creación de Dios: la gente, cuyo recuerdo llevamos en el corazón. Gente que forma la verdadera humanidad y que sin importarles de qué lado de la frontera provenimos ni a qué dios rezamos, nos recibió, nos ayudó, compartió su comida, sus camas y hasta nos pidió perdón porque no nos podía dar más. Nos recibieron más de ochocientos hogares y en todos nos trataron como a sus hijos o a sus mejores amigos. Nos despedimos de ellos con el mismo dolor con el que se despide a un ser querido. Les podemos asegurar, basándonos en nuestra experiencia, que Dios no se equivocó cuando hizo al hombre, lo hizo maravilloso.

–¿De qué religión son ustedes? –pregunta una señorita al escuchar tanto agradecimiento a Dios.

–Las mismas familias que nos recibieron nos invitaron a misas y templos diversos. Y descubrimos que el mensaje que se daba era siempre el mismo que el de nuestra religión. No hay religiones malas, sino religiosos malos. Tampoco hay países malos, sino ciudadanos malos. Nunca dejen que el árbol les tape el bosque. Dios está en todo el mundo y en todos los corazones, aunque de diferentes formas e interpretaciones. Cada uno lo siente distinto, pero Dios y su mensaje son siempre los mismos. Yo, a mi padre lo llamo papá –y les señalo a mi padre que tiene a su nieto en brazos–, en cambio uno de mis hermanos lo llama tata, el otro dad y mi hermana lo llama por su nombre, Pedro. Todos lo llamamos con distinto nombre, pero aún así es el mismo padre de todos nosotros. Siento que ahora soy de cada religión.

–Gandhi una vez dijo: "Soy cristiano, hindú, musulmán…" –cita alguien aportando mucho a la charla.

–A ustedes se les hizo fácil por esos países porque son latinos... –dice uno buscando lo que nosotros llamamos excusas.

–No mires el color de mi piel. Si Dios me hubiese preguntado qué color quería, le hubiese pedido que mezclara todos los colores y me pintara de esa mezcla. Sólo mírame a los ojos y verás que mi corazón es del mismo color que el tuyo. Cuando estábamos en Latinoamérica muchos estadounidenses nos decían que en su país no seríamos tratados tan bien como allí. Sin embargo, llevamos más de quince meses entre Estados Unidos y Canadá y en este periodo sólo dormimos menos de veinte noches por nuestra cuenta, todas las demás fueron en casas de familia. Te puedo asegurar que nada tiene que ver con fronteras. Dios cuando hizo el mundo no dibujó límites, sino que algunos hombres los hicieron para dividirnos, como otros nos dividen con religiones. Un nacionalista y un fanático religioso son las herramientas más dañinas para una nación y una religión. Tanto como los celos para el amor. No busquen excusas, busquen razones para vivir y entre ellas encontrarán sus sueños. Dentro de cada uno de ustedes hay un soñador, no lo dejen de lado, denle una oportunidad. Nosotros no hicimos nada que otros no puedan hacer. Cumplimos un sueño –dejo pasar un minuto y vuelvo al mapa, lo señalo y continúo–. Ahora estamos en Anchorage, después de casi setenta mil kilómetros recorridos, muchos más de los veinte mil que planeábamos al salir de casa, y aún tenemos muchas ganas de seguir viaje hacia nuestro punto final. El mar Ártico.

–Pero no se puede llegar al mar Ártico.

Cuanto más escucho este comentario más ganas me dan de ir hasta él.

La gente empieza a pedir que le firme el libro mientras Cande forma un nuevo grupo e inicia su charla. Enseguida se escuchan las preguntas que, con voz tranquila, firme y espontánea, Cande responde:

–¿Tuvieron muchos problemas?

–Antes encontrábamos en cada solución un problema. Ahora para cada problema sabemos que hay una solución.

–¿Cómo fue tener un hijo en el camino? –pregunta una señora con un niño en brazos–. Yo no hubiera podido, porque necesito tener mi médico de cabecera, saber dónde lo voy a tener, armar el bolso para el hospital, decorar su cuarto y además ¿si se enferma?

–Yo pensé todo lo que estás pensando, desde niña siempre me imaginé que sería de esa forma, pero no sabes lo lindo que es cumplir un sueño dentro de otro sueño. La felicidad se duplica. Nuestro hijo al nacer nos encontró felices por lo que hacíamos por nuestras vidas, nos tuvo siempre a los dos con él y qué mejor ejemplo que ver a sus padres persiguiendo sus sueños, viviendo la vida. Con padres felices, hijos felices.

–¿Cuál fue el obstáculo más difícil?

–El miedo: a dejarlo todo, a empezar, a qué pasaría, a lo desconocido, al peligro…

–Y ¿cómo lo vencieron?

–Nunca los vencimos, pero tampoco nos dejamos vencer por ellos.

–¿Llevaban armas?

–Las armas fueron hechas para matar y quien las posee alguna vez sintió el deseo de usarlas, aunque sea en defensa propia. Sin armas no hay esa clase de deseos.

–Y ahora que terminaron ¿qué van a hacer?

–Vamos intentar viajar más, arriesgarnos más, vivir más el presente, tener más hijos, cruzaremos algún mar, subiremos alguna que otra montaña, buscaremos conocer más personas… En fin, nos vamos a dedicar a coleccionar momentos de vida, algunos que se darán espontáneamente y otros que habrá que salir a buscar. Vamos a cumplir más sueños.

–¿Qué otro sueño tienen?

–Vivir en un campo con montañas, criar a nuestros hijos allí, construir cabañas y recibir gente de todo el mundo para aprender de ella y escuchar los cuentos de cada lugar, historias que enriquecen el alma.

–Ustedes hicieron un gran puente entre Argentina y Alaska.

–No, sólo una huella, un puente pasaría por arriba de muchos lugares… Nosotros sólo sentimos que dejamos una huella. ¡Ojalá todos salgan y dejen la propia!

–¿¡Cuatro años para llegar a Alaska!? –dice un joven con cara de sorprendido.

–No me sorprenden los cuatro años de viaje, me sorprende que hayan pasado más de treinta años para recién empezar estos maravillosos cuatro años de vida. Al salir de casa y vivir los primeros días me di cuenta del tiempo que había perdido entre excusas y miedos.

–¿Van a escribir un próximo libro?

–Sí, va a ser un libro de vida, para inspirar a la gente a cumplir su sueño.

Escucharla a Cande contestar me inspira un enorme respeto hacia ella, los cambios que noto en ambos son enormes. Uno de los mayores es que antes de salir sentía que el mundo se me venía encima, mientras ahora siento que estoy encima del mundo.

–Cuando terminen el viaje ¿venderán el auto? Podría llegar a valer mucho… Podría ayudarlos a cumplir su… –un hombre interrumpe mi pensamiento.

–Usted es un hombre de negocios, yo soy un hombre de sueños. Poseo poco. Tengo una mujer y con ella una familia que vale más que todo el oro del mundo. Y ahora qué mayor fortuna que un sueño cumplido y que nadie me puede quitar. El auto no se vende, puede que algún día el auto con Pampa al volante vuelva a Alaska o tal vez recorra otro rincón del mundo. Sé qué puedo llegar a hacer con el auto, pero no tengo idea de qué haría con el dinero. Cuando tuve dinero, el dinero me tenía a mí. Ahora que no lo tengo, yo me tengo.

El sabio eco

–Hola, mi nombre es Dave y con un brasilero estamos por viajar hasta la Patagonia. Nos enteramos de tu viaje en el diario y quisiéramos saber si nos podrías dar algunos datos.

–Todos los que quieran –les respondo a los jóvenes que se presentan en nuestro stand.

–¿Qué se necesita para pasar las fronteras?

–Tu registro de conducir, el título del auto y el pasaporte, nada más.

–Tenemos la idea de ir en un jeep 4x4.

–Cualquier vehículo está bien. No se trata de cuán preparado esté el vehículo, sino de cuánto lo estén ustedes. Sobre el auto, la única marcación que les haría sería la misma que les aconsejo para todo: lo que lleven, que sea sencillo; nada complicado.

–¿Cuánto dinero cree que necesitemos?

–Nosotros gastamos un promedio de veinte a veinticinco dólares diarios. En algunos países, nos bastaba con diez por día, en otros, necesitábamos más de sesenta.

–¿Y ante los problemas de mecánica y las enfermedades?

–No te deseo un viaje sin problemas, sino la fuerza y la fe necesarias para superarlos. Nada malo te va a suceder porque sí, todo tendrá su razón y verás que siempre terminará siendo buena, no te encierres en el problema, busca la solución, que la habrá.

–¿Se le ocurre algo más que deberíamos saber?

–Nunca te olvides de que hagas lo que hagas, estarás representando a muchísima gente de tu lugar, serás embajador. Lleva mucha fe, ten fe ante todo. Escúchate a ti mismo, tú sabes lo que eres capaz de hacer. Confía en lo que haces y la gente te ayudará –y le voy diciendo nuestros aprendizajes a la vez que recuerdo cómo los aprendí–. No busques excusas, nunca llegues a pensar que los sueños sueños son. Sé libre. Si fracasas, puedes volver a empezar. Dale mucho valor a la gente, deja que tu niño interior vuelva a crecer –tomo aire para seguir–. No temas, porque los milagros existen y no estás solo. Pide ayuda, no podrás hacerlo todo por tu cuenta y habrá miles de personas felices de ayudarte. Recibe ayuda y ayuda a cumplir sueños. Recuerda que en este mundo no hay nadie más importante que tú, y tampoco nadie, pero absolutamente nadie, que sea menos importante que tú. –Dave se queda callado, como esperando más. Continúo.– En un viaje pasa mucho de lo que nos pasa en toda una vida, porque al estar expuesto, todo sucede mucho más rápido. La vida es un viaje y lo que aprendemos en un viaje nos sirve para toda nuestra existencia. Cada cosa que te pasará no será casual, sino causal. Pues nada está librado a la suerte, sino todo conjugado en una sincronización para que cumplas tu sueño, no hay nada que esté en contra, sino "a prueba". Fíjate en las señales, puede que haya una gran razón para que tú y yo estemos aquí ahora. Y fíjate mucho en cada cosa que pase, porque tendrá algo para enseñarte. Sé como el barro: moldéate a todo para disfrutarlo, nunca compares…

–Parece que aprendiste mucho, suenas como un filósofo.

–No siento que esté hablando yo. Siento que lo que oyes es el eco de mis sentimientos y el eco de cientos de personas que en el camino me enseñaron todo esto que te digo. Ábrete a la gente, al mundo. Los mejores maestros, los que más me enseñaron en la vida, seguramente no saben todo lo que aprendí de ellos.

–¿Cuándo crees que sería el mejor tiempo para empezar?

–Ahora mismo. Estás preparado, no pierdas tiempo.

–¿Algo que no nos tendríamos que olvidar?

–Empezar. El secreto para cumplir un sueño es empezar. Empieza el tuyo.

–¿Sólo eso?

–Sí, porque toda fortuna que hayas almacenado en tu vida la puedes perder en un segundo. El sueño que hayas cumplido, no lo perderás jamás.

Nos pasamos los correos electrónicos y le obsequiamos un libro. Nos despedimos con un enorme abrazo y la promesa de reencontrarnos en Argentina.

–Ey... –le grito mientras se está yendo. Se da vuelta y le pregunto– ¿Te tienes fe?

–Sí –me contesta seguro.

–Entonces estás condenado al éxito.

No es momento de aflojar

Al llegar la noche caemos rendidos. Nos hemos entregado por completo en cada relato del viaje, en contestar cada pregunta. Sólo la energía maravillosa que recibimos de la gente nos permite seguir de pie tantas horas y poner todo nuestro entusiasmo durante tantos días.

En la anteúltima jornada de la feria, nos invitan a participar de una caravana de autos. Tras el largo recorrido por todo el pueblo pasamos frente al palco principal, hacemos unos trescientos metros más y el auto dice basta, como si nos avisara: "Hasta Alaska los traje, ahora basta".

–Ey, Graham, no es momento de aflojar, menos al estar por terminar, aún tenemos que llegar al Ártico –lo reto por su flojera.

Tras intentos fallidos de arreglarlo, Dennis y Scott nos remolcan de nuevo a la feria y al día siguiente este último, que es miembro del club de autos de Alaska, se lleva el distribuidor y el carburador del Graham para ver qué se puede hacer. Dos días más tarde vuelve con las dos piezas que parecen nuevas, mas simplemente él y un amigo las han reparado.

En la misma feria conocemos gente que se ofrece para ayudarnos a intentar entrar a los campos privados de la empresa petrolera British Petroleum y así llegar al Ártico. Sin embargo, las respuestas de British Petroleum (BP) no se escuchan y los rumores que de ella nos llegan sólo son negativos.

En cambio, algunos camioneros, que supuestamente son "los malos del camino", nos dicen que todos ellos tienen radio y que apenas nos vean yendo al norte estarán a nuestro servicio. También aparece gente dándonos contactos para ir viendo cómo regresar el auto a Argentina y, por supuesto, muchísimas invitaciones para toda Alaska y ofrecimientos de toda clase: ir a andar a caballo, en trineo, volar avionetas… Como si fuera poco nos regalan camperas, leche recién ordeñada de cabra, comida casera hecha por una señora italiana todas las noches y muchas sorpresas más.

Después de la feria despedimos a mi padre. Junto a Dennis preparamos el auto para proteger los vidrios de piedras y tapamos ese agujero en el caño de escape mientras Cande busca cosas que necesitaremos y vacía el auto para llevar lo mínimo indispensable.

En cuanto al acceso a destino, salimos sin ninguna respuesta positiva de BP y nada que nos indique que algo pueda llegar a cambiar.

Pero no partimos solos: un hombre de Texas que está en Alaska de vacaciones nos vio y decidió acompañarnos en su pequeña *pick up*, que no es 4x4 ni está preparada. Felices aceptamos la compañía de Nicolás Hernández. El frío y la nieve han llegado a varias partes de Alaska y sobre todo a la parte norte, a la cual vamos.

Inteligencia animal

Con Cande nos sentimos un poco raros, realmente falta poco para terminar y ninguno quiere que así sea. Muchos nos preguntan si ya no estamos cansados y deseosos de estar en casa de una vez, y la verdad es que no. Nos encantaría estar en familia y con los amigos, pero no estamos cansados de viajar, que sería algo así como estar cansados de vivir.

Camino a Fairbanks paramos a contemplar el Denali, una montaña que se ve maravillosa e imponente bajo el sol que ilumina su nieve. Al principio del viaje, con los nervios que teníamos de empezar, pasamos cerca del Aconcagua. Ahora, al final del viaje, con los nervios que nos da terminar, pasamos por el Denali. Los dos colosos de América que saludamos.

Llegamos a Fairbanks a los dos días de viaje, nos esperan en la entrada de la ciudad casi veinte autos antiguos llenos de felices y hospitalarios personajes que aplauden nuestra llegada. Nos tienen organizado un agasajo con una riquísima barbacoa en la casa de Willy y Wilma, en donde hasta Pampa la pasa de maravillas jugando con la nieta de la pareja de acá para allá.

El dueño de casa, enterado de nuestro problema para llegar hasta el Ártico, quiere ayudarnos y se comunica con la empresa de camiones Lynden, que entra y sale de BP con productos petroleros. A alguien de la empresa se le ocurre subirnos a uno de sus camiones y llevarnos hasta el mar. Nos parece perfecto, cualquier medio es válido. Lynden se comunica con BP para pedir autorización. BP la niega.

Aunque es domingo, Willy abre su taller. Sólo arregla camiones, cobra 100 dólares la hora y el trabajo lo realiza un operario, ¡no quisiera saber cuánto me saldría tener al dueño trabajando en mi auto en fin de semana!

No es que algo se haya roto, sino que Willy quiere asegurarse de que esté todo bien. Encuentra tornillos que ajustar y lugares que engrasar y también cosas con las que ya nada se puede hacer, como por ejemplo, poner un cardán nuevo... Este mecanismo permite transmitir el movimiento de rotación a las dos ruedas del Graham, según nuestro nuevo amigo el juego que tiene es demasiado y "hasta peligroso".

A la hora de la comida nos juntamos con su mujer y Cande en un restaurante. Nos cuentan que ellos vinieron de Montana enamorados del lugar.

–¿Les costó llegar a Alaska? –pregunta Wilma.

–Sí, un poco.

–Pues más les va a costar irse: cuando la lleguen a conocer no se querrán ir.

Lo que ella ve es parte de su lugar, lo que yo veo es parte de mi mundo. Muchos me han preguntado si estoy buscando el lugar para echar raíces, pero ¿por qué habría de hacerlo? Las plantas, prisioneras de vivir y ver siempre un mismo paisaje, las tienen. Yo tengo pies, y ahora que vi otros lugares no quiero tener raíces. No hay nada de malo en tenerlas, pero hay mucho de bueno en tener alas. Mis raíces me muestran de dónde vengo y mis alas adónde voy.

–¿Vieron animales en el camino?

–Sí, muchos osos y hasta con cría... pero sólo un alce y encima hembra. Estoy deseoso de ver alces, no sé por qué era el animal favorito de mi mamá y siempre me dieron ganas de conocerlos.

–El alce es un animal inteligente y, como es temporada de caza, ahora está donde los cazadores no pueden llegar fácilmente. A las hembras está prohibido cazarlas y parece que ellas lo saben; no huyen como el macho. Olvídense de ver alces en el camino en ésta época –sus palabras me entristecen porque estoy ávido por verlos y los busco en cada curva y en cada laguna que vemos–. Pero si no los pueden ver desde un auto, los podemos ver desde el aire donde quiera que se encuentren, síganme.

Nos subimos a su *pick up*. Una vez en el aeropuerto nos lleva a su avioneta y como si fuera cosa de todos los días, arranca y despega con nosotros en busca de alces. La vista de Alaska desde el aire es bellísima. Estamos sobre una zona de muchas lagunas donde el hombre nada tocó. La naturaleza nos asombra. Sí, encontramos alces y muchos, realmente muchos, en un lugar al que llegar por tierra sería casi imposible. Como Willy nos dijo, los alces son inteligentes y saben que tienen que quedarse ahí hasta el final de la temporada de caza.

El último árbol

El lunes, sin poder dejar pasar más tiempo, volvemos al camino. Siempre firme y cerca nos sigue Nicolás. Ahora llevamos camperas y abrigos prestados para protegernos del frío, que a medida que avanzamos hacia el norte se siente mucho más.

Willy, por seguridad, instaló en la *pick up* un cartel que informa nuestra lenta velocidad, una luz amarilla giratoria sobre el techo y una radio para poder comunicarnos con los camiones y con quien esté en la zona, ya que todo vehículo aquí la posee.

El pavimento deja lugar al camino de tierra y a la desolación, no se ven autos, no se ve a nadie. Según nos avisaron, en los 800 kilómetros restantes sólo habrá una estación de gasolina, unas casas y tras unos kilómetros más, Wiseman, un pequeño pueblo ya casi abandonado de buscadores de oro con cinco o seis cabañas habitadas. Eso será todo hasta Deadhorse, donde termina el camino público a sólo 6 kilómetros del mar Ártico.

Mientras esquivo piedras y pozos, pienso en los comentarios que todos nos hicieron en Fairbanks y en Anchorage sobre nuestro problema de no poder llegar al destino. "Llegaron a Alaska." "Den su sueño por cumplido, llegaron hasta donde muchos no pudieron. Ahora, al estar por pasar el Círculo Polar Ártico, tienen que estar súper agradecidos si logran llegar a Deadhorse." Todos comentarios que nos invitan a aflojar. Por momentos pienso que siento ganas de desistir y de convencerme de que tienen razón; ya demasiado hicimos.

Pero mi corazón me pide que siga luchando, que no me conforme, que llegue, porque si no, siempre tendré ese sinsabor de que sólo nos faltaron seis kilómetros, ¡sólo seis! Las palabras de Alexis Montilla de Venezuela vuelven a sonar en mi cabeza, como si mi corazón las encontrara para hacérmelas escuchar una y otra vez: "Hay una más, hay otra dificultad que surgirá en el camino antes de terminarlo o casi al final. No la vean como una dificultad, sino como la prueba final. No aflojen, no cometan el error de la mayoría, que afloja a último momento. No abandonen su sueño. Si pasan esa prueba, podrán decir: 'Sueño cumplido'". No sé cómo podremos llegar a hacerlo, pero debe de haber una forma.

En el camino paramos a sacar fotos y a filmar. Nos damos un descanso en el monumento que indica nuestra entrada al Círculo Polar Ártico. El camino, aunque de tierra y pedregullo, no ha sido problema, tampoco lo fueron los camioneros, que siempre han bajado su velocidad al pasarnos tanto por cortesía como por curiosidad.

Nicolás nos cuenta lo que escucha por la radio sobre nosotros causándonos mucha risa: "¿Alguien sabe qué hace un auto de principios de siglo por acá?" "Son Bonnie & Clyde, van al banco de Deadhorse a robar", son algunos de los comentarios que hacen el viaje de nuestro compañero más ameno.

Después de 424 kilómetros que nos llevan todo el día, arribamos a Wiseman. Nos espera Jim, que pertenece al club de Fairbanks y es dueño de una de las cabañas que nos presta. Es de contextura fornida, varios kilos de más, y su enorme barba blanca le tapa la mitad de la cara y todo su cuello. En esta preciosa cabaña de troncos nos ofrece tanto que parece Papá Noel en el medio del Ártico, sólo le falta vestirse de rojo. Nieto de un hombre que llegó en tiempos remotos a buscar oro por estas tierras, sigue la tradición familiar, pero para poder seguir viviendo además trabaja manteniendo los caminos.

Jim está enterado de nuestro deseo de llegar al mar Ártico y nos intenta consolar, pero de nada sirven sus palabras. Nos cuenta que habló con Willy, de Fairbanks, pero que no hay ninguna noticia para nosotros. Luego se va a dormir al campamento vial, dejándonos solos en tan bello lugar.

La noche es terriblemente fría. Aun así después de comer salgo a caminar; busco saber cómo podríamos hacer para realmente cumplir nuestro sueño. No sé por qué no estoy cansado, manejé todo el día concentrando mis cinco sentidos en el camino y pensando en lo que aún sigo pensando: ¡¿cómo "miércoles" entraremos al Ártico?! ¿Cómo puede ser que una empresa sea dueña del extremo del continente, dueña de todo: del camino, del mar y de mi sueño? Para desahogarme tiro piedras al río que bordeo, en una parte en que su agua está más quieta y tranquila.

De pronto veo algo raro en ella, como si cambiara de color: de verde a azul y luego a rojizo. Además se mueve. Es como un reflejo, levanto la vista al cielo y me maravillo al ver algo fabuloso: luces de colores como nubes que no se quieren quedar quietas. Corro a la cabaña a avisarle a Cande, quien aunque está dormida sale conmigo. Nos quedamos abrazados por un rato, maravillados por lo que vemos: son las aureolas alboreales sobre las que nos han contado.

Cande vuelve a entrar al calor de las sábanas y yo aún sin encontrar el sueño me acuesto en el suelo frío, al que pido me llene de energía. Las luces alboreales continúan su danza disfrutando de la libertad de los cielos mientras yo vuelvo a mis pensamientos... Empezar fue difícil, pero pareciera que después de tres años y siete meses lo más difícil es terminar.

Como no somos nada, salvo soñadores, no podemos pasar. Y no nos niegan la entrada sólo a nosotros, sino a las miles y miles de personas que se subieron a nuestro auto desde que salimos y están esperando llegar al mar. Y a las millones más, que ansían que lleguemos porque quieren leer en el diario o escuchar por radio la noticia, es esa gente que nos viene siguiendo por medios y ahora espera la nota final. Es verdad: no estamos solos, no somos sólo una familia tras un sueño, sino millones… Millones a los que nos dicen que no, millones de sueños sin cumplir.

Tengo que llamar a los medios y decirles que no tendrán su nota final porque no va haber final. Tengo que llamarlos y decirles: "BP no quiere que el sueño de millones se cumpla, pregúntenle por qué no".

Despierto nuevamente a Cande y a Nicolás:

–¡Creo que tengo la solución! ¡Creo que ya la tengo! Vamos a poder llegar al mar, les aseguro que vamos a llegar, somos la cabeza de millones de personas que quieren hacerlo y tenemos las herramientas para conseguirlo. Mañana llamo a Associated Press (AP) y National Public Radio (NPR), ellos están esperando nuestra comunicación apenas terminemos el viaje.

Tras contarles mi novedad, ahora son ellos quienes no pueden dormir. Yo, ya más relajado y convencido de que funcionará, me distiendo y duermo.

Somos millones

Me despierto temprano y busco la única cabina pública, la cual ruego que funcione. Y sí, lo hace. Primero telefoneo a BP, quiero intentar hablar con la persona que siempre se niega a responder mis llamados y que es la única que tiene el poder de dejarme pasar. Una vez más, sólo el contestador escucha mi pedido.

Entonces llamo a Nueva York, la diferencia horaria hace que ya sea media mañana por esos pagos. Hablo con AP y les cuento nuestro problema. Buscando la noticia me solicitan el teléfono de BP y los nombres de los responsables. Corto y telefoneo a NPR; me piden los mismos datos para armar un programa. Cuelgo sabiendo que el revuelo se ha formado. Cómo será el final, lo desconozco, pues habrá que esperar unas horas para saberlo.

Otra comunicación. Ahora con Dennis para avisarle que les di el teléfono de él a AP y a NPR para que se comuniquen por novedades y que lo estaré llamando cada dos horas para que me cuente lo que vaya pasando:

Por último llamo a Fairbanks:

–Hola... hola... –se corta la comunicación.

–Su saldo se ha agotado. Ingrese una nueva tarjeta o monedas para realizar una nueva llamada.

Escucho y no sé qué hacer. No hay dónde meter monedas ni dónde comprar una tarjeta. "¿Qué hago?", me pregunto entre maldiciones y arrancadas de pelo.

Corro a avisarles a Cande y a Nicolás sobre mis llamados:

–Armé el revuelo y ahora no sabremos qué pasará –les digo nervioso, triste y ansioso.

–Usa mi tarjeta –me ofrece Nicolás dándome una alegría enorme que se desvanece al ver que me entrega una tarjeta de crédito.

–Es un teléfono, no un cajero automático.

–Sí, pero también se puede usar para recargar tarjetas telefónicas –me explica como algo elemental.

–Entonces vamos a probar.

378

Cada caminata al teléfono nos lleva más de media hora: debemos cruzar un puente de madera, un camino entre montañas, un tramo de bosque y un movido río cuyo ruido me relaja un poco. Las cabañas que pasamos están vacías, la mayoría sólo se usan en verano. Las dos o tres familias que pasan el invierno aquí han salido de cacería, que es su única forma de conseguir lo necesario para comer hasta el próximo verano.

Nicolás intenta ingresar los números de su tarjeta, pero se equivoca.

–Uy, puse mal mi clave –me dice también tras el segundo ensayo y vuelve a probar–. No sé qué hice mal ahora, pero me dice que vuelva a intentarlo

Salgo de la cabina antes de estallar, estoy hecho una pila de nervios, quiero saber qué pasa, cómo va todo, si necesitan algo de mí en Nueva York o en Anchorage o en Fairbanks. Quiero saber qué dudas hay, pero no quiero volver a entrar a esa cabina, puede que mis nervios sean contagiosos y sus dedos aprieten cualquier cosa.

–¿A qué número quieres llamar? –me grita Nicolás asomando su cabeza con cara de feliz cumpleaños tras lograr recargar la tarjeta telefónica.

Telefoneo a Dennis:

–Herman, esto es una revolución. Estoy recibiendo llamados desde todos lados, me hacen preguntas, pero no hay ninguna resolución todavía. Vuelve a llamarme en dos horas.

–¿¡Dos horas!? Dos horas en esta cabina son una eternidad...

Cuelgo y llamo a Fairbanks.

–Herman, me llamaron de BP preguntando las características del auto, puede que haya buenas noticias –me comenta Willy.

Voy a buscar a Cande para contarle las novedades. Junto a ella, nuestro acompañante y nuestro hijo salgo a caminar costeando el río. ¿Por qué será que siempre buscamos transitar por los bordes: del agua, del mar, de un acantilado...? ¿Por qué será?

Sé que hoy ya no podremos seguir viaje, que entre llamados y esperas tendremos que aguardar hasta mañana. Pero quiero saber qué pasa, así que vuelvo a la cabina telefónica. Intento llamar a Dennis, pero no atiende. Tal vez fue a buscar su correo, así que espero diez minutos más y vuelvo a telefonearlo. Nuevamente el contestador. Pruebo a Fairbanks, pero Willy no recibió ningún otro llamado ni ninguna novedad. Intento a Nueva York, pregunto por la periodista, pero no se encuentra en su escritorio... "¿Quiere dejarle algún mensaje?" Llamo a NPR, pero el cronista que me atendió ya se ha retirado. Miro la hora. Sí, en Nueva York ya es tarde.

¡Por favor, que alguien me diga qué fue lo que sucedió, en qué terminó este día! Aunque sea una noticia mala para nosotros, quiero saberlo. Llamo a BP, no sé por qué, pero lo hago. Total me va a responder el contestador.

–Se ha comunicado con el escritorio de... –la misma cinta de siempre.

–Hola, buenas tardes –grabo en el contestador para que el directivo vea que estoy presente–, mi nombre es Herman Zapp, soy el viajero que...

–Hola, pero ¿quién crees que eres? ¿Qué piensas que es Prudhoe Bay? ¿Un camping donde se puede ir a hacer un picnic? –me increpa el hombre tan buscado no muy contento.– ¿Crees que a cada uno que sale de paseo le podemos permitir entrar como si nada? He recibido llamados de AP y de NPR y ahora este asunto se ha hecho público poniéndome en una situación que no me gusta. Prudhoe Bay está considerada zona de alto riesgo de ataques terroristas, estamos a dos días de cumplir otro aniversario del 11 de septiembre y todo el país está en alerta naranja.

–Señor, buenas tardes, le puedo asegurar que si nos conociera a mi mujer, a mi hijo, a nuestro auto y a mí, se daría cuenta de que no somos terroristas. Además no somos responsables de las guerras del mundo, pero sí de un sueño, al igual que usted. Al salir de Argentina fue el sueño de dos personas, pero si ahora nos dice que no, le está negando cumplirlo a millones. También estamos dispuestos a hacer algo por BP a cambio.

–Nada necesita BP de ustedes, sino que son ustedes los que necesitan de BP.

–Sí, lo sé, pero no hace falta tanta demostración de poder hacia mí. Demuestre su poder a todos dejándonos pasar.

–¿Cómo es el auto? –pregunta más distendido.

–Es de 1928...

–¿Tiene cinturones de seguridad?

–No.

–¿Puede ir a la velocidad mínima de 60 kilómetros por hora?

–No todo el tiempo...

–El auto no cumple ni las mínimas condiciones y además para entrar tendrían que pasar un examen de manejo... ¿Podrían ir sin el auto?

–Sí, podríamos.

–Bueno, eso ayudaría un poco. Déjeme ver qué se puede hacer.

A la hora volvemos a llamar a Dennis y nos da la excelente noticia de que todo está listo para nuestra llegada al Ártico. ¡Nos esperan en Prudhoe Bay! ¡Y además ya tenemos pagadas dos noches en el hotel de Deadhorse!

Las montañas Brook

Al día siguiente salimos con las primeras luces hacia el tramo final. Lo sentimos como la recta final de una carrera. En el camino Jim nos hace señas desde la moto-niveladora que maneja para que paremos.

–Los vi en CNN esta mañana, ¡vi que BP los autorizó a ingresar!

No podemos creer lo que escuchamos: nuestro permiso ya es público.

Seguimos al norte súper felices parando a ver cada oso que está al costado del camino, desde que salimos ya van cinco. Vamos paralelos a una enorme cañería que lleva petróleo crudo hasta más allá de Anchorage para ser embarcado a California y alimentar millones y millones de autos diariamente, pero ahora sólo nos importa saber si con los litros que tenemos en nuestro tanque y los de reserva podremos llegar.

Pasamos un cartel que indica el último árbol. La nieve que está cayendo tapa el camino. Copia su forma y se diferencia de la nieve caída sobre la tundra. El auto empieza a perder temperatura, así que le tapamos parte del radiador con un delantal que le hizo Pam, nuestra amiga de Albany. Estamos tan abrigados que no queda espacio libre entre Cande y yo. Pampa es una bola de ropas y gorros, apenas se ve su cara y se la ve feliz. Con cada pozo que tomamos o cada lomada que sube y baja el auto, él festeja, contagiándonos su alegría a la que ya sentimos.

Ante el parabrisas aparece una prueba más, y bien difícil: el gran paso Atigun que cruza muy empinadamente la cadena de montañas Brook. Es, como nos lo anticipó la gente, un obstáculo en nuestro camino.

Bajamos a poner las cadenas a las ruedas del auto, con guantes me es imposible hacerlo y sin ellos mis dedos poco aguantan sin congelarse. Así que engancho una parte, vuelvo a ponerme los guantes, me caliento un poco, me los saco nuevamente y pongo otra cadena. Lentamente, termino de enganchar todas.

Estamos frente a una prueba y muy nerviosos. Incluso con las cadenas continuamos patinando sobre el hielo. El hielo más el desnivel hacen que ni siquiera se pueda caminar. El auto colea de un lado a otro, las cadenas son un poco grandes, pero lentamente avanza. Pido a la cordillera permiso y ayuda para que nos deje subirla.

–¡Vamos, Graham, vamos! ¡No aflojes ahora! –lo alienta Cande a la vez que pega su cara al parabrisas como queriendo empujar.

El cielo, la montaña, el camino y nuestra ventana delantera están blancos por los copos que caen. Miramos para atrás y apenas vemos la luz amarilla giratoria de la *pick up*. Busco ir por la mitad del camino para no llegar a morder el barranco. Pido más que nunca que no llegue a venir un camión de frente porque no tendríamos tiempo para hacer nada. El paso es zigzagueante y sube llevándonos de la derecha hacia la izquierda para doblar y volver a ir a la derecha.

Cuando finalmente llegamos a la parte más alta y empieza la bajada, paramos a tomar un poco de aire y refrescar nuestros sentidos. Ponemos a calentar agua en la olla del motor para más adelante tomar un café caliente.

Otra gran prueba debemos enfrentar: la bajada. Subimos al auto y volvemos a tensar nuestros sentidos en busca de la huella del camino que nos lleve al final de la montaña. Hemos subido en primera y ahora bajamos en segunda marcha.

Lentamente llegamos a la planicie de la tundra. Recuperamos velocidad y al ver menos nieve seguimos camino al norte. Cande, más tranquila, pasa a Pampa sobre su falda, en el asiento trasero hace demasiado frío, aquí adelante está más cálido gracias a la pequeña calefacción instalada en México.

Paramos para ver una enorme manada de caribúes que cruza nuestro camino y para preparar el café, pero el agua aún no llegó a calentarse lo suficiente.

Al relajarnos tras el paso de la montaña largamos contagiosos bostezos, pero aún estamos nerviosos: el camino a nuestro alrededor es totalmente desolador, no se ve

nada, salvo la plana tundra. Por las dudas cada vez que paramos y nos bajamos no detenemos el motor, no sea cosa que se congele.

Luego hacemos otra larga parada para observar a unos enormes búfalos de pelo muy largo que pasan cerca del camino. Nos asombra en un lugar tan inhóspito ver tanta vida animal.

El siguiente descanso es para apreciar a un enorme oso marrón… ¿Qué estará comiendo en este lugar? Es lindísimo, su enorme piel está bellamente decorada con los copos de nieve que se le van pegando.

Deadhorse

Después de todo un día de manejo, con bocinazos festejamos al ver las primeras construcciones de Deadhorse, que al llegar nos damos cuenta que son las únicas. Como dirían: "Un pueblo de primera. Si pones segunda, te pasas". Nadie anda en las calles, nadie vive aquí. Las personas vienen a trabajar sólo por unos días y casi siempre bajo techo.

Pasamos por edificios industriales mientras recorremos las heladas calles en busca de nuestro hotel. Nos acercamos e intento elegir el mejor lugar para estacionar. Hay uno muy cerca de la puerta de entrada. Freno, pongo mi mano sobre la palanca de cambio y lentamente, disfrutándolo, saco el cambio por última vez. Se siente tan fuerte como el primer día, cuando por primera vez puse primera y salimos.

Con Cande nos abrazamos quedando Pampa en el medio. Hace frío y todo parece helado, salvo nosotros. Nos quedamos juntos un rato más, gozando la alegría de este momento. Apenas falta un poco más, un sólo día para terminar nuestro sueño.

Salen del hotel dos personas, que al vernos gritan:

–¡Llegaron, los viajeros llegaron!

Una entra al hotel a avisar a otros y vuelve con más gente que trae el diario de hoy para que se lo firmemos. Vemos que está la nota de AP. El gran título anuncia que estamos autorizados por BP a llegar al Ártico y así finalizar nuestro sueño. Nos alegramos muchísimo por aquella gente que lo leerá enterándose que mañana será el gran día en el que todos cumpliremos el sueño.

Entramos al hotel, que no es para turistas, sino para trabajadores petroleros. Ellos se levantan de sus mesas para saludarnos. Enseguida nos sentamos a comer un enorme bife con papas fritas para después irnos al cuarto y caer totalmente rendidos.

En la noche silenciosa me despierto. No recuerdo en qué momento nos dormimos, parece que los nervios de estos últimos días nos han consumido.

–No puedo volver a dormir –me dice Cande, quien también se ha levantado.

La entiendo y en un abrazo nos quedamos.

–¿Qué piensas?

–Mucho de lo mismo que tú estás pensando. ¿Rezamos juntos?

382

–Dios, hoy no te rezamos para pedirte, sino para agradecerte. Creo que pocas veces lo hicimos, pero sentimos más ganas que nunca de agradecerte, por este día, por este viaje, por este niño, por este sueño que juntos estamos cumpliendo.

Una caricia al mar

Nuestro último desayuno, en nuestro último hotel, en nuestro último día, en nuestro último lugar de nuestro viaje. Todo se siente. Salgo a ver cómo está el auto.

Ayer llegamos a Deadhorse con la primera nevada del invierno y parece que la naturaleza estaba aguantando que nosotros llegáramos, festejáramos y sacáramos nuestras fotos. Ya el amanecer de hoy trajo enormes copos de nieve que desde el cielo caen cubriendo poco a poco a nuestro compañero de viaje.

Con Cande vemos estos copos como papelitos que se tiran cuando se recibe a un triunfador en una cancha o en la calle, papelitos que en forma de copos de nieve festejan la alegría de llegar a la meta. Vemos el Graham a través de la ventana de la recepción del hotel. Afuera hace mucho frío, los demás autos están con un enchufe eléctrico que mantiene caliente sus motores, pero no él, porque no tiene dónde enchufar eso y tampoco lo necesita. Nuestro viejo compañero aún está caliente, su motor palpita, está tan feliz que, como nosotros, anoche no pudo dormir por recordar todo el camino recorrido para llegar hasta acá.

La nieve lo cubre por todos lados, pero no llega a tapar sus banderas, símbolos de cada país que pasó y que por su colorido parecen sus medallas. En cuatro años fusionamos dos extremos que ya no parecen tales: ahora se ven como algo unido que nunca quisiéramos separar.

Se me acerca un señor por detrás, mientras seguimos mirando al auto por la ventana, y me dice:

–Esto que hicieron sólo ustedes pueden hacerlo.

–No, ni siquiera nosotros podemos solos. Pudimos porque nos acompañaron y ayudaron. Cualquiera que se abre a la gente cuenta con apoyo humano, y puede llegar a cualquier lugar o realizar cualquier imposible. No fuimos los primeros en hacer algo así y gracias a Dios tampoco seremos los últimos.

Sentir, sentirse

11 de septiembre de 2003. Son las tres de la tarde, el viento sopla frío y el sol ilumina un terreno plano de tundra. Hoy es el gran día. El cuenta kilómetros marca un poco más de 70.000 kilómetros recorridos, el almanaque cuenta tres años, siete meses y diecisiete días de viaje: una gran diferencia con los 30.000 kilómetros y los seis meses planeados al comienzo.

Pero no hay planes cuando se aprende que vivir el día con sus sorpresas es vivir. La vida dura mientras el corazón late, pero el vivir es un montón de maravillosos momentos.

El mismo hombre que en la feria de Alaska nos dijo que ojalá no fuera él quien nos tuviera que negar el acceso a BP nos espera en la puerta de Prudhoe Bay. Se ha ofrecido voluntariamente a buscarnos y llevarnos hasta el mar. Entramos a su *pick up*.

Divisamos el mar unos metros antes de alcanzarlo. Nos bajamos de la *pick up* felices. Saltamos y cantamos. Nos brotan lágrimas, alzamos los brazos, a Pampa, nos abrazamos fuerte. No podemos creerlo: logramos el sueño, el gran sueño de nuestra vida.

–¿Qué sienten ahora que terminaron el viaje? –nos pregunta el hombre de seguridad.

¡Qué dura suena esa pregunta!, ¡qué fea suena la palabra "terminar"! No, no queremos que se termine, no deseamos finalizar tan maravilloso viaje. No queremos dejar de conocer nuevos amigos en nuevos lugares. No queremos dejar de empezar de nuevo cada día, amanecer en otro lugar y ver cómo hacer para seguir. Empezar otro camino, conseguir algunos pesos, aprender algo nuevo, algo distinto, hablar con el personaje del día, conseguir un lugar para dormir, para volver a amanecer en otro lugar y volver a empezar. No, no queremos que se termine…

Pero este hombre tiene razón, el camino se terminó aquí, aquí frente a nosotros desde donde sólo vemos el mar. El horizonte ya no es ese camino que siempre se dibujaba en nuestro parabrisas como película de suspenso: sin saber qué pasaría, sin saber cuál sería la próxima sorpresa. No, el camino no sigue.

El único que vemos está detrás de nosotros colmado de recuerdos maravillosos, de personajes increíbles que de pronto están aquí, en este mismo lugar acompañándonos.

¿Por qué? Porque en el momento en que los conocimos abrieron la puerta, se subieron al auto y nos hicieron compañía. Por eso es que están aquí, los vemos disfrutando, sonriendo, festejando, saltando. Está Carlitos, aquel peluquero que dejó a su cliente en la mitad de un corte porque nos vio parar en su negocio. Está Julio, aquel mecánico de piel carbón y de sonrisa blanca y pura que arregló el auto como quien arregla el carro más importante del mundo. Está Eduardo, aquel artesano que todo secreto sobre su trabajo nos quiso enseñar. Está Agnes, quien nos mimó como quien mima a su hijo. Están Francisco, Hortensia, Mario, Alonso, Juanita, David, Doug, Mike… también él, ella y Tú… Todos están aquí.

–Y ¿qué se siente terminar? –vuelve a preguntar el hombre que aún no recibió repuesta.

–Terminar se siente volver a empezar. Se siente que terminamos un sueño, pero que aquí mismo otro comienza. Se siente el alma con vida, llena de historias. Se siente la felicidad de un sueño logrado, de un sueño que parecía imposible, pero que hoy no lo es. Se siente que lo mejor que hicimos en este viaje fue empezar y se siente que volvemos a casa

¡Qué raro nos suena esto: "volver a casa"! ¿Será porque nunca nos sentimos extraños y siempre nos hicieron sentir como que ya estábamos en casa?

Sentimos que alguien nos atrapa la mano, es Pampa. Ya tiene quince meses y junta piedras como quien reúne un tesoro. Nos las da para que las veamos, para las disfrutemos como él las disfruta, y nosotros las guardamos en los bolsillos como el *souvenir* preciado del viaje.

Las palabras me empiezan a brotar y recito: "Pampa, hijo, durante años, durante mi vida, me llené los bolsillos de tesoros y fortunas. Todo ahora te lo quiero dar a vos. En el derecho, guardé arena, aún mojada por el mar, con espumas y caracoles. En el izquierdo, guardé silencios de montañas y desiertos donde pude escuchar paz. En el de atrás, guardé agua, tierra y aire, y no los mezclé para sentir frescura, calidez y perfumes. En el otro, guardé rayos de sol, estrellas y nubes, porque me dieron calor, amor y compañía. No pude juntar monedas: eran pesadas y ruidosas, y no me traían ningún recuerdo. Tengo otro bolsillo y es secreto. Ahí guardé una carta, un beso y una flor, pero estos no te los doy, son de mi amor, son de Cande y están en mi corazón".

384

Nos mojamos las manos en el agua fría del Ártico, nos sentamos en el pedregullo y nos quedamos en silencio, silencio que todo lo dice. Vuelvo a mojar mi dedo en el mar y disfruto tomando algunas gotas. Cande, quien recién se entera de mi costumbre, humedece también su dedo y el de Pampa y ambos se los llevan a la boca. Somos parte de este lugar. Nos sentimos parte de toda América.

Hasta el Océano Artico	
Tiempo de viaje	. .3 años y 7 meses y medio
Kilometraje	. . . . .70.341 km

Camino a casa

**Cómo volver a casa es
la intriga nuestra y de toda la gente.**

Para empezar, la empresa Carlile de camiones lleva el auto sin cargo alguno desde Prudhoe Bay hasta Anchorage, dado que con las primeras nevadas los caminos se encuentran intransitables para el Graham. Nosotros, en cambio, volvemos a Fairbanks y después a Anchorage en la *pick up* de Nicolás.

Durante un mes y medio continuamos recorriendo todas las rutas de Alaska, visitando escuelas, en las que damos una charla sobre sueños con la intención de demostrarles a los alumnos que se pueden cumplir. También damos charlas a otra gente, como por ejemplo, a una familia que corre carreras de trineos. Cuando los vamos a ver atan sus perros al auto y así nos remolcan, como si llevaran un trineo. ¡El Graham es un auto de diez perros de fuerza!

Mientras tanto, las ofertas para volver a Argentina se van sumando: la empresa TOTE nos quiere llevar en su ferry hasta Seattle, otra empresa de barcos en Houston-Texas nos llevaría desde allí hasta Argentina y una aérea se ofrece desde Miami hasta Colombia.

Pero es Lynden quien nos da una gran sorpresa.

–¡Lynden quiere llevarles el auto desde Alaska hasta Argentina! –nos comunica Willy de Fairbanks telefónicamente.

No perdemos un minuto y hacia allí trasladamos el auto. Al bajarnos nos reciben muy bien:

–Gracias, muchas gracias –nos dicen

–Nosotros somos los agradecidos –contestamos sin entender tanta gratitud.

–No, gracias a ustedes por dejarnos ser parte.

No lo podemos creer: nada de lo que están haciendo lo hacen con fines comerciales, no les interesa la prensa ni la publicidad, ni siquiera pegar una calcomanía en el auto con el nombre de la empresa; sólo quieren ser parte del sueño.

Nos despedimos del Graham sin saber aún cómo regresaremos a Buenos Aires nosotros ni cuánto tiempo le tomará al auto llegar, pero estamos felices porque todos, poco a poco, volveremos a estar juntos en casa.

Y así es: Scott sacrificando millas de su cuenta aérea, las que viene sumando una a una para irse a Inglaterra con su mujer, nos da dos pasajes a San Francisco.

Nosotros, emocionados ante tanto cariño recibido en Alaska, nos despedimos con lágrimas de todos ellos.

En San Francisco permanecemos un mes disfrutando un poco más de mi padre y él de su nieto, porque quién sabe cuándo nos volveremos a ver.

Salimos nuevamente en avión esta vez a Argentina, tardando sólo doce horas en hacer lo que nos llevó mas de tres años. Aterrizamos en Argentina y somos recibidos en el aeropuerto de una forma maravillosa por nuestra familia. Los abrazos y alegrías son eternas, sólo les hemos avisado a nuestros parientes de nuestra llegada: queremos festejar junto a todos los demás recién cuando llegue el auto, como lo hicimos al irnos.

"Imposible" no existe

Por haber sacado el auto por tanto tiempo fuera del país, las multas y costos de reingreso suman casi 9000 dólares. ¿Por qué será que en el país de uno todo cuesta más hacerlo?

Como no contamos con ese dinero, buscamos ayuda. Encontramos mucha gente en el ámbito de la política, un ex jefe de la Aduana y hasta llegamos a Vicepresidencia de la Nación, pero nada pueden hacer.

Asimismo vamos personalmente a la Aduana y dejamos una carpeta con nuestro pedido al director, quien la ingresa como expediente, sin crearnos ninguna expectativa. El auto está en camino y si llega sin que se hayan resuelto estas cuestiones burocráticas, deberá esperar en el puerto y tendremos que pagar, además de la multa y los costos de reingreso, el alquiler y el almacenaje del contenedor.

Cuando ya pasa un mes de iniciado el expediente, volvemos a la Aduana para preguntar por su estado, pero en gerencia no recuerdan a dónde lo remitieron. Vamos de oficina en oficina y en cada una buscan en enormes libracos si el expediente pasó por ahí, pero nada.

"Pagar van a tener que pagar", dice uno. "Hay que ver si el auto no tiene pedido de captura por la aduana que salieron…", comenta otro. "Pueden llegar a perdonar alguna multa, pero las tasas y demás…", alerta un tercero.

Finalmente llegamos a otra oficina en la cual, por una pequeña ventanilla, preguntamos por el expediente 1800-03.

–A ver… –empieza a buscar el administrativo en su gran libro de movimientos. No nos dice nada, se va a otra oficina y vuelve–. Pasen, por favor, el gerente quiere hablar con ustedes.

–Encantado de conocerlos, chicos –nos dice el jefe de un modo que nos gusta mucho–. Justamente su expediente se resolvió la semana pasada.

–Y ¿qué resolvieron? –preguntamos ansiosos.

–A ver... Expediente 1800-03... Iniciado el 3 de diciembre de 2003... Buenos Aires, 23 de diciembre del 2003... Mejor léanlo ustedes que va a tener más significado.

Lo tomamos y leemos: "Teniendo en cuenta que la exportación temporaria además de la finalidad turística implicó principalmente el cumplimiento del objetivo de arribar a Alaska conduciendo un vehículo modelo 1928 en la totalidad del recorrido, corresponde considerar para la situación especial señalada que lo accesorio –el vehículo– debe seguir la suerte de lo principal –la persona–, razón por la cual se extiende el término de la permanencia hasta veinte días desde el momento de la notificación. Firma: Pedro Girondin".

–Creo entender lo que dice, pero ¿nos lo podría explicar?

–Quiere decir que tienen veinte días para ingresar el auto sin cargos, no habrá multas ni tasas, y los veinte días cuentan a partir de que se lo notifiquemos. Así que cuando el auto esté por llegar avísenme y los notifico.

Lo miramos sorprendidos, nos está brindando todo lo que sea necesario para que no tengamos ningún problema ni costo.

Antes de irnos de la Aduana buscamos la oficina del firmante de la resolución para agradecerle. Golpeamos una puerta.

–Adelante –escuchamos.

–¿Pedro Girondin?

–Sí, ¿qué se les ofrece?

–Somos los viajeros del auto antiguo y queremos agradecerle por el total apoyo recibido de parte suya en la solución de nuestro problema.

–No tienen nada que agradecerme, sólo cumplo con mi trabajo, hice lo que tenía que hacer y todo dentro de la ley.

Sus palabras nos vuelven a sorprender, tranquilamente podría habernos dicho, haciendo alarde de su persona, que gracias a él podremos sacar el auto o que no nos olvidemos de él si algún día hacemos un libro... Pero nada, él solo cumple su trabajo de conocer qué ley aplicar.

–Gracias, Pedro –le digo mientras lo miro a los ojos con un gran cariño y respeto.

Volver al principio

Hoy es 18 de febrero y vamos al puerto a encontrarnos con nuestro gran compañero: el Graham. Extrañamos no estar con él, no verlo todos los días como durante los últimos cuatro años.

La empresa portuaria Exolgan nada nos cobra y además de recibirnos de maravilla deja entrar a las cámaras de televisión y a los fotógrafos. Llegamos al contenedor, sabemos que ahí está nuestro amigo.

Pampa en brazos de Cande viene junto con nosotros para abrirlo. Y ahí, ahí está, tan firme como siempre lo fue, otra vez pisando la tierra en la que se crió. Lo besamos y le damos una palmada mientras toda la gente que se juntó aplaude nuestro reencuentro. Luego conectamos la batería, cargamos un bidón de nafta en el tanque, otro poco en el carburador, hacemos contacto, ponemos marcha y el Graham arranca en el primer intento, frente a los sorprendidos periodistas y demás personas que se acercaron.

En cambio nosotros no estamos asombrados, sabemos que él siempre estuvo listo para arrancar y que no iba a fallar ahora que lo espera una caravana de autos antiguos junto a muchísima gente para acompañarnos hasta el Obelisco, en el centro de la ciudad. Para acompañarnos a terminar nuestro sueño donde lo empezamos.

Tras la celebración, vamos a casa. Hace cuatro años salimos tres, hoy regresamos cuatro. Estacionamos el auto en su lugar y, rendidos debido al cansancio del día, nos acostamos.

–Cande...

–¿Qué?

–¿Y si vamos con el auto? –le pregunto. Es de noche, estamos recostados con las luces apagadas. Ya nos hemos dado el beso de las buenas noches y sólo queda dormirse, pero ahora ¿quién dormirá con esta pregunta?

Cande y Herman ahora en Argentina esperan cumplir más sueños. Uno es tener una finca cerca de las montañas con cabañas para recibir gente como tu.

Cande pinta más cuadros, Pampa juega con su nuevo hermano, Lucas, y Herman escribe. Mientras un nuevo llamado por recorrer caminos crece en ellos. ¿Será Asia, el próximo destino?

Por favor comunicate con los viajeros:
tresamericas@argentinaalaska.com

¡¡Muchísimas Gracias!!

LLegamos a Alaska junto a todas estas personas que de una u otra forma se sumaron a este sueño. A todos ellos, nuestro agradecimiento.

AAAP, AACA, AACA Furnitureland Chapter, NC, Chris Aandewiel, Jorge Abarcia Arnes, James Abarza, Alyssa Abbey, Bob & Denise Abbey, Dawn & Ray Abbey, David Abbott, David Abbott, Tom Abbott, Lorenzo Abbruzzes, Jose Abelar, Ana Abella, Ana Abella, Tom Abert, Michelle Hyde Abilal, Patrick Abood, Jose Abraham, Anna Abrams, Arnaldo Abruciati, Norman & Mary Abston, Maria Acargo, Elaine & Paul Accampo, Adrian Acebedo, Jose Antonio Acevedo, Pablo Aceves, Marsha Ackerlund, Rosemary Ackerman, Gary Ackley, S & L Acomb, Daniel y Gaby Acosta, Eva Acosta, Jorge Acosta, Julio Angel Y Miguel Angel, Acosta, Moises Acosta, Omar Acosta, Ricardo Acosta, Rigoberto Acosta, Omar Acosta Duarte, Mario Acosta Gonzalez, Petronilo Acosta Mendez, Bimba Acri, Gustavo (Guto) Actis Piazza, Kim Acuna, Ignacio Acuña, Jorge Acuña, Sandra Acuña, Nora Acuña de Quesada, Dessiree Madeleyne Salas Acurio, Gale y Bob Adair, Steve and Diana Adam, Ed Adamitz, Barbara Adams, Dwayne & Sandy Adams, Emmitt Adams, Fred Adams, Fred Adams, George Adams, Gord Adams, Larry & Una Adams, Lawerence & Maye Adams, Mary & Tom Adams, Peggy and Gord Adams, Ronald Adams, Steven Adams, Virgil and Betty Adcock, Robert Addis, Flake Adkins, Keith Adkins, Mary & Cal Adkins, David Adler, Adrian Flores Acosta, Felipe Adriana, A'Lucro Adrigal, Adruano y Manuelle, Bruke Agenter, Harry Russell Agnes McIntyre, Telmo Agnese, Esteban Agodstan, Rick & Melanie Agosto, Gabriela Aguero, Roberto Aguero, Rocío Aguero, Pedro Agüero, Jose y Carla Aguerrido, Antonino Aguiar, Alfredo Marta y Humberto Aguilar, David Aguilar, Eduardo Aguilar, Eduardo Aguilar, Esteban Aguilar, Juan Gonzalez Aguilar, Leysi Aguilar, Moises Aguilar, Raul Aguilar, Yolanda y Anselmo Aguilar, Lidiette Aguilar Almaña, Hugo Aguilar Cruz, Familia Aguilar Fuentes, Angel Aguilar Victorino, Leon Aguilera, Claudina Aguirre, Jose Manuel Aguirre, Luis Aguirre, Manuel Aguirre, Ramon Aguirre, Ricardo Aguirre Ayala, Angel Aguirre Tenorio, Jane Ahbott, Lance Ahern, Horst Ahlers, Harpreet Ahluwalia, Steve & Robin Ahmands, Alejandro Ahn, Ana Ahn, George & Marie Ahrens, J.R. Aiello, Guido Akerman, Jim & Diane Akers, Stephanie Dyer Al Miller, Wyne Alambaugh, Dave Alan, Alan and Lista, Juan Alaniz, Marcelo Alaniz, Federico Alarcon, Manolo Alarcon, Maria Alarcon, Gerardo Alarcon ZT, Baraquiel Alatriste, Rafael Alazraki, Eduardo Alba, Pablo y Camila Alba Vasa, Nathalie Rodas Alban, Horacio y Nicolas Albarracin, Nicolas y Maria Albarracin, Rodolfo Albergati, Bob & Marg Albert, Cathy Albert, Ana Maria Albertelli, Barbara Albright, Dave & Anne Albright, Ellen Albright, Gene & Linda Albright, Tom Albright, Tom Albritton, Woody Albro, Sergio Alcala Sanzalez, Mercedes Alcantara, Miguel Alcantara, Freddy Aldana, Aurelio Aldaz, Mark & Cherryl Alder, Rafael y Sandra Alderete, John Aldous, Nancy Aldrich, Ralph & Nancy Aldrich Wanderes, Jim and Gary Aldridge, Grey Aldrings, Alan Alducin, Niqueta Alem, Judy Moroz Alex Thrower, Bill Alexander, Don Alexander, Jamie Alexander, Rick & Merrilee Alexander, Roy Alexander, David Vega Alexandre, Carol Aley, Anabelle ALfaro, Antonio Alfaro, Carlos Alfaro, Daniel Alfaro, Hector y Silvia Alfaro, Veronica Alfaro C., Alonso Alfaro Ureña, Luis Alfaroli, Damian Alfaron, Susana Alfonsin, Roberto Alfonso, Debra Alford, Kim Algood, Ruben Alhadeff, Martin Aliandri, Larry Alkire, Andrea and Daniel Alleman, Alice Allen, Dennis and Diane Allen, Gary Allen, Glen & Jan Allen, Mark Allen, Mark Allen, Mark Allen, Vernon Allen, Andres Allik, Robert Allred, Nancy y Ralph Allrich, Katarine y Cristino Almeida, Alejandro Alonso, Ma Lourdes y Jose Antonio Alonso, Alonso Noriega Posada y Jorge Navarro, Ral Alphy, Flora Alpizar, Mayela Alpizar, Ann Altaffer, Beto Altamirano, Fabiana y Jorge Altamirano, Harow Altice, Florencia Aluero, Jose Antonio Alva Meriso, Adriana Alvarado, Darwin Alvarado, Guido y Xevia Alvarado, Juan Alvarado, Tess Alvarado, Marlene Alvarado Camacho, Jorge Alvarenga, Ana Victoria & Paul Alvarez, Andres Alvarez, Antonio Alvarez, Eduardo Alvarez, Elizabeth Alvarez, Gustavo y Carlos Alvarez, Ignacio Alvarez, Israel Alvarez, Jose Alvarez, Lorena y Armando Alvarez, Marco Alvarez, Margarita y Ubaldo Alvarez, Mariola Alvarez, Raul Alvarez, Silvia y Eduardo Alvarez, Teresa Alvarez, Ignacio Alvarez R., Oscar y Martha Alvarez Tou, Fernando Alvariza & Marcelo Maero, Jorge Alzerreca, Victor Amado, Jhossianne Amaya, Manuel Amaya, Zonia Amaya, Anita & Frank Ambrogno, Pete Ambrose, Alejandro Amed, Joe Amendolia, Manuel Ameneiros, Bob y Carol Amento, Victor Ameri, Jose Amesalida, Luis & Linda Amesanta, Alberto Amezcua, Reed Amgwert, Paul Amieux, Jorge Amieva, Manuel Amigo, Brigitte Ammon, Nate Amos, Flia. Amsel, Patricia y German Amunches, Sheri Amundser, Tom Amyx, Mario Anaya, Ismene Gomez y Anchondo, Rich and Mina, Eric & Cleo Andersan, Ken Andersen, Marcia Andersen, Bertha Anderson, Bestsy and Frank Anderson, Bobbie Anderson, Ed Anderson, Jerry and Carolyn Anderson, Kathy and Ed Anderson, Lynn Anderson, Monica Anderson, Patricia Anderson, Peder & Jessica Anderson, Roy Anderson, Steve & Beulah Anderson, Ted Anderson, Val & Ron Anderson, Vonnie Anderson, Ale Andno Gil, Eugennia Andraca, Rafael Andrada Villalobos, Daniel Andradde, Alejandro Andrade, Edgar y Diego Andrade, J Andrade, Rodrigo Andrade Carranza, Gladys y Javier Andrade Loranca, Andre Mercier & Daniel Desjardins, Fabio Andrea, Milos Andrejic, JosÈ Andres, Ferry Palanga Andres Serrutt, Billy Andrew, Andrew Cleek & Barbara, Silvina Valenza Andrew Timmis, Ed Andrews, George & Katie Andrews, Pamela Andrews, Robin Andrews, Trieste Andrews, Ana Anella, Aneta, Charles Angel, German Angel, Juan Angel, Angela Harp, Carlos Rivera y Angelina Castilla, Mike Angell, Tom and Nancy Angellotti, Victorino Angelvaguilar, Dina Angress, Jose Angulo Smith, Ronald Ankney, Anne Middleton, Susana Ansaldi-Anderson, Williams Anthony, Jose Anton, Ror Antonio, Antonio Olvera Rangel y Moria de la Luz, Lorne Antonsen, Carole & Don Anttila, Vickki & Victor Anzalone, Axel Aogspach, Celeste Aorley, John Apen, Orlando Aport, Sigi Appelt, Steve Apperson Katley, Howard Apple, Dean Applegate, Carlos Apraiz, Carlos Arabolaza, Raul Aragon, R. Paul Aragon JD, Yonder Arama S., Oddi Arambula, Roberto Arambula, Carlos Aramburu Tudela, Luis Aranda, Walter Aranda, Rafael Arandavi Villalobos, Marco A. Aranibar, Javier Aranov, Roberto Araona Diaz, Alberto Araujo, Manuel Araujo, Paula Aravena, Shirley Araya, Eduardo Araya Fallas, Hector Arboleas, Eduardo Arcas, Adriana Arce, Jorge Arce, Peter Arce, Michael Arce Sancho, Monica & Chris Archambo, Carlos Jose Archbold, Michael Susan, Katie, Archer, Ben Bundick & Ardis, Victoria Arechaga, Robert Areham Baux, Daniela Arellano Leiva, Pedro Arellano Leiva, Guadalupe Arellano Romero, Vince Arenchir, John Aresta, Javier Arevalo, Rosa Isela Arévalo Gonzalez, Fernanda Arez, Diana Argeres, Alejandro Arguelles Pyle, Antonio Arguelles R., Yesenia Argueta, Andrea y Adela Arias, Lucio Arias, Raul Arias, Javier y Nidia Arias Montero, Gohlke Ariel, Alice Arielly, Rachel Arington, Orlando Aristrabal, Carlos Ariza, Freddy Armandi, Angelica y Mario Armani, Gil y Juanita Armas, Oscar Armav, Alan Armbruster, Bruce Armer, Clyde Armitstead, Elizabeth Armstrong, Maria Armstrong, H. Arnarson, Bonnie Arndt, Benjamin Arnold, Bonnie & Henry Arnold, Danny Arnold, Duare Arnold, Ronge & Mykg Arnold, Teri Arnold, Tobbie & Ben Arnold, Michael Arnone, Victoria Aronosky, Natalia Arraigada, Rigoberto Arraya, Jose G. y Maria Arredondo, Antonio Arriaga, Ma. Isabel Arriaga, Claudia Arrua, Margarita y Carlos Arrutti, Bob Arsenault, Jorge Artavia Alvarez, Gerardo Artavia y Janette, Roberto Arte, Maria Luisa Artze, Osvaldo Arvizo leiva, Sam Asaris, Jerry & Judy Asbuck, Valerie Asbury, Max Asch, Ted Aschman, Blake Ashley, Wendy Ashley, Katie Ashmore, Asoc de Autos San Luis Potosi, Asoc. Arg. de Aut. Sport, Asoc. de autos antiguos de Ojo Caliente, Asoc. de Autos Antiguos Rio Cuarto, Asociacion de Autos Antiguos de Cali, Asociacion de Autos de Aguascaliente, Asociacion Mexicana del Automovil Antiguo, Asociacion Salvadoreña de Carros Antiguos, Asociación Cordobesa de Coleccionistas de Autos Antiguos, Patricia Asorey, Dave Aspelund, Arne Asphjell, Arne Asphjell, Ellen Ast, Rod Astl, Allan y Eloisa Astorga, Gustavo Astorga, Monica Astrid F., ATAACO, Dena Atkinson, Newell Atwood, Auburn-Cord-Duesenberg Museum, David & Brenda Aubury, Virginia Augustine, Bill & Marilou Aulwes, Robert Auman, Bob Aumphrey, John Auriana, Hans y Elena Austerhuhle, David Perri y Eduard, Austin, Kim Authense, Jim Auto, Automovil Club Boliviano, Automovil Club del Ecuador, Automovil Club del Ecuador, AutomovilSport, Carlos Autos Clasicos Ecuador, Gary Lanin Pte, Autos Coleccionables de Guatemala, Autos Coleccionables de Guatemala, Bob Auvil, AVAAC, Hector Alejandro Avalos, Hugo Avalos, Joaquin Avalos, Belly & Myra Avant, Millon Avant, Lelia Avaria, Raul Avellaneda, Rodrigo Rafael Avellano Garcia, Matias Avenali, Ma. Auxiliadora Averruz López, John Avery, Ron Avey, Carlos Avila, David Avila, Michell Avila, Rodelaida Avila, Oscar Avila M., J. Alberto Avila Toledo, Carlos & Pat Avilas, Tim Avritt, Byron Ayala, Carlos Ayala, Roberto Ayala, KT Ayers, Karina Aymerich & Justin, Gustavo Aynie, Pablo Aynie, Alex Azar, Mauricio Azucena, Baudilio Azuero, Carol & John Azzaro, Phillips B., John & Margi B. F. Smith, Jasmine Baba, Cheryl Babbe, Kaytee & Boby Babcock, Bob Bablock, Cello Baca, Gilles Bachand, Ray Bachand, Albert & Mary Bachman, Howard & Brenda Bachman Jr., Mabel Bachy, Everett Bacon, Mark & Jan Bacon, Jorge Auge Bacque, Marguerite Badami, Patricio Badaracco, Annie Hugo y Alex, Badell, Jill Badger, Waynp Badger, Edgar Badillo, Howard & Kathy Baer, Emilio Baeza, Clifford Bafter, David Bagatoli, Sabrina Baggio, Ed Bagley, Leslie Bagne, Andy Baher, Robert Bahr, Alejandro Bailey, Bill Bailey, Cathryn Bailey, Gene Bailey, Ken & Cindy Bailey, Richard Bailey, Sam Bailey, Wiley Bailey, Alejandro Bailey H., Jan & Russ Baily, Jackie Bain, George Bairey, Ingrid Bairstow, Bill Bajeczuk, Isidoro Bajo, Gary Bakeman, Gorge Baken, Andy Baker, Bob Baker, Craige & Kathy Baker, Cris & Rod Baker, Dennis & Joan Baker, Gerald Baker, Harvey Baker, Jackie Baker, Jackie Baker, Jane Baker, John Baker, Mike & Cindy Baker, Paul and Holly Baker, Erla Oscar Balarezo, Lucia Balbi, Manuel Balbontin, Sally Balchin, Enrique Balderas, Jan & Jim Baldwin, John & Sue Baldwin, Kurt Baldwin, Michelle Baldwin, Phil & Eunice Baldwin, Ron Baldwin, Rosanna Balestrini, Steve & Irma Balko, Harold Baller, Gloria Ballestero Montoya, Blanca Ballin Loera, Ann Ballow, Laura Mariela Castillo Balmaceda., Edgardo Baltodano, José Baltran, Bob & Bernita Balzer, Ruben & Marta Ban Gert, Riushi Banderas, Armand Bandiera, Walter Bandt, Kevin Bange, John Banhman, John y Henry Banman, Hector Banon, Francisco Banosa, Steve Banter, Franco Bañato, Emmanuel Baptist, Keith & Sue Bara, Albrecht Barajas, Adil Barakat, Ezequiel Barakat, Sergio Barake, Roberto Barba, Pablo Barbara, Anthony Barber, Eduardo Barberena, Eduardo Barbiero, Javier Barbosa, Rita Barboza Cisneros, Roberto Barcena, Familia Barco, Karen Barela, Emily Barevicks, Ann Barker, Jerry Barker, Mike & Karen Barker, Doug Barkham, Omar Barletta, Garza Barlon, Milton Barndt, Billie Barner, Brian Barnes, Cecil Barnes, George Barnes, Gerry Barnes, James Barnes, Jane Barnes, Jay & Ronnie Barnes, Steve & Barnett, Sherron Barnhill, Charlie and Connie Barnow, Gustavo Baron, Jules Baron, Claudia Ibañez de Barón, Patricio Barona, Jose y Bea Barone, Fernando Barquero, Julio Barquero, Luis Barquero, Bob Barr, Fedra Barracosa, Alfredo Barragan, Rodolfo Barranca J., Denise Barrand, Carolina Barrantes, Francisco Barrantes, Haisel Barrantes, Jose Barrantes Rojas, Lisa Barré, Laurence Barreas, Joe and Jo Barrell, Enrique y Angel Barrera, Mauricio Barrera Pineda, Rodolfo Barretero, Rodolfo Barretero, Alberto Barreto, Aaron Barrett, Omar Barretta, Marta Barretti, Abel Antonio Barrias Nieto, Jose Antonio Barrias Nieto, Marcela Barrie, Henk & Betty Barriel, Mario Barriga, Eddie Barrington, Ana Elizabeth Barrios, Carlos Barrios, Rubelina Barrios, Fausto Barro Viejo, Angel Barron, Barry Elementary School, Ian Barry, Patricia Barry, Esteban Barta, Luciana & Pedro Bartes, Catherine Barth, Ken Barthe H., Jane Bartlett, Ronnie Bartley, Maureen Barton, Leonor Bartons, Cecilia Barvino, Patsy Bascom, Harold Bashford, Osco Basinger, Ralph & Diana Basner, Roberta Basquin, Tania Basrton, William Bass, Fred & Kathy Basset, Kathlryn Bassett, William Bassett, Rick Basta Eichbrg, Ed Bastecki, Bin Bastien, Bing & Theresia Moeltner Bastlen, Raul Basurto, Bill & Teddie Batalis, Clare Batchelor, Caryl Bates, Dave Bathke, Deira Batista, Charles Batler, Stebe Battershall, Atilio Batti, Paul Bauchand, Joe Bauer, Carrie & Mark Baulard, John Baumgarten, Ivan Bauret, Agustin Bautista, Fernando Bautista, Lucia & Juan Bautista, Sara Bautista, Miguel Bavaro, Valeria Baviera, Jayme Bawden, Monica Bawden, Marsha Bawton, Perry . Baxter, Carole Bayard, Christian Bayas, Bill Bayer, Mary Bays, Daniel Bea, Joe Beach, William/Karen Beach, Doug Beachler, Jim and Judy Beagle, Mike Beam, Carla Bean, Ed & Debbie Bean, Steven Bean, Terry & Kathy Bean, Antonio Bear, Francisco Bear, Luis Antonio Bear Morales, Jeff Beard, John Beasley, Maureen Beattie, Bob & Caulene Beatty, Charlotte Beatty, Angelina Beaty, Lorenzo and Noella Beaulieu, Irene Beaupre, Marilyn Beaven, Amy & Vic Beaver, Darrel & Stephanie Beaver, Cecilia Bebby, Hector Becemil, Adriana Becerra, Cristina y Salvador Becerril, Fernando Becerril Castaneda, Avis Beck, David Beck, George Beck, Jorge Peter Beck, Keith Beck, Mike Beck, William Beck, Bob Becker, Karl Becker, Kristine Becker, Jennifer Beckman, Lavern Beckner, Mark Beckstedt, Bruce Beddulsh, David & Donna Bedell, Luis Bedilla, Paul Bednar, Armrel Beecham, Victoria Beecham, Gregory Beemer, Ed & Susan Beeson, Marilyn Behle, Melissa Behnke, Sue Beidelman, Steve Bein, Dietmar Beinhauer, Maria Bel Campo, Loretta Belac, Gene Belanger, Jean Beliveau, Dr. Luciano Belizan, Belize Ports, Anne & Charles Bell, Hlenn Bell, Kim Bell, Les Bell, Mona Bell, Dan & Kim Bellinger, Francesco Bellini, Christina Bellis, Jorge Bello Dominguez, Tom Belovich, Silvia Benavidez, Adriana Benci, Mario Benci, Carlos Benedetti, Javier Benedetti, Bill Benedict, Roger Benedict, Ann & Rory Benfield, Sue Benfield, Robert Benge, Marion Benham, Squeaki & Marion Benham, Sandy Benites, Ana Benitez, Jose Benitez, Ramon Benitos, David Benitz, Seth Benkowitz, Barry & Joan Bennett, Brian Bennett, Connie Bennett, Newsp Dartmouth NS, Greg, Bennett, Wayne Bennett, Guy Bennett Jr., Rart & Haron Benshoof, Ilham Bensmail, Elizabeth Benson, Kitty Benson, Lorri Benson, Em Bensussen, Ethel Bent, Bobby Benton, Bree Benton, Robin Benzle, Linden Ber Jr., Jose Berardinelli Alvarez, Roger & Mary Berchtold, Aida Bereo, Marcelo Berestovoy, Ken Y Louise Berg, Randy Berg, Cacho Bergantiños, Danon Berge, Evi Berge, Bob Berger, Laurie Berger, Guy Bergeron, Richard & Joan Berghorn, Tom Berkemeier, Robert Berkey, Antonio Bermudez, Otto Bermudez, Enrique Bernain, Bruno Bernard, Olivia Bernard, Fernando Bernat, Jim Berning Family, Josh Bernstein, Luis M. Berras, Mary Ellen & Art Berry, Kathryn Berta, Martin Bertie, Jorge Bertochi, Roberto Bertolina, Sebastian Bertoncini, Floria Bertsch, Jaime y Aida Beruman, Dot Besch, Adolfo Besga, Carole Besner, Radio Sol Bet or Clay, Arnulfo Betancourt Rodriguez, Maribel Betanor, Steve & Amy Bethnne, Earl Betts, Janet Betts, John Renati Betty, Julio Bevegni, Sara Bevgquist, Andrea Bevilacqua, Joshua Bewig, Tom Beyd, Luis Beza, John & Julie Bhend, Naj Bhora, Natalie Biadlecome, Sara Biancardi, Gino Bianchi, Horacio Bianchi, Mirtha Bianchi, Errol Bickford, Betty & George Bickley, Belén Bidart, Key Biddle, Rhonda Biddlecome, Bob Bidonde, Hugo Bidondo, Don & Ann Bieberich, Moraima Biederman, Sule- Peter Biedermann, Dick Bievens, Paul & Therese Bigalow, Joe Bigelli, Diane Bigelow, Mark Biggin, Katherine Bigler, Jack & Mickey Biickert, Pedro Bilbao, Bill Jennings GOCI, Suzanne Billips, Sophie Binder, Jim Binegar, Linda Bingham, Marge Binner (mayor), Lew Bird, Sena Biruchenko, Marcel Bischof, MShirley Bishel, Kevin Bishop, Paul Bishop, Peter Bishop, Dennesse, Carlos y Teresa Bisogni, Gerry Bisson, Clara Bitman, Immo Bitschkus, Belind Bittaer, Esther Bittel, Jorge y Jimena Bittleston, David Bitton, Amanda y Milton Biurrun, Donald Bixler, Gary Black, Jim & Sharon Black, Black River Valley Region AACA Club, Doug Blackburn, Ted Blackington, Robert Blackledge, Connie Blackman, Kevin Blackman, Tom Bladen, Bim Blair, Dorie Blair, Scott

Blair, Rayna Blakesley, Ben Blakewood, Sarina Blandeau, Chuck & Karen Blaney, Chamaco Blank, Rodney Blankenship, Steve Blanusa, Mike Blaser, Geri Blaton, George Blau, George & Raquel Blaw, Andy Blaydon, Mike Blaylock, Andres Blazquez, Pablo Blazquezy Jacqueline Wallcer, Case Blazyk, Oswin Blease, Deidre BLEDSOE, Michael Bleicher MD, Ralph Blessing, Pete Blevins, Jack Blickert, Roger Bliss, Stewart Blocher, Bill Blockcolsky, Charles Blodgett, Carina Bloj, Bob y Marianne Bloom, Jack & Flora Blue, Todd Blum, Barryl & Shirley Blumenthal, Barbara Blundell, Barbara Boagey, Rusty Dornin Bob Cranston, Felipe y Ana Bobbia, Jack Bobruk, Bibiana Noemi Boccolini, Marion Bochenek, Jr., Marcus Bochler, Lloyd Bock, Jerry & Joan Bodden, Jerry & Joan Boddle, Catherine Bodry, Tom Boergert, Elisa Bogado, Kathy Bogart, Loren & Teresa Bogart, Carlos Y Nancy Bogley, Esteban Bohaarczuk, Sean Bohanan, Sven y Tanja Bohnert, Bernardo Boken Fohr, Moraima y Eva Bolaños, Shirley & James Bold, Rich Bolden, Max & Mary Bolin, Fernando Escalante Bolio, Hugo Bolivar, Marcela Bolivar, Magdalena Bolland, Susan Bolle, Richard Bollenbocher, Daniel E. Bollo, Savah Bolovjack, Diane Bolte, Ray Bomberger, Richard Bonchers, Ryan Bond, Will & Bond, Ivan Bondoletti, Marion & Peter Boniface, Jennifer Bonila S., Alberto Bonilla, Eugenia Bonilla, Jenifer Bonilla, Julio Bonilla, Luis Bonilla, Rosalbina Bonilla, Rosaura Bonilla, Mario Bonilla Cortes, Fernando Bonilla G., Frank & Ber Bonin, Jim & Mary Bonini, Susana y Manuel Bonites, Juan Carlos Bono, Jorge Bonomo, Esther Bonveki, Cecilia Bonvino, Marcela Bonzi, English Book, Maribeth & John Bookter Gilbert, Dave Boon, David Boon, Eryn Boone, John Booth, Paul Boozan & Vicki Williamson, John Borchers, Bill & Brenda Borden, Reeve Borden, Elaine Border, Ginette Borduas, Sandra Borel, Matias Borelli, Fabian Borensztein, Emily Borevics, Manuel Borge, Donna Boris, Marisol y Miguel Angel Borja, Benjamin Borjas, Don & Amanda Borland, Jim Born Sr, Roy Bornmann, Polly & Bill Borntraeger, William & Polly Borntraeger, Randall y Maria Laura Borquerso Rodriguez, Mar Borrego, Clyde Borton, Adela & Vicente Bortone, Luciana y Pedro Bosio, Rodine & Gary Boss, John Boswell, Mike Boteler, Jorge Botello, Brian Bothomley, Teresa Bottcher, Federico Bottero, Sandra Bouchikhi, Jaca un Bougher, André Bouillon, Ray Bouman, T.J. Bourdon, Ed Bourget, Sid & Pat Bouschor, Regina Bouvia, Stephen Bove, Holga Bowden, Mickey Bowen, Neal Bowes, Dene Bowman, E.W. Bowman, Geoff & Marilyn Bowman, Kaseu Bowman, Jim Boyd, Chana Boyko, Karen Boylan, Greg Boyle, William Boyles, Ricardo Bozzo, Inabeth Braatfish, Exequiel Bracco, Adam Brace, Tom & Cyndi Brace, Florencia Braceras, Miriam Bracho Ojeda, Jim y Kim Brackett, Bob Bradburey, Bill Bradburn, Lisa Bradem, Chris Bradey, Jim Bradford, Betty & Ron Bradley, G. Bradley Bennett, Tom Shehla & Saira, Bradner, George Brady, Louise Brady, Ralph Brady, Sean Brady, Frank y Norma Brainard, Kim Brame, Jorge Brana, Matt Branam, Patricia Brancafu, Armando Brando, Heath & Amy Brandon, Ray & Yolanda Brandon, Paul Brandsema, Brian & Cathy Brandt, Matthias Frances, Julia, Nathaniel, Evangeline, Brandt, Betsy & Rick Brandt-Kreutz, Oscar Brardo, Walt Bratton, Walter Bratton, Pablo Braude, Ben Braun, Lynn & Greg Braun, Alejandro Bravo, Jaime Bravo, MS Roxana Bravo, Roxana Bravo, Tito Bravo, Veronica Bravo, Ernie Brawley, Don & Amy Bray, Donald Bray, Richard Bray, Kathy Brazeau, Robert Brealey, Fabricio Brebion, Tim Brenda, Sergio Manuel Brenda Varela, Dana Breneman, Mervin Breneman, Miguel Brenes, Yender Brenes, Patricia Brenes Ullos, Nic Brenkall, Jeffrey Brenman, Yechier Bresier, Lauren & Dylaan Breslin, Mike Breslin, Carlos Breton, Denise Breton, Jeff Breton, Kevin Breveleri, Nancy Brew, Jeff and Mary Brewer, Jhon Brewer, Rex Brewer, Yvonne Brewer, Sara Bribraun, Y. Briceño, Babs Bridge, Rose Brigmon, Rose Brigmon, Phyll B & Ken Briles, Byron Brill, Margaret Brilly, Clinton Brinkley, Fran Brinkman, Shelby Brinser, Romulo e Iris Brito, Dennis Brittingham, Sue and Mike Broadbent, Norman Brocard, Rosa Brochado, Beverly & Fred Brockschmidt, B. W. Brockway, Wayne Brockwell, Cetilia Brodziak, Ted Bromage, Max Bromberg, Glen & Barb Brong, Richard Bronkall, Cool Brook, Grg Brooker, Dave & Bonnie Brooks, David Brooks, Jeff Brooks, Mike & Jackie Brooks, Ned Brooks, Carolina Broomand, Herb Brosowsky, Bill & Mary Beth Brouch, Jack Broughton, Jane Broughton, Theresa & Rod Broughton, Theresa & Rod Broughton, David & Carol Broun, Pam Browen, Herman & Sue Brower, Timothy Brower, Androw Brown, Andy Brown, Barbie y Peanut Brown, Brenda Brown, Brian Brown, Carolina Brown, Emmett Brown, Franzi Brown, Jorge Brown, Jorge & Nancy Brown, Joseph Brown, Judee Brown, Keith & Jenn Brown, Kent Brown, Kim & Scott Brown, Lester & Padie Brown, Maia Brown, Mark Brown, Michael Brown, Paul Brown, Sam Brown, Sam & Harry Brown, Tim Brown, Virginia Brown, Richard Browne, Joe Browning, Todd Browning, Jack Browser, Art Broyles, Philip & Kara Broyles, Jerry & Kim Brubaker, Jill & Mike Brubnker, Mark Bruce, Bruce Davis & Anariba Greay, Ray & Tammy Bruening, Celia Brugman, Ron Brumley, Herchell Brummitt, Pamela & Henry Bruneau, Gabriela Bruni, Donald Bruno, Patrick & Juliet Bruno, Steve and Cisly Bruntlett, Peter Brutolino, Todd Bryan, Bill Bryant, Kevin Pat & Alex, Bryant, George Bryson, Gwendolyn Bryson, Caro BS, Pat Bubb, Dante Buchanan, Hans Buchel, Dick Buchel Van Steengber, Salvador Bucio, John & Betty Buck, Mona Buckley, Bob Buckley B., Carole & Bryan Buckridge, Olav Budde Utne, Roberto Bude, Luik Budillo, Justin Buehner, Steve & Airlean Buehner, Adela Buelvas, Eduardo Buenfil Perez, Alex Bueno, Edgar Bueno, Carol Buetens, Eric Buetens, Marcelo Buezas, María Eugenia Buezas, Barbara Buie Keeler, Dolores Bulit, Jack Bull, Derek & Jean Bullard, Mike & Jan Bultemeier, Pam Bumeister, Robin Bumgardner, John Bundy, Charlie Bunker, Monica Bunner, Mark Bunten, Me Burciago, Gene & Dorothy Burdo, Gilbert Bureau, Andy y Loretta Burgess, Richard Burggraf, Sheila Burgh, Karina Burghard, Gary Burian, Mike Burin, Christian Burjogc, Gerald Burke, Jeffrey Burke, Robah Burke, John & Mary Burkett, Maomin Burkgart, Florine & Lill Burkholder, Michael & Mariann Burkholder, Alvim Burks, Truenan Burn, Lee Burner, Bev Burnett, Denny Barb and Dennielle Burnett, Ed Burnett, Linda Burnett, Susi Burnette, Jim Burney, Sue & Bill Burnham, Caryn Y Jim Burns, Mike Burns, Rex Burns, Roy & Wendy Burns, Denis & Pat Burr, Janice Burrough, Bill Burrow, Lane Burrow, Andrew W. Burrowes, John Burrowf, Dianne Burrows, John T & Jane Burrows, Matt Burrows, Cecilia Bursa, Buff & Sandra Burtis, Paul Burtlett, Bob & Linn Burtness, Mike & Lynn Burton, Bill Burungame, Judy Busack, Anita Busches, Horacio y Luz Maria Buschiazzo, Padre Buscuttil, Dale & Marge Bush, Kathryn Bush, Matthew Bushue, Vedran Busija, Edward Buss, Tour Buss, Daniel Bussolotti, German Bustamante, Jonathan Bustamante, S. Bustamante, Diego Bustamentes, Alejandro Bustos, Cesar y Diana Bustos, Diana de Bustos, Juan Bustos, P. Busuttil, Charlie Buszuk, Blancha Butcher, Connie Butler, Mark Butler, Grisel y Jose Luis Butron Pereda, Marilo Butrone Spanglee, Andrew Butt, Barb Butt, Bob Butter, Susan & Pat Buttle, Chris Button, Derek & Martha Button, Rick Buzga, Joe Buzzetto, Simon Bwn, Blaine Byecly, Patrick Bygott, John Byingotn, Chad Byrd, John P Byrne, Vickie Byrnes, Jeff C., Juan C.Pari, CAAAC, Martin Caballero, Carlos y Elsa Cabello, Cecilia Cabezas, Abel Cabral, Jorge Cabral, Adriana Cabrera, Ana Cabrera, Emilio Cabrera, Gabriel Cabrera, Omar Cabrera, Alberto Caceres, Miguel Cacheux E., Ma. Eugenia Cacho, CADEAA, Patricia Cadena, Bill Caetenholz, Fara Cahn, Flavio Cahrera, Fernando Caicedo, Allen & Cindy Cain, Juan Caino, Isamel Cala, Nevina & Paul Caldarazzo, Gustavo Caldarelli, Mark Calder, Carlos Caldera, Humberto Caldera y Flia., Liz Calderon, Salvador Calderón, Wagner Calderon Rizzo, Jim & Pat Caldwell, Richaro Calhoun, Brian Call, Chris Callafhan, Mike Callahan, Arthur Callan, Juan Calle, E. Leonardo Callegari, Gene y Lois Calman, Hugo y Fernanda Calo, Paul Calo, Gabriela y Javier Calviño Pazos, Luis Calvo, Calvo Autos Arica, Nancy Calvo Ruiz, David Calwell, Astrid y Sergio Camacho, Hector & Amanda Camacho, Samune Camacho, Roberto Camacho Jauanillo, Roberto Camahvali, Christian Camargo, Israel Camargo, Sandra Camargo, Horacio Cambeiro, Lenora Cambs, Karm Camden, Carrie Cameron, Creig Cameron, Marlene Cameron, Wayne Cameron, Araceli Camillo, Pablo Victor Camiolo, Valentina Camp, Edgar Campa, Telva y Sarino Campaniolo, Bill Campbell, Bruce Campbell, Claire & Al Campbell, Donna Campbell, Doug & Joan Campbell, Julie Campbell, June Campbell, Layard Campbell, Luey & Donna Campbell, Robert Campbell, Tobias Campbell, Paul Campisi, Alejandra Campos, Carlos Campos, Edgar Campos, Gustavo Campos, Henry Campos, Raul Campos, Silvano Campos, Juan Campos Galindez, Tony Campo, Rodrigo Campos Lozano, Martin Campoy, Angeles y Alejandro Canales, Sherrie Canavos, Sonia Canda, Manuel y Sandra Cando, Chuck & Diane Cane, Aurora Canha, Zach Canizales, Mary Cannell, John Cannizzaro, Randy Cannon, Carlos Cano, Kelvin Canon, Enrique Canseco Luna, Heidi Cantin, Roberto Canto, Santiago Canton, Chuck Cantwell, Lelio and Sylvia Capitani, Leticia Capitania Puerto, Greg Capshaw, Capt Jack, Dario Carabajal Torres, Francisco Carabes Antonio, Monica Caramazana, Jesus Carapa, Jesus Carapia, Jesus Carapia, Jesus Carapia G., Manuel Caras García, eduardo Caravajal Umaña, Hernan Carazo, Hernan Carazo, Jerry Carbajal, Lito y Norma Carbajal, Bill & Syloce Carberry, Atilio Carbone, Ovidio y Jose Carbs Beauregard Gimenez, Marie Cardenas, Miguel Cardenas, B. Cardinal, Jackson & Olivia Cardinal, El Nene Jose Cardo, Jose y Esther Cardo, Griselda y Luis Cardona, Louis Cardona, Orlando Cardozo, Pablo Cardozo, Wendy Cardwell, Carmen Cardy, Denise Carey, Michael Carey, John Cargile, Yvonne Carhegre, Jose Luis y Jimena Caride, Ricardo Maria Teresa y Walter, Carino, Carina Caritango, Ann & Steve Carkeek, Belva Carley, Gustavo Carlino, Habiague Carlos, Cameron Carlos Sanchez, Bob Carlson, Lou Carlson, Randy Carlson, Mauricio Carman Tack, Héctor Peloche carmen, Earl Carmichael, Javier Jorge y Victor, Carmona, Jose Carmona, Arleen Carner, Dave & Jen Carnevale, Pepe Caro, Dave and Carol, Carol Rockwell, Agustin Caroma Garcia, Carlos Caroo, Nora Carothers, William Carothers, Gaston Carozzi Pizarro, Harold Carpenter, HD Carpenter, Kennet F. Carpenter, Roger Carpenter, Sylvia & Regzey Carpenter, Jamie Carr, Alberto Carranza, Isabel & Antonio Carranza, Juan Carranza, Brianne Carras, D. Andrew Carrasco, Paul Carreiro, Blanca Carreon, Margarita Carrere, Oscar Carrescia, Ana Carretero, Marcelo y Sonia Carrica, Marcelo Carrica & Sonia Lopez, Julie Carrier, Edy Carrillo, Joe Carrillo, Yaneth Carrillo & Alex Rico, Orly Carrion, Fernando Carrizo, Ixchel Carroll, Marin Carroll, Pat Carroll, Zac Carroll, Carros Antiguos en Merida, Lori Carson, Pedro L. Mogollon Cartagena, Daun Carter, John Harvey Carter, Mary Carter, Myra Carter, Nadine Carter, Richard Carter, Tony Carter, Manuel Cartin, Jim and Carol Cartmill, Jim & Carol Cartonwell, Connie Caruso, Miguel & Lisa Carvallo, Vic Carvell, Claudia Carville, Jorge Casabella, Jorge Casabella, Leonardo Casadiego, Cipriano Casado, Rosa Casali, Abel Casarrubias, Octavia Casas, Viviana Casas, Cheryl Casaus, Silvio Cascino, Silvio Cascino, David Case, Greg Casey, Kevin Casey, Ernie Cash, Val Cashman, Miguel Casino, Walter Casorla, Martin Cassidy, Daniela Castañeda, Hector Castañeda, Juan Castaneda, Rene Castano A., Guadalupe Castañeda, Rodrigo Castañeda Maselli, Gloria Castaño, Oscar Gomez Castañon, Pedro Gomez Conde, Miguel Castelino, Karen Castellanos, Bill Castenholz, John Castenholz, Maria Castilla, Dana Castillo, Eduardo Castillo, Enrique Castillo, Ernesto e Imelda Castillo, Itzel Castillo, Manuel Castillo, Oscar Castillo, Silvestre y Nora Castillo, Julia Castillo de Lozano, Carlos Castillo Fregoso, Ernesto Castillo Guilbert, Suzette Castillo Rivera, Rafael Castillo Solana, Fernando Castillon, Kathy Castor, Teodoro Y Maria Castrillo, Alfredo Castro, Anabell Castro, Andres Castro, Aurora Castro, Dyal Castro, Edgar Castro, Fernando Castro, Gabriel Castro, Gabriel y Gabriela Castro, Jame Castro, Jessica Castro, Jorge Castro, Karina Castro, Marcelo Castro, Miguel Castro, Mireya Castro, Natalia Castro, Tania Castro, Primo Lourdes y Gabriel, Castro A, Sonia Castro Garcia, Luz Maria Castro Luna, Corina Castro Parra, Rodrigo Castro Z., Dawn Caswell, Humberto y Josefina Catalan, Ron Cataldo, Fernando Catalinas, Catalinas Super Market, Christine Catania, Tom Catania, Margie & Joes Cate, Phillipe Catherine, Ron Catterall, Dave Cauble, Jose Caudillo Sanchez, Sergio CausecoLaisaquilla, Brian Donna, Daniel & Whitney, Causey, Nancy Cavalie, Gerardo Cavero, Jose Cavero, K. Caviziel, Donna Phil, Bailee, Cavos, Linda Cayabyab, Bill Cazzola, Miguel y Luis Fernando Cchs, Elsa y Emiliano Ceballos, Rafael Cecchini, Heidi Cece, Vera Celada R., Helene Cenedese, Daniel Centeno, Juan Centeno, Ralph Centoni, Dulce Cepula, Elva Cerda, Elva Cerda, Hugo y Marisol Cernantes, Julio e Isabella Cerritos, Alberto Certain, Daniel Certain, Maria Ceruantes, Valeria y Carlos Ceruti, Angel Cervantes, Anna & Gerardo Cervantes, Maria del Pilar Perez Cervantes, Araceli Cervantes Medina, Ana Cervantes Rojas, Franko Cerviño, Rodolfo A. Cerviño, Ivan Cespedes Vargas, Arturo Chable, Phil Chabot, Bill & Joyce Chace, William Chace, William L. Bill & Joyce Chace, Marcia Chacon, Phaedra Chacona, Marco Chalico, Bill Chalmers, Donald Chambers, Donald & Rosario Chambers, L. Chambers, Rich and Bertha Chambers, Ronda & Louie Chambers, Carol Chamdlee, Gerald Chamey, Rudy y Facundo Champion Auto Repair, Tim & Ann Chance, Lewis & Sherry Chandler, Sarah Chandler, Vivian Chaney, David Chanuel, Marco Chaparro Piña, Ana Lucrecia Chapeton, Guadalupe Chaplin, Frances Chapman, James Chapman, Elizabeth Chappel, Charles Knaster, Richard Chartrand, Mark Chase, Nelson Chassavoimaister, Jerome Chate, Dennis Chausser, Ana Chavarria, Kevin Chavarria, Leonard Chavarria, Oscar Chavarria, Walter Chavarria, Oscar Chavarria Contreras, Gaby y Oscar Chavarria Trejo, Carmen Chaves, Ignacio Gonzales Chaves, Nora Chaves, Tatiana Chaves, Adrian Chavez, Angel Chavez, Christiane Chavez, Rudy Chavez, Veronica Chavez, Yeseuia Chavez, Luis Chavez Ch., Rene Chavez Ruiz, Rene Alfonso Chavez Ruiz, Rene Alfonso Chavez Valdepeña, David Cheezem, Jordan Cheng, Dan Cheron, Gustavo Cherquis, Scott Cherry, Kyle Banks Cherryl, Cheryl, Cheryl Thompson, Pat Chesnut, Charles Cheung, Paola Chevarria, Art Cheverton, Carlos Chialastri, Jose María Chiavassa, Idair Chies, Hensi Chile, Jerry Chilipko, Jesos Chillon, Chad Chilstason, Don Chilton, Mike Chilton, Jose Chimbay, Noshir Chinwalla, Pat Choffy, Vale Chovet, Estela y Jorge Chovet, Keep-Saint Chow, Parvine Chowfla, Barbara Chrappelli, Mike Moad Christene Comstook, Charles Christensen, Del Christensen, Del and Mary Christensen, Henry Christensen, Grant Christenson, Russ & Yvonne Christenson, Vern Christhieb, Bill Christman, Nicholas Christoffersen, Mark Christopherson, Ellen Chrystal, Ellen Chrystal, Sebastian Chua, Brenda Church, Lidia Chyla, Juliette & Cia Sponsel, Thomas Cibik, Larry Cicardo, Daniel Ciccolini, Cristina y Antonio Cicero, Alicia Cidade, Alberto Cidron, Rodrigo Cienfuegos, Vincent Ciesielski, Hugo Eduardo y Hilda Cifuentes, Daniel Cillis, Michel Cinquin, Michel Cinquin, Andre Ciostek, Don Cirasuolo, Pilar Cisnero, Maria Cisneros, Claudia Cisneros Gomez, Julio Ciudas, Kurt Claksen, Liz & John Clapp, Daniel Clara, Joe Clare, Alejandro y Garry Clark, Andrea Clark, Bill Clark, Dave and Kathy Clark, Lisa & Kevin Clark, Marian Clark, Rob & Noni Clark, Sue Clark, Susan Clark, William Clark, Gerry Clarke, Len Clarke, Monette Clarke, Jim Clarkson, Club de Autos Clasicos, John Di Rizio Claudia Bravo, Claudia Lora y Armando Mendoza, Antonio Silva Claudia Pattan, Sara Clawson, Estim Clay, David Clayton, Ken Clayton, Tammy Clayton, Jim Clement, Kathryn Clements, C.H.I. Cliff, Graham Clifford, Wanda Clift, Gene Cline, Barbara & Charles Clinton, Travis Clontz, Kelley Clouser, Andre Cloutier, Dianne Cloutier, Rosso Clover, Dianne Clower, Doug Clowers, Club Autom. Historicos de Rosario, Club CADEAA, Club Colombiano de Automoviles Antiguos y Clasicos, Club Amigos del Ford A, Club de V8, Club de Autos Antiguos de Escobar, Club de Autos Antiguos de Luján, Club de Autom. Clasicos de San Isidro, Club de Automovil Sport, Club de Autos Clasicos del Ecuador, Club de Autos Clasicos del Ecuador, Club de Autos de Leon, Club del Automovil Antiguo Nvo. Laredo, Club MG Argentino, Lee & Druce Cluff, Lorna Clutch, Jeanne Clutier, Clyde Castle, Sam Coakley, Mary & Tim Coalwell, Ed Cobbler, Dave Cochran, Steve & Mary Cochran, Thomas Sheela & Teresita, Cochran, Peter Cochrane, Francisco Cocuzza, Dalia Codena, Joseph Coe, Siobhan Coen, Pam & Rick Coffex, Rick & Pam Coffey, Daryl Coffman, John & Marlene Coffman, Ann Cohen, Domont & Jessica Cohen, Victor Cohen, Toni Cohn, Bill Cohoon, Demetrios Coidakis, Kevin Coker, Coker Tire Company, Fernando Adrian Colaci, Aldo Colantonio, Carlos Colautti, Leroy and Cora Cole, Pete Cole, Robert Cole, Walter & Frances Cole, Cliff Colee, Bobie Coleman, John & Virginia Coleman, Lee Coleman, Neila Coles, Ray Colesworthy, Enrique Coll, Al Collen, Bob Collette, Brian Collins, Charles Collins, Chris Collins, Debbie Collins, Eric Collins, Joyce Collins, Laurie Collins, Mike & Deb Collins, Nick Collins, Pierre Collins, Christian Colon, Gerardo Colon, Rafael Colon, Chris Colt, Carol & Roy Comer, Jack Comer, Lisa Comer, Ben Compton, Edward Comway, Ailin Conant, Janelle Conaway, Lou Concepcion, Peter Concepcion, Javier Concha, Cora Condiluz, Alberto Conducci, Brian Cone, Conejo Valley Mafca, Bill and Mary Conley, Denise Connee, Don & Irene Connnery, Fred Connolly, Celia Conrad, Ted from Constructor, Consul de Arg. en El Salvador, Steve Cont, Alexander Conteras, Steve and Holly Conti, Carlos Contreras, Marcos Contreras, Yesenia Contreras, Fernando & Kaya Cooaci, Dave Cook, Gretchen Cook, Mary Cook, Richard & Judy Cook, Sean Cook, Sherwood & Linda Cook, Thomas B. Cook, Nick Cookman, Vinny & Dave Cookson Tara, Herbert Cools, Terry & Jim Coomes, Alyssa Cooper, Beth & Billy Cooper, Jacinta Cooper, Jen Cooper, John

Cooper, John H. & Sandy Cooper, Loorne Cooper, Ralph Cooper, Scott & John Cooper, Steve Cooper, Trent and Dee Cooper, B. Trent Cooper & Dee, Al & Carl Coose, Juan Copado, Anne Cope, Autumn Copeland, Harold Copeland, Steven Copeland, Jane Copenhagen, Sharon Coplin, Judy Coptn, Denny Corathers, Wade Corbett, David Corbin, Louise Corcoran, Esteban Cordero, Maria Cordero, Willie Cordes, Johanna Cordeso Campos, Fabian Cordoba, Dana Cordova, Eduardo y katiuska Cordova, Eric Coreao, Mary Coreland, Cora Corella, Coremar, Diane Corey, Ken Corey, Chuck Corgiat, Steve Corgiat, Mike Cormany, Israel Cornejo, Javier Cornejo, Maribel Cornejo, Osvaldo Cornejo, Luis Cornejo Sanchez, Dave & Jon Cornevale, Judy Cornevale, Fernando Corona, Jorge Corona, Soni y Alez Coronado, Arturo Coronel, Ernesta Coronel, Mecieran Bertie Coronel Chapman, Meredith Corp, Blanca Corrales, Maria Corrales, Felix Correa, Guillermo y Angelica Correa Servin, Manuel Correia, Edward Corriher, James & Billy Corry, Gregorio Corso, Alejandro Cortes, Francisco Cortes, Roberto Cortes & Jeronimo Ramos, Cristina Cortes Cossio, Francisco Cortez, Israle Cortez Israeta, Familia Cortez Villegas, Henry Corvera, Olga Corzantes, Kevin Cose, Dennis Cossio Chile, Gaston Costa, Jerry Costa, Jorge Costa, Anibal Costanso, Wilu Costello, Kevin Coston, Maxine & Joe Cotler, Bill & Julia Cotnea, Jorge Cotoz, Pia Cottini, Newell Cotton, Peggy Coughin, Sheila Coughlia, Eric Coulsono, Tim Coulter, Winfield Courrier, Paul Cousand, Charles Cousins, Joan Couts, Raymond Coutu, Greg Covalchuc, Jorge Covarrubias, Malvin Coventon, John & Kayli Cover, John Covey, Angel Coviña, Ken Cowan, Dale Cower, Frank Cox, Lee Cox, Meline Cox, Virginia Cox, Mary & Dick Crabtree, Tommy Crabtree, Danny y Chris Craft, P. Craig, Sandecp Craig, Vernie Craig, Sebastian Cramaro, Chris Crandall, Adrian Crane, Chuck Crane, Laura Cranmer, Cranswicks, Terry Crassley, Larry & Louise Crawford, Marilyn Crawford, Sarah Crepeau, Diego Crescenzi, Judith Crespo, Julio Crespo, Archie & Joan Cress, Gloria Crest, Alicia Creste, Barry Crews, Brace Crews, Anne Cridler, Colleen & Sam Cripe, Cheri Crippen, Luciana Sosa Cristian Lento, Carlos y Dolores Cristofalo, Charles Critch, Marika Critelli, Carolyn and Lewis Cromer, Antonio Cromos Ant., Programa Cronica TV, Jeanne Cronon, Gerry Cronquist, Bill Crook, William Crook B.A., Mary Crosby, Peter Crosby, Peter & Bonnie Crosby, Robert & Patricia Crosby, Suzi Crosby, Roy Crosier, Andrea y Kevin Cross, Tom & Martha Cross, Dave Cross Grove, Paul Crossman, Jamie Crosson, Karl Croswhite III, Doug Crouch, Desiree Crowe, Sarah Crowe, Tony & Robin Crowe, Pat & Dick Crowell, Mary & Colleen Crowley, Rob Crtojenett, Charles & Cristie Crump, Scott & Susan Cruse, Alex Cruz, Carla Cruz, Carla M. Cruz, Catalino Cruz, Cristian Cruz, Edith Cruz, Jose Cruz, Pablo Cruz, Patrick y Malma Cruz, Rodrigo de Santa Cruz, Tomas Cruz, Tommy Cruz, Wendy Cruz, Juanjo Cruz Ruesca, Mr. Bill Crye, Ma. Eugenia y Alvaro Cubero, Rodrigo Cubero, Nelson Miguel Cuella, Fausto Cuellar, Juan Cuentacuentos, Leonardo A. Cuesta Mejías, Jose Cuevas, Lourdes Cuevas, Gabriel Cuevas Ramirez, Maria Cuevillas, Catherine Cullen, Joey & Maroe Culler, Pauida Culver, Shelley Culver, Anne Cummings, Pete & Barb Cummings, William Cunningham, Keith Cuomo, Julie Cupernall, Lorane & Mark Cupples, John Cuprisiw, Gordon Curl, John Curley, Cindy Curpis, Juan manuel y Jennith Currea Herrera, Rigdon Currie, Stradton Curry, Viviana Curutchet, David Curylo, Fillipo Cusimano, Hector Cusinato, Norberto Cusinato, Lorraine Cuthbertson, Jay Cuthrie, Zup & Jill Czaplieki, Stephanie D, Paquito D' Rivera, Marco D¥Amore, Ines D¥Hoghiam, Susan Dabelsteen, John Dacey, Andres Dacosta, Babetta Daddine, Don & Virginia Daetweiler, Victor Dagnest, Jess Daiger, Cindy Daigle, Andy Dale, Jennifer & Carl Dales, Richard D'Alessandro, Hilde D'Alessio, Marta D'Alessio, Scott & Cheryl Daley, Marie Dalia, Rob Dalin, Dante Dalla Libera, Monica Dally, Cami Dalton, Rerid Dalton, Tim & Gail Dalton, Enrique Dalzaso, Dan & Kerry Kubicki, Sharon Duray Dan Wilkerson, Robin Danae Mari, Bob Dance, Shirley & Bob Dance, Robert Dandrea, Dennis D'Angelo, Wayne & Mia Danghtridge, Kevin & Yoly Dangle, Boggio Daniel, Bruce Daniel, Scott Swaney Daniel Stone, Mitchell Danielson, Dante y Elizabeth N.C., Eduardo Darakchian, Pat Darcey, Bob & Connie Darga, Hector y Welly Darmich, Rick Darr, Kenneth Datts, Scott Daub, Leora Riley Dave, Lou & Sue Dave, Jen Dehoyers Dave Carmevale, Jose David, Miryam David, Ana Ramirez David Hiller, Florence Petock David Orion, Guillermo Esparza David Uribe, David y Vivian, Bethany Davidson, Paul Davidson, Don y Sarah Davidson y Stanley, Scott Davies, Edwin Davila, Luis Davila, Luis y Ayda Davila, Iganacia Davila Bazon, Javier Davila Medina, Bill Davis, Bob Davis, Brandy Davis, Brent Davis, Connie Davis, Dakota Davis, Dakotah Davis, Doug Davis, Guy Davis, Jamie Davis, Jim Davis, John & Susan Davis, Kellie Oren Davis, Ken Davis, Keneth S. Davis, Lee Davis, Lieroy B. Davis, Normy Davis, Pam and Doug Davis, Priscilla & Ron Davis, Ruth Davis, Sinclair Davis, Terry & Marsha Davis, Toni & Kirby Davis, Wendy Davis, Kathy Davis-Urbas, Peggy & Jay Daw, Peter Dawidcit, Rose Dawson, Sonia Day, Tony Day, Antonino y Julieta De Aguiar, Karla y Carlos De Anda, James R. De Angelo, Ana De Anzorena, Ma. Luisa de Bruin, Maria Mercedes de Corro, Sandra De Esquina, Alejandro de -Evars, Mike De Felice, Pablo De Francesco, Eduardo Franco de Franco, Susana de Gonzales, Marlene de Grasse, Jose De Jesus, Harold De Jona, Harry De Jong- NC, Angelica y Francisco de la Barrera, Ricardo De la Fuente, Jorge de la Garza, Juan De La Hoz, Karla De la Mora, Santiago de la Peña, Carlos De la Plata, Felipe de la Tejera, Alejandro de la Torre, Olga De la Torre, Ruben De la Torre, Ciro de la Victoria, Manuel de Leon, Nelson De Leon, Raul De Leon, Walfredo De los Reyes, Juan De los Rios, Gabriela de Luna, Lloyd De Manville, Jose Angel Martinez De Martinez, Nuria de Masis, Kathy & Sal De Mercurio, Jose Carlos De Mier, Jose de Mier Moran, Lorena Ofelia de Monterrey, Galdys De Monteso, Eduardo Monte de Oca Gutierrez, Angel y Enrica De Pedro, Miguel y Carolina De Pedro, Hugo De Port Hope, Bill y Carmen de Puerto Rico, Virginia De Ramos, Regina de Riquer, Gloria y Walter de Rojas, Marcelo De Roy, Daniela Igabela, Graciela, Marisol y Antonio, De Sainz, Peter De Salay, Rodrigo de Santa Cruz, Mary De Santos, Luisa Garcia de Serrano, Maria Lourdes De Shippritt, Carlo De Simine, Crisitina De Simone, Guisela Nanne y Richard de Skaggs, John De Sousa, Maria De Sousa/ Pete, Jill de St Jeor, Jon De St. Paer, Tristan y Cora De villa Allende, George de Walder, Marcel Deag, Clyde Deague, Di & Ian Deakin, Anthony Dean, Bill and Lenny Dean, Mike & Helen Dean, Jyce Deas, Ed & Bev DeBacker, Barbara DeBeaord, Tina & Wayne DeBlock, Steve DeBoer, Glenn Debrosky, Osca Decal, Kenneth DeCerce, Frank Decker, Paul Decker, Ruth Decker, Ed Deentino, Mike DeFelice, Juan Deffis, Mary Ann Degonia, Barbara Dehonchamp, Dick Deibert, Mick Deines, Tracy DeJuan, Gerardo del Bosque, Zayda Del Caprio, Angel Del Castillo, Francisco del Carril, Rey Del Corral, M. Del Corro, Miguel del Grosso, Pocho Del Mercado Bs as, Isaac e Ismael Del Moral, Manuel Del Moral, Mauricio Del Rio Calderon, Alex Del Risco, Jaime Del Valle, Virginia Del Valle Carazo, Armando Del Vecchio, Francisco Del Vecchio, Del y Martha(col), Don y Cristina(col), Hilda(vzla) yAna(arg) y Paul, Juan Dela Ot, Dave Delabar, Patricia and Robert Delabar, Emile & Lise Delage, John Delaney, Art Delaund, Robert & Patricia Delbar, Delerio Russi, Miguel Delgadillo, Alberto Delgado, Cubano Delgado, Eliu Delgado, Ing. Rafael Delgado, Jairo Delgado, Javier Delgado, Mario y Carla Delgado, Miguel Delgado, Natalia Delgado, Familia Delgado Parker, Frieda Delgado Parker, Andy Delgado Yani, Bob Delgatty, Dante Della Libera, Daniel y Emi Dellaporta, Matt Dellinger, George Delmeh, Paoli Delso y Vanessa, Jerry Delson, Jeanne Deluach, Rodrigo DeLuna, Oswaldo Delvalle, George Dely, German Demarchi, Chris Deming, Michael Demyan, Ed Deniko, John Dennis, Matthew Dennison, Terry Denomme, Carlton Densmore, Ed Dentino, Eric Dentler, J. Depietro, Nestor Deppeler, Margaretha Derasary, Francois y Sandra Deroeux, Blaine Derstine, Don & Donna Deschaine, Diane Deschanel, Eric Desfachelles, Francis Desimone, Ernesto Desio, Jane Desnoyers, Kevin & Lynn DesRosiers, Don Devilbiss, Bill Devine, David Devine, Miguel Devoto, Colin Dewey, Dick Dewey, Richard Dewey, Bert Deyaert, Jackie & Marcelo Dhers, Pino Di Blasi, Javier Di Carlo, Dianne Di Fabio, Anselmo Di Matteo, Marcelo y Daniela Di Rauso, Donna Di Sante, Richard Diamante, Diario de los Andes, Mendoza, Ma. Eugenia Vargas Diario El Mercurio-Antofagasta, Antonio Diaz, Cristian Diaz, Ivan Diaz, Jaime Diaz, Jorge Diaz, Julio Diaz, Laura Diaz, Lilia Diaz, Mireya Diaz, Pablo Diaz, Patricio y Luana Diaz, Pedro Diaz, Rodrigo Diaz, Rodrigo y Gaby Diaz, Sergio Diaz, Victor Diaz, Esteban Díaz, Luis Orna Díaz, María Díaz, Roberto Diaz Anguiano, Rodolfo Diaz Granados, Alfonso & Diaz Infante, Amalia Diaz Roman, Jaime Diaz Torre Llamas, Julio Diaz Torre Macias, Jan Dich, John Dick, Wayne Dick, John Dickenson, Jack Dickerson, John Dickerson, Bobby & Stacy Dickinson, Janet Dickinson, Rick & Colleen Dickinson, Herve Dickner, Herve Dickner, Don & Joyce Dickson, Jose Dico, Connie Diebcove, Arellano Sanchez Diego, Sharon Diehl, John & Pat Diehm, Alfredo Diez, Roberto Diez, Stephen & Mathew Difietro, Hilda Difrieri, Bladimir Dig, Paulette Digesare, Don Dignah, Ruben Digrazia, Neol & Ron Dike, Nestor Dileo, Elsbeth Dillon, Margo Dillon Leardim, Michele Dilow, Kevin Dimitroff, Earle & Jean Dimmick, Russ & Joyce Din, Miguel Dinamarca, Donald Dinnie, Tomas Dionisio, Tim Dionne, Joe Dipietro, Louise Dirats, Maria Dirce Silva, Angela Disante, Donna Disante, Diolien Disenhaus, Donna Disnate, Jim & Pat Dix, Robert Dixon, Fernando Dizitti, Don Dniggers, Derwin Dobles Castillo, Jerry Docair, Mary Dodson, Murray & Donelda Doepker Annaheim, Sask & Brady, Robert Doering, Steve Doggan, Dennis Doian, Tom & Amye Dome, Ron Domen, Ed Domery, Manny Domingos, Adrian Dominguez, Claudia Dominguez, Jimena Dominguez, Trini Dominguez, Victor Dominguez, Sonia Domínguez, Lourdes Dominguez Campos, Francisco Dominguez G., Angel Dominguez, Joe Domme, Wendy and Don, Peter Donaghub, Eileen Donahoe, Kathleen Donahue, Max Donaldson, Kathy & Ralph Donato, Kangwond Dong Meon, Hilton & Barbara Donin, Mark & Teresa Donnell, Jim Donnelly, Judy Donnelly, Phil Y Sue Donohne, Clo Donopetry, Herman Donoso, Carl Dooley, Carl Dave Dooley, Laurian Door, Fabian Dorantes, Victorio Santos Doris, Roger Dorn, Rick Doroeke, Andrew Dorris, Norberto Dos Santos, Estela Y Roberto Dosil, Charles Doss, Jim Doss, Ed Dotson, Priscilla & Jim Dougherty, Dylan Doughty, Dougie, Ashlyn Douglas, Don Douglas, Hugh & Maxine Douglas, Jeff Douglas, Joe & Ana Douglas, Paula and Ron Douglas, Greg Douglass, Lew Dove, Joe Dovidio, J. Dow, Peter Dow, Jim Dowgin, John Dowling, Rick & Janet Downey, Jim Dowss, Meaghan Doyle, Dr Grandis, Oscar Dr Mangini, Liliana Drab, Paul Dragavon, Jeremiah Drage, Ernesto Draghi, Elizabeth Draper, Gary Draper, Rick Draper, Gary Drasky, Jimm & Kasey Drath, Drath, Orville Dreashen, Irene Dreher, Nancy Drew, Ed Drexler, Stephen Driver, Ralph Drover y Sharon King, Michael & Laura Drowns, Ron & Beth Drozdick, Gretchen Drukes, Richard & Charlotte Dryman, Giselle Duarte, Rob Duarte, Beverly Dubie, Lee Dubin, John Dubone, Bob Due, Cornelius Dueck, William Dueck, Chris & Kelly Duepner, Kelly & Denise Duffy, Eddy Duggan, Lee Duggan, Slawik & Darla Duggan, Lou y Peg Duke, George & Estrella Dulleck, Starley Dullien, Don Duncan, Howard Duncan, Jerry Duncan, Bob & Nancy Dunfee, Herb Dungey, Jack Dunifon, Larry Dunlevy, John & Martha Dunn, Mary Dunn, Royce y Frances Dunn, Susan Dunn, Aj Dunnink Wellandport on, Ken & Stephanie Dunsire, Emily Dunsmore, Gary & Elaine DuPen, Rob Dupuy, Roberto Dupuy, Jorge Duque Gardoño, Frank Duran, Julian Duran, Juan Durante, Carolina y Nano Duranti, Marcello Duranti, Steve Durham, Chase t Clayton Durttam, Byron Dutcher, Evangelina Dutchover, Glyn Dutton, Pia y Guillermo Duval, Jeff Duyek, Gabriela Dveksler, Brian Dwiggins, Donn Dwyer, Aneta Dybel, Bob Dyer, Donald Dyer, To Claude & Dykstra, Bill Dymond, Marlynda Dziak, Jan Dzick, Louise Dzimian, Karrie Eads, John Earl, Cecile Earle, Gordon Earle, John & Joanna East, Anita & Curtis Easter, Anthony Easterwood, Matt Eastling, D. Easton, Steven Eayers, Patricio Ebas, Sally & Billy Eberhart, Jim Eberly, Norma & Roy Eblen, Bob- Mandee- Bobby Eby, Daniel Echegaray, Mariano Echegoyen, Luís Echeverría, Devon Eckert, Cristina Perez Ed Yates, Debra & Jamie Eddy Paige Kayleigh Tolin, Elizabeth Caetano Eddy Pay, Kevin Edens, Edgar Diaz Q., Michael Edgelow, Nicado Ediciar, Edith Gonzales y Guillermo R.Navarro, Paul Edmond, Chris Edmunds, Dale Edmunds, Eduardo y Carlos Ortega, Alexandra Eduardsen, Mr. & Mrs. Edward B. Allen, Carol Edwards, Christina Edwards, Libby Edwards, Patty & Wayne Edwards, Pete Edwards, Joe Edword, Roy Effler, Igor Efremov, Familia Trujillo Efren y Aydee, Dan Egan, Dennis Egan, Alejandro Egea, Fernando Egea, Mike Egge, George Ehinger, Bob & Kelly Ehlers, Freddy Ehlers, Rick Ehrhart, Pilar Eibeck, Denis Eisenhart, Bob & Cherry Ekoos, Alejandro el Chileno, Programa El Garage, Roxana y Jim El Patio, Alvaro El Pibe, Hansy Elena, Carlos & Maria Elena Zubieta, Luis Esteban Torres Elespuru, Kevin J. Elfrink, Freddy Elhers, Jim Patty Eli Fraley, Rodolfo Eliando, Rosalinda Elias Rincon, Adolfo Elizalde, Gabriel Elizondo, Mayela Alpizar Elizondo, Flora Elizondo Solís, Rodrigo y Nedi Elka, Ray Elleven, Diane Elliot, Bette & John Elliott, David Elliott, Diane Elliott, George & Helen Elliott, Harden Elliott, Ken & Chase Elliott, Shirley Elliott, Curtin & Jean Ellis, Gordon Ellis, Jean Ellis, Steve Ellis, Terry Ellis, John Ellison, Deb Elsey, Donald E. Elson, Mary Elton, Robert (R.) Elton, Chris Elugel, Dunia Elvir, Tuline ElZorkany, William Embree, Mauris Emeka, Emerson Caetano, Gail Emgblom, Eric Emhoff, John Emmi, Dan Empey, Dick Emrich, Jorge Endara, Shelden Endes, Alan Endries, Jeanne Enesloge, C. John & Lynn Eng, Mark & Andrea Engbretsen, Jodie Engel, Melissa & Harold Engel, Larry Engelgau, Karl Engelk, Fred Engelman, Ken & Janet Engelman, Fred Englert, Dail English, Damien English, Peter English, Alejandro Engstron, Bill Eninger, Enrique Macias y Laura Lavana, Martha & Carlos Enriquez, Edgardo Enriquez Vazquez, Julia Ensley, Connie & Dick Enslie, John Ensslil, Henrietta & Clay Enzminger, Carlos Epp, Donald Erb, Cathy Erickson, Jon Erickson, Shane Erickson, Brandon Erikson, George Erikson Pastor, Dan Erisman, Mike y Rita Erland, Alex Ernst, Gene Erricson, Dick y Norma Ertl, Richard Ertl, Stacy y Bernard Ertl, Bruce Erts, Richard Erwin, Richard & Carole Erwin, Adriana Escalante, Fernando Escalante Bollo, Roberto Escalarte, Adolfo Escalona, Enrique Escalona, Gerado y Dorca Escalona, Giuseppe Escalona, Kaki Escalona, Nellys Pinto de Escalona, Bob P. Escamilla, Leonardo Escamilla, Pastor Escamilla, Adolfo Escobar, Alejandra Escobar, David Escobar, Hugo Escobar, Isabela y Francisco Escobar, Israel Escobar, Rodrigo Escobar Perez, Ann Escobedo, Raul Escolar, Carlos y Vivian Escrig, Boris Eserski, Perry Eshelman, Jun Eslong, Diego España, Julian Español, Agustin & Daniel Esparza, Marlon Rubi Fuentes Esperanza, Horacio Espindola, Eduardo Espinosa, Juan Espinosa, Roberto Espinosa, Sur Espinosa, Juan Jose Espinosa Perez, Capitan Fabian Espinosa Rio Frío, Mindy Espinoza, Orlando Espinoza, Ives Esposito, Alvaro esquivel, David Esquivel, Felipe Esquivel, Jonatan Esquivel, Mario Esquivel, Allan Esquivel Quiros, David Essex, Marc & Kim Esslinger, Xavier Esteinov, Bryan Estes, Yolanda Esteves, Francisco Estevez, Emilio Estevez Espinoza, Alex y Maribel Estrada, Luis Estrada, Marcos Estrada, Joel Estrada Zuñiga, Luis Estudillo, Gordon y Addie Etherredge, Micael T. Etling, Ana & Paul & Tomas Etrene, Barbara Eudy, Maria Eugenia, Mayor Eulin, Marta Euredjian, Michael Evangelista, Deb Evans, Diana Evans, Kent & Rhea Evans, Mary Lou Evans, Pam Evans, Randy Evans, Rochelle Evans, Tim Evans, Bill Evant, Ivan Oscar Vargas Evelyn, Evergreen, Dl Everhart, Katie Evett, Exolgan, Expomavis, Ermosa Exporrencca, George Eyerman, Guillermo Eyherachar, Edie John y Catherine, Eyler, Guevara Fabian, Araceli Fabila, Carlos Fabre, Manuel Fabregas, Marta Fabris, Ruben Fabris, Hernan Facal, Bill Facenda, Kyril Faenov, Bobby Fagge, Ronald & Frances Fagge, Rodrigo Fagundes, Mike Fahey, Mel Falck, Gisele Falcon, Rod Falen, Karen Falkasi, Laura Fallas, Russ & Shane Fallkenberry, Walter Fallos M., Familia Carlino, Horacito Gonzalez Familia Pharr, Familia Valverde Rodriguez, Adam Family, Carlos Maure Family, Cartin Family, Mufson Family, Rafalski Family, The Condy Family, The Mann Family, Sayer & Karen Fancher, Carmen Fanelli, Jack Fanning, Lou Fargo, Ruth Ann Farhsworth, Mark Farley, Phil Farley, Ann Farling, Roxanne & Alem Farmer, Roberto Farqubarson, Angel Farray, Doug and Barbara Farrington, Doug Crystal & Barb, Farrington, Cathrine Faught, James Faulk, Claudia Faulkner, Ed & Gladys Faulkner, edwin faulkner, Liliana Faure, Stephenia Fauther, Sonia Fawa, James Fawuk, Dan Fay, Don & Carol Fay Petersen, Bill Fayle, Claudio Fazio, Janet Feagin, Leon & Janet Feagin, Aleida Fean, Edgar Fears, Tito Febo, Joe Federmann, Rachel Fedewa, Hernan Fedorowicz, kevin Fehr, Kurt Fehr, Walter Fehrmann, Kurt Fehz, Eric Feige, Bob & Jeneil Feldes, Curtis Feldmann, Sylvia & Luis Feliciano, Don Feller, Frank Feller, Don Felts, Larry Felvarg, Lisa Fendley, Ken Fendrick, Alan Lili, Esteban, Sofia y Irene, Fenseca Villalogos, Ulber Ferati, Lynn & Evans Feredinos, Chuck Ferguson, Glenn & Linda Ferguson, John Diana & Sara, Ferguson, Katie Ferguson, Yvonne Ferguson, Patty Ferguson Bohnee, Angel Ferioli, Jose Luis y Alejandra Fernadez, Gimenez, Alfredo Fernandez, Annie Fernandez, Carlos y Mirta Fernandez, Carmen Fernandez, Daniel Fernandez, Donald Fernandez, Francisco Fernandez, Gabriel Fernandez, German Fernandez, Joaquin Fernandez, Johanna Fernandez, Jose Fernandez, Jose Y Noris Fernandez, Maria Ines Fernandez, Mario Fernandez, Mercedes y Gabriel Fernandez, Raimundo Fernandez, Ramiro Fernandez, Raul Fernandez, Reynaldo Fernandez, Roberto Fernandez,

Alejandro Fernandez Chavarría, Oscar Fernandez Gomez, Arturo Fernandez Hernandez, Emilia y Elisa Fernandez Leon, Carolina y Florencia Fernandez Madero, Familia Fernandez Mena, Juan B. Fernandez Noguera, Ricardo Fernandez Schutt, Paola Fernandez y Miguel Hernandez, Alex y Maria Ferrari, Antonio Ferrari, Carlos Ferrari, Louise Ferraro, Nancy Ferraro, Delia Ferrato, Jose Ferreira, Larry & Guay Ferreira, Bud Ferrell, Jackie Ferrenburg, Rodrigo Ferrer Diana, Horacio Y Gladys Ferreras Dalegre, Nestor Ferrero, Sue Ferrib, Peggy Ferrin, Mario Ferriz, Mario Antonio Ferriz, Michael Ferro, Roberto Ferro, Juan Feu, Andrew Feudner, Ray & Linda Fich Miorn, Christi Fieder, Ed Fields, Vicky Fields, Adalberto y Dorian Figueroa, Enrique Figueroa, Vanesa Figueroa, Martin Figura, Sebastian Filho, Trevor Fincay, Billy & Janet Finch, Trevor and Jennifer Finch, Liv Fincken- Stan, Robert Finey, George & Dorothy Finkas, Dale Finky, Dave & Freda Finlay, Kelly Finley, John Finn, Don & Krista Finney, Rokana Fioravanti, Frank & Franca Fiore, Silvia Fiorilo Gomez, John Firth, Bob Fischer, Luciano Fischer, Paul Fischer, Kathy and George Fischer Jr., Bill Fisher, Derrick Fisher, Don Fisher, Tim Fisher, Larry Fiske, Gary Fitterman, Claire Fitygandel, Kim Fitzgerald, David & Peggy Fitzpatrick, Libby & Dave Fitzpatuir, Stephanie Fjeld, Loren Flagg, Lori & Kandon Flaherty, John Flannery, Ray Flasherty, Michael Flatterty, Jose Fleitas, John Fleming, Ryan Fleming, Conrad Fletcher, Flia Tapia Delgado, Jack Flora, Rosario y Alejandra Flore, Alcides Flores, Antonia Flores, Cesar Flores, Eduardo & Irma Flores, Freddler Flores, Guillermo y Ana Flores, Heather Flores, Jose Flores, Juan Flores, Juaquin Flores, Rolando Flores, Luis Flores Dulce, Adrian FLores Gonzalez, Lorena Flores H., Asoc. de Autos Antiguos de Nuevo Laredo Flores Medina, Miguel y Aracelli Flores Medina, Antonio Flores Ortiz, Papo Florez, Catarino Floriano, Charles Floyd, Darrel Floyd, Nick Flynn, Patti Flynn, John Flynt, Steve Focheringham, Daniel Foden, Tom Foden, Lerland & Mary Fogwell, Gerardo Caruso Foia, Foia, Alvin H. Foleen, E. Foley, Jimmie Folsom, Vic & Donna Fondy, Katharine Fong, Nani Fonkatz, Ricardo Fonseca, Minor Fonseca Sepulveda, Jose Fontes, Manuel Fontes, Javier e Irma Fonticoba, Louis Foo, Barbara Foote, Ben Forbes, Chris Forbes, Gart Forbes, Gordon Forbes, Sheila Ford, Patricia Foreman, Alain Forest, Jason Forgit, Mark Forgnone, Dan Forney, Liz Forrer, Alan Forrest, Roy Forrest, Steve Forrest, Lloyd Forry, Erin Forsell, Mike Forster, Ed & Gina Forstner, Richard and Debbie Forsyth, Anahi Forte, Fabian Forte, Andar Fortin, Luis Fortte, Familia Fosado, Ross & Jill Fosberg, Gary & Shawnae Fossum, Bill Foster, J. Foster, Keith & Marlene Foster, Kevin Foster, Mike Foster, Riley Foster, Rodney & Donna Foster, Susan & Kevin Foster, Wayne Foster, Jared Fotsch, Rusty Fotsch, John & Susan Fouse, Andy Fowan, Curtis & Joyce Fowler, Dave & Joanie Fowler, Lynn Fowler, Milton Fowler, Scott Fowler, Lisa Fox, Mary & Jane Fox, Marcelo Frabolini, Pablo y Lucas Fraire, Suzanne France, Ronald Frances, Pablo de Francesco, Jeff Francis, Chuck Franco, Max & Lynette Franco, Hughlene & Bill Frank, Pun & Susan Frank, Ron Frank, Thomas Frank, Annette Jackques Frank Weingartner, Lisa & Robbie Frankel, Wally Franklin, Bonnie Franko, Alberto Fraschini, Conie Fraser, Robert Fraser, Jane & Herbert Fraser PTE deblumbdt, Lexia Frasher, Laurence & Suzy Frauman, Frazer Farm Equipment Co., Blake Frazier, Christa Frazier, Colin Frederikson, Emily Fredrix, Jeanne Freed, Barbara Freeman, Davie & Carol Freeman, Fred & Suzanne Freeman, Hannah Freeman, Josepph Freeman, Tojj Freeman, Richard Fregonese, Erich Freimuth Jr., Maria del Carmen Freire, Dick Freisinger, Harold E. French, Dr Frenchy, Patricia y Alejandro Fretes, Monserrat Freyre, Louis & Joan Fricke, Barry Fricks, Judy Fridley, Fran & Ken Friesen, Jay Friesen, Mary Friesen, Carole Henmi & Frigstad, John & Gail Frisbie, Angela Frisella, Alastair Frizzell, Mike Froatus, Frog, Regis Frola, Dave Frost, Amelia Fuentes, Angelica Fuentes, Edgardo y Gaby Fuentes, Lorena Fuentes, Luis San Martin Fuentes, Jose Fuentes Salinas, Bob & Lynn Fuerst, Sergio Fufnifs, Daniel Fuhr, Matt Fuhrmann, Susan Fulcher, Bruce Fulton, Doug Fultz, Tim Fultz, Fundador de Asoc. de Autos Antiguos de San Luis de Potosi, Eric Funes, Freddy Funes, Jose Funes, Roberto Funes, Ricardo Funes Aguero, Mike & Christy Funk, Clem Furlong, Rudy G., Tom & Betty Gabele, Jose Gablo Farias, Rick Dana & Payton, Gaches, Rodrigo Gaete-Chile, Chris Gaetz, Marvin Gage, Bernard Gagne, Kelly Gagne, Penney Gagne, Phil Gagnon, Dick Gailagher, Edixa Gaitan, Wandolin Gaiten, Rose Galacz Weir, Isabel & Jaime Galarraga, Denise Galbraith, Jill Galbraith, Victor Galdames, Gale & Clyde, Dave Galeone, Hector E. Castillo Galera, Rafael Galeth, Jose Galicia, Victor Galicia Gonzalez, Ruben Galicia Martinez, Edgardo Galimberti, Agustin Galina, Ulrich Gall, Rene Galland, Doris Gallano, Willy Galli, Arnold Gallimore, Rick Gallimore, Rick Gallion, Daniel Gallo, Ethan Gallo, Frank & Bobbie Gallo, Carolyn Galloway, Dale- Mary & Senz Galloway, Robert Galloway, Kathy Gallup, Jon Galt, Kennya Galvez, Rafael Galvez, Roberto Galvez, Jann Gam, Jimmy Gerardo Gambea, James Gamber, Kat & Rob Gambill, Mike & Cindy Gamble, Luis Gamboa, John Gambs, Gary Gamel, Diana Gamiño, Ofelia y Wilson Gammido, Phil & Polly Gammons, Tarz Gamule, Isidoro Bajo Gancedo, Mike & Diane Gandy, Sharon Ganger, Conrad Gann, Mary Lou Ganop, Peter Gantt, Ningjing Gao, Dustin Gape, Claudio Garach, Dana Garber, Jorge Garces, Alejandra Garcia, Alfredo Garcia, Arnold Garcia, Benjamin Garcia, Elsa y Javier Garcia, Francisco Garcia, Frank Garcia, Guillermo Garcia, Gustavo Garcia, Hector Garcia, Horacio y Berta Garcia, J. Garcia, Joe Garcia, Jorge y Mirta Garcia, Jose A. Garcia, Julio y Lucy Garcia, Kristin & Raul Garcia, Luis Garcia, Maria Garcia, Mario Garcia, Martin y Patricia Garcia, Mel Garcia, Robert Garcia, Ruben Garcia, Rudy Garcia, Samuel Garcia, Sharon Garcia, Guillermo García, Isabel Garcia (peruana), Miguel Garcia Gonzalez, Josena Garcia Hernandez, Javier Garcia Lascurain, Santiago Garcia Lascurain, Fernando Garcia Limon, Manuel Garcia M., Edsel Garcia Martinez, Rodrigo Garcia Navarro, Vanesa y Sergio Garcia Ornaelas, Eduardo Garcia Silva, Mirian Garcia Perez, Miguel Garcia Torres, Alfredo Garcia Valdez, Luis Garcia Villaseñor, Santiago y Ma. Teresa Garcia-Lascurain Leon, Laura Garcia-Lopez, Graciel de Lopez, Bob Gardinier, Bill Gardner, Cassandra Gardner, Leonard Gardner, Marshall Gardner, Steve & Roger gardner, Ernesto Gardon, David Garduño Valdes, Carlos Garegnani, Francisco Garela, Mirta Garibaldi, Rolando y Ana Garita, Pauline & Ted Garland, Paul Garley, Don Garlson, Eduardo Garmendia, Sue Garner, Bruce Garrett, Bruce Garrett, Jack & Nancy Garrett, Armando y Sofia Garricho, Ofelia y Wilson Garrido, Santiago Garrido Valdeon, Xavier Garrion, Shannon Garris, Mark Garrison, Douglas Garthwaite, Fay Garvey & Linda Baxter, Bob Garvin, Jose Garza, Luis Garza, Mario Garza, Miguel y Cecilia Garza, Miriam Garza, Raul H. Garza, Tonatiuh Garza Delgado, Miguel Garza Hoth, Ezequiel Garzon, Charly Gascich, Scott & Mary Gast, Barbara Ines Gastell, Diego Gatabria, Alvaro Gatgens, Mercedes Gatica-Canton, John & Thea Gaudette, Paulita Gaudino, Carmen Gaugler, Janice Gauldin, Nelly Gauna, Dany Gauthier, Wanda Gautier, Dana Gavie, Vesna Gavrilovic, Ray Gay, Ernesto Gaytan, Hilario Gaytan, Sarita Geddes, Sarita y Henry Geddes, Wim Geerts, Bill Geierman, Barbara Geisler, Neva Geisler, George & Ann Geist, Larry Geist, Mariela Gelves, Alyssa Gendron, Rick Gentilo, Gordon Gentry, Howard & Marilyn Gentry, Georgia Geoblis, Greg & Amy George, Kelly George, Maria Hicks George, Mary George, Frances M. Gipps Gerard Fyap-Gipps, Carlos Gerbaudo, Bob German, Cristina Germosen, Dan Gernatt Jr., Steve Gerst, Jose Gerstl, Richard Gervais, Victor Gerwin, Bob & Ron Gestler, Monica Getta, Ruby Gette, Silvia Gette de Ceballos, Blaine A. Ghan, Lina Ghbeish, Gary Gi Gaines, Daniel Giacometo, Carlos Giangrasso, Rodolfo Giangrasso, Guillermo Giannattasio, Marcos Giannoth, Bob & Dory Gibbs, Bruce Gibby, Don & Virginia Gibson, Mystic Gifts, Gilles Giguere, Gilles GiguÈre, gih gih, Amado Gil, Amalia Gil, Carlos Gil, Jose Gil, Lorenzo Gil, Mauricio Gil, Veronica y Carlos Gil, Pedrito y Carlitos Gil Davila, Gustavo y Marta Gil de Sagastizabal, Alejandro Gil Mendez, Larry & Linda Gilberston, Lois & Terry Gilbert, Paul & Jackie Gilbert, Marilou Gilbert Roffi, Nicole Giles, Doug Gill, Jack Gill, Roger O. Gill, Jeff & Nancy Gillentines, Tim Giller, Steve Gilles, Familia Gillespie, Graham Gillespie, Wayne Gilley, Sam Gillie, Shaun Gillies, Erica Gilligan, Bob Gillihan, Barry Gillispie, Jim Gilmartin, Deborah Gilmer, Cristine Gilmore, Joaquin Gilmuys Medina, Dorothy Gilroy, Adrian Gimenez, Alejandra Gimenez, Hugo Gimenez, Idalia Gimenez, María Gimenez, Mario Gimenez, Susana Gimenez, Sergio Gindel, Mark Ginnard, Phil Ginsber, Lucas Giolrent, Peter Gionmousis, Tony Giorno, Erick Giovanny Pimentel Portillo, Paul Girard, Giovanni y Giovanna Girardi, The Ewert Girls, Oscar Giron, Dan Katz Giselle Foss, David Gish, Myrtle Gislason, Austin Gittens, Gane Giuliano, Gene & Jo Giuliano, Florencia Giusti, Satn y Steven Gjurich, Georgina Glad, Michael Gladfskor, Colleen Glastetter, Ellen Glauert, Bob Gleason, Edie Gleason, Mike Gleeson, Paul & Tammy Glendinning, Cliff Glenn, Ricardo Glez, Fernando Glickman, Victor Glidden jr., Debbie Glosays, Brad Glover, Debbie Glover, Daniel Gochi, George Goci, Clark Godfrey, Dana Godfrey, Martin Godinez, Fabiana Godoy, Guillermo Godoy, Jenny & John Godprey, Allan & Mary Goellner, Harvey Goho, Juan Goin, Alejandra y Arturo Golato, Hernan Goldaracena, Judy & Ralph Goldbang, Art Goldbery, Mark Golden, Daniel Goldenberg, Ed Wertz & Nancy Goldfinch, Fernando Goldschmidt, Tomas Goldsmith, Zoe Goldstein, Sergio Golfo, Barbara Gollert & Joel, Rachel Abrahams, Mel Golnzalves-Delaney, Alex Golubovich, Horacio Gomenzaro, Alejandro Gomez, Alfonso Gomez, Alfredo Gomez, Antonio Gomez, Camilo Gomez, Darwin Gomez, Edgar Gomez, Eduardo y Polly Gomez, Elsa Gomez, Fernando Gomez, Florentino Gomez, Gustavo Gomez, Humberto Gomez, Jesse Gomez, Jesus Gomez, Juan Gomez, Juan & Elia Gomez, Kelly & David Gomez, Luis Gomez, Luis F. Gomez, Luz Gomez, Manolo Gomez, Margarita Gomez, Maria Gomez, Marisa Gomez, Miguel Gomez, Rocio Gomez, Alicia Gomez, Raúl Gomez, Camilo Gomez (colombiano), Gustavo Gomez D., Daniel Gomez de la Vegga, Juan Carlos Gomez Durañona, Adrian Gomez G., Ricardo Gomez Jaime, Jeseria Gomez Jerez, Monica Gomez Nava, Javier Gonazalez Diaz, Martha Gondra, Ruben Gongora, Felipe Gonzales, Ismael Gonzales, Oscar Gonzales, Robin Gonzales, Wendy & Drew Gonzales, Milagros Gonzáles, David Gonzáles H., Marco Gonzales Vargas, Aaron Gonzalez, Adriana Gonzalez, Alberto y Cesar Gonzalez, Amalie Gonzalez, Arnovia Gonzalez, Barbara y Pablo Gonzalez, Cacho y Ana Maria Gonzalez, Carlos Gonzalez, Cesar y Margarita Gonzalez, Cinthia Karim, Ana Maria y Cacho, Gonzalez, Clara Gonzalez, Danny Gonzalez, David Gonzalez, Dem Lucio Gonzalez, Dolores y Raul Gonzalez, Edgar Gonzalez, Erick Gonzalez, Ernesto Gonzalez, Gabriela y Jose de Jesus Gonzalez, German Gonzalez, Harold & Helena Gonzalez, Hipolito Gonzalez, Javier Gonzalez, Jesus Gonzalez, Jose Luis Fuentes Gonzalez, Lucky y Oscar Gonzalez, Luis Gonzalez, Luis F. Gonzalez, Manuel Gonzalez, Mari Gonzalez, Max Gonzalez, Miguel Gonzalez, Ony Gonzalez, Pablo Gonzalez, Pedro Gonzalez, Rebeca Gonzalez, Ricardo Gonzalez, Roberto Gonzalez, Rodolfo Gonzalez, Ruben Gonzalez, Ruth Gonzalez, Santiago Gonzalez, Victor Gonzalez, Amber Gonzalez & Elisa Roybal, Federico Gonzalez Alvarez, Alejandro Gonzalez Amaya, Ricardo Aaron Gonzalez Carreon, Veronica Gonzalez Chavez, Jose Antonio Gonzalez Dias, Antonio y Andres Gonzalez Gross, Guicha Gonzalez Hernandez, Margarita Gonzalez Icaza, Alfredo & Anita Gonzalez Luna, Pedro Gonzalez Mejia, German Gonzalez Mena, Astolfo Gonzalez Murffeta, Edwin Gonzalez Pacheco, Alejandro Gonzalez Padilla, Nidia Gonzalez R., Carlos Gonzalez Vera, Felix Gonzalos, Hugo Goñi, Jessica Good, Paul & Mary Ann Good, Josephine Goodin, William Goodin, Betty & Carl Goodman, Craig & Suzanne Goodrich, Steve Goodwin, Brian & Verra Goral, Hector Gordils, Lalo y Luis Javier Gordoa Lopez, Clifton Gordon, Dan Gordon, Don Gordon, Eric Gordon, Ernest Gordon, Pedro Gordon, Ron Gordon, William A. Gordon, Carolyn Gorin, Vince Gorman, John Gorosh, Carlos Gorosito, Phyllis Gosnell, Larry & Su Gosney, Dave Goss, Waynne Gossett & Jerry, Harry Gould, J.Eric Gould, Jon Gould, June Gould, Anita & Hank Gowdy, William & Roberta Gowl, George Goy, Carlo y Estela Goyano, Nicolas Goycoolea Calezon, Familia Goyenechea, Roy Graaf, Judith Grabel, Guadalupe Graciela, Mark Graczyk, Tim Grady, Evelyn Graetz, Ana Graf, Barbara Graff, Jerry Grag, Andy Graham, Barbara Graham, Betsy & Jim Graham, Bill and Waldie Graham, Carol Lehm Kuhl Graham, David B. Graham, Farrell Graham, John y Linda Graham, Nicole Graham, Paige Graham, Terry y judi Graham, Z. Daniel Graham, Marcelo Gramier, Roberto Grana, Susan Grana, Elias Granadeño Mejia, Rodrigo Granados, Jorge Granados Zúñiga, Roberto Granda, Susana Grane, Jacobo Granizo, Conrad Grann, Hugh Grant, James Grant, Roberto Graña, Karen Grass, Mrs. Sceone Grasse, Stephen Grassi, Mike Grasso, Leonard Grau, Maurice & Marie Graves, Carol Gray, Debbie & Scott Gray, Frank Gray, Geoff Gray, Jim Gray, John & Cathy Gray, Marty & Kent Gray, Mike Gray, Mike & Krystle Gray, John Grayam, Gino Graziani, Tina Greaser, Susan y Carlos Grecco, Anita Greco, Penni Greco, John & Linda Gredier, Alison Green, David Green, John R. Green, Larry Green, Oliver Green, Sam Green, Tom & Edna Green, Allan J. Greenberg, Susan Greenberg, Terry Y Sue Greene, Harry & Mary Greenhough, Barry Greenstein, David Greenwald, Buz Greenwood, Dave & Ellen Greenwood, Doug and Elaine Greer, Marty Greer, Luis Fernando Grefa Tanguila, Julie Gregoric, Jim & Carol Gregory, Ruhlin Gregory, Viviane Gregory, Viviane & Eric Gregory, Paul Gregson, John Grein, Ron & Tona Greisen, Roberto Gremler, Ricardo Grempel, Sal Grenet, Aurelia Gresillon, Ravi Gretchen Gurujal, Al Gretzinger, Alimin Greva, Charles Grewe, Larry Gribble, Jim & Jill Griebel, Giuseppe Grieco, Charles C. Grier, Stephanie Griffin, Lori Griffith, Greg & Adrienne Grigorian, Fernando Grillo, Decio Grilo, Andrew Y Yolanda Grimm, Bernui Grinastaff, Miguel Grippa, James y Ruth Grizzell, Jim Grizzell, Harvey Grodjesk, Riki Grohmann, Nathan & Kelly Gromen, Roger Grondin, Sharon Groomer, Jim & Marilyn Groover, Dorle Gross, Peter Gross, Bernd Grote, Karyn Avam & Kivalina, Grove, Jill & Gaylen Grover, Cliff Grube, Richard & Andrey Gruhl, Emma Grundler, Mecanico Guadalupe, Luis Moreno y Guadalupe Aguayo, Tello Arellano Sanbaña Guadalupe Arias Salazar, Conrado Guajardo, Daniel Guajardo, Daniel Gualtiai, Jimena Guardia, Ra'l Guastawino, Mario Guazzelli, Jaime y Mauricio Guell, Lawroncey Guerin, Eduardo Guerra, Elsa y Angel Guerra, Maria Guerra, Radio Chiriqui Guerra, Ramon Guerra, Elsa Elia, Carmen, Angel, Guerra Leon, Luis Guerramo, Edgar y Rafael Guerrero, Isaura Guerrero, Jose Guerrero, Luis Guerrero, Miguel Guerrero, Dayanira Guerrero Briceño, Eduardo Guerrero C., Edwins Guerrica, Joyce Guest, German Guevara, Jose Guevara, Juan Guevara, Carlos Guevara Jr., Ariel Guido, Irene y Hector Guijarro, Sergio Guillen, Claudia Guiller, Mario Guillermo, Hector y Jackeline Guiral, Jaime Guiraldo, Jess Guislain, Serge & Jessamine Guislain, Adrian y Karina Gula, Wes Guldemond, Gulf Coast AACA, Tom Gullickson, Choi Gum, Bill Gun, John Gunnill, Wayne Gunst, Victor Gunther, Joe Gunyan, Joseph Gunyan, Joe Gurewsky, Larry Gurkan, Frank Guseman, Scott & Lisa Gussett, Karolin Gustavsson, Andrea Gutauskas, Dawn & Jessica Guthrie, Ran Guthrie, Katherine Guthys, Angel Gutierrez, Armando Gutierrez, Claudio Gutierrez, Eivar Gutierrez, Gisella Gutierrez, Gustavo Gutierrez, Jose Gutierrez, Juan Gutierrez, Juan Carlos Gutierrez, Luis & Marlene Gutierrez, Mario Gutierrez, Rodrigo Gutierrez, Tito Gutierrez, Violeta Gutierrez, Alejandro Gutierrez Cervantes, Marisol Gutierrez Cruz, Luís Gutierrez Viloria, Marla Guttmano, John Guy, Sean Guy, Carlos Guzman, Daniel Cordobes Guzman, Hector Guzman, Jesus Guzman, Mauricio German, Juan Alberto, Guzman, Rita Guzman, Haiza Guzman Banilla, Ronald Guzman Chavez, H. German Guzman Franco, Enrique Guzman Garcia, Enrique Guzman Garcia, Sylvia Guzman Hidalgo, Agustin Guzman Reyes, Diane Gwin, Brian & Della Haas, Jeff Haas, Scott & Carrie Haas, Steve Habay, Walter & Ann Haberski, Dorothy Habert, Phil Habowski, Keith Hacker, Cecil Hackney, Gary & Mary Haff, Christiane Haffner, Shirley Hage, Dick Hagen, Rick Hagen, Jean Hager, R. W. Hager, Rob & Gina Hagger, joseph Hagman, Jerry & Mary Ann Hagnie, Keneth S. Hahn, Georgia Haiberger, Joan Haid, Gottfried Haider, Beth Haidle, John Haigler, Bob & Sandy Hains, TTomas Hakansson, Steve & Terry Halbleib, Don Haldane, Peggy & Jim Halderman, Jim Haley, Martina & Alan Halfenger, Aaron Hall, Brian Hall, C.J. Hall, Charles & Frances Hall, Daniel & Beth Ann Hall, Frank Hall, Norm Hall, Ren Hallenbeek Alive, Elie Haller, Stu Halll, Bryon & Marylou Hallman, Wil Hallman, Jim Hallmark, Jan Hallock, Mark Halpern, Lioyd Halsey, Lloyds Halsey, Silvian Halter, Andrea Hambach, Geraldine Hamilton, Gerardo Hamilton, Jim Hamilton, Nancy Hamilton, Scott Hamilton, Jack Hamlett, Stan Jo & Ann, Hamm, Andy & Abby Hammond, Chris Hammond, Frederick Hammond, Jody Hammond, Jake Hammons, Larry Hammov, Mel Hamp, Bill Hampton, Jana Hampton, Norman Hampton, Vincent Hamrick, Arden Hander (Ann), Bob & Leah Handley, Herb Handley, Jeff & Tammy Haney, Ralph Haney, Stacy Hangemanle, The Hankinson's, Graciela y Peter Hanley, Mike Hanley, Frederick P. Hanmond, Bernie & Helen Hann, Victor Hanna, Mary Hannigan, Lynann Hanover, Bob Hansberger, Larry Hanse, Cary Hansel, Frederick Hansen, Howard & Barb Hansen, Joe & Susan Hansen, J. Hanson, Toia Hanson, Scott Hansson, Rich & Heidi Harbaugh, Ben and Nancy Hardeman, Ginger Hardeman, Dennis Hardie, Larry Hardiman, Charlie Hardin, Kelly Harding, Debbie Hardwick, Calvin Hardy, Cathy Hare, Peter Hare (Mary Ann), Fred Harford, Judith Hargreaves, Sandy Hargy, Ray Hariffman, Sunshine Harion, Sarah y Tim Harless, Barbara Harlslein, Don Harmon, Glen Harmon (Beverly),

Willie Harms, Sandy Harne, Jim Harnett, Paul Harpe, Kevin Harper, Wayne Harper, Dave Harr, John y Karea Harrill, John & Mary Harrington, Les & Connie Harrington, Harry Harrinrton, Bill Harris, Fred and Peg Harris, Lynn & Darlene Harris, Robert Harris, Verry Harris, Clynn Harrisc, Bill Harrison, Gerry Harrison, Hank Harrison, Steve Harrison, Peggy Harsch, Peggy Harsch, Judy Harshberger, Marco Harster, Lusi hart, Richard Hartel, Jim Harth, Susan & Joe Hartless, Paul & Sue Hartman, Rich Hartman, Steve HartSell, Mark Hash, Tom Haskins, Jeremy Hass, Marisol & Cristian, Hassen, Silvina Hassoun, Ruth Hastlnes, Ann Hatch, John Haubecker, Marian & Kent Haug, Dave Haugen, Cyndy Ryck, Michel, Haugh, John Hauler, Jerry Haulett, Bill Haupert, John Hauselet, C.J. Hauser, John Alexander Hauser II, Ro Hauus, Haward and Jannet, David Hawick, Camerino & Kathleen Hawing, Nm. L. Hawken, Del Hawkins, Gordon Hawkins, Jerry Hawkins, Lee Hawkins, John & Joann Hawks, Bill Hay, Clifford C. Hay, Kelly Hay, Terry Hayden, Jonathan Hayder, James & Dorothy Hayes, Joyce Hayes, Nancy Hayes, Jeff & Joanna Haynes, Ray Haynes, Donna & Russ Haytx, Lisa Hayward, Allen Haywood, Walton Haywood, Jan Hazen, Ahmed Hazim, Richard Hazzard, Adriana Hdez, Header and Ben, Charles Headrick, Susan Healey, John Healy, Maurice Healy, David Heap, Ray Hearn, Bill Heath, James Heath, Jenny & Martin Heath, Roberta and Jim Heath, Jim Heazlett, CLaudio Hectorquick, Caleb Hedberg, Dan Heddon, Dennis & Carol Hedler, James Hedlund, Glenn Hege, Dave Hegeberg, Don Heiberg, Laurie Heifetz, John Heilig, Steve Heimel, Joe Hein, Sandy & Dennis Hein, James Heiple, Sebastian y Mariana Helbig, Vicky & Harry Helfand, Terry & Stephanie Hellickson, Bob Hellstrom, Warren Helm, Wilbar Helm, Arthur Helmuth, Edna Helyer, Charles M. Helzberg, Christine Helzer, Peter Hemken, Godfrey Hemmerde Castaños, Murray and Jean Hems, Micky Henderson, R. J. (Jim) Henderson, Rex & Diane Henderson, Bear Hendricks, Rudy Hendricks, Roy Hendrickson, Marienne Hendriks, Melissa Hendriscks, R. Allen Hendrix, George Henke, Catherine Henkels, Richard Henmi, John Hennerich Denver, Don Hennesey, Terry Hennessey, Michael Henning, Jim Y Pat Henrie, Nesp Topeka KS, Alicia, Henrikson, John & Kristina Henry, Ken Henry, Paul & Carol Henry, Grandson- Kasey Hensley, Chuck Hentz, Lorne Hepting, Mike Hercog, Orlando Hercules, Michael Herdina, Fernando Heredia, Layla Heredia Mendoza, Ralph Herendeen, Ed Herman, Francisco Herman, Gaylord Herman, Jeremy & Nichole Hermann, Rev. Motor Sport Hernan Carazo, Agustin Hernandes Gutierrez Hernandez, Alba Hernandez, Alfredo Hernandez, Allan Hernandez, Anabella Hernandez, Analucia Hernandez, Donaciano Hernandez, Edemir Hernandez, Ericelda Hernandez, Eugenio Hernandez, Fernando Hernandez, Gabriela Hernandez, Joel Hernandez, Jose Hernandez, Luis Hernandez, Manuel Hernandez, Mauricio Hernandez, Maximo Hernandez, Miguel Hernandez, Nicolas Hernandez, Olinda y David Hernandez, Romulo Hernandez, Saul Hernandez, Victor Julian y Barbarita Hernandez, Yolani Hernandez, Zore Hernandez, Agustin Hernandez Gutierrez, Rafael Hernandez Juarez, Pepe Hernandez Montes, Liz Hernandez Ochoa, Javier Hernandez Pliego, Mariela Hernandez Ramirez, Carlos Hernandez Ramos, Rodrigo Hernandez Teran, Martin Hernandez Torres, Jesus Hernandez. B, Alejandra Herren, Alersey Herrera, Carlos y Parisina Herrera, Hugo Herrera, Juan Herrera, Mario Herrera, Mario Herrera, Rick & Evie Herrera, Roger Herrera, Stella Herrera, Victor y Nora Herrera, Ximena Herrera, Alberto Herrera Moreno, Oscar Herrera Novoa, Luis Herrerias, Patty Herrick, Jackie Herring, Dirk Herrmann, Xenon Herrmann, Darlene Hershberger, Wayne & Marcy Hershey, Ralph & Janice Herstine, Elizabeth Hess, Ken & Nancy Hess, Peter Hess, George Hesser, Karen and Ray Heuvel, Ray and Karen Heuvel, Georgina Hewes, Brenda Hewitt, Loren Hewitt, Jack Hiatt, Tom Hickman, Bob Hicks, Maria Hicks, Peggy & David Hicks, Carmen Hidalgo Rivero, Todd Hiester, Rafael Higareda, Anastasia Higgins, Loretta Higgins, Tebra Higgins, Kay & Bill Higgs, Wordrow High, Felipe y Andres Higuera, Mary Hildenbrand, Karen & David Hilder, Mel Hilgenberg, Brett & Emily Hill, C. Larry Hill, Daniel Hill, Donnie Hill, Doug Hill, Duncan Hill, Jeff Hill, Johnny & Kathy Hill, Ken Hill, Larry Hill, Linda Hill, Nancy & John Hill, Nate Hill, Stephanie Hill, Wes Hill, Zack Hill, Clif & Deborah Hilliamson, Stan Hillis, David & Charlotte Hillman, Alex Hills, Bill Hills, Jimmy Hills, Mary Hilowitc, Xaxva Hindl, Al & Vicki Hinds, Don Hines, Jerry Hines, Ray Hinnant, Sherry Hinnant, Santiago Hinojosa, Rogelio Hinojosoda, Jim Hinson, Margaret Hintz, John & Janie Hipps, Richard Hipwood, Jose & Elisa Hirales, Henry & Alice Hiraza, Paul Hirschler, Jody Hite, Kevin Hitzges, Lorin Hixssen, Wendy & Owen Hnatiuk, David Hochhalter, Fred Hodgeh, Mary Hodger, Craig & Debbie Hodges, Donna & Bob Hodgman, Fred & Sandy Hodgow, Cinda Hodson (hija de Dick), Rick Hoehn, Stan Hoekstra, Heike Hoendgesberg, Ray & Ella Hoerning, Fram Hofer, Carl & Laureen Hoffman, Chuck Hoffman, Amy & Spencer Hoffmann, Kenneth Hogan, Michelle & Sean Hogan, Patrick & Dorothy Hogan, Jessi and Linda Hoggard, Lane Hoggson, Gary Holbrook, Joann Holcomb, Scott & Lori Holcomb, Jud Holcombe, Ken Holden, Teresa Holem, Roger Holgnin, Hans & Lidia Holl, Bill Holland, Greg & Jody Holland, Ky Holland, Laura Holland, Ralph Holland Jr., Jerry Hollenbaugh, Jessie Holler, Charlie Holliday, Merydie Hollingworth, Michael Holloran, Sleepy Hollow, Doyle Holloway, Larry Holmberg, Alvaro Holmes, Carl Holmes, E. Thomas & Nancy J. Holmes, Sean Holmes, Anthony Holowsko, Ken Holroyd, Bev & Becky Holst, Rob & Karen Holt, Wayne & Beverly Holt, Don Holton, The Holts, Brian Holtzhafer, Ted & Linda Holz, Ted & Linda Holz, Mark y Sharon Holzband, Kevin Honeycutt, George Honke, Robin Hood, Steve & Kathleen Hoogland, Lyn & Becky Hook, Diann & Robert Hoops, Tom Hoosier, Coryd Hoover, Bob & Barb Hope Spishak, Ann & Bill Hopkins, Chrissie Hopkins, David Hopkins, Debra Frank, Tyler / Ashley, Hopkins, David Hoppe, Norb Hoppe, Tedd Hoppin, Donald Hopson, Stephanie Horine, Clara Hormaeche, Gary Van Horn, Lee Horn, Don Horne, Kyle & Toby Horne, Tom Horner, Warren Horowitz, David Horsford, Robert & Yoko Horsting, Denna Horton, Mario Horvilleur, Cleen Hoselton, Grant Hosfore, Clay Hoskins, Mauhion Hostetlen, Eldon & Esta Hostetter, George Hotton, Kyle Houghton, Martha Houle, Rich Houle Funstyx, Bob & Lenore Houston, Cliff Howard, Dan Howard, George & Mary Howard, Ron-Linda Howard, Sonny Howard, Beverly and Dick Howe, Dick Howe, Richard A. Howe, Ashley Howell, Dick y Linda Howell, Earle Y Carlo Howell, Glenn Howell, Joann & Doug Howell, Joanne y Doug Howell, Linda and Dick Howell, Richard & Linda Howell, George & Helen Howells, F. Howes, Linda Howes, Katie Howlay, Zoiro Hoyos, Owen Hoyt, Joanne Hoyward, Juan Hoz, Bill Hozheimer, Len Hrechka, Lewis Hrivmak, Wayne Hrper, Dannis Hruska, Chen Lien-,Hsing, Antonio HuaiQuivil, Dave & Christine Hubany, Stephen Hubbard, Steve Hubbard, Sharon Huber, Fred Hubler, Stephen Huckstep, Cliff Hudgins, Karl Hudin, Cora Hudson, Erin Hudson, Ivette & Juan Manuel Huerta, Roberto Huerta, Leonor Desi y Roberto, Huespe, Tamuny Huffer, Sam & Pat Huffine, Gordon Hugg, Marguereite T. Huggins, Ron & Mary Hughea, Jennifer Hughes, Lori & Alex Hughes, O.D. Hughes, Richard Hughes, Sherrie & James Hughes, Tisha & Jeff Hughes, Tom Hughes, Javier Huizav, David Hulier, Jane Hull, Pat Hullenbeck, John Hulloway, Scott Hulse, Traay Hulse, Patricia Trueba Humberto Jauregui, David Hume, Lisa Humphriers, Brenda Humphries, Ian Hunneybell, Robert Hunsicker Sr., Dane & Judy Hunt, Jimmy Hunt, John Hunt, Jamie Hunter, Trun Hunter, Tom Huntington, Sam Hurley, Steve Hurley, Luke & Wendy Hurlimann, Juan Cruz Hurtado, Naomi Hurtado, Gino Hurtado Castellanos, Jorgen Hurtig, Celine y William Huscher, Maresa & Marvin Huske, Husson, Fred Huston, Mari Huston, Sharon Huston, Jacqueline Hutchins, Sam Hutchinsen, Hutch and Trudy Hutchison, John Hutchison, John Hutnick, Ed Hutter, Leo & Jan Hyche, Jack Hylton, David Hyman, Robert Hyman, Jacques Hymans, Richard Hymns, Matt Hyrnick, Michael Hytoponlos, Jorge Iacovina, Wilfrido Ibañez, Isidro Ibañez, Rosa Ibañez Martin, Jose Ibarra, Raul Ibarra, Andrea Ickes-Dunbar, Lob Ida, Sebastian Ide, Jane Ideen, Peggy & Jim Iderman, Jorge Igartua, Maria Elena Iglesias, Mariana Iglesias, Walter Iglesias, Ing. Luis Iglesias Alvaro, Douglas Ikeler, John & Julie Ilitt, Jerry Ilkenhons, Ramon Illarramendi, Kenneth Imanuka, Tiks & Ruby Imperial, Imprenta Instant Copy, Imprenta Roger Printing, Tammie In fanger, Jessica Inarez, Mel's Inc., Ruben Incirillo, Daniel y Ricardo Inda, Rodolfo Indras Varilla, Barry C. Ingalls, Nathalie & Duke Ingles, Dave & Sharon Ingraham, H. D & Charlotte Ingram, Mercedes Iriarte, Jorge Iriberri, Juan Regalado e Irma Arenas, Walter Irrutia, Kirt Irvine, Mike Irwin, Jeffrey Irza, Omar Isaak, Capitan Manuel Isaguirre Belardes, Valessa & Valerie Isbaell, Orrin & Sharon Iseminger, Ali Ishailow, Hirofumi Ishihara, Ibañez Isidro, Angel Iorio, Bill Israel, Yael Israel, Gordon Istenes, Jose Guillermo Ituarta Reynava, Gabriel Iturbe, Diego Iturralde, Lucas y Maru Iturriza, Roseliano Valenzuela Ivan EdilioVivas GAri, Gladys & Bill Ivansco, Emeka Ive, Michele Ivory, Jay Iyer, Mayri Izaguirre, Melania Izaguirre & CArlos Hernandez, Luis Izquierdo, J. Prado Rivas, karl Jack, Glenn Jacks, Irma Jacks, Andy & Celia Jackson, Celia Jackson, Gene & Mary Jackson, Howard & Frosine Jackson, Jan & Mara Jackson, Judy Jackson, Kyle Jackson, Steve & Christi Jackson, Jose B. Jacobi, John Jacobin, Edward y Marlis Jacobowitz, Margot Jacobs, Stu Jacobs, Carl Jacobson, Matt Jacobson, Kevin Jacoby, Bob & Cathy Jacques, Deborah Jacques, Gilbert Jacques, Enrique Jadad, Andy Jaeger, Lisa Jaeger, Dennis & Marsha Jaehnig, Alvaro Jaen, Fritz Jaggi, Bud Jahn, Veronica Jaime M, Alejandro Jaimes, Camilo Jaimes, Navin & Helene Jaitly, Sarguis Jalil, John James, Chris Jameson, Jamkam, Bill Jammings, Emilie Jan van der Woerd, Sandra Janer, Beatriz Janet, Roberto Janett, Michel Janicka, Suzie Janke, Tom Janosz, Janice Jansen, George & Kathy Janssen, Eugenix y Juan Pablo Jantii, Ed & Jan Janzen, Edgar Jara, Fernando Jaramillo, Monica y Alfonso Jaredo, Magdalena Jarrys, Denise Tim & Sam, Jarvis, Darin y Dawn Jaske, Mary Matt, Mueller, Jasmine, David & Sharon Jasper, Juan Jasso, Felipe Jauregui, Francisco Jauregui, Automovil Club Boliviano Jauregui ACB, Maritza Jaureguiu, Soheil Javid, Nayade Fragoso Javier Arevalo, James Jaworski, Marilyn Jaycox, David Jefferson, Rester Jeffries, Mary Jeffris, Steve Jelf, Chris Jenkins, Peter Jenkins, Bill Jennings, C. Jennings, Doug Jennings, Mary Ann Jennings, Carl & Marjie Jensen, Ivan Jensen, Jaime Jensen, Mort & Lois Jensen, Robert Jensen, Willard Jeral, Aida Jeris, John P. Jerolyn, David Jeron, Luis Jesscca, Jeff Jessen, Leonardo Benz Jessica Arnold, Archard Jessup, Jon & John Jessup, Rex Jessup, Alvaro Ledesma Jesus Neira, Larry Jett, Richard Jevons, Nancy & Roger Jewell, Ron Jewett, Thomas Jhaddeus, Dorian Smith Jim Van Gorder, ALberto Jimenez, Alejandro e Hilda Jimenez, Ana Jimenez, Andrea Jimenez, Angel F. Jimenez, Carlos Jimenez, David Jimenez, Gabriel Jimenez, Jenny y Ricardo Jimenez, Jose Jimenez, Marcelo Jimenez, Marisol Jimenez, Olman Jimenez, Rodrigo Castillon & Jimenez, Tony Jimenez, Valeria Ernesto y Leonardo, Jimenez, Yuri Jimenez, Levi Jimenez Andrade, Ricardo Jimenez Vazquez, Steven Jimesik, Rich & Marianne Jlusser, Kippy Jo, Barbara Jo Birt, Eduardo Canabal Joaquin Sosa, Charles Jodrey, Jean Campbell Joe Bobrowski, Liliana Jofre Navia, Bob Johannesen, Gertie and Ed Johanson, Candy John, David John, John & Dot, Belle K. Oropeza John Bolez, Nancy Polkinghorne John Hines, Johnny C. Dowdy, Jaime Johns, Aldie Johnson, Bob Johnson, Bonnie Johnson, Brian Johnson, Bruce & Mary Lou Johnson, C.R. Johnson, Camie Johnson, Carol & Douglas Johnson, Charley & Lanee Johnson, Dorothy Johnson, Doyle y Dottie Johnson, Eric Johnson, Gail Johnson, George Johnson, Helen Johnson, Irma Johnson, Jo Johnson, Keith & Nancy Johnson, Ken & Judy Johnson, Larry y Eva Johnson, LeRoy & Rhonda Johnson, Marjorie Johnson, Marylou Johnson, Mel Johnson, Mike Johnson, Mrs. Helen Johnson, Peter Johnson, Rev. Guy Johnson, Robbie Johnson, Robyn Johnson, Ruby Johnson, Scott Johnson, Skip & Susie Johnson, Stephen y Lindy Johnson, Steve Johnson, Susan Johnson, Terry Johnson, Travis Johnson, Wade Johnson, Wayne Johnson, Jack Johnston, Jennifer Johnston, Jim Johnston, Robert & Kathy Johnston, Tom Johnston, Wilma Johnston, Natalia Jojart, Alison Jones, Berton Jones, Bob Jones, Bobby Jones, Christie Jones, Gene Jones, Helen Jones, Jacquelyn Jones, Jean & Bob Jones, Jennifer Jones, Jim Jones, K.C. Jones, Karen Jones, Kim Jones, Linda Jones, Mark Jones, Mark & Pamela Jones, Mike & Ruth Jones, Peggy Jones, Robert Jones, Jesse Jordan, Marian Jordan, Peter Jordan, Donaldo Jordan Luna, Arq.Francisco Jorge, Inocencia y Ruben Jorge, Jorge Luis Godoy Cabrera Jorge Luis Alberto, Rick Jorgensen, Jacques Jorin, Dehran & Lisa Jory, Andres Josa, Annette Joseph, Suzanne Joseph, Jessie & Jorge Joshua, Tim Joslin, Carlos Josue, Herman Joubert, Jacquelyn y Ulises Joves, Sharon Joy, David Joyner, Norman Joyner, Sellers Jr William J., Jose Jr. Hernandez Olesinski, Bob JRuggiero, Joel Juan, Carlos Juarez, Chilo Juarez, Luis Juarez, Roberto Juarez, Terri Juarez, Oscar Juarez Hdez, Jim Jucker, Chester Judah, Dick Juelson, Angie Juenemann, Louise Julien, Janis Jung, Jeus- Peter Jungolaussen, Juan Juri, Ted & Bea Justen, John Justice, Michael Justice, Justo Guevara, Karen Kable, Diane Kaczmarcyk, Kaden & Crawford, Frank & Hazel Kaiser, Barbara Kajawn, Urmas Kaldvezk, George Kale, Alan Kallam, Judd Kalush, Gray Kamaryn, Karina Kamenetzky, Frank Kamermans, Karla Kaminski, James Kamp, Julie Kamp, Richard Kamp, Trish Kanafany, Roman Kancepolski, Lynda Kaner, Rick & Christy Kanis, Joanne Kankler, Demitrios Karabinis, Alfred J. Karcheski, Antonio Karg, Doug karlsam, Leo Karlyn, Iain Karroll, John & Donna Karsten, Maximo y Gerardo Kaser, David & Judy Kashoff, Dario Kaspariani, David Kast, Joe & Diana Kastner, Erickson/Foster Kathie, Kathy Hall & Eddie Sloan, Hajo Katinszky, Roger Katula, Gabriel Katz, Dan y Suzana Kauffman, Dr. Rick Kaufman, Lisa Kaufman, Jorge Kaufmann, Denis Kavanagh, Helen Kaye, Jud Keah, Bob Kean, Nancy Kearney, Micael Keating, Patricia & Dale Keefe, Thomas Keehan, Wayne Keele, Barbara Keeler, David Keeley, Gregg Keeling, Stu Keen, James Keene, Jan & Dick Keene, James Keeneu, Jeff Keeter, Allan & Pat Kehrley, Jim Keiling, Ray Keinert, Amy Keiter, Karon Keith, Mickey Keith, Mark Kell, Anahy Keller, Ed & Carol Keller, Maynard Keller, Michael Keller, Jim Kellet, Graham Kelley, Mike & Terry Kelley, Warron Kells, Brian Kelly, Chris Kellý, Frank Kelly, Gart Kelly, Heather Kelly, James & Judy Kelly, Lisa Kelly, Rick & Terry Kelly, Scott Kelly, Jeff & Kate Kelsen, Jim & Lesley Kemnitz, Carol Kemp, Bill L. Kemp, Beth Corey & Maya, Kemp, Bill Kemper, Ken Kemper, Kempton, Ken Gordon, Stephen Kendall, Brian Kendrick, Dawn Kendrick, Bruce Kennedy, Cindy Kennedy, Colin Kennedy, Gary Kennedy, John Kennedy, Tom & Sandra Kennington, William Kent, E & G Kenyon, Mike & Lois Keossnik, C. William Kephart, Gladys & Ralph Kepner, Raept Kepner, Pet Kern, Peter Kern, Colleen Kerr, Randy & Rike Kerr, Christine Kerschbaum, David Kersten, Dan Kessinger, Alicia Kessler, Don Kessler, Jim Ketcharsid, Margarita & Keith Ketchum, Kevin & Michelle, Arshiya & Yahya Khan, Joseph Kichler, Alice Kidd, Nicole Kidder, Sue Kieburtz, Ralph Kilbourne, Kevin Kilduff, Carrie Kile, Marian Kile, Ken Killian, Scott Kim, Gordon & Joan Kimball, Robin Andrews Kimmel, Danny Kimsey, Ed & Julie Kimsey, David Kincaid, Don & Judi Kincaid, Morris Kindig, Al King, Alice & Stew King, Chris King, Karen King, Mary & Robert King, Michael King, Rhonda King, Roger King, Vern Kingsford, Vorn & Lura Kingsford, Phil & Susan Kinney, Jack & Margaret Kinsey, Margaret & Jack Kinsey, Jim & Lou Kirk, Caroline Kirkland, Inge O. Kirkland, Justin Kirkland, Mark Kirkland, Sharon and Bill Kirkland, Bill & Low Kirkman, Janine Kirkpatrick, Megan Kirkpatrick, Mark & Lisa Kirmse, ken & Cindie Kisller, Gene Kissee, Ken Kisselman, Victor y Rosa Kitamoto, Carol Kitchen, Philip Kitchin, Dick Kivsalas (Est), Lynn Klassert, Mari & Lynn Klassert, Scott & Cheryl Klatt, Lois Klayman, Kleeberg's, Barbara Klehfoth, Jay Klehfoth, Harry & Karen Kleinman, Matt Klenke, Gary & Sara Kling, Howard Klinger, Ed & Louise Klinkenberg, Ken Klooze, Gary Klopt, Juan Klue, Herb Kluttz, Lynndeen Knapp, Lorna M. Knaus, James Knauss, Allison Knight, Edwin John Knight, Heather Marie Jim, Roberta Health, Knight, Heather y Andrew Knight, Neal Knight, Rick & Lahne Knight, Carl Knissel, Kendra Knoedler, Karen Knolauch, Bill Knopy, Dan Knorr, Victor & Chrityna Knott, Anna Knowlson, C.L. Knoxviles, Patsy Knudbon, Alf Koch, Chris & Kathleen Koch, Daryl Koch, Jerry Koch, Krista Koch, Phillip & Margret Koch, Karen Kochekian, Al Kock, Marie Koecher, Mil Koehler, Daniel G. Koenig, Barbara Koenig Bob, Rachel & Abigail, Nik Koesis, Sid & Helen Koffski, Richard Kofler, Dr. Gregory Kofman, John Kohlhas, Dennis Koi, Lanin Kokinda, Paul Kokkinides, Marilee Kolb, Taylor Koldyke, Margaret Kollekowski, John Attanasio & Kollin, Hanni & Walter Kolouch, Jacquie Kolter, Darcy Komarck, Ingrid & Dr. Hans Konig, George Koows, Steve Kopacz, Mary Kopcho, Jim Kopp, Peter Kopperud, Karen & CJ Kord, Sam Korsmo, John Kosak, Violet Kosc, Merrick Kosken, Anthony and Judy Kostusik, Peter Kovacs, Sallyann Kovacs, Pat Kowaleski, Bernice Kozak, George Kozak, Avallon Kraft, James Kraft, Joe Kraftt, Ken Krall, Rich & Estelle Kramer, Brian Kraner, Theo Kranz, Brenda Krauss, Kaith Krauss, Len Krautheim, Arnie Kravath, Tom Krave, Jack Kreeger, Jake Kreeger, Tinw Kreetz Tyler, Larry & Connie Kreh, Vanesa y Marcelo Kreindel, Greg Krell, Peter Kremer, Jenice Krenmayr, Dora Krenzelok, Mario Krinsky, Verena Kristof, Larry Kristoff, Robert Krizanee, Donna Krol, Philip Krone, Annette y Giesbert Krug, Bob & Nancy Krug, Giesbert Krug, Nancy Krug, Paul Kruger, Scott Kruger, Walter y Carolina Kruger, Al Kruha, Tom Kruse, Vickie Kruse, Sherwood Kubone, Ron Kubord, Bret Kucharski, Jack Kugler, Helga K hlmann, Greg Kuijpur, Eddie Kula, Jim

Kulling SR, Alex Kumpan, Newsp Cleveland OH, John, Kuntz, Richard Kunz, Alexander Kurbato, Marisol y Cesar Kuri, Judie Kurpgeweit, Roger Kuyatt, George Kynman, Dave & Dee La Combe, Mary & Dick La Fever, Robert y Sandra La Francois, Gustavo La Fuente, Luis La Grama, Roberto La Guardia, Anthony La Mantia, La Marca Asador Argentino, Charles La Porte, Craig La Roque, Nancy La Schaefer, Marcelo Dario Laborde, Roberto y Ana Laboureau, Thiago Lacerda, Jim & Camila Lackey, Dean Lacoe, Dick & Mary LaFever, Jeffy Laffon, Juan Lago, Enzo Lagos, Julio Lagos, Rene Lagos, Usiel Lagunas, Donald Laidig, Kenneth Lail, Jr., Kristy Laine, Ken Laing, Andrew Laird, Kevin Laird, Dean & Judy Lak, Shelagh Lalonde, Ignacio Lama Rojas, Diego Lamacchia, Robin Lamar, Ana Maria Lamas, Ignacio Lamas Rojas, Charity Lambert, Lance Lambert, Julius Lambeth, Tom Lamera, Nestor Lamilla, Alton Lamm, Kurt & Larae Lamoreaux, Petra Lamoureux, Bruce Lancaster, Tyo Lancaster, Darwin Lance, Dennis & Carmen Lanci, Nestor & Nanette Landeira, Abe Landes, Bill & Cathy Landles, Calos Lando, Fernando Landoo, Jerome Landry, Paul & Janet Landry, Alberto Landucci, Bill & Susan Lane, Gary Lane, Joshua Lane, Larry & Patricia Lang, Bob & Sandy Langager, Mark Lange, Bill & Ruth LangMeyer, Charles Langrell, Teresa Lanier, Denise & Ken Lanik, Harold Lankenal, Johny & Kay Lankford, Heidi Lantin, Nancy Lanzolla, Peter Lanzt, Debora Lapidus, Eleanore and Gaston Laquerre, Estella Lara, Jaime Lara, Einar Lara Sosa, Luis Lara Sosa, Natalia y Agustin Larco, Jose Larin, Andrea & Michelle Larnec, Craig LaRocgue, Alfredo Larrea, Luis Larrea, Horacio y Gabriela Larreguy, Francis Larrera, Andres Y Cristina Larrivey, Frances Douglas Larry Rowe, Grant Larson, Jan Larsson, Yadira Lascarez Solano, Javier Lascurain, John Lasesecre, Ann & Kevin Lash, Bill Lasher, Chris Lassen, Stewart Y Alejandra Lasseter, Rick Lassiten, Artur Latko, Juan Latorre, Gerardo Latour, Vernie & Robert Latto, Jon & Gretchen Laubach, Chuck Lauby, Sanchez Laura, Craig & Sheri Laurie, Lisa Dordal Laurie Samuels, Larry & Pat Lauth, L G & Sandy Lauxman, Carlos Lavalle, David Lavalley, Jose Lavicount, Fernando Lavin, J. Law, Skip Law, Ankota & Gapi Lawrence, Bill Lawrence, Christopher Lawrence, Indra & Sakhi Lawrence, Martha Lawrence, Al & Marily Lawrie, Mike Laws, Rick & Pat Laws, Bethany Lawson, Brandt Lawson, Hal & Donna Lawson, Heather Lawson, Joree Lawson, Joe Lawton, Jane & Sonny Lawyer, Bruce Layman, Kelly & Lisa Layman, Tyler Layman, Ann Layton, Patricia Lazaravich, Horacio Lazarri Mathieu, Horacio Lazzari Mathieu, Vic & Joan Le Cause, Robert Lea, Miguel Leal, Dave & Katty Leary, John Leath, Ronnie Leatham, Michel Lebas, Marc Leberger, Louise LeBlanc, Richard Leblanc, Matthew Lebrato, Cal Lebsack, Jean y Hinette Leclerc, Idoia Ledercq, Antonio Ledesma, Miguel Ledesma, Rodrigo y Laura Ledesma, Andrew Lee, Brigitte Lee, Georgia Lee, Kay Lee, Maria Lee, Mike Lee, Carol And Ross Leef, Larry Leek, Axe Leer, Jim & Katie Lefebure, Barbara Graff LeFurgey, Andrea & Brice Legare, Huquette Leger, Wayner Leger, Amanda Legernes, Share & Steve Legler, Dave Lehman, Eddie Lehman, Leigh Tomfohk, Bill & Barbara Leighton, Barbara Leiker, Bill Leinonen, Frank Leipe, Yoiman Leiton Castro, Eduardo Leiva, Paula y Carlos Leiva, Sergio y Ana Cristina Leiva, Rick Lemley, Martin y Loretta Lemmo, Bill & Sharon Lemmons, Enrique Lemol, Kelli Lemon, Raul Lemosoff, Juan Lemus, Mary Elizabeth Lenahan, Fernanda Lencina, Jerry Lendreth, Willie Leng, Scot Lengel, John Lent and Mary Ann Castimore, Richard Lentinello, Silvio Di Leo, Adriana y Jesus Leon, Dan Leon, David Leon, Don Juan Leon, Ernesto Leon, Gera Leon, Juan Leon, Oscar Leon, Alfonso León, Paulo León, Arturo y Ernesto Leon Coronel, Adrian Martha, Benjamin y Adriancito, Leon Sanchez, Dan y Christine Leon Stilphen, Jose Leon Vargas, Benny & Sharon Leonard, Boby Leonard, Dan Leonard, Steve Leonard, Rick Leonardi, Sam Leone, Puebla Leonel, Ramiro Leonel, Julie Leovard, Ramon Lepage, Ronald Lerch, Paul Lerd, Abel Lerena, James Lerie, J. Lerner, Jacques Leroy, Hershey Les Wohlgemuth, Bill Leschensky, David Lesley, Robert Leslie, Anne Lesser, C. Lett, Curt Leuenberger, Larry Leuttinear, Harriet Levaine, Pablo Levano, Vanesa Levi, Anita Levin, Chad Levis, Gabriel Levman, Harold & Judith Levy, Joyce Levy, Moses Levy, Alan & Sylvia Lewis, Aram Lewis, Bonnie Lewis, Elizabeth Lewis, Frank Lewis, Hillary Lewis, Rachael Lewis, Richard Lewis, Robert & Dianna Lewis, Marshall Lewis MAFCA, Jonathan Ley, Libby Leyrer, Ariana Liakos, Shep Liams, Juana Libedinsky, Carlos Liberti, Frank & Grella Lichorobiec, Ed & Carol Lichtenberger, Jack Lictzke, JosÈe Liessard- Hanza, Don Lietzan, Janet Liftin, Randall Light, Jack Lightcop, Anne Lightwine Dustin, Norma Lilian, K Lim, Arnoldo Lima, Joe Lima, William Lima, Alexandra Limmer, Antonio Limon, Howard Lin, Leobardo Lincoln, Judy Lind, Suzanne lind, Ma. Linda, Aleta Darlene & Linda Slack, Philip Lindau, Tomas Linde, Mike Karen, Tanya & Mosoa, Lindeen, Doug Linden, Linderberg JR., Dick and Dolores Lindley, Richard Lindley, Russ Lindsay, Erskine Lindsey, Doug Lindstrand, Britt Lineberger, Paula Lineberry, Darin Link, Ray Linkous, Edward Linnebur, Gene & Shirley Linnebur, Nancy Linvill, Mike & Renee linville, Michael Lione, Andy Lipeti, Rodney & Tina Lipman, Rod Lipp, Ann Lippincott, Guillermo Lira, Salvador Lira, Susan Lisa's Roder Mom, Duane Lisenbardt, Reutter Lissa, Rickey Liston, Ray Litschauer, Roger & Debbie Little, Larry Litvak, Dick Livant, Carlos Lizano, Edgar Lizano, Henry y Ingrid Lizano, Javier Lizano, Krissia Lizano Lizano, Jorge Lizaw Stos, Marcel Llaca, Jorge Llera, Coul Llewellyn, Romina LLomovatte, Juanita y Eduardo Lloret, Leda Lloret, John & Jane Lloyd, Jim & Sue Lloyed, John & Rita Locascio, Gerald Loces, Jim & Blythe Locke, Steve Locke, Winona Locke, Silvia y Thomas Locks, Bob Lockwood, Ellen Lockyer, Frank & Camille Locy, Jose Juan Rodriguez Loera, Martin y Ana Loera, Kathy Lofton, Harry and Margo Logan, Irv Logan, Richard & Marla Logman, John Logmore, Kenneth Lohorn, Edgar Lojan, Carlo Lombardo, Jed & Gloria Lonax, Andres Londoño, John Lones, Doug Long, Frank Long, Harry Long, Johny Long, Roger Long, Willie Long, John Longmore, Warren Longwell, Bill & Mary Lonley, Margaret Lonsdale, Bruce Loose, Darío Lopera, Gabriela Lopetegui, Carlos Lopez, Constantino y Paula Lopez, Eduardo Lopez, Estela Lopez, Fabiola Lopez, Gricel Lopez, Jorge Enrique Lopez, Josuel y Adilia Lopez, Juan Lopez, Julio Lopez, Keyla Lopez, Lillian Lopez, Lorena Lopez, Omar Lopez, Oscar Lopez, Oscar & Lily Lopez, Patricia Lopez, Patricio Lopez, Rodolfo Adrian Valdez Lopez, Sergio Lopez, Shindy Lopez, Virgilio Lopez, Maydileinee López, Lucinda Lopez Ascorteve, Luis Lopez Burgos, Alberto Lopez Esquiver, Andrea Lopez Estrada, Jorge Lopez Flores, Victor Lopez J., Guillermo y Juan Carlos Lopez Lopez, Victor Lopez Lopez, Gustavo M. Lopez Ramos, Alan Lopez Rivas, Matias Lopez Vega, Lic. German Lopez Veraztegui, Juan Lopezz, Lisa Loprinzo, Roland Lord, Lord Fairlane, Soren Loree, George Lorenz, Michael Lorenz, Familia Lorenzana, Silvia Lorenzana, Christian & regina Lorenzen, Rodrigo Lorenzini, Silvana Lorenzo, Kathy Loretta, Carlos Loria, Daniel Losada, Carina Losano, Dan Loseo, Lydia Lott, Louis Julien & Fritz Jaggi, Jim Lounsbury, David Garcia Lourdes Aleman, Harold Loutzenheiser, Eric & Karen Love, Phillir Love, Rick Love, William Love, John Lovejay, Mark & Alicia Lovejoy, Walt & Margaret Lovejoy, James Loven, Marcela Lovera, M. Lovimen, Sharon Lowe, Vincent Lowe, Eric Lowell, Vic Loyer, Ana Maria Loyola, Ignacio Loyola, Lielro y Valentina Loza, Alfredo Lozano Amparo, Cia. Hyman Ltded, Leslie Luai, Aduiro Lucas, Bud & Terry Lucas, Dr. Kathleen Lucas, Nick y Caro Lucas, Adam Lucchesi, Maria Rosa Lucchini, Rosa Lucchini, Roderito Lucena, Sergio Lucero, Sofia Lucero, Quality&develop Luciano, Cesar Montes Lucila Lopez, Juan Lucio, Juan Reinaldo Lucio, Gabriela Lucke Guzman, Thomas Lucus, Bob Ludwig, Santiago y Mateo Lueje Ruiz, Fernando Lugo Bustillo, Jacobo Luis, Luis Duvoy, Luis Lopez, Luis Paul EncisoTorres, Pam Luka, Rhodie Lumanog, Carmelita Lumbau, Baba Lumomba, Eduardo Luna, Liliana Luna, Maria Luna, Jessica Luna Cardenas, Cindy Lund, Barbara Lundgren, Laura & David Lundin, Dennis y Tina Lunsford, Tony & Kristi Lupercio, David Lupke, Luis Luque, Mike Lury, Enzo Lusso, George Luster, Fred Lutes, Ed Luther, Gretchen Luttmann, Bob Lutz, Larry & Jeannie Lutz, Jorge Luzza, Lilia Luzza, Stan Lydell, Thomas Lyford, M.L. Lyke, Mary Lynn Lyke, Katie Lyles, Pat & Lori Lymak, Angie Lynch, Dudley Lynch, Ian Lynch, Scott Lynch, Lynden, Daniel Lyom, Donna Lyon, Barry Lyons, Margarita & Richard Lyons, Dick Lytle, Ricardo M., Weimar M., Chris Mac, I. Mac Bride, Erin Mac Call, Alon Mac Carthy, Aaron Mac Donald, Kelly Mac Donald, Jerry & Willy Mac Farland, Cheryl & Darren Mac Isaac, Patricio & Bettina Mac Loughlin, Andrew Mac Millen, Robert Mac Znnis, Eaith Macaluso, Maria Macarmout, Jeannette MaCarone, Ruben Macaya, David MacDonald, Ed & Yvonne MacDonald, Paul MacDonald, Phil Mace, Familia Terrazas Macedo, Brandon Macer, John & Lydia MacFadden, Luis Machado, Maruy Machlovel, Dinorah Macias, Genaro Macias, Jaime Macias, Jose Macias Garcia, Trish Mack, Bruce & Tammy MacKay, Bob Mackenzie, Dan MacKenzie, Malcom Mackenzie, Suzi Mackenzie, Norm & Kathryn MacLeod, David Macondo, Neil Macready, Robert MacZnnis, Rhonda Madden, Juan Madeira, Bruce Friedberg Madelyn Baran, Jayce Mader, Florencia Madero, Rafael Madero, Alvaro Madgrial, Paul & Becky Madison, silena madison, Ramiro Madrid, Ramiro y Misa Madrid, Gian Madrigal, Marta Laura Madrigal, Rodrigo Madrigal, Gerardo Madrigal Maxegor, MAFCA, Michael Magadley, Noe Bernardo Magallanes, Elizabeth Magana, Vanessa y Brian Magana, Emma Magania, Gerardo Magaña, Luis Magaña, Helga Magdzik, Mike & Kathy Magdzik, Annita Magee, R. A. Magelssen, Norman Mages, David & Marcia Magill, David Mahakfey, Mark Mahoney, Dan & Wanda Mahony, Ray & Lui Mai Kirkman, Jorene Maier, Marmi Mairs, George & Colleen Makovic, Bill Makovsky, Rodrigo Malagan Cienfuegos, Frank Malatesta, Malcom, Karen, Finn, Rowan, Angel Maldonado, Azucena & Luciano Maldonado, Christina Maldonado, Daniel Maldonado, Javier Maldonado, Leonor Maldonado, Wilmer y Nancy Maldonado, Marty Schnitzer Malkin, Nathan Malla, Richard Mallett, Jane Malnoske, Mike & Steph Malome, Miryam Maltinskis Davis, Bohdan Malyczewsky, Norene , MAmani, Creed Mamikunian, Eddie & Angelines Manangon, Bruce Mance, Maggie Manchester, Georgina Mancinelli, Patricia Mandatori, Susan Manelli, Gabriel Manera, Oscar Mangini, John Manhu, Horacio Manjon, George y Evelyn Mankel, Sigfrid Manl, Tim Manley, Connie Mann, Jennifer & Jason Mann, Murdock Mann, Noel Mannion, Shannon Mannion, Osvaldo Mansilla, Regina Mantenfel, Ana & Yair Manzano, Mercedes Manzi, Horacio Marafioti, Marcos Marani, Lalo Maravilla, Mario Marcel, Carlos Marchen, T.C. Hatter Marcianne, Paul Marck, Jeff Marcom, Ron Marek, Gustavo Margarita, Margie & joe Talaugon, Ketch & Marguerite, Robin Mari, Gilbert Maria, Jose Romay Maria de Romay, Max Romano Maria Schmidt, Joe Marian, Mariana, Kim & Inkook, Humberto Marin, Liliana Marin, Margarita Marin, Mario Marin, Rafael Marín, Marin¥s A Chapter of MAFCA, Marcello Marini, Roberto Marino, Tiffany Nesson Mario Vera, Maritima Providencia, Oscar Solares Maritza, Ruben & Donna Markgraf, Mike Markinen, Freda & Philip Markley, Cheryl Marks, Jay Marksheid, Pearl Markstein, Ken Marler, Duke & Sara Marley, Robert Marlow, Ricardo Marnaghi, Cesar Maroquin, Elizabeth y Rafael Marquez, Emily y Juan Jose Marquez, Juan Marquez, Raquel Marquez, María Luisa Carrión Márquez, Juan Carlos Marquez Hernandez, Rafael Marrero, Antonio E. Marrocco, Hector Marroqui, Andres Marroquint, Bob Marsh, Debra Marsh, Randy Marsh, Brandon Marshall, James Marshall, John Marshall, Ronny Marshall, Sheila Marshall, Suzy Marshall, Eric Marshall Onderdonk, Buck Marsters, John Marten, Miks Marti, Leonel Y Reina Martieneau, Alfie Martin, Allison Martin, Andrea Martin, Bill Martin, Brian Martin, Damian Martin, Doug & Gladys Martin, Gary Martin, Jeanette Martin, Kavin & Renate Martin, Pheilm Martin, Reid Martin, Reid and Ana Martin, Richard & Dorothy Martin, Silvia Martin, Tetta Martin, Tom Martin, Carlos Martín, Noemi Martinelli, Abelardo Martinez, Alejandro Martinez, Ali Martinez, Ariel Martinez, Bernardo Martinez, Bolivar Martinez, Carlos Martinez, Carmen Martinez, Cornelio Martinez, Fabian Martinez, Francisco Martinez, Freddy Martinez, Hector Martinez, Hermany Martinez, Hugo Martinez, Irvin Martinez, Ivonne Martinez, Jose Martinez, Jose y Theresa Martinez, Laura Citlatli y Abelardo, Martinez, Marcelo y Maria Martinez, Marisel Martinez, Mitch Martinez, Patty Martinez, Ramiro Martinez, Steve y Lucinda Martinez, Sofía Martínez, Daniel Martinez Benitez, Alex Martinez Castañeda, Pablo Martinez Labat, Margarita Martinez Lopez, Santiago Martinez O., Roberto Martinez P., Jorge Martinez Ramos, Mauricio Martinez Sanchez, Juan Martinez Sierra, Yolanda Martinez von Wernich, Zaira Martinez von Wernich, Luis Martinez-Poema, Alejandra Martins, Victor Martins, Angel Ranger Maru Zuñiga, Michael Marus, Jan Mary, Paul Lowithein Mary Wilson, Daniel Maschel, Jan Masek, Alison Masemann, Mary Mashburn, Ben & Lou Mashu, Carlos E. Masia Vieweg, James Mason, Jim Mason, Leann Mason, Steve Mason & Glen Fudge, John Massengale, Vera Master, Gerard Mastropaolo, Deanne Masur, Amado Mata Gil, Familia Mata-Martinez, Carlos Matamoros, Jose Matamoros, Raul y Lupe Matamoros, Debby & Ken Mate, Pajntar Matej, Jaroslav Matejovsky, Carina Mateo, Hugo Mathey, Craig Mathues, D.L. Matias, Jose Maticorena, Geo & Linda Mattes, Andrea Matthews, Roland Matthews, Peter Matthiesson, Joseph Mattina, Ernie & Marilyn Mattison, Dan & Marsha Mattson, Mark Mattson, Ray Matz, Billy Maude Streett, Earl Maudlin, Jean Mauger, Scott Maulain, Lee Mauldin, Dave Maunsell, Joel Mauny, Keith Maurer, Horacio Mauri, Mauricio Zapiain y Hugo Leon, Jenna Mauser, Janet Mautner, Duke Mauzy, Irian Mavard, Fanny Max, Martin Urdangaray Maximiliano Rathjen-Lori, Rosa y Jorge Maxit, G. F. Maxlofill, Cori Maxwell, Tom & Donna May Bewley, Debbie Mayes, Scott Maynard, Jose Mayorga Garcia, Michael & Coree Maysonet, Eduardo Maytorena, David Mazurek, Steve Mazzarella, Mario Mazzaro, Sherry Mc Adam, Jennifer Y Marcus Mc Adar, Brian Mc Auliffe, Jerry Mc Bride, Bill & Polly Mc Call, Vincent & Jullie Mc Call, Ed & Betty Mc Callister, Connie Mc Cann, MIke Mc Cardell, Bill Mc Careley, Jade Mc Carthy, Cathy Mc Carty, Patrick Mc Clanahan, Kevin Mc Closkey, Dan & Dorothy Mc Clure, Paul Mc Cold, Doyle Mc Comb, Rosa y Roger Mc Condie, Maureen Mc Cormick, Patricio Mc Cormick, Don Mc Cuaig, Misty Mc Dermitt, John Danila & Jaidyn, Mc Donald, Sharon Mc Evoy, Randy Mc Feeters, Sebra Mc Ghan, Jim Mc Goldrick, Paul & Erin Mc Larnon, Darcey Mc Laughlin, Robin & Charles Mc Lead, Marie Mc Manus, Stan Mc Meekin, Tim Mc Mulden, Elizabeth Mc Mullan, Kathy Mc Mullen, Jerry Mc Namara, Barb & Ron Mc Nawghton, Jeff Mc Ney, Pat & Chris Mc Pherson, Ernie Mc Reynolds, Ford Mc Williams, Edson and Anne Mc. Cord, Patricio Mc. Cormick, Shannon & Colin Mc. Grath, Kathy Mc. Mullen, Roger Mc.Kinney, Eric Mcacham, Eric & Suzy Mcachan, Travis McBee, Rhonda McBride, Andrea McCabe, Mary McCabe, Henry McCalelo, John Mccall, Bruce McCalley, Connie & Kevin McCann, Frank McCarthy, Jade McCarthy, John & Judy McCarthy, John & Mary McCarthy, Stacy McCaskill & Ronda Devold, Suzanne McCausland, Heather McCausled, Bill McClain, Jolin McCleskey, Robert McCluse, Duncan Mccolley, Robin McCollo, Dana & Brenda Mccomber, Doug McCord, Edson McCord, Terrel McCormack, Philip & Betty McCormick, Kevin McCormik, Rickey & Elizabeth McCoy, Linda McCraw, Fred & Tina McCurtcheon, Carol McDaniel, Donna & Lee McDaniel, Burl McDonald, Eric McDonald, Judy McDonald, Walt McElroy, Bert McEwen, Amy McFarlane, Betty Mcferrer, Jack McGahey, Alyssa McGill, Patrick McGinnis, Terry McGrath, Susan McGreeny, Patrick McGreevy, Adolfo McGregor, Dr. Adolfo Mcgregor, Jim McGuire, Mike McGuire, Dianne McIntosh, Darlene McInturff, Raymond Mcintyre, Robert McKay, Carol McKee, David & Cecy McKee, Laura McKenday, Daniel McKesson, Slim Mckillican, Howard & Debbie McKinney, Sue Mckinney, Greg McKinnon, Ted McKown, Paul & Erin McLannon, Robert & Christy McLaughlin, Ernest McLean, Rich & Mint McLean, Jennifer Mclellan, Garry & Suzanne McLeod, Roy & Gail McLeod, Carrie & Jeff Mcmahon, Mike McMamara, Anna McManus, Keith & Shane McManus, Jim McNabrey, Brian McNair, Andy McNeil, Glen McNeil, Bernice & Len McNeilly, John Mcnicholl, Steve Mcnitt, Dorothey McPherson, Steve McPherson, Mike McQuaid, David McRae, Les McRae, McWalters, Jay & Vicki Meacham, Jim Mead, Melissa Mead, Andrew D. Meadors, Edward Meadow croft, Ed Meadowcroft, Don and Mary Helen Meadows, Randy & Joellyn Meadows, Mike Mealham, Robert Craig Mechner, Claudio Mecina, Jose Medel, Carlos Medel Ramirez, Andres Medellin, Vickie Medick, Edgar Medieta Victoria, Beatriz Medina, John Medina, Lolly Medina, Nefertiti Medina, Nestor Medina, Sandra Medina, Araceli y Miguel Angel Medina Lara, Jose de Jesus Medina Loguano, Claudia y Luxi Medina Macias, Lauren Medley, Luis y Claudia Medona Macia, Hildon Smith Megan Healey, Familia Megra Ayela, David Mehakfey, David Meinhard, Dick Meinhold, Juana & Julian Mejia, Maria Mejia, Guadalupe Mejia Diaz, Carlos Mejia Trejos, Anayeli Mejorada, Richard Melain, Belem Melchor Ocampo, Guillermo Melindez, Kelly Hay , Melissa Wanamaker & Tribal Bellydance, Karl & Marsha Mellert, Jim Melo, Nestor Melo, Shera & John Melson, Bob Melton, Louis Melton, Len Meltor, Jorge Mena Toribio, Hector Menacho, Tom & Carmel Menasco, Carlos y Lidia Mendez, Eduardo Mendez, Fernando Mendez, Jaime Mendez, Jorge y Andrea Mendez, Jose Mendez, JosË y Yamilis Mendez, Josefa Mendez, Lidia y Carlos Mendez, Luis Mendez, Michael Mendez, Rodrigo Mendez, Rocío Mendez Araya, Eluis Mendez castro, Jose Mendez Sanchez, Roberto Mendez Vargas, Pablo Mendivil, Carlos Mendoza, Dany

Mendoza, Francisco Mendoza, Ismael Mendoza, Juan Mendoza, Juan y Maria Mendoza, Lilian y Ramon Mendoza, Lorena Mendoza, Lucho Mendoza, Tello Mendoza, Jose Mendoza Garcia, Jaime Mendra, Rebeca Meneses, Susana Meneses Jimenez, René Mengivar, Ronald Menlema, Edgard Mentado, Agueda y Emilio Menvielle, Carlos Mercado, Gracie Mercado, Luis Mercado, Mercado Buenos Aires L.A., Carlos Mercado H. y Nury Molina H., Simon Duffy Meri Hoffster, Ruth Merica, Everth Merida, George & Janet Merkel, Maxi Merlos, Harold Mermel, Creig Merrick, Lili Merritt, Mariano y Micaela Merzario, Diego Mesa, Alejandro Mesch Arias, Luisana Mesen, Abebe Mesfin, Mike Ashe Kay, Meshawn, Kindley Ashe, Brian Messaer, Bob y Karen Messercola, Ivonne Messier, Julie Messier, Dean Messmer, Dean & Sharon Messmer, Jerry Metscher, Erik Metzelar, John & Maggie Metzler, Roger D. Meunier, Peter Meusinger, Richard Mevke, A. Meyer, Ann Meyer, Ingrid Meyer, Jeff Meyer, William A. Meyer, Greg & Jody Meyers, Jo- Ann Meyers, Harry Meyerson, Mindy Meyn, Curt Michael, George & Betty Michael, Ricky Michael, Craig Somers Michael keating, Bill & Karen Michel, Richard H. Michelhaugh, Alan Michelson, Mario Micheo, Louis Mickler, Maria Micks, Eric Mieczynski, Diane & Steve Mierz, Jeff Sarah, Jeff and Kate Kelsen, Mierz, Rick & Paula Miesowitz, Sergio Migliavacca, Jorge Miguez, Mihnea y Mendy, Eduardo Mihura, Sergio Mijangos, Susan & Stan Mikelsavage, Christine Milakovic, Horacio Y Marcela Milano Conti, Saverio Milervini, Iva Miles, Henry Milette, Nancy & Robert Milgrim, Judi & Marvin Milich, Michael Militello, Mike Militello, Andres Milla, Rigoberto Milla, Betty & Roy Miller, Chuck Miller, Danny Miller, Dave Miller, David Miller, Deant Miller, Emmett & Julie Miller, Frank & Katharine Miller, Gabriel Miller, Greg Miller, Jay Miller, Jim Miller, Jim & Linda Miller, Jimmy & Elisa Miller, John & Virginia Miller, Julio Miller, Kitty Miller, Lewis Miller, Maggie Miller, Matt y Kim Miller, Peter Miller, Randy & Mary Miller, Rendall Miller, Robert Miller, Ronald Miller, Sandy Miller, Stacey Miller, Steve Miller, Will Miller, Frank E. Miller III, Blair Milligan, Diane Milligan, Locomax Milligan, Michael Milligan, Al & Margy Mills, Alane Mills, Edgar Martin Milo Bastida, Richard Miltenberger, Paul Milton, Henry Minassian, Larry Mindel, Andrew Miner, Gail Miner, Roger Miner, Armida Mineros, Tony & Sylvia Mines, Liz Mingo, Larry Minguet, Carlos Mino, Carlos Mino, Fernando Norma y Elisabeth, Minor, Paul & Jessica Minor, Larisa Minsky, Carlos & Mabel MIño, Gregoria y Julio Cesar Miño, Victor Miramontes M., Antonio Miranda, Fernando Miranda, Francisco Miranda, Jorge Miranda, Matias Miranda, Ramon & Patricia Miranda, Ricardo Miranda, Familia Miranda Luton, Ray Miras, Francisco Miraval, Jason Mireau, Zarco Miriam, Alessia Rojo Mirko Prando, Mirror Lake Middle School, Muriel Mirvois, Hilbert Misenheimer, Karam Mishalani, Dave Mitchell, Dennis Mitchell, Eo Mitchell, Erin & Shane Mitchell, Janet Mitchell, C. Mitchley, Radio Mitre argentina, Yoshi & Connie Miyagi, Kelly Mize, Peter Mjos, Luois & Bonnie Modler, Jesse Moege, Theresia Moeltner, Andrew Moffat, Guiseppe Moga, Ian Moggach, Alan Mogol, Pedro Luis Mogollon, Allison Mohrman, Kayla & Bill Moilanen, Dick Moir, David Moise-Seattle, Nelson Mojica, Nelly Moldenaers, Alina Moldovan, Virgil Moldovan, Teresa Molen, DG & J Molenkamp, Adriana Molina, Aidee Molina, Cesar y Rosa Molina, Gustavo y Angelica Molina, Jose Molina, Juan Molina, Raquel Molina, Rodolfo Molina, Rolando Molina, Roxana Molina, Saul Molina, Cnel Hugo Molinari, Ileana y Hans Molle, Robin Mollenhauer, Pascal Molliere, Don Monaco, Dan Monaghan, Fernando Mondezuma e Irma, Mike Mondo, Berhta Mondragon, Elizabeth y Leonardo Mondragon, Maximo Mondragon, Daniel Monestes, Luis Monge, Ronald Monge, Jorge Monge Agüero, Zenon Monge Hernandez, Hector Moni, Ron Monica, Christian Monnier, Tony Monopoli, Laurie Monroe, Pat & Janet Monroe, Mauricio Monsalve Monsalve, Florencio Monsalvo, Mike Monsef, Bob Monsen, Robert M. Monsen, Patsy Monser, Mel Monset, Richard Monson, Bernardo Montaño, Roberto Montaño, Nick Montalbano, Francisco Montalvo, Osvaldo Montano, Jose Montealegre, Rosita Monten, Josemaría Monterey, Andree Montero, Ivonne y Fernando Montero, Marco Montero, Carlos Montero Ayala, Jessica Montero Soto, Jose Maria Monterrey, Antonio Montes, Javier Montes, Jenibeth Montes, Gary Montes de Oca, Jesus Montes de Oca, Velky Montes de Oca, Eduadro Montes de Oca Gtez, Joel Montgomery, Lorraine Montgomery, Walter Montidoro, Dulce Montiel, Tre Montigue, Jorge Montilla, Sergio Montivero, Gilberto Montoga, S. Montoya, Jose Montoya Orosco, Barry & Bert Moore, Chris Cindy & Brian, Moore, David Moore, Frank Moore, Jack Moore, Jim Moore, Karyn & Dale Moore, Laura Moore, Marian and Stewart Moore, Martin & Jacqueline Moore, Matt Moore, Myra Kay & David Moore, Randy Moore, Robin Moore, Ronald J. Moore, Scott & Deb Moore, Sharon Moore, Steve Moore, Lisa Moorhead, Antonio Mora, Luis Mora, Manuel Mora, Maria Mora, Norma Mora, Pablo Mora, Ing. Jose Mora Acosta, Hector Mora Inda, Mark & Julie Moraes, Jose Moragrega, Barbara y Pablo Morales, Byron Morales, Carola Morales, Carolina y Felicia Morales, Cynthya Morales, David Morales, Fabian Morales, Francisco Morales, Jaime Morales, Lorna Morales, Mariano Morales, Jorge Morales Alduein, Andrew Moran, Evelyn Moran, Robert Moran, Stella Moran, Francisco Moranda K, Wilbert Morata, Claudia Moratoya, Ron Moreau, Yves Moreau, Robert & Nelda Moree, Sylvie & Rodrigo Moreira, Ross & David Morelli, Ezequiel & Josie Moreno, Jorge Moreno, Luis Moreno, Miguel Moreno, Rafael Moreno, Raimundo Moreno, Salvador Moreno, Luis Moreno R., Luigi Moresca G., Alessandra Moreta, Mariana y Marceliano Moreyra, George Morfitt, Peggy & George Morfitt, Bob and Morgan, Care & Pat Morgan, Daniel Morgan, Greg & Penny Morgan, Jesse Morgan, Jesse Morgan, Jim Morgan, Liz Morgan, Mary Anaruk Morgan, Robin Morgan, Rya & Madolyn Morgan, Ryan Morgan, Anne Moriarty, Mark Moriarty, Susan Moriarty, Ariel Moriconi Iara y Daniela Sosa, Steve & Silvia Moriel, Andres Morin, Vince Morin, Alejandro Morleone, Marcelo Morocho, Sara Morrchead, Bill Morrill, Beverly Morris, Joe Morris, Joyce Morris, Laura Morris, Mark Morris, Doyle Morrish, Doyle & Bob Morrish, Misti Morrison, Paul & Sharon Morrison, Sue Morrison, William Morrow, Blanca Morse, David Morse, Claudio Morsucci, Diego Morsuci, Mark Ramona & Aaron, Mortier, Don Morton, Bruce & Joan Mosby, Pedro Moscoso, Miguel Moscozo, Don Moseman, Larry Moses, Mike Moskowitz, John Mosley, Jose Mosre, Hushel & Bobby Moss, Oscar Motta Adalid, Andres Mounetou, Tom Mountford, Nestor Mourelo, John A. Mowat, Diego Moya, Francisco Moyano, Paola Moyano, Niko Moyar, Dave Moyer, Lori Moyer, Steve & Joan Mraz, Jose Mtz, Aurora Muñoz, Carlos Muñoz, David Muñoz, Francisco Muñoz, Hail Muñoz, Noe Muñoz, Octavio Muñoz, Rafael Muñoz, Julio Muñoz del Bosque, Albert Muñoz Toro, Darwin Muchow, Carolyn Muegge-vaughan, Betty Mueller, Richard Mueller, Stephan & Rebeka Mueller, Lani Mujer, Kinnete & Erik Muki, John Mular, Hugo Mule, Ken & Wilma Mulhollanel, Kelly Mullican, Bill Mullimites, Cary & Leigh Mullinnix, Bill & June Mullins, Brenda Mullins, Glenn Mullins, Padre Carlos Mullins, Scott Mulse, Jackie & John Munchel, Bill Mundorf, Dan Mungay, Daniel Mungay, Wilson Muñiz, Alfredo Muñoz, Jorge Muñoz, Jorge Luis Muñoz, Noemi Muñoz, Donald & Julie Munro, Nick Munson, Carlos Muñoz, Eppie Muñoz, Franco Muñoz, Guillermo Muñoz, Linda Muñoz, Tatiana Muñoz Brene, Eimy Muñoz Sanabra, Bob & Cindy Muratti, Lloyd Murdock, Fernando Murga, Edith Murillo, Kattya Murillo, Luis Murillo, Manuel Murillo, Eleonora Murillo Castro, Don Murk, Jorge Muro, Howard Murph, Jewel Murphy, Mark & Karen Murphy, Pat & Pam Murphy, Ron & Maria Murphy, Tim & Peggy Murphy, Donna y Stewart Murray, James Murray, Susan Murray, John Murrell, Robert-Stephen Muschamp, Museo del Automovil (Argentina), Alexander Musillo, Carol Mussel, Curtis Musselman, Ed y Carol Musselman, Fotog Dean Musser, Dean Musser Jr., Alejandra Mussi, Luisa y Carlos Muszak, David Mutchler, Prasanna Muthireddy, Alan Myers, James Myers, Kim Myers, Tom Myers, James Myriam Marin, Samira Naba, Joe & Andrey Nachilo, Rashid Nader, Charles & Shelley Nagel, Venkata Nagireddi, Bill Nagy, Paul Nagy, Ariel H. Gonzalez Nahum, Tasnim Najaf, Abel Najera Campos, Bruno Nancy, Fabian Nanni, Mary Naples, Samoel Napoleon Hernandez, Hannia Naranjo, David Narantom, Jacob Narayon, Hernaldo Narvaez, Dennis & Ann Marie Nash, Nathalie Vachon o Emilia, Mike Naughten, Cliff Naugle, Dennis Naugle Darlene, Agustin Navarrete, Ivan & Paty Navarrete, Francisco Navarrez, Ann Navarro, Family Navarro, Cesar Navarro Sevilla, Roberto Navas, Victor Navas, Eliana Navas Ecuador, Lesbia Navas Robleto, Patricia y Hector Navas y Liriano, Mariel y Manolo Navascues, Craig Navey, Michael Nayadley, Norm Naylor, Paula Nazer, Marlene Nebel, Matt Nedom, David Needham, Cindy Steve & Jessica, Neff, Jessica & Steven Neff, Oscar y Omar Negrete Rodriguez, Jose Negrette, Kathie Neil, William Neithercoat, Jack & Frances Nellist, Gary Nelson, Gerald & Bernadette Nelson, Jim Nelson, Kaynie Nelson, Lee & Barbara Nelson, Lee & Trevor Nelson, Rose Nelson, Tom Nelson, Van Nelson Sr, Ruben Nernezna, Omar Nervegna, Steve Neter, Evelyn & John Nettleton, Dan Netzley, Dan & Carol Netzley, Hardy Neubert, Hans Neurohr, Graham Neve, Luty Neveleff, Brad New Harm, Allan Newberry, Steve Newberry, Sam Newcomb, Steve Newell, Jack & Carol Newhouse, Thomas y Teresa Newins, Teresa & Tom Newis, Richard Newman, Hemmings News, Donald & Ruth Newton, Minh Nguyen, Roger Nice, Nancy y Milton Nichaes, Bernum Nicholas, Bill & Mimi Nichols, Bobby & Eliza Nichols, Marian Nichols, Milton & Nancy Nichols, Slaunalee Nichols, Murd Nicholson, Ted Nick, David & Karla Nicol, Carlos y Juan Pablo Nicoleau, Hugo Nicolini, Jorge Nicolini, Dulio Nicolini Ayerza, Cathy Nicoll, Mark & Barb Nicoll (Brandon & Trevor sons), Brad Niemcek, Eduardo Nievas, Louis Nigro, Vicky Nikhols, Liliana Niko, Kevin Niles, Terry Ninger, Alex & Theresa Nino, Jose Nino Pineda, Amy Nisbett, Nattan Nisimblat, Steve Niskep, Carol Nisna & Ravi Anand, Steven Nissley, Hart Nittel, Al Noble, Alexander Noble Villareal, Claudio Nocciolino Argaiti, Bobby noell, Dave Nofsincyer, Laura Noggle, Bob Noguera, Gonzalo Nolasco, Bob Nolin, Betty Nomba, Claudio Nonchenti, Irma Norberto, Joe & C.C. Norbury, Norm Norby, Perry Norby, Curt Nordgren, Linda Nordin, Thea Nordling, Virgil Norg Roue, Steve Norgoard, Steve Norman, Jay Norris, Marilyn and Merv norsky, Bob & Linda Nortes, Cherie Norton, Tor Norway, Matt Nosky, Nick Notarangelo, John Nothacker, Lance Nothstein, Jerry Novak, Gabriel Novella, Luciano Novellino, Jaime y Gloria Novello, Marco Novelo, Carlos Novotny, Rev. Imagen NY, Carlos, Novotny, Jim Nowell, Peter Noyes, Alex Nuñez, Ana Nuñez, carlos Nuñez, Rodolfo Nuñez, Alejandro Nuñez Carbajal, Aida Nuñez Nuñez, Jorge Nuñez Perez, Dick Nullen, Betty Nunez, Candido Nunez, German Nunez, Martha Nunez, Lindsay Nunnelee, Aida Nuñez, Betty Nuñez, Guayo Eduardo Nuñez, Luchis y Guayo Nuñez, P. Nuskey, David Nussbaum, Dick Nymar, O.D. Hughes, Kelly O¥Dette, Marilyn O¥Dowd, Fran Oakes, Bill & Louise Oatway, Enrique Obando, Julieta Obedman, Bill Obeirne, Tom OBerg, Bert & Pam Obert, Charles A. Obreiter, Ronnie Obriant, Bill O'Brien, Dennis O'Brien, Jack O'Brien, Timothy O'Brien, Jose Ocampo, Claudia Ocaña, Gustavo Ocariz, Fernando Ocejo Robaina, Marco Ochoa, Natalia Ochoa, Antonio Ochoa Jr., Deborah OConnor, Leslie O'Connor, Mike & Jane O'Connor, Nick O'Connor, Steve O'Connor, Tim Octavio, Luis Odbal, Alberto Oddi, Merilu O'dell, Michael Odleo, Janelle O'Donnell, Michael Oesch, Model T of America, David Ogalde, Michael Ogando, Patricia Oiontane, Regina O'Keefe, Gloria Okeson, Linda Okland, Howard & Mae Okumura, Gordon Okyley, Eduardo De Luna Olague, Kris Oldenburg, Brian & Janet O'Leary, Jerry Olexson, Familia Olguin, Raquel Olguin, Claudio Olid, Sergio Oliva y Carina y Brandon, Daniel De Jesus Olivares, Familia Olivares, Mauricio Andrea, Adrian y Rodolfo, Olivares, Bradley & Angela Oliver, Dave & Yvonne Oliver, Linda Oliver, Daniel Olivera, Sonia Olivera, Agustina Olivera Chavez, Dora Olivera Quesada, Enrique Olivo Servin, Alejandro Olivos, Julieta Olle, Alberto Olmedo, Jose Olmedo, Oscar Olmedo, Santos Olmos, Sergio Olmos, Gene Olofson, Brad Olsen, Dan Olsen, Donald Olson, Eric Olson, Roy Olson, Ed & Dan Olszewski, Ricardo Olszewski, Derek Oltman, Luis Olvera Correa, Tim & Lori O'Malia, Michael O'Malley, Jerry Omalleyed, Doug Oman, Lee & Mary Oman, Daniel Gallo , Omar Barletta, Erk Onderdonk, Georga & Susie Ondola, Jim & Suzane O'Neale, Jack O'Neil, Cathy O'Neill, Joe & Cheryl Onesto, Laureen Ong, B. Onixon, German Ontiveros Ramirez, Opercar Ltda, Edeline Opheen, Danial Orange, Danial Orange, Mike Orange Collahan, Juanita Oras-aman, Jose Ordaz, Jorge Ordonez, Alonso Ordoñez, Mercedes Ordoñez, Angel Ordotana, Rebeca Oreamura Chaves, Silvio Orellana, Victor Orellana, Eugene Ori, Nathan Abels Orianna, Norma & Mike Origer, Jose Ignacio Orma, Andrei Ornelas, Sandra y Tito Ornelas, Joe Ornie, Maria & Roberto Orofina, Roberto Orofina, Nestor Oropeza, Arturo Orosco Hernande, Virginia O'Rourke, Maria & Alfonso Orozco, Rosa Orta, Juan Orta Rodriguez, Juan manuel Orta Rodriguez, Andrea Ortega, Carlos y Vicentica Ortega, Eduardo Ortega, Enrique Ortega, Carlos y Eduardo Ortega del Rio, Ernesto Ortega Hegg, Raul Ortega Sr, Silvia Ortelli, Alexis Ortiz, Cataline Ortiz, Cecilia Ortiz, Gerardo ortiz, Humbelina Ortiz, Humbelina Ortiz, Javier y Javier Jr. Ortiz, Maricel Murillo Ortiz, Rodrigo Ortiz, Tom Ortiz, Maurice & Judy Ortiz Jr., Elizabeth Ortiz Tapia, John Osborne, Mitchel Osborne, Nelda Osborne, Ron & Ellen Osborne, Tom Osborne, Yudi Oscar, Oscar Manuel López, Jay Oschrin, Lauren Oschrin, Jorge y Graciela Osella, J. Osendorf, Ed Osgood, W. D. Osgood, Bryan O'Shaughnessy, SaÔo Osio, Sarah & Dean Osmar, Gustavo A. Osorio, Rogelio Osorio, Luis Osorio Rodriguez, Mark & Limbania Osredker, Bill Oster holt, Stephan & Anke Osterburg, Bill Osterholt, Chris Ostermann, Luis Ostrovsky, Fernanda Otalora, Silvia y Thomas Otaola, Allan Otarola, Carla Otero Norta, Bert & Kurt Otten, Irene & Bill Otten, Bert Otto, Victoria Otto, David Outten, Oscar Ovalles, Fausto Ovando, Frank & Barbara Overman, Sofia Oviedo, Jose Oviedo Garcia, Bob Owens, Hunter Owens, Hunter & Orion Owens, Janel Owens, Lynn Owens, George y TV Oyle, Connie Ozer, Alfredo Pañart, Richy Garrido Pablo Uriegas, Claudia Pace, Lance & Shally Pace, Pablo Pachalian, Alvaro Pacheco, Claudio Pacheco, Eduardo Pacheco, Luz Ma y Eduardo Pacheco, Ruben Pacheco Redes, Keith Padden, Stanley Paden, Stanley Paden, Angel Padia, Martin Padia, Alejandra y Fausto Padilla, Jose Padilla, Oscar Padilla, Wanda Padilla, Ayrton Padilla Rivera, Gonzalo Padron, Hilda Padron, Jay Page, Jim Page, Paul & Danielle Page, Sean Page, Stacy Pagel, Tony Paget, George Paggelto, Francis Pagnotta, Vanessa Paimann, Michelle Painter, Shauna Pajak, Ana Pajuelo, Charles Pakmoran, Ed Pakulak, Daniel Palacios, Florencia y Adolfo Palacios, Marielena y Guillermo Palacios, Rafael Palacios, Raul Palacios, Yosi Sideral 90 1 FM, Palacios, Rosa Palacios Lopez, Marcelo Palafox, Bill Palisin, Nieves y Carlos Paliza, Miguel Pallevro, Adrian Pallotto, Francisco Pineda Palma, Ramon Palma, Vilma Palma, Maximo Palmbaum, Alan Palmer, Allison Palmer, Brenda Palmer, Bruce Palmer, Martin Palmer, Brenda Palmer-Pershing, Gabriel y Cata Palomar, Alejandro Palomares, Rita Palomba, Natalia Palomino, Brawonie Palton, Ron Palyu, Oscar y Veronica Pamio, Erik Pampa Mauricio, Phil Panciera, Mauro Pando, Peter Panek, Eduardo y Mariela Pani, Victor Paniagua, Alejandra Pantas (Mendoza), Justin Panter & Laurie Almouist, Norma Panza, Carlitos Papirri, Wendy Papulias, Georges & Liliane Paradis, Jorge Paraje, Yvette y Sebastian Paratte, Paula Pardeiro, Ricardo Pardo, Sergio Paredes, Jorge Pareedes, Paul C. Pareneau, Bob Parent, Dick & Nancy Parent, Steve Pargeter, Jerry Park, Louise & Michael Park, Maiyon Park, Sunny Park de Ahn, Ricardo Park Venezuela, Ann Parker, Don Parker, Robert Parker, John Parker III, Joanne Parkin, Gene Parkins, Bill Parmott, Leonardo y David Parra, Rafael Parra, Debbie & Joe Parsons, Joan Parsons, Linla Parsons, Larry Parter, Mike Parts, Julio Pasantez, Norberto Pasarino Vigadmier-Attara, Judith Pascal, Jim Pascale, Chuck & Betty Pasceri, Miriam Pasetti, Carlos Pasquel, Joe & Gert Passalaqua, Paul Passidomo, Andrew Passmore, Pat & Andy Passmore, Silvia Pastor, Pilar Pastoriza, Humberto Patargo, Steve & Sue Pate Sr., Kirtie Patel, Ketan Patol, Fred & Karen Patrick, James Patrick, Leland W Patscheck, Diana & Bob Patten, Angela Patterson, Barbara & Neil Patterson, Becky Patterson, Chris y Ada Patterson, Goerge & Ganna Patterson, Robert Patterson, Robert Patterson, Stephan & Ceci Patterson, Vicki Patterson, Joe Patton, Terry Patton, Manuel Pucar, Joel Paul, Maria Paula Paul Rendir, James W. & Sarah Paulson, John & Eleine Pauly, Joseito Pava Toscano, José Pavia Caballero, Steve Pavlick, Pawelo, Joseph Payan, Silvina Paykovzki, Glen Payment, Bill & Denise Payne, Jack & Jean Payne, Sarah Payne, Eugene Payne Sr., Dan Paynich, Lorraine Paynter, Nick Payton, Christopher Paz, MIguel Paz, Gladys Paz, Miguel Paz B., Ernesto Paz Tuvi, Juan Pazos, Victor Pazos, Tom Peacey, Clyde Pearce, Edward Pearcy, Anne Pearlman, Adele Pearlstein, Dave & Deana Pearsall, Maria Pearse, Amy Pearson, Cheri Pearson, Allison y Steve Pease, Hector Pecerrill, Ctibor Pechlat, Bernie Peck, Velma Peck, Anthony Pedercini, Carlos Pedra, Andrea Pedraza, Sergio Pedraza, Yolanda & Javier Pedraza, Laura Marcela Pedraza Florencia, Loures Pedraza Llamas, Luis Pedrotiela, Burton Peebles, Raymond Peek, Russ and Peg, Max & Joan Pehlke, Jerry & Jordana Peil, Arturo y Alejandra Peirano, Ramiro Pelaez, Camilo Pelliccione, Carmen y Hector Peloche, Hector y Carmen Peloche, Mary C. Peloche, Matthew Peltic, Adolfo Penas, Buzz & Nancy Pendry, Edwin Pens, Juan Pens, Juan y Carmen Peña, Priscilla Peña, Walter Peña, Javier Peña Valle, Sandra y Julio Peñaloza, David Pepper, Raul Peralta, Natalia Peraltaa, Javier y Daniela Peralya Chanpenel, Anais Peraza, Mary Percak-hinnett, Jim

& Mary Perdios, Alfonso Perdomo, Jorge y Lila Pereira, Luciane Pereira, Juan Pereira Jimenez, Jose Pereyra, Alex Hop y Liu, Perez, Brian Perez, Claudia y Heriberto Perez, Fabian Perez, Felipe & Maria Perez, Fernando y Mishel Perez, Guillermo Perez, Hector y Lucia Perez, Ignacio & Emilia Perez, Jose Perez, José Perez, Juan Jose Espinoza Perez, Luis Perez, Marcelo Perez, Maria Gabriela Martorell Perez, Miguel Perez, Mirtha Perez, Nelson Perez, Pedro Perez, Rafael Perez, Rolando Perez, Sherri y Hugo Perez, Solange Perez, Tte Eric Perez, Victor Perez, Juan Perez Camarillo, Jose Perez Figueroa, Jesus Perez Gonzalez, Mayela Perez Hernandez, Valentine Perez Luisa, Jose Perez Martinez, Miguel Perez Piña Leon, Pedro Perez Soto, Jose Perez Villarreal, Peter Perf, Kevin Perin, John Perine, Angel Perioli, Clarence Perisho, Christian Perizzolo, Andrea & Jeff Perkins, Jerry Perkins, Ken & Shirley Perkins, Martha Perkins, Mary Perko, Phillip y Betty Perley, Aldo Perlini, Norali Permalete, Leroy Perman, Juan Pernisco, Roxana Perrault, Isabel y Philip Perrier, Veronique Perrier, Elizabeth Perrins, Bill Perry, Roy Perry, Shirley Perry, Tracey Perry, Dennis Perry Jr., Carlos Peru Squia, Marco Pesaresi, Carl Lori, Jack, Pesta, Sven Peter, Helen Peters, Mike Peters, Ronnica Peters, Brian Petersen, Carol & Dennis Petersen, Christina Petersen, Don & Carol Petersen, Jack M.Irene Petersen, John & Gayle Petersen, Mariann Petersen, Anna Peterson, Ashlee Peterson, Cynthia Peterson, Jean Peterson, Neil Peterson, Susan Peterson, Vernon y Sharline Peterson, June Peterson Crane, Don Petrice, Bob & Barbara Petrich, Patrick Petrillo, William Petro, Renai Petter, Maru Pettit, Eduardo Pezzimenti, Ernesto Pfirter, Patrick Pfleger, John & Kim Phelan, DKK Phelps, Gail Philiips, Bua Philipp, Barbara Phillips, Bill Phillips, Brad & Sue Phillips, Erik Phillips, Gertrude Phillips, Jacquetta Phillips, Jeff Phillips, Jerry & Lue Phillips, Jon & Susan Phillips, Keith Phillips, Mark Phillips, Tim Phillips, Ken Briles Phillis Moore, Gayle Phipps, María Eugenia Piaggio, John Piasta, Gustavo Piazza, Eddie & Judy Piazze, Rafael Picada, Aldo Pichado Madriz, Jim Pickel, Alan Pickersgill, Alan Pickersgill, R.H. Pickett, Scott Pickle, Ruben Pidal, Piedmont Mopars Unlimited, John Piedrahit, Harry Pierce, Layne Pierce, Ray Pierce, Jean Pierre, Alfred & Barbara Pietroforte, Suzi & Dani Pignataro, Winslow Pillsbury, Melody Y Claudio Pinacoli, Carla Pineda, David Pineda, Ema Pineda, Karla Pineda, Sheree Pineda, Francisco Pinedo Palma, Peggy Pings, Robert Pinkey, Taylor Pinkley, Lydia Pinkston, Frank Pinkus, Martina Marcos, Claudio, Pinnau, Albino e Irene Pino, Alejandro Pino, Bill Pino, Josef Pino Guimera, Antonio Pinta, Maria Rosa y Manuel Pinto, Melissa Pinto, Roberto Pinto, Guillermo PinzÚn, Larry Pippin, Oscar Dragolovich piriz, Liliana Pitra, Dana Pittman, Monica Pivaral, Noemi Pizarro, Pablo Pizarro, Sammy Planchart, Francoise Plante, Rene Plata, Alejandro Plata Tapia, Shirley Platt, Alfonso Plaza Jimenez, Phill Pletcher, Monica Plevoets, Derek Plummer, Danyla Plungis, Gary Plusam, Isidoro Población, Jose Luis Poggi, Paul Pogue, Luz A. Polanco Diaz, Steve Polasko, Natalia Poli, Julie Pollard, Horacio Pollo, Denise Pollock, Doug Pollock, Irmgard- Rose Polsterer, Barbara Jean Pompei, Aaron Ponce, Francisco y Erika Ponce, Jose Ponce, Leonardo y Mabel Ponce, Erika Ponce de Leon, Javier Ponce Guzman, Carlos Pons, Guillermo Pons, Juan Carlos Pons, Diana Ponzielli, Bill Pooler, Joe Poore, Oscar Poplawski, Dale Pormeleau, Chacon Porras, Hazel Porras, Chris & Sandra Porter, Fred Porter, Thomas J. Porter, Wendy Porter, Mary Y Cliff Porterfield, Carlos Portillo, Gil & Carol Portillo, Lili y Victor Portillo Rosete, Lalo Porto, Margarita Posada, Teddy Posana, Gustavo Posse, Caittin Post, Cindy Post, Gary Postlethwait, Dean Potter, Jon Potter, Tommy Potter, Anne Powell, Art Powell, Brad Powell, Cliff Powell, Don Powell, Harry Powell, James Powell, John Powell, Karon Powell, Sarah Powell, Manuel Pozas, Walter Pozo, Jerry Pr2byla, Miguel Doblas Prades, Angela Prado, Arturo Prado, Javier Prado, Jose Prado, Asoc.Salvadoreña de Carros Antiguos Prado Rivas, Rich Pramuk, Mark & Debbie Prator, Janeen Pratt, Jonathan Pratt, Jonathan Pratt, Steve & Kate Pratt, Mitchell Praver, Linda Preciado Chavez, Jose Luis Prendas, Dick Prentice, Sheryl Prentice, Benny Presley, Orris Presley, Georgia Presnell, Marissa Preston, William Preston, Pablo Prezioso, Benjamin & Andreza Price, Roger Price, Armando Prida, Anita Priest, Barry Priest, Steve & Anita Priest, Sebastian Prieto, Ana Prima de Cristina, Frances Primera, Edward Prince, Nick Prince, Regina Prinz, Alan Prior, Kerth Privett, Dra Monica Prochnuk, Dave Proehl, Cristina y Stephen Prokop, George Pruitt, Marcia Prunty, Alan Pryor, Vince Pualkiev, Dave Pucci, Samuel Puccio, Alisa Pucher, Randy Pucher, Julian Puente, Adrian Puentes, Osvaldo Puentes, Laurian Puerta, Arturo Pugach, Miguel Pugliese, Adriana Puig, James & Tracie Puiker, Juan Pulido, Rogelio Pulido, Andy Pulizzi, Samantha Pullman, damel puma, Luciana Puntillo, Daniel Pupko, Joni Purcell, Don Purdey, Kin Purdye, Mark Purneil, Howard Purvis, Phil Pusateri, Denis Pust, Howard Pye, Jim Quackenbush, John & Beverly Quackenbush, Donna Quaker Bush, Mike & Aprile Quales, Mercedes Quant, Alexandra Quesada, Maria Quesada, Tzetzangari Quesada, Lucia Quesafa Acuña, Harry & Eva Quest, Eduardo Quevedo, Fernando Quezada, Lupe Quezada, Carlos Quiñonez, Silvana & Stephen Quigley, Stephen Quigley, Ximena Quijano, Jeff Quilici, Mike Quinlan, John Quinley, Richard Quinn, Kim Connie, Quinn Widrick, Luis Quintana, Marco Quintana, Fernando Quintero, Jorge Quintero, Nuria Quios Mendez, Juan Quiroa, Camila Quiroga, Jorge y Norma Quiroga, Maria Quiroga, Pedro Quiroga, Fabian Quiroga y Flia, Jose y Andres Quiros, Ernesto Quiros Rellca- Costa Riza, Fernando Quirva, Jesus Rabadan, Victor Rabbone, Federico Rabe, Arlene Rabin, Janella Rachal, Richard Radcliffe, Lisa Rader, Maxine Rader, Robin & Tynan Radford, Jim Rae, Phyles Raemheld, Carla Martinez Rafael, Ignacio Rafael, Sergio & Rene Chavira Rafael Garcia, Pato Rafel, Joseph Ragazzo, Alba Raidel, Kathryn Railing, Pat Railing, Rudger Raino, Don Raker, Jeff Rakes, Bill Raleigh, Trish Ralph, Wunona Ralph, Michael & Heather Ralston, Echo Ralton, Francisco Ramales, Luis & Susana Ramallo, Adriana Ramat, Carlos Rames, Silvio Ramin, Adolfo Ramirez, Alejandra Ramirez, Ana Ramirez, Angel Ramirez, Christian Ramirez, Enrique Ramirez, Esteban Ramirez, Gabriel Ramirez, Hector y Josefina Ramirez, John Ramirez, Leonardo Ramirez, Luis Ramirez, Maricela Ramirez, Oscar Ramirez, Rafael Ramirez, Victor Ramirez, Zaire Ramirez, Lucila Ramirez Arreguin, Erosto Ramirez B., Angel Ramos, Antonio Ramos, Carmen Ramos, Daniel Ramos, Jose Ramos, Marcelo Ramos, Melvin Ramos, Valmique Ramos Grandez De Araujo, Pablo y Alida Ramos R., Vicente Ramos Segundo, Asoc. de Autos Antiguos de Nuevo Laredo Ramos Segundo y Tercero, Vicente Ramos Segundo y V.R.Tescano, Scott Ramsay, José Ranchos, Leticio Ranco, Jake Rand, Joseph & Cindy Randall, Darlene Randolph, Peyton Randolph, Jaime Rangel, Monica Rangel, Francisco Rangel Perez, Justin Ranney, Floyd Ransom, Scott Ranson, Alejandro Ortega del Risco, Arnold Rapaport, Dan Rappleye, Dan Rappleye, Scott Rariek, Kirk Rashka, Steve Kailin, Erika, Rasmusser, Pat Rasor, Alex & Elena Raspa, Patricia Rassuli, Lauren Terri & Riley Ratkoviak, Frank & Barbara Rauch, Raphel Rauen, Roxanne Rauer, Charles & Nadine Raugh, Yoland Arreola Davila Raul Garces Medina, Jeff Raunt, Harald Rauser, Diego Ravera, Sandra Ravine, David Rawley, Kelly & Larae Ray, Laura Raymond, Garth Rayne, Ruben Rayon Napoleon, Regina Raz, Josue Razo, Eduardo Real, Phyllis Ream, Barbara Reasor, John Rebecek, Gustavo y Lorena Recalde, Emily Recalma, Pepe Recio, Jen Reckley, Nevin Recter, Steve Rector, Riequel Red horse, Mario Reda, Juan Reda El Gaucho, Dick & Marilyn Redd, Gaby Reddin, Juan Redo, Javier Redondo, Dave Reece, Gene Reece, Kenny Reece, Peter Reece, Jim Reed, John Reed, John Reed, Scott Reed, Phil Reedbluecrown, Regina & Chris Reeder, Mike Rees, Alfred & Ann Reeves, Rogelio Refaccionana, Refaccionaria Rolcar, Judy Reff, Ninetta Regalado, Pepe Regens, Michael Regers, Cecil Regier, Rafael Regina Moreno, Paul Reich, Susie Reich, Erich Reichen Bach, Larry & Jan Reichenbaugh, Richardo Reichert, Bruce y Gloria Reid, Kathie Reid, Sue Reif, Vladimir Reil, Flor Rein Hard, Martha Reinares, Audi Reinthaler, Pete Reinthaler, Geoffrey & Corine Reis, Russ Relyea, Kristin Remus, Ronny Manuel y Alicia, Ren, Marco Rendon, Jaime Rendon Esteva, Sherry And Rene, Bob & Nellie Rene Gar, Ninel Rengel, Lenny Rengifo, Donald Rennett, Bills Rentals, Andres Repetto, Susan & Norm Repplinger, Jorge y Paloma Resa, Alberto Resendiy, Abel Elizabeth, Eric & Sheyla, Resendiz, Clemente Resendiz, Familia Resendiz Andrade, Tomas Resendiz O., Jose Resendiz Olivera, Beth & Rudy Reshetar, Patrick & Chrystal Ressse, Restaurant Cambalache, Restaurant El che porteño, Restaurant Garufa, Jose Retamales, Laura Retta, Lindsay Reusch, Rachel Revett, Revista CADEAA Argentina, Univ de Monterrey Revista vision FC, Jenny Rex, Benjamin Reyes, Carmen Reyes, Juan Reyes, Julio Reyes, Marco Reyes, Salvador Reyes, Javier Reyes Cedilh, Manuel Reyes Jr., Alicia Juan Antonio, Marcos y Marisol, Reyes Ortiz, Chris Reymann, Daniel Reyna, Victor Reyna, Olliver Reyna Romero, Ituarta Reynava, Art Reynolds, Steve & Becky Reynolds, Tom Reynolds, Alfonso Reynoso, Alfonso Reynoso, Ruben Reynoso, Antonio Reynoso Calderon, Richard & Nancy Rheingold, Veradiz Rhinesmith, James Rhoads, Jo Rhode, Ron Rhodelhamel, Dusty Rhodes, Jason Rhodes, Nancy & Richard Rhungold, Guillermo Riascos, Roberto Ribeiro, Angel Ribulotta, Narciso Nayeli Salas, Ricardo Garcia, Prisciliano Ricardo Sosa, Jorge Ricatti, Teresa Riccobuono, Carol Rich, Kerry Rich, Lucy Rich, Marvin Rich, Rich From Berea, Christopher Richard, Pauline Richard, Mr. & Mrs Richard Carlson, Bob & Irene Richards, Milt Richards, Darren & Roberta Richardson, Steve Richardson, To the Richardson's, Joanne Richcreek, Cristobal Richer, Debbie Richey, Jerry y Faye Richmond, Claris Richter, Gunther Richter, Marc Ricii, Deborah Ricker, Linda Ricks & Andreu V. Brannon, Flores Rico, Ken Ridden & Daniel Pau, Paul Riedel, Veronica Riedel, Mike Rieser, María Jose y Patricio Rifo, Kin Riggs, Jennifer Righetti, Dick Riley, Russell Rinckey, Isabel Rincon, Alfonso Rincon Gallardo, Eduardo Rincon Gallardo, Diana Rindom, Ron Riodelle & Jill Nelson, Jose Riojas Molinas, Aurora Rios, Cecilio Rios, Elio Rios, Juan Rios, Luis & Tona Rios, Santiago y Rocinda Rios, Sergio Rios, Ricardo Ríos Abarca, Elisabeth y Moises Rios Juarez, Eugenia Ripari, Arnaldo Riquelme, Rita G. Riquelme, Giuseppe Risi, Tom Rissler, Pat Boothe Rita Shaw, Don and Lillian Ritchey, Marcel Ritchot, Larry Ritter, Sarah Mike & Daniel, Ritthaler, Stephen Lizette, Michaela, Ritz, Guy Rivard, Arturo Rivas, Gonzalo Rivas, Rene Basilio Rivas, Angelo Rivera, Carlos Rivera, Charles Rivera, Dania Rivera, Jesus Rivera, Mayeli Rivera, Miguel & Victoria Rivera, Sixto Rivera, Dr. Julio Rivera Alvarez, Alan Rivera Martinez, Carelia Riveras, Raul Riveros A., Erma Rivotta, Anthony Rizk, Roberto Armando Rizzi, Ivano Rizzieri & Family, Robin Rizzo, María Alejandra Roa, Joe & Marilyn Roach, Nan Wigington Rob Scene, Rodolfo & Carmen Robaina, Dale y Maggie Robbins, Maggie and Dale Robbins, Sandra Roberge (Denis), Antonio Robert, Curtis Robert, Harrasser Robert, Robert Lowrey, Glenn Roberts, J.D.v & Harriet Roberts, Joann & John Roberts, June & Tom Roberts, Lola y Leslie Roberts, Valerie Roberts, Will Roberts, Corry & Andrew Robertson, Darrell & Barbara Robertson, David Robertson, Sigrun Robertson, David & Nathan Robinette, Patsy Robins, April Robinson, Arthur Robinson, B. Robinson, Charles Robinson, Karen Robinson, Keith & Sarah Robinson, Linda & Jim Robinson, Mike Robinson, Mouret Robinson, Sasha Robinson, Terry Robinson, Matias Robles, Rudy & Pat Robles, Analia Robles Guerrero, Terri Robson, Alfredo Roca, Dr. Gustavo Rocatagliatta, Peter Roccanova, Fernando y Leticia Rocha, Sergio Rocha Muñoz, Eustache Roche, Jonathan Rochon, Maurice Rochon, Brett Schmoll Rocio Garcia, Ben & Dan Rock, David Rock, Vaughn Rockafellow, Serena Rocks, Carol & Leo Rockwell, Kerly Rodas, Nathalie y Kerly Rodas Alban, Dale Rodebaugh, Lisa Roder, Susan Roder, Susan & Lee Rodgers, Patricia Rodino, Mary Pepa Rodolfo Loyola, Sebastien Rodrigue, Agustin Rodriguez, Alejandro Rodriguez, Alexander Rodriguez, Alfredo Rodriguez, Allan Rodriguez, Antonieta Rodriguez, Antonio & Juanita Rodriguez, Barry Rodriguez, Carlos y Claudia Rodriguez, Clelia Rodriguez, Cristobal Rodriguez, Daniel G. Rodriguez, Darin Rodriguez, David y Pablo Rodriguez, Delfin Rodriguez, Ferraro Valades Rodriguez, Francisco Rodriguez, George & Dora Rodriguez, Gustavo Rodriguez, Henry Rodriguez, Hiram Rodriguez, Hugo Rodriguez, Jadith Rodriguez, Jose Rodriguez, Juan Rodriguez, Juan Carlos Rodriguez, Lililan Rodriguez, Luis Rodriguez, Marcelo Rodriguez, Maria Rodriguez, Mauricio Rodriguez, Nicholas Rodriguez, Norma Rodriguez, Omar Rodriguez, Osvlado y Chichita Rodriguez, Paola Rodriguez, Patricia Rodriguez, Rafain Rodriguez, Sergio Rodriguez, Silvana Rodriguez, Sindy Rodriguez, Wendy Rodriguez, Franz Rodriguez, Luisa Rodríguez, Moisés Ramos Rodríguez, Ximena y Guillermo Rodriguez Cavallazzi, Paola Rodriguez Cospinera, Roberto Rodriguez Haydee, Esteban Rodriguez Hernandez, Eduardo Rodriguez Islas, Erika Rodriguez Lara, Cachan Rodriguez Loera, Jose Rodriguez Loera, Jesus Rodriguez Mexico, Gustavo Rodriguez Panyagua, Jose David Rodriguez Vallejo, Jaime Rodriguez Zamudio, Glen Roebuck, Karl Roenick & Joan, John & Judy Roettgen, Bob & Jean Rogers, Craig Rogers, Gene & Annette Rogers, J. D. Rogers, Jay Rogers, Krista Rogers, Michael Rogers, R Mike Rogers, Linda Roggensack, Alex Rogovin, Jorge Roimiser, Dario Roitbourd, Luis Rojano Campillo, Alejandro Rojas, Carolina Rojas, Fernando Rojas, Gaby Rojas, Ignacio Rojas, Jesse Rojas, Juan Rojas, Kattia Rojas, Manuel y Sandra Rojas, Maria Rojas, Mariano Rojas, Mauricio Rojas, Ra`l y Carmelo Rojas, Rogelio Rojas, Vicror Rojas, Macielos Rojas de Alajuda, Karla Rojas Montero, Alejandro Rojas Morales, Victor Rojas Ramirez, Jose Rojas V, Peg Rojen, Adan Rojo, Roberto Rojo, Fabian Roldan, Maria Roldan, Marie Roldan, Manuel Roldan Roboz, Helen Rolls, Alberto Roman, Cesar Roman, Diego Roman, Luis Roman, Paco y Crisitna Roman, Bruce Romann, Miriam Romano, Terry Rombeck, David Romero, Enrique Romero, Jaime Romero, Juan Romero, Marta Romero, Raul Romero, Victor Romero, Wilmer Romero, Monica y Moises Romero Peloche, Olivia Romero Ramos, Rodrigo Romero Saldivar, Sarai Romero Sanchez, Camilo Romerp, Carlos y Ofelia Romillo, Dick Romm, Geovanny & Erica Romo, Pepe Romo Madrigal, Dr. Hector Romo R., Liz Franklin Ron Spittka, Brian Rongo, Donna Ronnan, Luis Angel Barbero Rosa Alvarez de Barbero, Julio Rosales, Kenneth Rosales, Moises Rosales, Zonia Rosales, Karina Rosas, Jose Rosas Caro y Daniel Ramos, Alejandro Rosas Robles, Marco Rosas Velazquez, Alma y Jeannie Rosas y Kever, Romano Rosaspina, Joe Rose, Kandy Rose, Susan Rose & Jose R. Lopez, Elaine Roseborough, Miguel Rosemberg, Diana Rosen, Al & Margy Rosenbaum, Barbara Rosenberg, Daniel Rosenblatt, Rosie Rosenblitt, Julius Rosenski, Peggy Rosenthal, Fausto & Luis Rosero, Frank Rosin, Brian Rosner, Bob Ross, Brandon Ross, Doug Ross, Joan Ross, John Ross, Steve Ross, Amy Rossetti, Francisco Rossetto, Giovanni Rossi, Peter Rotelle, Gerald Roth, Pam Roth, Laura Soledad Rotta, Maria Rougel, Mercedes Rouges, James Rough, Ricardo Roura, David Rouse, Mike Routt, Gustavo Rovaretto, Andy Rowe, Ray & Allene Rowland, Kathy Rowly, Art & Mary Roy, Takalek Roy and Sandra, Jeff Royce, Owen Royce, Kate & Owen Royce & Mary Elizabeth, Gary Royer, Maria Rozada, Ross Rozsees, Collado Ruben y Jorge Acuña, Jose Rubio, Milagro Rubio, Judy Rubright Belac, Ricardo Ruchman, Sam & Anita Rudd, Robert Ruddy, Gene Rudolph, Rodolfo Rudy, Diego Tax Rudy Zepeda, Alfredo Rueda Mendoza, Frank Ruehl, Gary Rugaber, Cunthia Ruggeiro, Anteo Ruiz, Arnaldo y Betty Ruiz, Daniel Ruiz, Familia Ruiz, Francisco Ruiz, Guillermo Ruiz, Jorese Ruiz, Lucila Ruiz, Pablo Roberto Ruiz, Sergio Ruiz, Ulises Ruiz, Fco. Ruiz Charape, Federico Ruiz Diaz, Omar Ruiz Diaz, Adrian Ruiz Garcia, Jorge Ruiz Peña, John & Jan Rulka, Kevin & Lisa Rumeas, Eva Rummel, Mike Rumpf, Marlene Runkle, Horacio Rur, Geoffrey Rus, Edgardo Rusca, Art Ruschev, Ross Russel, Grathe Russell, Hugh & Pat Russell, Sonja Russell, Harry and Agnes Russell and Mc Intyre, Delerio Russi, John Russo, Joy Russolillo, Bette Rutan, Gustavo Rutilo, Laverne y Harriet Rutschman, George Ryan, Jerry & Kathy Ryan, Margery Ryan, Mike & Carrie Ryan, Tom Ryan, Ron Ryder, Barbara S., Jose S. Romo Madrigal, Ghanem Nahla y Suso, Saab, Wolf and Iani Saar, Adrian Sabanero, Anibal y Graciela Sabate, Donna & Jerry Saber, Hernando Sabogal, Angela Sacchetto, Arnaldo y Carmen Sacchetto, Damon Sacco, David Sadowski, Norma Saenz, Brian Sagar, Dori Sage, Corky & Madeline Sager, Alvaro Sagot, Marcela Sahade, Rita Sahai, Sal & Joy Saimieri, Steve Sais, Marie Salanitre, Steve Salankey, Damais Salas, Elizabeth Salas, Humberto Salas, Ricardo Salas, Victor Salas, Desiree Salas Acurio, Raul Salas Gonzalez, Jorge Salas Sánchez, Carmen Salazar, Cristina Salazar, Gustavo y Nora Salazar, Irene Salazar, karina Salazar, Juan Salazar B., Eduardo Salceda Andrade, Jose Saldaña Cortes, Julio Saldana, Carlos Saldaña, Dave Salem, Mouner & Rebecca Salem, Ralph Salerno, Marcelo Salgado, Hanni Salik, Latifah Salim, Delfina Salinas, Jose Salinas, Jun Salinas, Raul Salinas, Santiago Aragon y Salinas, Raul Salinas Sosa, B. Salinger, Grant Salisbury, Steve & Salisbury, Gonzalo Sallaberry, Joe Sallmen, Cristina Salmon, Micheal Salmon, Ron Salmon, Eduardo Salseda Andrade, Luke & Heather Saltzman, Diario La Prensa Grafica Salvador Reyes, Diego Salvadori, John & Julianne Salverson, Renee Salvucci, Richard Salyor, Cristina Sam, Rigby Sam, Francisco Sama, Nelson Samaniego, Peter Samaroo, Nicholas Sammond, Rathie & Jamie Samoa Cookhouse, Lucia Sampayo Zarate, Joel Sample, Harold Samuels, Laurie and Lisa Samuels and Dordal, Luis San Martin Fuentes, Gilbert San Miguel, Norma y Daniel San Pedro, Freddy y Valentina Sanabria, Danyela Sanches, Agustin & Sonia Sanchez, Antonio & Melissa Sanchez, Bertin Sanchez, Diego Sanchez, Emilio Sanchez, Evangelia Sanchez, Familia Sanchez, Francisco Sanchez, Gilberto Sanchez, Heuton Sanchez, Hortensia

Sanchez, Idalia y Crystal Sanchez, Javier Sanchez, Juan Carlos Sanchez, Julian Sanchez, Mayra Sanchez, Miguel Sanchez, Miguel A. Sanchez, Milagros Sanchez, Octavio Sanchez, Oscar Sanchez, Pablo Sanchez, Ray & Ciria Sanchez, Roberto Sanchez, Rodrigo Sanchez, Ruben Sanchez, Salvador Sanchez, Tom Sanchez, Vicent Sanchez, Gerardo Sanchez A., Federico y Mercedes Sanchez Gomez, Laura Sanchez H., Mariela Sanchez Iglesias, Gabriela Sanchez Lopez, Francisco Sanchez M., Familia Sanchez Nuñez, Ana Sanchez Otero, Alda Sanchez Peña, Marco Sanchez Quiroz, Marco Ignacio Sanchez Quiroz, Marco Antonio Sanchez Rodriguez, Jose Sanchez Torres, Hector Sanchez Ugarte, Leticia Sanchez Zavala, Arsenio Sancho, Sandra Sancho, Veronica Sancho, Alexander Sancho Bunett, Lori & Dacy Sanda, Dave Sandberg, Dave Sandberg, Dirk Sander Mongel, Alyce Sanders, John Sanders, John Mark & Kein Sanders, Paul Sanderson, Cynthia Sandi Bazo, Edwin Sandoval, Familia Sandoval, Felipe Sandoval, Linda Sandoval, Maria Luisa y Arturo Sandoval, Rosa Sandoval, Jorge Sandoval Leon, Jorge Michelle Sandra Brito, Alisy Sandu, Jose Sandval Osorino, Bill & Gerry Sandy, Charlie & Jane Sanerwein, Maria Sanfilipo, Teresa Sanga, Catalina Sanint, Pat Sanker, Exequiel Sans, Juan Carlos Sanseviero, Vicente Sanseviero M., Frank & Louise Sanson, Laura y Jorge Santa Ana, Eduardo y Andrea Santagati, Juan Santana, Peggy Santana, Salvador y Mao Santana, Ada & Jorge Santangelo, Anthony Santasien, Luisa Santesteban, Alejandro Santi, Guillermo y Cristina Santiago, Larry & Vicky Santiago, Sonia Santiago, Martin Santipolio, Patrick Santisteuan, Ignacio Santo, P.J. Santoro, Daniel Santos, Eduardo Santos, Fco. Santos, Horacio Santos, Luz y Francisco Santos, Ricardo Santos, Richard & Nely Santos, Pete Santrock, Scott Santulli, Andrea Sapone, Ernest Sapp, Hector Sarabia, Tricia Saraceno, Tatiana Sarasty, Matias Saravia, Eduardo J. Sardi, David Sarfati, Henry Stenson Sarita Geddes, Leonard Sarja, Padre Sarleedo, Roberto Sarlo, Graciela Sarmiento, Miguel Saronia, Alejandro Sarria, Carlos Sarullo, Juan Carlos Saseviero, Irene Sassaman, Orkid Sassohim, Gustavo Satarain, Carlos Sato, Tita Saucedo, Mike & Norma Sauer, Pablo y Melania Sauma, John Saunders, Wermer Sauter, Bill & Midori Savage, Nancy & Rudy Savage, Phil & Betsey Savage, Robert Savant, Donna and Jerry Saver, Beto Savina, Chuck Savitske, Dario & Marimo Savoretti, Marga Savorin, Benjamin Sawyer, Liesa Sawyer, Willlard Sawyer, Peter & Oris Sayer, Dick & Marilyn Sayers, Andrea Sayfy, John Saylor, Helen Sayre, Jay Sayre, Terry Sayther, Jose Scalley, Evangelina Scalpelli, Sheila Scaney, SCCA, David Schaeffer, Sheldon Schafer, Juan Schaffer, Shirley Schaffer, Ed Schafield, Art Schagfer, Peter Schaible, Donna & Ryan Schanlane, Margie & Dave Schantz, Jill & Rich Schanzlin, Nestor Schatzky, Peer Schauwecker, Brad Scheafmocker, Jim & Emilie Scheidel, Don Schellenberg, Todd & Corrie Schelling, Amy Schenck, Ray Schenk, Katie & Gunther Schennach, Andres Schert, Mark Schertzer, Shelby Schetstream, Cheryl Schey, Miriam Schifer Castro, Randy Rorin & Evan, Schiller, Ron Schilling, Ronnie Schilling, George Schimmel, Barry Schinmack, Rodrigo Schippers, Fred Schirk, Dortje Schirok, Cindy Schisler, Dave & Cyndie Schlie, David Schlosser, Steve Schmauch, Alfredo Schmidt, Doris Schmidt, Hank Schmidt, John & Diana Schmidt, Loren and Becky Schmidt, Maggie Schmidt, Milton Schmidt, Richard Schmidt, Rolf Schmidt, Sandra Schmidt, Hugo Schmitt, Klaus Schmitt, Vernon y Sharline Schmitt, Brett Schmoll, Walter Schmucker, Henri Schnam, Annemarie Schnedler, Bodile & Ouane Schneider, Paul & Beth Schneider, Rob Schneider, Carl Schneidor, Nancy Schnell, Kraig Schnitzmeier, Maria Schoch, June Schoeff, Robert & Rita Schoemaker, Barry Schoenly, Joan Gary & Jared, Schoenly, Mrs. Eva Schoettle, Peter Schofield, George Scholl, Adam Schoolsky, Inger Schou, Alex & Olivia Schrimp, Fred y Ina Schubert, John & Mardis Schuhle, Peter Schuler, Ana Schultz, Mike Schulz, Mickel Schulze, Linda Schutt, Ken Schwall, Doug Schwandt, Miguel Schwarcz, April Schwartz, Robert & Arlene Schwartz, Tim Schwartz, Ana Schwartzman, Clara Schweitzer, John Schwieds, Peter y John Scoiriduk, The Robert Scoon, David Ryan, Tom, Scott, Evil Scott, Kathie Scott, Leslie Scott, Mike Scott, Andrea Scribano, Ron Scrivner, Stan Scroggins, Brooke Scruggs, Rett Scudder, Joseph Scuderi, Robbyne Seagert, Daniel Seagnolari, Lee Seagondollar, Scott & Lynn Seals, David Sealza, Donna Searer, Bob Sears, Esther SEatle, Dan Seavey, Frances Seay, Tatjana Semina Sebastien Ide, Roy & Mary Sebring, Ariel y Silvia Seco, Anne Sedola, Judy See, Gonzalo y Caro Seeber, Lela Seefeldt, Larry Seeman, Debra & Tom Seery, Sharly Seese, Paul Segal, Enrique Segarra, Mike Seggie, Oscar Segovia, Carlos Segovia Silva, Jorge Segoviano, Carlos Segura, Nejtali y Silvia Segura, Paola Segura, Patricia Segura Alvarez, Mary Ann Seher, Rene & Lorna Sehug, Ben- Willie Seibold, Daniel & Mapy Seidel, Rikki Seidlitz, Brandon Seidman, Lisa Seifert, Carol Seitz, Martini Selay, Raquel Selinger, Marianne & Chuck Selkirk, John Sell, Leo & Dorotea Seller, Bill & Steven Sellers, Marty Sellers, David Semmel, Hugo y Silvia Semperena, Carla Roxana Cruz Sempértegui, Michael Senta, Sandra Senteiro, Eduardo Sepulveda, Rodrigo Sepulveda, Carlos Sequeyro, Ra l de J. Ramos Sequeyro, Nury y Oscar Serafini, Yolanda Beltran Sergio Mansilla, Sergio¥s Towing, Guillermo y Ma. Emilia Series, Carlos y Vivian Serig, Guillermo Serpa Ratti, F. Serralde, Amanada Serrano, Carmen Serrano, Juan H. Serrano, Manolo Serrano, María Serrano, Nick Serrano, Miguel Serrano y Familia, Orlando Serrato, Andres Serrutt, Customer Service, International Service, M & M Service, Delia Settecase, Don Setters, Donna Setzer, Mike Seuffert, Alfredo Sevilla, Mary Sexton, Tori Sexton, Jack Seymour, Brian & Linda Shaefer, Billie Shains, Brock & Janice Shamberg, Manoj Shamdasani, Jim Shane, Sharon Shangi, Bob Shanks, Claudia & Robert Shannon, Luke Shannon, Ron & Judy Shannon, Family Shapiro, Lou & Debi Sharick, Milan & Pat Sharik Jr., Dona Sharket, Jeff Sharp, Rick Sharpe, Rickie Sharpe, Tina Sharpe, Erika & Ryan Shaugnessy, Helen Shaw, Kevin Shaw, Toni Shaw, Brian Shawbads, Acoli shcks, Mathew Shea, Ron Sheardown, Janet Shearer, Teresa Sheehan, Paul Sheehy, Paul Sheehy, Raymond Sheets, Jim & Ronni Sheflo, Joe & Jackie Shekman, Melissa Shelby, Shell de Belize, Shell de Guatemala, Charles Shelley Nagel, Kevin Shellhamer, P.D. Shelton, Ben & Christine Shennum, Debbie Shepack, Steve Shepard, Carlos y Bill Shepheerd, Rajendra Shepherd, Rob Shepherd, Alberto Sherard C., Bill Sherk, Angela Sherman, Joe & Jackie Sherman, Joe and Jackie Sherman, Johnny Sherman, Kerry Sherman, Larry Sherman, Miranda Sherman, Ruth and Larry Sherman, T. David Sherman, Terry and Charlotte Sherman, Janet Sherrill, Harry Sherwood, Steven & Debra Shie, Ray Shields, Jim Shilman, Lynn Shine, Doug & Phyliss Shipman, David Shirley, James Shirley, Marget & Jim Shively, John Shoemaker, Shopping Plaza Dorada en Merida, Kathleen Shore, Bill Shorklox, Don & June Short, Rich Short, Ken & Heather Showers, S. Shroff, Vera Shugak, Steve & Sally Shugart, Jim Shulman, Catherine Cecil, Hannah & Heidi, Shuman, Shelly & Joe Shwarz, Randall Shymko, Joao A. Siciliano, Athelene Sickler, Vanesa Sicolo, Jean & Keith Siebarth, Danielle & Mike Sieberer, Manuela Siegfried, Michael Sienkowski, Randy Sierk, Fernando Sierra, Angel Sierra, Juan Sierra, Keith Sierra, Marjorie Sierra, Oscar & Liliana Sierra, Oscar A. & Liliana N. Sierra, Allen Patrice &Lauren, Sigmon, Paavo Siitam, Elizabeth Sikora, David Silberman, Luis Silbert, David Siles, Ronald y Mary Silesky, Jack Sill, Betty & Elvio Silva, Cesar Silva, Marcos Antonio Silva, Oseias Silva, Tomas Silva, Cesar Silva Castro, Josiel y Norma Silva Matos, Kamila Silveira, Eugene Silvestri, Andrew Silvoy, Nancy Simcax, Enoch Simerly, Carlo De Simine, Thomas Simmonds, Harold & Cora Simmons, Jim Simmons, Mike Simmons, Tom Simmons, Geneva Simms, Dewwis Simon, Al Simondi, Phil & Karen Simons, Phillip Simons, Jim Simpson, Lee Simpson, Pat Simpson, Sue Simpson, Robert Sims, Vice Pte Jersy Sinclair, Jerry Sinclaire, Cathy Singer, Ed Debbie & Katherine, Singer, Scott Singer, Tim Singer, Sean & Lizz Singh, Jack Sink, James Sinn, Michael Sinn, Janet Siomiat, Michael Sipes, Mauricio Sisterna, John Sivanich, John Sivanich, Zoia Siz Goric, Pentti Sjoman, Guisela Skaggs, Richard Skaggs, Sean Skibec, Aaron Skinner, Gary Skinner, Robert Skinner, Sarah Skinner, Frannie Skomurski, Bob Skudera, David Skutca, Richard Slater, Karen Slattery, R. Slepine, Eddie and Kathy Sloan, Mike Slone, Dic & Lynne Slunaker, Vernon & Snipes Slurley, Carlos Slythe, Clyde & Betty Small, Gary Small, Greg & Sue Smallwood, Bob & Bonnie Smetts, Randy Smiley, Karl Smily, Bruce Smirololo, Andy Smith, Angel Smith, Bob & Irene Smith, C.T. Smith, Charles Smith, Charlie Smith, Cindy & Steve Smith, Cristina Smith, David Smith, Debbie & Tommy Smith, Don & Cristina Smith, Donna Smith, Earl Smith, Editor Charlie Smith, Federico Smith, Floyd Smith, Grant & Holly Smith, Harold Smith, Hartley Smith, Hawley Smith, Hugh Smith, Ian Oliver & Robin, Smith, Irene Smith, Jaao Smith, James Smith, Jennifer Smith, Joann Smith, Lawrence & Mary Smith, Len Smith, Linda Smith, Martin Smith, Mary Smith, Micah Smith, Oliver Smith, P. Smith, P. Clifford Smith, Phil Smith, Phillis Smith, Rick Smith, Robert Smith, Russell Smith, T. Smith, Tammy Smith, Terry Smith, Tom Smith, Tracy Smith, Tyler Smith, Virginia Smith, William Smith, William H. Smith, Yvonne Smith, Richard & Jo Smithen, Kimberley Smithers, Chris Smithey, Danielle Smithey, Danny Smithey, George Smolenyak, Tony Smoot, Ruth Smoyer, Gary Smullin, David Snead, Dale Snelson, Grace Snider, Laurie Snider, Ken Sniper, Harvey Snitzer, David Snow, Bill Snyder, Jim Snyder, Kerry Snyder, Kris Snyder, Pat Snyder, Robert Snyder, Alex Sobol, Mikce & Lou Sobotka, Marina Sobrino, Mario Soch, Sociedad Portuaria de Barranquilla, Ray Soderlund, Ryan Soderlund, Joanna & Bill Sodrel, Mike Soehnleins, Daniel Sojo, Scott Sokol, Andrea Solano, Laura Solano Carranza, Dennis Solares, Denny Solberg, Lana Solecki, Ana Maria Soler, Damian Solis, Luz Solis, Martin Solis, Mercedes Solis, Milagros Solis, José Solís, Mara Solla, Jasper Solomon, Jorge y Patricia Solorzano, German Solveira, Catherine Solyom, Craig Somers, Joanne Somers, Deg Somerville, Dennis Somerville, Steve Sommerhalter, Bill Sommers, Jon Sonen, Tim & Denise Sonnentag, Edmar Sonza, Revista Sophia, Lynne Sorber, Jack and Arlene Sorensen, Thomas Sorensen, Ignacio Soria, Juana Soriano de Leon, David Sorokurs, Daniel Sosa, Marcolina Sosa, Vicent Sosa, Carlos Sosa Estrada, Bill & Linda Sosnowsk, Linda & Bill Sosnowski, Ed Soss, Adam Sotelo, Jess Sotelo, Jose A. Sotelo, Eduardo Soteras, Jose Soto, Jose Soto, Carlos Soto Alfaro, Jose Soto Cruz, Norma Soto y Martin Campos, Selene & Greg Soucy, Jim& Debbie Soueia, Anthony South, Craig Southern, Joan Southon, Helena Sowinsky, Luis Spadafora, C. Spady, Sylvia Spady, Tim Spangler, Steve Spann, Willie Spann, Bill Sparrow, Bob & Martha Spence, Kippy Spencer, Esteban Spera, Edgardo Spik, Philip Spinella, Maria Eugenia Spinelli, Tony Spirer, Ian Spiridigliozzi, Fernando Spirito, Robert and Hope Spishak, Alberto Spognardi, Stanley Spohr, Paula Spoila, Pete Spoto, James Spottiswoode, James Constance, Spottiswoode, Rw Spraggins, Frank Springer, Philips St John, David & Paula St. Clair, Tom St. George, Donald Stacker, Julia Stadler, Jim Staehli, Bob Stafford, Angel Stamatis Lopez, Jeffry Stambor, Bill Stame, Daniel Stamm, Joe Stancil, Tom Standing, Denns Stanffed, Fred Stanffer, Debra Jim and P.J.,Stanford, Amy Stanley, Bill Stanley, Jean Stanley, Kathleen Stanley, Loretta Stanley, Martha Stanley, Tom Stanton, Judith Stapleton, Gale & Louise Starman, Bobby & Rose Stearns, Carl Stecker, Mary Kay Steele, Shirley Steele, Bruce Steely, Michael Steely, Lynn & Mark Steen, Embaj. Arg. en Trinidad Stefanelli, Juanvla Stefani, Mica Stefani, Milagros Stefani, Vladimiro Stefani, Alfredo Stefanini, Rob & Yumi Stehle, Steve Stein, Howard Steinberg, Isaac Steiner, John Steiner, Megan Steiner, Todd & Jana Steiner, Mark Steinhardt, Andrew Steinhover, Mariel Steinman, Susan Steinnerd, Mariela Steller, Ron Stellhorn, Nancy Stener, Stephen y Lindy, Bonna Stephens, Brad Stephenson, Dorin & Fred Steputes, Guillermo Steta, Barbara Bein Steve, Steve & Grace OR, John Steven, Berry Stevens, Dennis Stevens, Gary & Sandee Stevens, Ken Stevens, Les & Jane Stevens, Mark & Eliza Stevens, Nicole Stevenson, Roger Stevenson, Clates Steward, Caroline Stewart, Fred Stewart, Jim Stewart, Ken Stewart, Marjorie David, Harold y Tina, Stewart, Patly Stewart, Ralph Stewart, Tina Stewart, Wayne & Judy Stewart, Peter Stienstra, Tim Stigen, Mike & Diane Stiles, David & Hazel Stimpson, Ricardo Stinga, Henry Stinson, Holly & Wayne Stinson, Carlos Stipanicic, Mary & Mike Stobe, Jill Stockwell, Jerry Stoeppler, Jacob Stofko, Hank Stokbroekx, Jim Stoker, Phillip Stokes, Thomas Stoll, Kathryn Stoltzfus, Harry Stombaugh, Brewer Stone, Jen & Juanita Stone, Tony Stone, Bob Stoner, Dick Stones, Carl Stormer, Tom Stott, Tom & Jeanne Stott, Gene Stout, Patrick Stowell, Glynn & Ed Strable, Matt Strack, Al Stragier, L. Straka, Robin Stramb, Stefan Stranj, James Strank, Heidi Strant, Violeta Strash, Robert Straub, Carol & Rudy Streng, Sandra Strength, Abelardo Stringel Laguna, David Strobert, Paul Strobl, David Strunk, Julie Strunk, Jim & Janet Strutz, Richard Strybe, Kelly & Bill Strycharz, Debbie Stuart, Jesse & Mary Stuart, shari and Stuart, Mr. C. Stuart Small, Stacy Stubbs, Connie Stucky, Paul & Erin Stucky, John Studebaker, David Stugart, Jim Stuhr, Chuck Stuller, Kenneth & Bonnie Stuller, Leon Stuller, Mark Stumm, Jim Stump, Dave Sturges, Jorge Sturich, Jose Victor y Angela Suares, Beatriz Suarez, Guillermo Suarez, Hugo Suarez, Johanna Suarez, John Michelle & Ethan, Suarez, Jorge Suarez, Jose Suarez, Juan Diego e Isabel Suarez, Mauricio Suarez, Rodrigo Suarez, Vladimir Suarez, Jolanda Y Marcos Suaréz, Juan Suarez Ledesma, Oscar Suaste Blanco, Keith & Joan Subarth, Alejandro Subia, Raul Subia, Deepak Sudam, Jane Suehck & Harry Cuwe, George Suggs, Mark Suggs, Eun Suh, Patrick Suh, Gerri Suhadick, Gerri Suhadolink, Steve y Julia Sulivan, Bob Sullivan, Joe Summerour, Wendy Summers, Cal Sumrall, Cookie Sun Peele, Jeff Sundin, David Suppes, James Supple, Lucas Surddo, Bill Surry, Kerry Wilbur Susan Crowder, Dick & Vicki Sutcliffe, Derry & Ann Suther, Yrene Suttle, Matt Suttle & Kathie, Meg n Suz, Michael Swaidner, Ron Swails, Ken & Joyce Swan, Gary Swaney, Betty and Joe Swann, Bob Swanson, Britt Swanson, Mel Swanson, Scott Swanson, Richard Swartzman, Pat Sweat, Francis Sweeney, Loreine & Frank Sweeney, Jason Sweet, Brad Sweetest, Patrick Swett, Tom & Janice Swiderski, Peter & John Swiriduk, Don & Lynn Swofford, William Sydney, John & Paula Syle, Sylvia Stoner, Donnie Syphrett, Dave Syren, Barbara Szatmary, Joe & Caroline Szeremet, Jessica & Paul Sziebert, Chip Szlivko, Berta Sztera, Berta Sztern, Merchu Szucs, Patricia T. De Romero, Catia Taboraa Mora, Hugo Tafel, Bud Taft, Rusty Taft, Roberto Tagua, Jorge Tami, Gina Tamlolni, Julio Tampan Velasquez, Cindy & Morgan Tang, Peter Tanid Jr., Bob & Ben Tannenwald, Mike Tanner, Gilberto Tapia, Miguel Tapia, Gerardo Tapia Vargas, Jaime Tapia (Jr), Jose Tapia Fernandez, Sue Tappe, Jane & Dave Tappy, Domingo Tarango, Carlos Tarazona Codina, Edgar Tardio Miranda, Diego Tarquini, Mario Tarud, Pat Tarwell, Facundo Tassara, Jimmy Tate, Gary Tatro, Esteban y Silvia Taussig, Gail & Rick Tavares, Cindy & Jeamme Taves, Mario Tavitas Rodriguez, Alec & Nancy Taylor, Bill & Betty Taylor, Deborah Taylor, Dennis Taylor, Duncan Taylor, Forest & Lori Taylor, Gene Taylor, Janell Taylor, Karen & Mike Taylor, Pauline & Dave Taylor, Ray Taylor, Reed Taylor, Natalia Tcledon, Omar Tecuapacho, Fred & Linda Teela, Bob & Marian Teeling, Melt Agnes Teeter, Reinholt Teichgraber, Nestor Telarmendariz, Eber y Lorena Telecher, David Tello, Marta Tello, Jacob Temares, Carl Temple, Dave Templeton, Norm Tennekoss, Chuck Tenney, Alexander Tepax, Anneloes Terbeek, Maria teresa y Santiago, Tom Terko, Carla Termes, Freddy Terrazas, Robert Terretz, Courtney Terry, Sharon & Ralph Terry, Terry Saythee &Debbie Stuart, Alan Tervil, George & Debbie Tester, Roberto Testi, Faye Teter, Gabriella y Justin Tetrault, Ingrid Teufel, Anil & Franke Tewari, Jennifer and Trevor Thacher, Linda & Shannon Thaggard, Jean Thampson, Chris Thary, The Bee Family, The Big Print, The Cavells, The Graham Owners Club, The Handleman, The IAAA Classic Car News, Montvale, NJ, The Jarl Family, The McGilveryts, The Pollocks, The Porter Family, The Quinn's, The Selk Family, The Snyders, Ann & Bert Theis, Steven Thelem, Zach Thenhaus, Paul &Karen Theoret, Diana Small Theresa Arthur, Yves Therien, Ron Theriot, Clara Thiesen, Samantha Thoeschechtey, Doug: Roberta Thomas, Efird Thomas, Frank Thomas, George Thomas, Henry Thomas, Ian Thomas, Janet Thomas, Laurie Thomas, Miriam Thomas, Fred Porter & Thomas Ngruyen, Elisa Thomases, Lisa Thomason, Robert Thomason, Marvin Thomasson, Ahe & Goanne Thompson, Alfred Thompson, Bill & Marlene Thompson, Caryl Thompson, Cathy Thompson, Dave & Linda Thompson, Deryk W. Thompson, Dow Thompson, Eg & Tracey Thompson, Jaime Thomson, Jason Thompson, Jim & Pat Thompson, Ken Thompson, Liowel Thompson, Ross Thompson, Russ & Ellie Thompson, Wren Thompson, Jim Thornton, Mary Thornton, Bill & Johanne Thorpe, Bill Thrash, Gerhard & Durothee Thullner, John Thurman, Lois & Fred Tibben, Julie Tilburt, Rick & Kathy Tiller, Dog Lee Tilley, Barry & Ruth Tillson, B.H. Tilton, Mary Tilton, Pat Tilton, Jason Tim, Tim Hillman, Sylvia & Bill Timinskis, Clifford Timm, Robert Timm, Tom & Evelyn Timmins, Silvina Andrew y Victoria, Timmis, Kathryn and tim Timpany, Jaime Tincher, Tim & Alexia Tinda, Stacie Tindle, Antonio De La Cruz, Tini y Alfredo De La Cruz, Ben and Julie Tinkey, Robert Tinkey, Ron & Laurie Tinkey, Bob Tinkey & Gris, Ben and Julie Tinkey Ben, Paul Tip, Helga and Horts Tipp, Will Tipton, Adolfo Obando Tirsa Castillo, José Tissera, J Judi Tisserand, Julie Tizraus, Chan & Tam To, Carlos Tobar, Cesar Tobar, Elizabeth Baker Toby Pugh, Mai Toda, Lori Todd, Lorin & Tom Toedter, Marian Toews, Kolija Moni,,Tokyo, Juan Toledano, Carmen Alvarez de Toledo, Jane Tolhurst, Jim Tolisano, Mimi Tolva, Adolfo Tom, Mike Tomaine, Marcelo Antonio y Pia Tomassini, Michael Tomasson, Jennifer Tomeny, Jim Tomer, Libby Tomicki, David

Tomlinson, David Tomlinson, Ann Tompkins, Toribio Tones, Manuel y Ricardo Tones Vaca, Rita Toney, Omar Tonini, Mauro Tonon, April Silverman Tony, Don Coltrane Tonya Cecil, Gary & Dori Topp, Alejandra Toribio, Bob Torling, Kristina Tornquist, Rich Torok, Gustavo y Lima Torrado Casadiego, Juvenal Villegas Torrealba, Ana Torregrosa, Bernardo Torres, Deborah Torres, Diego Torres, Hector Torres, Irac Torres, Juan Torres, Luis y Fernando Torres, Maria Torres, Mario Torres, Marisa Torres, Martin Torres, Martina Torres, Miguel & Sonia Torres, Nerissa Torres, Raul Torres Arias, Dolores y Bili Torres Astigueta, Alejandro Torres B., Manuel Torres Baca, Carlos Torres de la Torre, Aldo Torres Gonzales, Sofia Torres Madrigal, Antonio Torres Villareal, Miguel Torroella, Donald Tortoriello, Daniel Toscano, Laurie & Michael Toth, Sergio Toti, Enrique Totola, Miles Totten, Touring y Automovil Club del Perú, Sergio Tovar, Hugh Towe, Mike Towle, Bob Townes, Dan Townsend, Keith Townsend, Rosana & Omar Trabado, Pat & Brian Tracy, Mike & Josi Trainor, Jenny Trammell, Oscar Tramontana, Bocha Trancoso, Atlexpress Transport, Lynden Transport, Tote Transport, Rodney Trask, Marco Traslosheros, Dean Travis, Meadwell Treadwell, Neal Treadwell, Rick & Jenny Trees, John Treeter, Alejandro Trejo, Edgar Trejo, David Alejandro Trejo Espinosa, Monica Trejo Montoya, Alejandro Trelo, Jean Tremblay, Jean-Claude Tremblay, Pierre Tremblay, Ron Treviño, Gerald Trew, Triad Austin Healy Club, Dawn Trice, Joan Triggs, Elsa Trillo, Frank Trimboli, Connie & Mike Tripp, Triumph Club of the Carolinas, Triumph Club of The Carolinas, Servio Tribaldos, Miguel Trivi, Eulises Bocha Troncoso, Al Trowbridge, Franz Troyer, Teresa Truang Waitress, Guy Truex, Irma Trujillo, Alejandro Trulla, Arlie Tucker, Kathy Tucker, Larry Tucker, Richard & Paul Tucker, Sylvia & Larry Tucker, Tim Tucker, Tom Tucker, Marco Tulio Amores, Michael Tullins, David Tulloch, Dick and Kirsten Tullock, Mauro Tunon, Gunay Turgut, Angela Turletti, Joanne Turnbull, Ben Turner, Zelma Turner, Zelma & Jerry Turner, Dale & Nora Turpin, Mark & Barbara Turpin, Benny Turrano, Gabriel Turriago, Monica Turrin, Edna & Luke Tursi, Edna and Luke Tursi, Lajos Turtsanyi, Paula Tuttle, James Tyler, Melanie Tyler, Slattery Tyler, Annette & Mike Tyndorf, Penny Uadle, Luis Ubalde, Luis Alejandro y Yolanda Ubalde, Muhammad Ubayy, Ofelia Uceta, Uchi Mariela Wendy Paola, Aracelly Ugalde, Pedro Ugalde Solis Ugalde Rodriguez, Kara Ulasewicz, Marcelo Uliarte, Warren Ulrich, Familia Umaña Alvarez, Al Umaske, Uncle Paulc., Ronald Underwood, Dirane & Paul Unland, Sillon Uno, Louis Unterberger, Del & Martha Urban, Max Urbano, Oscar Urbina, Manuel Urbroca, Dinia Ureña Retana, Claudio Uriarte, Daniel Uriarte, Guillermo Uriarte, Crisanto Uribe, Gary Uribe, Cindi Urick, David y Daniel Uriegas, Jorge Urquidi, Christian Urricariet, Andres Urrutia, Galina Urrutia, Antonio Urrutia Morales, Juan Ursic, John Uru, David James Usavage, Bert Uthe, Fabian Vaca, Familia Vaca Arrona, Fernando Valdes, Amelia Valdez, Kristine Valdez, Silvia Valdez, Alberto Valdez Gutierrez, Gerardo Valdez Hdez, Maria Elena Valdivia, Alejandro Vale, Judy & Mark Valen, Victor Valencia, Jorge Valencia Diez, Jorge Valentin, Cindy Valentine, Sarah Valentine, Claudio Valentino, Juan Valenzuela, Marta Valiente, Ivan Valladares, Naftali Valladares, Jaime Vallbona, Axel Vallebueno, Julio Vallejo, Miriam y Wilfredo Valles, Jessica Vallieres, Valmik, Lorena Valotto, Wes Valpey, German Valtierra, Juan Valtierra, Jesus Valtierra Gomez, Arnaldo Valtorta, Antonio Valverde, Jose Valverde, Marjorie Gabriela Valverde, Virginia Valverdeloghi, Chi Van, Cheryl Van Andel, Wayne Van Bauel, Hilda & Bert Van Bovenkamp, Susan Van Camp, Gerry Van de Hel, Meredith & Judy Van Deerwerken, Hendrik-Jan and Emilie van der Woerd-de Jonge, Linda Van Deren, Jan Van derhande, Chris Van Duin, Gayle Van Dyke, John & Mary Van Dyke, Joe Van Haverbeke, Graham Van Hegan, Gary Van Horn, Glen & Pam Van Horne, John Van Luyk, Jerry Van Ooteghem, Mariann & Jeff Van Ryen, Rob Van Slyko, Sue Van Stee, Daryl Van Steenburg, Tom Van Tamelen, M. Van Veen, Pat & Paul Van Volkinburg, Rick Van W, Job y Jessica Van Wely, Kim Vanada, Rich & Carol Vande Water, Rosa Maria Vanden Wyngaert, Patrick & Sandra Vandendriessche, Sid Vander Meer, Herman & Maureen Vanderbyl, John Vandercooh, Skip Vanderhoof, James Vandersea, Ben Vanderweele, Carol y Rich Vandewater, Daniel y Rosa Vanegas, Vanessa Katz, Jim Varas, Tammy Vardnadore, Monica Varea, Dolores y Florencio Varela, Pedro Varela, Arturo Vargas, Ivan Vargas, Maria y Gregorio Vargas, Mayra Vargas, Miguel Vargas, Olmar E Ileana Vargas, Orlando Vargas, Roberto Vargas, María Vargas Arias, Matilde Vargas Moya, Maria Eugenia Vargas Pasten, Elizabeth Vargas Salas, Salvador y Aurora Varilla, Tammy Varnadore, German Vasquez, Maruvia Vasquez, Roberto Vasquez, Raul H. Vasquez S., Deb Vastine, Don Vaughn, Arturo Vayda, Elios Vazquez, Federico Vazquez, Fermin Vazquez, Fernando Vazquez, Francisco Vazquez, Mateo Vazquez, Raul Vazquez, Sebastian Vazquez, Nora Vázquez, Angel Vazquez Lelis, Raul Vazquez Salgoso, Dan Veach, Manuy Veal, Claudio Vecchi, Denis Vega, Elizabeth Vega, Familia Vega, Maiza Vega, Oscar Vega Antonini, Olga Vega Arce, Sonia & Edgardo Vega Raleigh, Oscar Vega Ruiz, Ma. Teresa Vegas Jimenez, Hector Vejariel, Juan Pablo Vela G., Carmenza Velasco, James R. Velasco Sr, Juan Velaso, Alejandro Velasquez, Familia Velasquez, Luis y Geika Velasquez, Alejandro Velazquez, Arturo Velazquez, Carla y Miguel Velazquez, Gabriela Velazquez, Jorge Velazquez, Lea Velazquez, Pedro y Esperanza Velazquez Davila, Jorge A. y Damian Velazquez Garcia, Rodrigo Velazquez Gomez, Isabel y Philip Velazquez perrier, Sandy Velde, Eduardo Veleff, Alberto Velez, Ana Velez, Lebi Velez, Miguel Velez, Yessenea Velez, Mario Velez Palatox, Raul Velez Sonera, Cecilia & Mario Veliz, Juan Vella, Beverly Velsko, Ron & Jan Veltkamp, Jorge Venegas, Flia. Ventura, Victoria Ventura, Eduardo Vera, Delta Gensen Vera Barrett, Angel Bernardo Verbareal Medina, Joseph Verdad, Alberto Verdaguer, Nancy Verde, Dante Verdejo, Ramon Veregas, Ricardo Vergara, Rita Vermilione, Vernon Nash AAC, Dick and Els Verschuur en Schaap, Vivian & George Vest, Chuck & Laura Via, Roberto Viales, Reed Vickerman, Rolanda Ward Victor Mikulin, Micah Bennett Victoria Oppenheimer, Vidal Quinteros, Patricio Videla, Carlos Videly, Javier Vieira, Alex Viera, Norberto Viera, Matew Vigil, Ricardo Vigil, Juan Carlos Viglione, Daniel y Norma Vigluori, Jose Vigueras, Fer Vilardebo, John Vilas, John & Julie Vilas, Adrian Vilchis, Armando Villa, Marta Villa, Margret Villain, Pedro Villagra Delgado, Jorge & Andrea Villalba, Jorge & Lorena Villalba, Pablo Villalobos, Guadalupe y Jaime Villalon, Jaime Villalon, Jose Villalpando, Alejandra Villalta, Familia Villaman, Rebeca Villanueva, Alvaro Villapando O., Nayali Villar y Ernesto Laureiro, Mayela Villareal, Alfredo Villarruel, Daniel Villarruel, Mario Villasenor, Max Villegas Deschamps, Carolina Villegas Terraza, Juan Villicaña, R. Vines, Willy y Wilma Vinton, Violeta Gonzalez, Delmer Visser, Familia Vital, Alejandro Liliana, Mauro y Rodrigo, Vitullo, Pedro y Anna Vivas- Camacaro, Jorge Gonzalez Vivian Cachin, Daniel Natenzon Viviane Schack, Adrien Vlach, Yiannoula Vlachos, Croat Vlatko, Kathy Vogel, Janine Vogt, Jeary Vogt, Don Voigt, Muri Vois, Christine Volk, Leo Volkering, Laura Brodax Volkstorf, Francisco Voltaire Sanchez, Juan German Voltierra, Rebeca Volverde Altamirano, Kurth Von Burg, Leo & Patti Von Keitz, Mary & Bernie Von Keitz, Jewel & Bill Von Loenen, Boris Von Schwedler, Berta von Wernich, Carmen von Wernich, Caro von Wernich, Carolina von Wernich, David Antonio von Wernich, Elsa von Wernich, Elsa von Wernich, Estela y Herman von Wernich, Graciela y Facundo von Wernich, Guillermo von Wernich, Jose von Wernich, Jose Erick von Wernich, Max von Wernich, Yolanda von Wernich, Zaira von wernich, Rocio Von Wernich Madrigal, Ron Vorst, Kay Vosika, Don Voss, Karl Voss, Ana Voytek, Tamara Vrooman, Kassie & Todd Vuckvich, Sony W, Jason y Vanessa Wa, Gerard Waaentz, Miguel Wabi, Alyssa & Dave Wachob, Anne Wade, David Wade, John y Karen Wade, Luke Wade, Clint Waggoner, Paul & Carol Waghorw, Tam Wagnek, Bob Wagner, James Wagner, Joan Wagner, Kyra Wagner, Lisa Wagner, Paul & Melanie Wagster, Alfred Wahabby, Harold Waig, Albert Waisueen, John Wake, Bruce Wakeman, The Chithi Wala's, Fred Walatka, Horace & Jane Walco W, Charlie & Peggy Walczak, Thomas Walder, La Donna Waldo, David & Vicki Walher, brent walker, Danielle Walker, Dwayne & Lisa Walker, Frank Walker, Jack Walker, Joel Walker, John Walker, Murphy & Darla Walker, Ronda Walker, Setman Walker, Steve Walker, Scotty Walkins, Audrey Wall, Carolyn & Charles Wallace, Crystal & Brian Wallace, Dennis Wallace, Dianne Wallace, Russell Wallace, Sandy Wallace, Peter Wallen, Sharman Wallen, Bill Waller, Craig & Sandra Walles, Denny Wallette, Robert & Nancy Walling, Jeremy Walmscgy, Magnet Walrer, Barb Walsh, Brit Walsh, Jerry Walsh, Oisin Walsh, Todd & Debbie Walsh, Carl Walston, Sebastian Walt, Brian Y Ann Walter, Carina Edward Walter, D B Walter, John Walter, Brenda Ross & Addy, Walther, Joseph Walton, Mary Walton, Nicholas Walton, Horacio Wamba, Bill Wambold, Melissa Wanamaker, Elson Wandscheer, Dewayne Ward, Rand y Caroline Ward, Nancy Warden, Jose & Viviana Warik, Lorraine Warner, Mike Warner, Robert Warner, Care Warrell, Elizabeth Warren, Ken Warren, Kyle Wasielewski, Gary & Maribeth Wasmund, Guy Wassertzug, Javier Wasserzug, Lois Watanabe, Ed Waterman, Killi & Robert Waters, Bill Watkins, Bill Watkins, Sallyann Watsjold, Bobby & Tina Watson, Eric Watson, Eric Watson, Otto & Mary Watson, Shari Watson, Stuart Watson, Wendell Watson, Stuart Watson & Shari, Web & Edena Watt, Anthony Watts, Riley Watts, Muriel Wattum, Muriel y Ben Wattum, Col Wayne A. Ross, Trail Ways, Elizabeth Weakley, Jim Weakley, Jerry Weaver, Monte Weaver, John Webber, Kay Weber, Ron Weber, John Webster, Richard Webster, Dale Webston, David Wedeking, John Wedin, Steve Wedlock, Peer Wedvick Jr., Larry Wehr, Susan y Carlos Weidemann, Santiago Weigandt, Thomas Weil, Martin Weimann, Bill Weimer, Dora & Bob Weinley, Leo Weinsten, Gene Weir, Paul & Jan Weisenberger, Tommy Weiser, Carol Weishampel, Cliff Weisman, Jim Weiss, Carleton Weker, Andy Weland, Bill & Kathy Welborn, Diane Welborn, Cher & Brian Welch, Thomas Welch, Diane Welker, Paul Welker, Amy Wellard, Earl Weller, Dave & Andi Welles, Lynn & Lonnie Wellman, Harry Wellons, Bill & Kathy Wellosn, Dick Wells, Larry Wells, Tom Wells, Dave Wellwood, Wendell & Gale, Eileen Wendorf, Dennis Wentz, Walter Wes Olaski, Joseph Wessel, Celia Wesselman, John West, Dave Westenberger, Win Westervelt, Cyril & Joan Westhaver, J & C Westhaver, Don Westly, Kenneth & Sandra Weston, Dewey & Josie Wetherby, Carol Ann Wetzel, Chris Wetzel, George Weyand, Latty & Linda Weyand, Rod Whedbee, Bruce & Diane Wheeler, Charlie Wheeler, Gary M. Wheeler, Gaye Wheeler, Mary Wherrett, Whidbey Islans, Karen & Charlie Whinney, Cecil Whipple, Jim Whisenand, Bill Whitakier, Danny White, Gary White, Jacque White, Mike White, Todd White, Tony White, Vera White, Mike Whitford, John Whiticar, Charlene Whiting, Chuck Whiting, Jay Whitney, Tom Whitstine, Jim Whitters, Whitties of Mafca, E. Whitty, Paul Wichterman, Care Wicker, Jim Wickett, Val Wickins, Owen Widin, John Widmen, Kim Connie y Quinn, Widrick, Janine Wiederkehr, Mike & Gwyn Wiedmer, Judyth Wien, Pat & Glorig Wiessert, Steph Wiffler, Melba Wifon, Randal Wiginton, Joanne & Joe Wigle, Arthur Wigntow, Ed Wiitala, Brett & Kris Wilcox, Dennis and Joan Wilder, Robert Wildt, Jack Wiles, Andrew Wilk, Bob Wilkins, Geri & Pete Wilkins, Patty Wilkinson, CSA Will Miller, David Willard, James Willard, Tom Willardson, Ken Willhauck, May Willhite, Roger & Marlene Willhite, Ann-Marie Williams, Braxton Williams, Courtenay Williams, Deb Williams, Elaine & Peter Williams, Fulton Williams, Gar Williams, George Williams, Gladys Williams, Jeff & Helen Williams, Jeff &patricia Williams, John Williams, Kay Williams, Kelly Williams, Lee & Dorothy Williams, Leonard Williams, Phyllis Williams, Ray Williams, Ray Williams, Richard & Carol Williams, Robert & Chris Williams, Vicki Williams, Woody Williams, Mike y darcy Williamson, Ray Williamson, Scott Williamson, Vivian Williamson, Calgari Williard, Rod Willie, Jerry Williford, Taylor Willing, Barry Willins, Avery Willis, Jeremy Willis, Rus Willis, Zeke & Linda Willis, Leonard Willliams, Tamis Willmar, Dave Wilmarth, Larry Wilmarth, Ben Wilson, Bob Wilson, Chris & Verna Wilson, Cynthia Wilson, Denver & Barbara Wilson, Don Wilson, Eddie Wilson, Harold Wilson, Joan & William Wilson, John Wilson, Juanita Wilson, Karen Wilson, Kristi Wilson, Lom Wilson, Mark Wilson, Nate Wilson, Paul & Andrea Wilson, Robin Wilson, Robin Wilson, Sherrie & Rem Wilson, Ward Wilson, Karen Wilson & Mark Werner, Dale Wiltsee, David y Agnes Wiltsey, Pat Wiltshire, Bob Wimmer, George Wimmer, Paula Carroll Win Wdge, Bruce Winchell, Tyler Wind, Marcelo Windler, Jim & Julie Windram, Beny Winebareer, Earl Wineck, Jim Wineman, Georgine Winn, David Winnet, Brian & Jill Winsor, Patrick Winsor, Art & Ana Winston, Gary Winston, Patty & Greg Winters, Jeremy Wire, Jim Wirken, Ben Wirtz, Ben Wirtz, Judy & Jenniss Wise, John Wiskus, John A. Wiskus, Denton Wisler, Neil Wisler, Jim & Diane Wiswall, Duane Wit, George Withers, Wendy Withrow, Kenneth Witmer, Lucia Witt, Mike Wittmann, Mischellean Wittrockk, Michael & Yvonne Woddington, Jens Wohlers, Philip Wohlstetter, Clayton & Annette Wohlwend, Chester Wojcik, Sandy & Don Wojtalewicz, Dan & Marie Wolch, Cecilia y Fernando Wolf, Cecilia y Fernando Wolf, Brenda Wolfe, David Wolfe, Karen Wolfe, Leonard & Sherby Wolfe, Melissa Wolfe, Monique & Roy Wolff, Beverly & Norman Wolfson, Peggy Wolker, Joseph Wolkow, Shalel & Allan Wolpe, Nancy & Bill Womack, Wally Women, Jennifer Wong, Juan Carlos y Marisol Wong, Al Wood, Brad & Vicki Wood, Chris & Zachary Wood, Ernesto Gutierrez Wood, Garth Wood, Gordon & Karen Wood, Irma y Javier Wood, Jerry Wood, Nick Wood, Penny Wood, Vreeland & Linda Wood, Warren Wood, Wyatt Wood, Agnes & Bob Woodin, Larry Woodriff, Charles Woodruff, Art Woods, John Woods, Tomas Woodward, Jullie & Steve Woofler, Jack Woolf, Tom & Jean Woolley, Kevin Worrell, Bill Worsham, Sarah Worthington, Steven Worthy, Don Wray, Dave & Jayfree Wrench, Butch & Edie Wright, Chad Wright, Charlie Wright, Christian & Michelle Wright, David and Julie Wright, David y Julie Wright, Eark Wright, Jack Wright, Kathrine & Lee Wright, Patricia Wright, Rick and Lisa Wright, Robert & Mini Wright, Skip Wright, Tim Wright, Tom & Dove Wright, Vern Wright, Wayne Wright, Wendell Wright, Robbie Wuitschide, Michele WW, Jean Wylie, Howie Wyman, Jack Wymore, John Wynkoop, Clay Wyrick, John Wyrick, Frank X. Zeimetz, Gabriela Y Carlos, Rodolfo Sazo y Maite Marroquin, Miguel Yabur, Ivan Yacub y Sonia Plaza, Eli Yallico, Diana Yang, Dave Yanoshek, Santiago Yanzi, Charlie Yapp, Gerorge yarbrough, Bill Yates, Chris Yates, Jeff and Cathie Yeagle, Rosa Yebra, Luis Cambron Alvarez y Eduardo Cambron Rivera, Silvia Yelin, Diane & James Yeo, Rosa Yerba, Michael R. Yergovich, Mike & Mayanne Yergovich, Rob Yergovich, Kent & Josette Yetter, Ramiro Yih, Carlos Yoc, Chuch & Beaulah Yockey, Richard Yoder, Richard Yodis, Mario YOivelli, Daniel Yomayra, Durmus Yoruk, John Yosaitis, William Youne, Barry Young, Chris Young, Doug y Glenys Young, Geri Young, Jason Young, Jim Young, Kenneth & Joanne Young, Kit Young, Mark Young, Stephanie Young, John Youngbroder, Jennifer Youngdahl & Joseph Mitola, David & Dorothy Yount, Robert Yourt, Martin Yoverson, Bill y Waldie Yraham, Dogan Yuksel, Julian Yunes, Laverne Zachary, Peter Zacks, Louis Zadra, Gustavo Zaffaroni, Mark Zagger, Peter Zaklukiewiez, Mario Zakowilz, Zamar Viajes, Mark Zammuto, Diego Zamora, Juan Zamora, Lisa Zamora, Ronaldo Zamora Ramirez, Christian Zander, Eva Zander, Mister Z Ron Zandman, Ron Zandman-Zeman, Oscar Zapata, Patricia Zapata, Tte Jaime Zapata, Ivar Zapp, Jackie Zapp, Mario Zapp, Peter Jr Zapp, Susan y Peter Zapp, Nestor y Maria Zappeli, Cleo Zarceno, Mario Zatocki, Carol & Norm Zatzar, Hector Zavala, Hugo Zavala, Norberto Zavala, Ruben Zaya, Masha Zazlengo, Yelena Zege, Frank X. Zeimetz, Stephanie Zelada, Pablo Zelikowicz, Rich Zell, Alejandro F. Zelter, Martha Zeman, Linda Zemotel, Roberto Zendejas, Douglas Zeno, Earl Zentzis, Terey Zepeda, Larry Zepp, Leticia y Federico Zermenio, Jose Zermento, Alejandro Zetter P., Dave Ziebart, Stan Ziegler, Mark Zienan, Jim Zimmer, Luke Zimmerman, Mike Zimmerman, David Zink, Mirna Zinlay, Dianne & Alan Zitnik, Justin Zmk, Jorge Zmud, Danny Zoeller, Family Zoltzman, Dodie Zonakis, Juan Zorrilla, Jose Zorron, Steven & Jennifer Zregler, Mauricio Zuñiga, Cliff Zubrycki, Bill Zucca, Ricardo y Olga Zucca, Pablo Zulquelti, Veronica Zumbado, Flor Zuñiga, Guisselle Zuñiga, Juan Zurita, Nichiolas Zuvic, Los Pinguos.

Sabemos que faltan algunos nombres.
Discúlpennos.

...Tú sabes que el contrario de amar es odiar;
del día es la noche; del blanco, el negro.
Ahora dime ¿cuál es el contrario de sueño?
-pienso y no lo encuentro- Es que no lo hay,
no existe, no hay nada ni nadie en contra de
un sueño, todo está a favor...

...Mientras filmo a Cande, veo a esa pequeña
que conocí con ocho años y de la que entonces me
enamoré como lo hago ahora. Soy feliz y la
fórmula es una mezcla de amor y de sueños...

...Si dejas que tu corazón te guíe nunca
estarás en el camino equivocado. Él mejor que
nadie sabe de sueños, de amor... La mente fría
piensa, en cambio tu cálido corazón siente...

...La miro a Cande, observo su panza, la rodeo con
mis manos y siento un movimiento del bebé.
Quiero escribir lo que siento. Faltan días para que
me den el título de "padre" pero no me estudié la
lección: ¿será niña o varón? Solo deseo que sea
soñador. ¿Qué haré? ¿Y que sentiré? ¿Cómo será
tener en brazos algo que hice, por amor y con
amor?...

...Cada uno con la vida corre una carrera con
la muerte, donde siempre gana la muerte.
Sin embargo, el triunfo está en la carrera,
no en el final...